U0901042

浙江省统计局 国家统计局浙江调查总队 · 编
ZHEJIANG STATISTICS BUREAU NBS SURVEY OFFICE IN ZHEJIANG

2020
浙江统计年鉴
ZHEJIANG STATISTICAL YEARBOOK

中国统计出版社
China Statistics Press

图书在版编目(CIP)数据

浙江统计年鉴. 2020=Zhejiang Statistical Yearbook2020 : 汉英对照 / 浙江省统计局, 国家统计局浙江调查总队编. —北京 : 中国统计出版社, 2020.9
ISBN 978-7-5037-9210-6

Ⅰ. ①浙… Ⅱ. ①浙… ②国… Ⅲ. ①统计资料－浙江－2020－年鉴－汉、英 Ⅳ. ①C832.55-54

中国版本图书馆CIP数据核字(2020)第120635号

浙江统计年鉴——2020

作　　者/ 浙江省统计局　国家统计局浙江调查总队
责任编辑/ 钟钰
责任校对/ 胡东
装帧设计/ 林晓燕
出版发行/ 中国统计出版社有限公司
地　　址/ 北京市丰台区西三环南路甲6号
邮政编码/ 100073
电　　话/ 邮购（010）63376909　书店（010）68783171
网　　址/ http://www.zgtjcbs.com
印　　刷/ 杭州恒力通印务有限公司
经　　销/ 新华书店
开　　本/ 890mm×1240mm　1/16
字　　数/ 1300千字
印　　张/ 42
印　　数/ 1-1500册
版　　别/ 2020年9月第1版
版　　次/ 2020年9月第1次印刷
定　　价/ 498.00元　Price:498.00 yuan(RMB)

本书附同版本CD-ROM一张，光盘内容以书面文字为准。
如有印装差错，由本社发行部调换。

《浙江统计年鉴－2020》编辑委员会和编辑部

Editorial Board and Editorial Department of Zhejiang Statistical Yearbook – 2020

· 编辑说明 ·

一、《浙江统计年鉴-2020》是一部全面反映浙江国民经济和社会发展情况的资料性年刊,本年鉴收录了浙江及各市、县2019年经济和社会各方面大量的统计数据,以及改革开放以来浙江主要统计数据。

二、全书内容分为18部分,即:1.综合;2.人口和就业人员;3.固定资产投资;4.价格;5.人民生活;6.农业;7.工业和能源;8.建筑业;9.交通运输和邮电通信业;10.批发、零售贸易和餐饮业;11.对外经济贸易和旅游;12.财政、金融和保险;13.城市建设和生态环境;14.教育、科技、专利、测绘和标准计量;15.文化、体育和卫生;16.档案、司法、社会福利和工会组织;17.各市、县国民经济主要指标;18.附录(信心指数、投入产出表)。为便于读者使用,部分统计表下作了简要注释,每篇章后附有《主要统计指标解释》。

三、本年鉴对过去发表的统计资料重新予以核实,凡与本年鉴数据有出入的,以本年鉴为准。

四、本年鉴凡带续表的资料,如有注解均注在最后一张续表的下方。

五、本年鉴中符号使用说明:"…"表示数据不足本表最小单位数;"#"表示其中主要项;"空格"表示该项统计指标数据不详或无该项数据。

《浙江统计年鉴》自公开出版以来,受到了社会各界的关心和支持,对年鉴编辑工作提出了许多宝贵意见,对此我们深表谢意。为进一步提高统计年鉴的编辑水平,欢迎读者继续对年鉴的不足之处给予批评和指正。

· Preface ·

Zhejiang Statistical Yearbook 2020 is an annual statistics publication, which contains very comprehensive statistics of Zhejiang's social and economic development in 2019 and selected data since China adopted the policy of reforming and opening to the outside world.

The yearbook is composed of 18 parts. 1. General Survey 2. Population and Employment 3. Investment in Fixed Assets 4. Prices 5. People's Livelihood 6. Agriculture 7. Industry and Energy 8. Construction 9. Transportation, Posts and Telecommunications 10. Wholesale and Retail Sale Trade and Catering Trade 11. Foreign Economy and Trade, Tourism 12. Public Finance, Banking and Insurance 13. City Construction and Environment 14. Education, Science, Patent, Surveying and Mapping and Standard Calculating 15. Culture, Sports and Public Health 16. Archives, Judicature, Social Welfare and Labour Union 17. Major Indicators of National Economy by City and County 18. Appendix (Confidence Index, Input Output table). In addition, brief notes are placed at lower part of some tables and explanatory notes on main indicators are provided at end of each part.

The statistics in former statistical yearbook have already been checked. The data in this yearbook shall be regarded as authentic ones. The footnotes are placed at the last page, if the table is a continued one.

Notations used in this yearbook:

"…" indicates that the figure is not large enough to be measured with the smallest unit in the table. "#" indicates the major items of the total. "blank" indicates that the data is unavailable.

Since published openly, previous editions of *Zhejiang Statistics Yearbook* have enjoyed wide concern and support, all circles have made many valuable suggestions, and we express heartfelt thanks. In order to improve yearbook editorial level, we welcome all candid comments and criticism from our readers.

目录
CONTENTS

一、综　合
Chapter 1 GENERAL SURVEY

二、人口和就业人员
Chapter 2 POPULATION AND EMPLOYMENT

三、固定资产投资
Chapter 3 INVESTMENT IN FIXED ASSETS

四、价 格
Chapter 4 PRICES

五、人民生活
Chapter 5 PEOPLE'S LIVELIHOOD

六、农　业
Chapter 6 AGRICULTURE

七、工业和能源
Chapter 7 INDUSTRY AND ENERGY

八、建筑业
Chapter 8 CONSTRUCTION

九、交通运输和邮电通信业
Chapter 9 TRANSPORTATION, POSTS AND TELECOMMUNICATIONS

十、批发、零售贸易和餐饮业
Chapter 10 WHOLESALE AND RETAIL TRADE AND CATERING TRADE

十一、对外经济贸易和旅游
Chapter 11 FOREIGN ECONOMY AND TRADE, TOURISM

十二、财政、金融和保险
Chapter 12 PUBLIC FINANCE, BANKING AND INSURANCE

十三、城市建设和环境保护
Chapter 13 CITY CONSTRUCTION AND ENVIRONMENT

十四、教育、科技、专利、测绘和标准计量
Chapter 14 EDUCATION, SCIENCE, PATENT, SURVEYING AND MAPPING AND STANDARD CALCULATING

十五、文化、体育和卫生
Chapter 15 CULTURE,SPORTS AND PUBLIC HEALTH

十六、档案、司法、社会福利和工会组织
Chapter 16 ARCHIVES, JUDICATURE, SOCIAL WELFARE AND LABOUR UNION

十七、各市、县国民经济主要经济指标
Chapter 17 MAJOR INDICATORS OF NATIONAL ECONOMY BY CITY,PREFECTURE AND COUNTY

附　　录
Appendix

CHAPTER 1

综　合
General Survey

1-1 国民经济和社会发展总量与速度
Main Aggregate Indicators of National Economic and Social Development and Their Related Indices

指标		Item		1978	2010	2011	2012	2013
人口		**Population**						
年末常住人口	（万人）	Total Population with Permanent Residence	(10000 persons)		5446.51	5463.00	5477.00	5498.00
年末就业人员数	**（万人）**	**Year-end Employment**	**(10000 persons)**	**1794.96**	**3636.02**	**3674.11**	**3691.24**	**3708.73**
全省生产总值	**（亿元）**	**Gross Domestic Product**	**(100 million yuan)**	**123.72**	**27399.85**	**31854.80**	**34382.39**	**37334.64**
第一产业		Primary Industry		47.09	1322.85	1535.20	1610.81	1718.74
第二产业		Secondary Industry		53.52	14140.90	16271.04	17040.53	18162.78
第三产业		Tertiary Industry		23.11	11936.10	14048.56	15731.05	17453.12
人均生产总值	**（元）**	**Per Capital GDP**	**(yuan)**	**332**	**51110**	**58398**	**62856**	**68036**
交通运输		**Transportation**						
旅客周转量	（亿人公里）	Turnover Volume of Passenger Traffic	(100 million passenger-km)	66.68	1250.74	1296.25	1317.58	1025.10
货物周转量	（亿吨公里）	Turnover Volume of Freight Traffic	(100 million ton-kil)	164.19	7117.04	8634.82	9183.30	8949.57
固定资产投资总额	**（亿元）**	**Investment in Fixed Assets**	**(100 million yuan)**		**11451.98**	**14077.25**	**17095.96**	**20194.07**
财政收支		**Finance**						
财政总收入	（亿元）	Financial Revenue	(100 million yuan)	27.45	4895.41	5925.00	6408.49	6908.41
#地方财政收入	（亿元）	Local Financial Revenue	(100 million yuan)	27.45	2608.47	3150.80	3441.23	3796.92
财政支出	（亿元）	Financial Expenditure	(100 million yuan)	17.43	3207.88	3842.59	4161.88	4730.47

2014	2015	2016	2017	2018	2019	指数 Indices(2019 年为以下各年%)(2019 as Percentage of the Following Years) 1978	2014	2018	1979－2019 年平均增长(%)Average Annual Growth Rate(%)	2015－2019 年平均增长(%)Average Annual Growth Rate(%)
5508.00	5539.00	5590.00	5657.00	5737.00	5850.00		106.2	102.0		1.2
3714.15	**3733.65**	**3760.00**	**3796.00**	**3836.00**	**3875.11**	**215.9**	**104.3**	**101.0**	**1.9**	**0.9**
40023.48	**43507.72**	**47254.04**	**52403.13**	**58002.84**	**62351.74**	**9658**	**143.2**	**106.8**	**11.8**	**7.4**
1726.57	1771.36	1890.43	1933.92	1975.89	2097.38	394.9	110.5	102.0	3.4	2.0
19580.72	20606.55	21571.25	23246.72	25308.13	26566.60	19024.3	134.3	105.9	13.7	6.1
18716.19	21129.81	23792.36	27222.48	30718.83	33687.76	13320.1	155.6	107.8	12.7	9.2
72730	**78768**	**84921**	**93186**	**101813**	**107624**	**6236.1**	**136.0**	**105.0**	**10.6**	**6.3**
1056.99	1092.53	1074.99	1096.04	1103.66	1128.60	1692.6	106.8	102.3	7.1	1.3
9548.09	9868.98	9788.76	10105.81	11537.91	12391.21	7546.9	129.8	107.4	11.1	5.4
23554.76	**26664.72**	**29571.00**	**31125.99**				**160.8**	**110.1**		**10.0**
7521.70	8549.47	9225.07	10301.16	11705.82	12267.66	44690.9	163.1	104.8	16.0	10.3
4122.02	4809.94	5301.98	5804.38	6598.08	7048.58	25677.9	171.0	106.8	14.5	11.3
5159.57	6645.98	6974.25	7530.32	8627.51	10053.03	57676.6	194.8	116.5	16.8	14.3

续表 Continued

指标		Item		1978	2010	2011	2012	2013
贸易		**Trade**						
社会消费品零售总额	（亿元）	Total Retail Sales of Consumer Goods	(100 million yuan)	46.86	10056.56	12093.23	13667.59	15335.15
进出口总额	（亿美元）	Total Imports and Exports Value	(USD100 million)	0.70	2535.33	3093.78	3124.03	3357.89
#出口总额	（亿美元）	Total Exports Value	(USD100 million)	0.52	1804.65	2163.49	2245.19	2487.46
价格指数		**Price Indices**						
居民消费价格指数(上年=100)		General Consumer Price Index(preceding year=100)			103.8	105.4	102.2	102.3
城乡居民收入		**Living Standard**						
城镇居民人均可支配收入	（元）	Per Capital Disposable Income of Urban Households	(yuan)	332	27359	30971	34550	37080
农村居民人均可支配收入	（元）	Per Capital Disposable Income of Rural Households	(yuan)	165	11303	13071	14552	17494
教育和文化		**Education and Culture**						
高等学校在校学生数	（万人）	Students Enrollment in Institutions of Higher Education	(10000 persons)	2.4	93.3	95.9	98.7	101.7
普通中学在校学生数	（万人）	Student Enrollment in Regular Secondary Schools	(10000 persons)	214.7	255.2	244.5	236.9	232.2
小学在校学生数	（万人）	Students Enrollment in Primary Schools	(10000 persons)	501.4	333.3	344.1	346.7	349.6
报纸出版数量	（万份）	Number of Newspapers Published	(10000 copies)	24080	325048	359090	347100	346280
杂志出版数量	（万份）	Number of Magazines Published	(10000 copies)	393	7201	8001	8312	8149
图书出版数量	（万份）	Number of Books Published	(10000 copies)	12033	28179	32608	37250	38491

注：1.本表价值量指标按当年价格计算，发展速度按可比价格计算。
2.城镇居民人均可支配收入，农村居民人均可支配收入发展速度均已扣除价格变动因素。
3.2013年起交通运输指标按新口径统计。
4.从2013年起，国家统计局开展了城乡一体化住户收支与生活状况调查，与2013年前的分城镇和农村住户调查的调查范围、调查方法、指标口径有所不同(以后各表同)。农村居民人均可支配收入2013年前为农村居民人均纯收入。
5.2017年起固定资产投资总额增长按可比口径计算。
6.1993年起社会消费品零售总额已与第四次经济普查数据衔接。

2014	2015	2016	2017	2018	2019	指数 Indices(2019 年为以下各年%)(2019 as Percentage of the Following Years) 1978	2014	2018	1979 - 2019 年平均增长(%)Average Annual Growth Rate(%)	2015 - 2019 年平均增长(%)Average Annual Growth Rate(%)
17078.11	18910.74	20916.73	23121.32	25162.01	27343.81	58352.1	160.1	108.7	16.8	9.9
3550.49	3467.84	3365.00	3779.07	4324.77	4472.32	638902.5	126.0	103.4	23.8	4.7
2733.29	2763.32	2678.64	2868.91	3211.55	3345.91	643444.9	122.4	104.2	23.8	4.1
102.1	101.4	101.9	102.1	102.3	102.9		111.0	102.9		2.1
40393	43714	47237	51261.00	55574	60182	2186.7	134.3	105.4	7.8	6.1
19373	21125	22866	24956.00	27302	29876	2625.1	138.7	106.0	8.3	6.8
103.9	105.5	106.3	107.70	110.2	116.7	4862.7	112.3	105.9	9.9	2.4
229.0	225.3	226.9	233.20	238.4	242.1	112.8	105.7	101.6	0.3	1.1
354.5	357.0	355.0	354.00	360.6	367.1	73.2	103.6	101.8	-0.8	0.7
337367	283634	261658	230830	211181	200192	831.4	59.3	94.8	5.3	-9.9
7765	7719	7690	7534	7366	7010	1783.7	90.3	95.2	7.3	-2.0
36971	36663	39894	39919	41810	44892	373.1	121.4	107.4	3.3	4.0

1. Figures in value terms are calculated at current price, while the indices and growth rates are calculated at comparable price.
2. Urban per capita disposable income and rural per capita disposable income growth factors have been deducted price change.
3. The data of transportation are adjusted since 2013.
4. National Bureau of Statistics of China strted an integrated households income and expenditure survey, including both urban and rural households since 2013. The coverage, the methodology and definitions used in the survey has been changed compared with before. The same applies to the relevant tables following. The data of per capita disposable income of rural households refer to the per capita net income of rural households before 2013.
5. The growth of investment in fixed assets has been calculated on a comparable basis since 2017.
6. The total retail sales of consumer goods have been linked up with the data of the fourth economic census since 1993.

1－2 国民经济社会发展结构指标
Structural Indicators on National Economic and Social Develpoment

单位:%(%)

指标	Item	1978	2010	2011	2012	2013	2014	2015	2016	2017	2018	2019
人口	**Population**											
城乡结构	Urban and Rural Structure											
城镇	Urban	14.5	61.6	62.3	63.2	64.0	64.9	65.8	67.0	68.0	68.9	70.0
乡村	Rural	85.5	38.4	37.7	36.8	36.0	35.1	34.2	33.0	32.0	31.1	30.0
性别结构	Sexual											
男	Male	51.9	51.4	51.3	51.5	50.7	51.3	51.2	51.3	51.2	51.2	51.4
女	Female	48.1	48.6	48.7	48.5	49.3	48.7	48.8	48.7	48.8	48.8	48.6
就业	**Employment**											
产业结构	Industrial Structure											
第一产业	Primary Industry		16.0	14.6	14.1	13.7	13.5	13.2	12.4	11.8	11.4	10.5
第二产业	Secondary Industry		49.8	50.9	51.0	50.0	49.7	48.3	47.4	46.2	45.1	45.5
第三产业	Tertiary Industry		34.2	34.6	34.9	36.3	36.8	38.5	40.2	42.0	43.5	44.0
国民经济核算	**National Accounting**											
生产总值产业结构	Industral Structure of GDP											
第一产业	Primary Industry	38.1	4.8	4.8	4.7	4.6	4.3	4.1	4.0	3.7	3.4	3.4
第二产业	Secondary Industry	43.3	51.6	51.1	49.6	48.6	48.9	47.4	45.6	44.4	43.6	42.6
第三产业	Tertiary Industry	18.7	43.6	44.1	45.8	46.7	46.8	48.6	50.3	51.9	53.0	54.0
居民消费结构	Structure of Resident Consumption											
农村居民	Rural Consumption	75.3	22.6	22.0	22.4	22.7	22.9	24.1	24.1	23.1	22.5	
城镇居民	Urban Consumption	24.7	77.4	78.0	77.6	77.3	77.1	75.9	75.9	76.9	77.5	
固定资产投资结构	**Structure of Investment in Fixed Assets**											
国有	State-owend		33.9	31.6	31.4	31.5	30.8	33.8	38.6	37.1		

续表 1 Continued 单位:%(%)

指标	Item	1978	2010	2011	2012	2013	2014	2015	2016	2017	2018	2019
非国有	Non-state-owend		66.1	68.4	68.6	68.5	69.2	66.2	61.4	62.9		
财政	**Government Finance**											
财政收入结构	Strucure of Government Revenue											
中央	Central Enterprises		46.7	46.8	46.3	45.0	45.2	43.7	42.8	43.7	43.6	42.5
地方	Local Governments		53.3	53.2	53.7	55.0	54.8	56.3	57.2	56.3	56.4	57.5
产业	**Industrial**											
农业	**Agriculture**											
农林牧副渔业产值结构	Structure of Gross Output Value of Agriculture											
农业	Farming	77.4	47.9	45.4	46.3	47.1	48.7	48.9	47.9	48.3	48.1	47.5
林业	Forestry	3.0	5.5	5.3	5.3	5.0	5.2	5.2	5.2	5.5	5.6	5.5
牧业	Animal Husbandry	14.3	20.6	21.6	20.7	19.3	16.6	14.5	15.0	12.0	10.5	11.8
渔业	Fishery	5.3	24.0	25.9	25.8	26.7	27.4	29.2	29.6	31.7	33.0	32.2
农林牧渔服务产值	Services for Agriculture		1.9	1.8	1.9	1.9	2.1	2.2	2.3	2.5	2.8	3.0
工业	**Industry**											
规模以上工业总产值结构	Structure of Gross Output Value of Industry Above Designated Size											
轻工业	Light Industry	60.2	40.7	38.9	39.3	39.3	38.8	39.6	39.0	37.8	35.5	35.3
重工业	Heavy Industry	39.8	59.3	61.1	60.7	60.7	61.2	60.4	61.0	62.2	64.5	64.7
建筑业	**Construction**											
建筑业总产值结构	Structure of Gross Output Value of Construction											
国有企业	State – owned Enterprises		1.0	1.1	1.1	0.6	0.4	0.3	0.3	0.2	0.3	0.3
集体企业	Collective Owned Enterprises		1.1	1.0	1.1	0.9	0.8	0.9	0.9	0.9	1.0	0.5
其他	Others		97.9	97.9	97.8	98.5	98.8	98.8	98.8	98.9	98.7	99.2

续表 2 Continued 单位:%(%)

指标	Item	1978	2010	2011	2012	2013	2014	2015	2016	2017	2018	2019
交通运输业	**Transportation**											
货运量结构	Structure of Freight Traffic											
按运输方式分	By Means of Transportation											
铁路	Railways	16.7	2.3	2.3	2.0	2.1	1.8	1.7	1.5	1.5	1.4	1.4
公路	Highways	31.8	60.6	58.5	59.4	57.1	60.1	61.1	62.3	62.8	62.0	61.6
水运	Waterways	51.5	37.1	39.2	38.6	40.8	38.1	37.3	36.2	35.7	36.6	37.0
国内商业	**Domestic Trade**											
社会消费品零售总额构成	Composition of Retail Sales of Comsumer Goods											
城镇	Urban		88.0	84.2	84.3	83.9	83.7	83.5	83.2	83.0	82.7	82.5
乡村	Rural		12.0	15.8	15.7	16.1	16.3	16.5	16.8	17.0	17.3	17.5
对外经济贸易	**Foreign Trade**											
出口商品结构	Structure of Exports											
初级产品	Primary Goods		3.5	4.1	4.5	4.2	3.4	3.0	2.9	2.9	3.2	2.9
工业制成品	Manufactured Goods		96.5	95.9	95.5	95.8	96.6	97.0	97.1	97.1	96.8	97.1
进口商品结构	Structure of Imports											
初级产品	Primary Goods		26.3	30.0	31.2	32.8	34.1	33.9	36.3	37.2	36.4	39.1
工业制成品	Manufactured Goods		73.7	70.0	68.8	67.2	65.9	66.1	63.7	62.8	63.6	60.9
国际旅游	**International Tourism**											
来华旅游人数结构	Structure of Tourists											
外国人	Foreigners		65.3	66.6	65.9	66.6	66.0	66.4	65.3	66.1	70.8	70.6
港澳台同胞	Hong Kong and Macao Compatriots Taiwan Compatriots		34.7	33.4	34.1	33.4	34.0	33.6	34.7	33.9	29.2	29.4
教育、科技、文化	**Education,Science and Culture**											
在校学生结构	Structure of Student Enrollment											
大学生	College and University Students		13.7	14.0	14.5	14.9	15.1	15.3	15.4	15.5	15.5	16.1
中学生	Secondary School Students		37.4	35.7	34.7	34.0	33.3	32.8	33.0	33.6	33.6	33.4
小学生	Primary School Students		48.9	50.3	50.8	51.1	51.6	51.9	51.6	50.9	50.8	50.5
专任教师结构	Full-time Teachers By Type											
大学	University	1.9	12.6	12.8	13.0	13.3	13.4	12.4	13.4	13.5	13.4	13.7
中学	Secondary School	36.3	45.1	44.6	44.0	43.3	42.6	47.1	42.2	42.1	42.0	41.7
小学	Primary School	61.8	42.3	42.6	43.0	43.4	44.0	40.5	44.4	44.4	44.6	44.5

续表 3 Continued 单位:%(%)

指标	Item	1978	2010	2011	2012	2013	2014	2015	2016	2017	2018	2019
生活	**People's Livelihood**											
城镇居民消费结构	Consumption Structure of Urban Residents											
食品	Food		34.3	34.6	35.1	28.2	28.3	28.2	28.2	27.9	27.1	27.1
衣着	Clothing		10.1	10.5	9.8	7.6	7.3	7.1	6.3	6.0	6.4	6.0
家庭设备用品及服务	Household Facilities, Articles and Service		5.1	5.4	5.4	5.1	4.9	4.8	4.7	5.1	5.7	5.5
医疗保健	Medical Services		5.8	6.1	5.7	5.3	5.6	5.4	5.6	5.9	6.6	6.1
交通和通讯	Transportation and Communications		19.2	18.2	19.2	15.0	16.5	16.6	17.0	15.5	14.5	14.3
娱乐教育、文化	Recreation, Education and Culture		14.5	13.8	13.9	9.9	9.7	10.3	11.5	11.0	10.6	11.6
居住	Residence		7.9	7.4	7.2	26.2	25.3	25.2	24.6	26.4	26.5	26.6
其他商品和服务	Others		3.1	4.0	3.7	2.7	2.3	2.4	2.1	2.2	2.6	2.7
农村居民消费结构	Consumption Structure of Rural Residents											
食品	Food		35.5	37.6	37.7	31.8	31.9	31.1	31.8	31.0	30.3	30.6
衣着	Clothing		6.3	6.9	7.1	6.3	6.1	5.9	5.5	5.3	5.2	5.3
家庭设备用品及服务	Household Facilities, Articles and Services		4.8	5.5	5.5	5.1	5.1	5.1	5.0	4.7	5.3	4.8
医疗保健	Medical Services		7.8	8.8	7.2	7.6	7.4	7.7	6.8	7.6	8.3	8.3
交通和通讯	Transportation and Communications		12.7	13.1	14.3	15.6	15.6	15.9	17.7	17.1	15.0	13.9
娱乐教育、文化	Recreation, Education and Culture		9.5	8.6	8.6	9.5	9.3	9.2	9.3	8.8	9.1	10.4
居住	Residence		21.4	17.2	17.3	22.1	22.8	23.2	22.3	24.1	25.3	25.0
其他商品和服务	Others		2.0	2.3	2.3	1.9	1.8	1.9	1.6	1.5	1.6	1.7

注：工业总产值1978－1995为乡及乡以下独立核算工业企业,2000－2015年为规模以上工业企业。
The gross industrial output value from 1978 to 1995 is calculated by industrial enterprises at township level and above, and the figures from 2000 to 2015 refers to industrial enterprises above designated size.

1-3 人均主要工农业产品产量(1978-2019年)
Per Capita Output of Major Industrial and Agricultural Products(1978-2019)

年份 Year	粮食(公斤) Grain (kg)	棉花(公斤) Cotton (kg)	油料(公斤) Oil-bearing Crops (kg)	糖料(公斤) Sugar Crops (kg)	茶叶(公斤) Tea (kg)	水果(公斤) Fruit (kg)	猪牛羊肉(公斤) Pork, Beef and Mutton (kg)	水产品(公斤) Aquatic Products (kg)
1978	393.44	1.95	5.92	17.20	1.57	3.92	11.33	23.47
1980	376.81	2.18	7.58	15.43	1.98	5.91	18.52	21.46
1985	404.18	2.03	11.02	27.43	2.32	11.12	19.10	26.13
1986	396.34	1.87	10.60	32.63	2.58	12.85	20.03	28.94
1987	387.97	1.60	9.68	26.56	2.83	17.32	18.60	30.52
1988	374.78	1.05	10.39	20.01	3.09	12.45	19.56	30.92
1989	371.01	1.00	9.14	16.74	2.81	23.57	19.67	30.84
1990	375.68	1.52	11.45	14.87	2.77	25.35	20.28	32.92
1991	386.05	1.77	10.72	16.19	2.69	31.66	20.13	35.57
1992	363.51	1.39	11.72	17.55	2.79	23.95	22.73	39.72
1993	334.03	1.35	8.97	18.43	2.84	34.63	22.74	44.02
1994	324.46	1.28	7.99	16.21	2.47	40.64	22.68	59.62
1995	328.53	1.43	11.48	15.11	2.34	49.28	23.61	73.03
1996	345.91	1.56	11.88	14.57	2.26	51.91	16.85	78.03
1997	338.58	1.08	11.08	13.61	2.31	61.07	18.44	90.61
1998	323.64	1.46	8.02	13.97	2.55	46.55	19.05	95.33
1999	312.52	0.91	12.14	15.94	2.64	62.64	19.27	99.33
2000	266.91	0.65	12.91	21.97	2.60	84.89	22.65	104.70
2001	228.64	0.67	12.38	22.53	2.56	109.82	23.65	100.51
2002	201.87	0.47	9.88	23.87	2.91	105.39	25.12	101.14
2003	168.01	0.44	9.09	25.73	2.76	118.00	25.37	100.24
2004	173.82	0.47	9.97	21.73	2.84	129.23	26.93	100.91
2005	167.49	0.44	10.11	18.15	2.91	116.57	26.31	97.57
2006	156.12	0.47	7.08	17.39	3.03	128.00	21.65	83.08
2007	140.35	0.46	6.44	17.01	3.13	135.00	22.39	81.19
2008	140.35	0.47	7.96	16.48	3.13	144.28	25.02	76.89
2009	137.06	0.43	8.25	15.52	3.19	135.85	24.97	81.92
2010	126.00	0.41	7.36	13.86	3.04	130.82	25.17	89.15
2011	123.82	0.42	7.31	13.04	3.11	130.59	25.45	94.56
2012	118.35	0.36	6.99	12.81	3.19	128.45	26.02	98.52
2013	109.34	0.31	6.87	11.62	3.07	130.17	27.63	100.19
2014	109.59	0.26	5.57	11.38	3.00	129.78	25.36	104.40
2015	105.43	0.19	5.66	11.22	3.11	133.75	20.12	108.68
2016	101.05	0.15	4.65	7.33	3.08	129.57	17.11	104.53
2017	102.55	0.11	4.76	6.63	3.15	132.81	15.38	105.08
2018	104.43	0.14	5.13	7.07	3.05	129.62	13.50	103.84
2019	101.22	0.14	5.46	7.64	3.03	127.20	10.89	102.63

续表 Continued

年份 Year	布（米） Cloth (m)	纱（公斤） Yarn (kg)	原煤（公斤） Coal (kg)	发电量（千瓦小时） Electricity (kw. h)	成品钢材（公斤） Steel (kg)	水泥（公斤） Cement (kg)
1978	9.28	1.95	42.71	135.66	8.58	48.54
1980	12.81	2.47	37.56	213.83	15.14	59.85
1985	21.79	3.93	37.55	329.14	15.80	199.44
1986	27.73	4.31	36.46	365.89	17.01	246.43
1987	27.64	4.89	35.23	422.43	18.70	296.90
1988	30.85	5.46	34.51	458.95	17.41	316.97
1989	29.91	5.15	34.30	478.23	18.36	307.44
1990	37.09	4.77	32.45	494.23	19.27	317.39
1991	31.85	4.78	32.76	570.41	21.80	381.81
1992	30.96	5.77	33.67	674.23	27.94	460.03
1993	41.03	5.53	32.24	717.55	32.15	517.72
1994	41.92	5.44	29.88	767.05	38.53	623.49
1995	74.55	6.51	28.76	921.77	61.13	749.64
1996	36.38	6.42	27.97	1022.52	53.47	808.92
1997	84.67	7.47	26.07	1101.22	61.53	777.57
1998	23.66	6.73	20.63	1109.71	57.33	771.21
1999	27.87	7.10	18.57	1185.80	59.92	851.53
2000	36.10	7.62	16.27	1393.36	65.15	944.64
2001	49.74	8.37	15.30	1516.66	78.78	1017.63
2002	67.21	10.14	15.47	1637.42	85.18	1208.35
2003	88.80	11.90	14.41	2060.89	109.42	1479.69
2004	178.84	18.76	11.51	2461.52	170.42	1788.19
2005	168.70	19.45	8.33	2728.81	144.61	1780.82
2006	193.73	23.02	2.68	3302.51	227.29	1977.02
2007	224.67	28.64	2.41	3688.68	310.70	2062.35
2008	263.29	32.44	2.53	3590.96	375.44	1960.54
2009	265.49	37.30	2.52	4182.48	449.93	2058.85
2010	296.57	40.08	2.81	4656.20	528.37	2103.21
2011	267.49	36.38	2.76	5078.13	574.96	2218.98
2012	261.49	42.22	2.74	4961.33	613.72	2106.92
2013	279.10	43.49		5244.82	695.42	2266.80
2014	283.68	41.75		5124.16	757.26	2245.37
2015	275.79	39.73		5245.10	730.77	2037.64
2016	266.91	38.60		5526.14	672.79	1931.40
2017	244.40	33.86		5795.32	559.84	1997.19
2018	146.06	30.40		5886.68	591.04	2160.20
2019	131.80	25.73		5784.10	598.60	2312.93

注：2003 年起按常住人口计算。农产品产量已与三农普数据衔接。

Note: Data in this table is calculated at permanent residence since 2003. The output of agricultural products has been linked to the three agricultural census data.

1-4 平均每天主要社会经济活动
Indicators of Average Daily Social and Economic Activities

指标		Item		1978	2011	2012	2013	2014
平均每天创造财富		**Daily Production**						
生产总值	（亿元）	Gross Domestic Product	(100 million yuan)	0.34	87.27	94.20	102.29	109.65
第一产业		Primary Industry		0.13	4.21	4.41	4.71	4.73
第二产业		Secondary Industry		0.15	44.58	46.69	49.76	53.65
第三产业		Tertiary Industry		0.06	38.49	43.10	47.82	51.28
工业		Industry		0.13	39.12	40.69	43.39	46.45
财政收入	（亿元）	Financial Revenue	(100 million yuan)	0.08	16.23	17.56	18.93	20.61
粮食	（万吨）	Grain	(10000 tons)	4.02	1.85	1.78	1.65	1.65
棉花	（万吨）	Cotton	(10000 tons)	0.02	0.01	0.01		
油料	（万吨）	Oil-bearing Crops	(10000 tons)	0.06	0.11	0.10	0.10	0.08
猪牛羊肉产量	（万吨）	Meat	(10000 tons)	0.12	0.38	0.39	0.42	0.38
水产品	（万吨）	Aquatic Products	(10000 tons)	0.24	1.41	1.48	1.51	1.58
发电量	（亿千瓦小时）	Electricity	(100 Million Watt Houses)	0.14	7.60	7.44	7.90	7.73
成品钢材	（万吨）	Steel Products	(10000 tons)	0.09	8.61	9.21	10.48	11.43
水泥	（万吨）	Cement	(10000 tons)	0.50	33.21	31.62	34.14	33.88
每天消费量		Daily National Consumption						
最终消费	（亿元）	Final Consump-tion Expenditure	(100 million yuan)	0.21	41.21	45.23	48.61	53.06
居民消费		Resident Consumption		0.20	31.90	34.24	37.24	40.53
#农村居民		Rural Residents		0.15	7.03	7.66	28.78	31.27

续表 1　Continued

指标	Item	1978	2011	2012	2013	2014
城镇居民	Urban Residents	0.05	24.87	26.57	8.46	9.27
政府消费	Government Consumption Expenditure	0.02	9.31	11.00	11.36	12.52
社会消费品零售总额（亿元）	Total Retail Sales of Consumer Goods (100 million yuan)	0.13	33.13	37.45	42.01	46.79
每天其他经济活动						
资本形成总额（亿元）	Gross Capital Formation (100 million yuan)	0.09	40.39	42.36	45.75	48.43
固定资产形成	Fixed Capital Formation	0.06	37.87	40.02	43.05	46.17
存货增加	Changes in Stock	0.03	2.52	2.34	2.70	2.26
竣工住宅面积（万平方米）	Residential Buildings Completed (10000 sq. m)		11.57	11.44	12.86	14.75
客运量（万人）	Passenger Traffic (10000 persons)	56	635	642	375	361
货运量（万吨）	Freight Traffic (10000 tons)	23	509	523	515	534
沿海主要港口货物吞吐量（万吨）	Cargo Handled at Principal Seaports (10000 tons)	2.4	237.5	254.1	275.6	296.4
邮电业务量（万元）	Business Volume of Postal and Telecom – munications Services (10000 yuan)	19	24601	28055	32290	46150
进出口总额（万美元）	Total Imports and Exports (USD 10000)		84766	85590	92013	97274
出口总额	Exports		59277	61512	68165	74885
进口总额	Imports		25490	24078	23847	22389
实际利用外资额（万美元）	Foreign Capital Actually Used (USD 10000)		4219	4445	3879	4328
每天人口变动和婚姻						
出生（人）	Births (person)	1856	1415	1517	1505	1584
死亡（人）	Deaths (person)	596	807	827	819	830
结婚（对）	Marriages (couple)		1208	1211	1157	1197
离婚（对）	Divorces (couple)		248	269	296	304

续表 2 Continued

指标		Item		2015	2016	2017	2018	2019
平均每天创造财富		**Daily Production**						
生产总值	(亿元)	Gross Domestic Product	(100 million yuan)	119.20	129.46	143.57	158.91	170.83
第一产业		Primary Industry		4.85	5.18	5.30	5.41	5.75
第二产业		Secondary Industry		56.46	59.10	63.69	69.34	72.79
第三产业		Tertiary Industry		57.89	65.18	74.58	84.16	92.30
工业		Industry		48.78	51.13	54.90	59.24	62.58
财政收入	(亿元)	Financial Revenue	(100 million yuan)	23.42	25.27	28.22	32.07	33.61
粮食	(万吨)	Grain	(10000 tons)	1.60	1.55	1.59	1.64	1.62
棉花	(万吨)	Cotton	(10000 tons)					
油料	(万吨)	Oil-bearing Crops	(10000 tons)	0.09	0.07	0.07	0.08	0.09
猪牛羊肉产量	(万吨)	Meat	(10000 tons)	0.31	0.26	0.24	0.21	0.17
水产品	(万吨)	Aquatic Products	(10000 tons)	1.65	1.60	1.63	1.63	1.64
发电量	(亿千瓦小时)	Electricity	(100 Million Watt Houses)	7.96	8.46	8.93	9.19	9.18
成品钢材	(万吨)	Steel Products	(10000 tons)	11.09	10.30	8.63	9.23	9.50
水泥	(万吨)	Cement	(10000 tons)	30.92	29.58	30.77	33.72	36.71
每天消费量		Daily National Consumption						
最终消费	(亿元)	Final Consump - tion Expenditure	(100 million yuan)	57.34	62.34	71.56	79.34	
居民消费		Resident Consumption		43.45	46.87	53.91	59.68	
#农村居民		Rural Residents		32.98	35.59	41.45	46.24	

续表 3　Continued

指标	Item	2015	2016	2017	2018	2019
城镇居民	Urban Residents	10.47	11.28	12.46	13.44	
政府消费	Government Consumption Expenditure	13.89	15.47	17.65	19.65	
社会消费品零售总额（亿元）	Total Retail Sales of Consumer Goods (100 million yuan)	51.81	57.31	63.35	68.94	74.91
每天其他经济活动						
资本形成总额（亿元）	Gross Capital Formation (100 million yuan)	53.44	58.61	62.35	68.64	
固定资产形成	Fixed Capital Formation	51.62	56.65	59.30	64.32	
存货增加	Changes in Stock	1.82	1.96	3.05	4.32	
竣工住宅面积（万平方米）	Residential Buildings Completed (10000 sq. m)	15.33	17.48	15.82		
客运量（万人）	Passenger Traffic (10000 persons)	346	294	294	278	288
货运量（万吨）	Freight Traffic (10000 tons)	550	589	663	736	791
沿海主要港口货物吞吐量（万吨）	Cargo Handled at Principal Seaports (10000 tons)	301.2	312.9	344.5	365.8	370.9
邮电业务量（万元）	Business Volume of Postal and Telecom-munications Services (10000 yuan)	65537	101791	96384	176041	271072
进出口总额（万美元）	Total Imports and Exports (USD 10000)	95009	92191	103534	118487	122529
出口总额	Exports	75707	73387	78600	87988	91668
进口总额	Imports	19302	18804	24934	30499	30860
实际利用外资额（万美元）	Foreign Capital Actually Used (USD 10000)	4647	4816	4905	5107	3715
每天人口变动和婚姻						
出生（人）	Births (person)	1592	1710	1836	1721	1668
死亡（人）	Deaths (person)	833	841	858	871	877
结婚（对）	Marriages (couple)	1075	1005	944	924	804
离婚（对）	Divorces (couple)	315	337	364	355	357

注：1. 本表价值量指标按当年价格计算。The data in Value terms in the table are calculated at current price.
2. 邮电业务总量 1978—2000 年按 1990 年不变价计算,2001 年开始按 2000 年不变价计算,2011 年起按 2010 年不变价计算。电信业务总量 2017 年起按 2015 年不变价格计算。
Business volume of post and telecommunications from 1978 to 2000 were calculated at constant price of 1990, at constant price of 2000 from 2001 to 2010, at constant price of 2010 since 2011. Business volume of telecommunications from 2017 were calculated at constant price of 2015.
3. 2013 年起交通运输指标按新口径统计。The data of transportation are adjusted since 2013.

1-5 全省生产总值(1978-2019年)
Gross Domestic Product(1978-2019)

年份 Year	全省生产总值(亿元) Gross Domestic Product (100 million yuan)	第一产业 Primary Industry	第二产业 Secondary Industry	第三产业 Tertiary Industry	工业 Industry	人均生产总值(元) Per capita GDP (yuan)
1978	123.72	47.09	53.52	23.11	46.97	332
1979	157.75	67.56	64.07	26.12	55.59	418
1980	179.92	64.61	84.07	31.24	73.71	472
1981	204.86	69.06	94.68	41.12	84.08	532
1982	234.01	84.88	98.44	50.69	87.21	600
1983	257.09	82.89	113.12	61.08	102.55	652
1984	323.25	104.40	141.48	77.37	127.91	813
1985	429.16	123.88	198.91	106.37	178.68	1070
1986	502.47	136.29	230.89	135.29	206.63	1241
1987	606.99	159.41	281.47	166.11	249.69	1482
1988	770.25	195.68	354.39	220.18	315.36	1858
1989	849.44	210.95	386.25	252.24	346.50	2028
1990	904.69	225.04	408.18	271.47	363.74	2143
1991	1089.33	245.22	494.11	350.00	438.36	2564
1992	1375.70	262.67	652.26	460.77	581.73	3209
1993	1925.91	315.97	982.19	627.75	876.26	4459
1994	2689.28	438.65	1395.61	855.02	1243.37	6183
1995	3563.90	549.95	1856.32	1157.63	1650.60	8144
1996	4195.76	594.93	2233.98	1366.85	1989.68	9534
1997	4695.93	618.90	2557.87	1519.16	2293.10	10615
1998	5065.50	609.30	2772.28	1683.92	2495.25	11395
1999	5461.27	606.32	2983.27	1871.68	2693.52	12229
2000	6164.79	630.97	3287.10	2246.72	2964.69	13467
2001	6927.70	659.78	3590.07	2677.85	3205.39	14726
2002	8040.66	685.20	4112.87	3242.59	3670.38	16918
2003	9753.37	717.85	5126.27	3909.25	4501.61	20249
2004	11482.11	803.83	6160.40	4517.87	5428.69	23476
2005	13028.33	881.47	6953.67	5193.19	6177.64	26277
2006	15302.68	913.16	8295.66	6093.87	7418.99	30415
2007	18639.95	969.27	10122.74	7547.94	9093.98	36453
2008	21284.58	1073.30	11512.68	8698.60	10317.04	41061
2009	22833.74	1134.68	11882.36	9816.70	10491.27	43543
2010	27399.85	1322.85	14140.90	11936.10	12432.05	51110
2011	31854.80	1535.20	16271.04	14048.56	14277.77	58398
2012	34382.39	1610.81	17040.53	15731.05	14853.27	62856
2013	37334.64	1718.74	18162.78	17453.12	15835.77	68036
2014	40023.48	1726.57	19580.72	18716.19	16955.25	72730
2015	43507.72	1771.36	20606.55	21129.81	17803.30	78768
2016	47254.04	1890.43	21571.25	23792.36	18661.48	84921
2017	52403.13	1933.92	23246.72	27222.48	20038.67	93186
2018	58002.84	1975.89	25308.13	30718.83	21621.19	101813
2019	62351.74	2097.38	26566.60	33687.76	22840.53	107624

注：1. 本表按当年价格计算。1992年以后人均生产总值均按常住人口计算。
The figures in this table are calculated at current price. The per capita GDP have calculated at permanent residence since 1992.
2. 2019年数据为初步统计数，后表同。
The data in 2019 are preliminary statistics. The same applies to the relevant tables following.

1-6 全省生产总值构成(1978-2019年)
Structure of Gross Domestic Product(1978-2019)

单位:%(%)

年份 Year	生产总值 Gross Domestic Product	第一产业 Primary Industry	第二产业 Secondary Industry	第三产业 Tertiary Industry	工业 Industry
1978	100	38.1	43.3	18.7	38.0
1979	100	42.8	40.6	16.6	35.2
1980	100	35.9	46.7	17.4	41.0
1981	100	33.7	46.2	20.1	41.0
1982	100	36.3	42.1	21.7	37.3
1983	100	32.2	44.0	23.8	39.9
1984	100	32.3	43.8	23.9	39.6
1985	100	28.9	46.3	24.8	41.6
1986	100	27.1	46.0	26.9	41.1
1987	100	26.3	46.4	27.4	41.1
1988	100	25.4	46.0	28.6	40.9
1989	100	24.8	45.5	29.7	40.8
1990	100	24.9	45.1	30.0	40.2
1991	100	22.5	45.4	32.1	40.2
1992	100	19.1	47.4	33.5	42.3
1993	100	16.4	51.0	32.6	45.5
1994	100	16.3	51.9	31.8	46.2
1995	100	15.4	52.1	32.5	46.3
1996	100	14.2	53.2	32.6	47.4
1997	100	13.2	54.5	32.4	48.8
1998	100	12.0	54.7	33.2	49.3
1999	100	11.1	54.6	34.3	49.3
2000	100	10.2	53.3	36.4	48.1
2001	100	9.5	51.8	38.7	46.3
2002	100	8.5	51.2	40.3	45.6
2003	100	7.4	52.6	40.1	46.2
2004	100	7.0	53.7	39.3	47.3
2005	100	6.8	53.4	39.9	47.4
2006	100	6.0	54.2	39.8	48.5
2007	100	5.2	54.3	40.5	48.8
2008	100	5.0	54.1	40.9	48.5
2009	100	5.0	52.0	43.0	45.9
2010	100	4.8	51.6	43.6	45.4
2011	100	4.8	51.1	44.1	44.8
2012	100	4.7	49.6	45.8	43.2
2013	100	4.6	48.6	46.7	42.4
2014	100	4.3	48.9	46.8	42.4
2015	100	4.1	47.4	48.6	40.9
2016	100	4.0	45.6	50.3	39.5
2017	100	3.7	44.4	51.9	38.2
2018	100	3.4	43.6	53.0	37.3
2019	100	3.4	42.6	54.0	36.6

注:本表按当年价格计算。
The figures in this table are calculated at current price.

1-7 按新行业和构成分的全省生产总值(2014-2019年)
Gross Domestic Product by New Sector and Structure(2014-2019)

单位:亿元(100 million yuan)

指标	Item	2014	2015	2016	2017	2018	2019
全省生产总值	**Gross Domestic Product**	**40023.48**	**43507.72**	**47254.04**	**52403.13**	**58002.84**	**62351.74**
按行业分	By Sector						
农、林、牧、渔业	Farming, Forestry, Animal Husbandry and Fishery	1755.99	1803.76	1925.48	1972.84	2019.32	2146.23
工业	Industry	16955.25	17803.30	18661.48	20038.67	21621.19	22840.53
建筑业	Construction	2680.88	2853.74	2959.38	3262.31	3737.56	3779.55
批发和零售业	Wholesale and Retail Trade	4808.82	5290.55	5828.61	6323.62	6852.98	7470.08
交通运输、仓储和邮政业	Transport, Storage and Post	1383.83	1499.48	1605.92	1742.57	1852.77	1962.13
住宿和餐饮业	Hotels and Catering Services	726.08	813.82	889.41	941.31	991.89	1092.28
信息传输、软件和信息技术服务业	Information Transmission Software and Information Technology Services	1310.26	1630.54	2060.89	2599.47	2959.67	
金融业	Banking	2824.43	2956.28	3229.67	3770.57	4506.32	5004.37
房地产业	Real Estate	2141.99	2436.64	2785.18	3511.73	4117.13	4356.88
租赁和商务服务业	Renting and Business Services	943.38	1146.73	1338.64	1482.28	1737.82	
科学研究和技术服务业	Scientific Research and Technic Service	519.04	598.89	720.98	841.86	963.23	
水利、环境和公共设施管理业	Water Conservancy, Environment and Public Facilities Management	241.88	281.16	320.80	309.28	343.14	
居民服务、修理和其他服务业	Service for the Residents, Repair and Others	474.02	506.24	532.18	546.37	577.76	
教育	Education	1091.93	1272.39	1444.43	1662.18	1889.62	
卫生和社会工作	Health Care and Social Work	672.84	881.86	991.86	1206.13	1389.50	
文化、体育和娱乐业	Culture, Sports and Entertainment	279.50	333.77	368.50	405.80	468.79	
公共管理、社会保障和社会组织	Public Administration, Social Security and Social Organization	1213.36	1398.58	1590.63	1786.14	1974.14	
第一产业	Primary Industry	1726.57	1771.36	1890.43	1933.92	1975.89	2097.38
第二产业	Secondary Industry	19580.72	20606.55	21571.25	23246.72	25308.13	26566.60
第三产业	Tertiary Industry	18716.19	21129.81	23792.36	27222.48	30718.82	33687.76
按构成分	By Structure						
劳动者报酬	Remuneration of Laborers	18611.86	21027.28	22669.93	25026.48	28552.75	
生产税净额	Net-taxes on Production	5692.61	5811.53	6244.79	7113.85	6887.49	
固定资产折旧	Depreciation of Fixed Assets	5290.39	6030.05	6231.82	6803.83	8632.14	
营业盈余	Operating Surplus	10428.62	10638.86	12107.5	13458.97	13930.47	

1－8 全省生产总值指数(上年＝100)(1978－2019年)
Indices of Gross Domestic Product (1978－2019)(Preceding year＝100)

(上年＝100)(preceding year＝100)

年份 Year	全省生产总值 Gross Domestic Product	第一产业 Primary Industry	第二产业 Secondary Industry	第三产业 Tertiary Industry	工业 Industry	人均生产总值 Percapita GDP
1978	121.9	118.7	128.6	113.5	126.5	120.5
1979	113.6	110.8	118.0	108.1	117.1	112.3
1980	116.4	97.3	132.0	112.9	133.3	115.2
1981	111.5	104.7	111.3	126.1	113.1	110.4
1982	111.4	116.5	104.9	118.1	104.9	110.0
1983	108.0	93.9	115.5	116.0	118.5	106.8
1984	121.7	119.3	124.0	120.3	124.4	120.7
1985	121.7	101.9	135.3	119.2	135.0	120.7
1986	112.1	104.0	114.0	116.8	114.2	111.0
1987	111.8	101.0	116.8	110.9	116.4	110.6
1988	111.2	99.0	116.3	109.8	117.5	109.9
1989	99.4	100.2	100.8	94.9	101.7	98.4
1990	103.9	102.7	105.2	101.4	105.4	103.1
1991	117.9	107.9	118.2	125.6	118.4	117.2
1992	118.8	100.6	125.2	122.7	126.6	118.1
1993	122.0	104.8	133.2	116.0	135.3	121.1
1994	120.0	104.4	127.5	115.8	128.0	119.2
1995	117.0	107.5	118.7	118.4	118.2	116.3
1996	112.7	104.4	115.5	111.1	115.8	112.0
1997	111.1	104.5	112.9	110.6	113.4	110.6
1998	110.2	103.2	110.8	111.7	111.2	109.7
1999	110.1	103.3	111.4	109.9	111.9	109.6
2000	111.1	104.5	111.8	111.9	112.1	108.4
2001	110.7	104.8	111.1	111.7	111.0	107.7
2002	112.7	104.5	113.4	113.7	113.7	111.5
2003	114.7	103.6	116.8	114.4	115.8	113.2
2004	113.1	103.8	114.9	112.4	115.5	111.4
2005	112.9	101.4	112.9	115.3	113.4	111.4
2006	114.0	103.2	114.6	115.0	114.9	112.3
2007	114.5	98.1	115.7	115.4	116.5	112.7
2008	110.1	104.7	109.4	111.7	110.1	108.6
2009	109.0	102.3	107.0	112.4	105.8	107.8
2010	111.9	103.1	112.4	112.1	112.2	109.4
2011	109.0	103.5	109.1	109.4	109.8	107.1
2012	108.1	101.7	107.3	109.7	106.9	107.8
2013	108.3	100.5	108.2	109.3	108.1	108.0
2014	107.7	101.3	107.8	108.1	107.5	107.4
2015	108.0	101.2	105.9	111.0	105.3	107.6
2016	107.5	102.3	105.9	109.6	106.1	106.7
2017	107.8	102.7	106.3	109.5	107.2	106.6
2018	107.1	101.8	106.3	108.3	107.0	105.8
2019	106.8	102.0	105.9	107.8	107.0	105.0

注：本表按可比价格计算。The figures in this table are caculated at comparable price.

1-9 全省生产总值指数(1978=100)(1978-2019年)
Indices of Gross Domestic Product(1978-2019)(1978=100)

(1978年=100)(1978=100)

年份 Year	全省生产总值 Gross Domestic Product	第一产业 Primary Industry	第二产业 Secondary Industry	第三产业 Tertiary Industry	工业 Industry	人均生产总值 Percapita GDP
1978	100.0	100.0	100.0	100.0	100.0	100.0
1979	113.6	110.8	118.0	108.1	117.1	112.3
1980	132.2	107.9	155.7	122.1	156.0	129.4
1981	147.4	113.0	173.4	154.0	176.5	142.8
1982	164.2	131.6	182.0	181.9	185.1	157.1
1983	177.4	123.6	210.3	211.0	219.2	167.8
1984	216.0	147.5	260.8	253.8	272.6	202.5
1985	262.9	150.3	352.9	302.6	367.9	244.4
1986	294.6	156.2	402.1	353.4	420.2	271.3
1987	329.4	157.8	469.9	392.1	489.2	300.0
1988	366.4	156.3	546.6	430.6	574.9	329.6
1989	364.3	156.7	551.2	408.5	584.8	324.2
1990	378.6	160.9	579.9	414.1	616.7	334.4
1991	446.3	173.6	685.8	520.3	730.1	391.8
1992	530.3	174.7	858.8	638.5	924.3	462.8
1993	647.1	183.1	1143.8	740.8	1250.7	560.4
1994	776.4	191.1	1457.9	857.9	1601.1	667.8
1995	908.3	205.6	1730.2	1015.7	1891.8	776.4
1996	1023.5	214.7	1998.1	1128.7	2190.4	869.9
1997	1137.5	224.3	2255.4	1247.8	2483.0	961.9
1998	1253.8	231.5	2499.6	1394.3	2761.4	1055.0
1999	1380.5	239.1	2785.6	1533.1	3089.3	1156.4
2000	1533.9	249.9	3115.2	1715.4	3461.7	1253.5
2001	1697.8	261.9	3461.3	1916.7	3843.2	1350.1
2002	1913.1	273.6	3926.5	2179.8	4368.0	1505.8
2003	2195.1	283.5	4587.6	2493.5	5056.5	1704.8
2004	2482.8	294.4	5272.6	2803.6	5840.5	1899.0
2005	2804.0	298.5	5953.7	3232.5	6621.9	2115.6
2006	3195.3	308.0	6821.0	3716.2	7608.7	2375.7
2007	3658.3	302.2	7891.1	4288.0	8867.1	2676.3
2008	4026.9	316.3	8631.2	4790.1	9761.6	2906.0
2009	4389.7	323.6	9238.6	5384.4	10325.9	3131.4
2010	4910.1	333.5	10387.2	6036.1	11585.6	3426.2
2011	5350.2	345.1	11330.4	6605.6	12715.7	3669.1
2012	5781.9	351.0	12153.1	7245.6	13592.6	3954.1
2013	6263.8	352.8	13144.9	7918.8	14690.7	4270.0
2014	6744.6	357.5	14169.3	8561.0	15786.1	4584.8
2015	7286.6	361.8	15009.4	9503.7	16629.3	4934.9
2016	7834.8	370.1	15889.6	10414.0	17647.3	5267.0
2017	8444.0	380.2	16896.2	11406.2	18911.8	5617.0
2018	9047.2	387.2	17960.5	12353.7	20229.4	5940.7
2019	9658.0	394.9	19024.3	13320.1	21645.4	6236.1

注：本表按可比价格计算。The figures in this table are calculated at comparable price.

1-10 按新行业分的第三产业增加值指数(上年=100)
Indices of Value-added of the Tertiary Industry by New Sector(Preceding year =100)

(上年=100)(preceding year=100)

行业	Sector	2014	2015	2016	2017	2018	2019
总计	**Total**	**108.1**	**111.0**	**109.6**	**109.5**	**108.3**	**107.8**
批发和零售业	Wholesale and Retail Trade	110.1	109.0	107.7	106.6	104.7	106.3
交通运输、仓储和邮政业	Transport,Storage and Post	107.5	107.1	105.6	106.6	105.0	106.0
住宿和餐饮业	Hotels and Catering Services	108.4	106.3	104.8	102.7	102.4	106.2
信息传输、软件和信息技术服务业	Information Transmission Software and Information Technology Services	121.1	122.8	123.3	120.6	112.4	
金融业	Banking	102.9	108.3	107.0	111.3	112.5	110.2
房地产业	Real Estate	100.9	111.8	110.7	112.6	110.3	105.0
租赁和商务服务业	Renting and Business Services	111.9	116.2	113.2	106.1	111.5	
科学研究和技术服务业	Scientific Research and Technic Service	114.0	111.0	116.5	110.6	110.5	
水利、环境和公共设施管理业	Water Conservancy,Environment and Public Utility	107.3	110.9	111.0	94.3	108.0	
居民服务、修理和其他服务业	Service for the Residents and Others	97.8	102.8	101.3	97.7	102.8	
教育	Education	110.9	114.2	109.1	111.6	109.0	
卫生和社会工作	Health Care and Social Work	120.2	116.7	111.0	115.5	109.1	
文化、体育和娱乐业	Culture,Sports and Entertainment	107.6	115.8	108.4	106.8	113.5	
公共管理、社会保障和社会组织	Public Security,Social Security and Social Organization	104.1	112.6	108.2	107.8	105.6	

1-11 按支出法计算的全省生产总值(2013-2018年)
Gross Domestic Product Calculated by Expenditure Approach(2013-2018)

单位:亿元(100 million yuan)

指标	Item	2013	2014	2015	2016	2017	2018
全省生产总值	**Gross Domestic Product Calculated with Expenditure Approach**	**37334.64**	**40023.48**	**43507.72**	**47254.04**	**52403.13**	**58002.84**
最终消费	**Final Consumption**	**17741.26**	**19365.73**	**20929.80**	**22754.33**	**26120.51**	**28957.75**
居民消费	Resident Consumption	13593.16	14794.82	15858.82	17109.35	19677.86	21784.20
城镇居民	Urban	10505.55	11412.81	12038.61	12991.17	15130.32	16879.41
农村居民	Rural	3087.61	3382.01	3820.21	4118.18	4547.54	4904.79
政府消费	Government Consumption	4148.10	4570.91	5070.98	5644.98	6442.65	7173.55
资本形成总额	**Total Capital Formation**	**16699.37**	**17677.39**	**19507.01**	**21393.84**	**22758.05**	**25052.98**
固定资本形成总额	Fixed Capital Formation	15713.74	16851.05	18841.00	20677.81	21645.68	23475.91
存货增加	Changes in Inventories	985.63	826.34	666.01	716.03	1112.37	1577.07
货物和服务净出口	**Net Export**	**2894.01**	**2980.36**	**3070.91**	**3105.87**	**3524.57**	**3992.11**

1-12 总产出(2014-2018年)
Total Output(2014-2018)

单位:亿元(100 million yuan)

指标	Item	2014	2015	2016	2017	2018
总产出	**Total Output**	**140126.03**	**146094.66**	**149775.10**	**159183.25**	**168319.34**
第一产业	Primary Industry	2713.66	2780.50	2968.10	3015.22	3070.04
第二产业	Secondary Industry	99798.46	100216.29	99756.41	102746.39	103357.45
第三产业	Tertiary Industry	37613.91	43097.87	47050.59	53421.64	61891.85
工业	Industry	86297.10	85778.75	84615.20	86173.26	87124.65

注:本表按当年价格计算。The figures in this table are calculated at current price.

1－13 居民消费水平和指数(1978－2018 年)
Resident Consumption Level and Its Indices(1978－2018)

单位:%(%)

年份 Year	居民总消费水平(元/人) Resident Consumption level (yuan/person)	农村居民总消费水平 Rural Resident	城镇居民总消费水平 Urban Resident	居民总消费水平指数 Indices of Resident Consumption Level	农村居民消费水平指数 Rura Resident	城镇居民消费水平指数 Urban Resident
1978	193	164	410	100.0	100.0	100.0
1979	218	183	466	112.1	111.1	110.6
1980	240	198	511	120.1	119.6	111.0
1981	317	271	595	156.2	161.6	127.0
1982	354	305	630	173.4	181.4	132.0
1983	383	328	672	184.3	192.8	137.0
1984	439	369	788	206.7	213.5	154.9
1985	580	472	1063	237.6	238.7	181.4
1986	702	558	1283	270.5	266.1	206.1
1987	828	655	1492	295.2	293.4	216.1
1988	1070	829	1959	314.6	309.8	229.9
1989	1186	914	2145	293.7	285.6	215.5
1990	1227	930	2235	297.5	285.2	220.0
1991	1353	1005	2493	317.7	303.4	232.5
1992	1528	1091	2882	335.6	314.5	245.9
1993	1850	1244	3608	351.2	325.1	253.6
1994	2536	1654	4920	389.0	348.7	282.4
1995	3217	2053	6141	423.2	374.0	301.9
1996	3906	2486	7268	473.5	423.7	325.4
1997	4233	2665	7649	496.8	444.8	330.0
1998	4397	2774	7607	515.1	466.5	326.6
1999	4539	2845	7566	534.7	485.6	326.6
2000	5099	3278	8020	587.5	547.9	339.1
2001	5551	3621	8404	641.2	605.3	356.8
2002	6098	4012	8839	711.6	675.3	379.8
2003	7033	4504	9907	810.6	737.4	423.5
2004	8174	4918	11772	912.3	769.7	489.6
2005	9558	5439	13843	1024.7	831.9	548.3
2006	11099	6999	14287	1160.8	1050.2	550.8
2007	12730	7202	16926	1295.1	1059.4	633.4
2008	14264	7881	19002	1413.4	1126.8	693.1
2009	15867	8571	21204	1588.6	1241.1	781.2
2010	18274	10273	23655	1755.0	1428.1	835.7
2011	21346	12371	26856	1942.6	1622.0	900.3
2012	22845	13724	28259	2059.5	1764.5	941.1
2013	24771	15458	30101	2211.4	1951.4	995.3
2014	26885	17281	32186	2373.0	2161.4	1051.6
2015	28712	19953	33359	2515.7	2398.5	1093.0
2016	30747	22028	35159	2651.0	2608.6	1133.2
2017	34992	24885	39858	2842.0	2733.6	1215.7
2018	38238	27291	43283	3052.9	2921.2	1300.8

注:本表绝对数按当年价格计算,指数按可比价格计算。
The absolute figures in this table are calculated at current price, while the indices are calculated at comparable price.

1－14 按机构类型和登记注册类型分组的法人单位数
Number Of Corporation Units by Types of Organization and Registration

单位:个(unit)

指标名称	Item	法人单位数 Number Of Corporation Units		单产业法人 Containing Single Industrial Activity		多产业法人 Containing Multiple Industrial Activity	
		2018	2019	2018	2019	2018	2019
总计	**Total**	**1610874**	**1905546**	**1579299**	**1870514**	**31575**	**35032**
按机构类型分组	**by Type of Organization**						
企业	Enterprise	1408417	1719819	1378011	1686152	30406	33667
事业单位	Public Institution	28652	28654	28126	28114	526	540
机关	Office	7575	7848	7180	7389	395	459
社会团体	Social Group	19586	20317	19584	20299	2	18
民办非企业单位	Private Non－enterprise Unit	24401	29712	24396	29701	5	11
基金会	Foundation	517	547	517	547		
居委会	Neighborhood Committees	4514	4492	4512	4463	2	29
村委会	Villagers Committee	26904	26250	26875	26092	29	158
农民专业合作社	Farmer specialized cooperative	52707	38008	52546	37897	161	111
农村集体经济组织	Rural collective economic organization	25998	17880	25968	17851	30	29
其他组织机构	Others	11603	12019	11584	12009	19	10
按登记注册类型分组	**by Registered Type**						
内资	Domestic Funded Enterprises	1592927	1880666	1562204	1846762	30723	33904
国有	State-owned Enterprises	42018	42063	40743	40795	1275	1268
集体	Collective Owned Enterprises	33794	27429	33457	27057	337	372
股份合作	Cooperative Enterprises	6319	8532	6111	8301	208	231
联营	Joint Ownership Enterprises	446	394	437	392	9	2
国有联营	State Joint Ownership Enterprises	30	27	28	27	2	
集体联营	Collective Joint Ownership Enterprises	156	103	152	102	4	1
国有与集体联营	State-collective Joint Enterprises	43	40	42	40	1	
其他联营	Other Joint Ownership Enterprises	217	224	215	223	2	1
有限责任公司	Limited Liability Corporations	71101	42282	66715	39076	4386	3206
国有独资公司	State Sole Funded Corporations	4510	4514	4033	4043	477	471
其他有限责任公司	Other Limited Liability Corporations	66591	37768	62682	35033	3909	2735

续表　Continued

单位:个(unit)

指标名称	Item	法人单位数 Number Of Corporation Units		单产业法人 Containing Single Industrial Activity		多产业法人 Containing Multiple Industrial Activity	
		2018	2019	2018	2019	2018	2019
股份有限公司	Share-holding Corporations Ltd.	10352	3658	9031	2657	1321	1001
私营	Private Enterprises	1302170	1639282	1279188	1611785	22982	27497
私营独资	Private Funded Enterprises	134286	133744	133156	132611	1130	1133
私营合伙	Private Partnership Corporations	44540	49467	44306	49264	234	203
私营有限责任公司	Private Limited Liability Corporations	1114358	1449185	1093149	1423578	21209	25607
私营股份有限公司	Private Share-holding Corporations Ltd.	8986	6886	8577	6332	409	554
其他内资	others	126727	117026	126522	116699	205	327
港、澳、台商投资企业	Funded by Enterpreneurs From Hong Kong Macao and Taiwan	7149	9213	6758	8760	391	453
与港澳台商合资经营	Joint-venture Enterprises	2911	3527	2754	3349	157	178
与港澳台商合作经营	Cooperation Enterprises From Hong Kong,Macao and Taiwan	86	61	83	59	3	2
港澳台商独资	Enterprises with Sole Hong Kong, Macao and Taiwan	3918	5533	3706	5278	212	255
港澳台商投资股份有限公司	Share-holding Corporations Ltd. with Funds From Hong Kong, Macao and Taiwan	128	64	116	51	12	13
其他港、澳、台商投资	Others	106	28	99	23	7	5
外商投资	Foreign Funded Enterprises	10798	15667	10337	14992	461	675
中外合资经营	Joint-venture Enterprises	3484	4772	3290	4541	194	231
中外合作经营	Cooperation Enterprises	73	68	70	63	3	5
外资企业	Enterprises With Sole Foreign Investment	5647	9404	5420	8998	227	406
外商投资股份有限公司	Foreign Investment Share – holding Corporations Ltd.	190	156	169	130	21	26
其他外商投资	Others	1404	1267	1388	1260	16	7

注:2017 年包含在部门注册而未经营的统计基本单位名录库单位,2018 年仅包含年内有经营活动的单位。
In 2017, this table includes the basic statistical units registered by the Department but not operated, and in 2018 only the units with operational activities in the year.

1－15 按行业分的法人单位数(2019 年)
Number Of Corporation Units by Sector(2019)

单位:个(unit)

行业	Sector	法人单位数 Number Of Corporation Units	单产业法人 Containing Single Industrial Activity	多产业法人 Containing Multiple Industrial Activity
总计	**Total**	**1905546**	**1870514**	**35032**
按国民经济行业分组	**By Sector**			
农、林、牧、渔业	Farming, Forestry, Animal Husbandry and Fishery	48825	48596	229
农业	Farming	30162	30059	103
林业	Forestry	4722	4702	20
畜牧业	Animal Husbandry	5507	5461	46
渔业	Fishery	5337	5300	37
农、林、牧、渔专业及辅助性活动	Services	3097	3074	23
采矿业	Ming and Quarrying	856	844	12
煤炭开采和洗选业	Coal Mining and Dressing	2	2	
石油和天然气开采业	Petroleum and Natural Gas Extraction	1	1	
黑色金属矿采选业	Ferrous Metals Mining and Dressing	23	22	1
有色金属矿采选业	Nonferrous Metals Mining and Dressing	48	47	1
非金属矿采选业	Nonmetal Minerals Mining and Dressing	766	756	10
开采专业及辅助性活动	Supplementary Activities for Mining	5	5	
其他采矿业	Other Minerals Mining and Dressing	11	11	
制造业	Manufacturing	454679	449213	5466
农副食品加工业	Non－staple Food Processing	4964	4792	172
食品制造业	Food Manufacturing	3292	3143	149
酒、饮料和精制茶制造业	Wine, Soft Drinks and Refined Tea Manufacturing	2704	2593	111
烟草制品业	Tobacco Processing	1		1

续表 1 Continued 单位:个(unit)

行业	Sector	法人单位数 Number Of Corporation Units	单产业法人 Containing Single Industrial Activity	多产业法人 Containing Multiple Industrial Activity
纺织业	Textile Industry	35030	34661	369
纺织服装、服饰业	Garments,Shoes and Hats Manufacturing	32589	32214	375
皮革、毛皮、羽毛及其制品和制鞋业	Leather, Furs, Down and Related Production, Shoes Manufacturing	20090	19859	231
木材加工和木、竹、藤、棕、草制品业	Timber Processing, Bamboo, Cane Palm Fiber and Straw Production	7324	7258	66
家具制造业	Furniture Manufacturing	8127	8032	95
造纸和纸制品业	Papermaking and Paper Products	14232	14147	85
印刷和记录媒介复制业	Printing and Record Medium Reproduction	11584	11410	174
文教、工美、体育和娱乐用品制造业	Cultural,Educational and Sports Goods	24944	24718	226
石油、煤炭及其他燃料加工业	Petroleum Processing,Cooking and Nuclear Fuel Processing	465	455	10
化学原料和化学制品制造业	Raw Chemical Materials and Chemical Production	9098	8929	169
医药制造业	Medical and Pharmaceutical Products	1422	1373	49
化学纤维制造业	Chemical Fiber	1936	1918	18
橡胶和塑料制品业	Rubber and Plastic Production	36621	36360	261
非金属矿物制品业	Nonmetal Mineral Production	13942	13750	192
黑色金属冶炼和压延加工业	Smelting and Pressing of Ferrous Metals	2432	2401	31
有色金属冶炼和压延加工业	Smelting and Pressing of Nonferrous Metals	3251	3206	45
金属制品业	Metal Products	43340	42951	389
通用设备制造业	Ordinary Machinery	56294	55645	649
专用设备制造业	For Special Purpose Equipment Manufacturing	28895	28572	323

续表 2 Continued 单位:个(unit)

行业	Sector	法人单位数 Number Of Corporation Units	单产业法人 Containing Single Industrial Activity	多产业法人 Containing Multiple Industrial Activity
汽车制造业	Automotive Manufacturing	17979	17784	195
铁路、船舶、航空航天和其他运输设备制造业	Railway, shipbuilding, aerospace, and other transportation equipment manufacturing industry	4509	4445	64
电气机械和器材制造业	Electric Equipment and Machinery	40671	40107	564
计算机、通信和其他电子设备制造业	Telecommunications Equipment, Computer and Other Electronic Equipment Manufacturing	12238	12027	211
仪器仪表制造业	Instruments Manufacturing	6363	6252	111
其他制造业	Other Manufacturing	7212	7153	59
废弃资源综合利用业	Comprehensive Utilization of Waste Resources	820	811	9
金属制品、机械和设备修理业	Metal Products, Machinery and Equipment Repair Industry	2310	2247	63
电力、热力、燃气及水生产和供应业	Electricity, Heating Power, Gas and Water Production and Supply	5678	5483	195
电力、热力生产和供应业	Production and Supply of Electricity and Heating Power	4054	3974	80
燃气生产和供应业	Production and Supply of Gas	302	256	46
水的生产和供应业	Production and Supply of Water	1322	1253	69
建筑业	Construction	68107	65495	2612
房屋建筑业	Housing	10797	9922	875
土木工程建筑业	Civil Engineering	15747	14817	930
建筑安装业	Installation	8289	7985	304
建筑装饰、装修和其他建筑业	Building Decoration and Others	33274	32771	503
批发和零售业	Wholesale and Retail Trade	613474	604924	8550
批发业	Wholesale	365508	361508	4000
零售业	Retail Sale	247966	243416	4550
交通运输、仓储和邮政业	Transportation, Storage and Post	39002	37345	1657
铁路运输业	Railway Transpot	29	27	2
道路运输业	Highway Transport	24051	23350	701
水上运输业	Waterway Transport	1442	1350	92

续表 3 Continued 单位:个(unit)

行业	Sector	法人单位数 Number Of Corporation Units	单产业法人 Containing Single Industrial Activity	多产业法人 Containing Multiple Industrial Activity
航空运输业	Air Transport	183	176	7
管道运输业	Pipeline Transport	7	7	
多式联运和运输代理业	Multimodal Transport and Transport Agent Industry	8512	8220	292
装卸搬运和仓储业	Handling and Warehousing Industry	3146	3059	87
邮政业	Postal Services	1632	1156	476
住宿和餐饮业	Hotels and Catering Services	27954	26441	1513
住宿业	Hotels	9984	9591	393
餐饮业	Catering Services	17970	16850	1120
信息传输、软件和信息技术服务业	Information Transmission, Software and Information Technology Services	80749	79592	1157
电信、广播电视和卫星传输服务	Telecommunication, Radio and Television, Satellite Transmission Services	1132	999	133
互联网和相关服务	Internet and Related Services	6875	6777	98
软件和信息技术服务业	Software and Information Technology Services	72742	71816	926
金融业	Banking	15771	14761	1010
货币金融服务	Monetary and Financial Services	1956	1471	485
资本市场服务	Capital Market Services	11850	11788	62
保险业	Insurance	794	376	418
其他金融业	Others	1171	1126	45

续表 4 Continued　　单位:个(unit)

行业	Sector	法人单位数 Number Of Corporation Units	单产业法人 Containing Single Industrial Activity	多产业法人 Containing Multiple Industrial Activity
房地产业	Real Estate	54133	51805	2328
房地产业	Real Estate	54133	51805	2328
租赁和商务服务业	Renting and Business Services	190751	186707	4044
租赁业	Leasing	12691	12435	256
商务服务业	Commercial Services	178060	174272	3788
科学研究和技术服务业	Scientific Research, Technic Service and Geological Prospecting	78934	77044	1890
研究和试验发展	Research and Experiment Development	13221	13096	125
专业技术服务业	Technical Services	36316	34854	1462
科技推广和应用服务业	Promotion and Application of Science and Technology Services	29397	29094	303
水利、环境和公共设施管理业	Water Conservancy, Environment and Public Utility	10103	9840	263
水利管理业	Water Conservancy	996	977	19
生态保护和环境治理业	Ecological Protection and Environmental Management	1581	1540	41
公共设施管理业	Public Facilities	6968	6779	189
土地管理业	Land management industry	558	544	14
居民服务、修理和其他服务业	Service for the Residents, Repair and Others	33452	32550	902
居民服务业	Resident Services	16966	16421	545
机动车、电子产品和日用产品修理业	Motor Vehicles, Electronics and Household Goods Repair Indusiry	10775	10531	244
其他服务业	Other Services	5711	5598	113
教育	Education	46239	44986	1253
教育	Education	46239	44986	1253

续表 5　Continued　单位:个(unit)

行业	Sector	法人单位数 Number Of Corporation Units	单产业法人 Containing Single Industrial Activity	多产业法人 Containing Multiple Industrial Activity
卫生和社会工作	Health Care, Sports and Social Welfare	14637	14099	538
卫生	Health Care	7615	7124	491
社会工作	Social work	7022	6975	47
文化、体育和娱乐业	Culture, Sports and Entertainment	42741	42033	708
新闻和出版业	News and Publishing	356	347	9
广播、电视、电影和录音制作业	Television, Radio, Film and Television Sound Recording Production	8987	8847	140
文化艺术业	Culture and Arts	10051	9962	89
体育	Sports	4550	4317	233
娱乐业	Recreation	18797	18560	237
公共管理、社会保障和社会组织	Public Administration, Social Security and Social Organization	79461	78756	705
中国共产党机关	Communist Party Agencies	921	905	16
国家机构	Government Agencies	15657	15174	483
人民政协、民主党派	The CPPCC, Democratic Parties	298	298	
社会保障	Social Security	205	205	
群众团体、社会团体和其他成员组织	Mass Organizations, Social Groups and Other Members of the Organization	30271	30252	19
基层群众自治组织	Mass Grassroot Organizations	32109	31922	187

1-16 按地区分组的法人单位数(2019 年)
Number Of Corporation Units by Region(2019)

单位:个(unit)

指标名称	Region	法人单位数 Number Of Corporation Units	单产业法人 Containing Single Industrial Activity	多产业法人 Containing Multiple Industrial Activity
按地区分组	**By Region**			
杭州市	Hangzhou	436458	425366	11092
上城区	Shangcheng	15090	14334	756
下城区	Xiacheng	28632	27574	1058
江干区	Jianggan	55620	54152	1468
拱墅区	Gongshu	31390	30360	1030
西湖区	Xihu	46084	44423	1661
滨江区	Bingjiang	25790	25091	699
萧山区	Xiaoshan	80669	79271	1398
余杭区	Yuhang	71920	70331	1589
富阳区	Fuyang	25696	25257	439
临安区	Tonglu	14862	14590	272
桐庐县	Chunan	16830	16601	229
淳安县	Jiande	12788	12478	310
建德市	Linan	11087	10904	183
宁波市	Ningbo	324965	319220	5745
海曙区	Haishu	39962	39074	888
江北区	Jiangbei	24388	23871	517
北仑区	Beilun	46861	46029	832
镇海区	Zhenhai	18382	18087	295
鄞州区	Yinzhou	79814	78172	1642
奉化区	Xiangshan	14873	14632	241
象山县	Ninghai	15640	15407	233
宁海县	Yuyao	16828	16575	253
余姚市	Cixi	29072	28674	398
慈溪市	Fenhua	39145	38699	446
温州市	Wenzhou	252440	247517	4923
鹿城区	Lucheng	35598	34570	1028
龙湾区	Longwan	25095	24511	584
瓯海区	Ohai	21873	21472	401
洞头区	Dongtou	3099	3026	73
永嘉县	Yongjia	22380	22051	329
平阳县	Pingyang	21386	21071	315

续表 1 Continued 单位:个(unit)

指标名称	Region	法人单位数 Number Of Corporation Units	单产业法人 Containing Single Industrial Activity	多产业法人 Containing Multiple Industrial Activity
苍南县	Cangnan	19711	19443	268
文成县	Wencheng	4886	4819	67
泰顺县	Taishun	6384	6295	89
瑞安市	Ruian	32018	31294	724
乐清市	Yueqing	44370	43615	755
龙港市	Longgang	15640	15350	290
嘉兴市	Jiaxing	139601	136841	2760
南湖区	Xuichen	26384	25676	708
秀洲区	Xuizhou	17027	16640	387
嘉善县	Jiashan	16259	16047	212
海盐县	Haiyan	10568	10355	213
海宁市	Haining	25485	24901	584
平湖市	Pinghu	16889	16607	282
桐乡市	Tongxiang	26989	26615	374
湖州市	Huzhou	79049	77842	1207
吴兴区	Wuxing	22780	22254	526
南浔区	NanXun	10833	10720	113
德清县	Deqing	11923	11677	246
长兴县	ChangXing	19820	19653	167
安吉县	Anji	13693	13538	155
绍兴市	Shaoxing	158406	156456	1950
越城区	Yuechen	28009	27420	589
柯桥区	keqiao	46217	45925	292
上虞区	Shangyu	26655	26369	286
新昌县	Xinchang	8636	8420	216
诸暨市	Zhuji	33753	33397	356
嵊州市	Shengzhou	15136	14925	211
金华市	Jinhua	257090	254448	2642
婺城区	Wuchen	22854	22150	704
金东区	JIndong	14267	14067	200
武义县	Wuyi	10262	10101	161
浦江县	Pujiang	12334	12244	90
磐安县	Panan	5258	5197	61
兰溪市	Lanxi	10145	9991	154

续表 2 Continued 单位:个(unit)

指标名称	Region	法人单位数 Number Of Corporation Units	单产业法人 Containing Single Industrial Activity	多产业法人 Containing Multiple Industrial Activity
义乌市	Yiwu	128818	128038	780
东阳市	Dongyang	20834	20544	290
永康市	Yongkang	32318	32116	202
衢州市	Quzhou	39311	38571	740
柯城区	Kechen	12120	11752	368
衢江区	Qujiang	5369	5282	87
常山县	Changshan	4207	4160	47
开化县	Kaihua	3826	3771	55
龙游县	Longyou	6273	6210	63
江山市	Jiangshan	7516	7396	120
舟山市	Zhoushan	26043	25035	1008
定海区	Dinghai	15296	14746	550
普陀区	Putuo	6021	5710	311
岱山县	Daishan	3197	3113	84
嵊泗县	Shengsi	1529	1466	63
台州市	Taizhou	152208	150166	2042
椒江区	Jiaojiang	18962	18471	491
黄岩区	Huangyan	16493	16303	190
路桥区	Luqiao	16535	16334	201
玉环市	Yuhuan	17257	17090	167
三门县	Sanmen	8510	8422	88
天台县	Tiantai	15960	15818	142
仙居县	Xianju	9738	9598	140
温岭市	Wenling	28180	27816	364
临海市	Linhai	20573	20314	259
丽水市	Lishui	39975	39052	923
莲都区	Liandu	8894	8580	314
青田县	Qingtian	6564	6433	131
缙云县	Jinyun	5699	5603	96
遂昌县	Suichang	3498	3404	94
松阳县	Songyang	3243	3166	77
云和县	Yunhe	2751	2721	30
庆元县	Qingyuan	3051	3006	45
景宁县	Jingning	1885	1834	51
龙泉市	Longquan	4390	4305	85

浙/江/统/计/年/鉴

主要统计指标解释

■ 生产总值

是按市场价格计算的国内生产总值的简称。它是一个国家(地区)所有常住单位在一定时期内生产活动的最终成果。生产总值有三种表现形态,即价值形态、收入形态和产品形态。从价值形态看,它是所有常住单位在一定时期内所生产的全部货物和服务价值超过同期投入的全部非固定资产货物和服务价值的差额,即所有常住单位增加值之和;从收入形态看,它是所有常住单位在一定时期内所创造并分配给常住单位和非常住单位的初次分配收入之和;从产品形态看,它是最终使用的货物和服务减去进口货物和服务。在实际核算中,国内生产总值的三种表现形态表现为三种计算方法,即生产法、收入法和支出法。三种方法分别从不同的方面反映国内生产总值及其构成。

■ 三次产业

根据社会生产活动历史发展的顺序对产业结构的划分,产品直接取自自然界的部门称为第一产业,对初级产品进行再加工的部门称为第二产业,为生产和消费提供各种服务的部门称为第三产业。它是世界上通用的产业结构分类,但各国的划分不尽一致。我国的三次产业划分是:

第一产业:农林牧渔业(包括农业、林业、畜牧业、渔业和农林牧渔服务业)。

第二产业:包括采矿业、制造业、电力、燃气、及水的生产和供应业、建筑业。

第三产业:除第一、第二产业以外的其他各业。

■ 支出法国内生产总值

指一个国家(或地区)所有常住单位在一定时期内用于最终消费、资本形成总额,以及货物和服务的净出口总额,它反映本期生产的国内生产总值的使用构成。

■ 最终消费

指常住单位在一定时期内对于货物和服务的全部消费支出,也就是常住单位为满足物质文化和精神生活的需要,从本国经济领土和国外购买的货物和服务的支出;不包括非常住单位在本国经济领土内的消费支出。最终消费分为居民消费和政府消费。

■ 居民消费

指常住住户对货物和服务的全部最终消费指出。居民消费按市场价格计算,既按居民支付的购买者价格计算。购买者价格是购买者取得货物所支付的价格包括购买者支付的运输和商业费用。居民消费除了直接以货币形式购买货物和服务的消费之外,还包括以其他方式获得的货物和服务的消费支出既所谓的虚拟消费支出。居民虚拟消费支出包括以下几种类型:单位以实物报酬及实物转移的形式提供给劳动者的货物和服务;住户生产并由本住户消费了的货物和服务,其中的服务仅指住户的自有住房服务;金融机构提供的金融媒介服务;保险公司提供的保险服务。

■ 政府消费

指政府部门为全社会提供公共服务的消费支出和免费或以较低价格向住户提供的货物和服务的净支出前者等于政府服务的产出价值减去政府单位所获得的经营收入的价值,政府服务的产出价值等于它的经常性业务支出加上固定资产折旧;后者等于政府部门免费或以较低价格向住户提供的货物和服务的市场减去向住户收取的价值。

■ 资本形成总额

指常住单位在一定时期内获得的减去处置的固定资产加存货的变动,包括固定资本形成总额和存货增加。

■ 固定资本形成总额

指常住单位购置、转入和自产自用的固定资产,扣除固定资产的销售和转让,分有形固定资产形成总额和无形固定资产形成总额。有形固定资产形成总额包括一定时期内完成的建筑工程、安装工程和设备工器具(减处置)价值,以及土地改良、新增役种奶毛娱乐用牲畜和新增林木价值。无形固定资产总额包括矿藏的勘探、计算机软件、娱乐和文学艺术品原件等获得减处置。

主要统计指标解释

存货增加

指常住单位存货实物量变动的市场价值，即期末价值减期初价值的差额。存货量增加可以是正值，也可以是负值；正值表示存货上升，负值表示存货下降。它包括生产单位购进的原材料燃料和储备物资等存货，以及生产单位生产的产成品在制品等存货等。

货物和服务净出口

指货物和服务出口减货物和服务进口的差额。出口包括常住单位从非常住单位出售或无偿转让的各种货物和服务的价值；进口包括常住单位从非常住单位购买或无偿得到的各种货物和服务的价值。由于服务活动的提供与使用同时发生，因此服务的进出口业务并不发生出入境现象，一般把常住单位从国外得到的服务作为进口，非常住单位从本国得到的服务作为出口。货物的进口和出口都按离岸价格计算。

劳动者报酬

指劳动者因从事生产活动所获得的全部报酬。包括劳动者获得的各种形式的工资，奖金和津贴，既包括货币形式的，也包括实物形式的；还包括劳动者所享受的公费医疗和医药卫生费上下班交通补贴和单位支付的社会保险费等。对于个体经济来说其所有者所获得的劳动报酬和经营利润不易区分，这两部分统一作为劳动者报酬处理。

生产税净额

指生产税减生产补贴后的余额。生产税指政府对生产单位生产销售和从事经营活动以及因从事生产活动使用某些生产要素（如固定资产土地劳动力）所征收的各种税、附加费和规费。生产补贴和生产税相反，指政府对生产单位的单方面收入转移，因此视为负生产税，包括政策亏损补贴、粮食系统价格补贴、外贸企业出口退税收入等。

固定资产折旧

在一定时期内为弥补固定资产损耗按照核定的固定资产损耗率提取的固定资产折旧，或按国民经济核算统一规定的折旧率虚拟计算的固定资产折旧。它反映了固定资产在当期生产中的转移价值。各类企业和企业化管理的事业单位的固定资产折旧是指实际计提并计入成本费中的折旧费；不计提折旧的政府机关非企业化管理的事业单位和居民住房的固定资产折旧是按照统一规定的折旧率和固定资产原值计算的虚拟折旧。原则上，固定资产折旧应按固定资产的重置价值计算，但是目前我国尚不具备对全社会固定资产进行重估价的基础，所以暂时只能采用上述方法。

营业盈余

指常住单位创造的增加值扣除劳动者报酬生产税净额和固定资产折旧后的余额。它相当于企业的营业利润加上生产补贴，但要扣除从利润中开支的工资和福利等。

ZHEJIANG STATISTICAL YEARBOOK

Explanatory Notes on Main Statistical Indicators

□ Gross Domestic Product(GDP)

refers to gross domestic product calculated at market prices, which is the final products of all resident units in a country(or region) during a certain period of time. Gross domestic product is expressed in three different forms, i.e. value added, income, and products respectively. The form of value added refers to the total value of all products and services produced by all resident units during a certain period of time minus total value of input of materials and services of the nature of non-fixed assets or the summation of the value added of all resident units; the form of income includes all the income created by all resident units and distributed primarily to all resident and non – resident units; the form of products refers to all final goods and services minus imports of goods and services. In the practice of national accounting, gross domestic product is calculated with three approaches, i.e. product approach, income approach, and expenditure approach respectively to reflect gross domestic product and its composition from different aspects.

□ Three Industries

Industry structure has been classified according to the historical sequence of development. Primary industry refers to extraction of natural resources; secondary industry involves processing of primary products; and tertiary industry provides services of various kinds for production and consumption. The above classification is universal although it varies to some extent from country to country. Industry in China comprises:

Primary industry: agriculture, forestry, animal husbandry and fishery, including farming animal husbandry, fishery industry and service industry for farming, animal husbandry and fishery.

Secondary industry: mining, manufacturing, power、steam and water production and supply, construction.

Tertiary industry: all other industries not included in primary or secondary industry.

□ GDP Calculated by Expenditure Approach

refers to total expenditure on final consumption, total capital formation and net export of goods and services by resident units of a country in a certain period of time. It reflects the composition of GDP by its use.

□ Final Consumption

refers to the total expenditure of resident units on final consumption of goods and services in a certain period, namely the expenditure of the resident units for perchases of good and services from domestic economic territory and abroad to meet the requirements of meterial, cultural and spritual life. It excludes the expenditure of non – resident units on consumption in the economic territory of the country. The final consumption is classified into household consumption and government consumption.

□ Households Consumption

refers to the total expenditure of resident households on the final consumption of goods and services. The households consumption is calculated at market prices, namely the purchaser's prices which the households pay; the purchaser's prices of goods are the prices the households pay when they obtain the goods including the transport and commercial expenses paid by the households. In addition to the consumption of goods and services bought by the households directly with money, the expenditure on goods and services obtained by the households in other ways, i.e. the so – called imputed expenditure on consumption, is also included in the households consumption. The imputation expenditure of the households on consumption includes the following types: (a) the goods and services privided to the households by the units in the form of payment in kind and transfer in

EXPLANATORY NOTES ON MAIN STATISTICAL INDICATORS

kind; (b) the goods and services produced and consumed by the households themselves, in which the services refer only to the services provided by the residential buildings owned by the households; (c) the services of financial intermediary provided by the financial institution; (d) the insurance services provided by the insurance companies.

□ Government Consumption

refers to the expenditure on the consumption of the public services provided by the government to the whole society and the net expenditure on the goods and services provided by the government to the households at free charge or lower prices. The former equals to the output value of the government services minus the value of operating income obtained by the government departments. (The output value of the government services equals to its current operating expenditure plus depreciation of fixed assets). The latter equals to the market value of the goods and services provided by the government free of charge or at low prices to the households minus the value received by the government from the households.

□ Total Capital Formation

refers to the fixed assets acquired minus those disposed and the change in inventory including the total fixed assets formation and the increase in inventory.

□ Total Fixed Capital Formation

refers to the value of fixed assets purchased, transferred in by the resident units and those produced and used by themselves deducting the value of fixed assets sold and transferred out. It can be classfied into total tangible assets formation and total intangible asset formation. The total tangible assets formation and total intangible assets formation. The total tangible assets formation include the value of construction projects, installation projects completed and the equipment apparatus and instruments purchasedas well as the value of land improved, the value of draught animals, breeding stock, milk, wool and recreational animals and the newly increased economic forest in a certain period. The total ingangible assets formation includesthe prospecting of minerals, the acquisition of computer software, the orginals of recreational works and works of literature and arts minus the disposal of them.

□ Increase in Inventory

refers to the market value of the change in inventory, i. e. the difference of value between the beginning and the end of the period. The increase in inventory can be positive or negative. A positive value indicates the increase in inventory while a negative value indicates the decrease in stock. The inventory includes the raw materials, fuels, and reserve materials purchased by the production units as well as the inventory of finished products, semifinished products work – in – progress, ect.

□ Net Export of Goods and Services

refers to the difference of the exports of goods and services minus the imports of goods and services. The imports include the value of various goods and services sold or gratuitously transferred by the resident units to the non – resident units. The imports include the value of various goods and services purchased or gratuitously acquired by the resident units from the non – resident units. Because the provision of services and the use of them happen simultaneously, the import and export of services do not appear to have the phenomena of crossing the border of the country. The acquisition of services by the resident units from abroad is uaually treated as import while the acquisition of services by non – resident units in this country is uaually treated as export. The export and import of goods are calculated at FOB.

□ Labourer's Remuneration

refers to the whole payment of various forms earned by the labourers from the productive activities they are engaged in. It includes wages, bonuses and allowances the labourers earned in monetary form and in kind. It also includes the free medical services provided to the labourers and the medicine expenses, traffic subsidies and social insurance free paid by the labourers' working units for them. As the individual economy is concerned, since the labourers' remuneration is not easily distingushed from the operating profit, both are treated as labourers remuneration.

EXPLANATORY NOTES ON MAIN STATISTICAL INDICATORS

□ Net Taxes on Production

refers to the residual of the taxes on production minus the subsidies on production. The taxes on production refer to the various taxes, extra charges and fees levied on the production units on their production, sail and business activities as well as on some factors of production, such as fixed assets, land and labour force, used in the production activities they are engaged in. In contrast to the taxes on production, the subsidies on production refer to the unilateral transfer of part of the government's revenue to the production units and is therefore regarded as negative taxes on production. They include sunsidies on the loss due to implementation of government policies, price subsidies to the grain institutions, foreign trade corporations' receipts from drawback, ect.

□ Depreciation of Fixed Assets

refers to the depreciation of fixed assets of a given period, drawn in accordance with the stipulated depreciation rate for purpose of compensating the wear loss of the fixed assets of the depreciation of fixed assets calculated in a fictitious way in accordance with the stipulated unified depreciation rate in the national economic accounting system. It reflects the value of transfer of the fixed assets in the production of the current period. The depreciation of fixed assets in various enterprises and institutions managed as enterprises refers to the depreciation expenses actually drawnand calculated as part of the cost. In government agencies and institutions not managed as enterprises which do not draw the depreciation expenses, as well as for the house of residents, the depreciation of fixed assets is the imputed depreciation, which is calculated in accordance with the stipulated unified depreciation rate. In principle, the depreciation of fixed assets should bs calculated on the basis of the repurchased value of the fixed assets. However, there is no actual condition to reevaluated all the fixed assets in China. Therefore, the abovementioned methods are temporarily adopted at present.

□ Operating Surplus

refers to the balance of the value added created by the resident units deducting the laboures' remuneration, net taxes on production and the depreciation of fixed assets. It is equivalent to the business profit of the enterprises plus subsidies on production, but the wages and welfare expenses paid from the profits should be deducted.

2020 浙江统计年鉴

ZHEJIANG STATISTICAL YEARBOOK

人口和就业人员

Population and Employment

2-1 历年总户数和总人口数(年底数)
Total Population and Households(year-end)

年份 Year	总户数(万户) Total Households (10000 households)	总人口数(万人) Total Population (10000 persons)	按性别分 By Sex	
			男性 Male	女性 Female
1978	897.62	3750.96	1948.29	1802.67
1979	905.32	3792.33	1967.40	1824.93
1980	923.58	3826.58	1985.59	1840.99
1981	965.92	3871.51	2007.55	1863.96
1982	990.66	3924.32	2034.98	1889.34
1983	1014.03	3963.10	2056.06	1907.04
1984	1038.85	3993.09	2071.46	1921.63
1985	1081.20	4029.56	2090.69	1938.87
1986	1122.09	4070.07	2112.05	1958.02
1987	1167.30	4121.19	2137.38	1983.81
1988	1211.08	4169.85	2161.26	2008.59
1989	1240.41	4208.88	2180.83	2028.05
1990	1259.49	4234.91	2193.71	2041.20
1991	1276.80	4261.37	2206.65	2054.72
1992	1297.81	4285.91	2218.72	2067.19
1993	1311.07	4313.30	2232.72	2080.58
1994	1321.54	4341.20	2246.57	2094.63
1995	1339.82	4369.63	2259.54	2110.09
1996	1353.99	4400.09	2273.54	2126.55
1997	1369.79	4422.28	2282.85	2139.43
1998	1389.44	4446.86	2293.29	2153.57
1999	1410.25	4467.46	2302.64	2164.82
2000	1440.40	4501.22	2316.54	2184.68
2001	1447.67	4519.84	2323.87	2195.97
2002	1466.19	4535.98	2330.30	2205.68
2003	1485.72	4551.58	2335.61	2215.97
2004	1509.29	4577.22	2345.26	2231.96
2005	1534.16	4602.11	2354.19	2247.91
2006	1556.53	4629.43	2364.97	2264.46
2007	1578.85	4659.34	2377.12	2282.22
2008	1595.70	4687.85	2388.98	2298.87
2009	1604.17	4716.18	2400.16	2316.02
2010	1607.86	4747.95	2413.13	2334.83
2011	1618.04	4781.31	2426.93	2354.38
2012	1616.25	4799.34	2433.68	2365.66
2013	1622.44	4826.89	2445.04	2381.86
2014	1630.49	4859.18	2458.69	2400.49
2015	1642.42	4873.34	2462.76	2410.58
2016	1652.99	4910.85	2479.23	2431.62
2017	1672.00	4957.63	2499.50	2458.13
2018	1694.80	4999.84	2517.95	2481.89
2019	1715.29	5038.91	2535.05	2503.87

注：本表资料为公安年报数。
Data in this table refers to the data from the annual reports of the Bureau of Public Security.

2-2 各市、县总户数和总人口数(2019 年底)
Total Households and Population by City and County(End of 2019)

地区	Region	总户数（户）Total Households (household)	总人口数（人）Total Population (person)	按性别分 By Sex	
				男性 Male	女性 Female
合计	**Zhejiang**	**17152866**	**50389122**	**25350465**	**25038657**
杭州市	Hangzhou	2481448	7953740	3942625	4011115
市辖区	District	2010114	6565571	3243886	3321685
上城区	Shangcheng	111586	319039	158142	160897
下城区	Xiacheng	132502	423678	208085	215593
江干区	Jianggan	198458	641610	317414	324196
拱墅区	Gongshu	139808	396799	195884	200915
西湖区	Xihu	216430	768457	383157	385300
滨江区	Bingjiang	76551	278241	140541	137700
萧山区	Xiaoshan	390685	1348413	661176	687237
余杭区	Yuhang	337057	1161786	567602	594184
富阳区	Fuyang	218125	688075	344408	343667
临安区	Tonglu	188912	539473	267477	271996
桐庐县	Chunan	149452	418803	208160	210643
淳安县	Jiande	146895	458669	231966	226703
建德市	Linan	174987	510697	258613	252084
宁波市	Ningbo	2366343	6084707	3008088	3076619
市辖区	District	1198515	3008629	1474191	1534438
海曙区	Haishu	253617	633478	309163	324315
江北区	Jiangbei	109990	262756	127936	134820
北仑区	Beilun	172624	429661	208689	220972
镇海区	Zhenhai	109757	271619	133577	138042
鄞州区	Yinzhou	369461	930518	453951	476567
奉化区	Fenhua	183066	480597	240875	239722
象山县	Xiangshan	182123	546628	276299	270329
宁海县	Ninghai	241163	633918	326564	307354
余姚市	Yuyao	327148	835927	411639	424288
慈溪市	Cixi	417394	1059605	519395	540210
温州市	Wenzhou	2411657	8323647	4308580	4015067
市辖区	District	537009	1744109	873905	870204
鹿城区	Luchen	269095	785503	385653	399850
龙湾区	Longwan	84257	340465	176033	164432
瓯海区	Ohai	132163	463236	232977	230259
洞头区	Dongtou	51494	154905	79242	75663
永嘉县	Yongjia	299750	987881	525308	462573
平阳县	Pingyang	241507	884456	459043	425413
苍南县	Cangnan	336022	1350322	708408	641914

续表 1 Continued

地区	Region	总户数（户）Total Households (household)	总人口数（人）Total Population (person)	按性别分 By Sex	
				男性 Male	女性 Female
文成县	Wenchen	142369	410794	217556	193238
泰顺县	Taishun	130507	372968	193809	179159
瑞安市	Ruian	336158	1258202	644692	613510
乐清市	Yueqing	388335	1314915	685859	629056
嘉兴市	Jiaxing	1131390	3636987	1777492	1859495
市辖区	District	318736	938383	458315	480068
南湖区	Xuichen	191144	526576	257878	268698
秀洲区	Xuizhou	127592	411807	200437	211370
嘉善县	Jiashan	132495	405272	197937	207335
海盐县	Haiyan	127921	382882	188019	194863
海宁市	Haining	197863	702549	342384	360165
平湖市	Pinghu	160625	503225	245047	258178
桐乡市	Tongxiang	193750	704676	345790	358886
湖州市	Huzhou	874904	2675698	1319543	1356155
市辖区	District	355685	1123138	550067	573071
吴兴区	Wuxing	213308	632730	309672	323058
南浔区	NanXun	142377	490408	240395	250013
德清县	Deqing	134922	443083	217708	225375
长兴县	ChangXing	229723	637302	318170	319132
安吉县	Anji	154574	472175	233598	238577
绍兴市	Shaoxing	1617669	4478657	2228701	2249956
市辖区	District	788297	2236505	1095313	1141192
越城区	Yuechen	272236	769054	375476	393578
柯桥区	keqiao	230518	688003	336171	351832
上虞区	Shangyu	285543	779448	383666	395782
新昌县	Xinchang	170268	433707	221881	211826
诸暨市	Zhuji	405426	1084321	541320	543001
嵊州市	Shengzhou	253678	724124	370187	353937
金华市	Jinhua	1924142	4919333	2491687	2427646
市辖区	District	383820	995716	494825	500891
婺城区	Wuchen	243906	654905	324962	329943
金东区	JIndong	139914	340811	169863	170948
武义县	Wuyi	133689	345517	175135	170382
浦江县	Pujiang	138145	401781	208721	193060
磐安县	Panan	87797	212355	109569	102786
兰溪市	Lanxi	214494	658025	339576	318449
义乌市	Yiwu	370715	836093	419452	416641
东阳市	Dongyang	351376	850620	429461	421159

续表 2　Continued

地区	Region	总户数 (户) Total Households (household)	总人口数 (人) Total Population (person)	按性别分 By Sex	
				男性 Male	女性 Female
永康市	Yongkang	244106	619226	314948	304278
衢州市	Quzhou	964336	2576325	1313142	1263183
市辖区	District	345356	853403	431029	422374
柯城区	Kechen	181016	441191	220249	220942
衢江区	Qujiang	164340	412212	210780	201432
常山县	Changshan	124002	343587	177827	165760
开化县	Kaihua	122771	361841	186325	175516
龙游县	Longyou	167684	401984	202755	199229
江山市	Jiangshan	204523	615510	315206	300304
舟山市	Zhoushan	374330	965990	475633	490357
市辖区	District	267722	715176	352373	362803
定海区	Dinghai	156120	399382	196215	203167
普陀区	Putuo	111602	315794	156158	159636
岱山县	Daishan	76538	176425	87055	89370
嵊泗县	Shengsi	30070	74389	36205	38184
台州市	Taizhou	1919363	6066384	3095077	2971307
市辖区	District	505951	1633126	816278	816848
椒江区	Jiaojiang	176230	555576	277590	277986
黄岩区	Huangyan	196715	616149	308040	308109
路桥区	Luqiao	133006	461401	230648	230753
玉环市	Yuhuan	142464	436589	220443	216146
三门县	Sanmen	152351	447209	233813	213396
天台县	Tiantai	196009	602932	313659	289273
仙居县	Xianju	144103	519629	268872	250757
温岭市	Wenling	404234	1222068	618202	603866
临海市	Linhai	374251	1204831	623810	581021
丽水市	Lishui	1087284	2707654	1389897	1317757
市辖区	District	197589	417224	208616	208608
莲都区	Liandu	197589	417224	208616	208608
青田县	Qingtian	200375	571495	295952	275543
缙云县	Jinyun	207711	470086	241729	228357
遂昌县	Suichang	85761	230121	118796	111325
松阳县	Songyang	97000	240578	124104	116474
云和县	Yunhe	42625	114203	58691	55512
庆元县	Qingyuan	89594	203952	105274	98678
景宁自治县	Jingning	67718	170209	89079	81130
龙泉市	Longquan	98911	289786	147656	142130

注：本表资料为公安年报数。
Data in this table refers to the data from the annual reports of the Bureau of Public Security.

2-3 人口自然变动情况(1978-2019年) Natural Population Changes(1978-2019)

年份 Year	年末常住人口(万人) Total Population with Permanent Residence (10000 persons)	出生 Birth 人数(万人) Population (10000 persons)	出生 Birth 出生率(‰) Birth Rate(‰)	死亡 Death 人数(万人) Population (10000 persons)	死亡 Death 死亡率(‰) Death Rate(‰)	自然增长 Natural Growth 人数(万人) Population (10000 persons)	自然增长 Natural Growth 自然增长率(‰) Natural Growth Rate(‰)
1978		67.75	18.17	21.75	5.83	46.00	12.34
1979		67.82	17.98	22.23	5.89	45.59	12.09
1980		59.40	15.59	23.97	6.29	35.43	9.30
1981		69.00	17.93	24.12	6.27	44.89	11.66
1982		71.38	18.31	23.17	5.94	48.21	12.37
1983		62.66	15.89	25.13	6.37	37.53	9.52
1984		49.80	12.52	23.82	5.99	25.97	6.53
1985		50.59	12.61	24.25	6.05	26.34	6.56
1986		64.64	15.96	24.06	5.94	40.58	10.02
1987		69.67	17.01	28.34	6.92	41.33	10.09
1988		64.42	15.54	26.32	6.35	38.10	9.19
1989		63.68	15.20	26.85	6.41	36.83	8.79
1990	4238.00	64.75	15.33	26.65	6.31	38.10	9.02
1991	4269.50	61.59	14.48	27.18	6.39	34.41	8.09
1992	4304.40	63.10	14.72	28.17	6.57	34.93	8.15
1993	4334.80	58.79	13.61	28.42	6.58	30.37	7.03
1994	4363.70	56.67	13.24	28.25	6.64	28.42	6.60
1995	4389.00	54.52	12.66	29.07	6.75	25.45	5.91
1996	4413.00	53.21	12.09	28.96	6.58	24.25	5.51
1997	4434.80	50.47	11.41	28.66	6.48	21.81	4.93
1998	4456.20	49.57	11.15	28.14	6.33	21.43	4.82
1999	4475.40	47.51	10.64	28.36	6.35	19.15	4.29
2000	4679.91	48.09	10.30	28.63	6.13	19.46	4.17
2001	4728.80	46.14	10.02	28.78	6.25	17.39	3.77
2002	4776.40	46.19	9.98	28.65	6.19	17.54	3.79
2003	4856.80	44.96	9.66	29.70	6.38	15.26	3.28
2004	4925.20	50.12	10.71	26.95	5.76	23.16	4.95
2005	4990.90	54.37	11.10	29.78	6.08	24.59	5.02
2006	5071.80	50.78	10.29	26.75	5.42	24.03	4.87
2007	5154.90	52.11	10.38	27.96	5.57	24.15	4.81
2008	5212.40	51.92	10.20	28.61	5.62	23.31	4.58
2009	5275.50	52.63	10.22	28.79	5.59	23.84	4.63
2010	5446.51	55.08	10.27	29.70	5.54	25.38	4.73
2011	5463.00	51.66	9.47	29.46	5.40	22.20	4.07
2012	5477.00	55.36	10.12	30.20	5.52	25.16	4.60
2013	5498.00	54.93	10.01	29.91	5.45	25.02	4.56
2014	5508.00	57.80	10.51	30.30	5.51	27.50	5.00
2015	5539.00	58.10	10.52	30.40	5.50	27.70	5.02
2016	5590.00	62.40	11.22	30.70	5.52	31.70	5.70
2017	5657.00	67.00	11.92	31.30	5.56	35.70	6.36
2018	5737.00	62.80	11.02	31.80	5.58	31.00	5.44
2019	5850.00	60.90	10.51	32.00	5.52	28.90	4.99

注：1. 本表为人口抽样调查数据。
Data in this table are obtained from the sample survey on population changes.
2. 2001年至2009年末常住人口数据，根据2010年第六次全国人口普查数据进行了修正。
Data of total population with permanent residence from 2001 to 2009 are adjusted according to the Sixth National Population Cencus.

2-4 各市人口自然变动情况
Population Natural Changes by City

单位:‰(‰)

地区	Region	年末常住人口(万人) Population with Permanent Residence (10000 persons)					自然增长率 Natural Growth Rate	
		2000	2010	2017	2018	2019	2018	2019
全 省	**Zhejiang**	**4593.1**	**5442.7**	**5657.0**	**5737.0**	**5850.0**	**5.44**	**4.99**
杭州市	Hangzhou	687.9	870.0	946.8	980.6	1036.0	6.20	6.00
宁波市	Ningbo	596.3	760.6	800.5	820.2	854.2	4.80	4.70
温州市	Wenzhou	755.8	912.2	921.5	925.0	930.0	6.50	5.60
嘉兴市	Jiaxing	358.3	450.2	465.6	472.6	480.0	5.80	5.80
湖州市	Huzhou	262.6	289.4	299.5	302.7	306.0	3.40	3.10
绍兴市	Shaoxing	430.4	491.2	501.0	503.5	505.7	2.50	2.70
金华市	Jinhua	457.2	536.2	556.4	560.4	562.4	6.70	5.70
衢州市	Quzhou	212.9	212.3	218.5	220.9	221.8	4.80	4.20
舟山市	Zhoushan	100.2	112.1	116.8	117.3	117.6	2.70	1.40
台州市	Taizhou	515.4	596.9	611.8	613.9	615.0	5.80	4.80
丽水市	Lishui	216.2	211.7	218.6	219.9	221.3	6.40	5.50

续表 Continued

单位:‰(‰)

地区	Region	出生率 Birth Rate		死亡率 Death Rate		城镇人口比重(%) Percentage of the urban population(%)			
		2018	2019	2018	2019	2010	2017	2018	2019
全 省	**Zhejiang**	**11.02**	**10.51**	**5.58**	**5.52**	**61.6**	**68.0**	**68.9**	**70.0**
杭州市	Hangzhou	11.30	11.10	5.10	5.10	73.3	76.8	77.4	78.5
宁波市	Ningbo	9.50	9.50	4.70	4.80	68.3	72.4	72.9	73.6
温州市	Wenzhou	11.50	10.60	5.00	5.00	66.0	69.7	70.0	70.5
嘉兴市	Jiaxing	11.60	11.60	5.80	5.80	53.3	64.5	66.0	67.4
湖州市	Huzhou	10.10	9.70	6.70	6.60	52.9	62.0	63.5	64.5
绍兴市	Shaoxing	9.00	9.10	6.50	6.40	58.6	65.5	66.6	68.4
金华市	Jinhua	12.40	11.30	5.70	5.60	59.0	66.7	67.7	68.7
衢州市	Quzhou	11.30	10.60	6.50	6.40	44.1	55.7	58.0	60.0
舟山市	Zhoushan	9.10	8.10	6.40	6.70	63.6	67.9	68.1	68.6
台州市	Taizhou	11.90	10.70	6.10	5.90	55.5	62.2	63.0	63.7
丽水市	Lishui	12.50	11.60	6.10	6.10	48.4	59.7	61.5	63.0

注：本表2000、2010年数据为人口普查数据,其余为人口抽样调查数据。
Data in this table are obtained from Population Census in 2000 and 2010, others are obtained from the sample survey on population changes.

2-5 各市、县户籍人口年龄构成(2019年底)
Population by Age, City and County (End of 2019)

单位:人(person)

地区	Region	18岁以下 Age -18		18-35岁 Age 18-35		35-60岁 Age 35-60		60岁以上 Age 60 and over	
		人数 Population	占总人口% Percentage to Total	人数 Population	占总人口% Percentage to Total	人数 Population	占总人口% Percentage to Total	人数 Population	占总人口% Percentage to Total
浙江省	**Zhejiang**	**8673378**	**17.21**	**10102097**	**20.05**	**20087785**	**39.87**	**11525862**	**22.87**
杭州市	Hangzhou	1398979	17.59	1737756	21.85	3012714	37.88	1804291	22.68
杭州市区	District	1194333	18.19	1445424	22.02	2454201	37.38	1471613	22.41
上城区	Shangcheng	39215	12.29	62371	19.55	114640	35.93	102813	32.23
下城区	Xiacheng	55776	13.16	104330	24.62	148638	35.08	114934	27.13
江干区	Jianggan	141949	22.12	149778	23.34	231385	36.06	118498	18.47
拱墅区	Gongshu	71570	18.04	78645	19.82	147683	37.22	98901	24.92
西湖区	Xihu	153149	19.93	183507	23.88	292091	38.01	139710	18.18
滨江区	Bingjiang	64493	23.18	78252	28.12	97519	35.05	37977	13.65
萧山区	Xiaoshan	229552	17.02	284331	21.09	498344	36.96	336186	24.93
余杭区	Yuhang	248422	21.38	255015	21.95	424962	36.58	233387	20.09
富阳区	Fuyang	111375	16.19	141001	20.49	280717	40.80	154982	22.52
临安区	Tonglu	78832	14.61	108194	20.06	218222	40.45	134225	24.88
桐庐县	Chunan	64557	15.41	88173	21.05	164750	39.34	101323	24.19
淳安县	Jiande	67603	14.74	94087	20.51	191411	41.73	105568	23.02
建德市	Linan	72486	14.19	110072	21.55	202352	39.62	125787	24.63
宁波市	Ningbo	924218	15.19	1151184	18.92	2449687	40.26	1559618	25.63
宁波市区	District	488446	16.23	563194	18.72	1201041	39.92	755948	25.13
海曙区	Haishu	95419	15.06	115562	18.24	254456	40.17	168041	26.53
江北区	Jiangbei	43104	16.40	48450	18.44	103605	39.43	67597	25.73
北仑区	Beilun	74626	17.37	81729	19.02	169131	39.36	104175	24.25
镇海区	Zhenhai	48688	17.93	52377	19.28	103591	38.14	66963	24.65
鄞州区	Yinzhou	167665	18.02	177873	19.12	369841	39.75	215139	23.12
奉化区	Fenhua	58944	12.26	87203	18.14	200417	41.70	134033	27.89
象山县	Xiangshan	81779	14.96	99090	18.13	231161	42.29	134598	24.62
宁海县	Ninghai	110741	17.47	118843	18.75	267067	42.13	137267	21.65
余姚市	Yuyao	102534	12.27	161049	19.27	332765	39.81	239579	28.66
慈溪市	Cixi	140718	13.28	209008	19.73	417653	39.42	292226	27.58
温州市	Wenzhou	1646857	19.79	1772225	21.29	3343076	40.16	1561489	18.76
温州市区	District	337713	19.36	333707	19.13	707676	40.58	365013	20.93
鹿城区	Luchen	151142	19.24	138254	17.60	316267	40.26	179840	22.89
龙湾区	Longwan	69210	20.33	70560	20.72	138115	40.57	62580	18.38
瓯海区	Ohai	89645	19.35	94324	20.36	186105	40.17	93162	20.11
洞头区	Dongtou	27716	17.89	30569	19.73	67189	43.37	29431	19.00
永嘉县	Yongjia	198574	20.10	227670	23.05	385168	38.99	176469	17.86
平阳县	Pingyang	165937	18.76	182958	20.69	363757	41.13	171804	19.42
苍南县	Cangnan	274580	20.33	298285	22.09	551648	40.85	225809	16.72

续表 1 Continued 单位:人(person)

地区	Region	18岁以下 Age -18		18-35岁 Age 18-35		35-60岁 Age 35-60		60岁以上 Age 60 and over	
		人数 Population	占总人口% Percentage to Total	人数 Population	占总人口% Percentage to Total	人数 Population	占总人口% Percentage to Total	人数 Population	占总人口% Percentage to Total
文成县	Wenchen	85516	20.82	82934	20.19	166137	40.44	76207	18.55
泰顺县	Taishun	77838	20.87	81001	21.72	149445	40.07	64684	17.34
瑞安市	Ruian	239612	19.04	260398	20.70	514934	40.93	243258	19.33
乐清市	Yueqing	267087	20.31	305272	23.22	504311	38.35	238245	18.12
嘉兴市	Jiaxing	545777	15.01	724877	19.93	1396087	38.39	970246	26.68
嘉兴市区	District	157838	16.82	188351	20.07	356323	37.97	235871	25.14
南湖区	Xuichen	87927	16.70	102747	19.51	201347	38.24	134555	25.55
秀洲区	Xuizhou	69911	16.98	85604	20.79	154976	37.63	101316	24.60
嘉善县	Jiashan	54867	13.54	80756	19.93	154167	38.04	115482	28.49
海盐县	Haiyan	51350	13.41	76322	19.93	151547	39.58	103663	27.07
海宁市	Haining	109152	15.54	135836	19.33	266394	37.92	191167	27.21
平湖市	Pinghu	66774	13.27	99784	19.83	195984	38.95	140683	27.96
桐乡市	Tongxiang	105796	15.01	143828	20.41	271672	38.55	183380	26.02
湖州市	Huzhou	383368	14.33	539977	20.18	1058510	39.56	693843	25.93
湖州市区	District	157981	14.07	223938	19.94	427981	38.11	313238	27.89
吴兴区	Wuxing	100117	15.82	127764	20.19	244235	38.60	160614	25.38
南浔区	NanXun	57864	11.80	96174	19.61	183746	37.47	152624	31.12
德清县	Deqing	60959	13.76	90205	20.36	174031	39.28	117888	26.61
长兴县	ChangXing	93812	14.72	130893	20.54	260422	40.86	152175	23.88
安吉县	Anji	70616	14.96	94941	20.11	196076	41.53	110542	23.41
绍兴市	Shaoxing	646854	14.44	869338	19.41	1791499	40.00	1170966	26.15
绍兴市区	District	325037	14.53	455954	20.39	872524	39.01	582990	26.07
越城区	Yuechen	115561	15.03	152961	19.89	299894	39.00	200638	26.09
柯桥区	keqiao	110256	16.03	147963	21.51	261052	37.94	168732	24.52
上虞区	Shangyu	99220	12.73	155030	19.89	311578	39.97	213620	27.41
新昌县	Xinchang	66399	15.31	77227	17.81	182110	41.99	107971	24.89
诸暨市	Zhuji	159333	14.69	206815	19.07	437398	40.34	280775	25.89
嵊州市	Shengzhou	96085	13.27	129342	17.86	299467	41.36	199230	27.51
金华市	Jinhua	900867	18.31	957854	19.47	1982662	40.30	1077950	21.91
金华市区	District	180659	18.14	177522	17.83	415367	41.72	222168	22.31
婺城区	Wuchen	121410	18.54	114681	17.51	274353	41.89	144461	22.06
金东区	JIndong	59249	17.38	62841	18.44	141014	41.38	77707	22.80
武义县	Wuyi	59619	17.26	65270	18.89	140559	40.68	80069	23.17
浦江县	Pujiang	67854	16.89	80652	20.07	165571	41.21	87704	21.83
磐安县	Panan	38416	18.09	37757	17.78	91086	42.89	45096	21.24
兰溪市	Lanxi	102584	15.59	129804	19.73	266892	40.56	158745	24.12
义乌市	Yiwu	173425	20.74	176850	21.15	319297	38.19	166521	19.92
东阳市	Dongyang	146520	17.23	166973	19.63	343284	40.36	193843	22.79

续表 2 Continued 单位：人(person)

地区	Region	18 岁以下 Age -18		18-35 岁 Age 18-35		35-60 岁 Age 35-60		60 岁以上 Age 60 and over	
		人数 Population	占总人口% Percentage to Total	人数 Population	占总人口% Percentage to Total	人数 Population	占总人口% Percentage to Total	人数 Population	占总人口% Percentage to Total
永康市	Yongkang	131790	21.28	123026	19.87	240606	38.86	123804	19.99
衢州市	Quzhou	450860	17.50	481186	18.68	1059340	41.12	584939	22.70
衢州市区	District	146774	17.20	158277	18.55	346544	40.61	201808	23.65
柯城区	Kechen	77059	17.47	80460	18.24	180508	40.91	103164	23.38
衢江区	Qujiang	69715	16.91	77817	18.88	166036	40.28	98644	23.93
常山县	Changshan	64553	18.79	64141	18.67	143589	41.79	71304	20.75
开化县	Kaihua	65462	18.09	66987	18.51	152134	42.04	77258	21.35
龙游县	Longyou	61753	15.36	74298	18.48	167653	41.71	98280	24.45
江山市	Jiangshan	112318	18.25	117483	19.09	249420	40.52	136289	22.14
舟山市	Zhoushan	112340	11.63	163467	16.92	410539	42.50	279644	28.95
舟山市区	District	92130	12.88	121252	16.95	305663	42.74	196131	27.42
定海区	Dinghai	57581	14.42	69106	17.30	167794	42.01	104901	26.27
普陀区	Putuo	34549	10.94	52146	16.51	137869	43.66	91230	28.89
岱山县	Daishan	14132	8.01	29291	16.60	72506	41.10	60496	34.29
嵊泗县	Shengsi	6078	8.17	12924	17.37	32370	43.51	23017	30.94
台州市	Taizhou	1143032	18.84	1172240	19.32	2463871	40.62	1287241	21.22
台州市区	District	298375	18.27	313159	19.18	662431	40.56	359161	21.99
椒江区	Jiaojiang	108032	19.45	110511	19.89	223980	40.31	113053	20.35
黄岩区	Huangyan	106390	17.27	113233	18.38	250334	40.63	146192	23.73
路桥区	Luqiao	83953	18.20	89415	19.38	188117	40.77	99916	21.65
玉环市	Yuhuan	83922	19.22	78149	17.90	183102	41.94	91416	20.94
三门县	Sanmen	90606	20.26	82881	18.53	187049	41.83	86673	19.38
天台县	Tiantai	119522	19.82	127357	21.12	237313	39.36	118740	19.69
仙居县	Xianju	110918	21.35	104613	20.13	202460	38.96	101638	19.56
温岭市	Wenling	207077	16.94	237738	19.45	499273	40.85	277980	22.75
临海市	Linhai	232612	19.31	228343	18.95	492243	40.86	251633	20.89
丽水市	Lishui	520226	19.21	531993	19.65	1119800	41.36	535635	19.78
丽水市区	District	84115	20.16	81984	19.65	166643	39.94	84482	20.25
莲都区	Liandu	84115	20.16	81984	19.65	166643	39.94	84482	20.25
青田县	Qingtian	118481	20.73	125739	22.00	226878	39.70	100397	17.57
缙云县	Jinyun	90174	19.18	87590	18.63	192744	41.00	99578	21.18
遂昌县	Suichang	37092	16.12	42287	18.38	97513	42.37	53229	23.13
松阳县	Songyang	43621	18.13	46815	19.46	101401	42.15	48741	20.26
云和县	Yunhe	20351	17.82	20971	18.36	49157	43.04	23724	20.77
庆元县	Qingyuan	38974	19.11	40053	19.64	87935	43.12	36990	18.14
景宁自治县	Jingning	34508	20.27	29392	17.27	74573	43.81	31736	18.65
龙泉市	Longquan	52910	18.26	57162	19.73	122956	42.43	56758	19.59

注：本表资料为公安年报数。
Data in this table refer to the data from the annual reports of the Bureau of Public Security.

2-6 计划生育情况 Family Planning

单位:%(%)

地 区	Region	计划生育率 Birth Rate Control				
		2015	2016	2017	2018	2019
合 计	**Zhejiang**	**91.87**	**97.46**	**97.75**	**97.22**	**97.07**
杭州市	Hangzhou	97.00	98.63	98.81	98.63	98.43
宁波市	Ningbo	96.25	97.86	98.54	98.50	98.14
温州市	Wenzhou	86.25	96.70	97.06	95.23	95.95
嘉兴市	Jiaxing	98.43	99.11	98.99	98.79	98.57
湖州市	Huzhou	97.25	98.93	98.88	98.78	98.69
绍兴市	Shaoxing	95.66	98.00	98.21	97.64	97.69
金华市	Jinhua	89.68	97.19	98.25	97.52	96.89
衢州市	Quzhou	88.96	96.22	97.08	96.65	96.52
舟山市	Zhoushan	98.63	99.19	99.29	99.25	98.59
台州市	Taizhou	88.67	95.91	95.85	96.11	94.99
丽水市	Lishui	88.37	96.32	96.21	95.41	94.82

续表 Continued

单位:%(%)

地 区	Region	已婚育龄妇女独生子女领证率 Proportion of Only Child Certificate			
		2015	2016	2017	2018
合 计	**Zhejiang**	**27.58**	**26.43**	**24.87**	**11.17**
杭州市	Hangzhou	36.14	33.49	31.25	3.70
宁波市	Ningbo	35.43	33.96	32.27	2.35
温州市	Wenzhou	14.76	14.21	13.66	1.91
嘉兴市	Jiaxing	50.59	48.12	49.34	22.30
湖州市	Huzhou	34.75	33.30	32.42	27.23
绍兴市	Shaoxing	28.13	27.02	29.44	21.65
金华市	Jinhua	19.97	19.56	8.00	5.27
衢州市	Quzhou	21.11	20.37	21.06	14.80
舟山市	Zhoushan	35.58	34.58	34.23	30.42
台州市	Taizhou	23.35	22.83	21.97	19.74
丽水市	Lishui	19.30	18.92	18.49	17.04

注：本表资料为人口和计划生育部门年报数。
Data in this table refer to the data from the annual reports of the Population and Family Planning Commission.

2-7 就业和失业人员情况(1978-2019年,年底数)
Employed and Unemployed Persons(1978-2019,Year-end)

单位:万人(10000 persons)

年份 Year	就业人员总数 Employed Persons	非私营单位在岗职工合计 Fully Employed Staff and Workers in Non Private Units	国有单位 State-owned Units	集体单位 Collective Owned Units	其他单位 Others	私营、个体和乡村从业人员 Private Enterprises and Rural and Individuals Employed Persons	城镇登记失业率(%) Unemployment Rate in Urban Areas
1978	1794.96	312.89	183.14	129.75		1482.07	7.2
1979	1829.90	339.91	196.78	143.13		1489.99	3.7
1980	1856.42	359.73	208.50	151.23		1496.69	2.7
1981	1954.53	397.35	223.62	155.73		1575.18	1.3
1982	2021.74	374.33	232.29	142.04		1647.41	2.4
1983	2141.16	382.75	237.68	145.07		1758.41	1.8
1984	2248.91	402.51	228.26	172.72	1.53	1846.40	1.1
1985	2318.56	426.57	240.71	183.81	2.05	1891.99	0.8
1986	2386.42	443.04	251.92	188.73	2.39	1943.38	1.2
1987	2444.73	459.65	263.46	192.97	3.22	1985.08	1.6
1988	2502.73	475.74	274.30	196.97	4.47	2026.99	1.5
1989	2522.86	470.12	274.95	189.34	5.83	2052.74	2.1
1990	2554.46	476.02	280.87	189.12	6.03	2078.44	2.2
1991	2579.36	492.81	293.41	191.09	8.31	2080.20	2
1992	2600.38	491.37	297.96	181.62	11.79	2103.33	2.4
1993	2615.89	502.36	300.59	176.12	25.65	2105.20	2.6
1994	2640.51	500.88	294.13	170.42	36.33	2106.78	2.6
1995	2621.47	498.61	294.59	161.89	42.13	2111.89	2.8
1996	2625.06	495.35	290.22	156.25	48.88	2119.20	2.6
1997	2619.66	482.26	285.05	144.53	52.68	2126.47	3
1998	2612.54	455.80	256.61	102.94	96.25	2144.42	3.3
1999	2625.17	427.45	233.15	80.21	114.09	2184.58	3.4
2000	2726.09	398.53	208.19	58.93	131.41	2314.70	3.4
2001	2796.65	372.39	185.36	41.28	145.75	2409.63	3.7
2002	2858.56	367.14	179.67	35.49	151.98	2466.84	4
2003	2918.74	373.21	170.40	30.53	172.28	2517.93	3.7
2004	2991.95	447.47	176.44	36.05	234.98	2527.39	4.1
2005	3100.76	522.93	177.93	31.17	313.83	2569.64	3.7
2006	3172.38	590.47	182.27	28.51	379.70	2561.54	3.51
2007	3405.01	641.17	185.94	27.68	427.56	2738.32	3.27
2008	3486.53	689.35	186.98	25.30	477.07	2695.33	3.49
2009	3591.98	749.57	191.00	28.10	530.44	2755.07	3.26
2010	3636.02	812.14	196.48	27.60	588.06	2724.12	3.20
2011	3674.11	882.51	195.55	26.54	660.43	2696.94	3.12
2012	3691.24	1022.32	211.20	24.26	786.85	2663.08	3.01
2013	3708.73	1020.58	200.23	20.91	799.44	2658.66	3.01
2014	3714.15	1051.02	202.00	19.20	829.83	2640.01	2.96
2015	3733.65	1027.53	206.17	14.81	806.55	2660.21	2.93
2016	3760.00	1003.06	205.40	14.45	783.21	2714.26	2.87
2017	3796.00	993.49	207.01	15.02	771.46	2738.69	2.73
2018	3836.00	960.08	201.35	14.32	744.41	2781.47	2.60
2019	3875.10	932.62	213.51	8.07	711.04	2821.54	2.52

注:城镇登记失业人员、城镇登记失业率数据来自社会保障部门。
The data of unemployed persons in urban areas and unemployed rate in urban areas refer to the data from the social security department.

2-8 分行业就业人员总数(年末数)
Number of Employed Persons by Sector(Year-end)

单位:万人(10000 persons)

行业	Sector	2015	2016	2017	2018	2019
总 计	**Total**	**3733.65**	**3760.00**	**3796.00**	**3836.00**	**3875.11**
农、林、牧、渔业	Farming, Forestry, Animal Husbandry and Fishery	492.69	466.24	447.90	437.86	406.83
采矿业	Ming and Quarrying	2.61	2.23	1.77	0.84	1.28
制造业	Manufacturing	1400.68	1373.71	1339.24	1350.46	1340.20
电力、热力、燃气及水生产和供应业	Electricity, Gas and Water Production and Supply	13.49	14.58	14.99	14.95	14.33
建筑业	Construction	387.51	391.72	398.59	364.55	408.46
批发和零售业	Wholesale and Retail Trade	517.26	538.41	550.65	570.51	584.12
交通运输、仓储及邮政业	Transport, Storage and Post	151.35	157.92	166.07	173.35	110.41
住宿和餐饮业	Hotels and Catering Services	112.47	115.35	119.88	124.40	147.63
信息传输、软件和信息技术服务业	Information Transmission Software and Information Technology Services	58.47	73.57	90.67	97.80	82.28
金融业	Banking	44.19	48.61	50.50	48.97	53.22
房地产业	Real Estate	42.88	45.16	49.28	52.12	67.11
租赁与商务服务业	Leasing and Commercial Services	98.76	102.15	118.79	135.19	156.44
科学研究和技术服务业	Scientific Research and Technic Service	36.53	42.83	47.52	50.52	67.00
水利、环境和公共设施管理业	Water Conservancy, Environment and Public Utility	18.23	20.73	21.05	21.51	21.02
居民服务、修理和其他服务业	Resident Services, Repair and Other Services	127.78	131.56	136.03	140.85	123.27
教育	Education	72.53	73.77	77.18	79.76	102.39
卫生和社会工作	Health Care and Social Work	46.88	49.75	52.88	55.08	63.34
文化、体育与娱乐业	Culture, Sports and Entertainment	19.57	21.14	21.86	24.61	32.35
公共管理、社会保障和社会组织	Public Security, Social Security and Social Organization	89.77	90.57	91.15	92.67	93.43

2-9 按行业和经济类型分的非私营单位就业人员总数(年末数)
Number of Employed Persons in Non Private Units by Sector and Type of Ownership (Year-end)

单位:万人(10000 persons)

行业	Sector	合计 Total 2017	2018	2019	国有单位 State-owned Units 2017	2018	2019
总　计	**Total**	**1054.50**	**1013.53**	**987.34**	**219.95**	**212.76**	**224.79**
农、林、牧、渔业	Farming, Forestry, Animal Husbandry and Fishery	0.46	0.43	0.52	0.30	0.25	0.21
采矿业	Ming and Quarrying	0.47	0.42	0.45	0.05		0.03
制造业	Manufacturing	315.02	289.34	286.78	1.33	0.55	0.60
电力、热力、燃气及水生产和供应业	Electricity, Gas and Water Production and Supply	12.34	12.21	11.06	4.46	2.43	0.84
建筑业	Construction	288.34	279.92	212.36	2.05	1.73	1.69
批发和零售业	Wholesale and Retail Trade	38.26	36.82	39.67	1.29	1.12	1.15
交通运输、仓储及邮政业	Transport, Storage and Post	31.78	30.11	31.23	6.81	5.75	3.79
住宿和餐饮业	Hotels and Catering Services	14.02	13.80	14.60	0.95	0.78	0.80
信息传输、软件和信息技术服务业	Information Transmission Software and Information Technology Services	23.02	21.85	24.36	0.71	1.11	0.87
金融业	Banking	48.45	44.97	47.56	2.87	1.74	2.96
房地产业	Real Estate	21.62	22.42	26.80	0.95	0.73	0.80
租赁与商务服务业	Leasing and Commercial Services	30.15	29.08	35.62	7.36	5.65	5.94
科学研究和技术服务业	Scientific Research and Technic Service	18.96	16.64	18.03	6.62	5.60	5.66
水利、环境和公共设施管理业	Water Conservancy, Environment and Public Facilities Management	10.26	10.11	11.27	5.90	5.04	4.91
居民服务、修理和其他服务业	Resident Services, Repair and Other Services	2.58	2.40	3.68	0.52	0.49	0.49
教育	Education	74.33	75.25	87.64	63.29	63.70	70.39
卫生和社会工作	Health Care and Social Work	46.05	47.42	51.28	40.66	41.06	44.75
文化、体育与娱乐业	Culture, Sports and Entertainment	6.69	7.11	8.00	4.63	4.44	4.16
公共管理、社会保障和社会组织	Public Security, Social Security and Social Organization	71.70	73.23	76.43	69.21	70.57	74.77

续表 Continued 单位:万人(10000 persons)

行业	Sector	集体单位 Collective Owned Units			其它单位 Others		
		2017	2018	2019	2017	2018	2019
总 计	**Total**	**15.47**	**14.88**	**8.63**	**819.09**	**785.89**	**753.93**
农、林、牧、渔业	Farming, Forestry, Animal Husbandry and Fishery	0.01	0.01	0.02	0.16	0.18	0.29
采矿业	Ming and Quarrying		0.01	0.01	0.42	0.41	0.41
制造业	Manufacturing	0.33	0.27	0.54	313.36	288.51	285.65
电力、热力、燃气及水生产和供应业	Electricity, Gas and Water Production and Supply	0.19	0.18	0.41	7.69	9.60	9.82
建筑业	Construction	9.07	8.24	3.50	277.22	269.95	207.17
批发和零售业	Wholesale and Retail Trade	0.33	0.28	0.35	36.63	35.43	38.16
交通运输、仓储及邮政业	Transport, Storage and Post	0.58	0.22	0.25	24.39	24.14	27.19
住宿和餐饮业	Hotels and Catering Services	0.14	0.13	0.16	12.93	12.89	13.64
信息传输、软件和信息技术服务业	Information Transmission Software and Information Technology Services	0.07	0.06	0.07	22.24	20.67	23.42
金融业	Banking	0.27	0.21	0.01	45.32	43.02	44.60
房地产业	Real Estate	0.22	0.16	0.28	20.44	21.53	25.72
租赁与商务服务业	Leasing and Commercial Services	1.07	1.44	1.13	21.73	21.99	28.55
科学研究和技术服务业	Scientific Research and Technic Service	0.22	0.17	0.13	12.12	10.87	12.24
水利、环境和公共设施管理业	Water Conservancy, Environment and Public Facilities Management	0.17	0.20	0.14	4.20	4.87	6.22
居民服务、修理和其他服务业	Resident Services, Repair and Other Services	0.17	0.16	0.21	1.89	1.74	2.98
教育	Education	1.30	1.33	1.01	9.74	10.22	16.25
卫生和社会工作	Health Care and Social Work	1.25	1.74	0.33	4.14	4.62	6.20
文化、体育与娱乐业	Culture, Sports and Entertainment	0.03	0.02	0.05	2.03	2.64	3.80
公共管理、社会保障和社会组织	Public Security, Social Security and Social Organization	0.05	0.05	0.04	2.44	2.61	1.62

2-10 分行业非私营单位就业人员总数(2019年底)
Number of Employed Persons in Non Private Units by Sector (End of 2019)

单位:万人(10000 persons)

行业	Sector	单位就业人员 Employed Persons	#女性 Feamle	在岗职工合计 Fully employed Staff and Workers	其他就业人员 Others
总　计	**Total**	**987.34**	**365.65**	**932.62**	**54.72**
农、林、牧、渔业	Farming, Forestry, Animal Husbandry and Fishery	0.52	0.14	0.46	0.06
采矿业	Ming and Quarrying	0.45	0.08	0.44	0.01
制造业	Manufacturing	286.78	113.34	283.06	3.72
电力、热力、燃气及水生产和供应业	Electricity, Gas and Water Production and Supply	11.06	2.64	10.67	0.40
建筑业	Construction	212.36	19.32	200.02	12.34
批发和零售业	Wholesale and Retail Trade	39.67	20.40	38.01	1.65
交通运输、仓储及邮政业	Transport, Storage and Post	31.23	8.20	30.26	0.97
住宿和餐饮业	Hotels and Catering Services	14.60	8.09	12.63	1.97
信息传输、软件和信息技术服务业	Information Transmission Software and Information Technology Services	24.36	9.34	24.04	0.32
金融业	Banking	47.56	28.33	31.21	16.36
房地产业	Real Estate	26.80	10.99	25.24	1.56
租赁与商务服务业	Renting and Business Services	35.62	10.01	33.46	2.15
科学研究和技术服务业	Scientific Research and Technic Service	18.03	5.77	17.28	0.75
水利、环境和公共设施管理业	Water Conservancy, Environment and Public Utility	11.27	4.05	10.42	0.85
居民服务、修理和其他服务业	Resident Services, Repair and Other Services	3.68	1.75	3.50	0.18
教育	Education	87.64	59.23	82.91	4.73
卫生和社会工作	Health Care and Social Work	51.28	35.44	49.12	2.16
文化、体育与娱乐业	Culture, Sports and Entertainment	8.00	4.09	7.18	0.83
公共管理、社会保障和社会组织	Public Security, Social Security and Social Organization	76.43	24.43	72.72	3.71

注：在岗职工人数包含劳务派遣人数，以后各表同。
The number of employed staff workers include the labor dispatch staff, The same applies to the relevant tables following.

2－11 分行业国有单位就业人员总数(2019 年底)
Number of Employed Persons in State－owned Units by Sector(End of 2019)

单位:万人(10000 persons)

行业	Sector	单位就业人员 Employed Persons	#女性 Feamle	在岗职工合计 Fully Employed Staff and Workers	其他就业人员 Others
总计	**Total**	**224.79**	**112.91**	**213.52**	**11.27**
农、林、牧、渔业	Farming, Forestry, Animal Husbandry and Fishery	0.21	0.04	0.19	0.02
采矿业	Ming and Quarrying	0.03	0.01	0.03	
制造业	Manufacturing	0.60	0.15	0.55	0.04
电力、热力、燃气及水生产和供应业	Electricity, Gas and Water Production and Supply	0.84	0.22	0.75	0.09
建筑业	Construction	1.69	0.08	1.32	0.38
批发和零售业	Wholesale and Retail Trade	1.15	0.33	1.09	0.06
交通运输、仓储及邮政业	Transport, Storage and Post	3.79	1.31	3.68	0.11
住宿和餐饮业	Hotels and Catering Services	0.80	0.41	0.74	0.06
信息传输、软件和信息技术服务业	Information Transmission Software and Information Technology Services	0.87	0.41	0.86	0.01
金融业	Banking	2.96	1.60	2.88	0.08
房地产业	Real Estate	0.80	0.30	0.72	0.08
租赁与商务服务业	Leasing and Commercial Services	5.94	1.35	5.73	0.20
科学研究和技术服务业	Scientific Research and Technic Service	5.66	1.88	5.39	0.28
水利、环境和公共设施管理业	Water Conservancy, Environment and Public Facilities Management	4.91	1.80	4.58	0.33
居民服务、修理和其他服务业	Resident Services, Repair and Other Services	0.49	0.14	0.42	0.07
教育	Education	70.39	46.18	66.51	3.88
卫生和社会工作	Health Care and Social Work	44.75	31.03	43.02	1.73
文化、体育与娱乐业	Culture, Sports and Entertainment	4.16	2.09	3.84	0.32
公共管理、社会保障和社会组织	Public Security, Social Security and Social Organization	74.77	23.57	71.23	3.54

2-12 分行业集体单位就业人员总数(2019年底) Number of Employed Persons in Collectively Owned Units by Sector(End of 2019)

单位:万人(10000 persons)

行业	Sector	单位就业人员 Employed Persons	#女性 Feamle	在岗职工合计 Fully employed Staff and Workers	其他就业人员 Others
总计	**Total**	**8.63**	**2.59**	**8.07**	**0.56**
农、林、牧、渔业	Farming, Forestry, Animal Husbandry and Fishery	0.02	0.01	0.02	
采矿业	Ming and Quarrying	0.01		0.01	
制造业	Manufacturing	0.54	0.21	0.53	0.01
电力、热力、燃气及水生产和供应业	Electricity, Gas and Water Production and Supply	0.41	0.10	0.39	0.02
建筑业	Construction	3.50	0.31	3.37	0.12
批发和零售业	Wholesale and Retail Trade	0.35	0.16	0.31	0.04
交通运输、仓储及邮政业	Transport, Storage and Post	0.25	0.05	0.23	0.02
住宿和餐饮业	Hotels and Catering Services	0.16	0.09	0.15	0.01
信息传输、软件和信息技术服务业	Information Transmission Software and Information Technology Services	0.07	0.03	0.07	
金融业	Banking	0.01		0.01	
房地产业	Real Estate	0.28	0.11	0.26	0.02
租赁与商务服务业	Leasing and Commercial Services	1.13	0.36	1.01	0.12
科学研究和技术服务业	Scientific Research and Technic Service	0.13	0.04	0.12	0.01
水利、环境和公共设施管理业	Water Conservancy, Environment and Public Facilities Management	0.14	0.05	0.11	0.03
居民服务、修理和其他服务业	Resident Services, Repair and Other Services	0.21	0.07	0.20	0.01
教育	Education	1.01	0.75	0.92	0.08
卫生和社会工作	Health Care and Social Work	0.33	0.23	0.28	0.05
文化、体育与娱乐业	Culture, Sports and Entertainment	0.05	0.03	0.04	0.01
公共管理、社会保障和社会组织	Public Security, Social Security and Social Organization	0.04	0.01	0.04	

2-13 分行业其他单位就业人员总数(2019 年底)
Number of Employed Persons in Other Ownership Units in Urban Area by Sector(End of 2019)

单位:万人(10000 persons)

行业	Sector	单位就业人员 Employed Persons	#女性 Feamle	在岗职工合计 Fully employed Staff and Workers	其他就业人员 Others
总计	**Total**	**753.93**	**250.15**	**711.04**	**42.89**
农、林、牧、渔业	Farming, Forestry, Animal Husbandry and Fishery	0.29	0.09	0.25	0.04
采矿业	Ming and Quarrying	0.41	0.07	0.40	0.01
制造业	Manufacturing	285.65	112.98	281.98	3.67
电力、热力、燃气及水生产和供应业	Electricity, Gas and Water Production and Supply	9.82	2.32	9.53	0.29
建筑业	Construction	207.17	18.93	195.33	11.84
批发和零售业	Wholesale and Retail Trade	38.16	19.90	36.61	1.55
交通运输、仓储及邮政业	Transport, Storage and Post	27.19	6.84	26.34	0.85
住宿和餐饮业	Hotels and Catering Services	13.64	7.59	11.74	1.90
信息传输、软件和信息技术服务业	Information Transmission Software and Information Technology Services	23.42	8.91	23.11	0.31
金融业	Banking	44.60	26.73	28.32	16.28
房地产业	Real Estate	25.72	10.59	24.26	1.46
租赁与商务服务业	Leasing and Commercial Services	28.55	8.30	26.72	1.83
科学研究和技术服务业	Scientific Research and Technic Service	12.24	3.86	11.77	0.47
水利、环境和公共设施管理业	Water Conservancy, Environment and Public Facilities Management	6.22	2.20	5.73	0.49
居民服务、修理和其他服务业	Resident Services, Repair and Other Services	2.98	1.54	2.88	0.10
教育	Education	16.25	12.30	15.48	0.77
卫生和社会工作	Health Care and Social Work	6.20	4.18	5.82	0.38
文化、体育与娱乐业	Culture, Sports and Entertainment	3.80	1.98	3.30	0.50
公共管理、社会保障和社会组织	Public Security, Social Security and Social Organization	1.62	0.85	1.45	0.17

2-14 按三次产业分的就业人员总数(年底数)
Number of Employed Persons by Type of Industry(Year-end)

年份 Year	就业人员总数(万人)Total(10000 persons)			构成(以合计为100)Composition(Total=100)		
	第一产业 Primary Industry	第二产业 Secondary Industry	第三产业 Tertiary Industry	第一产业 Primary Industry	第二产业 Secondary Industry	第三产业 Tertiary Industry
1985	1273.25	735.22	310.09	54.90	31.70	13.40
1986	1275.22	765.13	346.07	53.40	32.10	14.50
1987	1272.01	802.04	370.68	52.00	32.80	15.20
1988	1282.16	803.67	416.90	51.20	32.10	16.70
1989	1330.74	770.12	422.00	52.70	30.50	16.70
1990	1358.28	762.48	433.70	53.20	29.80	17.00
1991	1366.99	770.86	441.51	53.00	29.90	17.10
1992	1359.49	770.81	470.08	52.30	29.60	18.10
1993	1248.22	886.90	480.77	47.70	33.90	18.40
1994	1193.56	917.87	529.08	45.20	34.80	20.00
1995	1152.15	882.82	586.50	44.00	33.70	22.30
1996	1129.34	886.02	609.70	43.00	33.80	23.20
1997	1113.27	881.42	624.97	42.50	33.60	23.90
1998	1108.81	854.14	649.59	42.40	32.70	24.90
1999	1078.16	784.29	762.73	41.00	29.90	29.10
2000	969.97	966.30	789.82	35.58	35.45	28.97
2001	935.24	1009.55	851.86	33.44	36.10	30.46
2002	885.29	1070.13	903.14	30.97	37.44	31.59
2003	826.03	1201.30	891.41	28.30	41.20	30.50
2004	779.65	1304.94	907.36	26.06	43.61	30.33
2005	759.53	1397.69	943.54	24.50	45.07	30.43
2006	717.81	1452.29	1002.28	22.63	45.78	31.59
2007	683.32	1592.84	1128.85	20.07	46.78	33.15
2008	670.16	1660.04	1156.30	19.22	47.61	33.17
2009	657.95	1726.06	1207.97	18.32	48.05	33.63
2010	581.87	1810.36	1243.79	16.00	49.79	34.21
2011	535.27	1868.83	1270.01	14.57	50.86	34.57
2012	522.01	1880.92	1288.31	14.14	50.96	34.90
2013	506.95	1853.43	1348.35	13.67	49.97	36.36
2014	501.73	1846.32	1366.09	13.51	49.71	36.78
2015	492.69	1804.29	1436.67	13.20	48.32	38.48
2016	466.24	1782.24	1511.52	12.40	47.40	40.20
2017	447.90	1754.59	1593.51	11.80	46.22	41.98
2018	437.86	1730.80	1667.34	11.41	45.12	43.47
2019	406.83	1764.27	1704.01	10.50	45.53	43.97

2-15 分行业非私营单位女性就业人员(年末数)
Number of Female Employed Persons in Non Private Units by Sector (year-end)

单位:万人(10000 persons)

行业	Sector	合计 Total			国有单位 State-owned Units		
		2017	2018	2019	2017	2018	2019
总 计	**Total**	**360.89**	**344.61**	**365.65**	**104.02**	**103.48**	**112.91**
农、林、牧、渔业	Farming, Forestry, Animal Husbandry and Fishery	0.11	0.12	0.14	0.06	0.05	0.04
采矿业	Ming and Quarrying	0.08	0.07	0.08	0.01		0.01
制造业	Manufacturing	128.88	115.80	113.34	0.39	0.13	0.15
电力、热力、燃气及水生产和供应业	Electricity, Gas and Water Production and Supply	2.94	2.84	2.64	0.96	0.55	0.22
建筑业	Construction	21.40	20.51	19.32	0.17	0.11	0.08
批发和零售业	Wholesale and Retail Trade	19.96	18.97	20.40	0.38	0.32	0.33
交通运输、仓储及邮政业	Transport, Storage and Post	8.17	7.86	8.20	1.96	1.90	1.31
住宿和餐饮业	Hotels and Catering Services	7.85	7.67	8.09	0.49	0.40	0.41
信息传输、软件和信息技术服务业	Information Transmission Software and Information Technology Services	8.68	8.23	9.34	0.26	0.49	0.41
金融业	Banking	29.01	26.83	28.33	1.52	0.93	1.60
房地产业	Real Estate	8.74	9.43	10.99	0.38	0.30	0.30
租赁与商务服务业	Leasing and Commercial Services	8.66	7.99	10.01	1.40	1.10	1.35
科学研究和技术服务业	Scientific Research and Technic Service	6.35	5.05	5.77	2.04	1.76	1.88
水利、环境和公共设施管理业	Water Conservancy, Environment and Public Facilities Management	4.14	3.86	4.05	2.50	2.05	1.80
居民服务、修理和其他服务业	Resident Services, Repair and Other Services	1.01	1.07	1.75	0.17	0.17	0.14
教育	Education	47.60	49.07	59.23	39.74	40.80	46.18
卫生和社会工作	Health Care and Social Work	31.48	32.60	35.44	27.85	28.28	31.03
文化、体育与娱乐业	Culture, Sports and Entertainment	3.28	3.62	4.09	2.26	2.20	2.09
公共管理、社会保障和社会组织	Public Security, Social Security and Social Organization	22.55	23.03	24.43	21.48	21.95	23.57

续表 Continued 单位:万人(10000 persons)

行业	Sector	集体单位 Collective Owned Units			其他单位 Others		
		2017	2018	2019	2017	2018	2019
总　计	**Total**	**4.09**	**4.29**	**2.59**	**252.78**	**236.84**	**250.15**
农、林、牧、渔业	Farming, Forestry, Animal Husbandry and Fishery			0.01	0.04	0.07	0.09
采矿业	Ming and Quarrying				0.07	0.07	0.07
制造业	Manufacturing	0.14	0.11	0.21	128.36	115.56	112.98
电力、热力、燃气及水生产和供应业	Electricity, Gas and Water Production and Supply	0.06	0.05	0.10	1.91	2.24	2.32
建筑业	Construction	0.81	0.77	0.31	20.43	19.63	18.93
批发和零售业	Wholesale and Retail Trade	0.15	0.13	0.16	19.44	18.52	19.90
交通运输、仓储及邮政业	Transport, Storage and Post	0.07	0.05	0.05	6.14	5.91	6.84
住宿和餐饮业	Hotels and Catering Services	0.08	0.08	0.09	7.28	7.19	7.59
信息传输、软件和信息技术服务业	Information Transmission Software and Information Technology Services	0.03	0.02	0.03	8.39	7.71	8.91
金融业	Banking	0.12	0.09		27.37	25.81	26.73
房地产业	Real Estate	0.07	0.05	0.11	8.29	9.08	10.59
租赁与商务服务业	Leasing and Commercial Services	0.50	0.50	0.36	6.76	6.39	8.30
科学研究和技术服务业	Scientific Research and Technic Service	0.07	0.06	0.04	4.24	3.23	3.86
水利、环境和公共设施管理业	Water Conservancy, Environment and Public Facilities Management	0.06	0.08	0.05	1.57	1.73	2.20
居民服务、修理和其他服务业	Resident Services, Repair and Other Services	0.05	0.05	0.07	0.79	0.85	1.54
教育	Education	0.98	1.00	0.75	6.87	7.27	12.30
卫生和社会工作	Health Care and Social Work	0.87	1.21	0.23	2.77	3.11	4.18
文化、体育与娱乐业	Culture, Sports and Entertainment	0.02	0.01	0.03	1.00	1.41	1.98
公共管理、社会保障和社会组织	Public Security, Social Security and Social Organization	0.01	0.01	0.01	1.06	1.06	0.85

2-16 按行业和经济类型分的非私营单位工业、建筑业企业就业人员人数(年底数)
Number of Currently Employed Persons Non privite in Industry and Construction Enterprises by Sector and Type of Ownership(Year-end)

单位:万人(10000 persons)

分类	Category	2015	2017	2018	2019
总　计	**Total**	**665.69**	**616.17**	**581.9**	**510.65**
采矿业	**Ming and Quarrying**	**0.70**	**0.47**	**0.43**	**0.45**
按经济类型分组	**By Ownership**				
国有经济单位	State-owned Units	0.09	0.05		0.03
城镇集体经济单位	Collective Owned Units	0.06		0.01	0.01
其他各种经济类型	Units of Other Types of Ownership	0.55	0.42	0.41	0.41
按行业分组	**By Sector**				
煤炭开采和洗选业	Coal Mining and Dressing				
石油和天然气开采业	Petroleum and Natural Gas Extraction				0.05
黑色金属矿采选业	Ferrous Metals Mining and Dressing	0.12	0.09	0.08	
有色金属矿采选业	Nonferrous Metals Mining and Dressing	0.11	0.10	0.10	0.09
非金属矿采选业	Nonmetal Minerals Mining and Dressing	0.47	0.28	0.24	0.31
开采辅助活动	Supplementary Activies for Mining				
其他采矿业	Other Minerals Mining and Dressing				
制造业	**Manufacturing**	**330.60**	**315.02**	**289.34**	**286.78**
按经济类型分组	By Ownership				
国有经济单位	State-owned Units	1.56	1.33	0.55	0.60
城镇集体经济单位	Collective Owned Units	0.57	0.33	0.27	0.54
其他各种经济类型单位	Units of Other Types of Ownership	328.47	313.36	288.51	285.65
按行业分组	**By Sector**				
食品加工业	Non-staple Food Processing	3.96	3.53	3.27	3.22
食品制造业	Food Manufacturing	5.24	4.99	4.28	4.39
酒、饮料和精制茶制造业	Wine,Soft Drinks and Refined Tea Manufacturing	3.28	2.61	2.30	2.22
烟草制品业	Tobacco Processing	0.42	0.40	0.39	0.36
纺织业	Textile Industry	28.17	23.31	19.62	19.14
纺织服装、服饰业	Garments and Apparel Industry	29.61	23.52	20.71	20.05
皮革、毛皮、羽毛及其制品和制鞋业	Leather,Fur,Down and Related Production,Shoes Manufactring	11.95	9.20	6.77	6.35
木材加工及木、竹、藤、棕、草制品业	Timber Processing,Bamboo,Cane Palm Fiber and Straw Products	1.76	1.67	1.42	1.49
家具制造业	Furniture Manufacturing	9.48	10.18	8.30	7.66
造纸及纸制品业	Papermaking and Paper Products	5.43	4.99	4.46	4.11
印刷和记录媒介复制业	Printing and Record Medium Reproduction	3.00	2.87	2.80	2.87
文教、工美、体育和娱乐用品制造业	Cultural and Educational, Arts and Crafts, Sports and Entertainment Goods	8.48	7.66	7.55	7.45
石油加工、炼焦及核燃料加工业	Petroleum Processing,Cooking and Nuclear Fuel Processing	0.93	1.15	1.38	1.69

续表 Continued 单位:万人(10000 persons)

分类	Category	2015	2017	2018	2019
化学原料及化学制品制造业	Raw Chemical Materials and Chemical Products	14.67	13.76	13.13	12.42
医药制造业	Medical and Pharmaceutical Products	10.18	10.34	10.44	10.52
化学纤维制造业	Chemical Fiber	6.92	5.62	5.19	6.00
橡胶和塑料制品业	Rubber and plastic products	14.14	14.58	13.24	13.51
非金属矿物制品业	Nonmetal Mineral Products	8.49	7.28	7.34	7.59
黑色金属冶炼及压延加工业	Smelting and Pressing of Ferrous Metals	5.88	5.21	2.41	1.89
有色金属冶炼及压延加工业	Smelting and Pressing of Nonferrous Metals	3.93	3.43	3.01	2.65
金属制品业	Metal Products	12.05	12.49	12.83	12.43
通用设备制造	Equipment in Common Use	29.10	29.57	27.72	28.52
专用设备制造业	Special Purpose Equipment	11.68	11.66	11.96	12.50
汽车制造业	Automotive Manufacturing	21.28	23.56	21.74	20.46
铁路、船舶、航空航天和其他运输设备制造业	Railway, Shipbuilding, Aerospace and other Transport Equipment	4.82	3.87	3.54	3.44
电气机械及器材制造业	Electric Equipment and Machinery	37.38	37.86	34.11	34.13
计算机、通信和其他电子设备制造业	Computers, Communications and Other Electronic Equipment Manufacturing	25.94	27.56	28.99	28.65
仪器仪表制造业	Instruments Manufacturing	8.00	7.92	7.43	7.86
其他制造业	Other Manufacturing	2.94	2.55	2.05	2.08
废弃资源综合利用业	Comprehensive Utilization of Waste Resources	0.85	0.99	0.53	0.55
金属制品、机械和设备修理业	Metal Products, Machinery and Equipment Repair Industry	0.64	0.69	0.43	0.57
电力、热力、燃气及水生产和供应业	**Electricity, Heating Power, Gas and Water Production and Supply**	**10.98**	**12.34**	**12.21**	**11.06**
按经济类型分组	**By Ownership**				
国有经济单位	State-owned Units	4.09	4.46	2.43	0.84
集体经济单位	Collective Owned Units	0.21	0.19	0.18	0.41
其他各种经济类型单位	Units of Other Types of Ownership	6.68	7.69	9.60	9.82
按行业分组	**By Sector**				
电力、热力生产和供应业	Production and Supply of Electricity and Heating Power	7.20	8.52	8.40	6.74
煤气生产和供应业	Production and Supply of Gas	0.78	0.84	0.93	1.00
水的生产和供应业	Production and Supply of Water	3.00	2.98	2.88	3.32
建筑业	**Construction**	**323.41**	**288.34**	**279.92**	**212.36**
按经济类型分组	**By Ownership**				
国有经济单位	State-owned Units	2.11	2.05	1.73	1.69
城镇集体经济单位	Urban Collective Owned Units	7.70	9.07	8.24	3.50
其他各种经济类型单位	Units of Other Types of Ownership	313.60	277.22	269.95	207.17

2－17 分行业私营单位就业人员人数(年底数)
Employed Persons in Private Owned Units by Sector(Year－end)

单位:万人(10000 persons)

行业	Sector	合计 Total		规上私营 Private Owned Units Above Designated Size		规下私营 Private Owned Units Under Designated Size	
		2018	2019	2018	2019	2018	2019
总　计	**Total**	**1799.57**	**1853.96**	**1018.05**	**976.34**	**781.52**	**877.62**
农、林、牧、渔业	Farming, Forestry, Animal Husbandry and Fishery	14.12	14.69	0.10	0.39	14.03	14.30
采矿业	Ming and Quarrying	0.60	0.72	0.60	0.72		
制造业	Manufacturing	730.26	786.21	372.83	393.01	357.43	393.20
电力、热力、燃气及水生产和供应业	Electricity, Heat, Gas and Water Production and Supply	2.36	3.14	0.76	0.79	1.60	2.35
建筑业	Construction	503.28	420.26	468.09	377.21	35.19	43.05
批发和零售业	Wholesale and Retail Trade	192.06	208.45	45.35	49.31	146.70	159.14
交通运输、仓储及邮政业	Transport, Storage and Post	38.19	43.70	17.41	15.59	20.78	28.11
住宿和餐饮	Hotels and Catering Services	34.25	35.77	14.20	16.03	20.05	19.74
信息传输、软件和信息技术服务业	Information Transmission Software and Information Technology Services	39.35	44.22	8.85	10.49	30.50	33.73
金融业	Banking	2.50	2.62	1.03	0.25	1.48	2.37
房地产业	Real Estate	33.41	36.10	18.55	21.62	14.86	14.48
租赁与商务服务业	Leasing and Commercial Services	110.87	135.46	46.43	63.42	64.44	72.05
科学研究和技术服务业	Scientific Research and Technic Service	38.45	47.08	7.95	9.74	30.50	37.34
水利、环境和公共设施管理业	Water Conservancy, Environment and Public Facilities Management	6.56	9.41	3.63	4.56	2.92	4.85
居民服务、修理和其他服务业	Resident Services, Repair and Other Services	22.43	26.68	4.56	5.02	17.88	21.66
教育	Education	10.30	13.74	2.13	2.23	8.17	11.51
卫生和社会工作	Health Care and Social Work	7.01	10.36	3.60	4.10	3.40	6.27
文化、体育与娱乐业	Culture, Sports and Recreation	13.56	15.34	1.98	1.87	11.58	13.47
公共管理、社会保障和社会组织	Public Security, Social Security and Social Organization						

2-18 各市非私营企业年末单位就业人员
Employed Persons in Non Private Enterprises by City(Year-end)

单位:万人(10000 persons)

城市	City	年末单位就业人员 Number of Employed Persons at the Year-end			#在岗职工 Fully Employed Staff and Workers			#其他就业人员 Others		
		2017	2018	2019	2017	2018	2019	2017	2018	2019
全 省	**Total**	**847.24**	**802.87**	**764.83**	**798.10**	**762.48**	**721.24**	**49.14**	**40.39**	**43.58**
杭州市	Hangzhou	239.35	231.24	236.35	225.35	218.59	223.19	14.01	12.65	13.16
宁波市	Ningbo	133.94	119.70	126.92	125.10	114.12	118.16	8.84	5.59	8.76
温州市	Wenzhou	90.77	79.79	68.86	84.86	74.31	66.34	5.90	5.48	2.52
嘉兴市	Jiaxing	64.16	59.73	58.42	61.10	57.61	56.22	3.07	2.12	2.20
湖州市	Huzhou	40.72	37.59	38.35	35.89	34.04	34.92	4.83	3.55	3.44
绍兴市	Shaoxing	104.07	98.72	87.12	101.85	96.47	84.96	2.22	2.25	2.16
金华市	Jinhua	56.67	67.81	48.52	53.63	65.80	45.31	3.04	2.01	3.21
衢州市	Quzhou	12.19	11.04	11.75	10.58	9.47	9.89	1.61	1.57	1.86
舟山市	Zhoushan	12.12	11.90	12.47	11.02	10.91	11.09	1.09	0.99	1.38
台州市	Taizhou	82.61	76.41	66.62	79.36	73.44	62.90	3.25	2.97	3.72
丽水市	Lishui	8.55	8.71	9.03	7.27	7.49	7.85	1.28	1.22	1.18

2－19 各市国有控股企业年末单位就业人员
Employed Persons in Enterprises State－owned and State－Holding by City(Year－end)

单位:万人(10000 persons)

城市	City	年末单位就业人员 Number of Employed Persons at the Year－end			#在岗职工 Fully Employed Staff and Workers			#其他就业人员 Others		
		2017	2018	2019	2017	2018	2019	2017	2018	2019
全　省	**Total**	**147.85**	**140.35**	**159.11**	**129.83**	**124.91**	**141.42**	**18.02**	**15.44**	**17.69**
杭州市	Hangzhou	53.49	52.32	55.09	48.69	47.97	49.76	4.80	4.35	5.34
宁波市	Ningbo	22.96	20.73	25.05	20.27	19.32	22.63	2.69	1.41	2.42
温州市	Wenzhou	15.98	15.82	15.24	12.58	12.90	14.44	3.40	2.93	0.80
嘉兴市	Jiaxing	9.87	9.03	11.06	9.26	8.49	10.49	0.61	0.53	0.57
湖州市	Huzhou	5.52	5.42	6.23	4.73	4.64	5.34	0.79	0.79	0.89
绍兴市	Shaoxing	7.25	6.94	8.27	6.71	6.33	7.58	0.55	0.61	0.68
金华市	Jinhua	8.57	7.63	11.40	7.49	6.92	9.08	1.08	0.71	2.32
衢州市	Quzhou	4.64	4.92	5.48	3.69	3.61	4.40	0.95	1.32	1.08
舟山市	Zhoushan	5.48	5.35	5.63	4.93	4.87	5.01	0.55	0.48	0.62
台州市	Taizhou	8.10	8.25	11.28	6.59	6.93	9.12	1.51	1.33	2.16
丽水市	Lishui	3.91	3.79	3.97	2.83	2.80	3.16	1.09	0.99	0.81

2－20 各市事业年末单位就业人员
Employed Persons in Institations by City(Year－end)

单位:万人(10000 persons)

城市	City	年末单位就业人员 Number of Employed Persons at the Year－end			#在岗职工 Fully Employed Staff and Workers			#其他就业人员 Others		
		2017	2018	2019	2017	2018	2019	2017	2018	2019
全　省	**Total**	**133.51**	**129.61**	**134.70**	**125.54**	**122.47**	**128.01**	**7.97**	**7.14**	**6.68**
杭州市	Hangzhou	32.15	32.31	33.12	30.04	30.31	31.29	2.10	2.00	1.83
宁波市	Ningbo	18.30	18.08	18.79	17.26	17.20	17.77	1.03	0.88	1.02
温州市	Wenzhou	16.98	16.17	17.09	16.27	15.58	16.51	0.71	0.59	0.57
嘉兴市	Jiaxing	10.29	10.33	10.35	9.74	9.85	9.88	0.54	0.48	0.47
湖州市	Huzhou	6.34	6.32	6.55	5.85	5.75	6.10	0.49	0.58	0.45
绍兴市	Shaoxing	10.98	11.13	10.49	10.21	10.45	9.87	0.77	0.67	0.63
金华市	Jinhua	11.99	9.25	12.04	11.42	8.87	11.56	0.57	0.37	0.48
衢州市	Quzhou	4.85	4.78	4.92	4.47	4.45	4.55	0.38	0.33	0.37
舟山市	Zhoushan	3.40	3.51	3.32	3.28	3.38	3.19	0.12	0.13	0.12
台州市	Taizhou	12.09	11.65	12.11	10.96	10.67	11.51	1.13	0.98	0.60
丽水市	Lishui	6.15	6.09	5.92	6.03	5.95	5.78	0.12	0.13	0.14

2－21 各市机关年末单位就业人员
Employed Persons in Government Agencies by City(Year－end)

单位:万人(10000 persons)

城市	City	年末单位就业人员 Number of Employed Persons at the Year－end			#在岗职工 Fully Employed Staff and Workers			#其他就业人员 Others		
		2017	2018	2019	2017	2018	2019	2017	2018	2019
全　省	**Total**	**59.44**	**62.59**	**69.88**	**56.42**	**59.59**	**66.48**	**3.01**	**3.00**	**3.40**
杭州市	Hangzhou	10.65	11.11	12.82	10.11	10.56	12.26	0.54	0.55	0.56
宁波市	Ningbo	7.90	8.36	10.17	7.34	7.95	9.65	0.55	0.42	0.51
温州市	Wenzhou	9.60	9.63	10.88	9.12	9.22	10.28	0.48	0.41	0.60
嘉兴市	Jiaxing	3.27	3.44	3.86	3.16	3.37	3.78	0.10	0.07	0.07
湖州市	Huzhou	2.91	3.05	3.61	2.81	2.90	3.49	0.10	0.15	0.12
绍兴市	Shaoxing	4.31	4.35	4.84	4.03	4.06	4.42	0.29	0.30	0.42
金华市	Jinhua	5.95	7.45	7.14	5.79	7.08	6.79	0.17	0.38	0.35
衢州市	Quzhou	3.16	3.24	3.58	2.97	3.03	3.36	0.18	0.21	0.22
舟山市	Zhoushan	2.14	2.06	2.34	2.08	2.02	2.28	0.06	0.04	0.07
台州市	Taizhou	5.79	6.09	6.58	5.31	5.67	6.17	0.48	0.41	0.41
丽水市	Lishui	3.76	3.81	4.08	3.70	3.74	4.01	0.06	0.08	0.08

2-22 分行业年末非私营单位专业技术人员
Specialized Technical Personnel in in Non Private Units by Sector(Year-End)

单位:万人(10000 persons)

行业	Sector	合计 Total			#国有单位 State-owned Units			#集体单位 Collective owned Units		
		2017	2018	2019	2017	2018	2019	2017	2018	2019
总　计	**Total**	**248.11**	**247.59**	**259.38**	**103.02**	**101.97**	**111.68**	**3.51**	**3.66**	**2.05**
农、林、牧、渔业	Farming, Forestry, Animal Husbandry and Fishery	0.09	0.08	0.10	0.07	0.06	0.07			
采矿业	Ming and Quarrying	0.08	0.08	0.06						
制造业	Manufacturing	41.85	38.85	40.93	0.22	0.11	0.12	0.05	0.03	0.09
电力、热力、燃气及水生产和供应业	Electricity, Gas and Water Production and Supply	2.94	2.79	2.50	1.10	0.58	0.18	0.04	0.03	0.07
建筑业	Construction	42.31	42.10	37.60	0.42	0.28	0.25	1.02	0.95	0.80
批发和零售业	Wholesale and Retail Trade	5.13	4.55	5.04	0.25	0.17	0.16	0.03	0.02	0.04
交通运输、仓储及邮政业	Transport, Storage and Post	3.57	3.62	3.95	0.71	0.72	0.63	0.10	0.04	0.03
住宿和餐饮业	Hotels and Catering Services	1.10	0.79	0.87	0.07	0.05	0.05	0.01	0.01	0.01
信息传输、软件和信息技术服务业	Information Transmission, Computer Services and Software	10.69	10.66	11.20	0.34	0.61	0.35	0.02	0.01	0.02
金融业	Banking	17.03	19.30	18.78	0.90	0.50	1.42	0.15	0.09	
房地产业	Real Estate	3.65	3.04	3.31	0.24	0.12	0.14	0.04	0.02	0.04
租赁和商务服务业	Renting and Business Services	3.97	4.06	4.56	0.86	0.87	0.78	0.07	0.08	0.09
科学研究和技术服务业	Scientific Research, Technic Service and Geological Prospecting	10.55	10.71	11.38	4.38	3.62	3.62	0.12	0.09	0.06
水利、环境和公共设施管理业	Water Conservancy, Environment and Public Utility	1.44	1.31	1.72	0.77	0.66	0.84	0.01	0.01	0.01
居民服务、修理和其他服务业	Service for the Residents and Others Services	0.25	0.27	0.31	0.09	0.06	0.06	0.04	0.01	0.02
教育	Education	54.54	55.04	63.27	48.06	48.17	53.93	0.81	0.87	0.58
卫生和社会工作	Health Care, Sports and Social Welfare	35.94	37.49	40.12	32.38	33.32	36.67	0.98	1.37	0.17
文化、体育和娱乐业	Culture, Sports and Entertainment	3.32	3.10	3.29	2.75	2.59	2.39	0.01	0.01	0.01
公共管理、社会保障和社会组织	Public Administration and Social Organization	9.66	9.73	10.39	9.41	9.47	10.02	0.01	0.01	0.01

2-23 分行业非私营单位职工素质情况(2019年底)
The Education Level of the Staff and Workers in Non Privite Units by Sector(2019,Year-end

单位:万人(10000 persons)

行业	Sector	单位就业人员文化程度 The Education Level of the Employed Persons in Units					单位就业人员中专业技术人员 Professional and Technical Personnel	单位就业人员中技术工人 Skilled Workers
		研究生及以上 Graduate or Above	大学本科 Bachelor's Degree	大专 College Degree	中专及高中 Technical Secondary School and High School	初中及以下 Junior High School and Below		
总 计	**Total**	**34.33**	**251.32**	**173.16**	**223.13**	**305.40**	**259.38**	**330.30**
农、林、牧、渔业	Farming, Forestry, Animal Husbandry and Fishery	0.01	0.08	0.09	0.12	0.21	0.10	0.12
采矿业	Ming and Quarrying	0.01	0.06	0.06	0.12	0.20	0.06	0.16
制造业	Manufacturing	4.50	32.68	41.50	76.47	131.64	40.93	167.64
电力、热力、燃气及水生产和供应业	Electricity, Heat, Gas and Water Production and Supply	0.30	3.88	3.04	2.40	1.44	2.50	4.61
建筑业	Construction	0.66	15.56	27.78	63.20	105.16	37.60	95.33
批发和零售业	Wholesale and Retail Sale Trade	0.75	9.06	11.09	11.30	7.46	5.04	7.49
交通运输、仓储及邮政业	Transport, Storage and Post	0.25	5.24	7.26	9.05	9.44	3.95	10.60
住宿和餐饮业	Hotels and Catering Services	0.05	1.59	3.39	4.73	4.84	0.87	3.65
信息传输、软件和信息技术服务业	Information Transmission Software and Information Technology Services	3.64	13.20	5.59	1.55	0.38	11.20	4.29
金融业	Banking	2.37	22.89	9.33	11.19	1.78	18.78	5.79
房地产业	Real Estate	0.41	5.17	5.60	6.37	9.25	3.31	5.02
租赁和商务服务业	Leasing and Commercial Services	0.72	7.11	7.36	9.71	10.72	4.56	9.63
科学研究和技术服务业	Scientific Research and Technic Service	2.64	9.14	3.73	1.53	0.98	11.38	1.46
水利、环境和公共设施管理业	Water Conservancy, Environment and Public Facilities Management	0.16	2.26	2.06	1.69	5.09	1.72	3.38
居民服务、修理和其他服务业	Resident Services, Repair and Other Services	0.02	0.48	0.65	0.79	1.74	0.31	1.25
教育	Education	9.22	51.39	12.72	7.12	7.19	63.27	3.80
卫生和社会工作	Health Care and Social Work	3.86	26.43	11.71	5.25	4.02	40.12	2.35
文化、体育和娱乐业	Culture, Sports and Recreation	0.43	3.63	1.98	1.24	0.72	3.29	0.64
公共管理、社会保障和社会组织	Public Security, Social Security and Social Organization	4.32	41.49	18.20	9.29	3.14	10.39	3.08

2-24 六次人口普查基本情况 Basic Statistics on National Population Census

项目	Item	第一次 The First Time	第二次 The Second Time	第三次 The Third Time	第四次 The Fourth Time	第五次 The Fifth Time	第六次 The Sixth Time
总户数(万户)	**Total Family Households(10000 Households)**	**579.16**	**656.63**	**960.36**	**1176.77**	**1478.97**	**1885.37**
平均每户人数(人)	Average Size of Family Households	3.87	4.31	3.96	3.46	3.00	2.62
总人口(万人)	**Total Population(10000 persons)**	**2241.57**	**2831.86**	**3888.46**	**4144.59**	**4593.06**	**5442.69**
按性别分	**By Gender**						
男	Male	1178.00	1479.06	2016.70	2136.48	2358.15	2796.57
女	Female	1063.00	1352.80	1871.76	2008.11	2234.91	2646.12
按城乡分	**By Residence**						
市镇人口	Urban	289.27	306.86	999.69	1516.57	2235.66	3354.06
乡村人口	Rural	1925.30	2525.00	2888.77	2628.02	2357.40	2088.63
按民族分	**By Nationality**						
汉族	The Han Nationality	2233.22	2821.19	3872.30	4123.45	4553.52	5321.22
少数民族	Minority Nationality	8.35	10.67	16.16	21.14	39.54	121.47
畲族	The She Nationality	5.27	10.06	14.83	17.27	17.10	16.63
苗族	The Miao Nationality	2.84	0.04	0.05	0.32	5.34	30.91
回族	The Hui Nationality	0.19	0.38	0.94	1.72	1.96	3.82
满族	The Man Nationality	0.04	0.09	0.12	0.27	0.51	1.13
蒙古族	The MengGu Nationality		0.02	0.02	0.06	0.36	0.69
壮族	The Zhuang Nationality		0.03	0.11	0.77	1.90	7.28
按文化程度分	**By Eductional Level**						
大学	University		8.05	18.21	48.50	146.79	507.78
高中	Senior Secondary School		31.86	202.19	290.37	495.36	738.12
初中	Junior Secondary School		120.27	691.55	983.98	1531.94	1996.41
小学	Primary School		809.63	1531.44	1643.92	1683.34	1568.54
文盲、半文盲(15岁及15岁以上)	Illiterate and Semiliterate(15 years old and over)			930.67	723.64	321.85	306.10

浙/江/统/计/年/鉴

主要统计指标解释

■ 人口数

指一定时点、一定地区范围内的有生命的个人的总和。

年度统计的年末人口数是指每年12月31日24时的人口数。

■ 出生率(又称粗出生率)

指一定时期内(通常为一年)平均每千人所出生的人数的比率,一般用千分率表示。计算公式:

$$出生率=\frac{年出生人数}{年平均人数}\times1000‰$$

出生人数是指活产婴儿,即胎儿脱离母体时(不管怀孕月数),有过呼吸或其他生命现象。

年平均人数是年初、年底人口数的平均数,也可用年中人口数代替。

■ 死亡率(又称粗死亡率)

指一定时期内(通常为一年)一定地区的死亡人数与同期平均人数(或期中人数)之比,一般用千分率表示。计算公式:

$$死亡率=\frac{年死亡人数}{年平均人数}\times1000‰$$

■ 人口自然增长率

指一定时期内(通常为一年)人口自然增加数(出生人数减死亡人数)与该时期内平均人数(或期中人数)之比,一般用千分率表示。计算公式:

$$人口自然增长率=\frac{本年出生人数-本年死亡人数}{年平均人数}\times1000‰$$

$$人口自然增长率=人口出生率-人口死亡率$$

■ 从业人员

指从事一定社会劳动并取得劳动报酬或经营收入的人员。包括:

(1)在岗职工

(2)再就业的离退休人员

(3)私营业主

(4)个体户主

(5)私营和个体从业人员

(6)乡镇企业从业人员

(7)农村从业人员

(8)其他从业人员(包括民办教师、宗教职业者等)。

这一指标反映了一定时期内全部劳动力资源的实际利用情况,是研究我省基本省情省力的重要指标。

■ 各单位从业人员

指在各级国家机关、政党机关、社会团体及企业、事业单位中工作,并取得工资或其他劳动报酬的全部人员。包括:在岗职工、再就业的离退休人员、民办教师以及在各单位中工作的外方人员和港澳台方人员、兼职人员、借用的外单位人员和第二职业者。不包括离开本单位仍保留劳动关系的职工。各单位的从业人员反映了各单位实际参加生产或工作的全部劳动力。

■ 城镇私营和个体从业人员

城镇私营从业人员指在工商行政管理部门注册登记,其经营地址设在县城关镇(含城关镇)以上的私营企业从业人员;包括私营企业投资者和雇工。城镇个体从业的人员指在工商管理部门注册登记,并持有城镇户口或在城镇长期居住,经批准从事个体工商经营的从业人员;包括个体经营者和在个体工商户劳动的家庭帮工和雇工。

■ 城镇登记失业人员

指有非农业户口,在一定的劳动年龄内,有劳动能力,无业而要求就业,并在当地就业服务机构进行求职登记的人员。

■ 城镇登记失业率

指城镇登记失业人数同城镇单位从业人数、城镇私营企业及个体从业人数和城镇登记失业人数之和的比。计算公式为:

主要统计指标解释

$$城镇登记失业率 = \frac{城镇登记失业人数}{城镇单位从业人数+城镇私营企业及个体从业人员+城镇登记失业人数} \times 100\%$$

■ 职　工

指在国有经济、城镇集体经济、联营经济、股份制经济、外商和港、澳、台投资经济、其他经济单位及其附属机构工作,并由其支付工资的各类人员,不包括返聘的离退休人员、民办教师、在国有经济单位工作的外方人员和港、澳、台人员(1998 年以后的数据均为在岗职工数据,其他相关指标如职工工资总额,职工平均工资等指标也从 1998 年按此口径进行了相应的调整)。

■ 国有单位职工

指在国有经济单位及其附属机构工作,并由其支付工资的各类人员。

■ 城镇集体单位职工

指在城镇集体经济单位及其管理部门工作,并由其支付工资的各类人员。

■ 其他单位职工

指在联营经济、股份制经济、外商投资经济、港、澳、台投资经济单位工作,并由其支付工资的各类人员。

■ 在岗职工

指在本单位工作并由单位支付工资的人员,以及有工作岗位,但由于学习、病伤、产假等原因暂未工作,仍由单位支付工资的人员。

ZHEJIANG STATISTICAL YEARBOOK

Explanatory Notes on Main Statistical Indicators

□ Total Population

refers to the total number of people alive at a certain point of time within a given area.

The annual statistics on total population is taken at midnight, the 31st of December.

□ Birth Rate (or Crude Birth Rate)

refers to the ratio of the number of births to the average population during a certain period of time (usually a year), which is often expressed in ‰. The following formula is used:

$$\text{Birth Rate} = \frac{\text{Number of Births}}{\text{Average Number of Population}} \times 1000‰$$

Number of Births refers to live births, i. e. the births when babies had showed any vital phenomena regardless of the length of pregnancy.

Annual Average Number of Population is the average of the number of population at the beginning of the year and that at the end of the year. Sometimes it is substituted for with the mid - year population.

□ Death Rate (or Crude Death Rate)

refers to the ratio of the number of deaths to the average population (or mid - year population) during a certain period of time (usually a year), which is often expressed in ‰. The following formula is uesd:

$$\text{Death Rate} = \frac{\text{Number of Deaths}}{\text{Annual Average Number of Population}} \times 1000‰$$

□ Natural Growth Rate of Population

refers to the ratio of natural increase in population (number of births minus number of deaths) in a certain period of time (usually a year) to the average population (or mid - year population) of the same period, which is often expressed in ‰. The following formulas are applied:

Natural Growth of Population =

$$\frac{\text{Number of Births} - \text{Number of Deaths}}{\text{Average Number of Population}} \times 1000‰$$

Natural Growth of Population = Birth Rate - Death Rate

□ Employed Persons

refers to the persons who are engaged in social labour and receive remuneration payment or earn business income, including:

(1) total staff and workers,

(2) re-employed retirees,

(3) employers of private enterprises,

(4) self-employed workers,

(5) employees in private enterprises and individual economy,

(6) employees in town enterprises,

(7) employed persons in the rural areas,

(8) other employed persons (including teachers in the schools run by the local people, people engaged in religious profession, etc.).

This indicator reflacts the actual utilization of total labour force during a certain period of time and is often used for the research on provincial economic situation and power.

□ Persons Employed in Various Units

refer to all the persons working in government agencies of various levels, political and party organizations, social organizations, enteprises and institutions, and receiving wages or other forms of payment. they include fully - employed staff and workers, reemployed retirees, teachers in schools run by local people, foreigners and Chinese compatriots from Hong Kong, Macao, Taiwan working in various units, parttime employees, employees of other units working temporarily at current posts, and employees holding the second job, but exclude staff and workers who have left their working units while keeping their labour contract (employment relation) unchanged. This indicator reflacts the total number of laborers actually engaged in production or other operations in various units.

EXPLANATORY NOTES ON MAIN STATISTICAL INDICATORS

□ Persons Employed in private Enterprrises and Selfemployed Individuals in Urban Areas

Persons employed in private enterprises refer to the persons employed in the private enterprises which have been registered at the departments of industrial and commercial administration and are situated at a country town(i. e. a town where the country government is located) for business operationor at urban areas with the level higher than a country town. The selfemployed individuals in urban areas refer to persons who hold the certificates of resience in urban areas or have resided in the urban areas for a long time and have been registered at the department of industrial and commercial administration and approved to be engaged in individual industrial or commercial business including selfemployed persons as well as helpers and hire labourers who work in the indvidual households engaged in industrial or commercial business.

□ Registered Urban Unemployed Persons

The registered unemployed persons in urban areas refer to persons who are registered as permanent residents in urban areas engaged in nonagricultural activities, aged within the range of working age, capable to labour, unemployed but desirous to be employed and have been registered at the local government service agencies to apply for a job.

□ Registered Urban Unemployment Rate

Registered unemployment rate in urban areas refers to the ratio of the number of the registered unemployed persons to the sum of the number of the person employed in various units and in private enterprises in urban areas, urban selfemployed individuals and the registered urban unemployed persons. The formula is as follows:

Registered urban unemployment rate = 100% × (number of registered urban unemployed persons)/ (number of persons employed in urban units + number of persons employed in urban private enterprises + and selfemployed individual in urban Areas + number of registered urban unemployed persons)

□ Staff and Workers

refer to the persons who work in (and receive payment therefrom) enterprises and institutions of state ownership, collective ownership, joint ownership, share holding, foreign ownership, and ownership by entrepreneurs from Hong Kong, Macao, and Taiwan, and other types of ownership and their affiliated units, excluding the retired persons invited to work in the units again, teachers in the schools run by the local people and foreigners and persons coming from Hong Kong, Macao and Taiwan and working in the state – owned economic units. (Number of staff and workers in this yearbook include only fully employed staff and worker, excluding those who have left their working units while keeping their labour contract employment relation unchanged).

□ Staff and Workers in State – owned Economic Units

refer to the person who work in the state – owned economic units or their attached units and are listed in their payrolls.

□ Staff and Workers in Collective Owned Units

refer to the persons who work in collective owned units in urban areas and their administration departments and recieve payment therefrom.

□ Staff and Workers in Units of Other types of Ownership

refer to those who work in (and receive payment therefrom) enterprises and institutions of joint ownership, share holding, foreign ownership, and ownership by enterpreneurs from Hong Kong, Macao and Taiwan.

□ Fully Employed Staff and Workers

refers to persons who work in, and receive wages from their working units, as well.

CHAPTER 3

固定资产投资
Investment in Fixed Assets

3-1 固定资产投资(1978-2019 年)
Investment in Fixed Assets(1978-2019)

单位:亿元、%(100 million yuan、%)

年份 Year	全社会投资 Total Investment	固定资产投资 Investment in Fixed Assets	投资项目投资 Investment In projects	房地产开发投资 Real Estate Development
1978	23.23			
1979	26.11			
1980	33.25			
1981	34.16			
1982	41.72			
1983	44.04			
1984	64.89			
1985	102.20			
1986	127.39			
1987	156.20			
1988	188.95			
1989	179.49			
1990	186.96			9.54
1991	239.75			11.73
1992	361.18			24.23
1993	683.83			93.15
1994	1006.39			155.82
1995	1357.90			246.38
1996	1617.53			243.54
1997	1694.57			215.44
1998	1847.93			226.69
1999	1886.04			271.99
2000	2267.22			362.18
2001	2776.69			544.91
2002	3596.31			728.80
2003	4993.57	4180.38	3200.33	980.05
2004	6059.78	5384.38	4031.31	1353.07
2005	6696.25	6138.39	4681.90	1456.49
2006	7593.66	6964.28	5390.01	1574.28
2007	8420.43	7704.90	5883.23	1821.67
2008	9323.00	8550.71	6527.59	2023.12
2009	10742.32	9906.46	7652.19	2254.27
2010	12376.04	11451.98	8426.55	3025.43
2011		14077.25	9602.90	4474.35
2012		17095.96	11869.69	5226.27
2013		20194.07	13977.82	6216.25
2014		23554.76	16292.38	7262.38
2015		26664.72	19552.79	7111.93
2016		29571.00	22101.63	7469.37
2017		31125.99	22899.21	8226.78
2018 比上年增长 Increased over the previous year in 2018		7.1	-1.7	20.9
2019 比上年增长 Increased over the previous year in 2019		10.1	12.2	7.4

注:固定资产投资口径范围为计划总投资 500 万元及以上的投资项目和全部房地产开发投资;2018 年比上年增长按可比口径计算,以后各表同。
Investment in Fixed Assets are those with planned investment from investment in projects over 5 million yuan and total real estate development investment. Increased over the previous year in 2018 is calculated at comparable price . The same applies to the relevant tables following.

3-2 固定资产投资按产业划分及重点领域投资(2014-2019年)
Investment in Fixed Assets by Industrial Division and Investment in Key Areas(2014-2019)

单位:亿元(100 million yuan)

指标	Item	2014	2015	2016	2017	2018比上年增长(%) Increased over the Previous Year in 2018 (%)	2019比上年增长(%) Increased over the Previous Year in 2019 (%)
固定资产投资	**Investment in Fixed Assets**	**23554.76**	**26664.72**	**29571.00**	**31125.99**	**7.1**	**10.1**
按投资主体划分	**By Ownership**						
国有投资	State-owned	7250.86	9002.37	11425.04	11540.06	-7.7	17.2
非国有投资	Non-state-owned	16303.90	17662.35	18145.96	19585.93	15.9	6.8
民间投资	Nongovernmental	14757.84	16109.06	16441.16	18152.12	17.8	7.2
按项目划分	**By Project**						
项目投资	Project	16292.38	19552.79	22101.63	22899.21	-1.7	12.2
基础设施投资	Infrastucture	5741.56	7417.75	9365.48	10173.25	7.7	7.8
房地产开发投资	Real Estate Development	7262.38	7111.93	7469.37	8226.78	20.9	7.4
住宅投资	Residential Building	4594.17	4450.73	4806.64	5645.98	26.8	8.0
按产业划分	**By Industrial Division**						
农业投资	Primary Industry Investment	263.51	339.18	386.25	353.90	-60.4	-5.3
工业投资	Industry Investment	7878.85	8747.33	9097.10	9301.94	-0.9	9.7
工业企业技术改造投资	Industrial Investment, Technical	5419.68	6701.21	7126.14	7021.19	-16.0	6.3
制造业投资	Manufacturing Investment	6821.48	7579.14	7822.10	7988.80	4.9	12.9
高技术产业投资	High Technology Industry Investment	616.14	735.35	850.87	904.11		
装备制造业投资	Investment in the Equipment Manufacturing Industry	3189.78	3657.74	3857.61	3926.90	9.6	13.2
战略性新兴产业投资	Strategic Emerging Industry Investment	2197.92	2545.28	2745.28	2850.15		
服务业投资	Investment in Service Industry	15458.38	17651.74	20075.62	21553.17	10.1	10.4
信息传输、软件和信息技术服务业	Investment in Information Transmission, Software and Information Technology Services	210.35	275.18	318.79	336.91	2.8	11.4
重点领域投资	**Investment in Key Areas**						
重大基础设施投资	Major Infrastructure Investment	2199.41	2954.65	3998.02	4472.89	24.4	12.8
重大产业项目投资	Investment in Major Industrial Projects	6407.13	8158.88	9592.66	10650.39	10.5	17.8
水利、环境和公共设施管理业	Water, Environmental and Public Facilities Management	2229.35	3092.03	4361.45	4702.54	4.7	4.1
生态保护和环境治理业	Ecological Protection and Environmental Governance	114.72	217.14	329.74	390.28	19.3	19.5
高新技术产业投资	Investment in High and New Technology Industry	2261.08	2760.73	3156.79	3325.23	22.6	21.8
高新技术产业(制造业)投资	Investment in High and New Technology Industry (Manufacturing Industry	1828.83	2162.41	2365.07	2464.26	25.0	18.3
高技术服务业投资	High Technology Service Industry Investment	432.25	598.33	791.72	860.97	14.7	34.4
商品房销售面积(万平方米)	Sales Area of Commercial Housing (10000sq. m)	4676.83	5985.30	8636.79	9599.67	1.6	-3.9
商品房销售额	Sales of Commercial Housing	4172.58	5519.27	8280.85	12339.99	14.2	1.9

注:1、2018年起基础设施投资口径有调整,教育、卫生等公共服务领域投资不包含在内。
Infrastructure investment has been adjusted, and investment in public services such as education and health is not included since 2018.
2、2018年起工业企业技术改造投资口径变化。以后各表同。
The caliber of investment indicators for technological transformation of industrial enterprises has changed since 2018. The same applies applies to the relevant tables following.

3-3 固定资产投资完成情况(2015-2019年)
Investment In Fixed Assets (2015-2019)

单位:亿元(100 million yuan)

指标		2015	2016	2017
投资额	**Total Investment**	**26664.72**	**29571.00**	**31125.99**
投资项目	Projects	19552.79	22101.63	22899.21
房地产开发	Real Estate Development	7111.93	7469.37	8226.78
按登记注册类型分	**by Registered Type**			
内资	Domestic Funds	24619.71	27358.92	29275.49
港澳台商投资	Investment from HongKong, Macao and Taiwan	1186.05	1350.56	1159.16
外商投资	Investment from Foreign	800.72	783.09	621.74
个体经营	Individual	58.24	78.44	69.60
按国有及非国有情况分	**by State and Non-state Owned**			
国有及国有控股企业投资	State-owned and State-holding	9002.37	11425.04	11540.06
非国有投资	Non-state-owned	17662.35	18145.96	19585.93
#民间投资	Nongovernmental	16109.06	16441.16	18152.12
按构成分	**by Structure**			
建筑安装工程	Construction and Installation	16105.59	17849.82	18085.05
设备工器具购置	Purchase of Equipment and Tools	4576.78	4939.44	5172.47
购置旧设备	Purchase of Old Equipment	10.62	13.27	15.39
其他费用	Others	5982.34	6781.75	7868.48
旧建筑物购置费	Purchase of Old Equipment	25.91	38.42	42.72
建筑用地费	Construction land fee	3944.58	4623.51	5995.47
房屋施工面积(万平方米)	Floor Space under Construction(10000sq. m)	87972.89	73344.30	76593.13
房屋竣工面积(万平方米)	Floor Space Completed(10000sq. m)	19046.51	17675.08	21035.31
资金来源合计	**Source of Funds**			
上年末结余资金	Surplus Funds Last Year	4686.36	4294.91	4825.45
本年资金来源小计	Funds This Year	28099.19	31406.97	34167.49
#国家预算内资金	State Budgetary Appropriations	1660.40	1702.34	2736.25
国内贷款	Domestic Loans	3038.89	3527.22	4172.44
债券	Debenture	9.84	59.13	36.86
利用外资	Foreign Investment	160.39	172.05	73.81
自筹资金	Fundraising	17877.62	18406.25	18657.81
其他资金	Others	5352.04	7539.98	8490.33

续表 Continued 单位:亿元(100 million yuan)

指标		2018 年比上年增长(%) Increased over the Previous Year in 2018(%)	2019 年比上年增长(%) Increased over the Previous Year in 2019(%)
投资额	**Total Investment**	**7.1**	**10.1**
投资项目	Projects	-1.7	12.2
房地产开发	Real Estate Development	20.9	7.4
按登记注册类型分	**by Registered Type**		
内资	Domestic Funds	7.6	10.2
港澳台商投资	Investment from HongKong, Macao and Taiwan	-3.7	11.3
外商投资	Investment from Foreign	12.5	6.0
个体经营	Individual	-68.9	-2.8
按国有及非国有情况分	**by State and Non - state Owned**		
国有及国有控股企业投资	State - owned and State - holding	-7.7	17.2
非国有投资	Non - state - owned	15.9	6.8
#民间投资	Nongovernmental	17.8	7.2
按构成分	**by Structure**		
建筑安装工程	Construction and Installation	-5.9	20.9
设备工器具购置	Purchase of Equipment and Tools	-9.2	-7.3
购置旧设备	Purchase of Old Equipment	10.4	-11.9
其他费用	Others	37.1	1.1
旧建筑物购置费	Purchase of Old Equipment	30.4	-19.6
建筑用地费	Construction land fee	49.0	-0.2
房屋施工面积(万平方米)	Floor Space under Construction(10000sq. m)	-2.9	10.7
房屋竣工面积(万平方米)	Floor Space Completed(10000sq. m)	-40.0	3.0
资金来源合计	**Source of Funds**		
上年末结余资金	Surplus Funds Last Year	33.4	18.5
本年资金来源小计	Funds This Year	1.6	7.4
#国家预算内资金	State Budgetary Appropriations	-4.1	-11.4
国内贷款	Domestic Loans	22.0	9.7
债券	Debenture	128.0	17.6
利用外资	Foreign Investment	42.2	39.4
自筹资金	Fundraising	-3.8	3.2
其他资金	Others	0.5	14.8

注：2018 年起资金来源指标口径为 5000 万以上项目投资和房地产开发投资。
The source of funds is more than 50 million project investment and real estate development investment since 2018.

3-4 分行业项目建成情况 Construction of Projects by Sector

指标	Item	项目建成投产率(%) Rate of Projects Completed and Put Into Use(%)		
		2017	2018	2019
总计	**Total**	**63.4**	**27.0**	**27.5**
第一产业	Primary Industry	73.2	39.2	34.2
第二产业	Secondary Industry	71.1	30.9	31.5
第三产业	Tertiary Industry	55.1	22.9	23.6
按国民经济行业分组	**By Sector**			
农林牧渔业	**Farming, Forestry, AnimalHusbandry and Fishery**	**73.2**	**36.9**	**31.5**
农业	Farming	71.6	34.5	27.7
林业	Forestry	67.2	31.3	30.0
畜牧业	Animal Husbandry	62.0	32.7	18.2
渔业	Fishery	103.6	97.1	105.6
农林牧渔专业及辅助性活动	Agriculture, Forestry, Animal Husbandry and Fisheries Professional and Supplementary Activities	72.3	25.8	21.1
采矿业	**Mining and Quarrying**	**81.4**	**44.4**	**14.6**
煤炭开采和洗选业	Coal Mining and Dressing	100.0		
石油和天然气开采业	Petroleum and Natural Gas Extraction			
黑色金属矿采选业	Ferrous Metals Mining and Dressing			
有色金属矿采选业	Nonferrous Metals Mining and Dressing	75.0		
非金属矿采选业	Nonmetal Minerals Mining and Dressing	83.3	47.1	16.7
开采专业及辅助活动	Mining Professional and Auxiliary Activities			
其他采矿业	Other Minerals Mining and Dressing	33.3		
制造业	**Manufacturing**	**71.8**	**30.6**	**31.6**
农副食品加工业	Non - staple Food Processing	67.2	23.3	30.1
食品制造业	Food Manufacturing	66.0	19.4	26.7
酒、饮料和精制茶制造业	Wine, Soft Drinks and Refined Tea Manufactur	60.3	26.6	21.9
烟草制品业	Tobacco Processing	66.7		33.3
纺织业	Textile Industry	83.0	43.0	43.8
纺织服装、服饰业	Garments, Shoes and Hats Manufacturing	78.9	32.4	33.6

续表 1 Continued

指标	Item	项目建成投产率(%) Rate of Projects Completed and Put Into Use(%)		
		2017	2018	2019
皮革、毛皮、羽毛及其制品和制鞋业	Leather, Furs, Down and Related Products	82.7	26.3	37.0
木材加工及木、竹、藤、棕、草制品业	Timber Processing, Bamboo, Cane Palm Fiber and Straw Products	65.1	27.8	32.5
家具制造业	Furniture Manufacturing	82.3	26.6	29.0
造纸及纸制品业	Papermaking and Paper Products	84.0	41.7	34.6
印刷和记录媒介复制业	Printing and Record Medium Reproduction	130.1	50.0	38.0
文教、工美、体育和娱乐用品制造业	Cultural and Educational, Arts and Crafts, Sports and Entertainment Goods	73.1	27.1	31.9
石油、煤炭及其他燃料加工业	Petroleum, Coal and Other Fuel Processing Industry	51.9	41.4	31.1
化学原料及化学制品制造业	Raw Chemical Materials and Chemical Products	68.1	27.3	20.6
医药制造业	Medical and Pharmaceutical Products	54.6	18.2	28.1
化学纤维制造业	Chemical Fiber	75.4	32.8	42.4
橡胶和塑料制品业	Rubber and plastic products	74.6	32.2	28.3
非金属矿物制品业	Nonmetal Mineral Products	75.0	34.8	36.7
黑色金属冶炼及压延加工业	Smelting and Pressing of Ferrous Metals	81.5	30.2	34.7
有色金属冶炼及压延加工业	Smelting and Pressing of Nonferrous Metals	57.2	28.5	38.6
金属制品业	Metal Products	78.6	32.3	29.9
通用设备制造业	Ordinary Machinery	71.8	29.0	29.4
专用设备制造业	For Special Purpose Equipment Manufacturing	72.7	26.4	30.4
汽车制造业	Automobile manufacturing industry	60.9	30.8	29.4
铁路、船舶、航空航天和其他运输设备制造业	Railway, shipbuilding, aerospace, and other transportation equipment manufacturing industry	64.9	24.0	21.9
电气机械及器材制造业	Electric Equipment and Machinery	62.8	30.3	33.4
计算机、通信和其他电子设备制造业	Telecommunications Equipment, Computer and Other Electronic Equipment Manufacturing	62.4	24.4	30.0

续表 2 Continued

指标	Item	项目建成投产率(%) Rate of Projects Completed and Put Into Use(%)		
		2017	2018	2019
仪器仪表制造业	Instruments Manfactyring	62.5	23.4	28.3
其他制造业	Other Manufacturing	70.5	33.8	33.3
废弃资源综合利用业	Comprehensive Utilization of Waste Resources	55.9	28.1	36.4
金属制品、机械和设备修理业	Metal products, machinery and equipment repair	53.6	23.1	30.0
电力、热力、燃气及水生产和供应业	**Electricity, Gas and Water Production and Supply**	**64.5**	**33.9**	**29.8**
电力、热力生产和供应业	Production and Supply of Electricity and Heating Power	68.8	42.9	36.6
燃气生产和供应业	Production and Supply of Gas	52.4	9.1	21.2
水的生产和供应业	Production and Supply of Water	60.1	25.1	24.2
建筑业	**Construction**	**61.5**	**27.0**	**47.1**
房屋建筑业	Housing industry	72.7	25.0	14.3
土木工程建筑业	Civil engineering construction	62.5	26.0	37.5
建筑安装业	Installation	40.0	66.7	100.0
建筑装饰、装修和其他建筑业	Architectural Decoration, Decoration and Other Construction Industries	50.0	20.0	300.0
批发和零售业	**Wholesale and Retail Trade**	**60.0**	**31.1**	**26.9**
批发业	Wholesale	59.9	27.0	24.1
零售业	Retail Sale	60.0	33.5	28.5
交通运输、仓储和邮政业	**Transport, Storage and Post**	**53.0**	**21.1**	**26.3**
铁路运输业	Railway Transport	20.5	12.5	3.8
道路运输业	Highway Transport	51.5	19.6	27.3
水上运输业	Waterway Transport	87.2	41.6	34.6
航空运输业	Air Transport	73.1	25.0	13.6
管道运输业	Pipeline Transport	54.5		17.6
多式联运和运输代理业	Multimodal Transport and Transport Agent Industry	58.6	23.1	23.1
装卸搬运和仓储业	Handling and Warehousing Industry	41.5	22.3	18.4
邮政业	Postal Services	100.0	41.2	36.4

续表 3 Continued

指标	Item	项目建成投产率(%) Rate of Projects Completed and Put Into Use(%)		
		2017	2018	2019
住宿和餐饮业	**Hotels and Catering Services**	**57.8**	**21.1**	**23.6**
住宿业	Hotels	57.2	20.1	23.2
餐饮业	Catering Services	60.5	32.3	29.2
信息传输、软件和信息技术服务业	**Information Transmission Software and Information Technology Services**	**65.1**	**32.9**	**24.4**
电信、广播电视和卫星传输服务	Telcommunication, Radio and Television, Satellite Transmission Services	76.5	29.1	32.2
互联网和相关服务	The Internet and related services	71.4	13.3	18.5
软件和信息技术服务业	Software and Information Technology Services	54.3	43.8	22.2
金融业	**Banking**	**56.8**	**5.4**	**26.6**
货币金融服务	Monetary and financial services	57.1	4.2	25.9
资本市场服务	Capital market services	50.0	16.7	66.7
保险业	Insurance	66.7		
其他金融业	Other financial sector	50.0		
房地产业	**Real Estate**	**51.1**	**19.9**	**16.3**
房地产业	Real Estate	51.1	19.9	16.3
租赁和商务服务业	**Renting and Business Services**	**54.0**	**22.3**	**25.0**
租赁业	Leasing	143.5	130.8	75.0
商务服务业	Commercial Services	51.6	19.3	24.3
科学研究和技术服务业	**Scientific Research and Technic Service**	**55.2**	**20.0**	**19.3**
研究与试验发展	Research and Experiment Development	50.0	36.2	27.3
专业技术服务业	Technical Services	62.8	17.8	17.2
科技推广和应用服务业	Promotion and Application of Science and Technology Services	49.5	10.1	15.7
水利、环境和公共设施管理业	**Water Conservancy, Environment and Public Facilities Management**	**57.4**	**24.8**	**25.1**
水利管理业	Water Conservancy	59.8	19.5	18.8
生态保护和环境治理业	Ecological protection and environmental governance industry	58.4	22.6	26.2

续表 4 Continued

指标	Item	项目建成投产率(%) Rate of Projects Completed and Put Into Use(%) 2017	2018	2019
公共设施管理业	Public Facilities	57.0	25.6	25.8
居民服务、修理和其他服务业	**Service for the Residents and Others**	**64.6**	**22.1**	**24.0**
居民服务业	Resident Services	65.9	22.9	25.2
机动车、电子产品和日用产品修理业	Motor Vehicle, Electronic and Household Goods Repair Industry	46.2	28.6	28.6
其他服务业	Other Services	63.6	17.4	13.3
教育	**Education**	**41.8**	**22.3**	**21.5**
教育	Education	41.8	22.3	21.5
卫生和社会工作	**Culture,Sports and Recreation**	**49.9**	**17.0**	**22.2**
卫生	Health Care	50.2	18.2	23.7
社会工作	Social work	49.1	14.1	19.0
文化、体育和娱乐业	**Culture,Sports and Entertainment**	**56.9**	**18.1**	**21.2**
新闻和出版业	News and Publishing	40.0		
广播、电视、电影和影视录音制作业	Television,Radion,Film and Television Sound Recording Production	75.5	28.9	34.9
文化艺术业	Culture and Arts	55.6	18.4	20.1
体育	Sports	52.9	14.0	22.7
娱乐业	Recreation	60.8	16.9	18.8
公共管理、社会保障和社会组织	**Public Administration,Social Security and Social Organization**	**55.6**	**18.0**	**16.7**
中国共产党机关	Communist Party Agencies			
国家机构	Covernment Agencies	51.4	17.5	13.9
人民政协、民主党派	The CPPSS,democratic Parties	100.0		
社会保障	Social security			
群众团体、社会团体和其他成员组织	Mass Origanizations, Social Groups and Other Members of the Organization	62.7	28.6	11.8
基层群众自治组织	Mass Grassroot Organizations	70.5	12.5	30.6

注：2018 年起采用新的行业分类标准，以后各表同。
New industry classification standards have been adopted since 2018. The same applies to the relevant tables following.

3-5 分行业固定资产投资 Investment and Fixed Assets by Sector

指标	Item	固定资产投资 Investment and Fixed Assets		固定资产交付使用率(%) Rate of Fixed Put into Use(%)	
		2018比上年增长(%) Increased over the Previous Year in 2018 (%)	2019年比上年增长(%) Increased over the Previous Year in 2019 (%)	2018	2019
总计	**Total**	**7.1**	**10.1**	**-28.9**	**0.2**
第一产业	Primary Industry	-52	-18.9	-78.7	-23.6
第二产业	Secondary Industry	-1.9	9.5	-40.6	1.2
#工业企业技术改造投资	Investment in Technological Renovation of Industrial Enterprises	-16	6.3	-40.6	2.2
#装备制造业投资	Investment in the equipment manufacturing industry	9.6	13.2	-33.2	12.2
高新技术产业投资	High-tech industry investment	25	18.3	-38.8	15.8
第三产业	Tertiary Industry	10.1	10.4	-25.4	0
#高技术服务业投资	High technology service industry investment	14.7	34.4	-15.1	-28.8
按国民经济行业分组	**By Sector**				
农林牧渔业	**Farming, Forestry, Animal Husbandry and Fishery**	**-60.4**	**-5.3**	**-85.7**	**-28.7**
农业	Farming	-61.3	-32.3	-84.8	-36.5
林业	Forestry	-80.6	-31.4		-81
畜牧业	Animal Husbandry	-50.1	49.8	-64.6	-62.8
渔业	Fishery	30.9	-17.3	-76.6	78.7
农林牧渔专业及辅助性活动	Agriculture, Forestry, Animal Husbandry and Fisheries Professional and Supplementary Activities	-80.2	71.7	-90.5	-36.5
采矿业	**Ming and Quarrying**	**18.8**	**84.6**	**-18.6**	**-96.4**
煤炭开采和洗选业	Coal Mining and Dressing				
石油和天然气开采业	Petroleum and Natural Gas Extraction				
黑色金属矿采选业	Ferrous Metals Mining and Dressing				
有色金属矿采选业	Nonferrous Metals Mining and Dressing	-24	7.1		
非金属矿采选业	Nonmetal Minerals Mining and Dressing	23	84.2	-18.6	-96.4
开采专业及辅助活动	Mining Professional and Auxiliary Activities				
其他采矿业	Other Minerals Mining and Dressing	-80.7	210.6	-100	
制造业	**Manufacturing**	**4.9**	**12.9**	**-40**	**12.1**
农副食品加工业	Non-staple Food Processing	-14.4	21.9	-56.4	29.3
食品制造业	Food Manufacturing	-28.2	40.8	-66.1	91.9
酒、饮料和精制茶制造业	Wine, Soft Drinks and Refined Tea Manufacturing	-16.6	-9.5	6	-58.3
烟草制品业	Tobacco Processing	-81	175.6	-91	-60.6
纺织业	Textile Industry	-3.2	-2.3	-22.2	39.1

续表 1 Continued

指标	Item	固定资产投资 Investment and Fixed Assets		固定资产交付使用率(%) Rate of Fixed Put into Use(%)	
		2018 比上年增长(%) Increased over the Previous Year in 2018 (%)	2019 年比上年增长(%) Increased over the Previous Year in 2019 (%)	2018	2019
纺织服装、服饰业	Garments,Shoes and Hats Manufacturing	7.5	4.6	-38.7	-0.8
皮革、毛皮、羽毛及其制品和制鞋业	Leather,Furs,Down and Related Products	-8.4	55.5	-14	81.7
木材加工及木、竹、藤、棕、草制品业	Timber Processing, Bamboo, Cane Palm Fiber and Straw Products	-34.1	5.9	346	-40.7
家具制造业	Furniture Manufacturing	4.5	-1.8	-42	-34.2
造纸及纸制品业	Papermaking and Paper Products	-21.1	-7.7	-18.3	-63.6
印刷和记录媒介复制业	Printing and Record Medium Reproduction	26.4	5.4	-66.8	-23.6
文教、工美、体育和娱乐用品制造业	Cultural and Educational, Arts and Crafts, Sports and Entertainment Goods	-25.5	6.7	-57.6	48.6
石油、煤炭及其他燃料加工业	Petroleum, Coal and Other Fuel Processing Industry	-19.1	-15.1	-87.6	249.6
化学原料及化学制品制造业	Raw Chemical Materials and Chemical Products	41	29.7	-66.6	72.7
医药制造业	Medical and Pharmaceutical Products	-4.8	26.2	-58	32.1
化学纤维制造业	Chemical Fiber	-10.4	9.5	29.7	-39.9
橡胶和塑料制品业	Rubber and plastic products	-20.2	1	-35.9	-10.3
非金属矿物制品业	Nonmetal Mineral Products	17.1	8.8	-28.5	-7.9
黑色金属冶炼及压延加工业	Smelting and Pressing of Ferrous Metals	-35.9	8.4	-24	-51.9
有色金属冶炼及压延加工业	Smelting and Pressing of Nonferrous Metals	12.5	20.9	-16.8	-11.5
金属制品业	Metal Products	-13.8	18.1	-27.2	-20.5
通用设备制造业	Ordinary Machinery	9.4	28.6	-12.6	-6.6
专用设备制造业	For Special Purpose Equipment Manufacturing	21.1	30.5	-44.4	35.6
汽车制造业	Automobile manufacturing industry	0.1	-4.8	-55.9	-9.1
铁路、船舶、航空航天和其他运输设备制造业	Railway, shipbuilding, aerospace, and other transportation equipment manufacturing industry	-15	4.8	-6.3	-76.6

续表 2 Continued

指标	Item	固定资产投资 Investment and Fixed Assets		固定资产交付使用率(%) Rate of Fixed Put into Use(%)	
		2018 比上年增长(%) Increased over the Previous Year in 2018 (%)	2019 年比上年增长(%) Increased over the Previous Year in 2019 (%)	2018	2019
电气机械及器材制造业	Electric Equipment and Machinery	8.8	10.6	-39.1	5.4
计算机、通信和其他电子设备制造业	Telecommunications Equipment, Computer and Other Electronic Equipment Manufacturing	41	21.5	46.4	78.3
仪器仪表制造业	Instruments Manfactyring	48.2	-1.7	-41	-6.5
其他制造业	Other Manufacturing	-1.7	-4.6	-68.7	110.6
废弃资源综合利用业	Comprehensive Utilization of Waste Resources	-37.7	31.3	-23.4	-47.4
金属制品、机械和设备修理业	Metal products, machinery and equipment repair	12.4	9.6		72.8
电力、热力、燃气及水生产和供应业	**Electricity, Gas and Water Production and Supply**	**-24.5**	**-10.4**	**-41.7**	**-30.2**
电力、热力生产和供应业	Production and Supply of Electricity and Heating Power	-21.6	-10.7	-38.1	-32.9
燃气生产和供应业	Production and Supply of Gas	-16.4	22	-90	218.9
水的生产和供应业	Production and Supply of Water	-34.7	-16.3	-38.6	-33.7
建筑业	**Construction**	**-81.1**	**-47.9**	**-86.4**	**-17.7**
房屋建筑业	Housing industry	-31.8	-35.1	149.4	-100
土木工程建筑业	Civil engineering construction	-83.1	-62.3	-100	
建筑安装业	Installation	-94.8	-97.4	-100	
建筑装饰、装修和其他建筑业	Architectural Decoration, Decoration and Other Construction Industries	-66.8	105.4		
批发和零售业	**Wholesale and Retail Trade**	**-31.8**	**1.3**	**-23.5**	**-53.5**
批发业	Wholesale	-40.4	-14.1	-35.4	-53
零售业	Retail Sale	-24.4	11.7	-15.1	-53.8
交通运输、仓储和邮政业	**Transport, Storage and Post**	**21.8**	**15.2**	**-21.9**	**0.5**
铁路运输业	Railway Transport	14.4	78.4	-64.9	-40.8
道路运输业	Highway Transport	24.9	11	-12.4	5.5
水上运输业	Waterway Transport	56.3	-5.4	-58	54.8
航空运输业	Air Transport	22.9	32.3	-76.2	9.2
管道运输业	Pipeline Transport	101.3	2.8	-62	-74.7

续表 3 Continued

指标	Item	固定资产投资 Investment and Fixed Assets		固定资产交付使用率(%) Rate of Fixed Put into Use(%)	
		2018 比上年增长(%) Increased over the Previous Year in 2018 (%)	2019 年比上年增长(%) Increased over the Previous Year in 2019 (%)	2018	2019
多式联运和运输代理业	Multimodal Transport and Transport Agent Industry	119	14.8	-68.4	228.2
装卸搬运和仓储业	Handling and Warehousing Industry	-27.9	0.8	-9.9	-60.5
邮政业	Postal Services	-31.3	-34	-21.6	-32.6
住宿和餐饮业	**Hotels and Catering Services**	**-16.6**	**-1**	**-34.9**	**-28.2**
住宿业	Hotels	-13.9	5.4	-34.3	-28.2
餐饮业	Catering Services	-36.5	-65.9	-44	-27.5
信息传输、软件和信息技术服务业	**Information Transmission Software and Information Technology Services**	**2.8**	**11.4**	**10.2**	**-48.7**
电信、广播电视和卫星传输服务	Telcommunication, Radio and Television, Satellite Transmission Services	-7.8	2.7	-51.9	-27.9
互联网和相关服务	The Internet and related services	29.6	11.3	21.8	-66.8
软件和信息技术服务业	Software and Information Technology Services	-19.3	30.3	22	18.1
金融业	**Banking**	**-40.8**	**41.1**	**-98.4**	**3218.6**
货币金融服务	Monetary and financial services	-50.6	75.3	-97.9	2879.5
资本市场服务	Capital market services	-8.5	-46.7	-100	
保险业	Insurance	-14.5	19.5		
其他金融业	Other financial sector	68.9	-20.8	-100	
房地产业	**Real Estate**	**14.3**	**10.4**	**-27.7**	**2.7**
房地产业	Real Estate	14.3	10.4	-27.7	2.7
租赁和商务服务业	**Renting and Business Services**	**-19.2**	**-8.1**	**-46.4**	**51.4**
租赁业	Leasing	-25.9	-81.2	-39.9	-93.8
商务服务业	Commercial Services	-18.8	-4.3	-46.8	62.6
科学研究和技术服务业	**Scientific Research and Technic Service**	**40.7**	**99.1**	**-55.4**	**-5.6**
研究与试验发展	Research and Experiment Development	48.1	100.8	-10.6	25.2
专业技术服务业	Technical Services	3.6	14.8	-29	-71.5
科技推广和应用服务业	Promotion and Application of Science and Technology Services	68.5	148.8	-90.3	125.9

续表 4 Continued

指标	Item	固定资产投资 Investment and Fixed Assets		固定资产交付使用率(%) Rate of Fixed Put into Use(%)	
		2018 比上年增长(%) Increased over the Previous Year in 2018 (%)	2019 年比上年增长(%) Increased over the Previous Year in 2019 (%)	2018	2019
水利、环境和公共设施管理业	**Water Conservancy, Environment and Public Facilities Management**	**4.7**	**4.1**	**-9.5**	**-0.9**
水利管理业	Water Conservancy	-4.6	15.8	-42.8	231.5
生态保护和环境治理业	Ecological protection and environmental governance industry	19.3	19.5	-50.7	68.1
公共设施管理业	Public Facilities	5.9	0.4	-0.6	-26.5
居民服务、修理和其他服务业	**Service for the Residents and Others**	**-64.4**	**11.1**	**-62.2**	**-40.2**
居民服务业	Resident Services	-32.7	-3.3	-12.3	-24.5
机动车、电子产品和日用产品修理业	Motor Vehicle, Electronic and Household Goods Repair Industry	-65.8	72		-100
其他服务业	Other Services	-84.8	43.4	-89.8	-72.3
教育	**Education**	**12.4**	**11.5**	**5.6**	**11.2**
教育	Education	12.4	11.5	5.6	11.2
卫生和社会工作	**Culture, Sports and Recreation**	**-5**	**-1.6**	**-41.4**	**-6.8**
卫生	Health Care	-7.6	-6.1	-30.5	-23.1
社会工作	Social work	5.7	14.3	-79.9	194.2
文化、体育和娱乐业	**Culture, Sports and Entertainment**	**-17.7**	**11.7**	**-11**	**-42.3**
新闻和出版业	News and Publishing	-86.8	65.9	-100	
广播、电视、电影和影视录音制作业	Television, Radion, Film and Television Sound Recording Production	-38.1	-0.6	-89.9	-28.8
文化艺术业	Culture and Arts	-35	30	28.1	-43.2
体育	Sports	-22.8	50.1	-11.5	-55
娱乐业	Recreation	36.8	-27.2	-52.6	15.2
公共管理、社会保障和社会组织	**Public Administration, Social Security and Social Organization**	**-48.3**	**1.3**	**-58.3**	**-30.2**
中国共产党机关	Communist Party Agencies		-30		
国家机构	Government Agencies	-46.2	-4.5	-50.6	-19.8
人民政协、民主党派	The CPPSS, democratic Parties				
社会保障	Social security	9.4	-79.3		
群众团体、社会团体和其他成员组织	Mass Origanizations, Social Groups and Other Members of the Organization	-52.3	-4.9	-59	-82.1
基层群众自治组织	Mass Grassroot Organizations	-79.5	278.2	-90.5	-100

3－6 分行业施工和竣工面积(2019 年)
Floor Space of Buildings Under Construction and Completed by Sector(2019)

指标		房屋施工面积比上年增长(%) Floor Space of Building Under Construction Increased Over the Previous Year(%)	住宅 Residence	房屋竣工面积比上年增长(%) Floor Space of Building Completed Increased over the Previous Year(%)	住宅 Redience	房屋建筑面积竣工率(%) Completion Rate of Floor Space Of Building	住宅 Redience
总计	**Total**	**10.7**	**11.6**	**3**	**2.8**	**13.1**	**11.6**
第一产业	Primary Industry	－45.6	－47.5	－67.4	－62.4	11.6	22.1
第二产业	Secondary Industry	10.3	－26.5	27.1	44.1	20.6	38.5
第三产业	Tertiary Industry	10.8	11.7	－1.4	2.6	12.1	11.6
按国民经济行业分组	**By Sector**						
农林牧渔业	**Farming, Forestry, Animal Husbandry and Fishery**	**－42.3**	**－50.7**	**－67.6**	**－66.1**	**10.5**	**22.1**
农业	Farming	－74.9	－99.9	－62	－100	18.0	
林业	Forestry	－100		－100			
牧业	Animal Husbandry	12.5	141.3	－72.2	211.8	7.2	22.1
渔业	Fishery	－62	－100	18.8	－100	100.0	
农林牧渔专业及辅助性活动	Agriculture, Forestry, Animal Husbandry and Fisheries Professional and Supplementary Activities	42.4	－100	－100	－100		
采矿业	**Ming and Quarrying**	**－77**		**－94.8**		**17.5**	
煤炭开采和洗选业	Coal Mining and Dressing						
石油和天然气开采业	Petroleum and Natural Gas Extraction						
黑色金属矿采选业	Ferrous Metals Mining and Dressing						
有色金属矿采选业	Nonferrous Metals Mining and Dressing						
非金属矿采选业	Nonmetal Minerals Mining and Dressing	－77		－94.8		17.5	
开采专业及辅助活动	Mining Professional and Auxiliary Activities						
其他采矿业	Other Minerals Mining and Dressing						
制造业	**Manufacturing**	**10.5**	**－28.5**	**29.5**	**42.6**	**20.8**	**39.1**
农副食品加工业	Non－staple Food Processing	8.3		42.9		19.5	
食品制造业	Food Manufacturing	3.4		－38.6	－100	8.3	
酒、饮料和精制茶制造业	Beverage Manufacturing	－31.3	－100	－53		17.5	

续表 1 Continued

指标		房屋施工面积比上年增长(%) Floor Space of Building Under Construction Increased Over the Previous Year(%)	住宅 Residence	房屋竣工面积比上年增长(%) Floor Space of Building Completed Increased over the Previous Year(%)	住宅 Redience	房屋建筑面积竣工率(%) Completion Rate of Floor Space Of Building	住宅 Redience
烟草制品业	Tobacco Processing	-100					
纺织业	Textile Industry	16.9	-36.5	72.5		30.4	99.3
纺织服装、服饰业	Textile and garment, apparel industry	25	89.5	39.7		21.0	31.7
皮革、毛皮、羽毛及其制品和制鞋业	Leather, fur, feather and its products and footwear	76.4	721.2	130.7	-100	25.9	
木材加工及木、竹、藤、棕、草制品业	Timber Processing, Bamboo, Cane Palm Fiber and Straw Products	-43	-73.6	-14.6		57.9	
家具制造业	Furniture Manufacturing	43.4	-100	-2.4	-100	14.9	
造纸及纸制品业	Papermaking and Paper Products	31.8		-38.7		15.5	
印刷和记录媒介复制业	Printing and Record Medium Reproduction	-21.3	-100	31.4		14.0	
文教、工美、体育和娱乐用品制造业	Cultural, Educational and Sports Goods	34.9	-49.4	77.5		28.3	72.9
石油、煤炭及其他燃料加工业	Petroleum, Coal and Other Fuel Processing Industry	-55.9		-100			
化学原料及化学制品制造业	Raw Chemical Materials and Chemical Products	-12.5	-91.9	100.3	38.8	23.9	90.5
医药制造业	Medical and Pharmaceutical Products	7	-100	93		17.9	
化学纤维制造业	Chemical Fiber	-39	-8.1	-27.7		43.7	
橡胶和塑料制品业	Rubber Products	10.8	-84.3	2.5	-100	24.6	
非金属矿物制品业	Nonmetal Mineral Products	-6.6	69.8	19.2	6557.5	22.2	99.5
黑色金属冶炼及压延加工业	Smelting and Pressing of Ferrous Metals	1.9	-88.9	-16.2	-100	8.8	
有色金属冶炼及压延加工业	Smelting and Pressing of Nonferrous Metals	-27	-100	-55.3	-100	10.6	
金属制品业	Metal Products	27.5	97.9	26.5	110.9	17.7	54.8
通用设备制造业	Ordinary Machinery	2.7	-68.9	18.8	-49.3	20.5	73.6
专用设备制造业	For Special Purpose Equipment Manufacturing	10.5	226.7	104.1		22.3	0.7
汽车制造业	Railway, Shipbuilding, Aerospace and other Transport Equipment	29.5	40.4	-12.6	-61	13.4	12.0
铁路、船舶、航空航天和其他运输设备制造业	Railway, Shipbuilding, Aerospace and other Transport Equipment	88	19.8	36.8	-100	19.6	
电气机械及器材制造业	Electric Equipment and Machinery	4.1	-57.2	20.9	-100	16.7	
计算机、通信和其他电子设备制造业	Telecommunications Equipment, Computer and Other Electronic Equipment Manufacturing	16.6	3109.5	36		20.2	

续表 2 Continued

指标		房屋施工面积比上年增长(%) Floor Space of Building Under Construction Increased Over the Previous Year(%)	住宅 Residence	房屋竣工面积比上年增长(%) Floor Space of Building Completed Increased over the Previous Year(%)	住宅 Redience	房屋建筑面积竣工率(%) Completion Rate of Floor Space Of Building	住宅 Redience
仪器仪表制造业	Instruments, Meters, Cultural and Office Machinery	7.7	-67.9	-47.5		9.2	
其他制造业	Handicraft Article and Other Manufacturing Indust	-9.4	-74.7	205.8	7.8	36.4	100.0
废弃资源综合利用业	Recovery of Resource Discarded and Useless Material	18.9		14.3		16.9	
金属制品、机械和设备修理业	Metal Products, Machinery and Equipment Repair Industry	-38.5		205.5		100.0	
电力、热力、燃气及水生产和供应业	**Electricity, Gas and Water Production and Supply**	**19.8**	**3425.3**	**-82.9**	**643.3**	**5.5**	**21.1**
电力、热力生产和供应业	Production and Supply of Electricity and Heating Power	79	643.3	-91.6	643.3	2.4	100.0
燃气生产和供应业	Production and Supply of Gas	-66.1				86.8	
水的生产和供应业	Production and Supply of Water	-27.7		-79.5		8.9	
建筑业	**Construction**	**-60.3**		**-30.4**		**22.8**	
房屋建筑业	Housing industry	-56		-100			
土木工程建筑业	Civil engineering construction	-47.5					
建筑安装业	Installation	-0.7				100.0	
建筑装饰、装修和其他建筑业	Architectural Decoration, Decoration and Other Construction Industries	-78.6				100.0	
批发和零售业	**Wholesale and Retail Trade**	**-30.4**	**-33.4**	**-63.8**		**18.5**	**5.6**
批发业	Wholesale	-43.4		-84		10.3	32.4
零售业	Retail Sale	-22.7	-40	-51.5		22.0	2.6
交通运输、仓储和邮政业	**Transport, Storage and Post**	**-22.8**	**-72.9**	**-10**	**-79.3**	**18.3**	**63.6**
铁路运输业	Railway Transport	-76.9		-100			
道路运输业	Highway Transport	-54.3	66.6	-42.3	6761.1	16.4	63.4
水上运输业	Waterway Transport	295	-77.3			58.8	100.0
航空运输业	Air Transport	43.7				1.7	
管道运输业	Pipeline Transport					100.0	

续表 3 Continued

指标		房屋施工面积比上年增长(%) Floor Space of Building Under Construction Increased Over the Previous Year(%)	住宅 Residence	房屋竣工面积比上年增长(%) Floor Space of Building Completed Increased over the Previous Year(%)	住宅 Redience	房屋建筑面积竣工率(%) Completion Rate of Floor Space Of Building	住宅 Redience
多式联运和运输代理业	Multimodal Transport and Transport Agent Industry	-11.4					
装卸搬运和仓储业	Handling and Warehousing Industry	14.9	-100	19	-100	19.2	
邮政业	Postal Services	-46.3		-32.6		27.5	
住宿和餐饮业	**Hotels and Catering Services**	**15.5**	**-41.9**	**-5.1**	**-67.1**	**14.0**	**8.5**
住宿业	Hotels	18.1	-41.9	-5.5	-67.1	13.8	8.5
餐饮业	Catering Services	-49.9		12.4		23.1	
信息传输、软件和信息技术服务业	**Information Transmission, Computer Services and Software**	**21.8**		**-12.6**		**15.9**	
电信、广播电视和卫星传输服务	Tele communication and Other Information Transmission Services	1		-86.2		1.5	
互联网和相关服务	The Internet and related services	24.2		-18.3		3.0	
软件和信息技术服务业	Software	20.9		-12		22.6	
金融业	**Banking**	**6.6**		**889.5**		**16.1**	
货币金融服务	Monetary and financial services	10.5		889.5		24.6	
资本市场服务	Capital market services						
保险业	Insurance						
其他金融业	Other Financial Activities						
房地产业	**Real Estate**	**11.7**	**11.9**	**-2.1**	**2.8**	**11.4**	**11.6**
房地产业	Real Estate	11.7	11.9	-2.1	2.8	11.4	11.6
租赁和商务服务业	**Renting and Business Services**	**-10**	**-13.5**	**79.4**	**663**	**25.2**	**2.2**
租赁业	Leasing						
商务服务业	Commercial Services	-10	-13.5	79.4	663	25.2	2.2
科学研究和技术服务业	**Scientific Research, Technic Service and Geological Prospecting**	**43.7**	**-15.8**	**36.9**	**-100**	**10.1**	
研究与试验发展	Research and Experiment Development	97.7	-100	77.9	-100	13.4	
专业技术服务业	Technical Services	-49.1		-59		19.1	
科技推广和应用服务业	Scientific and Technical Interchange and Popularization	32.9	0	125.9		5.3	

续表 4 Continued

指标		房屋施工面积比上年增长(%) Floor Space of Building Under Construction Increased Over the Previous Year(%)	住宅 Residence	房屋竣工面积比上年增长(%) Floor Space of Building Completed Increased over the Previous Year(%)	住宅 Redience	房屋建筑面积竣工率(%) Completion Rate of Floor Space Of Building	住宅 Redience
水利、环境和公共设施管理业	**Water Conservancy, Environment and Public Utility**	**27.4**	**-46.1**	**-6.8**	**-25.4**	**15.7**	**15.9**
水利管理业	Water Conservancy	-97.4	-99.8				
生态保护和环境治理业	Ecological protection and environmental governance industry	120.8	-61.3	262.6		15.5	
公共设施管理业	Public Facilities	35.9	-17.3	-12.9	-25.4	15.7	16.1
居民服务、修理和其他服务业	**Service for the Residents and Other**	**8.7**	**-100**	**-83.8**		**2.3**	
居民服务业	Resident Services	32.9		-67.3		4.6	
机动车、电子产品和日用产品修理业	Motor Vehicles, Electronics and Household Goods Repair Industry	83.9		-100			
其他服务业	Other Services	-54.4	-100	-100			
教育	**Education**	**14.7**	**45.1**	**14.6**	**-65.4**	**22.9**	**12.7**
教育	Education	14.7	45.1	14.6	-65.4	22.9	12.7
卫生和社会工作	**Health Care, Sports and Social Welfare**	**1**	**78.3**	**11**		**13.4**	**17.2**
卫生	Health Care	-2	-48.7	10.7		12.8	1.2
社会工作	Social security	32.8	1077.3	12.8		18.2	22.7
文化、体育和娱乐业	**Culture, Sports and Entertainment**	**-5.3**	**54.2**	**-40.4**	**85.2**	**9.0**	**0.4**
新闻和出版业	Press Publishing						
广播、电视、电影和影视录音制作业	Radio, Film, Television and Audio - video	8.6	3122.2	214.1		3.6	
文化艺术业	Culture and Arts	46.6	3419.1	-53.8		8.8	
体育	Sports	-49.8	-100	-25.1		17.9	
娱乐业	Recreation	47.4	-99.3	-67.4	85.2	0.5	100.0
公共管理、社会保障和社会组织	**Public Administration and Social Organization**	**-13.9**	**90.7**	**-33.3**	**164.1**	**18.5**	**30.6**
中国共产党机关	Communist Party Agencies						
国家机构	Government Agencies	-16.8	131.9	-36.5	190.5	17.7	29.3
人民政协、民主党派	The Chinese People's Political Consultative Conference and Democratic Parties						
社会保障	Social Security						
群众团体、社会团体和其他成员组织	Mass Organizations, Social Organizations and Religion Organizations	-9.8	89.2	-100	-100		
基层群众自治组织	Mass Grassroot Organizations	37.4	-64.8	172.9		33.2	100.0

3-7 国有及国有控股经济分行业投资和资金来源
Investment and Sources of Funds in State-owned and State-holding Units by Sector

单位:亿元(100 million yuan)

指标	Item	2016	2017	2018年比上年增长(%) Increased over the Previous Year in 2018(%)	2019年比上年增长(%) Increased over the Previous Year in 2019(%)
投资总计	**Total Investment**	**11425.04**	**11540.06**	**-7.7**	**17.2**
第一产业	Primary Industry	139.66	118.47	-65.8	-58.5
第二产业	Secondary Industry	1455.87	1329.60	-22.4	5.6
第三产业	Tertiary Industry	9829.51	10091.99	-5.3	18.7
按国民经济行业分组	**By Sector**				
农林牧渔业	**Farming, Forestry, Animal Husbandry and Fishery**	**139.66**	**118.47**	**-75.2**	**-4.2**
农业	Farming	36.41	43.76	-65.1	-65.5
林业	Forestry	8.42	4.48	-86.4	-98.9
牧业	Animal Husbandry	1.59	2.39	-68.4	-95.5
渔业	Fishery	14.48	2.39	-41.2	27.8
农林牧渔专业及辅助性活动	Agriculture, Forestry, Animal Husbandry and Fisheries Professional and Supplementary Activities	78.75	65.45	-83.8	99.6
采矿业	**Ming and Quarrying**	**13.97**	**1.60**	**-100.0**	
煤炭开采和洗选业	Coal Mining and Dressing				
石油和天然气开采业	Petroleum and Natural Gas Extraction				
黑色金属矿采选业	Ferrous Metals Mining and Dressing				
有色金属矿采选业	Nonferrous Metals Mining and Dressing				
非金属矿采选业	Nonmetal Minerals Mining and Dressing	12.06	1.60	-100.0	
开采专业及辅助活动	Mining Professional and Auxiliary Activities				
其他采矿业	Other Minerals Mining and Dressing	1.91			
制造业	**Manufacturing**	**593.62**	**483.91**	**-17.0**	**30.4**
农副食品加工业	Non-staple Food Processing	29.54	21.04	-60.0	141.5
食品制造业	Food Manufacturing	2.03	5.28	-84.3	900.2
酒、饮料和精制茶制造业	Wine,Soft Drinks and Refined Tea Manufacturing	2.96	1.93	-99.1	7041.5
烟草制品业	Tobacco Processing	13.13	6.71	-81.0	174.5
纺织业	Textile Industry	6.09	7.72	-9.6	699.4
纺织服装、服饰业	Garments,Shoes and Hats Manufacturing	1.78	8.87	-57.1	43.4
皮革、毛皮、羽毛(绒)及其制品业	Leather,Furs,Down and Related Products	3.21	5.61	-36.7	320.6
木材加工及木、竹、藤、棕、草制品业	Timber Processing,Bamboo,Cane Palm Fiber and Straw Products	0.92	0.47	109.3	49.6
家具制造业	Furniture Manufacturing		0.30		
造纸及纸制品业	Papermaking and Paper Products	4.69	0.58	60.4	-80.5
印刷业和记录媒介的复制	Printing and Record Medium Reproduction	0.20	1.43	33.7	23.9
文教、工美、体育和娱乐用品制造业	Cultural,Educational and Sports Goods	14.98	13.20	-83.8	-48.8

续表 1 Continued 单位:亿元(100 million yuan)

指标	Item	2016	2017	2018 年比上年增长(%) Increased over the Previous Year in 2018(%)	2019 年比上年增长(%) Increased over the Previous Year in 2019(%)
石油、煤炭及其他燃料加工业	Petroleum, Coal and Other Fuel Processing Industry	67.22	26.73	89.2	-56.1
化学原料及化学制品制造业	Raw Chemical Materials and Chemical Products	28.10	17.05	20.4	247.1
医药制造业	Medical and Pharmaceutical Products	29.06	28.35	-37.6	-39.3
化学纤维制造业	Chemical Fiber	2.46	1.53	-88.6	-100
橡胶和塑料制品业	Rubber and plastic products	3.57	11.27	-41.8	108
非金属矿物制品业	Nonmetal Mineral Products	30.36	21.56	15.9	57.6
黑色金属冶炼及压延加工业	Smelting and Pressing of Ferrous Metals	7.54	9.21	-29.4	8
有色金属冶炼及压延加工业	Smelting and Pressing of Nonferrous Metals	8.03	6.43		
金属制品业	Metal Products	27.81	11.23	-57.7	844.4
通用设备制造业	Ordinary Machinery	25.36	20.35	-25.5	81.2
专用设备制造业	For Special Purpose Equipment Manufacturing	31.53	46.94	41.0	-27.7
汽车制造业	Automobile manufacturing industry	43.29	34.77	-33.2	71.5
铁路、船舶、航空航天和其他运输设备制造业	Railway, shipbuilding, aerospace, and other transportation equipment manufacturing industry	42.72	34.17	-44.9	43
电气机械及器材制造业	Electric Equipment and Machinery	34.58	31.71	41.6	40.3
计算机、通信和其他电子设备制造业	Telecommunications Equipment, Computer and Other Electronic Equipment Manufacturing	72.06	59.14	-30.8	7.5
仪器仪表制造业	Instruments, Meters, Cultural and Office Machinery	5.78	7.13	314.2	34.6
其他制造业	Handicraft Article and Other Manufacturing Indust	40.30	34.47	-46.8	-0.4
废弃资源综合利用业	Comprehensive Utilization of Waste Resources	7.64	3.68	-63.6	-24.2
金属制品、机械和设备修理业	Metal products, machinery and equipment repair	6.69	5.05	32.7	-62.2
电力、燃气及水的生产和供应业	**Electricity, Gas and Water Production and Supply**	**842.30**	**834.56**	**-19.0**	**-7.5**
电力、热力的生产和供应业	Production and Supply of Electricity and Heating Power	532.04	529.33	-13.0	-6.6
燃气生产和供应业	Production and Supply of Gas	49.78	23.93	5.7	-15.5
水的生产和供应业	Production and Supply of Water	260.49	281.30	-35.6	-9
建筑业	**Construction**	**5.97**	**9.53**	**-86.5**	**-95.5**
房屋建筑业	Housing industry	0.02	0.46	-56.6	-100
土木工程建筑业	Civil engineering construction	5.36	8.63	-86.0	-94.3
建筑安装业	Installation		0.16	-95.8	-100
建筑装饰、装修和其他建筑业	Architectural Decoration, Decoration and Other Construction Industries	0.58	0.28	-91.4	-100
批发和零售业	**Wholesale and Retail Trade**	**92.03**	**67.82**	**-42.3**	**-50.6**
批发业	Wholesale	49.73	37.88	-51.7	-50.2
零售业	Retail Sale	42.31	29.93	-29.1	-51
交通运输、仓储和邮政业	**Transport, Storage and Post**	**2187.38**	**2539.72**	**17.1**	**12.9**

续表 2 Continued 单位:亿元(100 million yuan)

指标	Item	2016	2017	2018 年比上年增长(%) Increased over the Previous Year in 2018(%)	2019 年比上年增长(%) Increased over the Previous Year in 2019(%)
铁路运输业	Railway Transport	175.62	189.24	-16.5	50.3
道路运输业	Highway Transport	1692.03	2053.99	21.0	10.7
水上运输业	Waterway Transport	154.28	161.10	46.4	-2.7
航空运输业	Air Transport	41.74	45.16	40.1	36.3
管道运输业	Pipeline Transport	17.03	3.39	207.0	-58.8
多式联运和运输代理业	Multimodal Transport and Transport Agent Industry	12.44	5.02	337.0	4.4
装卸搬运和仓储业	Handling and Warehousing Industry	92.25	81.33	-55.0	-5.7
邮政业	Postal Services	1.99	0.49	-5.7	190
住宿和餐饮业	**Hotels and Catering Services**	**50.76**	**25.51**	**-30.8**	**22.7**
住宿业	Hotels	46.40	22.85	-57.2	109.8
餐饮业	Catering Services	4.36	2.66	208.2	-86.8
信息传输、软件和信息技术服务业	**Information Transmission Software and Information Technology Services**	**97.63**	**85.46**	**-33.7**	**-10.6**
电信、广播电视和卫星传输服务	Telcommunication,Radio and Television, Satellite Transmission Services	68.89	45.29	-33.8	-20.1
互联网和相关服务	The Internet and related services	2.53	6.53	-65.6	124.5
软件和信息技术服务业	Software and Information Technology Services	26.22	33.65	-9.4	-32.2
金融业	**Banking**	**40.15**	**24.16**	**-48.7**	**-4.9**
货币金融服务	Monetary and financial services	32.51	17.42	-72.6	66.8
资本市场服务	Capital market services	2.06	3.32	43.4	-100
保险业	Insurance	5.20	3.41	-14.5	19.5
其他金融业	Other financial sector	0.39			
房地产业	**Real Estate**	**2222.53**	**2163.87**	**-23.9**	**62**
房地产业	Real Estate	2222.53	2163.87	-23.9	62
租赁和商务服务业	**Renting and Business Services**	**311.64**	**278.29**	**-37.7**	**-22.9**
租赁业	Leasing	8.27	0.81	107.4	-39.6
商务服务业	Commercial Services	303.37	277.48	-38.2	-22.7
科学研究和技术服务业	**Scientific Research and Technic Service**	**86.27**	**64.56**	**-10.2**	**151.9**
研究与试验发展	Research and Experiment Development	18.15	28.25	-5.6	165.5
专业技术服务业	Technical Services	40.51	20.97	-29.5	0.3
科技推广和应用服务业	Promotion and Application of Science and Technology Services	27.61	15.34	10.6	274.7
水利、环境和公共设施管理业	**Water Conservancy,Environment and Public Utility**	**3680.18**	**3868.32**	**-1.8**	**2.1**
水利管理业	Water Conservancy	598.43	589.04	-15.9	17.2
生态保护和环境治理业	Ecological protection and environmental governance industry	274.40	331.58	-0.3	5.6
公共设施管理业	Public Facilities	2807.35	2947.71	1.7	-1.4

续表 3 Continued 单位:亿元(100 million yuan)

指标	Item	2016	2017	2018 年比上年增长(%) Increased over the Previous Year in 2018(%)	2019 年比上年增长(%) Increased over the Previous Year in 2019(%)
居民服务、修理和其他服务业	**Service for the Residents and Others**	**67.81**	**36.81**	**-77.2**	**-6**
居民服务业	Resident Services	41.70	26.11	-52.5	-6.7
机动车、电子产品和日用产品修理业	Motor vehicle repair industry, electronic products and daily products	2.09	0.43	-81.4	-100
其他服务业	Other Services	24.02	10.27	-90.4	-2.7
教育	**Education**	**433.36**	**440.26**	**12.1**	**7.9**
教育	Education	433.36	440.26	12.1	7.9
卫生和社会工作	**Culture,Sports and Recreation**	**175.89**	**163.35**	**-3.4**	**-9.3**
卫生	Health Care	144.46	141.16	-2.2	-11
社会工作	Social work	31.43	22.19	-11.8	4.6
文化、体育和娱乐业	**Culture,Sports and Entertainment**	**189.51**	**220.62**	**-31.1**	**29.9**
新闻和出版业	News and Publishing	3.53	2.70	-86.8	65.9
广播、电视、电影和影视录音制作业	Television, Radion, Film and Television Sound Recording Production	8.28	5.37	7.2	-21.5
文化艺术业	Culture and Arts	106.81	133.59	-38.7	25.1
体育	Sports	61.52	63.03	-23.4	61.9
娱乐业	Recreation	9.37	15.93	-28.4	-45.5
公共管理、社会保障和社会组织	**Public Administration, Social Security and Social Organization**	**194.36**	**113.25**	**-48.9**	**-4.5**
中国共产党机关	Communist Party Agencies	0.81			-30
国家机构	Government Agencies	177.64	102.78	-46.9	-6
人民政协、民主党派	The CPPSS,democratic Parties		0.29		
社会保障	Social security	0.18	0.04	9.4	-79.3
群众团体、社会团体和其他成员组织	Mass Origanizations, Social Groups and Other Members of the Organization	5.58	6.89	-78.5	-57.6
基层群众自治组织	Mass Grassroot Organizations	10.15	3.25	-87.9	701.2
自年初累计资金来源合计	**Source of Funds**				
上年末结余资金	Surplus Funds Last Year	1058.63	1020.04	18.6	30.8
本年资金来源小计	Funds This Year	10720.69	10837.72	-11.9	10.3
#国家预算内资金	State Budgetary Appropriations	1619.72	2611.23	-5.7	-11.1
国内贷款	Domestic Loans	1731.19	1830.69	9.5	5.3
债券	Debenture	59.12	34.50	127.9	17.6
利用外资	Foreign Investment	1.64	4.76	469.6	33.8
自筹资金	Fundraising	6077.26	5238.85	-22.5	14.3
其他资金	Others	1231.76	1117.70	-23.7	52.9

3-8 非国有经济分行业投资和资金来源
Investment and Sources of Funds in Non-state-owned Units by Sector

单位:亿元(100 millionyuna)

指标	Item	2016	2017	2018年比上年增长(%) Increased over the Previous Year in 2018(%)	2019年比上年增长(%) Increased over the Previous Year in 2019(%)
投资总计	**Total Investment**	**18145.96**	**19585.93**	**15.9**	**6.8**
第一产业	Primary Industry	246.59	235.43	-45.4	-7.1
第二产业	Secondary Industry	7653.27	7991.03	3.4	10.3
第三产业	Tertiary Industry	10246.11	11359.47	21.3	5.7
按国民经济行业分组	**By Sector**				
农林牧渔业	**Farming, Forestry, Animal Husbandry and Fishery**	**246.59**	**235.43**	**-46.9**	**-5.8**
农业	Farming	141.56	150.37	-59.3	-17.2
林业	Forestry	9.44	5.49	-71.6	19.2
牧业	Animal Husbandry	18.43	22.92	-47.1	64.4
渔业	Fishery	33.26	33.11	48.8	-21.7
农林牧渔专业及辅助性活动	Agriculture, Forestry, Animal Husbandry and Fisheries Professional and Supplementary Activities	43.89	23.54	-61.8	11.3
采矿业	**Ming and Quarrying**	**44.65**	**30.86**	**27.0**	**-11.9**
煤炭开采和洗选业	Coal Mining and Dressing	0.07	0.10		
石油和天然气开采业	Petroleum and Natural Gas Extraction	0.16			
黑色金属矿采选业	Ferrous Metals Mining and Dressing				
有色金属矿采选业	Nonferrous Metals Mining and Dressing	1.12	0.51	-24.0	7.1
非金属矿采选业	Nonmetal Minerals Mining and Dressing	41.43	29.41	32.1	-13.6
开采专业及辅助活动	Mining Professional and Auxiliary Activities	0.32			
其他采矿业	Other Minerals Mining and Dressing	1.55	0.85	-80.7	210.6
制造业	**Manufacturing**	**7228.48**	**7504.89**	**6.7**	**11.9**
农副食品加工业	Non-staple Food Processing	100.43	108.31	0.8	6.1
食品制造业	Food Manufacturing	79.57	73.46	-27.1	37
酒、饮料和精制茶制造业	Wine, Soft Drinks and Refined Tea Manufacturing	54.25	52.00	-15.0	-11
烟草制品业	Tobacco Processing				1207.7
纺织业	Textile Industry	635.63	637.54	-3.2	-3.6
纺织服装、服饰业	Garments, Shoes and Hats Manufacturing	195.20	222.21	11.3	3.8
皮革、毛皮、羽毛(绒)及其制品业	Leather, Furs, Down and Related Products	121.96	130.73	-8.0	53
木材加工及木、竹、藤、棕、草制品业	Timber Processing, Bamboo, Cane Palm Fiber and Straw Products	82.84	83.79	-34.9	5.1
家具制造业	Furniture Manufacturing	120.75	146.19	4.5	-1.8
造纸及纸制品业	Papermaking and Paper Products	159.20	149.18	-21.7	-6.6
印刷业和记录媒介的复制	Printing and Record Medium Reproduction	86.98	86.44	26.1	4.6
文教、工美、体育和娱乐用品制造业	Cultural, Educational and Sports Goods	176.21	183.87	-15.6	8.5

续表 1 Continued 单位:亿元(100 millionyuna)

指标	Item	2016	2017	2018 年比上年增长(%) Increased over the Previous Year in 2018(%)	2019 年比上年增长(%) Increased over the Previous Year in 2019(%)
石油、煤炭及其他燃料加工业	Petroleum, Coal and Other Fuel Processing Industry	20.86	55.98	-68.1	95.3
化学原料及化学制品制造业	Raw Chemical Materials and Chemical Products	502.26	508.99	41.7	23.4
医药制造业	Medical and Pharmaceutical Products	204.55	168.63	5.1	37.9
化学纤维制造业	Chemical Fiber	148.59	157.00	-9.2	9.7
橡胶和塑料制品业	Rubber and plastic products	396.17	406.97	-19.9	-0.3
非金属矿物制品业	Nonmetal Mineral Products	282.75	357.70	17.2	3.9
黑色金属冶炼及压延加工业	Smelting and Pressing of Ferrous Metals	96.25	90.32	-37.4	8.6
有色金属冶炼及压延加工业	Smelting and Pressing of Nonferrous Metals	101.21	90.86	12.5	19.9
金属制品业	Metal Products	394.06	380.23	-13.0	10.7
通用设备制造业	Ordinary Machinery	730.08	700.33	11.1	26.8
专用设备制造业	For Special Purpose Equipment Manufacturing	397.55	389.11	19.4	36.6
汽车制造业	Automobile manufacturing industry	773.45	855.38	1.8	-7.3
铁路、船舶、航空航天和其他运输设备制造业	Railway, shipbuilding, aerospace, and other transportation equipment manufacturing industry	131.33	95.44	-6.1	-1.9
电气机械及器材制造业	Electric Equipment and Machinery	769.11	813.95	8.0	9.7
计算机、通信和其他电子设备制造业	Telecommunications Equipment, Computer and Other Electronic Equipment Manufacturing	284.11	323.39	59.5	23.1
仪器仪表制造业	Instruments, Meters, Cultural and Office Machinery	79.45	110.91	36.6	-6.5
其他制造业	Handicraft Article and Other Manufacturing Indust	65.56	78.64	23.6	-5.6
废弃资源综合利用业	Comprehensive Utilization of Waste Resources	29.45	39.64	-33.4	36.4
金属制品、机械和设备修理业	Metal products, machinery and equipment repair	8.67	7.67	-9.5	123.4
电力、燃气及水的生产和供应业	**Electricity, Gas and Water Production and Supply**	**374.07**	**446.12**	**-37.3**	**-19.2**
电力、热力的生产和供应业	Production and Supply of Electricity and Heating Power	295.02	363.79	-38.5	-22.1
燃气生产和供应业	Production and Supply of Gas	33.15	30.26	-35.2	73.9
水的生产和供应业	Production and Supply of Water	45.90	52.07	-29.6	-56.5
建筑业	**Construction**	**6.07**	**9.17**	**-38.8**	**35.1**
房屋建筑业	Housing industry	2.13	2.66	6.7	5.8
土木工程建筑业	Civil engineering construction	2.61	4.27	-49.6	41
建筑安装业	Installation	0.16	0.49	-64.4	-87.7
建筑装饰、装修和其他建筑业	Architectural Decoration, Decoration and Other Construction Industries	1.17	1.75	-56.9	122
批发和零售业	**Wholesale and Retail Trade**	**278.24**	**208.26**	**-27.4**	**18.7**
批发业	Wholesale	118.17	97.64	-33.7	1.6
零售业	Retail Sale	160.07	110.62	-23.0	28.9
交通运输、仓储和邮政业	**Transport, Storage and Post**	**390.05**	**426.28**	**64.1**	**30**

续表 2 Continued 单位:亿元(100 millionyuna)

指标	Item	2016	2017	2018年比上年增长(%) Increased over the Previous Year in 2018(%)	2019年比上年增长(%) Increased over the Previous Year in 2019(%)
铁路运输业	Railway Transport	3.40	1.30	4563.7	152.2
道路运输业	Highway Transport	151.98	179.50	106.2	13.8
水上运输业	Waterway Transport	63.95	44.03	85.5	-11.7
航空运输业	Air Transport	21.51	20.72	-60.2	-36.1
管道运输业	Pipeline Transport	0.92	5.89	-98.6	25449.8
多式联运和运输代理业	Multimodal Transport and Transport Agent Industry	9.42	21.58	10.6	35.1
装卸搬运和仓储业	Handling and Warehousing Industry	121.78	129.91	-8.3	3.1
邮政业	Postal Services	17.10	23.35	-32.0	-43.3
住宿和餐饮业	**Hotels and Catering Services**	**244.35**	**305.84**	**-14.6**	**-3.8**
住宿业	Hotels	217.74	270.20	-7.6	-1.6
餐饮业	Catering Services	26.61	35.64	-64.8	-44.8
信息传输、软件和信息技术服务业	**Information Transmission Software and Information Technology Services**	**221.16**	**251.45**	**13.8**	**15.2**
电信、广播电视和卫星传输服务	Telcommunication, Radio and Television, Satellite Transmission Services	95.39	86.03	4.4	9.5
互联网和相关服务	The Internet and related services	54.06	96.97	42.3	7.6
软件和信息技术服务业	Software and Information Technology Services	71.71	68.45	-22.4	53.5
金融业	**Banking**	**48.79**	**33.50**	**-32.6**	**77.1**
货币金融服务	Monetary and financial services	43.36	23.94	-31.3	78.3
资本市场服务	Capital market services	2.57	5.38	-68.6	235.2
保险业	Insurance	0.66			
其他金融业	Other financial sector	2.21	4.18	68.9	-46.9
房地产业	**Real Estate**	**7461.28**	**8304.73**	**22.4**	**3.5**
房地产业	Real Estate	7461.28	8304.73	22.4	3.5
租赁和商务服务业	**Renting and Business Services**	**334.29**	**389.99**	**-5.0**	**-0.7**
租赁业	Leasing	11.42	24.92	-29.8	-84.9
商务服务业	Commercial Services	322.88	365.07	-2.4	5.5
科学研究和技术服务业	**Scientific Research and Technic Service**	**55.02**	**67.29**	**117.4**	**66.1**
研究与试验发展	Research and Experiment Development	11.90	22.01	144.0	56
专业技术服务业	Technical Services	17.16	14.65	77.4	27.6
科技推广和应用服务业	Promotion and Application of Science and Technology Services	25.96	30.63	118.9	93.3
水利、环境和公共设施管理业	**Water Conservancy, Environment and Public Utility**	**681.27**	**834.22**	**52.0**	**13.3**
水利管理业	Water Conservancy	54.46	44.13	321.3	8
生态保护和环境治理业	Ecological protection and environmental governance industry	55.34	58.71	121.0	52
公共设施管理业	Public Facilities	571.47	731.38	31.8	8.7

续表 3 Continued 单位:亿元(100 millionyuna)

指标	Item	2016	2017	2018 年比上年增长(%) Increased over the Previous Year in 2018(%)	2019 年比上年增长(%) Increased over the Previous Year in 2019(%)
居民服务、修理和其他服务业	**Service for the Residents and Others**	**51.99**	**48.70**	**-28.5**	**26.4**
居民服务业	Resident Services	35.56	26.40	8.7	-0.2
机动车、电子产品和日用产品修理业	Motor vehicle repair industry, electronic products and daily products	5.27	2.84	-64.0	82
其他服务业	Other Services	11.16	19.46	-59.5	92
教育	**Education**	**73.43**	**77.20**	**14.4**	**37.4**
教育	Education	73.43	77.20	14.4	37.4
卫生和社会工作	**Culture, Sports and Recreation**	**97.20**	**112.46**	**-8.1**	**13.8**
卫生	Health Care	62.79	63.50	-21.3	9.5
社会工作	Social work	34.41	48.96	18.2	19.5
文化、体育和娱乐业	**Culture, Sports and Entertainment**	**200.51**	**263.97**	**-3.2**	**-2.2**
新闻和出版业	News and Publishing				
广播、电视、电影和影视录音制作业	Television, Radion, Film and Television Sound Recording Production	22.91	16.80	-56.0	19.7
文化艺术业	Culture and Arts	92.67	121.90	-30.3	35.6
体育	Sports	39.73	29.91	-20.4	5.9
娱乐业	Recreation	45.19	95.36	52.9	-25.1
公共管理、社会保障和社会组织	**Public Administration, Social Security and Social Organization**	**108.53**	**35.58**	**-45.3**	**29.1**
中国共产党机关	Communist Party Agencies	0.04			
国家机构	Government Agencies	10.92	3.76	-4.5	41.2
人民政协、民主党派	The CPPSS, democratic Parties	0.05			
社会保障	Social security	0.66			
群众团体、社会团体和其他成员组织	Mass Origanizations, Social Groups and Other Members of the Organization	27.22	13.52	-39.3	4.4
基层群众自治组织	Mass Grassroot Organizations	69.65	18.30	-75.8	186.2
自年初累计资金来源合计	**Source of Funds**				
上年末结余资金	Surplus Funds Last Year	3236.28	3807.21	36.9	15.9
本年资金来源小计	Funds This Year	20686.28	23339.79	7.4	6.3
#国家预算内资金	State Budgetary Appropriations	82.62	125.48	42.6	-16.6
国内贷款	Domestic Loans	1796.02	2341.99	30.7	12.3
债券	Debenture	0.01	2.36	129.7	17.6
利用外资	Foreign Investment	170.42	69.05	29.1	40.2
自筹资金	Fundraising	12328.99	13425.64	4.3	-0.4
其他资金	Others	6308.22	7375.27	3.6	11.3

3-9 港澳台经济分行业投资和资金来源
Investment and Sources of Funds in HongKong,Macao and Taiwan Units by Sector

单位:亿元(100 million yuan)

指标	Item	2016	2017	2018年比上年增长(%) Increased over the Previous Year in 2018(%)	2019年比上年增长(%) Increased over the Previous Year in 2019(%)
投资总计	**Total Investment**	**1350.56**	**1159.16**	**-3.7**	**11.3**
第一产业	Primary Industry	1.64	2.68	-40.9	9.0
第二产业	Secondary Industry	457.85	520.42	-3.5	21.5
第三产业	Tertiary Industry	891.07	636.06	-3.6	6.4
按国民经济行业分组	**By Sector**				
农林牧渔业	**Farming, Forestry, Animal Husbandry and Fishery**	**1.64**	**2.68**	**-42.1**	**9.0**
农业	Farming	0.73	2.20	-39.2	2.8
林业	Forestry	0.73			
牧业	Animal Husbandry				
渔业	Fishery	0.06	0.33	-66.5	178.1
农林牧渔专业及辅助性活动	Agriculture, Forestry, Animal Husbandry and Fisheries Professional and Supplementary Activities	0.12	0.15	-100.0	
采矿业	**Ming and Quarrying**				
煤炭开采和洗选业	Coal Mining and Dressing				
石油和天然气开采业	Petroleum and Natural Gas Extraction				
黑色金属矿采选业	Ferrous Metals Mining and Dressing				
有色金属矿采选业	Nonferrous Metals Mining and Dressing				
非金属矿采选业	Nonmetal Minerals Mining and Dressing				
开采专业及辅助活动	Mining Professional and Auxiliary Activities				
其他采矿业	Other Minerals Mining and Dressing				
制造业	**Manufacturing**	**436.56**	**491.71**	**1.3**	**21.9**
农副食品加工业	Non-staple Food Processing	0.57	0.72	219.3	18.7
食品制造业	Food Manufacturing	4.70	5.38	-47.8	151.8
酒、饮料和精制茶制造业	Wine, Soft Drinks and Refined Tea Manufacturing	5.44	2.03	-76.9	-9.1
烟草制品业	Tobacco Processing				
纺织业	Textile Industry	29.76	46.29	-3.8	1.7
纺织服装、服饰业	Garments, Shoes and Hats Manufacturing	19.99	34.62	56.2	-12.5
皮革、毛皮、羽毛(绒)及其制品业	Leather, Furs, Down and Related Products	5.25	2.58	-8.6	-61.7
木材加工及木、竹、藤、棕、草制品业	Timber Processing, Bamboo, Cane Palm Fiber and Straw Products	1.45	0.46	245.6	-60.8
家具制造业	Furniture Manufacturing	5.37	8.51	-44.2	57.5
造纸及纸制品业	Papermaking and Paper Products	10.27	14.11	-43.5	-65.4
印刷业和记录媒介的复制	Printing and Record Medium Reproduction	2.42	1.18	114.5	-52.4
文教、工美、体育和娱乐用品制造业	Cultural, Educational and Sports Goods	5.05	7.09	37.7	8.8

续表 1 Continued 单位:亿元(100 million yuan)

指标	Item	2016	2017	2018 年比上年增长(%) Increased over the Previous Year in 2018(%)	2019 年比上年增长(%) Increased over the Previous Year in 2019(%)
石油、煤炭及其他燃料加工业	Petroleum, Coal and Other Fuel Processing Industry	30.66	2.94	253.4	-45.9
化学原料及化学制品制造业	Raw Chemical Materials and Chemical Products	50.15	63.01	-6.2	93.7
医药制造业	Medical and Pharmaceutical Products	7.07	7.21	-45.1	74.7
化学纤维制造业	Chemical Fiber	10.22	11.44	109.0	180.8
橡胶和塑料制品业	Rubber and plastic products	18.81	16.96	9.1	-4.4
非金属矿物制品业	Nonmetal Mineral Products	10.06	14.68	-71.5	-36.1
黑色金属冶炼及压延加工业	Smelting and Pressing of Ferrous Metals	4.42	15.85	-73.8	-11.5
有色金属冶炼及压延加工业	Smelting and Pressing of Nonferrous Metals	3.59	5.04	86.6	-62.8
金属制品业	Metal Products	19.39	17.17	7.3	-13.5
通用设备制造业	Ordinary Machinery	39.15	35.45	6.2	17.1
专用设备制造业	For Special Purpose Equipment Manufacturing	30.42	32.83	-14.4	-22.8
汽车制造业	Automobile manufacturing industry	48.98	62.07	-14.3	-20.7
铁路、船舶、航空航天和其他运输设备制造业	Railway, shipbuilding, aerospace, and other transportation equipment manufacturing industry	2.45	0.38	-24.8	256.8
电气机械及器材制造业	Electric Equipment and Machinery	44.70	48.36	52.9	-2.2
计算机、通信和其他电子设备制造业	Telecommunications Equipment, Computer and Other Electronic Equipment Manufacturing	16.88	26.90	62.7	77.9
仪器仪表制造业	Instruments, Meters, Cultural and Office Machinery	4.10	4.20	-68.5	-62.5
其他制造业	Handicraft Article and Other Manufacturing Indust	3.43	3.15	20.1	92.5
废弃资源综合利用业	Comprehensive Utilization of Waste Resources	0.46	0.32	377.1	0.8
金属制品、机械和设备修理业	Metal products, machinery and equipment repair	1.32	0.80	-76.6	-0.3
电力、燃气及水的生产和供应业	**Electricity, Gas and Water Production and Supply**	**21.29**	**28.52**	**-68.0**	**2.5**
电力、热力的生产和供应业	Production and Supply of Electricity and Heating Power	17.66	24.30	-79.5	18.8
燃气生产和供应业	Production and Supply of Gas	1.71	1.21	-13.6	66.3
水的生产和供应业	Production and Supply of Water	1.91	3.01	-5.6	-46.0
建筑业	**Construction**		**0.19**		
房屋建筑业	Housing industry				
土木工程建筑业	Civil engineering construction				
建筑安装业	Installation		0.19		
建筑装饰、装修和其他建筑业	Architectural Decoration, Decoration and Other Construction Industries				
批发和零售业	**Wholesale and Retail Trade**	**4.92**	**6.89**	**-30.9**	**-4.6**
批发业	Wholesale	2.31	1.87	-49.7	-94
零售业	Retail Sale	2.62	5.02	-24.2	16.5
交通运输、仓储和邮政业	**Transport, Storage and Post**	**86.10**	**52.60**	**23.9**	**73.2**

续表 2 Continued 单位:亿元(100 million yuan)

指标	Item	2016	2017	2018 年比上年增长(%) Increased over the Previous Year in 2018(%)	2019 年比上年增长(%) Increased over the Previous Year in 2019(%)
铁路运输业	Railway Transport				
道路运输业	Highway Transport	12.16	7.10	88.8	28.4
水上运输业	Waterway Transport	14.07	4.10	-87.7	2534.4
航空运输业	Air Transport	10.27	1.58	745.0	203.3
管道运输业	Pipeline Transport	1.70	0.43	-100.0	
多式联运和运输代理业	Multimodal Transport and Transport Agent Industry	2.52			
装卸搬运和仓储业	Handling and Warehousing Industry	45.38	39.40	-19.1	-8.8
邮政业	Postal Services				
住宿和餐饮业	**Hotels and Catering Services**	**4.05**	**5.63**	**-29.8**	**24.8**
住宿业	Hotels	4.05	5.42	-24.7	24.8
餐饮业	Catering Services		0.21	-100.0	
信息传输、软件和信息技术服务业	**Information Transmission Software and Information Technology Services**	**147.86**	**192.02**	**21.6**	**4.9**
电信、广播电视和卫星传输服务	Telcommunication, Radio and Television, Satellite Transmission Services	92.72	84.34	4.0	9.5
互联网和相关服务	The Internet and related services	47.61	87.56	47.1	-5.7
软件和信息技术服务业	Software and Information Technology Services	7.53	20.11	-32.1	110.0
金融业	**Banking**	**14.61**	**0.76**	**-100.0**	
货币金融服务	Monetary and financial services	12.68			
资本市场服务	Capital market services	0.45			
保险业	Insurance				
其他金融业	Other financial sector	1.47	0.76	-100.0	
房地产业	**Real Estate**	**591.40**	**345.96**	**-21.1**	**-9.1**
房地产业	Real Estate	591.40	345.96	-21.1	-9.1
租赁和商务服务业	**Renting and Business Services**	**16.56**	**10.43**	**-61.4**	**27.8**
租赁业	Leasing	3.85	0.58	-100.0	
商务服务业	Commercial Services	12.71	9.85	-60.2	27.1
科学研究和技术服务业	**Scientific Research and Technic Service**	**6.42**	**0.41**	**1215.6**	**30**
研究与试验发展	Research and Experiment Development		0.17	2141.7	4.3
专业技术服务业	Technical Services				
科技推广和应用服务业	Promotion and Application of Science and Technology Services	6.42	0.24	651.0	61.6
水利、环境和公共设施管理业	**Water Conservancy, Environment and Public Utility**	**14.74**	**16.85**	**85.8**	**30.5**
水利管理业	Water Conservancy				
生态保护和环境治理业	Ecological protection and environmental governance industry	1.65	0.24	9.7	1221.8
公共设施管理业	Public Facilities	13.09	16.61	87.5	13.5

续表 3 Continued 单位:亿元(100 million yuan)

指标	Item	2016	2017	2018 年比上年增长(%) Increased over the Previous Year in 2018(%)	2019 年比上年增长(%) Increased over the Previous Year in 2019(%)
居民服务、修理和其他服务业	**Service for the Residents and Others**	**2.35**	**2.31**	**250.8**	**-87**
居民服务业	Resident Services	2.08	2.30	250.8	-87
机动车、电子产品和日用产品修理业	Motor vehicle repair industry, electronic products and daily products				
其他服务业	Other Services	0.26			
教育	**Education**	**0.04**	**0.37**	**57.0**	**148.9**
教育	Education	0.04	0.37	57.0	148.9
卫生和社会工作	**Culture, Sports and Recreation**	**0.81**	**0.34**	**269.8**	**151**
卫生	Health Care	0.81	0.34	269.8	151
社会工作	Social work				
文化、体育和娱乐业	**Culture, Sports and Entertainment**	**1.21**	**1.49**	**27.9**	**176.9**
新闻和出版业	News and Publishing				
广播、电视、电影和影视录音制作业	Television, Radion, Film and Television Sound Recording Production				
文化艺术业	Culture and Arts	0.66	0.64	-1.4	-51.3
体育	Sports	0.37	0.07		213.5
娱乐业	Recreation	0.19	0.78	-19.6	228.6
公共管理、社会保障和社会组织	**Public Administration, Social Security and Social Organization**				
中国共产党机关	Communist Party Agencies				
国家机构	Government Agencies				
人民政协、民主党派	The CPPSS, democratic Parties				
社会保障	Social security				
群众团体、社会团体和其他成员组织	Mass Origanizations, Social Groups and Other Members of the Organization				
基层群众自治组织	Mass Grassroot Organizations				
自年初累计资金来源合计	**Source of Funds**	**1982.27**			
上年末结余资金	Surplus Funds Last Year	470.32	502.18	-18.3	-40.6
本年资金来源小计	Funds This Year	1511.95	1406.98	-24.2	17.2
#国家预算内资金	State Budgetary Appropriations	2.23	3.03	48.9	-14.7
国内贷款	Domestic Loans	118.82	93.27	-43.9	82
债券	Debenture				
利用外资	Foreign Investment	76.14	13.77	93.7	-6.1
自筹资金	Fundraising	762.55	763.78	-14.2	50.3
其他资金	Others	552.21	533.14	-33.6	-32.9

3－10 外商经济分行业投资和资金来源
Investment and Sources of Funds in Foreign－owned Units by Sector

单位:亿元(100 million yuan)

指标	Item	2016	2017	2018 年比上年增长(%) Increased over the Previous Year in 2018(%)	2019 年比上年增长(%) Increased over the Previous Year in 2019(%)
投资总计	**Total Investment**	**783.09**	**621.74**	**12.5**	**6.0**
第一产业	Primary Industry	0.95	0.44	－77.7	25.2
第二产业	Secondary Industry	537.64	457.11	10.1	7.0
第三产业	Tertiary Industry	244.50	164.19	17.8	4.1
按国民经济行业分组	**By Sector**				
农林牧渔业	**Farming, Forestry, Animal Husbandry and Fishery**	**0.95**	**0.44**	**－77.7**	**25.2**
农业	Farming	0.32	0.25	－72.9	6.5
林业	Forestry				
牧业	Animal Husbandry		0.19	－100.0	
渔业	Fishery				
农林牧渔专业及辅助性活动	Agriculture, Forestry, Animal Husbandry and Fisheries Professional and Supplementary Activities	0.63			
采矿业	**Ming and Quarrying**	**1.07**			
煤炭开采和洗选业	Coal Mining and Dressing				
石油和天然气开采业	Petroleum and Natural Gas Extraction				
黑色金属矿采选业	Ferrous Metals Mining and Dressing				
有色金属矿采选业	Nonferrous Metals Mining and Dressing				
非金属矿采选业	Nonmetal Minerals Mining and Dressing	1.07			
开采专业及辅助活动	Mining Professional and Auxiliary Activities				
其他采矿业	Other Minerals Mining and Dressing				
制造业	**Manufacturing**	**510.76**	**435.37**	**13.9**	**8.3**
农副食品加工业	Non－staple Food Processing	10.99	5.59	－26.5	－21.2
食品制造业	Food Manufacturing	9.41	8.74	－11.9	49.9
酒、饮料和精制茶制造业	Wine, Soft Drinks and Refined Tea Manufacturing	11.01	5.59	15.1	－48.2
烟草制品业	Tobacco Processing				
纺织业	Textile Industry	21.85	16.93	72.9	7.8
纺织服装、服饰业	Garments, Shoes and Hats Manufacturing	8.10	7.97	10.4	－10.2
皮革、毛皮、羽毛(绒)及其制品业	Leather, Furs, Down and Related Products	4.28	0.95	20.2	0.2
木材加工及木、竹、藤、棕、草制品业	Timber Processing, Bamboo, Cane Palm Fiber and Straw Products	3.21	3.17	－40.9	－18.8
家具制造业	Furniture Manufacturing	7.56	6.47	－6.6	－15.3
造纸及纸制品业	Papermaking and Paper Products	10.79	7.83	89.5	－30.9
印刷业和记录媒介的复制	Printing and Record Medium Reproduction	1.17	0.55	－2.7	128.7
文教、工美、体育和娱乐用品制造业	Cultural, Educational and Sports Goods	18.23	4.13	14.7	37.7

续表 1 Continued 单位:亿元(100 million yuan)

指标	Item	2016	2017	2018 年比上年增长(%) Increased over the Previous Year in 2018(%)	2019 年比上年增长(%) Increased over the Previous Year in 2019(%)
石油、煤炭及其他燃料加工业	Petroleum, Coal and Other Fuel Processing Industry				
化学原料及化学制品制造业	Raw Chemical Materials and Chemical Products	49.11	24.04	22.1	2.1
医药制造业	Medical and Pharmaceutical Products	15.17	30.49	-25.8	-31.5
化学纤维制造业	Chemical Fiber	9.81	26.36	-8.7	-19.5
橡胶和塑料制品业	Rubber and plastic products	23.87	16.36	8.8	-21.4
非金属矿物制品业	Nonmetal Mineral Products	5.38	6.87	-17.5	41.7
黑色金属冶炼及压延加工业	Smelting and Pressing of Ferrous Metals	2.09	1.79	-97.4	1861.7
有色金属冶炼及压延加工业	Smelting and Pressing of Nonferrous Metals	14.92	7.71	-44.4	-59.9
金属制品业	Metal Products	12.56	12.76	-19.8	-10.8
通用设备制造业	Ordinary Machinery	30.15	27.74	3.3	76.3
专用设备制造业	For Special Purpose Equipment Manufacturing	16.07	10.54	139.2	1.8
汽车制造业	Automobile manufacturing industry	97.05	82.11	11.3	19.5
铁路、船舶、航空航天和其他运输设备制造业	Railway, shipbuilding, aerospace, and other transportation equipment manufacturing industry	29.31	3.25	-60.1	-52.7
电气机械及器材制造业	Electric Equipment and Machinery	33.96	60.80	5.6	9.4
计算机、通信和其他电子设备制造业	Telecommunications Equipment, Computer and Other Electronic Equipment Manufacturing	53.86	46.27	83.6	14.2
仪器仪表制造业	Instruments, Meters, Cultural and Office Machinery	5.81	6.27	-36.1	21.2
其他制造业	Handicraft Article and Other Manufacturing Indust	3.74	3.90	-85.2	196
废弃资源综合利用业	Comprehensive Utilization of Waste Resources	1.24	0.17	-66.0	-100
金属制品、机械和设备修理业	Metal products, machinery and equipment repair	0.04	0.02	991.7	53.1
电力、燃气及水的生产和供应业	**Electricity, Gas and Water Production and Supply**	**25.81**	**21.73**	**-48.6**	**-36**
电力、热力的生产和供应业	Production and Supply of Electricity and Heating Power	21.41	18.49	-50.1	-45.8
燃气生产和供应业	Production and Supply of Gas	2.57	2.68	-61.0	48.4
水的生产和供应业	Production and Supply of Water	1.84	0.56	115.6	-56.6
建筑业	**Construction**				
房屋建筑业	Housing industry				
土木工程建筑业	Civil engineering construction				
建筑安装业	Installation				
建筑装饰、装修和其他建筑业	Architectural Decoration, Decoration and Other Construction Industries				
批发和零售业	**Wholesale and Retail Trade**	**13.00**	**6.20**	**-10.4**	**7.6**
批发业	Wholesale	6.45	1.79	-100.0	
零售业	Retail Sale	6.55	4.42	25.9	-7.9
交通运输、仓储和邮政业	**Transport, Storage and Post**	**5.60**	**12.53**	**-6.1**	**-5.8**

续表 2 Continued 单位:亿元(100 million yuan)

指标	Item	2016	2017	2018 年比上年增长(%) Increased over the Previous Year in 2018(%)	2019 年比上年增长(%) Increased over the Previous Year in 2019(%)
铁路运输业	Railway Transport				
道路运输业	Highway Transport		0.50		
水上运输业	Waterway Transport	0.93	1.52	-71.0	376.2
航空运输业	Air Transport				
管道运输业	Pipeline Transport	0.22	0.13		
多式联运和运输代理业	Multimodal Transport and Transport Agent Industry				
装卸搬运和仓储业	Handling and Warehousing Industry	4.46	10.39	5.3	-33.0
邮政业	Postal Services				
住宿和餐饮业	**Hotels and Catering Services**	**6.29**	**6.83**	**49.2**	**-18.0**
住宿业	Hotels	6.29	6.83	49.2	-18.0
餐饮业	Catering Services				
信息传输、软件和信息技术服务业	**Information Transmission Software and Information Technology Services**	**3.49**	**2.96**	**-47.8**	**165.1**
电信、广播电视和卫星传输服务	Telcommunication, Radio and Television, Satellite Transmission Services		0.39		-11.2
互联网和相关服务	The Internet and related services		0.43		4777.7
软件和信息技术服务业	Software and Information Technology Services	3.49	2.14	-69.2	-59.7
金融业	**Banking**	**0.26**			
货币金融服务	Monetary and financial services	0.26			
资本市场服务	Capital market services				
保险业	Insurance				
其他金融业	Other financial sector				
房地产业	**Real Estate**	**206.26**	**121.00**	**8.5**	**-8.8**
房地产业	Real Estate	206.26	121.00	8.5	-8.8
租赁和商务服务业	**Renting and Business Services**	**1.95**	**4.64**	**-51.3**	**283.1**
租赁业	Leasing		0.65	-100.0	
商务服务业	Commercial Services	1.95	3.99	41.7	283.1
科学研究和技术服务业	**Scientific Research and Technic Service**	**2.57**	**1.22**	**67.6**	**840.0**
研究与试验发展	Research and Experiment Development	1.78	0.24		
专业技术服务业	Technical Services	0.45	0.14	92.2	-19.2
科技推广和应用服务业	Promotion and Application of Science and Technology Services	0.35	0.85	-100.0	
水利、环境和公共设施管理业	**Water Conservancy, Environment and Public Utility**	**2.20**	**5.49**	**138.0**	**32.0**
水利管理业	Water Conservancy				
生态保护和环境治理业	Ecological protection and environmental governance industry	0.74	2.09	36.9	504.9
公共设施管理业	Public Facilities	1.46	3.41	163.5	-34.6

续表 3 Continued 单位:亿元(100 million yuan)

指标	Item	2016	2017	2018 年比上年增长(%) Increased over the Previous Year in 2018(%)	2019 年比上年增长(%) Increased over the Previous Year in 2019(%)
居民服务、修理和其他服务业	**Service for the Residents and Others**				
居民服务业	Resident Services				
机动车、电子产品和日用产品修理业	Motor vehicle repair industry, electronic products and daily products				
其他服务业	Other Services				
教育	**Education**	**0.05**			**81227.8**
教育	Education	0.05			81227.8
卫生和社会工作	**Culture, Sports and Recreation**		**0.92**	**57.8**	**312.8**
卫生	Health Care		0.92	36.6	373.7
社会工作	Social work				-79.2
文化、体育和娱乐业	**Culture, Sports and Entertainment**	**2.84**	**2.39**	**513.8**	**47.8**
新闻和出版业	News and Publishing				
广播、电视、电影和影视录音制作业	Television, Radion, Film and Television Sound Recording Production				
文化艺术业	Culture and Arts	0.39			-58.8
体育	Sports	1.72	2.39	876.4	72.2
娱乐业	Recreation	0.73		-100.0	
公共管理、社会保障和社会组织	**Public Administration, Social Security and Social Organization**				
中国共产党机关	Communist Party Agencies				
国家机构	Government Agencies				
人民政协、民主党派	The CPPSS, democratic Parties				
社会保障	Social security				
群众团体、社会团体和其他成员组织	Mass Origanizations, Social Groups and Other Members of the Organization				
基层群众自治组织	Mass Grassroot Organizations				
自年初累计资金来源合计	**Source of Funds**	**1027.19**			
上年末结余资金	Surplus Funds Last Year	228.27	142.74	3.7	6.6
本年资金来源小计	Funds This Year	798.93	672.79	1.3	8.7
#国家预算内资金	State Budgetary Appropriations	0.04	1.38	14.9	-41.8
国内贷款	Domestic Loans	73.99	58.76	-1.9	64.6
债券	Debenture				
利用外资	Foreign Investment	87.61	35.43	33.6	62.5
自筹资金	Fundraising	475.64	454.77	2.8	-8.0
其他资金	Others	161.65	122.45	-10.5	16.0

3-11 私营个体经济分行业投资和资金来源
Investment and Sources of Funds in Private-owned Units by Sector

单位:亿元(100 million yuan)

指标	Item	2016	2017	2018年比上年增长(%) Increased over the Previous Year in 2018(%)	2019年比上年增长(%) Increased over the Previous Year in 2019(%)
投资总计	**Total Investment**	**9279.72**	**11391.22**	**30.5**	**-5.6**
第一产业	Primary Industry	136.52	142.60	-47.5	2.7
第二产业	Secondary Industry	4861.41	5171.51	2.6	7.5
第三产业	Tertiary Industry	4281.78	6077.11	42.6	-9.5
按国民经济行业分组	**By Sector**				
农林牧渔业	**Farming, Forestry, Animal Husbandry and Fishery**	**136.52**	**142.60**	**-46.5**	**3.4**
农业	Farming	83.50	95.17	-59.5	-25.2
林业	Forestry	4.49	3.37	-63.3	-26.8
牧业	Animal Husbandry	11.46	14.91	-34.8	83.2
渔业	Fishery	17.32	18.71	10.9	15.9
农林牧渔专业及辅助性活动	Agriculture, Forestry, Animal Husbandry and Fisheries Professional and Supplementary Activities	19.74	10.43	-29.7	11.6
采矿业	**Ming and Quarrying**	**32.20**	**22.89**	**22.8**	**-11.8**
煤炭开采和洗选业	Coal Mining and Dressing	0.07	0.10		
石油和天然气开采业	Petroleum and Natural Gas Extraction				
黑色金属矿采选业	Ferrous Metals Mining and Dressing				
有色金属矿采选业	Nonferrous Metals Mining and Dressing	0.76	0.19	-100.0	
非金属矿采选业	Nonmetal Minerals Mining and Dressing	30.51	22.05	28.6	-14.0
开采专业及辅助活动	Mining Professional and Auxiliary Activities	0.32			
其他采矿业	Other Minerals Mining and Dressing	0.54	0.55	-80.7	210.6
制造业	**Manufacturing**	**4631.25**	**4903.35**	**5.0**	**9.3**
农副食品加工业	Non-staple Food Processing	62.58	75.95	8.6	15.6
食品制造业	Food Manufacturing	50.24	51.08	-41.4	56.1
酒、饮料和精制茶制造业	Wine, Soft Drinks and Refined Tea Manufacturing	26.17	28.31	-35.3	14.5
烟草制品业	Tobacco Processing				1207.7
纺织业	Textile Industry	460.91	481.53	-1.0	-3.1
纺织服装、服饰业	Garments, Shoes and Hats Manufacturing	141.03	158.46	3.5	12.5
皮革、毛皮、羽毛(绒)及其制品业	Leather, Furs, Down and Related Products	85.68	108.47	-0.9	57.5
木材加工及木、竹、藤、棕、草制品业	Timber Processing, Bamboo, Cane Palm Fiber and Straw Products	68.28	69.02	-33.0	8.4
家具制造业	Furniture Manufacturing	88.77	114.03	8.3	-4.4
造纸及纸制品业	Papermaking and Paper Products	105.22	99.10	-7.2	13.3
印刷业和记录媒介的复制	Printing and Record Medium Reproduction	61.26	67.57	34.2	1.7
文教、工美、体育和娱乐用品制造业	Cultural, Educational and Sports Goods	129.35	154.38	-18.1	5.7

续表 1 Continued 单位:亿元(100 million yuan)

指标	Item	2016	2017	2018 年比上年增长(%) Increased over the Previous Year in 2018(%)	2019 年比上年增长(%) Increased over the Previous Year in 2019(%)
石油、煤炭及其他燃料加工业	Petroleum, Coal and Other Fuel Processing Industry	7.70	6.37	175.8	-4.4
化学原料及化学制品制造业	Raw Chemical Materials and Chemical Products	279.62	221.80	-24.7	45.9
医药制造业	Medical and Pharmaceutical Products	119.63	81.14	19.2	20.7
化学纤维制造业	Chemical Fiber	74.29	75.98	9.6	-38.7
橡胶和塑料制品业	Rubber and plastic products	298.67	319.11	-23.8	-0.2
非金属矿物制品业	Nonmetal Mineral Products	225.31	272.75	-0.8	3.2
黑色金属冶炼及压延加工业	Smelting and Pressing of Ferrous Metals	71.26	59.02	-27.2	3.1
有色金属冶炼及压延加工业	Smelting and Pressing of Nonferrous Metals	59.35	61.07	1.9	11
金属制品业	Metal Products	293.69	307.18	-9.9	12.7
通用设备制造业	Ordinary Machinery	493.99	497.87	17.6	22.1
专用设备制造业	For Special Purpose Equipment Manufacturing	268.44	283.80	21.8	42.4
汽车制造业	Automobile manufacturing industry	357.94	481.34	12.8	-8.6
铁路、船舶、航空航天和其他运输设备制造业	Railway, shipbuilding, aerospace, and other transportation equipment manufacturing industry	67.82	70.74	32.1	-9.4
电气机械及器材制造业	Electric Equipment and Machinery	489.42	456.47	14.6	0.9
计算机、通信和其他电子设备制造业	Telecommunications Equipment, Computer and Other Electronic Equipment Manufacturing	132.46	135.14	98.5	26.2
仪器仪表制造业	Instruments, Meters, Cultural and Office Machinery	44.51	77.90	54.2	-9.1
其他制造业	Handicraft Article and Other Manufacturing Indust	39.49	50.94	-7.4	7.5
废弃资源综合利用业	Comprehensive Utilization of Waste Resources	23.03	30.37	-46.5	53.3
金属制品、机械和设备修理业	Metal products, machinery and equipment repair	5.13	6.44	34.6	133.3
电力、燃气及水的生产和供应业	**Electricity, Gas and Water Production and Supply**	**194.14**	**240.78**	**-30.1**	**-24.1**
电力、热力的生产和供应业	Production and Supply of Electricity and Heating Power	167.53	213.85	-30.9	-27
燃气生产和供应业	Production and Supply of Gas	4.13	3.44	75.1	146.6
水的生产和供应业	Production and Supply of Water	22.48	23.50	-33.6	-38.9
建筑业	**Construction**	**3.83**	**4.49**	**-22.1**	**17.4**
房屋建筑业	Housing industry	1.30	1.68	-10.3	-11.5
土木工程建筑业	Civil engineering construction	1.74	1.05	-50.4	267.8
建筑安装业	Installation	0.11	0.01	1065.2	-87.7
建筑装饰、装修和其他建筑业	Architectural Decoration, Decoration and Other Construction Industries	0.68	1.75	-35.9	-38.1
批发和零售业	**Wholesale and Retail Trade**	**165.23**	**131.48**	**-37.9**	**43.7**
批发业	Wholesale	75.51	66.57	-34.5	11.9
零售业	Retail Sale	89.72	64.91	-40.8	73.8
交通运输、仓储和邮政业	**Transport, Storage and Post**	**185.77**	**203.03**	**44.4**	**-4.7**

续表 2 Continued 单位:亿元(100 million yuan)

指标	Item	2016	2017	2018年比上年增长(%) Increased over the Previous Year in 2018(%)	2019年比上年增长(%) Increased over the Previous Year in 2019(%)
铁路运输业	Railway Transport	3.40	0.25	-100.0	
道路运输业	Highway Transport	56.76	65.44	225.5	-5.4
水上运输业	Waterway Transport	35.62	26.90	-4.8	-21.1
航空运输业	Air Transport	18.67	19.24	-51.8	-87.2
管道运输业	Pipeline Transport		0.87	-100.0	
多式联运和运输代理业	Multimodal Transport and Transport Agent Industry	5.79	17.90	-60.6	209.4
装卸搬运和仓储业	Handling and Warehousing Industry	50.24	56.60	5.1	-2.9
邮政业	Postal Services	15.28	15.83	-39.5	-28.7
住宿和餐饮业	**Hotels and Catering Services**	**183.35**	**230.65**	**-7.5**	**-5.9**
住宿业	Hotels	167.46	207.25	-5.3	-3.9
餐饮业	Catering Services	15.89	23.41	-35.0	-43.2
信息传输、软件和信息技术服务业	**Information Transmission Software and Information Technology Services**	**41.52**	**37.64**	**-16.5**	**33.1**
电信、广播电视和卫星传输服务	Telcommunication, Radio and Television, Satellite Transmission Services	0.89	0.55	-58.2	-100.0
互联网和相关服务	The Internet and related services	4.44	3.74	7.3	108.4
软件和信息技术服务业	Software and Information Technology Services	36.19	33.35	-19.3	20.3
金融业	**Banking**	**2.82**	**5.34**	**-11.0**	**164.8**
货币金融服务	Monetary and financial services	2.33	2.08	-41.4	-2.5
资本市场服务	Capital market services		3.26	13.7	235.2
保险业	Insurance	0.49			
其他金融业	Other financial sector				
房地产业	**Real Estate**	**3075.69**	**4677.64**	**47.0**	**-11.1**
房地产业	Real Estate	3075.69	4677.64	47.0	-11.1
租赁和商务服务业	**Renting and Business Services**	**177.66**	**204.49**	**-10.7**	**-11.2**
租赁业	Leasing	8.54	21.25	-45.7	-84.7
商务服务业	Commercial Services	169.12	183.24	-5.2	-4.6
科学研究和技术服务业	**Scientific Research and Technic Service**	**32.65**	**49.28**	**32.4**	**51.5**
研究与试验发展	Research and Experiment Development	9.53	18.25	31.3	12.5
专业技术服务业	Technical Services	7.73	9.73	83.4	28.7
科技推广和应用服务业	Promotion and Application of Science and Technology Services	15.39	21.30	8.6	110.2
水利、环境和公共设施管理业	**Water Conservancy, Environment and Public Utility**	**220.04**	**311.21**	**78.9**	**3.4**
水利管理业	Water Conservancy	10.74	5.28	999.8	-33.9
生态保护和环境治理业	Ecological protection and environmental governance industry	17.56	18.80	148.6	40.9
公共设施管理业	Public Facilities	191.73	287.14	45.4	6.5

续表 3 Continued 单位:亿元(100 million yuan)

指标	Item	2016	2017	2018 年比上年增长(%) Increased over the Previous Year in 2018(%)	2019 年比上年增长(%) Increased over the Previous Year in 2019(%)
居民服务、修理和其他服务业	**Service for the Residents and Others**	**20.37**	**29.58**	**-25.1**	**46.7**
居民服务业	Resident Services	10.57	10.73	-4.8	-47.0
机动车、电子产品和日用产品修理业	Motor vehicle repair industry, electronic products and daily products	4.29	2.70	-63.8	92.5
其他服务业	Other Services	5.51	16.14	-19.4	191.3
教育	**Education**	**23.57**	**27.13**	**53.3**	**29.6**
教育	Education	23.57	27.13	53.3	29.6
卫生和社会工作	**Culture, Sports and Recreation**	**56.76**	**69.93**	**8.4**	**1.1**
卫生	Health Care	39.52	36.55	0.1	-17.3
社会工作	Social work	17.25	33.38	21.2	24.7
文化、体育和娱乐业	**Culture, Sports and Entertainment**	**95.35**	**98.20**	**16.7**	**-11.2**
新闻和出版业	News and Publishing				
广播、电视、电影和影视录音制作业	Television, Radion, Film and Television Sound Recording Production	11.13	9.10	-26.6	19.7
文化艺术业	Culture and Arts	26.77	41.34	-22.9	33.6
体育	Sports	30.34	21.00	-17.8	-14.5
娱乐业	Recreation	27.11	26.77	91.1	-34.3
公共管理、社会保障和社会组织	**Public Administration, Social Security and Social Organization**	**1.01**	**1.50**	**11.8**	**-36.7**
中国共产党机关	Communist Party Agencies				
国家机构	Government Agencies	0.32			
人民政协、民主党派	The CPPSS, democratic Parties				
社会保障	Social security				
群众团体、社会团体和其他成员组织	Mass Origanizations, Social Groups and Other Members of the Organization	0.69	1.22	39.2	-49.6
基层群众自治组织	Mass Grassroot Organizations		0.29	-96.2	845.0
自年初累计资金来源合计	**Source of Funds**				
上年末结余资金	Surplus Funds Last Year	1212.84	1590.36	89.2	23.7
本年资金来源小计	Funds This Year	10210.29	13325.42	25.4	-7.5
#国家预算内资金	State Budgetary Appropriations	12.00	29.49	108.5	14.0
国内贷款	Domestic Loans	809.57	1612.09	16.9	-16.5
债券	Debenture	0.01	1.42	-90.0	677.0
利用外资	Foreign Investment	4.25	8.51	28.9	173.9
自筹资金	Fundraising	6929.34	8029.44	18.0	-17.8
其他资金	Others	2455.11	3644.46	37.3	5.9

3－12 房地产开发投资主要指标(2014－2019年)
Main Indicators of Investment in Real Estate Development(2014－2019)

单位:亿元(100 million yuan)

指标	Item	2014	2015	2016	2017	2018	2019
开发投资额	**Development**	**7262.38**	**7111.93**	**7469.37**	**8226.78**	**9944.93**	**10682.97**
按登记注册类型分	**By Registered**						
内资	Domestic Funded Enterprises	6494.68	6416.91	6677.85	7766.84	9553.22	10322.36
国有	State－owned Enterprises	41.61	32.50	37.75	15.70	27.47	20.72
集体	Collective Owned Enterprises	3.01	2.90	4.37	0.19	0.02	7.50
股份合作	Cooperative Enterprises	1.76	15.34	6.24	2.27		
国有联营	State Joint Ownership Enterprises	2.86	4.77	2.92	0.65	0.07	
集体联营	Collective Joint Ownership Enterprises						
国有与集体联营	State－collective Joint Enterprises	0.31	0.07				
其他联营	Other Joint Ownership Enterprises						
国有独资公司	State Sole Funded Corporations	323.86	207.55	245.30	226.43	200.55	472.45
其他有限责任公司	Other Limited Liability Corporations	3554.18	3590.13	3369.51	2907.46	2568.77	3824.37
股份有限公司	Share－holding Corporations Ltd.	76.50	52.37	68.40	123.35	124.73	100.60
私营	Private Enterprises	2488.48	2504.58	2936.63	4479.42	6631.61	5893.60
其他	others	2.12	6.69	6.73	11.37		3.13
港澳台商投资	Funded by Entrepreneurs From Hong Kong Macao and Taiwan	583.07	538.41	589.40	344.45	265.76	240.84
外商投资企业	Foreign Funded Enterprises	184.49	156.61	202.13	115.49	125.96	119.77
按构成分	By Structure						
建筑工程	Construction	3499.23	3449.34	3572.40	3679.05	3327.23	4245.86
安装工程	Installation	435.84	473.19	593.41	506.75	314.91	225.38
设备工器具购置	Purchase of Equipment and Instruments	67.99	62.38	86.69	82.45	73.68	76.95
其他费用	Others	3259.31	3127.01	3216.87	3958.53	6229.12	6134.78
旧建筑物购置费	Purchase of Old Buildings	0.80	1.34	1.98	6.43	9.15	6.40
土地购置费	Purchase of Land	2680.59	2510.48	2634.37	3353.67	5597.85	5364.02

续表 Continued 单位:亿元(100 million yuan)

指标	Item	2014	2015	2016	2017	2018	2019
按用途分	**By Purpose**						
住宅	Residential Buildings	4594.17	4450.73	4806.64	5645.98	7156.45	7727.11
#别墅、高档公寓	Villas and High - grade	384.16	352.44	273.58	386.80	566.50	400.25
办公楼	Office Buildings	487.62	513.31	480.98	439.65	382.66	419.87
商业营业用房	Commercial Buildings	949.34	1021.09	984.91	942.08	788.19	783.79
其他	Others	1231.25	1126.79	1196.84	1199.07	1617.63	1752.19
新增固定资产	Newly Increased Fixed Assets	3101.61	3162.39	4039.16	3891.39	2937.19	3290.07
购置的土地面积(万平方米)	Land Space Purchased(10000sq. m)	1887.92	1012.58	1302.96	2248.87	3026.02	1686.48
施工面积(万平方米)	Floor Space Under Construction (10000sq. m)	42144.35	41687.33	41609.78	41236.24	44537.06	49604.61
#住宅	Residential Building	25874.49	25117.15	24709.37	24760.01	27437.16	31175.94
竣工面积(万平方米)	Floor Space Completed(10000sq. m)	6390.17	5892.86	7925.40	6884.18	5189.67	5738.82
#住宅	Residential Building	4158.30	3938.03	5091.95	4338.91	3047.84	3551.11
销售面积(万平方米)	Floor Space of Selling House(10000sq. m)	4676.83	5985.30	8636.79	9599.67	9755.49	9378.31
#住宅	Residential Building	3941.49	5131.88	7234.19	7669.70	7936.17	7803.99
资金来源情况	Source of Funds	12632.01	12452.35	14068.63			
上年末结余资金	Surplus Funds Last Year	3675.70	3776.77	3209.06	3979.72	5261.79	6234.72
本年实际到位资金	Actual Funds in Place This Year	8956.31	8675.58	10859.57	13034.21	14248.78	15343.55
#国内贷款	Domestic Loans	1817.77	1274.79	1541.37	2052.03	2279.24	2586.11
利用外资	Foreign Investment	71.68	15.65	32.33	13.15	3.64	1.77
自筹资金	Fundraising	3202.31	2659.44	2672.05	3485.93	4503.43	4273.43
定金及预收款	Deposit and Advance				5124.46	5064.16	5984.85
个人按揭贷款	Personal Mortgage Loan				2071.00	1904.43	2075.65
其他到位资金	Other Funds in Place				287.64	493.87	421.75

3-13 按资质等级分的房地产开发投资(2019 年)
Investment in Real Estate Development by Classification(2019)

单位:亿元(100 million yuan)

指标	Item	投资额 Investment	一级 The First Grade	二级 The Second Grade	三级 The Third Grade
开发投资额	**Development**	**10682.97**	**185.99**	**262.74**	**1138.30**
按登记注册类型分	**By Registered**				
内资	Domestic Funded Enterprises	10322.36	185.99	260.74	1103.68
国有	State - owned Enterprises	20.72		1.65	2.51
集体	Collective Owned Enterprises	7.50			
股份合作	Cooperative Enterprises				
国有联营	State Joint Ownership Enterprises				
集体联营	Collective Joint Ownership Enterprises				
国有与集体联营	State - collective Joint Enterprises				
其他联营	Other Joint Ownership Enterprises				
国有独资公司	State Sole Funded Corporations	472.45	13.11	36.49	25.84
其他有限责任公司	Other Limited Liability Corporations	3824.37	64.00	135.48	565.79
股份有限公司	Share - holding Corporations Ltd.	100.60	10.36	0.20	14.22
私营	Private Enterprises	5893.60	98.52	86.92	495.33
其他	others	3.13			
港澳台商投资	Funded by Enterpreneurs From Hong Kong Macao and Taiwan	240.84		2.00	28.93
外商投资	Foreign Funded Enterprises	119.77			5.69
按构成分	**By Structure**				
建筑工程	Construction	4245.86	83.48	141.69	554.04
安装工程	Installation	225.38	4.29	8.11	18.77
设备工器具购置	Purchase of Equipment and Instruments	76.95	0.85	3.25	9.07
其他费用	Others	6134.78	97.36	109.70	556.42
旧建筑物购置费	Purchase of Old Buildings	6.40		0.20	0.15
土地购置费	Purchase of Land	5364.02	83.74	95.50	471.50

续表 Continued 单位:亿元(100 million yuan)

指标	Item	投资额 Investment	一级 The First Grade	二级 The Second Grade	三级 The Third Grade
按用途分	**By Purpose**				
住宅	Residential Buildings	7727.11	118.34	186.25	804.54
别墅、高档公寓	Villas and High - grade	400.25	6.83	5.54	39.74
办公楼	Office Buildings	419.87	5.74	8.32	49.24
商业营业用房	Commercial Buildings	783.79	9.20	17.52	85.34
其他	Others	1752.19	52.71	50.65	199.18
新增固定资产	Newly Increased Fixed Assets	3290.07	60.75	173.77	543.39
购置的土地面积(万平方米)	Land Space Purchased(10000sq. m)	1686.48	38.79	39.52	84.88
施工面积(万平方米)	Floor Space Under Construction (10000sq. m)	49604.61	1000.05	2336.52	7167.99
#住宅	Residential Buildings	31175.94	634.89	1572.88	4417.79
竣工面积(万平方米)	Floor Space Completed(10000sq. m)	5738.82	81.97	322.78	851.02
#住宅	Residential Buildings	3551.11	61.10	247.65	517.21
销售面积(万平方米)	Floor Space of Selling House (10000sq. m)	9378.31	218.92	266.70	1241.32
#住宅	Residential Buildings	7803.99	187.33	207.77	1006.45
资金来源情况	**Source of Funds**				
上年末结余资金	Surplus Funds Last Year	6234.72	149.24	125.35	741.27
本年实际到位资金	Actual Funds in Place This Year	15343.55	260.10	360.74	1578.22
#国内贷款	Domestic Loans	2586.11	7.50	30.39	201.00
利用外资	Foreign Investment	1.77			
自筹资金	Fundraising	4273.43	28.71	95.55	377.94
其他到位资金	Other Funds in Place	421.75	6.26	12.40	45.07

3-14 各市固定资产投资完成情况(2019 年) Investment In Fixed Assets by City(2019)

城市	City	投资额比上年增长(%) The Amount of Investment Increased over the Previous Year(%)	#投资项目比上年增长(%) The Amount of Projects Increased over the Previous Year(%)	#房地产开发比上年增长(%) Real Estate Development Increased over the Previous Year(%)	房屋施工面积比上年增长(%) Building Construction Area Increased over the Previous Year (%)	房屋竣工面积比上年增长(%) The Area of Completed Houses Increased over the Previous Year(%)
合计	**Total**	**10.1**	**12.2**	**7.4**	**10.7**	**3**
杭州市	Hangzhou	11.6	12.6	10.7	14.2	3.3
宁波市	Ningbo	8.1	8.7	7.3	7.1	-5.3
温州市	Wenzhou	10.3	16.7	2	6.9	12.5
嘉兴市	Jiaxing	11.3	17.5	2.9	9.9	29.4
湖州市	Huzhou	11.4	10.9	12	14.9	-1.1
绍兴市	Shaoxing	10.2	15.3	3.4	6.6	5
金华市	Jinhua	10.3	14.6	3.5	12.4	-1.4
衢州市	Quzhou	7.3	20	-13	5	28.5
舟山市	Zhoushan	8.6	7.5	12.5	16.3	-25.5
台州市	Taizhou	10.7	5.1	19.9	11.6	-20.2
丽水市	Lishui	11.5	14.3	6.5	15.3	-32.7

3－15 各市按资质等级分的房地产开发企业个数
Number of Enterprises for Real Estate Development by Classification and by City

单位:个(unit)

城市	City	合计 Total		一级企业 The First Enterprises		二级企业 The Second Enterprises		三级企业 The Third Enterprises		四级企业 The Fourth Enterprises		暂定 Undefined Enterprises		其他 Others	
		2018	2019	2018	2019	2018	2019	2018	2019	2018	2019	2018	2019	2018	2019
合　计	**Total**	**6818**	**6824**	**111**	**101**	**396**	**351**	**1249**	**1112**	**603**	**563**	**2975**	**3099**	**1484**	**1557**
杭州市	Hangzhou	1726	1631	42	39	100	89	164	132	52	44	842	797	526	521
宁波市	Ningbo	857	870	16	17	33	29	383	371	41	38	244	238	140	171
温州市	Wenzhou	784	736	4	3	86	67	123	92	24	20	384	397	163	156
嘉兴市	Jiaxing	661	677	7	5	17	16	54	45	78	63	261	285	244	263
湖州市	Huzhou	471	499	3	1	16	15	36	28	155	153	172	200	89	97
绍兴市	Shaoxing	762	788	13	10	34	37	109	99	63	64	402	423	141	154
金华市	Jinhua	454	459	7	7	28	25	82	72	70	61	189	192	78	92
衢州市	Quzhou	234	237	7	7	23	21	44	36	66	64	89	103	5	6
舟山市	Zhoushan	185	196	1	1	15	16	108	103	14	14	30	39	17	23
台州市	Taizhou	502	550	6	6	30	28	116	109	30	30	282	333	38	36
丽水市	Lishui	182	181	5	5	14	8	30	25	10	12	80	92	43	38

3－16 各市按登记注册类型分的房地产开发企业个数
Number of Enterprises for Real Estate Development by Registered Type and by City

单位：个（unit）

城市	City	合计 Total		国有 State－owned		集体 Collective Owned		股份合作 Share－holding Corporations		国有独资公司 State Sole Funds	
		2018	2019	2018	2019	2018	2019	2018	2019	2018	2019
合　计	**合 计**	**6818**	**6824**	**34**	**27**	**8**	**10**	**4**	**2**	**145**	**166**
杭州市	Hangzhou	1726	1631	7	5		1			33	42
宁波市	Ningbo	857	870	2	1					31	31
温州市	Wenzhou	784	736	5	5	5	6	4	2	18	18
嘉兴市	Jiaxing	661	677	1	2					13	15
湖州市	Huzhou	471	499	6	3	1	1			5	7
绍兴市	Shaoxing	762	788	4	3	2	2			9	11
金华市	Jinhua	454	459	4	4					13	13
衢州市	Quzhou	234	237	2	2					5	5
舟山市	Zhoushan	185	196	1						4	6
台州市	Taizhou	502	550	2	2					14	17
丽水市	Lishui	182	181								1

续表　Continued

单位：个（unit）

城市	City	其他有限责公司 Other Limited Liability Corporations Ltd.		股份有限公司 Share－holding Corporations Ltd.		私营 Private		港澳台商投资 Investment from Hong Kong, Macao and Taiwan		外商投资 Investment from Foreign	
		2018	2019	2018	2019	2018	2019	2018	2019	2018	2019
合　计	**合 计**	**2365**	**2392**	**97**	**89**	**3845**	**3854**	**218**	**188**	**100**	**93**
杭州市	Hangzhou	837	783	25	23	685	653	103	91	35	31
宁波市	Ningbo	285	316	15	16	446	436	52	42	26	28
温州市	Wenzhou	304	269	12	12	420	412	7	6	9	5
嘉兴市	Jiaxing	151	160	8	6	450	458	30	25	8	11
湖州市	Huzhou	161	173	12	9	268	291	12	10	5	5
绍兴市	Shaoxing	196	216	12	12	530	538	3	4	6	2
金华市	Jinhua	96	103	3	3	330	328	4	4	4	4
衢州市	Quzhou	26	29	2	2	199	199				
舟山市	Zhoushan	92	98	2	1	83	88	1	1	2	2
台州市	Taizhou	205	232	4	3	267	288	5	3	5	5
丽水市	Lishui	12	13	2	2	167	163	1	2		

3－17 各市按资质等级分的房地产开发就业人员数
Number of Employed Persons In Real Estate Development by Classification Type and by City

单位：人(person)

城市	City	合计 Total		一级企业 The First Enterprises		二级企业 The Second Enterprises		三级企业 The Third Enterprises		四级企业 The Fourth Enterprises		暂定 Undefined Enterprises		其他 Others	
		2018	2019	2018	2019	2018	2019	2018	2019	2018	2019	2018	2019	2018	2019
合　计	**Total**	**113137**	**116364**	**5749**	**5759**	**10881**	**9057**	**22646**	**19162**	**8075**	**7839**	**47046**	**49574**	**18740**	**24973**
杭州市	Hangzhou	30906	31708	2697	2804	2594	2106	3144	2323	453	387	14093	13786	7925	10302
宁波市	Ningbo	14587	15051	984	1083	826	751	7124	6875	369	357	3802	3751	1482	2234
温州市	Wenzhou	13772	13048	65	37	2234	1588	2058	1730	256	190	7268	6911	1891	2592
嘉兴市	Jiaxing	10316	10270	291	250	618	798	1167	853	1540	1283	4017	3875	2683	3211
湖州市	Huzhou	6646	7978	419	3	933	827	644	507	2039	2249	1725	2595	886	1797
绍兴市	Shaoxing	10201	10633	357	601	619	521	1335	1178	909	843	5397	5630	1584	1860
金华市	Jinhua	7049	7694	328	367	745	725	1683	1356	871	820	2708	3067	714	1359
衢州市	Quzhou	3390	3072	164	162	350	287	563	342	730	852	1533	1383	50	46
舟山市	Zhoushan	2983	3305	7	7	447	439	1937	1638	201	137	270	863	121	221
台州市	Taizhou	9860	10288	273	260	1170	831	2399	1836	498	490	4767	6223	753	648
丽水市	Lishui	3427	3317	164	185	345	184	592	524	209	231	1466	1490	651	703

3－18 各市按登记注册类型分的房地产开发就业人员数
Number of Employed Persons In Real Estate Development by Registered Type and by City

单位：人(person)

城市	City	合计 Total		国有 State－owned		集体 Collective Owned		股份合作 Share－cooperations		国有独资公司 State Sole Funds	
		2018	2019	2018	2019	2018	2019	2018	2019	2018	2019
合　计	**Total**	**113137**	**116364**	**1240**	**1009**	**92**	**89**	**82**	**41**	**3613**	**3980**
杭州市	Hangzhou	30906	31708	152	117					857	910
宁波市	Ningbo	14587	15051	28						618	603
温州市	Wenzhou	13772	13048	126	134	79	76	82	41	795	787
嘉兴市	Jiaxing	10316	10270	18	14					363	268
湖州市	Huzhou	6646	7978	709	586	3	3			114	264
绍兴市	Shaoxing	10201	10633	55	41	10	10			154	267
金华市	Jinhua	7049	7694	61	83					250	360
衢州市	Quzhou	3390	3072	40	23					15	50
舟山市	Zhoushan	2983	3305	25						207	194
台州市	Taizhou	9860	10288	26	11					240	277
丽水市	Lishui	3427	3317								

续表　Continued

单位：人(person)

城市	City	其他有限责任公司 Other Limited Liability Corporations		股份有限公司 Share－holding Corporations Ltd.		私营 Private		港澳台商投资 Investment from Hong Kong,Macao and Taiwan		外商投资 Investment from Foreign	
		2018	2019	2018	2019	2018	2019	2018	2019	2018	2019
合　计	**Total**	**41249**	**39978**	**2329**	**2357**	**56924**	**62522**	**5366**	**4472**	**1804**	**1898**
杭州市	Hangzhou	15829	15016	781	850	9852	11668	2571	2318	837	811
宁波市	Ningbo	4605	5174	351	522	6904	7037	1456	932	625	783
温州市	Wenzhou	5395	4451	317	288	6833	7145	104	104	41	22
嘉兴市	Jiaxing	2067	1932	133	94	6970	7310	645	580	120	72
湖州市	Huzhou	2147	2089	323	172	2635	4608	255	190	49	66
绍兴市	Shaoxing	2812	3180	172	170	6830	6811	118	115	50	39
金华市	Jinhua	1679	1816	77	82	4924	5297	29	27	29	29
衢州市	Quzhou	364	330	38	30	2933	2639				
舟山市	Zhoushan	1819	1769	15	55	900	1214		70	17	3
台州市	Taizhou	4381	4015	48	27	4959	5766	170	119	36	73
丽水市	Lishui	151	206	74	67	3184	3027	18	17		

3-19 各市按资质等级分的房地产开发投资额
Investment In Real Estate Development by Classification and by City

单位:亿元(100 million yuan)

城市	City	合计 Total		一级企业 The First Enterprises		二级企业 The Second Enterprises	
		2018	2019	2018	2019	2018	2019
合　计	**Total**	**9944.93**	**10682.97**	**190.37**	**185.99**	**284.99**	**262.74**
杭州市	Hangzhou	3068.90	3396.75	10.88	33.86	70.09	48.80
宁波市	Ningbo	1587.47	1703.59	78.48	68.09	24.15	22.98
温州市	Wenzhou	1176.57	1199.85			42.65	23.03
嘉兴市	Jiaxing	952.47	979.70	14.33	17.41	39.45	40.79
湖州市	Huzhou	523.30	586.27	1.53	0.05	10.30	6.36
绍兴市	Shaoxing	798.06	825.23	8.43	16.65	3.31	41.92
金华市	Jinhua	535.31	553.78	48.19	9.77	14.83	21.16
衢州市	Quzhou	253.43	220.45	2.29	15.50	7.24	5.69
舟山市	Zhoushan	187.54	210.91			10.16	3.08
台州市	Taizhou	659.55	790.95	24.95	22.55	56.74	40.03
丽水市	Lishui	202.33	215.49	1.30	2.11	6.07	8.90

续表 Continued 单位:亿元(100 million yuan)

城市	City	三级企业 The Third Enterprises		四级企业 The Fourth Enterprises		暂定 Undeifined Enterprises		其他 Others	
		2018	2019	2018	2019	2018	2019	2018	2019
合 计	**Total**	**1040.40**	**1138.30**	**197.69**	**263.54**	**4159.68**	**5038.99**	**4071.80**	**3707.25**
杭州市	Hangzhou	49.93	46.06	2.97	2.66	1204.07	1470.49	1730.96	1772.33
宁波市	Ningbo	716.50	863.67	3.79	11.15	402.72	372.73	361.82	352.29
温州市	Wenzhou	19.91	17.14	0.48	1.08	603.19	796.52	510.35	357.88
嘉兴市	Jiaxing	33.52	19.58	34.07	33.67	269.24	428.46	561.86	439.78
湖州市	Huzhou	14.38	21.66	66.14	119.32	255.37	279.73	175.58	149.11
绍兴市	Shaoxing	27.66	18.80	16.56	16.96	361.06	411.04	381.04	312.70
金华市	Jinhua	56.90	47.76	38.98	40.28	199.70	260.15	176.71	164.15
衢州市	Quzhou	12.33	3.23	7.63	14.47	223.94	181.57		
舟山市	Zhoushan	37.69	38.60	17.15	12.74	90.53	110.75	32.00	45.74
台州市	Taizhou	51.74	45.84	7.06	9.87	452.93	620.24	66.14	34.22
丽水市	Lishui	19.83	15.96	2.87	1.35	96.92	107.30	75.35	79.04

3-20 各市按登记注册类型分的房地产开发投资额
Investment In Real Estate Development by Registered Type and by City

单位:亿元(100 million yuan)

城市	City	合计 Toal		国有 State-owned		集体 Collective Owned		股份合作 Share-cooperations		国有独资公司 State Sole Funds	
		2018	2019	2018	2019	2018	2019	2018	2019	2018	2019
合　计	**Total**	**9944.9**	**10683.0**	**27.5**	**20.7**		**7.5**			**200.5**	**472.4**
杭州市	Hangzhou	3068.9	3396.7	22.4	0.4		7.5			42.5	118.5
宁波市	Ningbo	1587.5	1703.6	1.6						48.4	66.1
温州市	Wenzhou	1176.6	1199.9							16.7	22.2
嘉兴市	Jiaxing	952.5	979.7							11.6	30.7
湖州市	Huzhou	523.3	586.3	1.4	2.4					12.7	46.2
绍兴市	Shaoxing	798.1	825.2	0.1	0.1					5.5	43.4
金华市	Jinhua	535.3	553.8	1.4	13.5					39.9	61.4
衢州市	Quzhou	253.4	220.5		0.1					2.4	9.8
舟山市	Zhoushan	187.5	210.9	0.5						7.7	18.9
台州市	Taizhou	659.6	791.0	0.1	4.2					13.2	29.9
丽水市	Lishui	202.3	215.5								25.4

续表 Continued

单位:亿元(100 million yuan)

城市	City	其他有限责任公司 Other Limited Liability Corporations		股份有限公司 Share-holding Corporations Ltd.		私营 Private		港澳台商投资 Investment from Hong Kong, Macao and Taiwan		外商投资 Investment from Foreign	
		2018	2019	2018	2019	2018	2019	2018	2019	2018	2019
合　计	**Total**	**2568.8**	**3824.4**	**124.7**	**100.6**	**6631.6**	**5893.6**	**265.8**	**240.8**	**126.0**	**119.8**
杭州市	Hangzhou	908.2	1358.2	28.0	26.8	1844.1	1672.2	147.9	130.7	75.8	82.3
宁波市	Ningbo	500.3	775.4	40.6	23.2	901.9	767.2	50.2	47.9	44.4	23.7
温州市	Wenzhou	362.1	525.8	15.1	7.1	773.2	624.0	9.3	16.8	0.2	1.1
嘉兴市	Jiaxing	171.7	219.0	5.8	0.3	749.4	696.7	13.9	25.9	0.1	7.1
湖州市	Huzhou	100.1	175.6	15.2	22.5	382.5	332.9	9.6	4.1	1.8	2.5
绍兴市	Shaoxing	141.7	230.7	4.5	2.6	634.1	535.5	10.7	12.7	1.6	0.2
金华市	Jinhua	105.6	104.2	8.8	2.5	379.1	371.0			0.6	1.1
衢州市	Quzhou	14.7	18.1	1.9	0.7	234.5	191.8				
舟山市	Zhoushan	64.5	54.6	1.5	12.8	90.8	123.0	22.5	1.6		
台州市	Taizhou	179.0	333.0	1.9		462.3	421.0	1.6	1.1	1.5	1.8
丽水市	Lishui	21.0	29.7	1.5	2.2	179.8	158.2				

3-21 各市房地产开发企业建造的商品房屋面积和价格
Floor Space and Price of Building for Real Estate Development by City

城市	City	施工面积（万平方米） Floor Space of Buildings Under Construction (10000 sq. m)		竣工面积（万平方米） Floor Space of Buildings Completed (10000 sq. m)		房屋面积竣工率（%） Rate of Floor Space of Buildings Completed(%)		竣工房屋价值（万元） Value of Buildings Completed (10000 yuan)		竣工房屋造价（元/平方米） Cost of Buildings Completed (yuan/sq. m)	
		2018	2019	2018	2019	2018	2019	2018	2019	2018	2019
合　计	**Total**	**44537.1**	**49604.6**	**5189.7**	**5738.8**	**11.7**	**11.6**	**22190178**	**25183191**	**4276**	**4388**
杭州市	Hangzhou	11750.3	11996.1	1636.9	1727.6	13.9	14.4	7785380	8125344	4756	4703
宁波市	Ningbo	7472.5	8347.7	688.9	712.1	9.2	8.5	3511227	3607766	5097	5066
温州市	Wenzhou	4866.8	5409.6	478.1	604.0	9.8	11.2	1946066	2826572	4071	4680
嘉兴市	Jiaxing	4706.0	5364.6	414.0	626.8	8.8	11.7	1605286	2411000	3878	3847
湖州市	Huzhou	2741.6	3680.0	139.7	189.8	5.1	5.2	567787	872538	4064	4597
绍兴市	Shaoxing	3500.4	4056.8	529.5	735.3	15.1	18.1	1891792	2679273	3573	3644
金华市	Jinhua	2805.5	3020.7	322.6	271.7	11.5	9.0	1043177	1783715	3234	6566
衢州市	Quzhou	923.7	1068.5	242.6	338.8	26.3	31.7	653461	818637	2694	2416
舟山市	Zhoushan	684.7	797.0	82.6	63.0	12.1	7.9	335547	227325	4061	3609
台州市	Taizhou	3791.9	4296.0	383.0	272.5	10.1	6.3	2021670	1038846	5279	3813
丽水市	Lishui	1293.6	1567.7	271.8	197.3	21.0	12.6	828785	792175	3049	4016

3-22 各市房地产开发企业建造的住宅面积和价格
Floor Space and Price of Residential Buildings for Real Estate Development by City

城市	City	施工面积（万平方米） Floor Space of Buildings Under Construction (10000 sq. m)		竣工面积（万平方米） Floor Space of Buildings Completed		房屋面积竣工率（%） Rate of Floor Space of Buildings Completed(%)		竣工房屋价值（万元） Value of Buildings Completed (10000 yuan)		竣工房屋造价（元/平方米） Cost of Buildings Completed (yuan/sq. m)	
		2018	2019	2018	2019	2018	2019	2018	2019	2018	2019
合　计	**Total**	**27437.2**	**31175.9**	**3047.8**	**3551.1**	**11.1**	**11.4**	**13960589**	**16502660**	**4580**	**4647**
杭州市	Hangzhou	6155.7	6263.1	842.0	963.9	13.7	15.4	4286844	4651713	5091	4826
宁波市	Ningbo	4264.1	4848.0	364.4	421.3	8.5	8.7	2152035	2398365	5905	5692
温州市	Wenzhou	3305.8	3700.3	336.2	393.0	10.2	10.6	1393364	1906048	4145	4850
嘉兴市	Jiaxing	3171.9	3776.0	246.1	426.1	7.8	11.3	1078223	1711076	4382	4016
湖州市	Huzhou	2008.5	2742.1	100.3	131.6	5.0	4.8	409451	665821	4081	5058
绍兴市	Shaoxing	2371.2	2678.9	377.1	457.8	15.9	17.1	1451131	1777387	3849	3882
金华市	Jinhua	1804.9	2034.9	181.1	180.8	10.0	8.9	598620	1420001	3305	7855
衢州市	Quzhou	646.5	790.1	150.9	245.5	23.3	31.1	449043	589859	2976	2403
舟山市	Zhoushan	507.2	602.4	45.9	36.1			187899	130228	4096	3606
台州市	Taizhou	2360.7	2708.0	236.0	151.8	10.0	5.6	1456962	665310	6173	4381
丽水市	Lishui	840.8	1032.3	167.9	143.2	20.0	13.9	497017	586852	2961	4099

3－23 各市房地产开发企业商品房屋销售面积和销售额
Floor Space and Total Sales of Commercial for Real Estate Development Entterprises by City

城市	City	销售面积（万平方米）Floor Space Sold of Commercial House (10000 sq. m)				销售额（万元）Total Sales of Commerical Houses (10000 yuan)			
		2016	2017	2018	2019	2016	2017	2018	2019
合 计	**Total**	**8636.8**	**9599.7**	**9755.5**	**9378.3**	**96050986**	**123399916**	**140898480**	**143521133**
杭州市	Hangzhou	2326.7	2053.7	1675.5	1513.6	36654771	41801134	40077471	39236384
宁波市	Ningbo	1336.9	1543.6	1624.4	1714.6	15011392	20567739	24596399	25831170
温州市	Wenzhou	773.8	1070.3	1165.8	1139.9	10117930	13172903	15609959	16251331
嘉兴市	Jiaxing	1144.6	1058.8	1158.5	1069.2	8729286	11390954	14914701	14309345
湖州市	Huzhou	557.0	743.9	809.0	823.8	3868690	6213955	8513888	9846081
绍兴市	Shaoxing	772.6	1038.7	1067.8	1104.9	6141937	9345384	12100862	13382725
金华市	Jinhua	425.7	489.7	532.3	551.6	4064216	5512741	6761465	8029306
衢州市	Quzhou	244.1	287.5	271.1	209.3	1847824	2760648	2997205	2398274
舟山市	Zhoushan	152.5	218.3	201.1	150.0	1480084	2671510	2858913	2198121
台州市	Taizhou	662.1	829.4	933.4	850.8	6057732	7521414	9537741	9150292
丽水市	Lishui	240.6	265.7	316.8	250.5	2077124	2441534	2929876	2888104

3－24 各市房地产开发企业住宅销售面积和销售额
Floor Space and Total Sales of Residential Buildings for Real Estate Development Enterprises by City

城市	City	销售面积（万平方米）Floor Space Sold of Commercial House (10000 sq. m)				销售额（万元）Total Sales of Commerical Houses (10000 yuan)			
		2016	2017	2018	2019	2016	2017	2018	2019
合 计	**Total**	**7234.2**	**7669.7**	**7936.2**	**7804.0**	**82808481**	**103003358**	**120963133**	**127231045**
杭州市	Hangzhou	1887.1	1519.7	1328.9	1284.3	30596076	32257549	32377071	34061040
宁波市	Ningbo	1126.1	1283.7	1299.2	1438.9	13218029	18157835	21048633	22959242
温州市	Wenzhou	642.8	802.7	976.2	917.7	9095124	11224935	14051280	14477504
嘉兴市	Jiaxing	987.6	890.9	1028.4	937.2	7714651	9962583	13659041	13090544
湖州市	Huzhou	489.8	639.2	723.0	760.6	3320820	5405946	7694250	9216312
绍兴市	Shaoxing	667.7	849.4	843.6	824.4	5419456	8008395	10607351	11496550
金华市	Jinhua	377.4	428.4	465.1	499.4	3540094	4726309	6059851	7424637
衢州市	Quzhou	196.2	220.4	235.5	175.4	1521590	2322201	2755231	2172165
舟山市	Zhoushan	136.5	203.5	180.3	134.7	1333175	2494459	2554911	2003110
台州市	Taizhou	531.3	622.8	612.3	629.9	5289852	6393626	7766052	7822897
丽水市	Lishui	191.8	209.0	243.6	201.5	1759614	2049520	2389462	2507044

3-25 主要年份基础设施和公共服务领域投资
Investment in Infrastructure and Public Services

单位：亿元、%（100 million yuan、%）

年份	主要基础设施和公共服务领域投资合计 Investment in Infrastructure and Public Services	#水利、环境和公共设施 Water, Environment and Public Facilities	#电力、燃气及水的生产供应业 Production and Supply of Electricity Gas and Water	#交通运输 Transportation	#邮电通信 Post & Telecommunications	#教育设施 Education Facilities	#卫生设施 Sanitary Facilities
1990	37.58		15.67	10.18	2.96		
1995	230.39		72.03	68.40	23.75		
2000	876.33		214.22	221.65	127.53		
2001	999.28		191.84	223.18	155.60		
2002	1066.80		188.28	227.28	95.49		
2003	1360.40	558.85	239.25	295.54	88.09	114.66	26.76
2004	1724.69	521.36	429.63	476.16	102.98	122.98	30.34
2005	1981.97	518.81	544.79	641.36	94.18	102.21	31.63
2006	2226.57	608.49	533.97	777.44	97.64	95.82	50.03
2007	2215.00	643.73	568.29	673.05	119.25	93.29	42.56
2008	2373.06	816.69	501.74	740.80	125.91	101.54	49.38
2009	2894.97	952.06	579.61	979.63	139.63	120.72	63.17
2010	3038.58	1020.94	585.25	1040.68	144.58	123.00	72.48
2011	3359.09	1193.45	620.38	1102.93	123.31	150.06	79.19
2012	3963.35	1383.57	727.92	1330.30	58.22	199.83	102.52
2013	4718.09	1759.15	845.89	1450.34	62.35	253.33	118.52
2014	5741.56	2229.35	1012.27	1729.24	83.52	340.63	125.42
2015	7417.75	3092.03	1108.87	2311.40	93.20	400.91	167.00
2016	9365.48	4361.45	1216.37	2577.43	164.27	506.79	207.25
2017	10173.25	4702.54	1280.68	2966.00	131.32	517.47	204.65
2018年比上年增长 Increased over the Previous Year in 2018	6.2	4.8	-24.5	25.8	9.2	12.4	-7.6
2019年比上年增长 Increased over the Previous Year in 2019	8.3	4.0	-10.4	16.3	7.3	11.5	-6.1

注：2003年以前为城镇以上范围，2003年（含）以后为限额以上（2011年起更名为固定资产投资）范围，2018年起采用新的行业标准。
The figures in this table refer to the investment at town level and above before 2003, while above designated size since 2003 (as those refer to investment in fixed assets since 2011). New industry standards have been adopted since 2018.

浙/江/统/计/年/鉴

主要统计指标解释

■ 全社会固定资产投资额

固定资产投资额是以货币表现的建造和购置固定资产活动的工作量,它是反映固定资产投资规模、速度、比例关系和使用方向的综合性指标。全社会固定资产投资包括国有经济单位投资、城乡集体经济单位投资、其他各种经济类型的单位投资和城乡居民个人投资。按照我国现行计划管理体制,全社会固定资产投资总额分为基本建设、更新改造、房地产开发投资和其他固定资产投资四个部分;城乡集体经济单位投资包括城镇集体所有制单位投资和农村集体所有制单位投资;其他各种经济类型单位投资包括联营经济、股份制经济、中外合资经营、中外合作经营、外资、与大陆合资经营、与大陆合作经营、港澳台独资及其他经济的单位投资。城乡居民个人投资包括城市、县城、镇、工矿区所辖范围内的个人建房和农村个人建房及购买生产性固定资产的投资。

■ 房地产开发投资

包括各种经济类型的房地产开发公司、商品房建设公司及其他房地产开发单位统一开发的包括统代建、拆迁还建的住宅、厂房、仓库、饭店、宾馆、度假村、写字楼、办公楼等房屋建筑物和配套的服务设施、土地开发工程,如道路、给水、排水、供电、供热、通讯、平整场地等基础设施工程的投资。包括非房地产企业实际从事房地产开发或经营活动,不包括单纯的土地交易活动。

■ 施工项目

指报告期内曾进行建筑或安装工程施工活动的建设项目。包括报告期内新开工项目、报告期以前开工跨入报告期继续施工的项目以及报告期施工过并在报告期内全部建设投产或停缓建的项目。

■ 全部建成投产项目

工业项目是指设计文件规定形成生产能力的主体工程及其相应配套的辅助设施全部建成,经负荷试运转,证明具备生产设计规定合格产品的条件,并经过验收鉴定合格或达到竣工验收标准,与生产性工程配套的生产福利设施可以满足近期正常生产的需要,正式移交生产的建设项目。非工业项目是指设计文件规定的主体工程和相应的配套工程全部建成,能够发挥设计规定的全部效益,经验收鉴定合格或达到竣工验收标准,正式移交使用的建设项目。

■ 施工和竣工房屋建筑面积

房屋建筑面积是从房屋外墙线算起的各层平面面积的总和,包括房屋结构(如柱、墙)占用的面积和地下室面积。多层建筑按各自然层面积总和计算,包括房屋内的楼隔层,突出墙面的眺望间、门斗、有柱雨罩的面积。不包括突出墙面结构的构件、艺术装饰等所占的面积,如台阶等。凹阳台、挑阳台按其水平投影面积一半计算建筑面积。

■ 新增固定资产

指通过投资活动所形成的新的固定资产价值。包括已经建成投入生产或交付使用的工程价值和达到固定资产标准的设备、工具、器具的价值及有关应摊入的费用。它是以价值形式表示的固定资产投资成果的综合性指标,可以综合反映不同时期、不同部门、不同地区的固定资产投资成果。

ZHEJIANG STATISTICAL YEARBOOK

Explanatory Notes on Main Statistical Indicators

□ Total Investmentin in Fixed Assets

Amount of investment in fixed assets refers to the volume of activities in construction and purchases of fixed assets in monetary terms. It is a comprehensive indicator which shows the size, pace, proportional relations and use orientation of the investment in fixed assets. Total investment in fixed assets in the whole country includes the investment by the state-owned units, the investment by the urban and rural collective units, the investment by the units of other types of ownership and the investment by the individuals in the urban and rural areas. According to China's current planning management system, the investment in fixed assets in the whole country is classified into the following four parts: investment in capital construction, investment in innovation, investment in real estates development and other investment in fixed assets. The investment by the urban and rural collective units includes the investment by the urban collective units and the investment by the rural collective units. The investment by the units of other types of ownership includes the investment by the units of joint – owned economy, share – holding economy, Sino – foreign joint economy, Sino – foreign cooperative economy, economy exclusively with foreign investment, Mainland – Hong kong or Mainland – Macao or Mainland – Taiwan joint economy, Mainland – Hong kong or Mainland – Macao or Mainland – Taiwan coope rative economy, and economy exclusively with investment of Hong Kong or Macao or Taiwan. The investment by the individuals in the urban and rural areas includes the investment in personal house building in the areas under the jurisdiction of city, county, town and special industrial and mining areas as well as the investment in personal house building and purchase of productive fixed assets in the rural areas.

□ Investment in Real Estate Development

It includes the investment by the real estate development companies, commercial buildings construction companies and other real estate development units of various types of ownership in the construction of house buildings, such as residential buildings, factory buildings, warehouses, hotels, guesthouses, holiday villages, office buildings, and the complementary service facilities and land development projects, such as roads, watersupply, water drainage, power supply, heating, telecommunications, land levelling and other projects of infrastructure. It covers the activities of the non – real estate companies in real estate development or management, but excludes the activities in simple land transactions.

□ Projects Under Construction

refer to projects having construction and installation activities undertaken in the reference period, including projects started in the reference period, or continued from the previous period, or completed and put into production or suspended in the reference period.

□ Projects Completed and Put into Use

Industrial projects refer to the major projects and accessory facilities completed which result in forming production capacity and have been checked and accepted while the living and welfare facilities have been completed and can ensure normal production and formally put into production. Non – industrial projects refer to the major projects and accessory facilities completed which possess the disigned capacity and have been checked, accepted and formally put into production.

□ Floor Space of Buildings Under Construction and Completed

refers to total floor space in each story of buildings calculated from the outside line of building walls, including the space occupied by constructions like pillars or walls and basements. The floor space of multi – story building includes the total floor space of each story, including area

EXPLANATORY NOTES ON MAIN STATISTICAL INDICATORS

occupied by separating walls, watching rooms, doorways, and pillars, but excluding protruding wall structures, artistic decoration, etc. (for example, flight of steps). The space of recessed verand and tantilevered balcony is counted by half of the projection area.

□ Newly Increased Fixed Assets

refer to the newly increased value of fixed assets through investment, including the value of projects completed and put into production, the value of equipment, tools, and vessels considered as fixed assets, as well as the relevant expenses as investment in fixed assets. This is a comprehensive indicator of investment in fixed assets, reflecting the achievements of investment in fixed assets in different periods, different sectors, and different regions.

2020
浙江统计年鉴
ZHEJIANG STATISTICAL YEARBOOK

价 格
Prices

4-1 各种价格总指数(1978-2019)(上年=100)
General Price Indinces(1978-2019)(Preceding year =100)

(上年=100)(preceding year=100)

年份 Year	居民消费价格指数 General Consumer Price Index	商品零售价格指数 Genera Retail Price Index of Commodities	农业生产资料价格指数 Price Indices of Agricultural Means of Production	农产品生产者价格指数 Producer Price Indices for Agriculture Products	工业生产者出厂价格指数 Producer Price Indices for Manufactured Goods	工业生产者购进价格指数 Producer Purchasing Price Indinces	固定资产投资价格指数 Fixed Asset Investment Price Index
1978		100.1		103.6			
1979		102.1		126.7			
1980		108.0		106.9			
1981		101.5		99.8			
1982		100.9		103.9			
1983		102.0	103.2	103.9			
1984	103.0	103.4	108.5	108.1			
1985	114.8	114.0	108.7	110.8			
1986	106.2	106.0	105.3	100.6			
1987	108.8	109.5	111.1	119.1			
1988	121.5	122.1	121.0	133.1			
1989	118.2	117.8	117.4	113.6			
1990	102.1	101.6	104.0	98.7	100.4	104.7	
1991	103.5	103.0	103.1	101.0	101.8	102.7	
1992	107.5	106.6	103.7	106.4	104.8	106.3	
1993	119.8	116.7	113.3	117.8	117.3	126.3	136.0
1994	124.8	121.7	126.5	136.8	117.5	124.8	112.5
1995	116.6	113.5	129.8	112.4	112.3	119.2	107.2
1996	107.9	105.8	106.7	104.2	99.5	98.2	101.3
1997	102.8	100.3	99.7	96.2	99.2	96.5	99.5
1998	99.7	98.4	92.4	94.0	95.6	92.6	97.6
1999	98.8	97.7	95.8	88.2	96.8	96.2	98.2
2000	101.0	99.0	100.4	100.8	101.1	107.2	100.3
2001	99.8	98.1	99.7		98.3	99.6	100.4
2002	99.1	98.7	99.5	101.7	96.9	97.5	100.4
2003	101.9	99.6	102.9	101.5	100.6	105.8	103.5
2004	103.9	102.7	113.2	119.0	105.0	113.4	105.9
2005	101.3	100.9	105.8	105.9	102.3	105.4	100.3
2006	101.1	100.8	99.6	102.7	103.8	105.6	101.5
2007	104.2	103.8	107.3	108.6	102.4	105.3	104.3
2008	105.0	106.3	118.9	112.9	104.3	110.6	109.3
2009	98.5	98.8	95.9	100.3	94.9	92.6	96.7
2010	103.8	103.9	102.9	114.8	106.2	112.0	104.7
2011	105.4	105.5	110.8	113.6	105.0	108.3	107.5
2012	102.2	101.9	104.2	104.3	97.3	96.7	99.2
2013	102.3	101.0	102.8	103.0	98.2	97.7	100.0
2014	102.1	100.9	99.8	99.5	98.8	98.2	100.6
2015	101.4	99.9	100.9	102.0	96.4	94.5	97.4
2016	101.9	101.0	99.5	104.5	98.3	97.8	99.5
2017	102.1	101.4	101.8	99.1	104.8	109.6	105.8
2018	102.3	102.1	101.8	100.8	103.4	105.1	105.7
2019	102.9	102.5	102.9	109.9	98.9	97.1	102.1

注：农产品生产者价格指数2000年前称农副产品收购价格指数，口径有所不同。
The producer price index of agricultural products, which was called the purchasing price index of agricultural by-products before 2000, has different caliber.

4-2 居民消费和商品零售价格指数(1986-2019年)(1985=100)
General Consumer Price Index and General Retail(1986-2019)(1985=100)

(1985年=100)(1985=100)

年份 Year	居民消费价格指数 General Consumer Price Index			商品零售价格指数 General Retail Price Index of Commodities
	全省 Total	城市 Urban Areas	农村 Rural Areas	
1986	106.2	106.3	106.1	106.0
1987	115.5	117.9	112.9	116.1
1988	140.4	145.5	135.2	141.7
1989	165.9	169.9	161.8	166.9
1990	169.4	173.5	165.0	169.6
1991	175.4	183.2	167.5	174.7
1992	188.5	200.0	175.5	186.2
1993	225.8	242.9	206.0	217.3
1994	281.8	302.8	257.3	264.5
1995	328.6	354.3	299.5	300.2
1996	354.6	389.1	320.5	317.6
1997	364.5	405.0	327.2	318.6
1998	363.4	407.0	324.9	313.5
1999	359.1	405.0	320.1	306.3
2000	362.6	408.6	323.6	303.2
2001	361.9	407.0	323.6	297.4
2002	358.6	402.1	321.3	293.5
2003	365.4	404.1	330.6	292.3
2004	379.7	415.4	345.8	300.2
2005	384.6	421.6	349.9	302.9
2006	388.8	426.2	353.4	305.3
2007	405.1	442.8	368.9	316.9
2008	425.4	464.1	388.5	336.9
2009	419.0	458.1	381.5	332.9
2010	434.9	476.4	395.6	345.9
2011	458.4	501.6	417.8	364.9
2012	468.4	512.4	427.2	371.7
2013	479.2	524.0	437.4	375.4
2014	489.0	534.6	447.0	378.8
2015	495.9	542.1	453.4	378.5
2016	505.6	552.9	461.6	382.3
2017	516.3	564.7	471.1	387.7
2018	528.1	577.7	481.3	395.9
2019	543.3	593.9	496.6	406.0

4－3 居民消费和商品零售定基价格指数(2019 年)
Fixed Base Price Index for Consumer Price and Retail Price of Commodities(2019)

年份	居民消费价格指数 General Consumer Price Index			商品零售价格指数 General Retail Price Index of Commodities
	全省 Total	城市 Urban Areas	农村 Rural Areas	
1978＝100		843.8		551.2
1980＝100		755.7		500.0
1985＝100	543.2	593.9	496.6	405.9
1990＝100	320.7	342.8	300.8	239.3
1991＝100	309.7	324.7	296.5	232.3
1992＝100	288.1	297.3	282.9	217.9
1993＝100	240.5	244.9	241.0	186.8
1994＝100	192.7	196.4	192.9	153.5
1995＝100	165.3	167.9	165.8	135.2
1996＝100	153.2	152.7	155.0	127.9
1997＝100	149.4	146.7	151.8	127.4
1998＝100	149.7	146.0	153.1	129.6
1999＝100	151.4	146.7	155.2	132.5
2000＝100	150.0	145.4	153.7	133.9
2001＝100	150.3	146.0	153.7	136.6
2002＝100	151.6	147.8	154.5	138.3
2003＝100	148.8	146.9	150.4	138.7
2004＝100	143.1	143.1	143.6	135.2
2005＝100	141.3	141.0	141.8	134.0
2006＝100	139.8	139.4	140.7	132.9
2007＝100	134.1	134.0	134.6	128.0
2008＝100	127.7	127.9	127.7	120.5
2009＝100	129.7	129.7	130.2	121.9
2010＝100	124.9	124.7	125.5	117.4
2011＝100	118.5	118.5	118.9	111.3
2012＝100	116.0	115.9	116.2	109.2
2013＝100	113.3	113.3	113.5	108.1
2014＝100	111.0	111.1	111.1	107.2
2015＝100	109.5	109.5	109.5	107.3
2016＝100	107.5	107.4	107.6	106.2
2017＝100	105.2	105.2	105.4	104.7
2018＝100	102.9	102.8	103.2	102.5

4-4 城乡居民消费价格分类指数(2019年)
Consumer Price Indinces by Urben and Rural Areas(2019)

(上年=100)(preceding year=100)

项目	Item	全省 Total	城市 Urban Areas	农村 Rural Areas
居民消费价格总指数	**General Consumer Price Index**	**102.9**	**102.8**	**103.2**
服务价格指数	**Price Index of Services**	**102.0**	**102.0**	**101.9**
消费品价格指数	**Price Index of Consumer Goods**	**103.5**	**103.3**	**103.9**
扣除食品和能源价格指数	**Price IndexExcluding Food and Energy**	**102.1**	**102.2**	**101.9**
食品烟酒	**Food,Tobacco and Liquor**	**106.2**	**105.8**	**107.3**
1.食品	Food	108.0	107.4	109.6
(1)粮食	Grain	100.2	100.3	99.9
(2)薯类	Tubers	102.9	103.3	101.7
(3)豆类	Beans	104.9	104.3	106.5
(4)食用油	Edible Oil	102.0	101.4	103.6
(5)菜	Vegetables	104.8	104.7	105.1
#鲜菜	Fresh Vegetables	105.1	105.0	105.5
(6)畜肉类	Livestock Meat	126.3	125.1	129.4
#猪肉	Pork	133.1	131.9	135.9
(7)禽肉类	Poultry	107.3	107.4	107.1
(8)水产品	Aquatic Production	98.7	98.3	100.1
(9)蛋类	Eggs	103.9	104.0	103.5
(10)奶类	Dairy	102.5	102.6	102.3
(11)干鲜瓜果类	Dried and Fresh,Melons and Fruits	112.3	112.3	112.3
#鲜瓜果	Fresh Melons and Fruits	115.4	115.2	115.9
(12)糖果糕点类	Candy and Pastry	100.9	100.7	101.6
(13)调味品	Condiment	102.8	102.9	102.4
(14)其他食品类	Other Foods and Foods Processing Services	101.3	101.3	101.0
2.茶及饮料	Tea and Beverage	102.2	102.2	102.3
3.烟酒	Tobacco and Liquor	101.0	101.0	101.0
(1)烟草	Tobacco	100.1	100.0	100.1
(2)酒类	Liquor	102.9	103.0	102.7
4.在外餐饮	Outside Catering	104.0	104.0	103.9

续表 Continued (上年=100)(preceding year=100)

项目	Item	全省 Total	城市 Urban Areas	农村 Rural Areas
衣着	**Clothing**	**101.8**	**101.5**	**102.8**
1. 服装	Garments	102.1	101.8	103.1
2. 服装材料	Clothing Materials	102.3	102.4	102.0
3. 其他衣着及配件	Other Clothing and Accessories	101.1	101.3	100.3
4. 衣着加工服务费	Clothing Processing Service Fee	104.5	104.1	105.4
5. 鞋类	Shoes	100.3	99.8	101.8
居住	**Residence**	**100.6**	**100.6**	**100.8**
1. 租赁房房租	Rent	100.6	100.7	100.6
2. 住房保养维修及管理	Housing Maintenance and Management	102.2	102.0	103.0
3. 水电燃料	Water, Electricity and Fuels	100.1	100.1	100.3
4. 自有住房	Personal Housing	100.4	100.4	100.3
生活用品及服务	**Articles for Daily Use and Services**	**101.8**	**102.1**	**101.0**
1. 家具及室内装饰品	Furniture and Interior Decorations	101.7	102.1	100.6
2. 家用器具	Home Appliances	99.9	99.6	100.7
3. 家用纺织品	Home Textiles	103.2	104.0	100.5
4. 家庭日用杂品	Daily Groceries	102.4	103.0	100.7
5. 个人护理用品	Personal Care Pr	102.3	102.3	102.0
6. 家庭服务	Home Service	103.7	103.6	104.6
交通和通信	**Transportation and Communication**	**99.0**	**99.0**	**98.9**
1. 交通	Transportation	98.4	98.5	98.1
2. 通信	Communication	100.2	100.1	100.6
教育文化和娱乐	**Education, Culture and Recreational Articles**	**103.7**	**103.8**	**103.4**
1. 教育	Education	104.4	104.6	103.9
2. 文化娱乐	Culture and Recreational Articles	102.6	102.7	102.0
医疗保健	**Health Care**	**104.8**	**105.3**	**103.2**
1. 药品及医疗器具	Drugs and Medical Devices	107.1	107.9	103.7
2. 医疗服务	Medical Service	103.3	103.5	102.9
其他用品和服务	**Other Supplies and Services**	**103.2**	**103.2**	**103.3**
1. 其他用品类	Other Supplies	104.8	104.7	105.1
2. 其他服务类	Other Services	102.1	102.1	102.1

4－5 城乡商品零售价格分类指数(2019 年)
General Retail Price Index of Commodities by Urban and Rural Areas(2019)

(上年＝100)(preceding year＝100)

项目	Item	全省 Total	城市 Urban Areas	农村 Rural Areas
商品零售价格指数	**General Retail Price Indices**	**102.5**	**102.5**	**102.5**
食品	**Food**	**106.8**	**106.5**	**108.1**
粮食	Grain	100.2	100.3	100.0
食用油	Edible Oil	101.9	101.5	103.4
菜	Vegetable	104.4	104.4	104.3
畜肉类	Livestock Meat	126.0	125.2	129.4
禽肉类	Poultry	107.4	107.5	107.2
水产品	Aquatic Production	98.5	98.2	99.9
蛋类	Eggs	104.0	104.1	103.3
饮料、烟酒	**Beverages, Tobacco and Liquor**	**101.3**	**101.3**	**101.2**
茶及饮料	Beverages	102.0	102.0	101.9
烟草	Tobacco	100.0	100.0	100.1
酒类	Liquor	102.7	102.8	102.6
服装、鞋帽	**Garments, Shoes and Hats**	**101.5**	**101.4**	**102.2**
服装	Garments	101.9	101.8	102.6
鞋袜帽	Shoes, Stockings and Hats	100.1	100.0	101.0
其他衣着配件	Other	100.1	99.8	101.3
纺织品	**Textiles**	**103.7**	**104.3**	**100.5**
服装材料	Clothing Materials	102.8	103.0	101.7
床上用品	Bed Articles	104.0	104.8	100.0
家用电器及音像器材	**Household Appliances and Audio-visual Equipment**	**99.0**	**98.8**	**100.0**
家庭设备	Household Facilities	99.9	99.8	100.4
文娱用耐用消费品	Durable Consumer Goods for Recreation Use	98.7	98.3	100.0
专业音像器材	Audiovisual Equipment	94.1	93.9	95.1
文化办公用品	**Culture and Official Articles**	**100.3**	**100.3**	**100.6**
日用品	Articles for Daily Use	102.4	102.6	101.4
日用百货	General Merchandise	102.9	103.3	101.3
厨具餐具茶具	Kitchenware, Tableware, Tea Set	102.0	102.3	101.0
清洗用品	Cleaning Supplies	103.8	104.1	102.1
其它日用品	Others for Daily Use	100.1	99.9	101.0

续表 Continued (上年=100)(prceding year=100)

项目	Item	全省 Total	城市 Urban Areas	农村 Rural Areas
体育娱乐用品	**Sports and Recreation**	**101.3**	**101.5**	**100.5**
体育户外用品	Sports Outdoor Products	99.5	99.5	99.2
娱乐用品	Recreation Goods	102.2	102.4	101.1
交通、通信用品	**Transportation and Communication Articles**	**99.7**	**99.9**	**99.1**
交通运输机械	Transportation Mechanism	99.4	99.5	98.7
通信器材	Communication Appliance	101.5	101.8	100.2
家具	**Furniture**	**102.2**	**102.4**	**100.7**
化妆品	**Cosmetics**	**102.8**	**102.9**	**102.1**
金银饰品	**Jewelry**	**108.3**	**108.3**	**108.4**
中西药品及医疗保健用品	**Traditional Chinese-Westen Medicines and Medical Health Articles**	**107.6**	**108.3**	**103.7**
医疗卫生器具	Medical Appliance	103.2	103.3	102.5
中药	Traditional Chinese Medicine	104.6	104.7	104.2
西药	Western Medicine	107.1	107.6	104.4
保健器具及用品	Health Care Appliances and Articles	111.3	112.7	101.7
书报杂志及电子出版物	**Newspaper, Magazines and Electronic Publication**	**104.5**	**104.5**	**104.2**
教材及参考书	Teaching Materials and Reference Books	101.8	101.9	101.0
书报杂志	Newspaper and Magazines	109.7	110.1	108.0
计算机办公软件	Office Software	96.6	96.2	99.1
燃料	**Fuels**	**96.4**	**96.3**	**97.0**
煤炭及制品	Coal and Its Products	98.9	98.5	100.5
石油及制品	Petroleum and Its Products	96.1	96.0	96.4
建筑材料及五金电料	**Building Materials and Hardware and Electric Materials**	**101.1**	**100.9**	**101.9**
建筑装璜材料	Building Decoration Materials	101.0	100.9	101.8
五金水暖	Hardware and Plumbing Materials	101.3	101.1	102.3

4-6 农业生产资料价格分类指数(2010-2019年)
Price Index of Agricultural Means of Production by Category(2010-2019)

(上年=100)(prceding year=100)

项目		2010	2011	2012	2013	2014	2015	2016	2017	2018	2019
农业生产资料价格指数	**Price Indices of Agricultural Means of Production**	**102.9**	**110.8**	**104.2**	**102.8**	**99.8**	**100.9**	**99.5**	**101.8**	**101.8**	**102.9**
农用手工工具	Small Farm Tools	101.9	106.3	103.1	104.1	101.3	100.6	100.6	105.7	105.8	105.5
饲料	Forage	108.7	107.5	107.6	105.2	100.6	97.6	94.1	100.3	101.1	98.1
仔畜幼禽及产品畜	Livestock Products	93.0	160.4	89.5	101.8	93.3	118.6	116.8	97.0	87.1	139.0
半机械化农具	Semi-mechanized Farm Tools	101.5	104.6	104.1	101.1	100.5	99.9	99.8	101.2	102.2	102.7
机械化农具	Mechanized Farm Tools	100.9	104.1	101.3	100.3	100.1	99.9	100.1	100.6	102.9	101.3
化学肥料	Chemical Fertilizer	101.3	113.4	103.5	98.3	94.6	99.7	98.1	103.9	105.2	101.1
农药及农药器械	Pesticide and Its Appliances	98.9	100.8	100.4	100.7	101.1	100.9	100.8	101.7	102.9	102.4
化学农药	Chemical Pesticide	98.9	100.9	100.3	100.6	101.1	100.9	100.8	101.8	103.1	102.5
农药器械	Pesticide Appliances	99.3	100.3	101.5	101.5	100.3	100.7	100.3	99.6	100.2	101.1
农用机油	Oil for Farm Machinery	108.1	109.4	103.2	99.8	98.3	89.4	99.2	107.9	113.0	94.2
其它农业生产资料	Others	103.5	106.1	101.5	102.8	102.0	100.8	102.2	103.3	101.8	100.3
农业生产服务	Agricultural Production Service	101.0	105.1	111.0	106.7	106.4	104.1	102.3	102.4	102.1	103.0

注：该表中"仔畜幼禽及产品畜"类在2015年及以前年份称"产品畜"，与2016年(含)后不可比。
The defintion of livestock production has been changed since 2016.

4-7 各市、县居民消费价格指数(2019年) Residents Consumer Price Indices by City and County(2019)

(上年=100)(prceding year=100)

市(县)名称	City(County)	居民消费价格指数 Consumer Price Index	食品烟酒 Food Or Smoke Wine	食品 Food	粮食 Grain	菜 Vegetables	畜肉类 Livestock Meat
杭州市	Hangzhou District	103.1	106.3	107.9	101.1	103.1	123.1
宁波市	Ningbo District	103.0	105.2	106.1	100.5	105.0	125.3
温州市	Wenzhou District	102.2	105.3	107.3	100.3	105.0	122.8
嘉兴市	Jiaxing District	102.9	106.7	108.0	99.1	107.4	124.2
湖州市	Huzhou District	103.0	105.7	107.3	99.6	101.4	123.9
绍兴市	Shaoxing District	102.7	106.3	108.2	100.4	104.2	130.4
金华市	Jinhua District	103.1	106.5	108.1	101.0	103.9	129.0
衢州市	Quzhou District	103.0	107.4	109.2	99.0	105.1	127.7
舟山市	Zhoushan District	102.3	104.4	105.9	100.4	105.9	121.0
台州市	Taizhou District	102.3	105.8	107.9	99.2	107.9	130.3
丽水市	Lishui District	103.3	107.3	109.5	98.4	107.5	127.6
萧山区	Xiaoshan	102.5	106.5	108.5	99.8	104.3	126.0
建德市	Jiande	103.0	106.6	109.0	100.4	109.3	129.1
宁海县	Ninghai	103.3	106.7	107.8	99.8	105.2	121.5
瑞安市	Ruian	103.3	107.0	110.0	100.1	107.0	127.8
海宁市	Haining	103.0	107.1	109.2	98.6	102.1	129.7
桐乡市	Tongxiang	103.2	106.6	109.1	102.3	103.5	125.9
安吉县	Anji	103.7	106.6	109.1	101.6	102.3	127.9
新昌县	Xinchang	102.5	106.4	108.0	100.1	104.2	128.7
兰溪市	Lanxi	103.1	107.7	110.4	97.0	104.9	136.7
义乌市	Yiwu	102.9	108.6	109.6	100.1	102.4	130.9
江山市	Jiangshan	103.1	109.4	110.7	98.2	106.8	132.5
临海市	Linhai	104.2	108.3	111.6	100.7	106.1	136.3
龙泉市	Longquan	103.4	108.0	111.1	99.8	108.4	132.8

续表 1 Continued (上年 = 100)(prceding year = 100)

市(县)名称	City(County)	禽肉类 Poultry	水产品 Aquatic Production	蛋类 Eggs	奶类 Dairy	衣着 Clothing	居住 Residence
杭州市	Hangzhou District	108.2	99.1	105.6	104.1	101.3	100.9
宁波市	Ningbo District	107.6	98.6	103.7	101.3	102.8	101.1
温州市	Wenzhou District	106.4	99.2	102.2	100.8	101.6	99.3
嘉兴市	Jiaxing District	109.2	95.9	104.9	103.9	101.2	100.6
湖州市	Huzhou District	108.4	97.2	103.9	102.4	102.2	100.9
绍兴市	Shaoxing District	106.0	97.2	103.1	101.8	100.0	99.9
金华市	Jinhua District	104.4	94.4	106.0	102.4	100.5	101.7
衢州市	Quzhou District	107.0	99.7	102.9	102.5	100.6	103.1
舟山市	Zhoushan District	106.1	99.9	104.3	103.2	100.5	99.9
台州市	Taizhou District	107.9	97.1	104.1	105.3	101.1	100.4
丽水市	Lishui District	106.1	99.3	100.8	100.1	99.6	102.7
萧山区	Xiaoshan	103.9	102.0	103.9	104.6	102.6	100.2
建德市	Jiande	105.9	95.1	107.6	99.7	103.3	101.1
宁海县	Ninghai	109.0	100.4	100.5	101.2	101.3	103.1
瑞安市	Ruian	105.2	100.9	104.1	102.7	104.2	99.5
海宁市	Haining	106.9	99.6	105.5	103.6	103.9	102.1
桐乡市	Tongxiang	110.2	99.9	100.5	101.3	101.2	100.3
安吉县	Anji	113.6	93.7	106.6	100.7	101.7	103.4
新昌县	Xinchang	105.1	98.9	103.2	98.8	103.5	100.6
兰溪市	Lanxi	107.3	100.0	104.8	100.1	106.6	98.3
义乌市	Yiwu	107.3	98.7	102.9	103.3	99.5	101.8
江山市	Jiangshan	108.7	99.1	101.9	104.1	98.2	101.0
临海市	Linhai	110.1	101.8	102.4	101.5	103.1	101.2
龙泉市	Longquan	107.9	100.6	101.6	102.4	102.1	101.7

续表 2 Continued (上年 = 100) (preceding year = 100)

市(县)名称	City (County)	生活用品及服务 Articles for Daily Use and Services	交通和通信 Transportation and Communication	教育文化和娱乐 Education, Culture and Recreational Articles	医疗保健 Health Care Articles	其他用品和服务 Other Supplies and Services
杭州市	Hangzhou District	103.0	99.0	104.3	107.0	102.8
宁波市	Ningbo District	103.0	98.8	104.5	104.3	105.0
温州市	Wenzhou District	100.4	99.5	103.2	105.5	102.0
嘉兴市	Jiaxing District	101.1	98.3	104.4	103.0	103.4
湖州市	Huzhou District	102.1	99.9	104.1	104.9	102.3
绍兴市	Shaoxing District	100.8	99.2	103.5	107.2	102.0
金华市	Jinhua District	102.1	98.1	103.7	105.6	103.1
衢州市	Quzhou District	100.7	97.7	101.7	101.3	102.6
舟山市	Zhoushan District	104.4	100.7	103.0	102.8	103.7
台州市	Taizhou District	102.1	98.8	101.4	103.8	102.6
丽水市	Lishui District	98.2	97.0	105.1	104.6	103.6
萧山区	Xiaoshan	100.8	97.8	102.4	103.8	103.7
建德市	Jiande	100.2	99.0	103.9	101.5	103.2
宁海县	Ninghai	102.7	99.8	101.7	101.5	102.4
瑞安市	Ruian	100.0	100.3	103.1	106.7	103.0
海宁市	Haining	100.0	97.1	103.9	101.1	102.5
桐乡市	Tongxiang	101.9	98.9	107.3	102.3	102.5
安吉县	Anji	101.2	98.6	106.5	100.7	104.8
新昌县	Xinchang	100.2	99.1	101.1	100.6	103.2
兰溪市	Lanxi	101.3	99.7	103.3	102.0	104.4
义乌市	Yiwu	101.4	98.1	100.3	100.9	102.2
江山市	Jiangshan	101.3	98.0	101.3	101.6	104.7
临海市	Linhai	103.0	100.2	103.7	105.8	103.2
龙泉市	Longquan	102.0	98.7	102.9	101.0	102.6

4－8 各市、县商品零售价格指数和农业生产资料价格指数(2019 年)
General Price Index of Commodities and Agricultural Means of Production by City and County (2019)

(上年＝100)(prceding year＝100)

市(县)名称	City(County)	商品零售价格指数 General Retail Price Index of Commodities	食品 Food	饮料、烟酒 Beverages, Tobacco and Liquor	服装、鞋帽 Garments, Shoes and Hats	纺织品 Textiles	家用电器及音响器材 Household Appliances and Audio Eqiupment
杭州市	Hangzhou District	103.1	106.8	101.8	101.2	101.6	98.6
宁波市	Ningbo District	102.3	105.8	101.7	102.9	108.8	97.7
温州市	Wenzhou District	101.9	106.3	101.1	101.5	100.8	97.8
嘉兴市	Jiaxing District	102.2	107.1	100.8	101.1	107.2	100.6
湖州市	Huzhou District	102.9	106.4	100.0	102.0	110.8	100.2
绍兴市	Shaoxing District	103.1	106.9	101.4	99.9	105.5	98.5
金华市	Jinhua District	102.4	106.8	99.9	100.2	102.0	100.4
衢州市	Quzhou District	101.7	107.7	101.6	100.6	100.3	98.6
舟山市	Zhoushan District	102.1	105.2	100.6	100.5	106.6	100.0
台州市	Taizhou District	101.7	107.0	100.8	101.1	97.7	100.9
丽水市	Lishui District	101.9	108.2	101.9	99.4	99.0	96.2
萧山区	Xiaoshan	102.2	107.4	101.4	102.4	100.9	99.2
建德市	Jiande	102.2	107.4	100.1	103.2	102.7	99.6
宁海县	Ninghai	102.4	107.1	102.6	101.3	96.7	104.0
瑞安市	Ruian	102.9	108.2	101.7	104.3	97.3	100.5
海宁市	Haining	101.6	107.6	101.5	103.6	100.4	96.7
桐乡市	Tongxiang	102.6	107.3	100.5	101.2	101.5	102.5
安吉县	Anji	102.2	107.2	101.1	101.6	103.4	98.7
新昌县	Xinchang	102.3	106.7	100.9	103.6	103.8	98.6
兰溪市	Lanxi	103.7	108.2	100.8	106.5	103.4	98.1
义乌市	Yiwu	102.4	108.9	100.3	99.5	99.8	98.5
江山市	Jiangshan	102.6	109.9	101.6	98.1	99.9	101.3
临海市	Linhai	103.8	108.9	101.6	103.0	103.9	104.0
龙泉市	Longquan	102.9	109.3	100.6	102.0	100.4	104.1

续表 1 Continued (上年=100)(prceding year=100)

市(县)名称	City(County)	文化办公用品 Culture and Official Articles	日用品 Articles for Daily Use	体育娱乐用品 Sports and Recreation	交通、通信用品 Transportation and Communication Articles	家具 Furniture	化妆品 Cosmetics
杭州市	Hangzhou District	100.9	104.6	102.7	100.1	103.2	106.7
宁波市	Ningbo District	98.6	103.5	102.3	99.8	104.4	102.9
温州市	Wenzhou District	99.3	100.6	100.3	99.8	101.8	99.3
嘉兴市	Jiaxing District	102.3	101.9	102.8	98.4	101.9	96.1
湖州市	Huzhou District	98.8	103.1	100.8	101.4	100.8	101.8
绍兴市	Shaoxing District	98.1	100.1	99.8	101.1	98.1	103.4
金华市	Jinhua District	103.9	100.9	102.7	99.3	101.3	102.9
衢州市	Quzhou District	102.4	100.9	100.5	97.8	100.0	100.8
舟山市	Zhoushan District	101.8	101.1	101.1	101.9	106.0	105.4
台州市	Taizhou District	103.3	101.6	99.7	97.8	102.5	102.5
丽水市	Lishui District	99.5	100.3	100.1	96.0	97.2	97.6
萧山区	Xiaoshan	100.9	100.4	102.0	97.9	100.2	101.0
建德市	Jiande	96.6	100.3	96.3	98.2	98.4	99.0
宁海县	Ninghai	101.3	102.3	104.3	100.2	100.2	104.8
瑞安市	Ruian	103.9	98.2	97.8	101.9	102.8	102.9
海宁市	Haining	100.6	101.6	99.3	95.5	101.4	100.8
桐乡市	Tongxiang	99.1	102.1	99.1	99.7	100.0	102.4
安吉县	Anji	98.0	101.6	101.8	99.6	103.2	103.8
新昌县	Xinchang	99.3	99.9	101.5	101.1	100.3	101.7
兰溪市	Lanxi	97.4	104.4	101.8	102.3	98.8	106.0
义乌市	Yiwu	100.2	102.0	100.6	98.5	100.6	102.9
江山市	Jiangshan	98.1	101.8	100.9	97.5	99.4	102.0
临海市	Linhai	104.5	104.5	100.9	100.3	99.7	100.2
龙泉市	Longquan	99.4	100.7	102.8	98.7	101.6	101.0

续表 2 Continued (上年=100)(prceding year=100)

市(县)名称	City(County)	金银饰品 Jewelry	中西药品及医疗保健用品 Traditional Chinese Westen Medicines and Medical and Health Care	书报杂志及电子出版物 Newspaper, Magazines and Electronic Publication	燃料 Fuels	建筑材料及五金电料 Building Materials and Hardware and Electric Materials	农业生产资料价格指数 Retail Price Index of Agricultural Means of Production
杭州市	Hangzhou District	107.3	111.2	104.7	97.0	100.7	97.0
宁波市	Ningbo District	108.8	107.3	104.5	94.7	100.8	94.7
温州市	Wenzhou District	108.7	107.0	104.1	95.8	100.2	95.8
嘉兴市	Jiaxing District	108.5	103.2	102.9	97.8	100.6	97.8
湖州市	Huzhou District	108.7	107.1	103.9	96.7	102.9	96.7
绍兴市	Shaoxing District	107.9	115.3	105.3	96.1	100.4	96.1
金华市	Jinhua District	108.2	107.6	104.9	96.2	101.1	96.2
衢州市	Quzhou District	108.0	102.7	104.4	96.0	100.2	96.0
舟山市	Zhoushan District	108.1	105.8	104.0	93.3	101.3	93.3
台州市	Taizhou District	108.1	101.5	104.7	96.8	100.9	96.8
丽水市	Lishui District	108.0	109.2	105.0	98.0	101.4	98.0
萧山区	Xiaoshan	107.2	105.0	103.6	96.7	101.6	101.9
建德市	Jiande	108.3	105.2	103.6	98.0	101.0	104.3
宁海县	Ninghai	108.2	99.7	104.8	96.7	101.3	101.9
瑞安市	Ruian	108.5	102.6	104.7	97.0	101.1	101.7
海宁市	Haining	108.2	101.0	104.9	98.4	100.7	104.0
桐乡市	Tongxiang	107.6	103.7	103.6	96.1	103.2	103.0
安吉县	Anji	107.4	103.0	103.5	97.4	100.1	103.5
新昌县	Xinchang	108.0	102.4	103.5	97.7	100.5	106.7
兰溪市	Lanxi	108.4	107.0	105.9	95.9	99.9	101.2
义乌市	Yiwu	107.6	103.5	104.1	96.2	104.8	102.5
江山市	Jiangshan	107.7	106.1	104.3	95.3	100.1	103.3
临海市	Linhai	107.8	107.7	103.8	95.7	101.5	102.7
龙泉市	Longquan	108.1	103.6	104.1	97.6	101.8	102.1

4-9 分月消费和零售价格指数(2019年)
Consumer Price Index and Retail Price Index of Commodities by Month(2019)

(上年同期=100)(preceding period=100)

项目	Item	1月	2月	3月	4月	5月	6月
居民消费价格指数	**Consumer Price Index**	**102.1**	**101.9**	**102.1**	**102.2**	**102.4**	**102.5**
城市	Urban Areas	102.1	101.8	102.0	102.2	102.4	102.4
农村	Rural Areas	102.2	102.0	102.2	102.4	102.6	102.7
#服务项目价格指数	**Services Price Index**	**102.4**	**102.1**	**102.1**	**102.1**	**102.2**	**102.2**
城市	Urban Areas	102.4	101.9	102.0	102.0	102.1	102.1
农村	Rural Areas	102.6	102.5	102.5	102.4	102.4	102.4
商品零售价格指数	**Retail Price Index of Commodities**	**101.4**	**101.5**	**101.8**	**102.0**	**102.2**	**102.2**
城市	Urban Areas	101.4	101.5	101.9	102.1	102.3	102.3
农村	Rural Areas	101.3	101.3	101.6	101.8	102.0	102.0
农业生产资料价格指数	**Price Index of Agricultural Means of Production**	**100.8**	**100.7**	**100.6**	**100.6**	**100.8**	**101.0**

续表 Continued

(上年同期=100)(preceding period=100)

项目	Item	7月	8月	9月	10月	11月	12月
居民消费价格指数	**Consumer Price Index**	**102.5**	**102.6**	**102.6**	**102.7**	**102.8**	**102.9**
城市	Urban Areas	102.5	102.5	102.6	102.6	102.7	102.8
农村	Rural Areas	102.7	102.8	102.9	102.9	103.1	103.2
#服务项目价格指数	**Services Price Index**	**102.2**	**102.1**	**102.1**	**102.1**	**102.0**	**102.0**
城市	Urban Areas	102.1	102.1	102.1	102.1	102.1	102.0
农村	Rural Areas	102.4	102.3	102.2	102.1	102.0	101.9
商品零售价格指数	**Retail Price Index of Commodities**	**102.3**	**102.3**	**102.4**	**102.3**	**102.4**	**102.5**
城市	Urban Areas	102.3	102.4	102.4	102.4	102.4	102.5
农村	Rural Areas	102.1	102.2	102.3	102.3	102.4	102.5
农业生产资料价格指数	**Price Index of Agricultural Means of Production**	**101.3**	**101.6**	**101.9**	**102.2**	**102.6**	**102.9**

4-10 工业生产者出厂价格指数(2010-2019年)
Producer Price Indices for Manufactured Goods(2010-2019)

(上年=100)(prceding year=100)

项目	Item	2010	2011	2012	2013	2014	2015	2016	2017	2018	2019
全　省	**Zhejiang**	**106.2**	**105.0**	**97.3**	**98.2**	**98.8**	**96.4**	**98.3**	**104.8**	**103.4**	**98.9**
轻工业	**Light Industry**	**104.8**	**105.1**	**98.1**	**99.2**	**99.4**	**98.2**	**99.1**	**103.5**	**102.3**	**99.5**
以农产品为原料	Using Farm Products as Raw Materials	104.8	105.5	99.5	99.9	99.7	99.2	99.6	102.8	102.0	99.9
以非农产品为原料	Using Non-farm Products as Raw Materials	104.9	104.6	96.0	98.1	98.8	96.7	98.4	104.4	102.7	98.9
重工业	**Heavy Industry**	**108.2**	**104.9**	**96.7**	**97.5**	**98.5**	**95.1**	**97.8**	**105.6**	**104.2**	**98.6**
采掘	Mining and Quarrying Industry	116.5	115.3	99.5	100.0	102.8	94.2	97.0	106.5	110.5	109.5
原料	Raw Material Industry	110.2	106.9	97.8	97.6	98.2	92.5	96.3	107.4	106.4	96.7
加工	Manufacturing Industry	106.9	104.0	96.3	97.4	98.6	96.2	98.4	104.9	103.1	99.3
生产资料	**Means of Production**	**107.9**	**105.5**	**96.3**	**97.6**	**98.5**	**95.2**	**97.6**	**106.2**	**104.2**	**98.3**
采掘	Mining and Quarrying Industry	116.5	115.3	99.5	100.0	102.8	94.2	97.0	106.5	110.5	109.5
原料	Raw Material Industry	112.2	108.3	95.8	97.3	97.5	91.9	95.9	109.1	106.2	95.9
加工	Manufacturing Industry	106.3	104.5	96.4	97.8	98.8	96.5	98.3	105.1	103.4	99.2
生活资料	**Means of Subsistence**	**101.7**	**103.5**	**100.0**	**99.6**	**99.8**	**99.6**	**100.2**	**100.7**	**101.2**	**100.6**
食品	Food	103.4	105.6	100.9	100.1	100.3	99.4	100.7	100.6	100.4	102.5
衣着	Clothing	101.6	104.6	101.1	100.5	99.8	100.5	100.6	100.8	101.3	100.6

续表 Continued (上年=100)(prceding year=100)

项目	Item	2010	2011	2012	2013	2014	2015	2016	2017	2018	2019
一般日用品	Articles for Daily Use	101.8	102.6	98.9	98.6	99.5	98.8	100.2	100.7	101.5	99.9
耐用消费品	Durable Consumer Goods	100.2	101.2	99.6	99.4	99.8	99.6	99.3	100.7	100.9	100.5
分部门	**Subsector**										
冶金工业	Metallurgical Industry	115.0	107.2	92.5	94.6	96.1	91.4	99.0	117.4	105.4	97.5
电力工业	Power Industry	102.0	102.9	103.3	100.8	100.6	98.5	97.8	99.5	98.9	99.6
煤炭及炼焦工业	Coal Industry	107.2	108.2	102.0	90.6	85.9	82.5				
石油工业	Petroleum Industry	119.7	115.0	102.1	97.4	96.5	77.1	90.6	109.3	112.3	100.2
化学工业	Chemical Industry	110.2	107.5	93.6	96.5	97.8	93.7	96.4	108.4	106.9	96.0
机械工业	Machinery Industry	102.5	101.8	97.6	98.1	99.0	98.3	98.6	100.6	100.2	99.1
建筑材料工业	Building Materials Industry	108.6	111.7	94.0	98.8	102.6	93.6	98.3	109.6	122.3	105.1
森林工业	Timber Industry	102.8	102.7	101.1	100.3	101.7	99.9	99.8	101.3	101.6	100.5
食品工业	Food Industry	104.0	106.0	101.3	100.4	100.3	99.2	100.4	100.5	100.5	102.6
纺织工业	Textile Industry	108.5	106.9	97.6	99.8	99.7	98.5	98.2	102.9	102.5	99.9
缝纫工业	Tailoring Industry	101.7	105.0	100.8	100.3	99.6	100.6	100.6	100.8	101.9	100.7
皮革工业	Leather Industry	101.4	103.8	102.7	101.8	100.5	100.0	100.2	100.8	99.3	100.0
造纸工业	Paper Industry	105.4	102.4	96.6	96.4	98.2	97.3	99.9	115.5	105.4	91.7
文教艺术品工业	**Cultural,Educational & Handicrafts Articles Industry**	**100.4**	**102.2**	**100.0**	**99.4**	**100.2**	**100.4**	**99.8**	**101.8**	**101.1**	**100.5**
其他工业	**Others**	**102.7**	**103.3**	**100.2**	**100.2**	**98.8**	**98.8**	**102.3**	**102.0**	**101.9**	**101.7**

4-11 按行业分的工业生产者出厂价格指数(2016-2019年)
Producer Price Indices for Manufactured Goods by Sector(2016-2019)

(上年=100)(prceding year=100)

项目	Item	2016	2017	2018	2019
总指数	**Zhejiang**	**98.3**	**104.80**	**103.4**	**98.9**
黑色金属矿采选业	Ferrous Metals Mining and Dressing	98.3	114.90	104.9	125.5
有色金属矿采选业	Nonferrous Metals Mining and Dressing	95.7	113.60	105.8	87.3
非金属矿采选业	Nonmetal Minerals Mining and Dressing	97.1	104.50	111.9	111.7
农副食品加工业	Non-staple Food Processing	100.7	100.70	101.4	104.9
食品制造业	Food Manufacturing	98.7	101.40	100.6	101.0
酒、饮料和精制茶制造业	Beverage Manufacturing	100.0	100.20	98.9	99.2
烟草制品业	Tobacco Processing	100.2	100.00	100.4	102.5
纺织业	Textile Industry	98.5	102.80	102.9	100.1
纺织服装、服饰业	Garments, Shoes and Hats Manufacturing	101.5	99.90	100.5	100.7
皮革、毛皮、羽毛及其制品和制鞋业	Leather, Furs, Down and Related Products	100.0	101.20	100.5	100.4
木材加工和木、竹、藤、棕、草制品业	Timber Processing, Bamboo, Cane Palm Fiber and Straw Products	98.9	101.10	102.1	100.2
家具制造业	Furniture Manufacturing	101.5	101.70	100.7	101.3
造纸和纸制品业	Papermaking and Paper Products	99.9	115.50	105.4	91.7
印刷和记录媒介复制业	Printing and Record Medium Reproduction	98.7	101.60	100.3	98.0
文教、工美、体育和娱乐用品制造业	Cultural, Educational and Sports Goods	103.0	102.00	101.4	102.4

续表 Continued (上年=100)(prceding year=100)

项目	Item	2016	2017	2018	2019
石油、煤炭及其他燃料加工业	Petroleum Processing, Cooking and NuclearFuel Processing	91.2	112.60	114.4	98.6
化学原料和化学制品制造业	Raw Chemical Materials and Chemical Products	96.1	111.60	109.8	94.1
医药制造业	Medical and Pharmaceutical Products	99.0	98.60	106.8	100.2
化学纤维制造业	Chemical Fiber	95.1	114.70	107.2	93.7
橡胶和塑料制品业	Rubber Products	97.3	102.70	102.0	99.1
非金属矿物制品业	Nonmetal Mineral Products	98.3	109.20	121.5	104.3
黑色金属冶炼和压延加工业	Smelting and Pressing of Ferrous Metals	101.2	123.50	108.4	96.4
有色金属冶炼和压延加工业	Smelting and Pressing of Nonferrous Metals	96.5	123.30	103.8	95.6
金属制品业	Metal Products	98.6	105.80	103.6	99.8
通用设备制造业	Ordinary Machinery	98.2	101.50	102.0	100.3
专用设备制造业	For Special Purpose Equipment Manufacturing	98.9	100.00	100.6	99.8
汽车制造业	Automotive Manufacturing	98.6	99.50	99.5	99.2
铁路、船舶、航空航天和其他运输设备制造业	Railway, Shipbuilding, Aerospace and other Transport Equipment	100.0	101.30	100.9	99.7
电气机械和器材制造业	Electric Equipment and Machinery	97.8	101.60	99.8	97.6
计算机、通信和其他电子设备制造业	Computers, Communications and Other Electronic Equipment Manufacturing	99.4	98.50	98.2	98.1
仪器仪表制造业	Instruments Manufacturing	98.7	98.10	99.4	100.1
其他制造业	Other Manufacturing	100.4	101.90	100.8	100.5
废弃资源综合利用业	Recovery of Resource Discarded and Useless Material	99.2	116.00	103.8	98.9
金属制品、机械和设备修理业	Metal Products, Machinery and Equipment Repair Industry	101.6	99.50	99.7	107.5
电力、热力生产和供应业	Production and Supply of Electricity and Heating Power	97.9	99.30	98.9	99.9
燃气生产和供应业	Production and Supply of Gas	88.2	96.60	100.9	109.6
水的生产和供应业	Production and Supply of Water	101.1	102.80	100.6	100.2

4－12 工业生产者购进价格分类指数(2010－2019 年)
Producer Purchasing Price Indinces by Category(2009－2019)

(上年＝100)(prceding year＝100)

项目	Item	2010	2011	2012	2013	2014	2015	2016	2017	2018	2019
总指数	**General Purchasing Price Index**	**112.0**	**108.3**	**96.7**	**97.7**	**98.2**	**94.5**	**97.8**	**109.6**	**105.1**	**97.1**
燃料、动力类	Fuels and Motive Power	113.9	107.6	99.5	97.4	98.4	91.6	96.4	114.9	108.0	98.6
黑色金属材料类	Ferrous Metal Material	108.7	107.1	94.1	95.5	95.3	89.5	98.6	117.8	106.4	97.9
有色金属材料和电线类	Nofferrous Metal Materials and Electric Wire	125.2	111.7	92.6	94.3	96.4	92.1	97.0	117.5	104.0	95.3
化工原料类	Chemical Raw Materials	113.2	111.1	95.4	97.4	97.7	91.8	96.5	111.9	107.3	91.7
木材及纸浆类	Logging and Paper Pulp	106.7	103.8	96.9	98.1	98.8	99.4	99.8	109.0	105.4	95.3
建筑材料类及非金属矿类	Building Materials and Nonmetal Minerals	103.9	109.2	98.2	98.6	100.9	96.3	95.7	117.0	122.1	100.9
其他工业原材料及半成品类	Other Industrial Raw Materials	110.1	106.5	97.2	98.0	98.0	96.4	98.6	104.0	101.6	98.2
农副产品类	Farm Products	110.5	110.1	98.5	99.5	101.1	99.5	98.6	102.6	101.0	100.6
纺织原料类	Textile Raw Materials	110.5	109.7	97.1	100.3	99.9	98.3	98.9	102.6	101.6	98.6

浙/江/统/计/年/鉴

主要统计指标解释

■ 居民消费价格

是指城乡居民购买并用于日常生活消费的商品和服务项目的价格。按用途划分为食品烟酒、衣着、居住、生活用品及服务、交通和通信、教育文化和娱乐、医疗保健、其他用品和服务等8个大类的居民消费价格。居民消费价格调查的任务是调查、搜集和整理这些商品和服务项目的价格,并编制居民消费价格指数(英文名称:Consumer Price Index 缩写:CPI),旨在反映一定时期内居民所消费商品及服务项目的价格水平变动趋势和变动程度。居民消费价格水平的变动率在一定程度上反映了通货膨胀(或紧缩)的程度。编制居民消费价格指数的目的,是了解全国各地价格变动的基本情况,分析研究价格变动对社会经济和居民生活的影响,满足各级政府制定政策和计划、进行宏观调控的需要,以及为国民经济核算提供参考依据。

■ 商品零售价格

是商品在流通过程中最后一个环节的价格,是工业、商业、餐饮业和其他零售企业向城乡居民、机关团体出售生活消费品和办公用品的价格。包括食品、饮料烟酒、服装鞋帽、纺织品、家用电器及音像器材、文化办公用品、日用品、体育娱乐用品、交通通信用品、家具、化妆品、金银饰品、中西药品及医疗保健用品、书报杂志及电子出版物、燃料、建筑材料及五金电料等16个大类,197个基本分类的商品零售价格。商品零售价格调查的任务是系统地调查、搜集和整理市场商品零售价格资料,编制商品零售价格指数(RPI),以此反映市场商品零售价格的变动趋势和变动程度。其目的在于掌握商品价格的变动趋势,为国家宏观调控和国民经济核算提供参考依据。

■ 农业生产资料价格

是农业生产资料在流通领域最后一个环节的价格,是工业、商业及其他单位和个人向农民出售农业生产资料(包括主要生产性服务,下同)的价格。包括农用手工工具、饲料、仔畜幼禽及产品畜、半机械化农具、机械化农具、化学肥料、农药及农药器械、农机用油、其他农用生产资料、农业生产服务等10个大类。农业生产资料价格调查的任务是系统地调查、搜集和整理市场上农业生产资料的价格,编制农业生产资料价格指数(AMPI),据此测定全国市场农业生产资料价格变动趋势和变动程度。其目的在于掌握农业生产资料的平均价格水平,为国家制定经济政策提供依据;同时,为研究城乡市场流通状况和国民经济核算提供参考依据。

■ 工业生产者价格

包括工业企业产品第一次出售时的出厂价格和企业作为中间投入的原材料、燃料、动力购进价格。工业生产者出厂价格调查37个工业行业大类,涵盖656个基本分类的3300多种工业产品的价格;工业生产者购进价格统计调查涵盖547个基本分类的2600多种工业产品的价格。工业生产者价格调查的任务是系统地调查、搜集各工业行业产品出厂价格和原材料购进价格,编制工业生产者出厂价格指数(PPI)和工业生产者购进价格指数(IPI),反映工业生产者价格变动趋势和变动程度。其目的在于及时、准确、科学地为国民经济核算、计算工业发展速度、宏观经济分析和调控、理顺价格体系等提供科学、准确的依据。

■ 固定资产投资价格

固定资产投资价格是构成固定资产投资额实体的实际购进价格或结算价格。包括构成当年建筑工程实体的钢材、木材、水泥、地方建筑材料、电料、化工材料等主要建筑材料价格;作为活劳动投入的劳动力价格(单位工资)和各种施工机械使用价格;设备工器具购置和其他费用投资价格。固定资产投资价格调查的任务是搜集全社会及各类工程固定资产投资经济活动中涉及的各种价格资料和费用资料,并掌握各种平均价格水平和费用标准。编制固定资产投资价格指数,其目的在于及时、准确地反映全社会及各类工程固定资产投资中涉及的各类投资品和取费项目价格的变动趋势和变动幅度,消除按现价计算的固定资产投资指标中的价格变动因素,真实地反映全社会及各类工程固定资产投资的规模、速度、结构和效益,为国家及各部门科学地制定、检查固定资产投资计划和进行国民经济核算提供科学的、可靠的依据。

浙/江/统/计/年/鉴

■ 住宅销售价格指数

分为新建商品住宅销售价格指数和二手住宅销售价格指数。编制住宅销售价格指数其目的在于全面了解和掌握相关城市新建住宅和二手住宅销售价格及其变动情况,为做好国民经济核算和房地产市场调控工作、满足社会公众需要提供基础统计信息。

■ 农产品生产者价格

是指农产品生产者第一手(直接)出售其产品时实际获得的单位产品价格。全面收集农产品生产者价格资料,编制农产品生产者价格指数,其目的是客观反映农产品生产者价格水平和结构变动情况,满足农业与国民经济核算需要,为各级政府制定农业保护与农产品流通政策提供决策依据,向社会各界提供优质的农产品价格信息服务。

ZHEJIANG STATISTICAL YEARBOOK

Explanatory Notes on Main Statistical Indicators

□ Consumer Price

It refers to the price of goods and services purchased by urban and rural residents and used for daily consumption. Consumer prices are classified into eight categories by use: food, tobacco, wine, clothing, housing, household goods and services, transportation and communication, education, culture and entertainment, medical care, other goods and services. The task of the consumer price survey is to investigate, collect and sort out the prices of these goods and services, and to compile a consumer price index (CPI) to reflect the trend and degree of price changes of the goods and services consumed by the residents over a certain period of time. The rate of change in consumer prices reflects to a certain extent the extent of inflation (or contraction). The purpose of compiling the consumer price index is to understand the basic situation of price changes in various parts of the country, to analyze the impact of price changes on social economy and residents′ lives, to meet the needs of governments at all levels in formulating policies and plans, and to carry out macro - control, and to provide a reference for national economic accounting

□ Retail Price of Commodities

It is the price of the last link in the circulation of commodities. it is the price of consumer goods and office supplies sold to urban and rural residents and government organizations by industry, commerce, catering and other retail enterprises. including food, beverage, tobacco and alcohol, clothing, shoes and hats, textiles, household appliances and audio - visual equipment, cultural office supplies, daily necessities, sports and entertainment products, traffic and communications supplies, furniture, cosmetics, gold and silver jewelry, Chinese and Western medicines and medical and health care supplies, books, newspapers, magazines and electronic publications, fuel, building materials and hardware electricity and so on 16 broad categories, 197 basic classification commodity retail price. the task of commodity retail price survey is to systematically investigate, collect and collate the data of commodity retail price in the market, and compile the commodity retail price index (RPI), so as to reflect the changing trend and degree of commodity retail price in the market. its purpose is to grasp the changing trend of commodity prices, and to provide a reference for national macro - control and national economic accounting.

□ Price of Agricultural Means of Production

It is the price of the last link in the circulation of agricultural means of production, and the price of the means of agricultural production (including the main productive services, the same below) sold to farmers by industrial, commercial and other units and individuals. it includes 10 categories, such as agricultural hand tools, feed, young poultry and livestock products, semi - mechanized farm tools, mechanized farm tools, chemical fertilizers, pesticides and pesticide appliances, agricultural machinery oil, other means of agricultural production, agricultural production services and so on. the task of the price survey of agricultural means of production is to systematically investigate, collect and sort out the prices of agricultural means of production in the market, compile the price index of agricultural means of production (AMPI), and then measure the trend and degree of change of the prices of agricultural means of production in the national market. the purpose is to grasp the average price level of agricultural means of production, to provide a basis for the state to formulate economic policies; at the same time, to provide a reference for the study of urban and rural market circulation and national economic accounting.

□ Industrial Producer PriceProducts

The price of industrial producers including industrial

products for the first time at the time of the sale price and the enterprise as raw materials, fuel and power purchase price of intermediate inputs. industrial producer price survey of 37 industry categories, covering 656 basic classification of more than 3300 kinds of industrial product prices; producer price survey covers 547 basic classification of more than 2600 kinds of industrial products price. industrial producer price survey is the task of systematically investigating and collecting the industrial product prices and raw material purchase price, factory price index of industrial producer (PPI) and industrial producer price index (IPI) , reflecting the industrial producer prices trend and degree of changes. its purpose is to timely, accurately and scientifically for the national economic accounting, the calculation speed of industrial development, economic analysis and regulation, rationalize the price system so as to provide scientific and accurate basis.

□ Fixed Asset Investment Price Products

It constitutes the actual purchase price or settlement price of the entity of fixed assets investment. It includes the prices of the main building materials, such as steel, timber, cement, local building materials, electrical and chemical materials, which constitute the entity of the construction project in that year; the labor price (unit wage) as input of living labor and the use price of various construction machinery; the purchase price of equipment and appliances and the investment price of other expenses. the task of the fixed assets investment price survey is to collect all kinds of price data and expense data involved in the whole society and all kinds of Engineering fixed assets investment economic activities, and to grasp all kinds of average price level and expense standard. the purpose of compiling the fixed assets investment price index is to reflect the changing trend and range of the prices of all kinds of investment products and fee – collecting items involved in the fixed assets investment of the whole society and all kinds of projects in a timely and accurate manner, to eliminate the price variation factors in the fixed assets investment index calculated according to the present price, and to truly reflect the whole society. the scale, speed, structure and benefits of investment in fixed assets of various projects will provide a scientific and reliable basis for the state and various departments to formulate and examine investment plans for fixed assets and conduct national economic accounting.

□ Residential Sales Price Index

It is divided into newly built commercial housing sales price index and second – hand housing sales price index. the purpose of compiling housing sales price index is to fully understand and grasp the sales prices and their changes of new and second – hand housing in relevant cities, and to provide basic statistical information for national economic accounting, real estate market regulation and control, and meeting the needs of the public.

□ Producer Price of Agricultural Products

It refers to the actual unit price of a farm product producer who sells the product first hand (directly). The purpose of collecting price data of producers of agricultural products and compiling price index of producers of agricultural products is to objectively reflect the price level and structural changes of producers of agricultural products, to meet the needs of agricultural and national economic accounting, to provide decision – making basis for governments at all levels to formulate policies on agricultural protection and circulation of agricultural products, and to provide decision – making basis for all sectors of society. To provide quality information service for agricultural products

2020
浙江统计年鉴
ZHEJIANG STATISTICAL YEARBOOK

人民生活
People's Livelihood

5-1 人民物质文化生活
Peoples Material and Cultural Life

项目	Item	2012	2013	2014	2015	2016	2017	2018	2019
城乡居民收入与支出 （元）	**Income and Expenditure of Urban and Rual Residents (yuan)**								
农村居民人均可支配收入	Annual Per Capita Disposable Income of Rural Residents	14552	17494	19373	21125	22866	24956	27302	29876
农村居民人均消费支出	Annual Per Capita Living Expenditure of Rural Residents	10208	12803	14498	16108	17359	18093	19707	21352
城镇居民人均可支配收入	Annual Per Capita Disposable Income of Urban Residents	34550	37080	40393	43714	47237	51261	55574	60182
城镇居民人均消费支出	Annual Per Capita Expenditure of Urban Residents	21545	25254	27242	28661	30068	31924	34598	37508
居民消费水平 （元）	**Per Capita Consumption (yuan)**	**22845**	**24771**	**26885**	**28712**	**30747**	**34992**	**38238**	
农村居民	Rural Residents	13724	15458	17281	19953	22028	24885	27291	
城镇居民	Urban Residents	28259	30101	32186	33359	35159	39858	43283	
居民生活质量	**Quality of Living**								
居民人均住房面积 （平方米）	Per Capita Floor Space of Residents Buildings (sq. m)								
农村居民	Rural Areas	61.50	60.82	61.53	61.28	60.27	60.43	65.44	67.31
城镇居民	Urban Areas	37.10	38.82	40.89	40.53	40.87	41.51	45.35	48.45
交通	**Traffic**								
农村每百户拥有家用汽车 （辆）	Number of Household Cars Per 100 Households in Rural Areas (Suit)	15.20	18.86	19.18	25.41	30.17	33.35	28.78	28.90
城镇每百户拥有家用汽车 （辆）	Number of Household Cars Per 100 Households in Urban Areas (Suit)	36.50	38.87	43.45	47.90	53.29	55.54	52.43	52.80
储蓄	**Savings**								
城乡居民储蓄存款年末余额 （亿元）	Balance of Savings Deposit of Rural and Urban Residents (100 million yuan)	26407	28923	30666	34219	38077	40192	45812	53133
平均每人储蓄存款余额 （元）	Per Capita Balance of Savings Deposits (yuan)	48214	52606	55676	61778	68116	71049	79854	90825

续表 Continued

项目		Item		2012	2013	2014	2015	2016	2017	2018	2019
文化、教育及卫生		**Culture, Education and Public Health**									
农村每百户拥有彩色电视机	（台）	Number of Color Tv Sets Per 100 Households in Rural Areas	(Set)	172	151	157	161	170	176	176	176
城镇每百户拥有彩色电视机	（台）	Number of Color Tv Sets Per 100 Households in Urban Areas	(Set)	187	165	173	174	174	179	172	175
农村每百户拥有家用电脑	（台）	Number of Computer Per 100 Households in Rural Areas	(Set)	47.77	35.65	39.68	45.47	49.31	52.24	45.54	46.10
城镇每百户拥有家用电脑	（台）	Number of Computer Per 100 Households in Urban Areas	(Set)	106.38	89.56	96.01	95.68	93.01	95.60	86.43	85.20
每百人每天有报纸杂志	（份）	Daily Newspapers and Magazines Per 100 persons	(Set)	17.8	17.7	17.2	14.5	13.3	11.6	10.5	9.8
学龄儿童入学率	（%）	Enrollment Percentage of School age Children	(Percentage)	99.99	99.99	99.99	99.99	99.99	99.99	99.99	99.99
每千人口拥有在校大学生数	（人）	Students Enrollment in University Per 1000 Persons	(person)	18.02	18.51	18.86	19.04	19.02	19.03	19.21	19.95
每千人口拥有医疗床位数	（张）	Number of Hospital Beds Per 1000 Persons	(Piece)	3.89	4.18	4.47	4.92	5.22	5.58	5.83	6.05
每千人口拥有医生数	（人）	Number of Doctors Per 1000 Persons	(person)	2.37	2.52	2.65	2.85	3.01	3.17	3.35	3.51
就业		**Employment**									
城镇登记失业率	（%）	Registered Unemployment Rate in Urban Areas	(%)	3.01	3.01	2.96	2.93	2.87	2.73	2.60	2.52
农村居民家庭每一劳动力负担人数	（人）	Number of Dependents Per Rural Laborer in Rural Households	(person)	1.37	1.54	1.56	1.58	1.57	1.58	1.59	1.62
城镇每一就业者负担人数	（人）	Number of Dependents Per Urban Employee	(person)	1.94	1.72	1.74	1.77	1.79	1.80	1.85	1.86
邮电通信		**Post and Telecommunication**									
电话普及率	（部/百人）	Telephone Popularization Rate	(pars/hundred person)	151.4	161.1	164.6	162.8	153.6	157.5	169.2	175.1
固定电话	（部/百人）	Fixed Telephones	(pars/hundred person)	34.2	32.4	30.0	27.2	23.2	21.7	20.6	22.8
移动电话	（部/百人）	Mobile Telephones	(pars/hundred person)	117.2	128.7	134.6	135.6	130.4	135.8	148.6	152.3

注：1、从2013年起，国家统计局开展了城乡一体化住户收支与生活状况调查，与2013年前的分城镇和农村住户调查的调查范围、调查方法、指标口径有所不同（以后各表同）。农村居民人均可支配收入2013年前为农村居民人均纯收入。
National Bureau of Statistics of China strted an integrated households income and expenditure survey, including both urban and rural households since 2013. The coverage, the methodology and definitions used in the survey has been changed compared with before. The same applies to the relevant tables following. The data of per capita disposable income of rural households refer to the per capita net income of rural households before 2013.
2、每百人每天拥有报纸、每千人口拥有医疗床位和拥有医生数均按常住人口计算。
Daily Newspapers and Magazines Per 100 Persons, Number of Hospital Beds and Number of Doctors Per 1000 Persons are calculated at permanent residence.

5－2 分行业全社会单位就业人员年平均工资
Average Wage of Employed Persons in the units By Sector

单位:元(yuan)

行业		全部单位		非私营单位		私营单位	
		2018	2019	2018	2019	2018	2019
总计	Total	65898	71523	88883	99654	52564	56383
农、林、牧、渔业	Farming, Forestry, Animal Husbandry and Fishery	47160	48672	69217	79112	46465	47583
采矿业	Ming and Quarrying	62848	71653	72427	87460	56095	61860
制造业	Manufacturing	57274	61990	73055	80483	50886	55071
电力、热力、燃气及水生产和供应业	Electricity, Gas and Water Production and Supply	123422	113841	135779	129352	58523	58696
建筑业	Construction	53846	58135	56265	61899	52474	56226
批发和零售业	Wholesale and Retail Trade	56363	59803	87315	94838	50237	53117
交通运输、仓储及邮政业	Transport, Storage and Post	75854	75883	94562	96986	60016	60639
住宿和餐饮业	Hotels and Catering Services	46219	49190	51433	54896	43881	46853
信息传输、软件和信息技术服务业	Information Transmission, Computer Services and Software	114814	129395	190839	223499	70882	76820
金融业	Banking	140409	147964	142951	151017	95588	97403
房地产业	Real Estate	66400	72760	77868	84757	58776	63882
租赁和商务服务业	Renting and Business Services	61072	65221	73894	79585	57591	61431
科学研究和技术服务业	Scientific Research, Technic Service and Geological Prospecting	88833	91659	142811	154576	63972	66801
水利、环境和公共设施管理业	Water Conservancy, Environment and Public Utility	63232	67690	73390	82758	47088	49375
居民服务、修理和其他服务业	Service for the Residents and Other	46675	48599	68146	69723	43759	45907
教育	Education	116432	117504	123681	127038	49605	54271
卫生和社会工作	Health Care, Sports and Social Welfare	134370	139630	143804	154261	65701	67636
文化、体育和娱乐业	Culture, Sports and Entertainment	75202	72584	114343	116297	49722	49924
公共管理、社会保障和社会组织	Public Administration and Social Organization	136641	148439	136641	148439		

5－3 非私营单位就业人员工资总额(1985－2019 年)
Total Wages of Employed Persons in Non Privite Units(1985－2019)

单位:亿元(100 million yuan)

年份 Year	工资总额 Total Wages of Staff and Workers	国有单位 State－owned Units	集体单位 Collective Owned Units	其他经济单位 Units of Other Types of Ownership
1985	47.85	28.69	18.91	0.25
1986	58.01	35.45	22.23	0.33
1987	66.62	40.68	25.44	0.50
1988	85.04	52.71	31.50	0.83
1989	94.46	59.08	34.17	1.21
1990	102.76	66.10	35.33	1.33
1991	115.98	74.42	39.39	2.17
1992	138.04	90.82	43.44	3.78
1993	192.98	123.08	58.80	11.10
1994	274.27	175.09	76.99	22.19
1995	324.25	201.67	90.46	32.12
1996	361.84	222.18	98.06	41.60
1997	402.01	251.85	100.13	50.03
1998	422.51	257.01	74.83	90.67
1999	456.04	273.77	66.23	116.04
2000	501.07	293.83	56.99	150.25
2001	589.48	351.40	47.61	190.47
2002	664.01	397.69	47.24	219.08
2003	797.54	469.63	49.68	278.23
2004	1016.42	573.10	60.76	382.56
2005	1311.93	676.28	59.54	576.11
2006	1591.84	762.03	61.34	768.47
2007	1937.41	886.50	67.71	983.20
2008	2359.05	990.08	72.33	1296.64
2009	2752.31	1128.21	82.18	1541.92
2010	3305.34	1269.78	97.32	1938.24
2011	4039.88	1398.77	110.22	2530.88
2012	5138.49	1590.88	114.86	3432.75
2013	5985.13	1715.04	116.95	4153.14
2014	6666.84	1874.46	113.39	4679.00
2015	7110.25	2116.96	85.49	4907.80
2016	7673.11	2371.38	83.90	5217.83
2017	8319.08	2670.84	84.54	5563.70
2018	8938.52	2826.47	93.98	6018.06
2019	9719.41	3216.42	55.60	6447.39

注：本表 1985－2012 年为单位在岗职工工资总额。
Note: The data of this table refers to wages of currently employed staff and workers in units between 1985 and 2012.

5-4 非私营单位就业人员平均工资(1985-2019年)
Average Wage of Employed Persons in Non Privite Units(1985-2019)

单位:元(yuan)

年份 Year	平均工资 Average Wage	国有单位 State-owned Units	集体单位 Collective Owned Units	其他单位 Units of Other Types of Ownership
1985	1159	1226	1071	1247
1986	1346	1442	1271	1455
1987	1493	1584	1365	1635
1988	1841	1961	1667	2014
1989	2031	2158	1838	2209
1990	2220	2383	1964	2412
1991	2422	2583	2152	2831
1992	2884	3088	2507	3368
1993	3932	4168	3439	4544
1994	5597	6034	4671	6334
1995	6619	6952	5702	7813
1996	7413	7734	6414	8672
1997	8386	8847	7026	9584
1998	9259	10012	7230	9432
1999	10632	11684	8229	10167
2000	12414	13775	9479	11539
2001	15770	18926	11281	13508
2002	18227	22195	13281	14650
2003	20853	26651	15174	16036
2004	23101	32736	17265	16653
2005	25572	38313	19659	18813
2006	27567	42258	21856	20823
2007	30854	48130	25005	23597
2008	34146	53476	29137	26963
2009	37395	59550	31653	29618
2010	41505	65440	36038	33689
2011	46660	72383	41817	39165
2012	50813	76150	47562	44112
2013	56571	81157	52070	50390
2014	61572	87609	56684	55124
2015	66668	96633	55333	58989
2016	73326	109064	57061	64078
2017	80750	122415	59295	69739
2018	88883	134000	69033	77046
2019	99654	144495	65529	86632

注:本表1985-2012年为单位在岗职工平均工资。
Note: The data of this table refers to the average wage of currently employed staff and workers between 1985 and 2012.

5-5 按行业和经济类型分非私营单位就业人员工资总额
Total Wages of Employed Persons in Non Privite Units by Sector and Type of Ownership

单位:亿元(100 million yuan)

行业	Sector	工资总额 Total Wages of Staff and Worker		国有单位 State-owned Units		集体单位 Urban Collective Owned Units		其他单位 Units of Other Types of Ownership	
		2018	2019	2018	2019	2018	2019	2018	2019
总计	**Total**	**8938.52**	**9719.41**	**2826.47**	**3216.42**	**93.98**	**55.60**	**6018.06**	**6447.39**
农、林、牧、渔业	Farming, Forestry, Animal Husbandry and Fishery	3.03	4.09	2.31	2.39	0.03	0.10	0.70	1.61
采矿业	Ming and Quarrying	3.05	3.87		0.21	0.04	0.05	3.01	3.61
制造业	Manufacturing	2130.82	2321.64	4.95	5.33	1.34	3.12	2124.54	2313.19
电力、热力、燃气及水生产和供应业	Electricity, Gas and Water Production and Supply	166.42	143.40	42.75	11.94	1.61	2.81	122.05	128.65
建筑业	Construction	1543.81	1272.88	9.91	10.26	35.35	20.95	1498.55	1241.68
批发和零售业	Wholesale and Retail Trade	321.25	376.42	18.61	20.88	1.42	2.13	301.22	353.40
交通运输、仓储及邮政业	Transport, Storage and Post	284.85	302.71	63.78	45.19	1.33	1.52	219.73	256.00
住宿和餐饮业	Hotels and Catering Services	71.01	79.47	5.34	5.96	0.62	0.84	65.06	72.68
信息传输、软件和信息技术服务业	Information Transmission Software and Information Technology Services	408.48	535.48	18.38	12.84	0.47	0.59	389.63	522.04
金融业	Banking	634.78	696.61	25.74	53.82	2.26	0.04	606.78	642.75
房地产业	Real Estate	172.01	224.41	6.32	7.29	1.46	2.32	164.23	214.80
租赁和商务服务业	Renting and Business Services	206.32	271.34	37.69	42.23	8.10	7.37	160.53	221.73
科学研究和技术服务业	Scientific Research and Technic Service	234.12	276.97	82.27	91.72	2.09	1.32	149.76	183.93
水利、环境和公共设施管理业	Water Conservancy, Environment and Public Facilities Management	74.45	91.79	40.11	43.15	0.85	0.69	33.49	47.95
居民服务、修理和其他服务业	Resident Services, Repair and Other Services	15.66	24.48	5.18	5.26	0.93	1.23	9.55	18.00
教育	Education	923.21	1100.34	824.41	972.21	13.75	7.25	85.04	120.88
卫生和社会工作	Health Care and Social Work	668.27	777.03	602.06	718.62	21.68	2.66	44.53	55.75
文化、体育和娱乐业	Culture, Sports and Recreation	81.48	89.77	57.05	56.71	0.13	0.24	24.30	32.82
公共管理、社会保障和社会组织	Public Security, Social Security and Social Organization	995.50	1126.72	979.61	1110.42	0.53	0.37	15.36	15.93

5－6 分行业非私营单位就业人员平均工资
Average Wages of Employed Persons in Non Privite Units by Sector

单位:元(yuan)

行业	Sector	平均工资 Average Wages of Employed Persons in Urban Units		国有单位 State－owned Units		集体单位 Collective owned Units		其他单位 Units of Other Types of Ownership	
		2018	2019	2018	2019	2018	2019	2018	2019
总计	**Total**	**88883**	**99654**	**134000**	**144495**	**69033**	**65529**	**77046**	**86632**
农、林、牧、渔业	Farming,Forestry, Animal Husbandry and Fishery	69217	79112	92280	115356	46273	40390	38383	56168
采矿业	Ming and Quarrying	72427	87460		62003	46220	57952	72947	90180
制造业	Manufacturing	73055	80483	88091	88511	48683	57989	73049	80509
电力、热力、燃气及水生产和供应业	Electricity,Heat,Gas and Water Production and Supply	135779	129352	176385	141523	87968	69561	126486	130767
建筑业	Construction	56265	61899	57260	60281	50037	62403	56424	61905
批发和零售业	Wholesale and Retail Trade	87315	94838	163303	180273	50845	59490	85153	92578
交通运输、仓储及邮政业	Transport,Storage and Post	94562	96986	111269	118861	59471	58746	90924	94286
住宿和餐饮业	Hotels and Catering Services	51433	54896	68619	73472	49592	51870	50415	53817
信息传输、软件和信息技术服务业	Information Transmission Software and Information Technology Services	190839	223499	164175	147620	80060	81396	192636	226817
金融业	Banking	142951	151017	144979	184106	105833	54354	143053	148796
房地产业	Real Estate	77868	84757	85530	91129	87865	80924	77522	84599
租赁和商务服务业	Renting and Business Services	73894	79585	70498	73630	58863	64809	75727	81457
科学研究和技术服务业	Scientific Research and Technic Service	142811	154576	147391	162075	120330	104884	140776	151594
水利、环境和公共设施管理业	Water Conservancy,Environment and Public Facilities Management	73390	82758	79148	87431	42555	48801	68664	79724
居民服务、修理和其他服务业	Resident Services, Repair and Other Services	68146	69723	104143	109097	57914	58754	58235	63812
教育	Education	123681	127038	130207	139588	104180	74015	84969	75610
卫生和社会工作	Health Care and Social Work	143804	154261	149635	163440	126801	80711	98395	91801
文化、体育和娱乐业	Culture,Sports and Recreation	114343	116297	127923	135994	52232	53998	91983	93641
公共管理、社会保障和社会组织	Public Security, Social Security and Social Organization	136641	148439	139589	149559	110946	92187	58411	98420

5-7 分行业非私营单位就业人员工资总额
Total Wages of Employed Persons in Non Privite Units by Sector

单位:亿元(100 million yuan)

行业	Sector	单位就业人员工资总额 The Total Wages		在岗职工工资总额 Wages of Staff and Workers at Work		其他就业人员工资总额 Wages of Other Employed Persons	
		2018	2019	2018	2019	2018	2019
总计	**Total**	**8938.52**	**9719.41**	**8653.84**	**9409.41**	**284.68**	**310.00**
农、林、牧、渔业	Farming, Forestry, Animal Husbandry and Fishery	3.03	4.09	2.72	3.91	0.32	0.18
采掘业	Ming and Quarrying	3.05	3.87	3.01	3.83	0.04	0.04
制造业	Manufacturing	2130.82	2321.64	2101.35	2289.33	29.47	32.31
电力、燃气及水的生产和供应业	Electricity, Heat, Gas and Water Production and Supply	166.42	143.40	163.58	140.50	2.84	2.91
建筑业	Construction	1543.81	1272.88	1480.64	1209.50	63.16	63.38
批发和零售业	Wholesale and Retail Trade	321.25	376.42	312.91	368.28	8.34	8.14
交通运输、仓储和邮政业	Transport, Storage and Post	284.85	302.71	279.30	298.09	5.54	4.62
住宿和餐饮业	Hotels and Catering Services	71.01	79.47	65.83	74.95	5.18	4.51
信息传输、软件和信息技术服务业	Information Transmission Software and Information Technology Services	408.48	535.48	407.33	532.87	1.14	2.60
金融业	Banking	634.78	696.61	555.14	604.10	79.64	92.51
房地产业	Real Estate	172.01	224.41	165.16	216.98	6.85	7.43
租赁和商务服务业	Renting and Business Services	206.32	271.34	198.62	260.64	7.69	10.70
科学研究和技术服务业	Scientific Research and Technic Service	234.12	276.97	229.07	270.82	5.06	6.14
水利、环境和公共设施管理业	Water Conservancy, Environment and Public Utility	74.45	91.79	71.34	88.06	3.11	3.73
居民服务、修理和其他服务业	Resident Services, Repair and Other Services	15.66	24.48	15.03	23.56	0.63	0.92
教育	Education	923.21	1100.34	902.72	1076.47	20.49	23.87
卫生和社会工作	Health Care and Social Work	668.27	777.03	649.63	756.79	18.64	20.24
文化、体育和娱乐业	Culture, Sports and Recreation	81.48	89.77	73.62	85.06	7.86	4.70
公共管理、社会保障和社会组织	Public Security, Social Security and Social Organization	995.50	1126.72	976.83	1105.65	18.66	21.06

注:在岗职工工资总额包含劳务派遣人员工资总额。Wages of Staff and workers at work include wages of dispatched workers.

5-8 分行业国有单位就业人员工资总额
Total Wages of Employed Persons in State-owned Units by Sector

单位:亿元(100 million yuan)

行业	Sector	单位就业人员工资总额 The Total Wages		在岗职工工资总额 Wages of Staff and Workers at Work		其他就业人员工资总额 Wages of Other Employed Persons	
		2018	2019	2018	2019	2018	2019
总计	**Total**	**2826.47**	**3216.42**	**2763.17**	**3148.59**	**63.30**	**67.82**
农、林、牧、渔业	Farming, Forestry, Animal Husbandry and Fishery	2.31	2.39	2.15	217.80	0.16	0.04
采掘业	Ming and Quarrying		0.21		1882.69		0.01
制造业	Manufacturing	4.95	5.33	4.81	1018.56	0.14	0.15
电力、燃气及水的生产和供应业	Electricity, Heat, Gas and Water Production and Supply	42.75	11.94	41.95	3.15	0.80	0.68
建筑业	Construction	9.91	10.26	8.67	26.40	1.23	1.66
批发和零售业	Wholesale and Retail Trade	18.61	20.88	18.16	2.34	0.45	0.35
交通运输、仓储和邮政业	Transport, Storage and Post	63.78	45.19	63.04	0.20	0.74	0.60
住宿和餐饮业	Hotels and Catering Services	5.34	5.96	5.17	5.18	0.17	0.29
信息传输、软件和信息技术服务业	Information Transmission Software and Information Technology Services	18.38	12.84	18.33	11.25	0.05	0.05
金融业	Banking	25.74	53.82	25.09	8.60	0.65	0.38
房地产业	Real Estate	6.32	7.29	6.08	20.53	0.24	0.25
租赁和商务服务业	Renting and Business Services	37.69	42.23	37.21	44.60	0.48	0.78
科学研究和技术服务业	Scientific Research and Technic Service	82.27	91.72	80.66	5.67	1.61	2.16
水利、环境和公共设施管理业	Water Conservancy, Environment and Public Facilities Management	40.11	43.15	38.80	12.79	1.31	1.47
居民服务、修理和其他服务业	Resident Services, Repair and Other Services	5.18	5.26	4.99	53.44	0.19	0.30
教育	Education	824.41	972.21	807.93	7.04	16.48	18.77
卫生和社会工作	Health Care and Social Work	602.06	718.62	586.39	41.45	15.67	17.20
文化、体育和娱乐业	Culture, Sports and Recreation	57.05	56.71	52.00	89.55	5.04	2.10
公共管理、社会保障和社会组织	Public Security, Social Security and Social Organization	979.61	1110.42	961.74	41.68	17.87	20.58

注：在岗职工工资总额包含劳务派遣人员工资总额。Wages of Staff and Workers at work include wages of dispatched workers.

5-9 分行业集体单位就业人员工资总额
Total Wages of Employed Persons in Collectively Owned Units by Sector

单位:亿元(100 million yuan)

行业	Sector	单位就业人员工资总额 The Total Wages		在岗职工工资总额 Wages of Staff and Workers at Work		其他就业人员工资总额 Wages of Other Employed Persons	
		2018	2019	2018	2019	2018	2019
总计	**Total**	**93.98**	**55.60**	**91.66**	**53.09**	**2.32**	**2.51**
农、林、牧、渔业	Farming, Forestry, Animal Husbandry and Fishery	0.03	0.10	0.02	0.09	0.01	0.01
采矿业	Ming and Quarrying	0.04	0.05	0.04	0.05		
制造业	Manufacturing	1.34	3.12	1.29	3.05	0.05	0.07
电力、热力、燃气及水生产和供应业	Electricity, Heat, Gas and Water Production and Supply	1.61	2.81	1.56	2.72	0.05	0.09
建筑业	Construction	35.35	20.95	35.00	20.16	0.35	0.79
批发和零售业	Wholesale and Retail Trade	1.42	2.13	1.25	2.01	0.16	0.13
交通运输、仓储及邮政业	Transport, Storage and Post	1.33	1.52	1.31	1.44	0.03	0.08
住宿和餐饮业	Hotels and Catering Services	0.62	0.84	0.60	0.81	0.02	0.03
信息传输、软件和信息技术服务业	Information Transmission Software and Information Technology Services	0.47	0.59	0.47	0.59		
金融业	Banking	2.26	0.04	2.20	0.04	0.06	
房地产业	Real Estate	1.46	2.32	1.42	2.26	0.04	0.06
租赁和商务服务业	Renting and Business Services	8.10	7.37	7.78	7.02	0.32	0.35
科学研究和技术服务业	Scientific Research and Technic Service	2.09	1.32	2.05	1.28	0.04	0.04
水利、环境和公共设施管理业	Water Conservancy, Environment and Public Facilities Management	0.85	0.69	0.60	0.60	0.24	0.09
居民服务、修理和其他服务业	Service for the Residents and Other Services	0.93	1.23	0.86	1.18	0.07	0.05
教育	Education	13.75	7.25	13.58	6.91	0.17	0.34
卫生和社会工作	Health Care and Social Work	21.68	2.66	20.99	2.28	0.69	0.38
文化、体育和娱乐业	Culture, Sports and Entertainment	0.13	0.24	0.12	0.22	0.01	0.02
公共管理、社会保障和社会组织	Public Security, Social Security and Social Organization	0.53	0.37	0.52	0.37	0.01	

注:在岗职工工资总额包含劳务派遣人员工资总额。Wages of Staff and Workers at work include wages of dispatched workers.

5-10 分行业其他单位就业人员工资总额
Total Wages of Employed Persons in Other Ownership Units by Sector

单位:亿元(100 million yuan)

行业	Sector	单位就业人员工资总额 The Total Wages		在岗职工工资总额 Wages of Staff and Workers at Work		其他就业人员工资总额 Wages of Other Employed Persons	
		2018	2019	2018	2019	2018	2019
总计	**Total**	**6018.06**	**6447.39**	**5798.98**	**6207.73**	**219.06**	**239.67**
农、林、牧、渔业	Farming, Forestry, Animal Husbandry and Fishery	0.70	1.61	0.54	1.48	0.16	0.13
采矿业	Ming and Quarrying	3.01	3.61	2.97	3.58	0.04	0.03
制造业	Manufacturing	2124.54	2313.19	2095.25	2281.10	29.29	32.09
电力、燃气及水的生产和供应业	Electricity, Heat, Gas and Water Production and Supply	122.05	128.65	120.06	126.52	1.99	2.14
建筑业	Construction	1498.55	1241.68	1436.96	1180.74	61.59	60.93
批发和零售业	Wholesale and Retail Trade	301.22	353.40	293.49	345.74	7.72	7.66
交通运输、仓储和邮政业	Transport, Storage and Post	219.73	256.00	214.96	252.06	4.77	3.94
住宿和餐饮业	Hotels and Catering Services	65.06	72.68	60.07	68.48	4.99	4.20
信息传输、软件和信息技术服务业	Information Transmission Software and Information Technology Services	389.63	522.04	388.54	519.49	1.09	2.55
金融业	Banking	606.78	642.75	527.85	550.63	78.93	92.13
房地产业	Real Estate	164.23	214.80	157.66	207.68	6.57	7.11
租赁和商务服务业	Renting and Business Services	160.53	221.73	153.64	212.16	6.89	9.57
科学研究和技术服务业	Scientific Research and Technic Service	149.76	183.93	146.34	179.99	3.41	3.94
水利、环境和公共设施管理业	Water Conservancy, Environment and Public Facilities Management	33.49	47.95	31.94	45.78	1.55	2.17
居民服务、修理和其他服务业	Resident Services, Repair and Other Services	9.55	18.00	9.18	17.41	0.37	0.58
教育	Education	85.04	120.88	81.20	116.11	3.85	4.77
卫生和社会工作	Health Care and Social Work	44.53	55.75	42.26	53.10	2.27	2.65
文化、体育和娱乐业	Culture, Sports and Recreation	24.30	32.82	21.49	30.23	2.80	2.59
公共管理、社会保障和社会组织	Public Security, Social Security and Social Organization	15.36	15.93	14.58	15.44	0.78	0.49

注：在岗职工工资总额包含劳务派遣人员工资总额。Wages of Staff and Workers at work include wages of dispatched workers.

5-11 各市非私营单位就业人员工资总额和平均工资(2015-2019年)
Total Wages and Average Wage of Employed Persons in Non Privite Units by City(2015-2019)

地区	Region	2015	2016	2017	2018	2019
工资总额(万元)	**Total Wages**	**71102468**	**71102468**	**83190835**	**89385195**	**97194070**
浙东北	**Eastern&Northern Region**	**50663444**	**54715732**	**59431527**	**64035659**	**70637494**
杭州市	Hangzhou	21523984	24176045	26467155	28646933	32985194
宁波市	Ningbo	11815059	11911980	13639931	14751902	16252072
嘉兴市	Jiaxing	5242770	5695926	6310640	6757411	7142126
湖州市	Huzhou	2927712	3182692	3388758	3639519	4198262
绍兴市	Shaoxing	7829320	8319735	7996955	8547526	8180404
舟山市	Zhoushan	1324597	1429354	1628088	1692368	1879436
浙西南	**Western&Southern Region**	**20320549**	**21687126**	**23487866**	**25282019**	**26432162**
温州市	Wenzhou	6390947	6884737	7926666	7999181	8719249
金华市	Jinhua	5623872	5847270	5441588	6518889	6101676
衢州市	Quzhou	1434840	1620174	1782380	1821465	2192033
台州市	Taizhou	5483918	5842063	6657745	7064896	7372454
丽水市	Lishui	1386972	1492882	1679487	1877588	2046749
平均工资(元)	**Average Wage**	**66668**	**73326**	**80750**	**88883**	**99654**
浙东北	**Eastern&Northern Region**	**69282**	**76212**	**84209**	**93602**	**103834**
杭州市	Hangzhou	76073	85022	93891	103798	117339
宁波市	Ningbo	72220	79963	86540	96250	104146
嘉兴市	Jiaxing	65799	71880	79823	89346	96680
湖州市	Huzhou	59013	62887	68135	77507	86545
绍兴市	Shaoxing	57058	61003	67033	74715	80020
舟山市	Zhoushan	72687	77723	89671	94647	101486
浙西南	**Western&Southern Region**	**60709**	**66509**	**72841**	**78684**	**89719**
温州市	Wenzhou	62472	67951	72403	78528	89134
金华市	Jinhua	58921	62631	71006	74491	88212
衢州市	Quzhou	69583	78350	87732	94711	106509
台州市	Taizhou	56007	63139	68496	75416	83975
丽水市	Lishui	75222	82057	89224	98701	106361

5－12 各市非私营企业单位就业人员工资总额和平均工资
Total Wages and Average Wage of Employed Persons in Non Privite Enterprises by City

单位:亿元(100 million yuan)

城市	City	单位就业人员工资总额 Total wages of Employed Persons			#在岗职工工资总额 Wages of Staff and Workers at Work			单位就业人员平均工资(元) Average Wage of Employed Persons(yuan)		
		2017	2018	2019	2017	2018	2019	2017	2018	2019
全　省	**Total**	**5829.27**	**6171.17**	**6592.00**	**5586.27**	**5958.93**	**6349.36**	**70686**	**77453**	**87316**
杭州市	Hangzhou	2020.13	2175.24	2492.58	1945.82	2104.84	2416.64	86169	95319	107621
宁波市	Ningbo	1009.65	1036.66	1160.62	956.97	1001.06	1106.06	77210	84663	92789
温州市	Wenzhou	472.38	467.83	476.57	446.87	443.64	466.43	57979	62728	71205
嘉兴市	Jiaxing	440.73	458.39	478.94	423.06	444.21	462.62	68373	75923	81864
湖州市	Huzhou	230.64	241.61	273.85	212.69	225.32	255.79	57441	64819	72104
绍兴市	Shaoxing	605.52	626.76	590.41	594.00	614.78	578.84	58609	63798	68224
金华市	Jinhua	336.77	431.80	353.98	324.88	424.23	340.44	59051	63024	73123
衢州市	Quzhou	84.12	81.45	95.40	77.94	75.71	86.33	69314	73798	82209
舟山市	Zhoushan	89.39	94.69	111.11	84.86	89.84	104.12	74962	80836	89518
台州市	Taizhou	453.00	484.92	475.76	436.83	468.61	454.92	57657	64281	71397
丽水市	Lishui	59.80	65.07	70.34	55.21	59.95	64.74	71262	74579	79512

5－13 各市国有控股企业单位就业人员工资总额和平均工资
Total Wages and Average Wage of Employed Persons in Enterprises State－holding by city

单位:亿元(100 million yuan)

城市	City	单位就业人员工资总额 Total wages of Employed Persons			#在岗职工工资总额 Wages of Staff and Workers at Work			单位就业人员平均工资(元) Average Wage of Employed Persons(yuan)		
		2017	2018	2019	2017	2018	2019	2017	2018	2019
全　省	**Total**	**1453.87**	**1497.32**	**1657.05**	**1353.20**	**1411.51**	**1565.08**	**100283**	**107816**	**114977**
杭州市	Hangzhou	583.54	634.43	680.90	554.28	607.45	650.23	111758	122229	134495
宁波市	Ningbo	259.69	245.81	281.68	239.33	235.55	267.64	113901	120178	121316
温州市	Wenzhou	126.03	134.00	126.40	108.69	117.73	123.87	82217	88429	100790
嘉兴市	Jiaxing	91.65	89.78	103.47	87.94	86.47	99.87	93006	100226	105203
湖州市	Huzhou	49.40	55.43	62.32	44.61	50.80	56.42	90146	101826	109542
绍兴市	Shaoxing	64.34	68.97	77.84	61.62	66.07	74.55	90729	97544	103250
金华市	Jinhua	71.55	66.35	85.71	66.28	63.68	76.35	85681	87009	85132
衢州市	Quzhou	36.99	42.38	46.59	33.49	37.78	41.70	79298	87178	94519
舟山市	Zhoushan	46.16	47.94	52.33	43.78	45.57	49.14	85812	91151	94376
台州市	Taizhou	68.08	76.73	94.56	60.38	68.93	83.96	84432	93065	93168
丽水市	Lishui	29.83	31.65	32.80	26.21	27.66	28.90	79532	83860	91806

5-14 城乡居民家庭收入情况(1978-2019年)
Income of Urban and Rural Households (1978-2019)

年份 Year	全体居民家庭 Urban and Rural Households		城镇居民家庭 Urban Households		农村居民家庭 Rural Households	
	人均可支配收入(元) Per Capita Disposable Income (yuan)	人均可支配收入指数(上年=100) Growth Rate of Per Capita Disposable Income (Preceding year=100)	人均可支配收入(元) Per Capita Disposable Income (yuan)	人均可支配收入指数(上年=100) Growth Rate of Per Capita Disposable Income (Preceding year=100)	人均可支配收入(元) Per Capita Disposable Income (yuan)	人均可支配收入指数(上年=100) Growth Rate of Per Capita Disposable Income (Preceding year=100)
1978			332		165	
1980			488		219	103.3
1981			523	105.4	286	129.0
1982			530	99.4	346	120.4
1983			551	101.2	359	102.3
1984			669	117.1	446	123.5
1985			904	117.4	549	112.5
1986			1104	114.9	609	105.0
1987			1228	100.3	725	113.6
1988			1589	104.9	902	108.1
1989			1797	96.8	1011	97.4
1990			1932	105.3	1099	102.7
1991			2143	105.0	1211	108.9
1992			2619	111.9	1359	108.8
1993			3626	114.0	1746	110.2
1994			5066	112.0	2225	104.1
1995			6221	105.0	2966	105.3
1996			6956	101.8	3463	106.1
1997			7359	101.6	3684	103.8
1998			7837	105.3	3815	104.7
1999			8428	108.0	3948	105.6
2000			9279	109.1	4254	107.8
2001			10465	113.3	4582	106.9
2002			11716	113.4	4940	108.4
2003			13180	111.9	5431	107.8
2004			14546	107.4	6096	107.4
2005			16294	110.4	6660	106.4
2006			18265	110.9	7335	109.3
2007			20574	108.4	8265	108.2
2008			22727	105.4	9258	106.2
2009			24611	109.7	10007	109.5
2010			27359	106.9	11303	108.6
2011			30971	107.5	13071	109.5
2012			34550	109.2	14552	108.8
2013	29775	107.7	37080	107.1	17494	108.1
2014	32658	107.4	40393	106.8	19373	108.3
2015	35537	107.3	43714	106.7	21125	107.5
2016	38529	106.4	47237	106.0	22866	106.3
2017	42046	106.9	51261	106.3	24956	107.0
2018	45840	106.5	55574	106.0	27302	107.0
2019	49899	105.8	60182	105.4	29876	106.0

注：1. 从2013年起，国家统计局开展了城乡一体化住户收支与生活状况调查，与2013年前的分城镇和农村住户调查的调查范围、调查方法、指标口径有所不同(以后各表同)。National Bureau of Statustics of China strted an integrated households income and expenditure survey, including both urban and rural households since 2013. The coverage, the methodology and definitions used in the survey has been changed compared with before. The same applies to the relevant tables following.

2. 人均可支配收入指数扣除价格变动因素。Growth rate of per capita disposable income was excluded price changes.

3. 2012年及以前农村居民人均可支配收入为人均纯收入。The data of per capita disposable income of rural households refer to the per capita net income of rural households before 2013.

5－15 城乡居民家庭人均生活消费支出(1978－2019 年)
Per Capita Annual Consumption Expenditures and Floor Space of Urban(1978－2019)

年份 Year	全体居民 Urban and Rural Households 人均消费性支出(元) Per Capita Consumption Expenditure (yuan)	比上年增长(%) Increase over the Previous Year(%)	城镇居民家庭 Urban Households 人均消费性支出(元) Per Capita Consumption Expenditure (yuan)	比上年增长(%) Increase over the Previous Year(%)	农村居民家庭 Rural Households 人均消费性支出(元) Per Capita Consumption Expenditure (yuan)	比上年增长(%) Increase over the Previous Year(%)
1978			301		157	
1980			428		192	9.7
1981			476	11.2	267	39.1
1982			471	-1.1	302	13.1
1983			484	2.8	326	7.9
1984			562	16.1	369	13.2
1985			795	41.5	474	28.5
1986			969	21.9	561	18.4
1987			1100	13.5	659	17.5
1988			1453	32.1	839	27.3
1989			1556	7.1	927	10.5
1990			1604	3.1	946	2.0
1991			1806	12.6	1027	8.6
1992			2154	19.3	1112	8.3
1993			2856	32.6	1263	13.6
1994			4079	42.8	1680	33.0
1995			5263	29.0	2378	41.5
1996			5764	9.5	2702	13.6
1997			6170	7.0	2839	5.1
1998			6218	0.8	2891	1.8
1999			6522	4.9	2806	-2.9
2000			7020	7.6	3231	15.1
2001			7952	13.3	3479	7.7
2002			8713	9.6	3693	6.2
2003			9713	11.5	4287	16.1
2004			10636	9.5	4659	8.7
2005			12254	15.2	5215	11.9
2006			13349	8.9	5762	10.5
2007			14091	5.6	6442	11.8
2008			15158	7.6	7072	9.8
2009			16683	10.1	7375	4.3
2010			17858	7.0	8390	13.8
2011			20437	14.4	9644	14.9
2012			21545	5.4	10208	5.8
2013	20610		25254	7.9	12803	10.4
2014	22552	9.4	27242	7.9	14498	13.2
2015	24117	6.9	28661	5.2	16108	11.1
2016	25527	5.8	30068	4.9	17359	7.8
2017	27079	6.1	31924	6.2	18093	4.2
2018	29471	8.8	34598	8.4	19707	8.9
2019	32026	8.7	37508	8.4	21352	8.3

5-16 城乡居民家庭基本情况(2017-2019年)
Basic Statistics in Urban and Rural Households(2017-2019)

单位:%(%)

项目	Item	全体居民 Urban and Rural Households 2017	2018	2019	城镇常住居民 Urban Households 2017	2018	2019	农村常住居民 Rural Households 2017	2018	2019
基本情况	**Basic Statistics**									
常住人口(人/户)	Average Number of Permanent Residents (person/household)	2.96	2.89	2.89	2.93	2.87	2.85	3.03	2.93	2.98
#在校学生人数(人)	The number of students in school(person)	0.47	0.41	0.43	0.46	0.40	0.42	0.49	0.42	0.44
常住就业人口(人/户)	Average Employed Persons (person/household)	1.73	1.65	1.63	1.63	1.55	1.53	1.92	1.84	1.84
常住人口就业面(%)	Percentage of Employed Persons (%)	58.29	57.07	56.52	55.60	54.01	53.79	63.27	62.90	61.83
就业者负担人数(包括就业者本人)(人/户)	Number of Persons Supported by Each Employed Person(person/household)	1.72	1.75	1.77	1.80	1.85	1.86	1.58	1.59	1.62
性别	**Sex**									
男性	Male	49.44	49.84	49.75	49.24	49.30	49.20	49.81	50.87	50.80
女性	Female	50.56	50.16	50.25	50.76	50.70	50.80	50.19	49.13	49.20
15岁及以上常住成员受教育程度	**Members at the age of 15 and above**									
未上过学	Has not been to school	4.47	5.12	4.42	3.29	3.61	3.04	6.65	7.94	7.05
小学	Primary School	27.53	28.01	28.33	22.90	23.13	23.61	36.10	37.15	37.40
初中	Junior Secondary School	33.62	31.86	32.43	31.58	30.28	31.28	37.40	34.80	34.64
高中	Senior Secondary School	16.44	16.47	15.95	18.32	18.48	17.80	12.96	12.70	12.40
大学专科	University	9.16	9.33	9.76	11.55	11.69	11.83	4.75	4.91	5.80
大学本科	University and College Students	8.25	8.57	8.50	11.62	11.81	11.56	2.00	2.50	2.60
研究生	Postgraduates	0.54	0.65	0.62	0.75	1.00	0.87	0.13		0.12
常住从业人员就业类型	**Households Employed Persons by Type of Employment**									
雇主	employer	1.35	1.72	1.30	1.82	2.13	1.83	0.58	1.04	0.41
公职人员	public employee	1.75	1.89	1.60	2.67	2.88	2.51	0.26	0.27	0.06
事业单位人员	Public Institution	5.79	4.73	4.14	9.07	7.13	6.33	0.44	0.80	0.43
国有企业雇员	abc	2.85	2.61	2.49	4.35	4.04	3.79	0.42	0.27	0.29
其他雇员	Others	64.70	67.27	69.75	66.85	68.55	70.45	61.21	65.17	68.56
农业自营	Agricultural proprietary	10.43	9.30	8.08	1.66	2.08	1.88	24.72	21.10	18.59
非农自营	Non-agricultural proprietary	13.13	12.49	12.64	13.59	13.20	13.22	12.38	11.34	11.65
常住从业人员从事主要行业	**Households Employed Persons by Sector**									
第一产业	Primary Industry	11.54	11.05	10.06	2.45	2.84	2.63	26.35	24.47	22.64
第二产业	Secondary Industry	39.76	39.62	39.45	37.85	35.10	35.30	42.87	47.00	46.48
第三产业	Tertiary Industry	48.70	49.33	50.49	59.70	62.05	62.07	30.78	28.53	30.88

15－17 城乡居民人均可支配收入情况(2017－2019 年)
Per Capita Disposable Income of Urban Households and Rural Households(2017－2019)

单位:元(yuan)

项目	Item	全体居民 Urban and Rural Households			城镇常住居民 Urban Households			农村常住居民 Rural Households		
		2017	2018	2019	2017	2018	2019	2017	2018	2019
可支配收入	**Disposable Income**	**42046**	**45840**	**49899**	**51261**	**55574**	**60182**	**24956**	**27302**	**29876**
工资性收入	**Wages Income**	**24137**	**26242**	**28511**	**28818**	**31148**	**33663**	**15457**	**16898**	**18480**
工资	Wage	22877	24918	27210	27160	29460	31977	14934	16267	17928
实物福利	Benefit in Kind	211	132	143	286	167	179	72	67	74
其他	others	1049	1192	1158	1371	1521	1507	452	564	478
经营净收入	**Net Business Income**	**7123**	**7752**	**8498**	**7669**	**8316**	**9115**	**6112**	**6677**	**7296**
第一产业净收入	The First Industry Net Income	851	1054	1207	262	440	554	1944	2222	2477
第二产业净收入	The Second Industry Net Income	1766	2074	2000	2001	2273	2120	1330	1693	1765
第三产业净收入	TheThird Industry Net Income	4506	4624	5292	5405	5602	6441	2839	2762	3055
财产净收入	**Net Property Income**	**4742**	**5244**	**5708**	**6911**	**7586**	**8202**	**718**	**784**	**852**
利息净收入	**Net Interest Income**	**274**	**－21**	**53**	**376**	**－55**	**68**	**84**	**44**	**24**
红利收入	Dividend Income	663	839	846	877	1188	1178	266	174	200
储蓄性保险净收益	Deposit Sex Net Income Insurance	5	5	8	5	8	11	3	1	4
转让承包土地经营权租金净收入	The Transfer of Contracted land Management Rights Rent Net Income	38	81	72	15	57	38	81	126	136
出租房屋净收入	Rental Housing Net Income	1329	1531	1803	1910	2115	2487	251	419	472
出租其它资产净收入	Net Income from Other Assets	17	31	14	13	36	14	24	20	14
自有住房折算净租金	Home Ownership Convert Net Rents	2379	2684	2921	3661	4093	4421			
其他财产净收入	Net Income from Other Property	38	94	－9	54	144	－14	9	－1	2

续表 Continued

单位:元(yuan)

项目	Item	全体居民 Urban and Rural Households			城镇常住居民 Urban Households			农村常住居民 Rural Households		
		2017	2018	2019	2017	2018	2019	2017	2018	2019
转移净收入	**Transfer of Net Income**	**6043**	**6602**	**7182**	**7863**	**8524**	**9202**	**2669**	**2943**	**3248**
转移性收入	**Transfer Income**	**8702**	**9456**	**10143**	**10963**	**11828**	**12507**	**4509**	**4939**	**5540**
养老金或离退休金	Pensions and Retirement Pay	6949	7283	7822	9206	9648	10297	2765	2779	3004
社会救济和补助	Social Relief and Aid	66	91	104	54	64	67	90	143	176
惠农补贴	Corresponding Subsidy	13	22	20	5	6	8	27	51	42
政策性生活补贴	Policy Allowance	57	70	81	69	71	97	34	70	50
报销医疗费	Reimbursement	427	481	521	500	597	601	293	262	367
外出从业人员寄回带回收入	Send Out Practitioners to Income	556	467	591	618	469	570	441	462	631
赡养收入	Maintenance Income	535	859	893	405	764	739	777	1041	1191
其他经常转移收入	Other Often Transfer Income	97	183	112	105	210	128	83	131	79
转移性支出	**Transfer Expenditure**	**2659**	**2854**	**2962**	**3100**	**3304**	**3305**	**1841**	**1996**	**2292**
个人所得税	Income Tax	147	233	137	221	338	200	9	32	15
社会保障支出	Social Security Expenditure	2223	2340	2558	2504	2610	2761	1703	1826	2162
外来从业人员寄给家人的支出	Foreign Employees Sent to Family Spending	39	17	15	29	19	20	56	14	6
赡养支出	Support Spending	140	172	163	200	224	210	29	74	73
其他经常转移支出	Other Often Transfer Spending	110	92	88	145	113	114	44	50	36

5－18 城乡居民人均生活消费支出情况(2017－2019 年)
Per Capita Consumption Expenditure of Urban Households and Rural Households(2017－2019)

单位:元(yuan)

项目	Item	全体居民 Urban and Rural Households			城镇常住居民 Urban Households			农村常住居民 Rural Households		
		2017	2018	2019	2017	2018	2019	2017	2018	2019
居民生活消费支出	**Residents living Consumption Expenditure**	**27079**	**29471**	**32026**	**31924**	**34598**	**37508**	**18093**	**19707**	**21352**
食品烟酒	**Food or Smoke Wine**	**7751**	**8198**	**8929**	**8906**	**9371**	**10162**	**5608**	**5966**	**6529**
食品	Food	5235	5309	5695	5841	5896	6251	4112	4190	4613
烟酒	Liquor & Tobacco	806	863	899	819	861	896	783	869	905
饮料	Beverage	123	150	169	133	173	193	104	106	121
饮食服务	Catering Services	1586	1876	2166	2113	2441	2821	609	801	889
衣着	**Clothing**	**1586**	**1814**	**1877**	**1926**	**2232**	**2259**	**956**	**1018**	**1134**
衣类	Clothes	1276	1481	1526	1563	1833	1845	743	812	904
鞋类	Shoes	310	332	351	362	399	413	213	206	230
居住	**Residence**	**6993**	**7721**	**8403**	**8413**	**9154**	**9977**	**4358**	**4993**	**5339**
租赁房房租	Rental Housing Rent	434	589	575	609	837	807	110	117	125
住房维修及管理	Housing Maintenance and Management	1121	740	923	1347	817	1025	703	593	723
水电燃料及其他	Water,Electricity and Fuels	886	977	1021	963	1063	1099	743	814	868
自有住房折算租金	Home Ownership Reduced Rents	4552	5415	5885	5495	6437	7047	2803	3470	3622
生活用品及服务	**Supplies and Services**	**1346**	**1652**	**1716**	**1617**	**1967**	**2075**	**842**	**1053**	**1016**
家具及室内装饰品	Furniture and Interior Decoration	247	262	272	317	302	343	118	186	134
家用器具	Household Utensils	348	420	418	397	468	486	257	330	285
家用纺织品	Home Textiles	116	137	166	148	168	204	55	77	93
家庭日用杂品	Articles for Daily Use	336	364	362	379	409	400	257	280	290
个人用品	Personal Items	229	363	401	282	475	515	132	151	181
家庭服务	Domestic Service	70	105	96	95	145	129	24	29	32
交通通信	**Transportation Communication**	**4307**	**4302**	**4553**	**4956**	**5010**	**5368**	**3102**	**2953**	**2965**
交通	Transportation	3356	3284	3564	3869	3847	4263	2405	2212	2202
通信	Communication	951	1018	989	1087	1164	1105	698	741	763
教育文化娱乐	**Education Culture And Entertainment**	**2845**	**3031**	**3624**	**3521**	**3684**	**4342**	**1591**	**1788**	**2226**
教育	Education	1654	1772	2257	1912	2032	2561	1176	1278	1667
文化娱乐	Entertainment	1190	1259	1367	1609	1652	1782	415	510	559
医疗保健	**Medicine and Medical Services**	**1696**	**2059**	**2123**	**1872**	**2287**	**2300**	**1370**	**1627**	**1777**
医疗器具及药品	Medical Equipment and Drugs	595	669	628	694	743	693	411	527	503
医疗服务	Medical Service	1101	1391	1494	1178	1543	1608	959	1100	1274
其他用品及服务	**Other Goods and Services**	**556**	**693**	**801**	**713**	**893**	**1024**	**265**	**310**	**367**
其他用品	Other Items	304	353	414	386	454	507	154	160	231
其他服务	Other Services	252	340	388	327	439	517	112	150	135

5-19 城乡居民家庭耐用消费品拥有量(2017-2019年)
Number of Duable Consumer Goods Owned Urban Households and Rural Households(2017-2019)

单位:元(yuan)

项目		Item		全体居民 Urban and Rural Households			城镇常住居民 Urban Households			农村常住居民 Rural Households		
				2017	2018	2019	2017	2018	2019	2017	2018	2019
每百户耐用消费品拥有量		Every Hundred Households Durable Consumer Goods Ownership										
家用汽车	(辆)	Family Car	(unit)	47.9	44.4	44.9	55.5	52.4	52.8	33.3	28.8	28.9
摩托车	(辆)	Motorcycle	(unit)	17.7	12.7	11.6	11.8	7.8	7.7	29.0	22.2	19.6
电冰箱(柜)	(台)	Refrigerator (Ark)	(unit)	101.1	104.0	105.6	100.3	103.2	104.5	102.7	105.6	107.7
洗衣机	(台)	Wash Machine	(unit)	88.9	90.6	92.9	92.5	93.9	95.4	82.0	84.2	87.9
热水器	(个)	Water Heater	(unit)	95.3	101.9	104.0	98.4	105.3	107.2	89.3	95.4	97.5
#太阳能热水器	(个)	#The Solar Water Heater	(unit)	37.6	33.7		30.7	27.8		51.0	45.2	
空调	(台)	Air Conditioner	(unit)	176.1	193.1	195.8	206.0	220.5	220.6	118.8	139.6	145.4
彩色电视机	(台)	Colour Tv Set	(unit)	178.2	173.2	175.5	179.1	171.9	175.1	176.4	175.7	176.3
摄像机	(架)	Vidicon	(unit)									
照相机	(架)	Camera	(unit)	23.7	17.3	17.6	32.4	23.2	23.7	6.9	5.8	5.1
计算机	(台)	Computer	(unit)	80.7	72.6	72.3	95.6	86.4	85.2	52.2	45.5	46.1
#接入互联网的计算机	(台)	omputer Access To The Internet	(unit)	71.7	64.7	62.5	85.8	78.3	75.1	44.8	38.3	36.9
中高档乐器	(架)	High-grade Instruments	(unit)	4.9	7.6	8.5	6.9	10.6	11.8	1.0	1.9	1.9
固定电话	(部)	Fixed Telephone	(unit)	44.2	27.8	20.9	47.3	28.2	21.5	38.2	27.2	19.6
移动电话	(部)	Moble Telephone	(unit)	239.9	243.6	245.0	242.3	243.1	242.8	235.2	244.5	249.6
#接入互联网的移动电话	(部)	#Mobile Phone Access To The Internet	(unit)	153.6	178.8	188.3	170.5	193.1	200.2	121.2	151.2	164.1

5－20 城乡居民住房情况(2017－2019年)
Housing Conditions of Urban and Rural Residents(2017－2019)

项目	Item	全体居民 Urban and Rural Households			城镇常住居民 Urban Households			农村常住居民 Rural Households		
		2017	2018	2019	2017	2018	2019	2017	2018	2019
住房情况	**Housing Conditions**									
人均住房建筑面积(平方米)	Per Capita Housing Area (m2)	48.14	52.27	54.85	41.51	45.35	48.45	60.43	65.44	67.31
按居住空间样式分的户数比重(%)	**According To The Style Of Living Space Points and The Number Of Proportion (%)**	**100.0**	**100.0**	**100.0**	**100.0**	**100.0**	**100.0**	**100.0**	**100.0**	**100.0**
单栋楼房	The Pavilions Buildings	49.9	51.6	51.8	32.1	33.2	33.4	84.3	87.5	89.4
单栋平房	Pavilions Bungalow	4.9	4.7	3.5	2.8	2.2	1.5	8.8	9.5	7.7
单元房	Apartment	42.9	42.3	43.2	62.9	62.9	63.2	4.4	2.2	2.4
筒子楼或连片平房	Tube－Shaped Apartment Or Shall Bungalow	2.1	1.2	1.3	2.1	1.6	1.8	2.2	0.4	0.4
其他	Else	0.2	0.2	0.1	0.2	0.1		0.3	0.5	0.2
按主要建筑材料分的户数比重(%)	**According To The Main Points And The Proportion Of The Number Of Building Materials (%)**	**100.0**	**100.0**	**100.0**	**100.0**	**100.0**	**100.0**	**100.0**	**100.0**	**100.0**
钢筋混凝土	Reinforced Concrete	44.3	55.4	56.0	55.1	68.1	68.2	23.8	30.6	31.3
砖混材料	Brick Material	45.2	36.0	35.9	40.9	28.4	28.6	53.4	50.6	50.8
砖瓦砖木	Brick And Tile Brick	9.9	8.1	7.7	3.8	3.0	3.0	21.4	17.9	17.3
竹草土坯	Bamboo Grass Adobe	0.2	0.1					0.6	0.1	0.1
其他	Else	0.4	0.5	0.3	0.2	0.3	0.3	0.8	0.7	0.5
按房屋来源分的户数比重(%)	**By Building The Proportion Of The Number Of Source Points(%)**	**100.0**	**100.0**	**100.0**	**100.0**	**100.0**	**100.0**	**100.0**	**100.0**	**100.0**
租赁住房	Rental Housing	11.1	10.3	10.3	14.7	14.7	14.7	4.3	1.7	1.5
自建住房	Aided Private Housing	51.1	52.6	52.6	30.8	31.2	31.8	90.0	94.4	94.9
购买商品房	Buy Commercial Housing	23.1	24.9	24.9	34.5	37.4	36.9	1.2	0.5	0.4
购买房改住房	Purchase Of Housing Reform Housing	5.8	3.9	3.7	8.6	5.9	5.4	0.4	0.1	0.3
购买保障性住房	Purchase Of Affordable Housing	0.5	0.4	0.5	0.8	0.6	0.7	0.1		0.0
拆迁安置房	Dismantling And Settling Building	4.2	4.8	5.4	6.1	7.1	7.7	0.5	0.3	0.6
继承或获赠住房	Inheritance Or Gift Of Housing	1.5	1.2	1.1	0.8	0.8	0.7	2.9	2.0	1.9
其他	Else	2.7	1.9	1.6	3.8	2.4	2.1	0.5	0.9	0.4

续表　Continued

项目	Item	全体居民 Urban and Rural Households			城镇常住居民 Urban Households			农村常住居民 Rural Households		
		2017	2018	2019	2017	2018	2019	2017	2018	2019
生活设施状况	**Living Facilities Condition**									
主要饮用水来源(%)	**The Main Source Of Drinking Water (%)**	**100.0**	**100.0**	**100.0**	**100.0**	**100.0**	**100.0**	**100.0**	**100.0**	**100.0**
经过净化处理的自来水	After purification treatment of tap water	91.8	93.3	94.8	98.7	98.8	99.2	78.5	82.6	85.9
受保护的井水和泉水	Protected well water and spring water	5.1	3.7	3.2	0.6	0.3	0.1	13.7	10.4	9.6
不受保护的井水和泉水	Unprotected Wells and springs	1.3	0.7	0.6	0.2	0.1	0.1	3.4	1.9	1.8
江河湖泊水	Rivers And Lakes Water	1.0	0.9	0.5	0.3	0.3	0.3	2.4	1.9	1.0
其他饮用水来源	Other Drinking Water Sources	0.8	1.4	0.8	0.3	0.5	0.3	2.0	3.3	1.8
住宅内厕所状况(%)	**The Toilet Inside The Residence Status (%)**	**100.0**	**100.0**	**100.0**	**100.0**	**100.0**	**100.0**	**100.0**	**100.0**	**100.0**
水冲式卫生厕所	Health Toilet Flush	93.7	96.7	98.6	97.4	98.6	99.4	86.7	93.0	96.8
水冲式非卫生厕所	Flush The Sanitary Toilets	0.7	0.7	0.2	0.5	0.4	0.0	1.2	1.2	0.6
卫生旱厕	Health Dry	1.1	0.5	0.5	0.3	0.0	0.4	2.7	1.5	0.9
普通旱厕	Ordinary Dry	2.5	0.8	0.5	0.2	0.2	0.1	7.1	2.0	1.4
无厕所	No Lavatory	1.9	1.3	0.2	1.6	0.8	0.1	2.4	2.2	0.3
主要炊用能源(%)	**The Main Cook In Energy (%)**	**100.0**	**100.0**	**100.0**	**100.0**	**100.0**	**100.0**	**100.0**	**100.0**	**100.0**
天然气、煤气、液化石油气	Natgas、Gas、Liquefied Petroleum Gas	94.1	87.8	89.2	95.0	91.7	92.6	92.2	80.4	82.2
煤炭	Coal		0.1	0.1		0.1	0.0		0.1	0.2
电	Electrism	2.5	7.2	7.0	2.6	6.3	6.1	2.4	8.8	9.0
沼气	Marsh Gas								0.1	
其他	Else	3.4	4.9	3.7	2.4	2.0	1.3	5.3	10.6	8.6

5－21 城乡居民人均收支情况(2017－2019年)
Per Capita Income and Consumption Expenditure of Urban and Rural Households(2017－2019)

项目	Item	全体居民			城镇常住居民			农村常住居民		
		2017	2018	2019	2017	2018	2019	2017	2018	2019
可支配收入(元)	**Disposable Income(Yuan)**	**42046**	**45840**	**49899**	**51261**	**55574**	**60182**	**24956**	**27302**	**29876**
工资性收入	Income From Wage And Salary	24137	26242	28511	28818	31148	33663	15457	16898	18480
经营净收入	Net Income From Operations	7123	7752	8498	7669	8316	9115	6112	6677	7296
财产净收入	Net Property Income	4742	5244	5708	6911	7586	8202	718	784	852
转移净收入	Transfer Of net Income	6043	6602	7182	7863	8524	9202	2669	2943	3248
生活消费支出(元)	**Life In Consumer Spending (Yuan)**	**27079**	**29471**	**32026**	**31924**	**34598**	**37508**	**18093**	**19707**	**21352**
食品烟酒	Food Or Smoke Wine	7751	8198	8929	8906	9371	10162	5608	5966	6529
衣着	Clothing	1586	1814	1877	1926	2232	2259	956	1018	1134
居住	Dwell	6993	7721	8403	8413	9154	9977	4358	4993	5339
生活用品及服务	Supplies And Services	1346	1652	1716	1617	1967	2075	842	1053	1016
交通通信	Transportation Communication	4307	4302	4553	4956	5010	5368	3102	2953	2965
教育文化娱乐	Education Entertainment	2845	3031	3624	3521	3684	4342	1591	1788	2226
医疗保健	Medical Care	1696	2059	2123	1872	2287	2300	1370	1627	1777
其他用品和服务	Other Goods And Services	556	693	801	713	893	1024	265	310	367

5－22 各市城乡居民人均可支配收入情况(2017－2019 年)
Per Capita Disposable Income of Urban and Rural Households by City(2017－2019)

单位:元(yuan)

城市	City	全体居民 Urban and Rural Households			城镇常住居民 Urban Households			农村常住居民 Rural Households		
		2017	2018	2019	2017	2018	2019	2017	2018	2019
杭州市	Hangzhou	49832	54348	59261	56276	61172	66068	30397	33193	36255
宁波市	Ningbo	48233	52402	56982	55656	60134	64886	30871	33633	36632
温州市	Wenzhou	43185	46920	51490	51866	56097	60957	25154	27478	30211
嘉兴市	Jiaxing	43507	47380	51615	53057	57437	61940	31436	34279	37413
湖州市	Huzhou	40702	44487	48673	49934	54393	59028	28999	31767	34803
绍兴市	Shaoxing	45306	49389	53839	54445	59049	63935	30331	33097	36120
金华市	Jinhua	40629	44326	48155	50653	54883	59348	23922	26218	28511
衢州市	Quzhou	29378	32269	35412	39577	43126	46933	20225	22255	24426
舟山市	Zhoushan	45195	49217	53568	52516	56622	61479	30791	33812	36784
台州市	Taizhou	40439	43973	47988	51374	55705	60351	25369	27631	30221
丽水市	Lishui	29329	32245	35450	38996	42557	46437	18072	19922	21931

5－23 各市城乡居民人均生活消费支出情况(2017－2019 年)
Per Capita Annual Consumption Expenditures of Urban and Rural Households by City(2017－2019)

单位:元(yuan)

城市	City	全体居民 Urban and Rural Households			城镇常住居民 Urban Households			农村常住居民 Rural Households		
		2017	2018	2019	2017	2018	2019	2017	2018	2019
杭州市	Hangzhou	34146	37369	40016	38179	41615	44076	21983	24203	26296
宁波市	Ningbo	29316	32200	33944	33197	36712	38274	20239	21248	22797
温州市	Wenzhou	28627	31213	34107	33663	36709	39804	18169	19568	21301
嘉兴市	Jiaxing	25619	27738	30547	29875	32366	35435	20240	21708	23824
湖州市	Huzhou	24421	26964	29657	28962	31829	34916	18665	20718	22613
绍兴市	Shaoxing	26459	28691	31109	30879	33319	35925	19216	20888	22658
金华市	Jinhua	26661	28628	30911	32368	34503	37166	17149	18550	19933
衢州市	Quzhou	16794	18736	20635	21934	24273	26535	12181	13629	15009
舟山市	Zhoushan	28259	29989	32347	32218	33826	36333	20472	22007	23891
台州市	Taizhou	27129	29421	31768	32514	35100	37616	19709	21510	23364
丽水市	Lishui	21568	23508	25718	27017	29271	31876	15222	16623	18141

浙/江/统/计/年/鉴

主要统计指标解释

■ 常住人口

指住户成员中,经常在家居住、或者调查期内居住时间超过一半的人员,以及本住户供养的学生。

■ 可支配收入

指调查户在调查期内获得的、可用于最终消费支出和储蓄的总和,即调查户可以用来自由支配的收入。可支配收入既包括现金,也包括实物收入。按照收入的来源,可支配收入包含四项,分别为:工资性收入、经营净收入、财产净收入和转移净收入。

■ 工资性收入

指就业人员通过各种途径得到的全部劳动报酬和各种福利,包括受雇于单位或个人、从事各种自由职业、兼职和零星劳动得到的全部劳动报酬和福利。

■ 经营净收入

指住户或住户成员从事生产经营活动所获得的净收入,是全部经营收入中扣除经营费用、生产性固定资产折旧和生产税之后得到的净收入。

■ 财产净收入

指住户或住户成员将其所拥有的金融资产、住房等非金融资产和自然资源交由其他机构单位、住户或个人支配而获得的回报并扣除相关的费用之后得到的净收入。财产净收入包括利息净收入、红利收入、储蓄性保险净收益、转让承包土地经营权租金净收入、出租房屋净收入、出租其他资产净收入和自有住房折算净租金等。财产净收入不包括转让资产所有权的溢价所得。

■ 转移净收入

转移净收入 = 转移性收入 - 转移性支出

■ 转移性收入

指国家、单位、社会团体对住户的各种经常性转移支付和住户之间的经常性收入转移。包括养老金或退休金、社会救济和补助、政策性生产补贴、政策性生活补贴、经常性捐赠和赔偿、报销医疗费、住户之间的赡养收入,以及本住户非常住成员寄回带回的收入等。转移性收入不包括住户之间的实物馈赠。

■ 转移性支出

指调查户对国家、单位、住户或个人的经常性或义务性转移支付。包括缴纳的税款、各项社会保障支出、赡养支出、经常性捐赠和赔偿支出以及其他经常转移支出等。

■ 消费支出

指住户用于满足家庭日常生活消费需要的全部支出,包括用于消费品的支出和用于服务性消费的支出。根据用途不同,消费支出可划分为食品烟酒、衣着、居住、生活用品及服务、交通通信、教育文化娱乐、医疗保健、其他用品及服务八大类。根据来源不同,消费支出可划分为现金消费支出、实物消费支出(含自产自用、来自单位、来自政府和其他社会组织)。

■ 城乡一体化住户调查

从2013年度起,国家统计局实施了城乡一体化住户调查改革,统一了原分别组织的城镇住户调查和农村住户调查,规范了统计名称、统计分类和统计标准,并据此获得居民有关数据。实行城乡一体化住户调查,是全面、准确、及时了解全国和各地区城乡居民收入和消费及其他生活状况,监测居民收入分配格局和不同收入层次居民的生活质量,更好地满足研究制定城乡统筹政策和民生政策的客观需要,是调整国家收入分配格局,制定收入分配政策,构建和谐社会的必然要求,是提高住户调查数据质量的基本保障。是为国民经济核算和居民消费价格指数权重制定提供基础数据。

ZHEJIANG STATISTICAL YEARBOOK

Explanatory Notes on Main Statistical Indicators

□ Permanent Resident Population

It refers to members of household , those who often live at home, or more than half of the time spent in the survey period, as well as the students supported by the household.

□ Disposable Income

It refers to the sum of the final consumption expenditures and savings obtained by the households during the survey period, i. e. the households ´ discretionary income. disposable income includes both cash and physical income. according to the source of income, disposable income includes four items: wage income, net operating income, net property income and net transfer income.

□ Wage Income

It refers to the full remuneration and various benefits obtained by the employee through various means, including all the remuneration and benefits obtained by employing the unit or individual, engaging in various freelance occupations, part – time and sporadic work.

□ Net Operating Income

It refers to the net income of households or household members engaged in production and operation activities. It is the net income of all operating income after deducting operating expenses, depreciation of productive fixed assets and production tax.

□ Net Income of Property

It refers to the net income obtained by a household or a household member after the financial assets, housing and other non – financial assets and natural resources are transferred to the disposal of other institutional units, households or individuals and the relevant fees are deducted. Net property income includes net interest income, dividends income, net savings insurance income, net rental income from the transfer of contracted land management rights, net income from rental housing, net income from rental other assets and net rental of converted private housing. Net income does not include the premium of transferring assets ownership.

□ Net Income from Transfer

net income from transfer = transfer income – transfer expenditure

□ Transfer Income

It refers to various kinds of recurrent transfer payments and income transfers between households by the state, units and social organizations. These include pensions or pensions, social relief and subsidies, policy – based production subsidies, policy – based subsistence allowances, recurrent donations and compensation, reimbursement of medical expenses, maintenance income between households, and income returned by non – resident members of the household. Transfer income does not include physical gifts among households.

□ Transfer Expenditure

It refers to the regular or obligatory transfer payments made by the investigating households to the state, units, households or individuals. Including tax payment, social security expenditure, maintenance expenditure, recurrent donations and compensation expenditure and other recurrent transfer expenditure.

□ Consumption Expenditure

It refers to the total expenditure of households to meet their daily consumption needs, including expenditure on consumer goods and expenditure on service consumption. according to different uses, consumer spending can be divided into food, tobacco and alcohol, clothing, living goods and services, transportation and communications, education, culture and entertainment, health care, other

ZHEJIANG STATISTICAL YEARBOOK

goods and services. according to different sources, consumption expenditure can be divided into cash consumption expenditure, physical consumption expenditure (including self - produced, from the unit, from the government and other social organizations).

□ Integrated Household Survey

since 2013, the National Bureau of Statistics has implemented the reform of urban - rural integrated household survey, unified the urban household survey and rural household survey, standardized the statistical name, statistical classification and statistical standards, and obtained the relevant data of residents. implementing the urban - rural integrated household survey is to comprehensively, accurately and timely understand the income, consumption and other living conditions of urban and rural residents throughout the country and regions, to monitor the pattern of income distribution and the quality of life of residents at different income levels, and to better meet the objective needs of formulating urban - rural integrated policies and livelihood policies. the basic guarantee for improving the quality of household survey data is to rectify the national income distribution pattern, formulate income distribution policies and build a harmonious society. it provides basic data for national economic accounting and the establishment of consumer price index weights.

CHAPTER 6

农 业

Agriculture

6-1 农村基本情况(2014-2019年) Basic Statistics on Rural Areas(2014-2019)

指标	Item	2014	2015	2016	2017	2018	2019
农村基层组织	Rural Grass Roots Units						
乡镇政府 (个)	Number of Township and Town Governments (unit)	887	906	929	915	908	878
#镇政府 (个)	Number of Town Governments (unit)	629	641	655	641	639	619
村民委员会 (个)	Number of Villages' Committees (unit)	27997	27901	27568	27458	24711	20402
农村住户数、人口、劳动力	Number of Rural Households, Population and Labour Force						
农村住户数 (万户)	Rural Households (10000 households)	1275.31	1278.78	1266.04	1259.25	1251.32	1243.81
#农业生产户数 (万人)	Agricultural Producing (10000 persons)						
农村人口 (万人)	Rural Population (10000 persons)	3989.72	3996.02	3948.78	3938.29	3893.45	3867.09
农村劳动力资源 (万人)	Rural Labour Resource (10000 persons)	2671.84	2652.38	2613.34	2598.44	2554.39	2531.95
农村劳动力 (万人)	Rural Labour Force (10000 persons)	2444.71	2415.58	2360.20	2332.67	2287.47	2255.98
按性别分	By Sex						
男 (万人)	Male (10000 persons)	1296.01	1284.90	1254.04	1239.37	1215.73	1200.48
女 (万人)	Female (10000 persons)	1148.70	1130.70	1106.16	1093.30	1071.74	1055.50
农、林、牧、渔业增加值 (亿元)	The added value of agriculture, forestry, animal husbandry and fishery (100 million yuan)	1806.60	1865.31	1925.48	1972.84	2017.90	2135.25
农业 (亿元)	Farming (100 million yuan)	1000.66	1032.56	1047.08	1072.60	1088.37	1143.59
林业 (亿元)	Forestry (100 million yuan)	107.31	109.25	114.15	122.82	127.77	133.88
牧业 (亿元)	Animal Husbandry (100 million yuan)	212.50	190.42	203.24	165.63	148.02	176.28
渔业 (亿元)	Fishery (100 million yuan)	456.71	500.68	525.95	572.88	610.31	632.34
服务业 (亿元)	Services (100 million yuan)	29.42	32.40	35.05	38.91	43.43	49.16

注:1. 农村基层组织2014年起按照民政部门口径。The rural grassroots organizations have been in accordance with the caliber of the civil affairs departments since 2014.
2. 2016年、2017年数据已与三农普数据衔接,后面各表同。The data in 2016 and 2017 have been linked to the three agricultural census data. The same applies to the tabelesfollowing.

6-2 农、林、牧、渔业总产值(1978-2019年)
Gross Output Value of Farming,Forestry,Animal Husbandry and Fishery(1978-2019)

单位:亿元(100 million yuan)

年份 Year	农林牧渔业总产值 Total	农业产值 Farming	#种植业产值 Planting	林业产值 Forestry	牧业产值 Animal Husbandry	渔业产值 Fishery	农林牧渔服务产值 Services for Agriculture
1978	65.71	50.82	48.86	1.99	9.42	3.48	
1979	91.84	69.47	67.29	2.75	15.55	4.07	
1980	92.67	64.23	60.52	3.61	19.39	5.44	
1981	95.56	69.21	64.48	3.79	16.45	6.11	
1982	118.04	84.61	77.91	4.42	22.88	6.13	
1983	118.68	83.65	74.87	4.77	23.41	6.85	
1984	147.49	102.80	89.93	6.67	27.01	11.01	
1985	174.05	111.20	92.85	8.87	37.84	16.14	
1986	192.04	122.97	101.00	9.26	40.09	19.72	
1987	227.18	141.09	113.91	11.61	48.57	25.91	
1988	280.94	162.80	129.89	14.40	70.33	33.41	
1989	304.50	181.26	145.97	13.60	75.68	33.96	
1990	331.56	199.48	163.92	16.00	75.18	40.90	
1991	363.22	217.21	180.00	17.42	76.78	51.81	
1992	396.93	226.46	179.94	21.01	85.23	64.23	
1993	490.13	274.85	218.01	29.80	92.11	93.37	
1994	690.20	372.97	305.58	41.92	134.78	140.53	
1995	868.76	481.90	407.24	50.02	142.03	194.81	
1996	932.85	517.29	431.90	54.77	155.88	204.92	
1997	1004.88	516.21	426.56	59.26	190.03	239.38	
1998	1003.66	522.98	434.22	59.46	165.85	255.37	
1999	1005.22	519.00	431.57	62.31	157.00	266.91	
2000	1057.07	521.31	446.15	54.48	183.94	297.36	
2001	1053.57	488.59	471.52	60.20	195.94	308.84	
2002	1101.86	511.42	495.72	60.84	205.09	324.51	
2003	1184.04	529.44	515.24	65.67	233.01	337.11	18.81
2004	1332.27	592.59	578.22	78.36	277.89	361.99	21.44
2005	1428.28	654.81	640.20	83.51	285.95	380.81	23.20
2006	1422.60	684.00	669.44	86.04	279.01	347.53	26.03
2007	1597.15	735.92	721.63	95.47	367.60	369.90	28.27
2008	1780.01	813.10	796.12	106.95	418.86	407.82	33.28
2009	1873.40	879.05	864.47	117.64	404.88	435.48	36.35
2010	2172.86	1041.30	1041.30	119.35	448.42	522.18	41.61
2011	2534.90	1152.04	1152.04	134.07	546.33	655.75	46.71
2012	2658.66	1229.36	1229.36	142.14	549.04	687.05	51.08
2013	2837.39	1336.79	1336.79	141.54	546.18	757.97	54.91
2014	2844.59	1385.96	1385.96	147.00	472.23	779.36	60.04
2015	2933.44	1434.71	1434.71	151.63	426.18	855.86	65.06
2016	3038.49	1455.29	1455.29	158.15	455.60	899.07	70.39
2017	3093.36	1494.49	1494.49	170.16	371.29	979.28	78.14
2018	3157.25	1517.96	1517.96	177.01	331.80	1043.27	87.21
2019	3355.25	1594.96	1594.96	185.48	395.16	1080.93	98.71

注:1.本表按当年价格计算。The data in this table are calculated at current price.
2.2003年起农林牧渔业总产值中包括服务业产值。Gross output value includes services for agriculture since2003.

6-3 农、林、牧、渔业总产值指数(1979-2019年)
Indices of Gross Output Value of Farming, Forestry, Animal Husbandry and Fishery (1979-2019)

(1978年=100)(1978=100)

年份 Year	农林牧渔业总产值 Total	农业产值 Farming	#种植业产值 Planting	林业产值 Forestry	牧业产值 Animal Husbandry	渔业产值 Fishery	农林牧渔服务业 Services for Agriculture
1979	112.26	109.58	110.04	109.95	131.12	93.69	
1980	109.85	105.62	103.41	115.71	133.27	94.59	
1981	110.78	107.65	104.36	115.71	128.88	96.69	
1982	128.98	127.88	123.64	113.26	148.37	102.71	
1983	124.88	122.05	114.82	116.93	149.42	99.70	
1984	145.51	145.51	132.39	149.29	156.79	116.48	
1985	151.17	146.44	125.92	155.09	176.43	136.74	
1986	159.30	152.77	126.90	149.90	185.83	162.85	
1987	164.65	158.47	125.65	161.50	181.27	184.84	
1988	168.39	162.26	122.63	157.53	189.10	182.79	
1989	170.76	166.71	124.53	152.65	185.44	182.16	
1990	175.37	170.34	128.84	166.08	187.23	198.14	
1991	186.67	181.51	137.66	185.57	192.05	217.84	
1992	193.70	179.20	129.00	198.03	209.41	251.91	
1993	202.65	184.90	127.48	240.93	203.50	286.54	
1994	221.50	191.86	127.47	283.27	204.03	383.96	
1995	242.72	205.46	135.15	302.47	202.14	482.07	
1996	258.08	221.62	142.54	319.98	203.38	516.58	
1997	270.66	223.18	142.51	340.13	222.24	570.26	
1998	280.94	223.98	143.15	328.23	230.46	640.51	
1999	294.15	233.77	153.57	351.75	242.33	669.03	
2000	307.67	230.70	150.09	391.15	265.45	741.95	
2001	322.75	240.16	160.75	414.23	288.28	769.40	
2002	336.31	155.05	171.36	417.96	300.39	787.87	
2003	348.29	267.73	180.78	429.21	306.42	811.56	
2004	363.75	171.10	190.00	458.00	310.38	848.84	109.84
2005	372.48	175.72	195.13	463.04	326.52	847.99	117.53
2006	385.52	183.80	202.34	488.51	311.42	870.04	125.87
2007	394.39	188.58	207.60	509.03	314.53	884.83	135.69
2008	412.57	198.08	217.73	554.03	323.49	918.72	152.16
2009	422.43	203.15	224.26	555.03	333.19	932.87	164.56
2010	434.76	204.96	226.26	527.72	344.92	1007.97	179.37
2011	448.24	208.75	230.45	542.39	350.06	1076.41	191.03
2012	456.49	211.11	233.05	538.97	356.64	1110.86	204.40
2013	458.36	212.71	234.82	545.22	344.48	1136.85	214.17
2014	462.76	220.37	243.27	553.67	314.92	1166.98	229.16
2015	468.13	227.84	251.52	577.15	273.16	1223.35	247.22
2016	479.79	235.56	260.05	584.25	255.92	1286.96	266.08
2017	490.77	245.78	271.33	622.57	228.83	1334.23	289.28
2018	499.11	252.91	279.20	659.30	210.52	1362.25	315.60
2019	507.84	259.24	286.18	674.66	198.48	1392.79	347.16

注：本表按可比价格计算。
The data in this table are calculated at comparable price.

6-4 农、林、牧、渔业分项产值(2013-2019年)
Gross Output Value of Farming, Forestry, Animal Husbandry and Fishery by Branch(2013-2019)

单位:亿元(100 million yuan)

指标	Item	2013	2014	2015	2016	2017	2018	2019
农林牧渔业总产值	**Total**	**2837.39**	**2844.59**	**2933.44**	**3038.49**	**3093.36**	**3157.25**	**3355.25**
农业产值	Farming	1336.79	1385.96	1434.71	1455.29	1494.49	1517.96	1594.96
农作物种植业产值	Planting	1336.79	1385.96	1434.71	1455.29	1494.49	1517.96	1594.96
#粮食	Grain	231.66	242.04	241.66	185.10	188.43	194.20	195.85
谷物	Gereal	197.13	204.90	202.83	156.75	160.11	167.41	167.12
豆类	Beans	19.55	20.16	20.70	15.98	16.15	16.43	17.99
薯类	Tubers	14.98	16.98	18.13	12.37	12.17	10.36	10.75
油料	Oil bearing Grops	24.17	21.34	21.95	21.08	21.35	23.45	25.86
棉花	Cotten	2.92	3.01	2.44	2.02	1.68	1.02	1.02
麻类	Fiber Crops	0.01	0.01	0.01	0.01	0.01		
糖料	Suger Corps	7.92	9.03	9.20	6.07	5.59	6.45	7.1
蔬菜	Vegetables	427.75	436.27	461.69	527.67	517.37	521.18	563.42
茶、桑、果	Tea, Mullberrry, Fruit	388.50	400.78	412.13	416.57	456.07	456.16	471.49
其他农业产值	Other Farming	13.03	12.96	12.16	9.63	9.29	9.93	9.9
林业产值	**Forestry**	**141.54**	**147.00**	**151.63**	**158.15**	**170.16**	**177.01**	**185.48**
人造林木生长	Man made Forestry Growing	10.19	8.08	8.71	7.78	6.69	6.37	5.88
林产品	Forestry Production	56.95	70.65	74.11	86.07	106.43	111.88	120.55
竹木采运	Lumbering	57.28	52.49	53.04	47.38	40.40	41.74	42.03
牧业产值	**Animal Husbandry**	**546.18**	**472.23**	**426.18**	**455.60**	**371.29**	**331.80**	**395.16**
牲畜繁殖、增长增重	Breeding and Growthing of Domestic Animals	396.38	337.97	295.67	308.89	237.81	195.72	236.42
家禽饲养	Poultry Raising	53.66	44.42	44.30	54.01	45.14	49.20	57.55
活的畜禽产品	Live Livestock Production	47.76	44.44	41.50	43.12	38.22	40.10	44.13
其他动物饲养	Other Animals Rasing	46.39	43.54	42.72	47.14	47.64	44.21	53.47
渔业产值	**Fishery**	**757.97**	**779.36**	**855.86**	**899.07**	**979.28**	**1043.27**	**1080.93**
海水产品	Seawater Aquatic Prouductiona	543.05	566.38	633.42	664.14	734.56	788.90	809.82
淡水产品	Freshwater Aquatic Prouductiona	214.92	212.98	222.44	234.93	244.72	254.37	271.11
服务业产值	Services for Agriculture	54.91	60.04	65.06	70.39	78.14	87.21	98.71

注:1. 本表按当年价格计算。The data in this table are calculated at current price.
2. 总产值中包括服务业产值。Total gross output value includes services for agriculture.

6-5 农、林、牧、渔业增加值(2013-2019年)
The Added Value of Farming,Forestry,Animal Husbandry and Fishery(2013-2019)

单位:亿元(100 million yuan)

指标	Item	2013	2014	2015	2016	2017	2018	2019
总产值	**Gross Output Value**	**2837.39**	**2844.59**	**2933.44**	**3038.49**	**3093.36**	**3157.25**	**3355.25**
中间消耗	**Intermediate Consumption**	**1050.14**	**1037.99**	**1068.13**	**1113.01**	**1120.52**	**1139.35**	**1220.00**
中间物质消耗	Intermediate Meterial Consumption	792.67	769.79	786.99	806.93	823.69	797.04	829.14
对非物质生产部门的劳务支出	Labour Service Expenditure of Non-materrial Productive Sectors	257.47	268.20	281.14	306.08	296.83	342.31	390.86
增加值	**Added Value**	**1787.25**	**1806.60**	**1865.31**	**1925.48**	**1972.84**	**2017.90**	**2135.25**
农业	Farming	965.43	1000.66	1032.56	1047.08	1072.60	1088.37	1143.59
林业	Forestry	103.32	107.31	109.25	114.15	122.82	127.77	133.88
牧业	Animal Husbandry	247.42	212.50	190.42	203.24	165.63	148.02	176.28
渔业	Fishery	444.17	456.71	500.68	525.95	572.88	610.31	632.34
服务业	Services	26.90	29.42	32.40	35.05	38.91	43.43	49.16

注：1.农林牧渔业增加值中包括服务业增加值。Gross Output Value includes Services for agricultuer .
2.农林牧渔业增加值已与农普数衔接。The gross output value are adjusted according to agricultural census result.

6-6 各市农、林、牧、渔业增加值(2019年)
The Added Value of Farming,Forestry,Animal Husbandry and Fishery by City (2019)

单位:亿元(100 million yuan)

地区	Region	农、林、牧、渔业增加值 Total	#农业增加值 Framing	#固定资产折旧 Depreciation of Fixed Assets	劳动者报酬 Compensation of Labourers	中间消耗 Intermediate Consumption
全省合计	**Total**	**21352509**	**11435865**	**1970528**	**20038708**	**12199957**
杭州市	Hangzhou	3327369	2101139	158898	3316549	1684141
宁波市	Ningbo	3356125	1780280	172666	3285203	1714334
温州市	Wenzhou	1541910	829924	155081	1292740	854193
嘉兴市	Jiaxing	1288343	846514	253926	1085320	728744
湖州市	Huzhou	1422755	669239		1422755	843523
绍兴市	Shaoxing	2109755	1448657	156006	1955899	1028769
金华市	Jinhua	1518765	1055918	143061	1392671	848891
其中:义乌市	Yiwu	231584	188580	23158	209778	102095
衢州市	Quzhou	884162	520358	140840	782094	504583
舟山市	Zhoushan	1462475	71421	376285	1182393	1212746
台州市	Taizhou	2865619	1149488	382458	2611494	2167221
丽水市	Lishui	1010016	709535	31307	792501	532845

注：全省数为省级计算数,与分市相加不等。
The total is calculated by Provincial Bureau,it is not equal to the sum of regional figures by city.

6-7 农业机械年末拥有量(2013-2019年)
Possession of Major Agricultural Machinery(2013-2019年)

指标		Item		2013	2014	2015	2016	2017	2018	2019
农业机械总动力	**(万千瓦)**	**The Power of Agricultural Machinery**	**(10000 kw)**	**2470.95**	**2436.95**	**2392.61**	**2327.00**	**2095.00**	**2039.02**	**1946.40**
耕作机械动力	**(万千瓦)**	**Mechanical Power of Cultivation**	**(10000 kw)**	**211.04**	**215.98**	**221.82**	**230.97**	**233.38**	**234.61**	**227.90**
大中型拖拉机	(台)	Large and Medium Sized Tractors	(unit)	11711	11967	12650	13974	14434	15166	14468
	(万千瓦)		(10000 kw)	48.15	51.21	56.15	63.88	67.13	71.62	73.73
农用小型拖拉机	(万台)	Mini tractors for Agricultural	(10000 units)	13.93	12.97	11.86	11.72	10.86	10.05	5.65
	(万千瓦)		(10000 kw)	125.93	118.22	110.05	106.89	98.74	90.62	57.90
收获机械动力	**(万千瓦)**	**Mechanical Power of Harvesting**	**(10000 kw)**	**222.53**	**171.34**	**179.33**	**157.79**	**141.44**	**126.56**	**110.47**
联合收割机	(台)	Combine Harvesters	(unit)	18374	18116	17829	18075	18069	17883	17129
	(万千瓦)		(10000 kw)	67.45	67.60	69.60	72.71	74.72	76.30	79.33
机动收割机(割晒机)	(台)	Motorized Harvesters	(unit)	406	399	375	360	360	430	463
机动脱粒机	(万台)	Motorized Thresher	(10000 units)	77.10	61.88	50.47	36.33	25.37	17.47	12.61
植保机械动力	**(万千瓦)**	**Mechanical Power of Plant Protection**	**(10000 kw)**	**50.54**	**51.32**	**51.10**	**51.60**	**52.56**	**52.44**	**52.46**
机动喷雾(粉)器	(万架)	Motorized Sprayer	(10000 units)	21.30	21.46	20.70	20.53	21.19	21.19	15.22
排灌机械动力	**(万千瓦)**	**Mechanical Power of Drainage and Irrigation**	**(10000 kw)**	**292.18**	**288.63**	**286.82**	**284.79**	**281.36**	**273.69**	**267.41**
柴油机	(万台)	Diesel Engines	(10000 units)	8.98	8.71	8.47	8.37	8.16	8.08	7.32
	(万千瓦)		(10000 kw)	41.46	41.11	41.61	40.95	40.27	39.10	35.42
电动机	(万台)	Electric Engines	(10000 units)	86.33	84.00	83.07	82.14	80.55	76.34	73.22
	(万千瓦)		(10000 kw)	239.66	236.41	234.55	233.14	230.27	223.72	220.18
农副产品加工机械动力	**(万千瓦)**	**Mechanical Power of Farm Sideline Production Manufacturing**	**(10000 kw)**	**135.18**	**132.85**	**131.45**	**130.34**	**126.70**	**123.17**	**116.75**
粮食加工机械	(万台)	Mechanical Power for Grain	(10000 units)	12.64	12.48	12.21	12.01	11.65	11.32	11.01
棉花加工机械	(万台)	Mechanical Power for Cotton	(10000 units)	0.43	0.39	0.44	0.42	0.40	0.39	0.36
油料加工机械	(万台)	Mechanical Power for Oil bearing	(10000 units)	0.92	0.88	0.87	0.87	0.86	0.85	0.82
运输机械动力	**(万千瓦)**	**Mechanical Power of Transportstion**	**(10000 kw)**	**515.35**	**482.05**	**438.17**	**394.80**	**204.53**	**176.59**	**128.65**
渔业机械动力	**(万千瓦)**	**Mechanical Power of Fishery**	**(10000 kw)**	**458.42**	**469.73**	**467.37**	**466.84**	**450.80**	**450.15**	**448.57**
机动船	(万艘)	Motorized Boats	(10000 units)	4.67	4.40	4.11	3.97	3.40	3.18	2.96
	(万吨)		(10000 tons)	279.57	291.12	296.40	303.41	300.20	300.69	299.68
	(万千瓦)		(10000 kw)	458.42	469.73	467.37	466.84	450.80	450.15	448.57
其他农业机械动力	**(万千瓦)**	**Others Mechanical Power**	**(10000 kw)**	**585.71**	**625.05**	**616.55**	**609.87**	**604.23**	**601.81**	**594.19**

6-8 各市主要农业机械拥有量(2019年末)
Possession of Major Agricultural Machinery by City (End of 2019)

地区	Region	农业机械总动力(万千瓦) Total Power of Agricultural Machinery (10000 kw)	耕作机械动力(万千瓦) Mechanical Power of Cultivation (10000 kw)	大中型拖拉机(台) Large and Medium Sized Tractors (unit)	农用小型拖拉机 Mini Tractors		收获机械动力(万千瓦) Mechanical Power of Harvesting (10000 kw)
					万台 (10000 units)	万千瓦 (10000 kw)	
全省合计	**Total**	**1908.04**	**227.92**	**14468**	**5.64**	**57.90**	**95.35**
杭州市	Hangzhou	214.91	21.29	1265	0.60	5.74	5.30
宁波市	Ningbo	247.18	25.75	2685	0.42	4.43	11.25
温州市	Wenzhou	188.18	25.93	1313	0.70	6.76	12.38
嘉兴市	Jiaxing	117.31	20.70	2040	0.47	4.46	6.16
湖州市	Huzhou	141.83	20.13	926	1.05	12.59	8.72
绍兴市	Shaoxing	191.04	20.74	1892	0.36	4.24	11.47
金华市	Jinhua	207.50	36.05	2122	0.91	8.83	15.71
其中:义乌市	Yiwu	20.46	3.59	361	0.09	0.96	0.66
衢州市	Quzhou	136.17	18.65	552	0.14	1.30	7.83
舟山市	Zhoushan	127.05	1.59	111	0.02	0.19	0.71
台州市	Taizhou	241.56	22.45	1478	0.67	6.89	14.63
丽水市	Lishui	95.31	14.64	84	0.30	2.47	1.19

续表 1 Continued

地区	Region	机动脱粒（打稻）机 Motorized Thresher（10000 kw）		植保机械动力（万千瓦）Mechanical Power of Plant Protection（10000 kw）	机动喷雾（粉）器 Moterized Sprayer		排灌机械动力（万千瓦）Mechanical Power of Drainage and Irrigation（10000 kw）
		（万台）（10000 units）	（万千瓦）（10000 kw）		（架）（unit）	（千瓦）（1000 kw）	
全省合计	**Total**	**12.60**	**22.39**	**52.47**	**126437**	**206880**	**267.41**
杭州市	Hangzhou	1.16	2.11	5.24	26998	41044	34.08
宁波市	Ningbo	0.00	0.02	6.10	23623	40414	30.03
温州市	Wenzhou	0.94	2.15	2.30	5742	7906	13.00
嘉兴市	Jiaxing	6.30	8.28	2.65	7914	14307	33.17
湖州市	Huzhou	0.10	0.15	2.69	7111	14545	41.20
绍兴市	Shaoxing	0.28	0.37	3.08	11715	18722	21.09
金华市	Jinhua	1.78	4.72	4.97	13371	21660	30.32
其中:义乌市	Yiwu	0.11	0.24	0.62	2402	5296	2.27
衢州市	Quzhou	0.57	1.18	13.18	5607	10975	27.80
舟山市	Zhoushan	0.01	0.02	0.20	711	904	2.64
台州市	Taizhou	0.49	0.96	8.49	19075	28126	24.78
丽水市	Lishui	0.97	2.44	3.57	4570	8278	9.30

续表 2　Continued

地区	Region	农副产品加工机械动力（万千瓦）Mechanical Power of Farm Sideline Production Manufacturing (10000 kw)	运输机械动力（万千瓦）Mechanical Power of Transpor－tstion (10000 kw)	渔业机械动力（万千瓦）Mechanical Power of Fishery (10000 kw)	其他机械动力（万千瓦）Other Mechanical Power (10000 kw)
全省合计	**Total**	**116.74**	**128.63**	**410.22**	**153.03**
杭州市	Hangzhou	14.86	15.37	11.90	16.69
宁波市	Ningbo	11.74	18.00	71.78	30.61
温州市	Wenzhou	11.99	7.53	73.59	18.27
嘉兴市	Jiaxing	6.80	3.07	8.78	12.11
湖州市	Huzhou	6.23	2.09	22.31	12.75
绍兴市	Shaoxing	12.19	20.19	6.64	29.14
金华市	Jinhua	15.42	26.10	1.58	8.83
其中：义乌市	Yiwu	1.26	3.07	0.20	1.75
衢州市	Quzhou	11.69	16.50	1.12	3.50
舟山市	Zhoushan	0.88	1.16	112.42	1.50
台州市	Taizhou	10.85	14.63	99.60	14.15
丽水市	Lishui	14.09	3.99	0.50	5.48

6-9 农业机械化、电气化及化肥施用量(2013-2019年)
Agricultural Mechanization, Electrification, Chemical Fertilizer Applied(2013-2019)

指标		Item		2013	2014	2015	2016	2017	2018	2019
农业机械化		**Agricultural Mechanization**								
当年机耕地面积	(千公顷)	Area Sown by Machine at Current Year	(1000 hectares)	1003.15	979.45	960.22	930.36	933.45	919.97	904.83
当年机械收获面积	(千公顷)	Mechaincal Harvest Area at Current Year	(1000 hectares)	928.71	919.96	869.75	869.95	844.85	768.53	758.25
农村能源	**(万吨)**	**Energy in Rural Areas**								
农村用电量	(亿千瓦时)	Electricity Consumed	(100 Million kw.h)	904.91	905.34	905.56	926.09	976.65	1008.31	1026.73
乡村办水电站	(个)	Hydropower Stations Run by Township and Village	(units)	2943						
农业化肥施用量		**Agricultural Consumption of Chemical Fertilizers**								
按折纯量计算	(万吨)	Calculated by 100% Effective Component	(10000 tons)	92.43	89.62	87.52	84.48	82.63	77.76	72.50
每公顷播种面积施用量	(公斤)	Fertilizer Used per Hectare Sown Aera	(kg)	378	370	359	401	386	364	335
农用塑料薄膜使用量	**(万吨)**	**Plastic Film Used for Agriculture**	**(10000 tons)**	**6.47**	**6.57**	**6.75**	**6.73**	**6.79**	**6.87**	**6.67**
农用柴油使用量	**(万吨)**	**Diesel Used for Agriculture**	**(10000 tons)**	**198.80**	**200.72**	**203.24**	**203.25**	**201.60**	**198.80**	**190.48**
农药使用量	**(万吨)**	**Pesticide Used**	**(10000 tons)**	**6.22**	**5.87**	**5.65**	**4.95**	**4.63**	**4.37**	**3.86**

6－10 各市农业机械化、农村能源及农业物资消耗情况(2019 年)
Agricultural Mechanization, Energy and Material Consumption by City (2019)

地区	Region	农业机械化情况(千公顷) Conditions of Agricultural Mechanization(1000 ha)		农村用电量(亿千瓦小时) Electricity Consumed in Rural Areas (100 millon kw. h)	农用塑料薄膜使用量(吨) Plsatic Film Used for Agriculture (tons)	农用柴油使用量(吨) Disel Used for Agriculture (ton)	农药使用量(吨) Pesticide Used (ton)
		机耕面积 Area Cultivated by Machine	机械收获面积 Aera Harvested by Machine				
全省合计	**Total**	**1338.14**	**758.25**	**1026.73**	**66737**	**1904797**	**38572**
杭州市	Hangzhou	152.55	66.32	106.10	8280	24771	5924
宁波市	Ningbo	228.70	87.57	189.18	13567	305444	4755
温州市	Wenzhou	144.78	73.27	92.91	4178	263935	3476
嘉兴市	Jiaxing	155.65	133.90	149.27	6045	13542	4568
湖州市	Huzhou	79.68	72.91	37.79	5270	25945	2822
绍兴市	Shaoxing	145.05	104.80	234.85	5148	13375	4824
金华市	Jinhua	121.34	61.23	60.80	6798	23161	4198
其中:义乌市	Yiwu	11.46	5.37	12.39	325	1938	421
衢州市	Quzhou	108.52	77.10	11.79	2280	16481	2519
舟山市	Zhoushan	9.25	3.09	17.11	361	617208	438
台州市	Taizhou	128.91	64.74	120.19	10404	591902	2727
丽水市	Lishui	63.72	13.33	6.73	4406	9033	2321

6－11 各市农用化肥施用量
Chemical Fertilizer Applied by City

单位:万吨(10000 tons)

地区	Region	氮肥 Nitrogenous Fertilizer		磷肥 Phosphate Fertilizer		钾肥 Potash Fertilizer		复合肥 Compound Fertilizer	
		2018	2019	2018	2019	2018	2019	2018	2019
全省合计	**Total**	**40.15**	**35.43**	**8.59**	**7.83**	**6.10**	**5.86**	**22.93**	**23.38**
杭州市	Hangzhou	3.64	3.40	0.99	0.93	0.70	0.70	3.39	3.34
宁波市	Ningbo	3.72	3.59	0.99	0.97	0.63	0.64	3.67	3.60
温州市	Wenzhou	4.47	3.62	1.23	1.12	0.79	0.82	1.26	1.79
嘉兴市	Jiaxing	7.28	5.80	1.04	0.78	0.53	0.44	0.95	1.74
湖州市	Huzhou	2.39	2.28	0.37	0.36	0.21	0.21	0.91	0.88
绍兴市	Shaoxing	5.70	4.60	0.62	0.56	0.40	0.37	2.14	1.98
金华市	Jinhua	3.53	3.19	1.03	0.94	0.97	0.90	3.65	3.32
其中:义乌市	Yiwu	0.47	0.35	0.11	0.08	0.09	0.07	0.51	0.38
衢州市	Quzhou	2.95	2.79	0.68	0.65	0.66	0.63	1.40	1.39
舟山市	Zhoushan	0.22	0.23	0.03	0.04	0.01	0.01	0.16	0.13
台州市	Taizhou	4.06	3.92	0.76	0.76	0.58	0.57	3.48	3.37
丽水市	Lishui	2.20	2.01	0.84	0.72	0.62	0.58	1.91	1.83

6-12 农田水利建设(2013-2019年) Water Conservancy Facilities of Farmland(2013-2019)

指标		Item		2013	2014	2015	2016	2017	2018	2019
水库年末累计	**(座)**	**Total Number of Reservoirs**	**(set)**	**4331**	**4336**	**4334**	**4339**	**4326**	**4308**	**4278**
#大、中型水库(1000万立方米以上)(座)	(座)	Large and Medium-sized Reservoirs(above 10 million cu. m level)	(set)	189	189	191	193	194	192	192
总库容量	(亿立方米)	Capacity	(100 million m)	445.00	444.00	444.17	444.59	446.90	445.63	445.26
塘坝	**(处)**	**Small Reservoirs**	**(place)**	**88339**	**88474**	**88883**	**88596**	**88540**	**88474**	**88423**
机电井	**(眼)**	**Motor-electric-pumped Well**	**(unit)**	**2991**	**2958**	**2926**	**2926**	**2633**	**2634**	**2632**
水闸	**(座)**	**Sluice**	**(place(set))**	**12873**	**13115**	**13226**	**13272**	**13333**	**13385**	**13535**

6-13 农田水利、除涝和治理水土流失情况(2013-2019年) Water Conservation, Waterlogging and Soil Erosion Prevention and Limitation(2013-2019)

指标		Item		2013	2014	2015	2016	2017	2018	2019
有效灌溉面积	(千公顷)	Effective Irrigated Areas	(1000 ha)	1409.39	1425.37	1432.15	1446.31	1444.70	1440.80	1405.43
除涝面积	(千公顷)	Flooded or Water Logged Areas under Control	(1000 ha)	507.30	523.52	537.65	548.33	554.56	556.40	557.59
治理水土流失面积	(千公顷)	Aera of Soil Erosion under Control	(1000 ha)	3645.69	3644.48	3655.40	3669.86	3721.06	3692.54	3611.39
堤塘长度	(公里)	Total Length of Dikes	(km)	17633	18012	18686	19179	19427	19745	19933

6-14 各市水利设施和除涝及农田灌溉面积
Water Conservancy Facilities, Waterlogging Area under Control and Farmland Irrigated Areas by City

地区	Region	年末水库数(座) Number of Reservoirs (year end) (set)		水库总库容(亿立方米) Capacity of Reservoirs (100 million cu. m)		除涝面积(千公顷) Waterlogging Area under Control (1000 ha)		有效灌溉面积(千公顷) Effective Irrigated Areas(1000 ha)	
		2018	2019	2018	2019	2018	2019	2018	2019
全省合计	**Total**	**4308**	**4278**	**445.63**	**445.26**	**556.40**	**557.59**	**1440.80**	**1405.43**
杭州市	Hangzhou	636	633	236.70	236.69	59.67	59.67	157.01	157.02
宁波市	Ningbo	406	404	18.66	18.66	79.22	78.27	177.32	175.18
温州市	Wenzhou	329	322	26.77	26.77	72.51	72.56	115.86	115.23
嘉兴市	Jiaxing					133.62	133.89	177.60	167.38
湖州市	Huzhou	157	154	8.94	8.94	98.32	99.18	134.46	128.69
绍兴市	Shaoxing	555	553	15.53	15.53	42.06	42.06	167.28	154.91
金华市	Jinhua	815	806	18.75	18.74	12.36	12.36	170.75	170.00
其中:义乌市	Yiwu	105	103	2.31	2.31	0.37	0.37	18.08	17.31
衢州市	Quzhou	468	463	34.86	34.85	3.95	3.95	105.18	104.74
舟山市	Zhoushan	209	209	1.41	1.41	6.23	6.23	15.36	14.56
台州市	Taizhou	347	346	18.98	18.59	39.07	40.01	125.13	123.31
丽水市	Lishui	386	388	65.03	65.08	9.39	9.41	94.85	94.41

6－15 主要农作物播种面积(2013－2019年)
Total Sown Area of Major Farm Crops(2013－2019)

单位:千公顷(1000 hectares)

指标	Item	2013	2014	2015	2016	2017	2018	2019
农作物播种面积	**Sown Area of Farm Crops**	**2198.99**	**2145.46**	**2141.51**	**2106.21**	**2142.12**	**2137.14**	**2161.54**
粮食作物	Grain Crops	1016.85	1005.59	989.70	951.36	977.19	975.73	977.44
#春粮	Spring Grain	147.14	156.09	161.13	145.32	162.28	129.75	127.38
秋粮	Autumn Grain	775.66	757.13	738.65	719.50	728.48	748.88	751.24
谷物	Cereal	832.08	815.99	800.90	757.99	784.86	789.90	791.27
稻谷	Rice	677.05	654.20	634.24	613.09	620.68	651.07	627.52
早稻	Early Rice	94.04	92.37	89.91	86.53	86.43	97.10	98.81
晚稻及单季稻	Late Rice and Single Cropping Rice	583.01	561.83	544.32	526.56	534.25	553.97	528.71
#单季晚稻	Single Season Rice	484.47	466.48	450.47	433.94	439.58	454.94	425.73
小麦	Wheat	81.45	89.53	98.96	85.32	103.67	85.36	82.66
大(元)麦	Barley	16.68	14.71	10.81	5.76	5.12	0.38	0.41
玉米	Corn	50.31	51.07	51.63	49.94	51.88	49.34	76.42
其他谷物	Other Cereal	6.59	6.48	5.26	3.88	3.50	3.75	4.27
豆类	Beans	108.88	114.78	114.92	114.38	108.25	113.14	118.73
大豆	Soybeans	84.55	85.10	86.27	83.82	80.41	85.21	90.16
其他小豆类	Other Beans	24.33	29.68	28.65	30.55	27.84	27.93	28.57
薯类	Yam	75.90	74.81	73.88	78.99	84.08	72.68	67.44
马铃薯	Potato	40.31	39.99	39.38	41.87	44.99	34.29	32.81
油料	Oil bearing Crops	183.42	145.00	146.09	126.00	122.29	128.45	140.38
油菜籽	Repeseeds	159.62	126.37	122.33	99.33	96.15	104.87	116.76
花生	Peanuts	18.39	14.21	18.24	17.33	17.14	15.84	16.63
棉花(皮棉)	Cotton	12.09	9.92	7.38	5.62	4.53	5.71	5.62
麻类	Fiber Crops	0.09	0.09	0.07	0.06	0.04	0.04	0.03
糖类	Suger Crops	10.31	10.10	9.96	6.27	5.71	6.15	6.92
烟叶	Tobacco	1.05	0.73	0.67	0.63	0.61	0.54	0.51
药材类	Medicinal Material	31.89	36.57	38.61	43.01	48.60	50.32	53.49
蔬菜	Vegetables	619.13	606.00	618.07	633.21	644.09	638.98	645.83
果用瓜	Melon as Fruit	101.04	95.74	100.20	101.85	102.13	99.76	98.80
#西瓜	Watermelon	76.36	70.78	72.36	70.47	69.73	66.34	64.96
花卉苗木	Flowers and Plants Nursery Stock	131.50	140.02	145.50	159.74	161.00	158.45	161.92
其他农作物	Other Farm Crops	91.62	95.70	85.26	78.46	75.90	73.00	70.61
#绿肥	Green Manure	48.49	45.48	43.35	40.38	39.10	38.13	36.98

注：粮食、棉花、油料、糖类数据已与三农普数据衔接。后面各表同。
The data of rain, cotton, oil and suger have been linked to three agricultural census data. The same applies to the tables following.

6－16 历年主要农作物播种面积(1978－2019年)
Total Sown Area of Major Farm Crops over the years(1978－2019)

单位:千公顷(1000 hectares)

年份	农作物播种面积 Total Sown Aera	#粮食作物 Grain Crops	油料 Oil－bearing Crops	棉花 Cotton	蔬菜 Vegetables
1978	4760.13	3472.20	207.20	85.13	126.80
1979	4731.60	3456.19	221.20	90.07	122.73
1980	4685.71	3424.40	245.60	107.27	129.33
1981	4644.13	3375.07	298.87	107.93	116.47
1982	4626.00	3437.47	253.73	106.73	124.67
1983	4578.07	3480.00	237.93	105.47	132.00
1984	4526.87	3482.53	223.93	104.80	148.40
1985	4451.70	3271.23	286.00	93.07	180.25
1986	4361.80	3166.25	294.20	80.53	199.26
1987	4374.27	3235.37	276.93	70.73	214.97
1988	4300.50	3209.85	273.40	69.00	226.61
1989	4312.87	3222.65	280.93	60.40	236.27
1990	4384.69	3266.00	302.05	68.67	248.39
1991	4379.53	3267.21	306.61	68.19	249.07
1992	4275.05	3164.20	304.08	71.09	250.02
1993	3926.16	2844.46	235.95	60.94	283.41
1994	3802.42	2741.04	235.42	61.66	298.85
1995	3923.04	2814.39	309.32	64.53	297.81
1996	3963.82	2877.17	295.71	66.71	313.12
1997	3944.16	2873.00	275.75	61.97	329.05
1998	3919.60	2799.51	281.88	62.84	368.04
1999	3899.49	2751.91	289.44	37.85	412.49
2000	3554.33	2300.26	315.58	26.58	568.86
2001	3245.93	1939.08	306.62	27.66	627.97
2002	3064.54	1718.39	289.07	18.73	696.99
2003	2834.39	1482.97	250.90	17.63	700.77
2004	2778.41	1505.37	237.25	18.77	661.02
2005	2837.94	1562.56	249.25	17.91	666.73
2006	2516.21	1304.52	175.28	18.05	647.70
2007	2444.23	1223.37	151.34	17.55	660.62
2008	2398.95	1189.26	190.78	17.71	617.36
2009	2385.26	1170.56	210.14	16.33	618.86
2010	2324.22	1115.40	208.75	15.76	618.59
2011	2458.88	1070.31	195.99	15.36	624.46
2012	2234.90	1043.07	189.38	13.80	623.27
2013	2198.99	1016.85	183.42	12.09	619.13
2014	2145.46	1005.59	145.00	9.92	606.00
2015	2141.51	989.70	146.09	7.38	618.07
2016	2106.21	951.36	126.00	5.62	633.21
2017	2142.12	977.19	122.29	4.53	644.09
2018	2137.14	975.73	128.45	5.71	638.98
2019	2161.54	977.44	140.38	5.62	645.83

6－17 主要农作物产量(1978－2019 年)
Output of Major Farm Crops(1978－2019)

单位:万吨(10000 tons)

年份	粮食 Grain	棉花 Cereal	油料 Oil－bearing Crops	蔬菜 Vegetables	茶叶 Tea	水果 Fruit	#柑桔 Orange
1978	1467.20	7.26	22.06		5.87	14.61	6.78
1979	1611.30	6.69	27.03		6.55	22.45	11.24
1980	1435.50	8.29	28.86		7.54	22.50	9.14
1981	1419.20	6.81	39.99		8.93	22.79	12.06
1982	1712.10	9.76	38.62		10.71	25.80	12.85
1983	1583.70	9.37	29.76		10.20	28.30	17.18
1984	1817.15	13.29	33.89		9.56	30.66	17.85
1985	1621.29	8.13	44.19	100.26	9.31	135.38	28.54
1986	1605.09	7.56	42.94	753.99	10.43	52.05	36.15
1987	1588.99	6.54	39.66	756.29	11.59	70.95	54.91
1988	1553.64	4.37	43.06	761.63	12.82	51.60	28.60
1989	1554.28	4.19	38.28	776.85	11.78	98.75	72.47
1990	1586.10	6.42	48.35	736.63	11.70	180.91	79.73
1991	1640.00	7.53	45.56	740.15	11.41	134.49	106.42
1992	1553.50	5.96	50.08	689.38	11.94	102.37	73.85
1993	1436.18	5.79	38.57	771.46	12.23	273.55	113.52
1994	1404.00	5.54	34.59	819.60	10.69	295.40	139.27
1995	1430.90	6.25	50.00	823.51	10.21	335.39	170.03
1996	1516.77	6.84	52.11	888.17	9.90	342.18	180.41
1997	1493.53	4.76	48.88	895.04	10.17	388.95	210.51
1998	1435.20	6.49	35.55	1009.52	11.32	359.93	149.69
1999	1392.96	4.04	54.06	1127.45	11.77	428.55	212.01
2000	1217.00	2.92	57.88	1470.04	11.64	380.67	97.19
2001	1075.61	3.16	58.22	1634.13	12.06	516.64	163.81
2002	959.41	2.24	46.97	1765.28	13.85	500.90	164.28
2003	809.23	2.10	43.77	1780.19	13.27	568.38	176.66
2004	850.17	2.28	48.77	1749.76	13.87	632.07	200.99
2005	830.42	2.16	50.14	1741.82	14.44	577.96	148.11
2006	785.50	2.38	35.61	1716.61	15.24	644.00	180.35
2007	723.48	2.37	32.95	1718.06	16.02	690.28	198.56
2008	731.54	2.45	41.27	1755.87	16.23	747.92	238.36
2009	723.09	2.28	43.24	1764.76	16.74	712.41	197.54
2010	686.24	2.23	39.47	1788.81	16.27	701.31	190.78
2011	676.41	2.29	39.85	1815.61	16.97	712.36	194.44
2012	648.22	1.97	38.30	1819.81	17.48	703.84	193.56
2013	601.17	1.72	37.78	1764.29	16.86	715.65	193.03
2014	603.61	1.43	30.66	1762.79	16.54	714.84	200.93
2015	583.97	1.07	31.35	1806.94	17.25	740.86	207.79
2016	564.84	0.83	25.98	1865.09	17.22	724.32	178.69
2017	580.14	0.60	26.90	1910.45	17.83	751.29	186.79
2018	599.14	0.81	29.43	1888.37	17.52	743.62	183.72
2019	592.15	0.81	31.93	1903.09	17.72	744.11	183.40

6-18 主要农作物单位面积产量(1978-2019年) Output of Major Farm Crops Per Hectare(1978-2019)

单位:公斤/公顷(kg/hectare)

年份	粮食 Grain	谷物 Cereal	油料 Oil-bearing Crops	#油菜籽 Rapeseed	棉花 Cotton	糖类 Suger Crops
1978	4226	4268	1065	1050		
1979	4662	4758	1222	1213		
1980	4192	4239	1175	1179		
1981	4205	4283	1338	1346		
1982	4981	5105	1522	1540		
1983	4551	4618	1251	1260		
1984	5218	5338	1513	1529		
1985	4956	5065	1545	1556		
1986	5069	5221	1460	1468		
1987	4911	5032	1432	1430		
1988	4840	4965	1575	1588		
1989	4823	4952	1363	1363		
1990	4856	5000	1601	1608	935	53796
1991	5020	5176	1486	1485	1104	55164
1992	4910	5062	1647	1647	838	52404
1993	5049	5253	1635	1623	950	54498
1994	5122	5369	1469	1440	898	52896
1995	5084	5299	1617	1599	968	55848
1996	5272	5517	1762	1748	1025	56349
1997	5199	5453	1772	1754	768	54564
1998	5127	5407	1261	1205	1033	57824
1999	5062	5330	1869	1844	1068	59073
2000	5294	5735	1834	1808	1100	60289
2001	5547	6082	1899	1869	1143	60956
2002	5583	6223	1625	1565	1195	61644
2003	5475	6166	1744	1682	1193	64529
2004	5648	6313	2056	2016	1213	58703
2005	5314	5920	2012	1967	1204	57278
2006	6021	6582	2032	1958	1300	60455
2007	5914	6406	2177	2111	1351	60352
2008	6151	6721	2163	2110	1385	61283
2009	6177	6736	2058	1993	1397	62013
2010	6152	6630	1890	1803	1412	61690
2011	6320	6798	2033	1958	1489	62759
2012	6215	6721	2022	1938	1429	63737
2013	5912	6424	2060	1984	1423	61955
2014	6003	6544	2115	2049	1438	62049
2015	5901	6428	2146	2053	1446	62432
2016	5937	6582	2062	1950	1470	65394
2017	5937	6542	2200	2101	1324	65636
2018	6140	6782	2291	2225	1422	65994
2019	6058	6680	2275	2198	1449	64582

6-19 主要农作物产量
Output of Major Farm Crops

指标	Item	2016		2017	
		公顷产量（公斤）Output pe Hectare (kg)	总产量（万吨）Total Output (10000 tons)	公顷产量（公斤）Output pe Hectare (kg)	总产量（万吨）Total Output (10000 tons)
粮食作物	Grain Crops	5937	564.84	5937	580.14
#春粮	Spring Grain	3347	48.64	3975	64.50
秋粮	Autumn Grain	6406	460.91	6354	462.87
谷物	Cereal	6582	498.92	6542	513.43
稻谷	Rice	7256	444.83	7168	444.91
早稻	Early Rice	6390	55.29	6105	52.77
晚稻及单季稻	Late Rice & Single Season Rice	7398	389.54	7340	392.15
#单季晚稻	Single Season Rice	7620	330.66	7590	333.64
小麦	Wheat	3315	28.28	4043	41.92
大(元)麦	Barley	3818	2.20	3853	1.97
玉米	Corn	4382	21.88	4440	23.04
其他谷物	Other Cerael	4427	1.72	4536	1.59
豆类	Beans	2373	27.14	2529	27.38
大豆	Soybeans	2428	20.36	2535	20.38
其他小豆类	Other Beans	2221	6.79	2513	7.00
薯类	Yams	4910	38.79	4677	39.32
马铃薯	Potato	3935	16.47	4148	18.66
油料	Oil bearing Crops	2062	25.98	2200	26.90
油菜籽	Rapeseeds	1950	19.37	2101	20.20
花生	Peanuts	2890	5.01	2975	5.10
棉花(皮棉)	Cotton	1470	0.83	1324	0.60
麻类	Fiber Crops	3419	0.02	3512	0.02
糖类	Suger Crops	65394	40.98	65636	37.50
烟叶	Tobacco	2267	0.14	2217	0.14
蔬菜及食用菌	Vegetables and Edible Fungi	29455	1865.09	29661	1910.45
果用瓜	Melon as Fruit	28185	287.06	28718	293.30
#西瓜	Watermelon	30567	215.41	31066	216.62

续表 Continued

指标	Item	2018		2019	
		公顷产量(公斤) Output per Hectare (kg)	总产量(万吨) Total Output (10000 tons)	公顷产量(公斤) Output pe Hectare (kg)	总产量(万吨) Total Output (10000 tons)
粮食作物	Grain Crops	6140	599.14	6058	592.15
#春粮	Spring Grain	3937	51.08	3729	47.50
秋粮	Autumn Grain	6489	485.92	6447	484.33
谷物	Cereal	6782	535.74	6680	528.57
稻谷	Rice	7333	477.40	7363	462.06
早稻	Early Rice	6399	62.13	6104	60.32
晚稻及单季稻	Late Rice & Single Season Rice	7496	415.27	7599	401.74
#单季晚稻	Single Season Rice	7756	352.85	7930	337.62
小麦	Wheat	4193	35.79	3917	32.38
大(元)麦	Barley	4365	0.17	3759	0.15
玉米	Corn	4183	20.64	4229	32.32
其他谷物	Other Cerael	4639	1.74	3886	1.66
豆类	Beans	2495	28.22	2576	30.58
大豆	Soybeans	2518	21.46	2590	23.36
其他小豆类	Other Beans	2424	6.77	2528	7.22
薯类	Yams	4838	35.17	4894	33.00
马铃薯	Potato	3848	13.20	3847	12.62
油料	Oil bearing Crops	2291	29.43	2275	31.93
油菜籽	Rapeseeds	2225	23.34	2198	25.66
花生	Peanuts	2992	4.74	3023	5.03
棉花(皮棉)	Cotton	1422	0.81	1449	0.81
麻类	Fiber Crops	3243	0.01	3633	0.01
糖类	Suger Crops	65994	40.59	64582	44.68
烟叶	Tobacco	2172	0.12	2159	0.11
蔬菜及食用菌	Vegetables and Edible Fungi	29553	1888.37	29468	1903.09
果用瓜	Melon as Fruit	28638	285.70	28714	283.70
#西瓜	Watermelon	31296	207.63	31334	203.56

6－20 各市粮食播种面积和产量
Sown Area and Output of Grain by City

地区	Region	2017			2018			2019		
		播种面积（千公顷）Sown Aera（1000 ha）	公顷产（公斤）Output per Hectare（kg）	总产量（万吨）Total Output（1000 tons）	播种面积（千公顷）Sown Aera（1000 ha）	公顷产（公斤）Output per Hectare（kg）	总产量（万吨）Total Output（1000 tons）	播种面积（千公顷）Sown Aera（1000 ha）	公顷产（公斤）Output per Hectare（kg）	总产量（万吨）Total Output（1000 tons）
全省合计	**Total**	**977.19**	**5937**	**580.14**	**975.73**	**6140**	**599.14**	**977.44**	**6058**	**592.15**
杭州市	Hangzhou	86.48	5465	47.26	88.50	5604	49.60	88.73	5595	49.64
宁波市	Ningbo	109.74	5805	63.70	109.40	6087	66.59	109.87	6037	66.33
温州市	Wenzhou	107.41	5948	63.88	107.09	6065	64.95	108.00	5896	63.68
嘉兴市	Jiaxing	148.37	6252	92.76	150.74	6197	93.42	147.89	6470	95.68
湖州市	Huzhou	75.08	6459	48.50	78.55	6597	51.82	78.61	6602	51.90
绍兴市	Shaoxing	122.60	6127	75.12	119.71	6481	77.58	120.87	6476	78.28
金华市	Jinhua	81.86	5671	46.42	77.71	5853	45.49	77.51	5612	43.50
其中：义乌市	Yiwu	7.87	5710	4.49	7.15	5786	4.14	7.19	5892	4.24
衢州市	Quzhou	90.11	6221	56.06	87.95	6513	57.28	87.93	6146	54.04
舟山市	Zhoushan	5.13	4974	2.55	4.88	5090	2.48	4.97	5333	2.65
台州市	Taizhou	82.49	6042	49.84	82.03	6227	51.08	82.58	6085	50.25
丽水市	Lishui	67.92	5010	34.03	69.18	5182	35.85	70.48	5136	36.20

6-21 商品粮基地粮食播种面积和产量
Sown Area and Output of Grain in Commodity Grain Bases

地区	Region	2017			2018			2019		
		播种面积（千公顷）Sown Aera (1000 ha)	公顷产（公斤）Output per Hectare (kg)	总产量（万吨）Total Output (1000 tons)	播种面积（千公顷）Sown Aera (1000 ha)	公顷产（公斤）Output per Hectare (kg)	总产量（万吨）Total Output (1000 tons)	播种面积（千公顷）Sown Aera (1000 ha)	公顷产（公斤）Output per Hectare (kg)	总产量（万吨）Total Output (1000 tons)
全省合计	**Zhejiang**	**977.19**	**5937**	**580.14**	**975.73**	**6140**	**599.14**	**977.44**	**6058**	**592.15**
国家级小计	**Country Level**	**319.96**	**6191**	**198.08**	**329.32**	**6335**	**208.62**	**326.46**	**6347**	**207.21**
萧山区	Xiaoshan	18.49	5078	9.39	17.63	5194	9.15	17.89	5148	9.21
富阳区	Fuyang	15.11	6186	9.35	15.61	6377	9.95	15.11	6414	9.69
余杭区	Yuhang	14.15	6547	9.26	16.21	6587	10.68	17.05	6632	11.31
余姚市	Yuyao	24.43	6361	15.54	24.91	6509	16.22	27.07	6438	17.43
奉化区	Fenhua	10.19	5967	6.08	10.17	6424	6.53	9.96	6396	6.37
宁海县	Ninghai	16.67	5241	8.74	15.80	5520	8.72	15.55	5393	8.38
鄞州区	Yinzhou	12.43	6345	7.88	12.91	6710	8.66	12.50	6621	8.28
秀洲区	Xuizhou	21.28	6663	14.18	21.32	6462	13.78	20.88	6889	14.39
嘉善县	Jiashan	20.07	6204	12.45	21.11	6233	13.16	21.13	6621	13.99
海盐县	Haiyan	22.31	6152	13.72	22.43	6107	13.70	22.28	6249	13.92
桐乡市	Tongxiang	19.78	6300	12.46	20.33	6286	12.78	20.17	6603	13.32
德清县	Deqing	7.08	6287	4.45	7.39	6315	4.67	7.40	6316	4.67
长兴县	ChangXing	29.06	6095	17.71	30.41	6417	19.51	30.44	6419	19.54
诸暨市	Zhuji	35.84	6466	23.17	35.09	6700	23.51	33.88	6587	22.32
柯桥区	keqiao	13.85	6500	9.00	13.74	6751	9.27	12.43	6710	8.34
金东区	JIndong	2.14	5156	1.10	2.26	5698	1.29	2.50	4657	1.16
衢江区	Qujiang	20.75	6285	13.04	20.26	6621	13.41	20.28	6287	12.75
龙游县	Longyou	22.08	5984	13.21	21.76	6263	13.63	19.95	6086	12.14
省级小计	**Province Level**	**134.82**	**6028**	**81.27**	**135.64**	**6187**	**83.92**	**136.27**	**6137**	**83.64**
桐庐县	Tonglu	7.63	5679	4.33	7.82	6036	4.72	7.88	5954	4.69
瑞安市	Ruian	14.46	6129	8.86	14.83	6171	9.15	15.73	6259	9.85
海宁市	Haining	18.65	6302	11.75	19.11	6220	11.88	19.14	6208	11.88
安吉县	Anji	12.61	5851	7.37	13.89	5786	8.03	13.90	5794	8.05
嵊州市	Shengzhou	21.09	5822	12.28	20.66	6390	13.20	20.43	6553	13.39
武义县	Wuyi	10.59	5617	5.95	9.62	5794	5.57	9.29	5976	5.55
江山市	Jiangshan	24.70	6523	16.11	23.95	6829	16.35	24.31	6393	15.54
温岭市	Wenling	17.88	6166	11.02	18.61	6093	11.34	18.19	6147	11.18
松阳县	Songyang	7.23	4960	3.59	7.16	5110	3.66	7.40	4730	3.50

6-22 各市油菜籽播种面积和产量 Sown Area and Output of Repeseeds by City

地区	Region	2017			2018			2019		
		播种面积(千公顷) Sown Aera (1000 ha)	公顷产(公斤) Output per Hectare (kg)	总产量(万吨) Total Output (1000 tons)	播种面积(千公顷) Sown Aera (1000 ha)	公顷产(公斤) Output per Hectare (kg)	总产量(万吨) Total Output (1000 tons)	播种面积(千公顷) Sown Aera (1000 ha)	公顷产(公斤) Output per Hectare (kg)	总产量(万吨) Total Output (1000 tons)
全省合计	**Total**	**95.54**	**2114**	**20.20**	**104.87**	**2225**	**23.34**	**116.76**	**2198**	**25.66**
杭州市	Hangzhou	19.68	2400	4.72	20.04	2774	5.56	22.55	2639	5.95
宁波市	Ningbo	5.49	2389	1.31	8.16	2360	1.93	7.39	2430	1.80
温州市	Wenzhou	5.30	1827	0.97	5.40	1849	1.00	6.64	1946	1.29
嘉兴市	Jiaxing	5.17	2532	1.31	6.11	2657	1.62	4.79	2667	1.28
湖州市	Huzhou	7.42	2379	1.77	8.23	2460	2.02	10.25	2372	2.43
绍兴市	Shaoxing	6.89	2174	1.50	6.69	2220	1.49	9.73	2245	2.18
金华市	Jinhua	13.67	1944	2.66	17.47	1995	3.49	17.31	2028	3.51
其中:义乌市	Yiwu	1.74	2406	0.42	0.82	2551	0.21	0.76	2578	0.20
衢州市	Quzhou	24.55	1863	4.57	24.62	1906	4.69	28.86	1891	5.46
舟山市	Zhoushan	0.63	2292	0.14	0.77	2302	0.18	1.02	2165	0.22
台州市	Taizhou	4.70	1859	0.87	5.16	1838	0.95	5.83	1863	1.09
丽水市	Lishui	2.04	1852	0.38	2.23	1873	0.42	2.39	1907	0.46

注：油菜籽已与三农普数据衔接。
The data of rapeseed has been linked to the three agricultural census data.

6－23 主要茶叶产区茶园面积和茶叶产量
Area of Tea Plantation and Output of Tea in Major Producing Regions

地区	Region	2017		2018		2019	
		茶园面积（公顷）Area of Tea Plantations (ha)	茶叶总产量（吨）Output of Tea (ton)	茶园面积（公顷）Area of Tea Plantations (ha)	茶叶总产量（吨）Output of Tea (ton)	茶园面积（公顷）Area of Tea Plantations (ha)	茶叶总产量（吨）Output of Tea (ton)
全省合计	**Total**	**198524**	**178308**	**200504**	**175170**	**201355**	**177184**
25 个主产区小区	**25 Producing Regions**	**137051**	**148345**	**137487**	**144685**	**138495**	**147760**
杭州市区	Hangzhou District	14030	19273	14010	18855	14544	19543
建德市	Jiande	4136	2852	4136	3095	4212	3110
桐庐县	Tonglu	4083	3387	3918	3466	4095	3713
富阳区	Fujiang	4025	7018	3892	6777	3932	7060
临安区	Linan	3499	2546	3605	2531	3618	2633
淳安县	Tunan	12387	4591	12447	4675	12404	4976
宁波市区	Ningbo District	3243	3871	3118	3838	3130	3835
余姚市	Yuyao	3463	4300	3659	4014	3610	3989
奉化区	Fenghua	825	1177	732	1062	737	1038
安吉县	Anji	13567	3977	13634	3916	13579	3943
诸暨市	Zhuji	6735	12957	6173	8043	6187	8207
上虞区	Shangyu	1790	2795	1805	2446	1769	2392
嵊州市	Shengzhou	11721	18377	11523	17394	11379	17311
柯桥区	Keqiao	4534	7295	4528	7523	4526	7597
新昌县	Xinchang	6314	5720	6689	5277	6891	5454
金华市区	Jinhua District	1811	1716	1749	2170	1642	2373
东阳市	Dongyang	3219	1447	3421	2049	3430	2073
武义县	Wuyi	6895	12788	6947	13255	7071	14089
浦江县	Pujjiang	2057	1057	2056	1055	1943	1020
衢州市区	Quzhou District	1509	1379	1656	1412	1664	1429
开化县	Kaihua	6861	2134	6685	2128	6841	2177
龙游县	Longyou	1564	3084	1781	3663	1927	3283
临海市	Linhai	2651	1203	2590	1228	2546	1224
松阳县	Songyang	8009	12438	8526	13020	8512	13025
遂昌县	Suichang	8123	10963	8207	11793	8306	12266

6－24 主要蚕茧产区桑园面积和蚕茧产量
Area of Mulberry Field and Output of Silk worm Cocoons in Major Producing Regions

地区	Region	2017		2018		2019	
		桑园面积（公顷）Area of Mulberry Field (ha)	蚕茧总产量（吨）Output of Silk－worm Cocoons (tons)	桑园面积（公顷）Area of Mulberry Field (ha)	蚕茧总产量（吨）Output of Silk－worm Cocoons (tons)	桑园面积（公顷）Area of Mulberry Field (ha)	蚕茧总产量（吨）Output of Silk－worm Cocoons (tons)
全省合计	**Total**	**46673**	**16300**	**42158**	**21677**	**37272**	**19720**
22 个主产区小计	**22 Producing Regions**	**46299**	**17597**	**41519**	**22817**	**36483**	**20391**
杭州市区	Hangzhou District	2583	971	1786	1479	1257	920
建德市	Jiande	1371	368	1371	400	216	264
桐庐县	Tonglu	802	714	596	695	579	669
富阳区	Fuyang	784	494	201	548	150	251
临安市	Linan	997	449	964	883	751	623
淳安县	Chunan	5924	960	5678	1990	4621	1601
嘉兴市区	Jiaxing District	1599	439	1426	466	1350	321
海宁市	Haining	3947	2463	3585	2846	3322	2755
海盐县	Haiyan	1491	670	1455	700	1375	548
桐乡市	Tongxiang	6639	6018	6449	6805	6270	6930
湖州市区	Huzhou District	10195	2025	9343	2857	8946	2800
德清县	Deqing	3447	921	3361	1396	3124	1162
长兴县	Changxing	1137	413	1124	712	1111	662
安吉县	Anji	773	180	704	290	624	269
诸暨市	Zhuji	474	19	474	17	431	18
上虞区	Shangyu	497	111	313	86	201	52
嵊州市	Shengzhou	1005	197	500	177	495	140
新昌县	Xinchang	593	103	449	72	100	51
兰溪市	Lanxi	658	1	587	1	493	1
浦江县	Pujiang	29		23	17	23	18
临海市	Linhai	86	4	84	4	84	6
缙云县	Jinyun	1268	77	1046	376	960	330

6－25 林业生产(2013－2019 年)
Basic Indicators on Forestry(2013－2019)

指标	Item	2013	2014	2015	2016	2017	2018	2019
造林面积 (千公顷)	Afforestation Area (1000 ha)	42.36	39.40	32.02	15.80	9.60	8.09	6.48
用材林	Timber Forest	3.27	4.93	3.87	2.17	1.99	1.43	1.17
经济林	Economic Forest	9.69	9.04	6.94	4.02	3.30	2.39	1.99
防护林	Shelter Forest	28.86	25.33	20.97	8.79	4.03	4.16	3.06
薪炭林	Fuel Forest	0.22						
特种用途林	Forest for Special Use	0.33	0.10	0.23	0.68	0.27	0.12	0.06
零星(四旁)植树 (万株)	Planting Trees Piecemeal (10000 trees)	2975.32	2602.90	2254.40	2423.08	1567.47	1680.10	1392.68
育苗面积 (千公顷)	Area of Growing Seedings (1000 ha)	124.78	119.27	125.54	114.82	124.13	126.11	
迹地更新面积 (千公顷)	Area of Forest Updating (1000 ha)	13.69	14.34	11.94	10.63	8.45	7.42	6.52
主要林产品产量 (吨)	Output of Major Forest Production (tons)							
油茶籽	Tea oil seeds	45681	58444	64353	51421	61039	68523	74022
竹笋干	Tallow－seeds	140040	159644	160779	159305	186580	197434	191223
山核桃	Walnuts	16333	18602	17968	20635	21141	23950	25974
板　栗	Chestnut	86587	91219	86827	69574	69720	66673	71164

6－26 水果生产
Basic Indicators on Fruits

指标	Item	2017		2018		2019	
		果园面积(千公顷) Area of Orchards (1000 Hectares)	产量(万吨) Total Output (10000 tons)	果园面积(千公顷) Area of Orchards (1000 Hectares)	产量(万吨) Total Output (10000 tons)	果园面积(千公顷) Area of Orchards (1000 Hectares)	产量(万吨) Total Output (10000 tons)
合计	**Total**	**325.71**	**751.29**	**323.48**	**743.62**	**321.52**	**744.11**
柑桔	Orange	91.45	186.79	88.23	183.72	88.56	183.40
梨	Pear	22.18	38.86	21.44	38.27	20.32	38.09
桃子	Peach	30.93	44.96	31.24	46.67	31.16	47.75
杨梅	Red Bayberry	88.96	58.44	88.99	60.73	88.77	61.84
枇杷	Loquat	13.33	7.86	13.87	8.72	14.30	9.16
柿子	Persimmon	6.93	5.67	6.76	5.65	6.50	5.71
果用瓜	Melon as Fruit		293.30		285.70		283.70
其他	Others	71.94	115.42	72.95	114.16	71.91	114.45

6－27 农产品人均产量(1978－2019年)
Per Capital Output of Agricultural Products(1978－2019)

单位:公斤(kg)

年份	粮食 Grain	棉花 Cotton	油料 Oil－bearing Crops	糖料 Suger Crops	茶叶 Tea	水果 Fruit	猪牛羊肉 Pork,Beef and Mutton	水产品 Aquatic Production
1978	393.44	1.95	5.92	17.20	1.57	3.92	11.33	23.47
1980	376.81	2.18	7.58	15.43	1.98	5.91	18.52	21.46
1985	404.18	2.03	11.02	27.43	2.32	11.12	19.10	26.13
1986	396.34	1.87	10.60	32.63	2.58	12.85	20.03	28.94
1987	387.97	1.60	9.68	26.56	2.83	17.32	18.60	30.52
1988	374.78	1.05	10.39	20.01	3.09	12.45	19.56	30.92
1989	371.01	1.00	9.14	16.74	2.81	23.57	19.67	30.84
1990	375.68	1.52	11.45	14.87	2.77	25.35	20.28	32.92
1991	386.05	1.77	10.72	16.19	2.69	31.66	20.13	35.57
1992	363.51	1.39	11.72	17.55	2.79	23.95	22.73	39.72
1993	334.03	1.35	8.97	18.43	2.84	34.63	22.74	44.02
1994	324.46	1.28	7.99	16.21	2.47	40.64	22.68	59.62
1995	328.53	1.43	11.48	15.11	2.34	49.28	23.61	73.03
1996	345.91	1.56	11.88	14.57	2.26	51.91	16.85	78.03
1997	338.58	1.08	11.08	13.61	2.31	61.07	18.44	90.61
1998	323.64	1.46	8.02	13.97	2.55	46.55	19.05	95.33
1999	312.52	0.91	12.14	15.94	2.64	62.64	19.27	99.33
2000	266.91	0.65	12.91	21.97	2.60	84.89	22.65	104.70
2001	228.64	0.67	12.38	22.53	2.56	109.82	23.65	100.51
2002	201.87	0.47	9.88	23.87	2.91	105.39	25.12	101.14
2003	168.01	0.44	9.09	25.73	2.76	118.00	25.37	100.24
2004	173.82	0.47	9.97	21.73	2.84	129.23	26.93	100.91
2005	167.49	0.44	10.11	18.15	2.91	116.57	26.31	97.57
2006	156.12	0.47	7.08	17.39	3.03	128.00	21.65	83.08
2007	140.35	0.46	6.44	17.01	3.13	135.00	22.39	81.19
2008	140.35	0.47	7.96	16.48	3.13	144.28	25.02	76.89
2009	137.06	0.43	8.25	15.52	3.19	135.85	24.97	81.92
2010	126.00	0.41	7.36	13.86	3.04	130.82	25.17	89.15
2011	123.82	0.42	7.31	13.04	3.11	130.59	25.45	94.56
2012	118.35	0.36	6.99	12.81	3.19	128.45	26.02	98.52
2013	109.34	0.31	6.87	11.62	3.07	130.17	27.63	100.19
2014	109.59	0.26	5.57	11.38	3.00	129.78	25.36	104.40
2015	105.43	0.19	5.66	11.22	3.11	133.75	20.12	108.68
2016	101.05	0.15	4.65	7.33	3.08	129.57	17.11	104.53
2017	102.55	0.11	4.76	6.63	3.15	132.81	15.38	105.08
2018	104.43	0.14	5.13	7.07	3.05	129.62	13.50	103.84
2019	101.22	0.14	5.46	7.64	3.03	127.20	10.89	102.63

6－28　牲畜饲养和畜产品产量(1978－2019年)
Number of Livestock and Output of Livestock Products(1978－2019)

年份	大牲畜年底头数(万头) Large Animals (Year end) (10000 heads)	#牛(万头) Cattle and Buffaloes (10000 heads)	生猪年末存栏头数(万头) Numbers of Hogs (10000 heads)	羊年末存栏头数(万只) Numbers of Sheep and Goats (10000 heats)	猪、牛、羊肉产量(万吨) Output of Pork, beef and Mutton (10000 tons)	#猪肉产量(万吨) Pork (10000 tons)
1978	82.60	82.60	1334.70	294.90	42.27	41.59
1979	84.80	84.80	1550.00	345.60	56.87	55.95
1980	83.00	83.00	1403.80	324.00	70.55	69.48
1981	82.70	82.70	1344.60	288.60	62.78	62.00
1982	82.70	82.70	1383.20	262.60	67.11	66.24
1983	80.60	80.60	1387.30	229.30	68.53	67.59
1984	78.40	78.40	1326.20	197.90	68.88	67.80
1985	76.10	76.10	1368.80	176.20	76.60	75.57
1986	75.81	75.81	1403.31	172.21	81.11	80.00
1987	74.73	74.73	1278.69	175.98	76.19	75.01
1988	71.11	71.11	1228.05	180.02	78.47	77.12
1989	69.29	69.29	1213.19	187.47	77.24	75.87
1990	68.01	68.01	1170.00	185.07	77.88	76.33
1991	65.05	65.05	1135.49	181.36	78.05	76.41
1992	60.50	60.50	1188.97	183.26	83.08	80.97
1993	54.07	54.07	1061.04	191.38	80.64	78.94
1994	50.72	50.72	989.84	205.98	78.95	76.46
1995	50.32	50.32	964.30	218.63	80.17	77.38
1996	49.48	49.48	892.68	221.31	76.31	73.47
1997	46.36	46.36	1010.06	214.55	81.33	78.40
1998	43.52	43.52	1040.56	207.58	84.48	81.38
1999	40.64	40.64	1024.36	218.95	85.87	82.55
2000	38.95	38.95	1146.88	233.51	101.57	98.03
2001	39.25	39.25	1175.10	245.02	111.28	107.39
2002	39.63	39.63	1139.17	258.61	119.40	115.09
2003	38.90	38.90	1132.38	262.90	122.22	117.24
2004	39.25	39.25	1125.27	256.72	131.72	126.43
2005	35.54	35.54	1213.15	222.35	130.44	125.14
2006	22.97	22.97	1003.00	123.90	108.94	105.61
2007	20.74	20.74	1039.10	111.90	114.50	111.40
2008	20.66	20.66	1161.85	111.35	129.67	126.85
2009	20.37	20.37	1225.80	111.55	130.95	128.17
2010	19.89	19.89	1248.40	111.67	134.90	131.90
2011	19.13	19.13	1281.93	109.45	138.82	135.83
2012	17.70	17.70	1338.30	107.18	142.53	139.71
2013	18.77	18.77	1287.53	129.12	151.89	148.71
2014	17.08	17.08	964.64	133.86	139.67	136.39
2015	16.42	16.42	730.19	139.37	111.46	107.96
2016	16.05	16.05	568.14	142.24	95.64	91.84
2017	14.90	14.90	542.55	133.80	86.99	83.31
2018	13.71	13.71	516.79	125.88	77.48	73.95
2019	13.24	13.24	427.30	117.46	63.73	60.16

注：2013年及以后年份数据已与三农普数衔接。
The data of this tablle has been linked to the three agricultural census data since 2013.

6-29 畜牧业生产(2013-2019年) Basic Indicators on Animal Husbandry(2013-2019)

指标		Item		2013	2014	2015	2016	2017	2018	2019
生猪年末存栏头数（含未断奶小猪）	(万头)	Pigs(year-end)	(10000 heads)	1287.53	964.64	730.19	568.14	542.55	516.79	427.30
#能繁殖的母猪	(万头)	Reproducable	(10000 heads)	115.60	78.52	61.07	49.60	47.55	43.31	40.20
年内肥猪出栏头数	(万头)	Slaughtered Fattened Hogs	(10000 heads)	1895.10	1724.53	1315.63	1157.64	1022.42	911.62	756.05
生猪出栏率	(%)	Rate of Slaughtered Fattened Hogs	(%)	141.61	133.94	136.39	158.54	179.96	168.03	146.30
全年饲养量	(万头)	Number of Hogs Raised	(10000 heads)	3182.63	2689.17	2045.82	1725.78	1564.97	1428.41	1183.35
牛年末存栏头数	(万头)	Cattles(year-end)	(10000 heads)	18.77	17.08	16.42	16.05	14.90	13.71	13.24
良种及改良种乳牛	(万头)	Milch Cows of Fine Breed and Improved Varieties	(10000 heads)	4.95	4.37	4.12	3.68	3.27	3.19	3.08
牛年内出栏头数	(万只)	Slaughtered Cattles	(10000 heads)	8.80	8.71	8.95	9.52	8.79	8.15	8.61
牛奶产量	(万吨)	Milk	(10000 tons)	17.63	15.39	15.97	14.81	14.31	15.73	15.48
羊年末存栏只数	(万只)	Sheep and Goats (year-end)	(10000 heads)	129.12	133.86	139.37	142.24	133.80	125.88	117.46
羊年内出栏只数	(万只)	Slaughtered Sheep	(10000 heads)	123.05	124.84	137.35	150.23	141.95	135.06	134.46
猪、牛、羊肉产量	(万吨)	Output of Pork, Beef and Mutton	(10000 tons)	151.89	139.67	111.46	95.64	86.99	77.48	63.73
猪肉产量	(万吨)	Pork	(10000 tons)	148.71	136.39	107.96	91.84	83.31	73.95	60.16
兔年末存栏只数	(万只)	Rabbits(year-end)	(10000 heads)	293.00	266.84	237.50	181.95	157.40	173.02	146.64
兔年内出栏只数	(万只)	Slaughtered Rabbits	(10000 heads)	457.81	427.23	399.81	342.40	285.98	271.56	271.48
家禽年末存栏只数	(万只)	Poultry(year-end)	(10000 heads)	11923.89	9888.70	9020.68	8071.80	7820.03	8320.64	8616.65
家禽年内出栏只数	(万只)	Slaughtered Poultry	(10000 heads)	24166.75	20434.20	18240.37	18294.39	17319.88	17195.93	19501.16
全年饲养量	(万只)	Poultry Raised	(10000 heads)	36090.64	30322.90	27261.05	26366.19	25139.91	25516.57	28117.81
禽蛋产量	(万只)	Poultry Eggs	(10000 heads)	49.65	45.89	39.95	37.77	35.85	31.49	33.57
养蜂年末箱数	(万箱)	Number of Beehives	(10000 boxs)	84.56	88.39	93.29	94.46	102.04	100.02	101.71
蜂蜜产量	(万吨)	Honey	(10000 tons)	8.00	8.77	8.79	9.17	9.13	6.63	6.56
蜂皇浆产量	(吨)	Royal Jelly	(tons)	1928	2264	2187	2148	2202	2189	2263
蚕茧产量	(万吨)	Output of Silkworm Cocoon	(10000 tons)	3.68	2.96	2.38	1.86	1.63	2.17	1.97
全年饲养蚕种张数	(万张)	Number of SilkwormCocoon	(10000 Pieces)	78.65	63.77	48.05	37.64	31.87	42.94	38.57

注：2013年及以后年份数据已与三农普数衔接。
The data of this tablle has been linked to the three agricultural census data since 2013.

6-30 水产品产量(1978-2019年)
Output of Aquatic Products(1978-2019)

单位:万吨(10000 tons)

年份 Year	水产品产量 Total Aquatic Production	海水产品产量 Seawater Aquatic Production	#养殖 Artificially Cultured	淡水产品产量 Fishwater Aquatic Production	#养殖 Artificially Cultured	远洋渔业产量 Deepsea Fishing Products
1978	87.52	81.69	3.56	5.83	4.90	
1979	81.13	74.77	3.90	6.36	5.19	
1980	81.79	75.03	6.60	6.76	6.67	
1981	84.28	76.85	4.13	7.43	6.17	
1982	87.69	78.91	4.82	8.78	7.43	
1983	83.25	73.46	6.21	9.79	8.32	
1984	95.28	83.26	7.86	12.02	10.29	
1985	104.82	89.04	9.60	15.78	13.73	
1986	117.21	97.36	10.57	19.85	17.74	
1987	124.98	102.84	11.86	22.14	19.65	
1988	128.20	104.31	12.33	23.89	21.28	
1989	129.20	104.50	13.13	24.70	22.08	
1990	138.98	113.17	13.81	25.80	23.00	
1991	151.09	123.53	15.20	27.56	24.75	
1992	169.75	140.20	17.34	29.54	26.68	
1993	189.29	156.06	19.05	33.23	29.92	
1994	258.02	222.30	24.68	35.72	32.07	
1995	318.07	278.70	31.69	39.37	34.43	
1996	342.14	299.23	39.51	42.91	37.00	
1997	377.68	331.97	38.90	45.71	38.66	
1998	422.73	372.80	46.49	49.93	42.62	
1999	442.73	389.41	58.17	53.32	45.61	
2000	469.51	410.46	70.88	59.05	51.42	
2001	472.85	406.96	77.66	65.89	58.17	
2002	480.68	409.33	85.15	71.35	63.21	
2003	482.82	406.00	91.85	76.82	68.26	
2004	493.53	414.98	92.94	78.55	69.45	
2005	483.77	402.37	88.11	81.40	72.07	
2006	433.85	360.80	76.32	73.05	65.03	15.84
2007	433.87	356.36	86.13	77.51	68.90	18.74
2008	418.79	337.60	83.08	81.19	73.09	20.20
2009	440.31	353.81	76.46	86.51	77.47	10.71
2010	477.95	381.23	82.57	96.72	87.50	16.56
2011	515.81	410.98	84.49	104.83	94.98	23.47
2012	539.58	431.24	86.14	108.34	98.38	29.09
2013	550.82	443.19	87.17	107.63	98.05	36.80
2014	575.06	468.22	89.79	106.84	97.74	54.15
2015	602.00	491.20	93.34	110.80	101.95	61.17
2016	584.35	470.08	97.19	114.27	105.13	41.44
2017	594.45	472.37	116.26	122.08	110.73	46.79
2018	595.71	469.34	120.90	126.37	113.30	61.05
2019	600.40	467.30	127.04	133.11	117.13	67.90

注：2016年及以后年份水产品产量已与三农普数据衔接。
The data of this tablle has been linked to the three agricultural census data since 2016.

6－31 渔业生产(2014－2019 年)
Basic Indicators on Fishery(2014－2019)

单位:万吨(10000 tons)

指标	Item	2014	2015	2016	2017	2018	2019
水产品总产量	**Total Aquaic Production**	**575.06**	**602.00**	**584.35**	**594.45**	**595.71**	**600.41**
其中:远洋渔业产量	Among them:the pelagic fishery yield	54.15	61.17	41.44	46.79	61.05	67.90
海水产品产量	**Seawater Aquatic Production**	**468.22**	**491.20**	**470.08**	**472.37**	**469.34**	**467.30**
按生产性质分	By Production Character						
海洋捕捞(含远洋)	Catching in Ocean	378.42	397.85	372.89	356.13	348.45	340.26
海水养殖	Seawater Aquiculture	89.79	93.34	97.19	116.25	120.90	127.04
按类别分	By Category						
鱼类	Fishes	221.57	233.76	235.14	221.91	209.57	200.38
虾蟹类	Shrimps,Prawns and Crabs	103.36	103.94	99.32	92.24	86.39	83.48
贝类	Shell－fish	73.78	77.00	79.50	94.13	98.01	102.51
藻类	Algae	4.83	5.15	5.34	7.69	8.93	9.96
头足类	Shrimps,Prawns and crabs	55.68	63.36	40.51	46.07	50.20	53.15
其他海水产品	others	9.00	7.99	10.27	10.33	16.24	17.82
淡水产品产量	**Freshwater Aquatic Production**	**106.84**	**110.80**	**114.26**	**122.08**	**126.37**	**133.11**
按生产性质分	By Production Character						
天然生产	Naturally Grown	9.10	8.84	9.13	11.35	13.06	15.98
淡水养殖	Freshwater Aquiculture	97.74	101.95	105.13	110.73	113.30	117.13
按类别分	By Category						
鱼类	Fishes	73.43	78.02	83.26	91.64	95.91	99.80
虾蟹类	Shrimps,Prawns and Crabs	13.14	13.34	13.20	13.87	14.57	16.66
贝类	Shell－fish	3.15	3.03	3.10	3.36	3.38	3.79
其它类	Others	17.12	16.40	14.70	13.21	12.51	12.86
在海水捕捞产品中	**Among Marine Fishing Production**						
大黄鱼	Big Yellow Croaker	0.04	0.04	0.05	0.04	0.06	0.11
小黄鱼	Small Yellow Croaker	9.47	10.40	10.19	10.17	10.34	11.78
带鱼	Hairtail	41.50	43.88	42.23	40.45	38.80	37.61
墨鱼	Cuttle Fish	2.65	2.87	3.10	3.82	3.38	3.42
海水养殖面积	**Seawater Aquiculture Area**	**88.18**	**85.88**	**78.72**	**75.95**	**80.92**	**82.02**
淡水养殖面积	**Freshwater Aquiculture Area**	**209.89**	**213.07**	**202.14**	**198.04**	**179.76**	**173.04**

注：2016 年及以后年份水产品产量已与三农普数据衔接。
The data of this tablle has been linked to the three agricultural census data since 2016.

6-32 各市水产品产量(2019年)
Output of Aquatic Products by City (2019)

单位:万吨(10000 tons)

地区	Region	水产品总产量 Total Output of Aquatic Production		海水产品产量 Seawater Aquatic Production		#鱼类 Fishes		淡水产品产量 Freshwater Aquatic Production		#鱼类 Fishes		远洋渔业产量 Deepsea Fishing Production	
		2018	2019	2018	2019	2018	2019	2018	2019	2018	2019	2018	2019
全省合计	**Total**	**595.71**	**600.40**	**469.34**	**467.01**	**209.57**	**187.47**	**126.37**	**133.48**	**95.91**	**100.09**	**61.05**	**67.90**
杭州市	Hangzhou	20.56	20.30	3.87	3.50	3.31		16.69	16.81	10.53	10.50	3.87	3.50
宁波市	Ningbo	96.79	99.47	88.58	90.72	43.66	41.22	8.22	8.74	5.82	5.87	4.84	7.40
温州市	Wenzhou	60.44	61.97	57.93	58.37	32.58	31.00	2.51	3.60	2.10	2.95		
嘉兴市	Jiaxing	15.76	16.15	0.15	0.05	0.03	0.02	15.61	16.09	7.95	8.02		
湖州市	Huzhou	46.48	50.75					46.48	50.75	39.42	42.22		
绍兴市	Shaoxing	11.58	11.93	0.33	0.07	0.19	0.04	11.25	11.59	7.80	8.07	0.26	0.27
金华市	Jinhua	8.42	8.71					8.42	8.71	7.46	7.71		
其中:义乌市	Yiwu	0.37	0.38					0.37	0.37	0.29	0.30		
衢州市	Quzhou	7.06	7.13					7.06	7.13	6.38	6.45		
舟山市	Zhuoshan	173.63	175.55	172.69	175.06	68.79	57.57	0.94	0.50	0.59	0.17	49.13	54.20
台州市	Taizhou	152.52	145.90	145.80	139.24	60.99	57.62	6.71	6.65	5.53	5.46	2.95	2.53
丽水市	Lishui	2.47	2.54					2.47	2.54	2.32	2.37		

注:全省水产品总产量为国家核定数;各市水产品总产量为省海洋与渔业局统计年报数(包括远洋)。
Data of total output of aquitic production is verified by national bureau of statistics of china;
Regional figures in this table are taken from the annual report of the bureau of seas and oceans and fishery(including deepsen fishing production).

6-33 平均每个农业劳动力提供的主要农产品产量(2013-2019年)
Output of Major Farm Products Provided by Per Rural Labour(2013-2019)

指标		Item		2013	2014	2015	2016	2017	2018	2019
粮食	(公斤)	Grain	(kg)	1019.1	1041.5	1009.0	978.9	1022.9	1078.6	1095.8
棉花	(公斤)	Cotton	(kg)	2.9	2.5	1.8	1.4	1.1	1.5	1.5
油料	(公斤)	Rapaseeds	(kg)	64.0	52.9	54.2	45.0	47.4	53.0	59.1
蔬菜	(公斤)	Vegetables	(kg)	2935.7	3041.4	3122.1	3232.2	3368.4	3399.5	3521.7
茶叶	(公斤)	Teas	(kg)	28.6	28.5	29.8	29.8	31.4	31.5	32.8
柑桔	(公斤)	Oranges	(kg)	327.2	346.7	359.0	309.7	329.3	330.7	339.4
生猪	(头)	Hogs	(head)	3.2	3.0	2.3	2.0	1.8	1.6	1.4
猪牛羊肉	(公斤)	Prok, Beef and Mutton	(kg)	257.5	241.0	192.6	165.7	153.4	139.5	117.9
禽蛋	(公斤)	Poultry	(kg)	84.2	79.2	69.0	65.5	63.2	56.7	62.1
水产品	(公斤)	Aquatic Production	(kg)	933.8	992.2	1040.2	1012.7	1048.1	1072.4	1111.0

6-34 农业事业机构和服务组织(2013-2019年)
Institutions Rendering Agricultural Services(2013-2019)

指标		Item		2013	2014	2015	2016	2017	2018	2019
农业事业机构	(个)	**Institutions Engaged in Agricultural Undertaking**	(unit)							
乡镇农技服务站		Agricultural Technical service Stations		1238	1231	1339	1278	1290	1421	1279
乡镇畜牧兽医站		Veterinary Stations		683	605	594	541	530	498	470
农业服务组织		**Agricultural Service**								
县(市)农技推广中心	(个)	Centres for Spreading Agricultural Technical	(unit)	80	87	83	86	85	85	90
乡镇农技站农业技术人员	(人)	Agricultural Technical Persons	(person)	10060	10090	10313	10487	9512	9576	9639
配有农技员的村数	(万个)	Villages with Agricultural Technical persons	(10000 units)	2.18	2.08	2.13	2.14	2.10	1.99	1.69
村不脱产农民技术人员	(万人)	Technical Peasants Unreleased from Agricultural Production in Village	(10000 persons)	7.52	7.23	6.87	4.97	4.75	4.66	4.55
科技户	(万户)	Scientific and Teachnological Households	(10000 households)	7.11	7.12	6.78	6.09	4.75	4.81	4.51

浙/江/统/计/年/鉴

主要统计指标解释

■ 农林牧渔业总产值

是以货币表现的农、林、牧、渔业全部产品的总量，它反映一定时期内农业生产总规模和总成果。

农、林、牧、渔业的统计范围包括国有经济的各种专业农(农、林、牧、渔)场以及国家各级机关团体学校、部队;集体所有制的乡、镇、村各级办农场;工矿企业经营的农、林、牧、渔业,农村各种经济组织和农户经营的农林牧渔业和农民家庭兼营的商品性工业等。

■ 粮食产量

指全社会的产量。包括国有经济经营的、集体统一经营的和农民家庭经营的粮食产量，还包括工矿企业办的农场和其他生产单位的产量。粮食除包括稻、小麦、玉米、高粱、谷子及其他杂粮外,还包括薯类和豆类。其产量计算方法，豆类按去豆荚后的干豆计算;薯类(包括马铃薯)1963 年以前按每 4 公斤鲜薯折 1 公斤粮食计算，从 1964 年开始及以后改为按 5 公斤鲜薯折 1 公斤粮食计算。其他粮食一律按脱粒后的原粮计算。

■ 油料产量

指全部油料作物的生产量。包括花生、油菜籽、芝麻、向日葵籽、胡麻籽(亚麻籽)和其他油料。不包括大豆,也不包括木本油料和野生油料。花生以带壳干花生计算。

■ 水产品产量

指人工养殖的水产品和天然生长的水产品的捕捞量。包括海水的鱼类、虾蟹类、贝类和藻类以及内陆水域的鱼类、虾蟹类和贝类,不包括淡水生植物。

■ 猪、牛、羊肉产量

指当年出栏并已屠宰后除去头蹄下水后带骨肉(即胴体重)的重量。

■ 谷物

指籽实主要供作粮食的作物。这类作物包括稻谷、小麦、玉米、谷子、高粱和其他谷物,不包括豆类和薯类作物。

ZHEJIANG STATISTICAL YEARBOOK

Explanatory Notes on Main Statistical Indicators

□ Gross Output Value of Farming, Forestry, Animal Husbandry and Fishery

refers to the total volume of products of farming, forestry, animal husbandry and fishery in value terms, which reflects the total scale and total result of agricultural production during a given period of time.

The statistical coverage of farming, forestry, animal husbandry and fishery are as follows: In terms of ownership, China's agriculture includes specialized state farms (farming, forestry, animal husbandry, fishery), farms managed by various government agencies, organazations, schools, research institutions, and army; farms managed by rural collective organizations at levels of township, town, and village; farming, forestry, animal husbandry, fishery run by mining and industrial enterprises; farming, forestry, animal husbandry and fishery and some commodity industries run by various rural collective organizations and individual farmers.

□ Grain Yield

refers to the yield in the whole country including grains produced by state farms, collective units, industrial enterprises and mines. Grain includes rice, wheat, corn, sorghum, millet and other miscellaneous grains as well as tubers and beans. Output of beans refers to dry beans without pods. The output of tubers was converted into that of grain at the ratio 4:1, I. e. Four kilograms of fresh tubers was equivalent to one kilogram of grain up to 1963. Since 1964 the ratio for conversion has been 5:1. Output of all other grains refers to husked grain.

□ Yield of Oil – bearing Crops

refers to the total yield of oil-bearing crops of various kinds, including peanuts, (dry, in shell) rapeseeds, sesame, sunflower seeds, flax seeds, and other oil-bearing crops. Soybeans, oil-bearing woody plants, and wild oil – bearing crops are not included.

□ Output of Aquatic Products

refers to catches of both artificially cultured and naturally grown aquatic products, including fish, shrimps, crabs and shellfish in sea and inland water as well as seaweed. Freshwater plants are not included.

□ Output of Pork, Beef, and Mutton

refers to the meat of slaughtered hogs, cattle, sheep and goats with head, feet, and offal taken away.

□ Cereals

refer to seeds of various kinds of crops which are used mainly for grain. Cereals include paddy, wheat, maize, millet, Chinese sorghum, etc., except beans and tubers.

2020
浙江统计年鉴
ZHEJIANG STATISTICAL YEARBOOK

工业和能源
Industry and Energy

7-1 规模以上工业企业数(2014-2019年)
Number of Industrial Enterprises Above Designated Size(2014-2019)

单位:个(unit)

指标		2014	2015	2016	2017	2018	2019
工业企业单位数	**Number of Industrial Enterprises**	**40841**	**41167**	**40128**	**39933**	**41541**	**45695**
按轻重工业分	**By Light and Heavy Industry**						
轻工业	Light Industry	20019	20244	19736	20407	20697	22434
重工业	Heavy Industry	20822	20923	20392	19526	20844	23261
按登记注册类型分	**By Registered**						
国有企业	State-owned Enterprises	107	105	91	74	43	33
集体企业	Collective Owned Enterprises	69	55	43	32	29	24
股份合作企业	Cooperative Enterprises	335	354	326	283	289	319
外商及港澳台商投资企业	Funded by Enterpreneurs From Hong Kong Macao and Taiwan	6237	5803	5322	4851	4484	4433
私营企业	Private	27557	28050	27502	27995	30113	36792
其他企业	Others	6535	6800	6844	6698	6583	4094
在总计中:国有及国有控股	**Enterprises with Sole Hong Kong, Macao and Taiwan**	**723**	**750**	**763**	**806**	**815**	**832**
按规模分	**By size**						
大型企业	Large-sized Industrial Enterprises	598	593	596	569	570	576
中型企业	Medium-sized Industrial Enterprises	4421	4199	4149	4171	3905	3752
小型企业	Small-sized Enterprises	34020	34449	33571	33432	34541	38438
微型企业	Micro enterprises	1802	1926	1812	1761	2525	2929

注:规模以上工业为主营业务收入为2000万及以上工业企业,后面各表同。
Industrial enterprises above designated size refer to those with annual revenue from principal business over 20 millon yuan. The same applies to the tables following

7-2 规模以上工业企业总产值(2014-2019年)
Gross Output Value of Industrial Enterprises Above Dsignated Size(2014-2019)

单位:亿元(100 millon yuan)

指标		2014	2015	2016	2017	2018	2019
工业总产值	**Gross Industrial Output Value**	**67039.8**	**66819.0**	**68953.4**	**66328.0**	**69775.4**	**73766.2**
按轻重工业分	By Light and Heavy Industry						
轻工业	Light Industry	26039.8	26442.1	26915.7	25062.4	24747.9	26072.6
重工业	Heavy Industry	41000.0	40376.8	42037.7	41265.6	45027.5	47693.7
按注册登记注册类型分	By Registered Type						
国有企业	State-owned Enterprises	3243.6	3180.3	3254.3	2865.8	505.7	349.1
集体企业	Collective Owned Enterprises	55.8	35.8	33.7	26.6	24.8	24.4
股份合作企业	Cooperative Enterprises	180.1	187.9	181.7	167.5	166.1	177.5
外商及港澳台商投资企业	Foreign Funded Enterprises and Enterprises Funded by Entrepreneurs from Hong Kong, Macao & Taiwan	15993.6	14978.4	15032.2	14898.4	14257.1	14906.5
私营企业	Private Enterprises	27270.9	27789.1	28399.1	26430.1	28277.9	34938.5
其他企业	Others	20295.2	20647.5	22052.3	21939.6	26543.7	23370.2
在总计中:国有及国有控股	State-owend and State-holding Enterprises	9498.9	9158.8	9431.5	10100.6	11048.1	10993.6
按规模分	By Size						
大型企业	Large-sized Industrial Enterprises	16021.6	15815.6	16544.2	15868.0	18097.1	18218.0
中型企业	Medium-sized Industrial Enterprises	21135.7	20956.9	21781.3	20957.8	21588.3	22194.8
小型企业	Small-sized Enterprises	28049.8	28344.1	28812.1	27891.3	28737.9	31618.9
微型企业	Micro enterprises	1832.8	1702.4	1815.8	1611.0	1352.0	1734.6

7－3 按行业分的规模以上工业企业总产值
Gross Output Value of Industrial Enterprises by Sector Above Designated Size

单位:亿元(100 millon yuan)

行业	Sector	工业总产值(亿元) Gross Industrial Output Value		
		2017	2018	2019
总计	**Total**	**66328.0**	**69775.4**	**73766.2**
按工业行业分	**By Sector**			
煤炭开采和洗选业	Coal Mining and Dressing	0.7	0.2	0.3
黑色金属矿采选业	Ferrous Metals Mining and Dressing	5.8	2.8	1.5
有色金属矿采选业	Nonferrous Metals Mining and Dressing	10.3	7.8	8.1
非金属矿采选业	Nonmetal Minerals Mining and Dressing	125.3	128.3	159.5
农副食品加工业	Non－staple Food Processing	947.7	830.0	866.3
食品制造业	Food Manufacturing	506.5	493.1	521.0
酒、饮料和精制茶制造业	Beverage Manufacturing	430.7	420.8	437.0
烟草制品业	Tobacco Processing	512.0	524.1	535.9
纺织业	Textile Industry	4875.0	4319.7	4494.6
纺织服装、服饰业	Garments,Shoes and Hats Manufacturing	2248.2	2064.6	2176.6
皮革、毛皮、羽毛及其制品和制鞋业	Leather, Furs, Feather and its Products and Fotterwear	1082.3	1103.8	1129.6
木材加工和木、竹、藤、棕、草制品业	Timber Processing,Bamboo,Cane Palm Fiber and Straw Products	431.8	439.1	454.0
家具制造业	Furniture Manufacturing	1001.5	972.7	988.3
造纸和纸制品业	Papermaking and Paper Products	1497.9	1607.8	1480.6
印刷和记录媒介复制业	Printing and Record Medium Reproduction	441.2	447.9	500.5
文教、工美、体育和娱乐用品制造业	Cultural and Educational, Arts and Grafts, Sports and Entertainment Goods	1242.6	1228.4	1308.5
石油加工、炼焦和核燃料加工业	Petroleum Processing, Cooking and Nuclear Fuel Processing	1475.6	1676.1	1973.7
化学原料和化学制品制造业	Raw Chemical Materials and Chemical Products	5524.0	6154.8	5750.5
医药制造业	Medical and Pharmaceutical Products	1343.1	1505.5	1621.6
化学纤维制造业	Chemical Fiber	2231.5	2558.2	2926.1

续表 Continued 单位:亿元(100 millon yuan)

行业	Sector	工业总产值(亿元) Gross Industrial Output Value		
		2017	2018	2019
橡胶和塑料制品业	Rubber and plastic products	2545.7	2534.5	2686.3
非金属矿物制品业	Nonmetal Mineral Products	2008.9	2654.4	3323.4
黑色金属冶炼和压延加工业	Smelting and Pressing of Ferrous Metals	1750.5	1944.6	1784.3
有色金属冶炼和压延加工业	Smelting and Pressing of Nonferrous Metals	2289.6	2398.8	2386.9
金属制品业	Metal Products	2648.3	2772.8	3186.4
通用设备制造业	Ordinary Machinery	4496.5	4685.4	5026.2
专用设备制造业	For Special Purpose Equipment Manufacturing	1688.8	1897.3	2048.5
汽车制造业	Automotive Manufacturing	5006.2	5230.8	5050.5
铁路、船舶、航空航天和其他运输设备制造业	Railway, Shipbuilding, Aerospace and other Transport Equipment	815.9	679.5	718.0
电气机械和器材制造业	Electric Equipment and Machinery	6526.2	6710.6	7225.4
计算机、通信和其他电子设备制造业	Computers, Communications and Other Electronic Equipment Manufacturing	3695.3	4387.7	4920.2
仪器仪表制造业	Instruments Manufacturing	825.6	901.5	1086.0
其他制造业	Other Manufacturing	262.9	217.4	240.8
废弃资源综合利用业	Comprehensive Utilization of Waste Resources	267.6	234.6	275.6
金属制品、机械和设备修理业	Metal Products, Machinery and Equipment Repair Industry	83.2	53.3	75.1
电力、热力的生产和供应业	Electricity, Gas and Water Production and Supply	4882.9	5191.0	5439.8
燃气生产和供应业	Production and Supply of Gas	402.5	593.1	724.9
水的生产和供应业	Production and Supply of Water	197.5	202.1	233.9

注：2017 年起行业分类采用 2017 年国民经济行业分类。后面各表同。
The industry classification is based on the 2017 national economic classification since 2017. The same applies to the tables following.

7-4 主要工业产品产量(2013-2019年)
Output of Major Industrial Products(2013-2019)

产品名称				2013	2014	2015	2016	2017	2018	2019
配混合饲料	(万吨)	Forage	(10000 tons)	476.03	464.75	396.93	399.23	360.74	262.58	242.55
食用植物油	(万吨)	Edible Vegetables Oil	(10000 tons)	37.44	46.48	58.73	52.18	46.32	55.27	81.22
罐头	(万吨)	Canned Food	(10000 tons)	66.67	61.44	57.93	53.59	49.49	45.23	45.89
啤酒	(万千升)	Beer	(10000 kilotiter)	289.44	267.46	251.02	246.58	254.41	237.31	226.81
黄酒	(万千升)	Millet Wine	(10000 kilotiter)	65.22	71.01	64.73	61.33	55.64	57.34	55.03
软饮料	(万吨)	Soft Drink	(10000 tons)	863.69	859.97	769.46	842.63	793.92	759.06	897.78
卷烟	(万箱)	Cigarettes	(10000 cases)	923.47	931.02	948.33	915.8	957.02	939.47	933.69
纱	(万吨)	Yarn	(10000 tons)	239.1	229.98	220.04	215.8	190.42	159.97	149.09
布	(亿米)	Cloth	(100 million m)	153.47	156.25	152.76	149.2	137.44	80.1	76.36
毛线(绒线)	(吨)	Kniting Wool	(ton)	40858	42888	36206	34842	36428	37046	26619
呢绒	(万米)	Woolen Goods	(10000 m)	4188	8536	8463	7107	3909	3718	10794
丝	(吨)	Silk	(ton)	14293	15505	16060	14000	10570	6326	5579
丝织品	(亿米)	Silk-knit Goods	(100 million m)	2.2	2.16	2.15	2.05	1.87	1.57	1.52
机制纸	(万吨)	Machine-made Paper and Paperboard	(10000 tons)	1660.52	1693.7	1739.59	1889.76	1911.21	1869.05	1768.4
汽油	(万吨)	Gasoline	(10000 tons)	285.1	308.46	333.27	307.69	352.08	338.83	351.7
煤油	(万吨)	Kerosene	(10000 tons)	208.97	218.77	226.26	213.31	246.55	273.34	293.65
柴油	(万吨)	Diesel Oil	(10000 tons)	769.07	713.93	685.23	630.5	671.51	633.35	641.52
燃料油	(万吨)	Fuel Oil	(10000 tons)	104.12	98.85	110.5	108.74	139.63	139.83	483.31
焦炭	(万吨)	Coke	(10000 tons)	296.18	297.21	293.88	227.51	228.55	203.02	208.88
硫酸	(万吨)	Sulphuric Acid	(10000 tons)	109.55	176.55	165.24	168.36	267.31	306.19	303.99

续表 1 Continued

产品名称				2013	2014	2015	2016	2017	2018	2019
烧碱	（万吨）	Caustic Soda	（10000 tons）	144.05	151.23	153.19	159.92	188.83	189.96	200.77
纯碱	（万吨）	Soda Ash	（10000 tons）	25.86	26.97	29.35	30.71	32.28	33.61	31.74
电石(碳化钙)	（万吨）	Calcium Carbide	（10000 tons）	9.44	0.4					
合成氨	（万吨）	Synthetic Ammonia	（10000 tons）	57.87	64.52	75.07	68.89	62.11	60.24	61.21
纯苯	（吨）	Pure Benzene	（ton）	399025	346035	384443	376562	460620	431616	360912
合成洗涤剂	（吨）	Synthetic Detergents	（ton）	736356	812524	695274	774037	941467	892203	965406
化学原料药	（吨）	Chemical Raw Medicine	（ton）	278856	308113	279809	270201	241628	228033	250666
中成药	（吨）	Traditional Chinese Medicine	（ton）	21167	25950	33217	36352	25323	22706	26291
化学纤维	（万吨）	Chemical Fiber	（10000 tons）	1839.31	1987.97	2186.42	2106.42	2055.7	2282.3	2822.84
#粘胶纤维	（万吨）	Glutinous Fiber	（10000 tons）	15.53	13.8	14.59	12.2	15.59	14.12	1.97
合成纤维	（万吨）	Synthetic Fiber	（10000 tons）	1822.83	1972.93	2170.83	2093.22	2038.4	2268.18	2820.05
轮胎外胎	（万条）	Outer Cover of Type	（10000 units）	10979.06	8925.94	6684.14	7577.77	7967.32	8480.78	8881.95
塑料制品	（万吨）	Plastic Products	（10000 tons）	940.38	1054.85	1041.17	1072.97	1035.52	803.47	1307.59
水泥	（万吨）	Cement	（10000 tons）	12462.87	12367.51	11286.51	10796.54	11231.18	12248.26	13399.94
平板玻璃	（万重量箱）	Plate Glass	（10000 wt. case）	3591.22	3978.01	5317.89	5034.09	4480.29	4336.85	4494.92
生铁	（万吨）	Pig Iron	（10000 tons）	1059.79	1140.28	1072.49	847.98	855.54	873.75	835.48
钢	（万吨）	Steel	（10000 tons）	1733.15	1748.3	1594.92	1299.59	1090.68	1266.75	1350.68
成品钢材	（万吨）	Steel Products	（10000 tons）	3823.44	4170.99	4047.72	3760.9	3148.24	3048.69	3468.25
十种有色金属	（万吨）	Ten Nonferrous Metal	（10000 tons）	38.52	35.61	42.08	42.62	40.75	56.44	63.06
#铜	（吨）	Copper	（ton）	262167	298790	364041	374843	375704	539284	588438
锌	（吨）	Zinc	（ton）	44057	51112	55327	49466	28959	17904	32750
铝	（吨）	Alumminium	（ton）	77212	4240					

续表 2 Continued

产品名称		2013	2014	2015	2016	2017	2018	2019
内燃机 （万千瓦）	Internal Combustion Engines (Commodity) (10000 kw)	4877.14	4712.31	5125.82	7024.83	12040.39	11222	6083
数控机床 （台）	Numerically Controlled Machine Tools (unit)	44976	50976	42555	46288	57173	42811	45432
大中型拖拉机 （台）	Large and Medium - sized Tractor (unit)	40284	34320	36084	26639	12905	20104	19832
小型拖拉机 （台）	Small - size Tractor (unit)	75722	77978	67707	58105	49428	43662	37750
汽车 （辆）	Motor Vehicle (unit)	373210	327238	428703	586495	845387	1191370	991944
#轿车 （辆）	Car (unit)	274461	221312	326899	527748	618837	877218	719270
微型计算机设备 （万台）	Microcomputer equipment (10000 Set)	164.29	191.03	151.43	182.82	186.41	204.07	277.72
集成电路 （亿块）	Integrated circuit (Billion block)	49.89	60.85	63.42	74.02	79.88	65.36	143.45
摩托车 （万辆）	Motorcycles (10000 units)	205.61	192.06	156.9	137.47	108.41	100.67	114.36
自行车 （万辆）	Bicycles (10000 units)	1405.93	1502.24	1028.82	958.24	720.13	417	407
发电设备 （万千瓦）	Generating Equipment (10000 kw)	513.51	486.36	525.62	514.21	516	536	584
交流电动机（万千瓦）	Alternating Current Motor (10000 kw)	4883.18	5622.9	5914.93	6124	5607	5884	6851
变压器 （万千伏安）	Transformer (10000 kev)	8977.53	11371.45	12796.09	11515.84	10307	8640	8472
家用洗衣机 （万台）	Household Washing Machines (10000 units)	1881.38	1592.39	1526.56	1396.8	1227	1153	1118
家用电冰箱 （万台）	Household Refrigerators (10000 units)	939.61	757.78	713.66	797.74	677	618	568
电风扇 （万台）	Electric Fan (10000 units)	815.07	639.09	649.56	785.09	959	809	1138
房间空气调节器 （万台）	House Air Conditioner (10000 units)	565.03	679.62	634.82	953.76	1485	1613	1939
灯泡 （亿只）	Bulb (100000 millionm units)	37.38	32.52	28.35	42.88	21.58	57.85	1.04
彩色电视机 （万台）	Color TV Set (10000 units)	628.62	456.89	641.36	658.22	610	722	193
表 （万只）	Watch (10000 units)	99.81	106.01	101.86	80.94	65	63	66
发电量（亿千瓦小时）	Electricity (100 Million kw. h)	2883.6	2822.39	2905.26	3089.11	3259	3353.64	3351.02

注：本表统计范围为规模以上工业企业。
The data in this table refer to industrial enterprises above designated size.

7-5 规模以上工业企业主要指标(2016-2019年)
Principal Indicators of Industrial Enterprises Above Designated Sized(2016-2019)

单位:亿元(100 million yuan)

指标	
企业单位数 （个）	Number of Enterprises (Number)
#亏损企业单位数	Loss Enterprises
工业总产值(当年价)	Gross Industrial Output Value(Current Price)
出口交货值	Export delivery value
平均用工人数 （万人）	Average Number of Staff and Workers (10000 persons)
资产总计	Total Assets
流动资产合计	Circulating Funds
固定资产净额	Net fixed assets
固定资产原值	Original Value of Fixed Assets
固定资产净值	Net Value of fixed assets
负债合计	Total Liabilities
流动负债合计	Circulating Liabilities
非流动负债合计	non-circulating liabilities
所有者权益	Creditors' Equity
实收资本	Total Capital Hold
营业收入	Operating income
营业成本	Opreating costs
营业税金及附加	Business tariff and annex
利润总额	Total Profits
本年应交增值税	Value Added Taxes Payable
利税总额	Total Profits and Taxes

合计 Total				#国有及国有控股 State - owned and State - holding				#私营 Private Units			
2016	2017	2018	2019	2016	2017	2018	2019	2016	2017	2018	2019
40128	39933	41541	45695	763	806	815	862	27502	27995	30113	34472
4456	4559	5560	6236	137	141	139	136	2640	2815	3716	4377
68953.40	66328.04	69775.41	73766.22	9431.53	10100.55	11048.09	11616.34	28399.15	26430.14	28277.94	31268.91
11540.13	10934.64	11834.95		295.26	323.03	442.21		4952.72	4724.42	5249.44	
690.30	670.51	669.45	678.93	30.86	30.01	29.70	30.36	353.86	354.35	366.55	387.50
69468.91	71263.09	77623.44	85415.16	11383.46	11672.33	13101.93	14421.37	23753.64	23253.84	25882.90	29788.36
38196.89	39320.70	42685.40	46939.95	3881.10	4186.34	4831.92	5442.72	14500.63	14394.09	16239.02	18594.19
18993.74	18337.58	18653.92	19789.66	5882.29	5597.26	5937.60	6085.39	5567.81	5359.60	5601.37	6341.89
30886.89	31522.26	34118.42	36624.49	9986.90	10557.47	11615.95	12360.68	8664.83	8698.42	9723.98	10986.49
17670.88	17643.89	18895.93	20061.05	5470.36	5464.54	5986.09	6181.05	5158.84	5172.96	5677.08	6441.81
38304.18	39123.28	43093.24	47127.38	6338.62	6416.93	7355.22	7895.47	14509.10	14635.69	16292.39	18285.33
32847.10	33707.22	36813.75	39975.42	3987.13	4121.78	4618.77	4968.50	13433.50	13626.39	15200.11	16846.32
4797.57	4848.15	5992.95		2298.42	2231.42	2718.76		735.68	701.25	939.70	
30863.45	32080.14	34530.11	38231.03	5049.99	5263.01	5746.70	6502.73	9117.94	8595.61	9590.42	11483.03
16395.05	15624.27	16424.16	18040.20	3631.57	2904.61	3022.02	3455.02	4349.19	4530.69	5014.94	5805.12
65453.88	65760.08	72342.96	76020.21	9770.98	10916.12	11736.86	12148.41	26883.68	25814.26	28588.06	31406.82
54833.47	54851.25	60548.84	63351.79	7922.40	8944.30	9713.47	10076.64	23112.98	22149.63	24495.45	26639.67
856.44	922.24	934.37	931.01	540.87	568.76	567.35	569.64	153.69	151.46	157.28	164.52
4469.42	4605.41	4649.59	5003.04	773.36	844.19	817.89	851.07	1458.24	1307.97	1318.33	1610.50
2007.19	2097.42	2111.07	1926.65	418.17	445.53	411.34	345.85	740.44	755.72	814.28	809.71
7343.63	7637.42	7695.04	7860.71	1732.41	1858.48	1796.58	1766.56	2355.58	2219.18	2289.89	2584.73

7－6 按行业分的规模以上工业企业主要经济指标(2019 年)
Main Indicators of Industrial Enterprises Above Designated Size by Sector((2019)

单位:亿元(100 million yuan)

行业	Sector	企业单位数(个) Number of Enterprises (unit)	#亏损企业(个) Loss (unit)	工业总产值 Gross Industrial Output Value
总计	**Total**	**45695**	**6236**	**73766.22**
按登记注册类型分	**By Registered Type**			
#国有	State－owned Enterprises	37	12	349.11
集体	Collective Owned Enterprises	24	4	24.41
私营	Private Enterprises	34472	4377	34938.49
港澳台商投资	Funded by Enterpreneurs From Hong Kong Macao and Taiwan	2085	457	7090.53
外商投资	Foreign Funded Enterprises	2261	436	7815.99
在总计中:轻工业	Light Industry	22432	3288	26072.57
重工业	Heavy Industry	23263	2948	47693.65
按工业行业分	**By Sector**			
煤炭开采和洗选业	Coal Mining and Dressing	1		0.26
黑色金属矿采选业	Ferrous Metals Mining and Dressing	3	1	1.55
有色金属矿采选业	Nonferrous Metals Mining and Dressing	13	6	8.14
非金属矿采选业	Nonmetal Minerals Mining and Dressing	129	17	159.48
农副食品加工业	Non－staple Food Processing	676	137	866.30
食品制造业	Food Manufacturing	339	76	520.99
酒、饮料和精制茶制造业	Beverage Manufacturing	204	36	437.04
烟草制品业	Tobacco Processing	1		535.86
纺织业	Textile Industry	4922	622	4494.57
纺织服装、服饰业	Garments,Shoes and Hats Manufacturing	2546	543	2176.65
皮革、毛皮、羽毛及其制品和制鞋业	Leather,Furs,Down and Related Products	1738	202	1129.61
木材加工和木、竹、藤、棕、草制品业	Timber Processing,Bamboo,Cane Palm Fiber and Straw Products	774	89	454.01
家具制造业	Furniture Manufacturing	996	182	988.30
造纸和纸制品业	Papermaking and Paper Products	966	188	1480.59
印刷和记录媒介复制业	Printing and Record Medium Reproduction	719	93	500.49
文教、工美、体育和娱乐用品制造业	Cultural,Educational and Sports Goods	1315	163	1308.48

续表 1 Continued 单位:亿元(100 million yuan)

行业	Sector	企业单位数(个) Number of Enterprises (unit)	#亏损企业(个) Loss (unit)	工业总产值 Gross Industrial Output Value
石油加工、炼焦和核燃料加工业	Petroleum Processing, Cooking and Nuclear Fuel Processing	79	17	1973.66
化学原料和化学制品制造业	Raw Chemical Materials and Chemical Products	1664	196	5750.50
医药制造业	Medical and Pharmaceutical Products	456	59	1621.59
化学纤维制造业	Chemical Fiber	633	113	2926.08
橡胶和塑料制品业	Rubber and plastic products	2818	320	2686.26
非金属矿物制品业	Nonmetal Mineral Products	1989	214	3323.35
黑色金属冶炼和压延加工业	Smelting and Pressing of Ferrous Metals	599	104	1784.29
有色金属冶炼和压延加工业	Smelting and Pressing of Nonferrous Metals	736	119	2386.89
金属制品业	Metal Products	3235	355	3186.35
通用设备制造业	Ordinary Machinery	5126	546	5026.25
专用设备制造业	For Special Purpose Equipment Manufacturing	2150	278	2048.54
汽车制造业	Automotive Manufacturing	2266	362	5050.47
铁路、船舶、航空航天和其他运输设备制造业	Railway, Shipbuilding, Aerospace and other Transport Equipment	565	100	717.98
电气机械和器材制造业	Electric Equipment and Machinery	4426	549	7225.40
计算机、通信和其他电子设备制造业	Telecommunications Equipment, Computer and Other Electronic Equipment Manufacturing	1627	284	4920.24
仪器仪表制造业	Instruments, Meters, Cultural and Office Machinery	679	69	1085.98
其他制造业	Handicraft Article and Other Manufacturing Indust	396	52	240.79
废弃资源综合利用业	Comprehensive Utilization of Waste Resources	135	38	275.58
金属制品、机械和设备修理业	Metal Products, Machinery and Equipment Repair Industry	44	6	75.10
电力、热力的生产和供应业	Electricity, Gas and Water Production and Supply	440	39	5439.78
燃气生产和供应业	Production and Supply of Gas	111	8	724.93
水的生产和供应业	Production and Supply of Water	179	53	233.91

续表 2 Continued 单位:亿元(100 million yuan)

行业	Sector	资产总计 Total Assets	年末负债合计 Total Liabilities	所有者权益合计 Creditors´ Equity	实收资本 Toal Capital Hold
总计	**Total**	**85415.16**	**47127.38**	**38231.03**	**18040.20**
按登记注册类型分	**By Registered Type**				
#国有	State - owned Enterprises	264.07	106.34	157.73	111.85
集体	Collective Owned Enterprises	25.45	9.19	16.26	3.16
私营	Private Enterprises	33553.53	20304.90	13228.63	6505.85
港澳台商投资	Funded by Enterpreneurs From Hong Kong Macao and Taiwan	8284.99	4026.60	4260.66	2090.10
外商投资	Foreign Funded Enterprises	9115.73	4627.16	4483.44	2318.51
在总计中:轻工业	Light Industry	27914.32	15308.60	12595.60	5660.42
重工业	Heavy Industry	57500.84	31818.77	25635.43	12379.78
按工业行业分	**By Sector**				
煤炭开采和洗选业	Coal Mining and Dressing	0.29	0.24	0.06	0.01
黑色金属矿采选业	Ferrous Metals Mining and Dressing	7.24	0.67	6.57	0.49
有色金属矿采选业	Nonferrous Metals Mining and Dressing	24.77	16.90	7.87	4.56
非金属矿采选业	Nonmetal Minerals Mining and Dressing	313.60	202.68	109.82	43.13
农副食品加工业	Non - staple Food Processing	873.47	535.92	336.98	199.94
食品制造业	Food Manufacturing	617.76	316.18	300.63	161.37
酒、饮料和精制茶制造业	Beverage Manufacturing	570.76	268.31	302.21	146.26
烟草制品业	Tobacco Processing	623.58	226.40	397.18	9.76
纺织业	Textile Industry	4493.71	2834.47	1658.02	902.94
纺织服装、服饰业	Garments, Shoes and Hats Manufacturing	2250.37	1225.21	1024.33	482.58
皮革、毛皮、羽毛及其制品和制鞋业	Leather, Furs, Down and Related Products	955.08	603.67	348.65	183.18
木材加工和木、竹、藤、棕、草制品业	Timber Processing, Bamboo, Cane Palm Fiber and Straw Products	434.57	267.15	167.38	94.30
家具制造业	Furniture Manufacturing	1019.17	596.77	422.39	219.99
造纸和纸制品业	Papermaking and Paper Products	1579.49	927.47	651.93	314.04
印刷和记录媒介复制业	Printing and Record Medium Reproduction	561.60	314.42	247.17	139.49
文教、工美、体育和娱乐用品制造业	Cultural, Educational and Sports Goods	1155.77	683.62	472.15	222.81

续表 3 Continued 单位:亿元(100 million yuan)

行业	Sector	资产总计 Total Assets	年末负债合计 Total Liabilities	所有者权益合计 Creditors′ Equity	实收资本 Toal Capital Hold
石油加工、炼焦和核燃料加工业	Petroleum Processing,Cooking and Nuclear Fuel Processing	2300.42	1447.25	853.17	656.65
化学原料和化学制品制造业	Raw Chemical Materials and Chemical Products	6712.83	2952.27	3749.03	1515.83
医药制造业	Medical and Pharmaceutical Products	2695.82	1026.72	1669.09	531.45
化学纤维制造业	Chemical Fiber	3191.10	1793.08	1392.83	684.48
橡胶和塑料制品业	Rubber and plastic products	2631.36	1403.69	1229.84	582.86
非金属矿物制品业	Nonmetal Mineral Products	3287.96	2021.48	1249.50	744.03
黑色金属冶炼和压延加工业	Smelting and Pressing of Ferrous Metals	1290.50	717.24	571.26	365.58
有色金属冶炼和压延加工业	Smelting and Pressing of Nonferrous Metals	1304.35	812.23	486.40	254.52
金属制品业	Metal Products	2792.60	1620.17	1171.44	593.88
通用设备制造业	Ordinary Machinery	6172.42	3182.83	2986.98	1270.22
专用设备制造业	For Special Purpose Equipment Manufacturing	2719.92	1412.57	1307.17	554.50
汽车制造业	Automotive Manufacturing	7770.50	4829.70	2938.74	1314.84
铁路、船舶、航空航天和其他运输设备制造业	Railway,Shipbuilding,Aerospace and other Transport Equipment	1253.77	914.58	339.02	250.93
电气机械和器材制造业	Electric Equipment and Machinery	8274.69	4418.38	3856.43	1619.75
计算机、通信和其他电子设备制造业	Telecommunications Equipment, Computer and Other Electronic Equipment Manufacturing	6293.91	3235.11	3055.86	1200.95
仪器仪表制造业	Instruments,Meters,Cultural and Office Machinery	1632.54	710.82	921.72	261.62
其他制造业	Handicraft Article and Other Manufacturing Indust	235.43	136.77	98.65	46.26
废弃资源综合利用业	Comprehensive Utilization of Waste Resources	261.24	157.38	104.02	57.12
金属制品、机械和设备修理业	Metal Products,Machinery and Equipment Repair Industry	160.15	108.70	51.46	41.46
电力、热力的生产和供应业	Electricity,Gas and Water Production and Supply	7039.40	4002.55	3036.62	1923.40
燃气生产和供应业	Production and Supply of Gas	515.74	317.26	198.48	138.41
水的生产和供应业	Production and Supply of Water	1397.27	886.51	510.00	306.62

续表 4 Continued 单位:亿元(100 million yuan)

行业	Sector	营业收入 Operating income	营业成本 Opreating costs	营业税金及附加 Business tariff and annex	销售费用 Selling Expens
总计	**Total**	**76020.21**	**63351.79**	**931.01**	**2361.44**
按登记注册类型分	**By Registered Type**				
#国有	State - owned Enterprises	348.09	328.62	1.33	1.81
集体	Collective Owned Enterprises	24.83	21.23	0.09	1.96
私营	Private Enterprises	35064.89	29575.59	183.91	1068.10
港澳台商投资	Funded by Enterpreneurs From Hong Kong Macao and Taiwan	7236.80	6060.50	43.18	207.52
外商投资	Foreign Funded Enterprises	8209.06	6775.13	45.25	377.54
在总计中:轻工业	Light Industry	27253.79	22356.25	486.21	1155.66
重工业	Heavy Industry	48766.42	40995.54	444.80	1205.78
按工业行业分	**By Sector**				
煤炭开采和洗选业	Coal Mining and Dressing	0.28	0.23	0.01	
黑色金属矿采选业	Ferrous Metals Mining and Dressing	2.03	1.63	0.03	0.15
有色金属矿采选业	Nonferrous Metals Mining and Dressing	7.48	4.89	0.33	0.18
非金属矿采选业	Nonmetal Minerals Mining and Dressing	167.43	104.85	5.04	3.16
农副食品加工业	Non - staple Food Processing	918.92	828.15	2.59	21.90
食品制造业	Food Manufacturing	536.94	415.53	3.10	34.52
酒、饮料和精制茶制造业	Beverage Manufacturing	491.19	357.07	10.36	56.69
烟草制品业	Tobacco Processing	916.68	487.16	339.81	12.47
纺织业	Textile Industry	4428.87	3846.10	21.18	71.57
纺织服装、服饰业	Garments, Shoes and Hats Manufacturing	2153.79	1800.38	12.44	92.13
皮革、毛皮、羽毛及其制品和制鞋业	Leather, Furs, Down and Related Products	1078.83	933.26	5.69	31.58
木材加工和木、竹、藤、棕、草制品业	Timber Processing, Bamboo, Cane Palm Fiber and Straw Products	462.91	381.18	3.51	18.08
家具制造业	Furniture Manufacturing	984.22	797.30	6.19	54.07
造纸和纸制品业	Papermaking and Paper Products	1468.21	1265.16	8.39	42.56
印刷和记录媒介复制业	Printing and Record Medium Reproduction	500.57	415.54	2.46	14.24
文教、工美、体育和娱乐用品制造业	Cultural, Educational and Sports Goods	1251.52	1040.09	7.69	46.72

续表 5 Continued 单位:亿元(100 million yuan)

行业	Sector	营业收入 Operating income	营业成本 Opreating costs	营业税金及附加 Business tariff and annex	销售费用 Selling Expens
石油加工、炼焦和核燃料加工业	Petroleum Processing, Cooking and Nuclear Fuel Processing	1824.23	1493.53	183.18	7.24
化学原料和化学制品制造业	Raw Chemical Materials and Chemical Products	6011.54	5013.63	23.48	153.60
医药制造业	Medical and Pharmaceutical Products	1547.57	817.38	13.78	314.31
化学纤维制造业	Chemical Fiber	3307.69	3058.25	6.45	18.37
橡胶和塑料制品业	Rubber and plastic products	2727.31	2286.24	13.78	91.74
非金属矿物制品业	Nonmetal Mineral Products	3369.52	2778.10	18.36	132.39
黑色金属冶炼和压延加工业	Smelting and Pressing of Ferrous Metals	1901.35	1763.01	4.32	15.99
有色金属冶炼和压延加工业	Smelting and Pressing of Nonferrous Metals	2762.25	2623.21	4.47	15.25
金属制品业	Metal Products	3199.29	2736.70	15.83	82.49
通用设备制造业	Ordinary Machinery	5078.31	4067.44	28.42	189.46
专用设备制造业	For Special Purpose Equipment Manufacturing	2040.57	1575.25	13.26	81.27
汽车制造业	Automotive Manufacturing	5176.23	4260.36	68.59	94.05
铁路、船舶、航空航天和其他运输设备制造业	Railway, Shipbuilding, Aerospace and other Transport Equipment	729.95	631.27	6.46	17.63
电气机械和器材制造业	Electric Equipment and Machinery	7896.89	6567.44	39.65	313.57
计算机、通信和其他电子设备制造业	Telecommunications Equipment, Computer and Other Electronic Equipment Manufacturing	4998.41	3998.26	20.99	224.65
仪器仪表制造业	Instruments, Meters, Cultural and Office Machinery	1087.51	760.69	6.77	67.55
其他制造业	Handicraft Article and Other Manufacturing Indust	247.46	208.73	1.54	7.62
废弃资源综合利用业	Comprehensive Utilization of Waste Resources	312.14	278.26	2.49	2.76
金属制品、机械和设备修理业	Metal Products, Machinery and Equipment Repair Industry	75.76	58.43	0.61	1.30
电力、热力的生产和供应业	Electricity, Gas and Water Production and Supply	5365.00	4820.03	25.71	8.89
燃气生产和供应业	Production and Supply of Gas	743.46	671.48	1.43	9.27
水的生产和供应业	Production and Supply of Water	247.92	205.58	2.61	11.99

续表 6 Continued 单位:亿元(100 million yuan)

行业	Sector	管理费用 Administr tive Expens	财务费用 Financial Expenses	利润总额 Total Profits
总计	**Total**	**2836.79**	**749.61**	**5003.04**
按登记注册类型分	**By Registered Type**			
#国有	State - owned Enterprises	11.52	0.60	4.10
集体	Collective Owned Enterprises	1.38	0.10	0.12
私营	Private Enterprises	1508.13	381.38	1871.13
港澳台商投资	Funded by Enterpreneurs From Hong Kong Macao and Taiwan	240.68	59.10	506.68
外商投资	Foreign Funded Enterprises	345.35	45.31	551.52
在总计中:轻工业	Light Industry	1162.72	273.29	1541.88
重工业	Heavy Industry	1674.07	476.32	3461.16
按工业行业分	**By Sector**			
煤炭开采和洗选业	Coal Mining and Dressing	0.03		0.01
黑色金属矿采选业	Ferrous Metals Mining and Dressing	0.73	0.01	-0.51
有色金属矿采选业	Nonferrous Metals Mining and Dressing	1.32	0.36	0.28
非金属矿采选业	Nonmetal Minerals Mining and Dressing	13.13	7.32	33.05
农副食品加工业	Non - staple Food Processing	25.04	11.67	30.12
食品制造业	Food Manufacturing	29.44	4.02	51.20
酒、饮料和精制茶制造业	Beverage Manufacturing	19.46	2.72	53.68
烟草制品业	Tobacco Processing	18.88	-1.29	52.58
纺织业	Textile Industry	177.91	59.67	190.00
纺织服装、服饰业	Garments,Shoes and Hats Manufacturing	124.28	15.39	103.46
皮革、毛皮、羽毛及其制品和制鞋业	Leather,Furs,Down and Related Products	54.14	10.98	32.32
木材加工和木、竹、藤、棕、草制品业	Timber Processing,Bamboo,Cane Palm Fiber and Straw Products	19.83	6.22	30.55
家具制造业	Furniture Manufacturing	55.84	11.51	55.15
造纸和纸制品业	Papermaking and Paper Products	49.34	23.11	74.15
印刷和记录媒介复制业	Printing and Record Medium Reproduction	27.89	5.90	30.19
文教、工美、体育和娱乐用品制造业	Cultural,Educational and Sports Goods	63.35	11.82	69.37

续表 7 Continued 单位:亿元(100 million yuan)

行业	Sector	管理费用 Administrtive Expens	财务费用 Financial Expenses	利润总额 Total Profits
石油加工、炼焦和核燃料加工业	Petroleum Processing,Cooking and Nuclear Fuel Processing	28.14	4.66	109.96
化学原料和化学制品制造业	Raw Chemical Materials and Chemical Products	173.91	48.88	639.82
医药制造业	Medical and Pharmaceutical Products	110.86	14.29	231.32
化学纤维制造业	Chemical Fiber	37.94	41.02	121.00
橡胶和塑料制品业	Rubber and plastic products	121.43	29.49	142.78
非金属矿物制品业	Nonmetal Mineral Products	108.18	31.30	278.50
黑色金属冶炼和压延加工业	Smelting and Pressing of Ferrous Metals	32.76	7.49	67.24
有色金属冶炼和压延加工业	Smelting and Pressing of Nonferrous Metals	33.17	19.76	46.39
金属制品业	Metal Products	140.37	31.77	146.39
通用设备制造业	Ordinary Machinery	276.61	41.07	367.25
专用设备制造业	For Special Purpose Equipment Manufacturing	129.76	19.54	164.91
汽车制造业	Automotive Manufacturing	238.36	41.47	452.75
铁路、船舶、航空航天和其他运输设备制造业	Railway,Shipbuilding,Aerospace and other Transport Equipment	41.10	13.19	5.40
电气机械和器材制造业	Electric Equipment and Machinery	301.54	66.22	465.21
计算机、通信和其他电子设备制造业	Telecommunications Equipment,Computer and Other Electronic Equipment Manufacturing	169.98	19.05	392.47
仪器仪表制造业	Instruments,Meters,Cultural and Office Machinery	65.61	4.47	157.76
其他制造业	Handicraft Article and Other Manufacturing Indust	13.33	2.40	12.53
废弃资源综合利用业	Comprehensive Utilization of Waste Resources	6.75	3.20	23.80
金属制品、机械和设备修理业	Metal Products,Machinery and Equipment Repair Industry	5.93	1.99	6.59
电力、热力的生产和供应业	Electricity,Gas and Water Production and Supply	88.23	118.94	303.05
燃气生产和供应业	Production and Supply of Gas	11.25	5.28	46.90
水的生产和供应业	Production and Supply of Water	20.96	14.73	15.42

续表 8 Continued 单位:亿元(100 million yuan)

行业	Sector	利税总额 Total Profits and Taxes	本年应交增值税 Value Added Taxes Payable	平均用工人数(万人) Average Number of Employed Persons (10000 persons)
总计	**Total**	**7860.71**	**1926.65**	**678.93**
按登记注册类型分	**By Registered Type**			
#国有	State - owned Enterprises	14.19	8.77	1.21
集体	Collective Owned Enterprises	0.62	0.41	0.22
私营	Private Enterprises	2975.41	920.37	428.04
港澳台商投资	Funded by Enterpreneurs From Hong Kong Macao and Taiwan	708.72	158.86	58.63
外商投资	Foreign Funded Enterprises	751.98	155.21	64.29
在总计中:轻工业	Light Industry	2799.65	771.55	329.38
重工业	Heavy Industry	5061.06	1155.10	349.55
按工业行业分	**By Sector**			
煤炭开采和洗选业	Coal Mining and Dressing	0.03	0.02	
黑色金属矿采选业	Ferrous Metals Mining and Dressing	-0.39	0.09	0.08
有色金属矿采选业	Nonferrous Metals Mining and Dressing	1.31	0.70	0.17
非金属矿采选业	Nonmetal Minerals Mining and Dressing	44.43	6.33	0.97
农副食品加工业	Non - staple Food Processing	44.53	11.82	6.86
食品制造业	Food Manufacturing	71.95	17.64	6.22
酒、饮料和精制茶制造业	Beverage Manufacturing	79.86	15.81	3.58
烟草制品业	Tobacco Processing	454.49	62.09	0.36
纺织业	Textile Industry	337.74	126.55	58.92
纺织服装、服饰业	Garments, Shoes and Hats Manufacturing	178.59	62.70	42.11
皮革、毛皮、羽毛及其制品和制鞋业	Leather, Furs, Down and Related Products	72.22	34.21	25.32
木材加工和木、竹、藤、棕、草制品业	Timber Processing, Bamboo, Cane Palm Fiber and Straw Products	46.67	12.60	6.66
家具制造业	Furniture Manufacturing	94.50	33.16	18.03
造纸和纸制品业	Papermaking and Paper Products	138.63	56.09	11.55
印刷和记录媒介复制业	Printing and Record Medium Reproduction	46.07	13.42	7.51
文教、工美、体育和娱乐用品制造业	Cultural, Educational and Sports Goods	110.11	33.05	20.80

续表 9 Continued 单位:亿元(100 million yuan)

行业	Sector	利税总额 Total Profits and Taxes	本年应交增值税 Value Added Taxes Payable	平均用工人数(万人) Average Number of Employed Persons (10000 persons)
石油加工、炼焦和核燃料加工业	Petroleum Processing, Cooking and Nuclear Fuel Processing	329.04	35.89	1.76
化学原料和化学制品制造业	Raw Chemical Materials and Chemical Products	794.32	131.02	21.30
医药制造业	Medical and Pharmaceutical Products	322.65	77.55	14.18
化学纤维制造业	Chemical Fiber	168.54	41.10	12.26
橡胶和塑料制品业	Rubber and plastic products	222.72	66.17	33.19
非金属矿物制品业	Nonmetal Mineral Products	415.05	118.19	19.63
黑色金属冶炼和压延加工业	Smelting and Pressing of Ferrous Metals	93.67	22.11	6.63
有色金属冶炼和压延加工业	Smelting and Pressing of Nonferrous Metals	95.51	44.65	7.43
金属制品业	Metal Products	240.32	78.09	42.05
通用设备制造业	Ordinary Machinery	536.26	140.59	67.48
专用设备制造业	For Special Purpose Equipment Manufacturing	239.34	61.17	29.46
汽车制造业	Automotive Manufacturing	635.34	114.00	44.67
铁路、船舶、航空航天和其他运输设备制造业	Railway, Shipbuilding, Aerospace and other Transport Equipment	29.63	17.77	9.44
电气机械和器材制造业	Electric Equipment and Machinery	669.64	164.78	78.32
计算机、通信和其他电子设备制造业	Telecommunications Equipment, Computer and Other Electronic Equipment Manufacturing	511.55	98.09	47.46
仪器仪表制造业	Instruments, Meters, Cultural and Office Machinery	197.85	33.32	13.13
其他制造业	Handicraft Article and Other Manufacturing Indust	21.25	7.18	5.12
废弃资源综合利用业	Comprehensive Utilization of Waste Resources	44.37	18.08	1.20
金属制品、机械和设备修理业	Metal Products, Machinery and Equipment Repair Industry	8.88	1.68	1.51
电力、热力的生产和供应业	Electricity, Gas and Water Production and Supply	482.66	153.90	9.87
燃气生产和供应业	Production and Supply of Gas	55.93	7.60	1.01
水的生产和供应业	Production and Supply of Water	25.48	7.45	2.68

7-7 按行业分的规模以上工业企业主要经济效益指标(2019 年)
Main Economic Beneficial Indicators of Industrial Enterprises Above Designated Size by Sector (2019)

行业	Sector
总计	**Total**
按登记注册类型分	**By Registered Type**
#国有	State - owned Enterprises
集体	Collective Owned Enterprises
私营	Private Enterprises
港澳台商投资	Funded by Enterpreneurs From Hong Kong Macao and Taiwan
外商投资	Foreign Funded Enterprises
在总计中:轻工业	Light Industry
重工业	Heavy Industry
按工业行业分	**By Sector**
煤炭开采和洗选业	Coal Mining and Dressing
黑色金属矿采选业	Ferrous Metals Mining and Dressing
有色金属矿采选业	Nonferrous Metals Mining and Dressing
非金属矿采选业	Nonmetal Minerals Mining and Dressing
农副食品加工业	Non - staple Food Processing
食品制造业	Food Manufacturing
酒、饮料和精制茶制造业	Beverage Manufacturing
烟草制品业	Tobacco Processing
纺织业	Textile Industry
纺织服装、服饰业	Garments,Shoes and Hats Manufacturing
皮革、毛皮、羽毛及其制品和制鞋业	Leather,Furs,Down and Related Products
木材加工和木、竹、藤、棕、草制品业	Timber Processing,Bamboo,Cane Palm Fiber and Straw Products
家具制造业	Furniture Manufacturing
造纸和纸制品业	Papermaking and Paper Products
印刷和记录媒介复制业	Printing and Record Medium Reproduction

资产负债率（%）Asset Liability Ratio（%）	成本费用利润率（%）Profit Margin of the Cost and Expense（%）	每百元固定资产原值实现利税（元）Pre tax Profits per 100 Yuan Original Value of Fixed Assets（yuan）	每百元营业收入实现利税（元）Pre tax Profits per 100 Yuan Revenues in Main Business（yuan）	新产品产值率（%）New product ratio（%）
55.17	**7.04**	**21.46**	**10.34**	**37.99**
40.27	1.19	3.79	4.08	3.84
36.10	0.48	3.69	2.48	1.26
60.51	5.60	23.92	8.49	36.48
48.60	7.49	21.42	9.79	42.35
50.76	7.15	19.05	9.16	42.89
54.84	6.03	25.96	10.27	37.04
55.34	7.60	19.59	10.38	38.51
81.15	2.27	18.82	10.09	
9.27	-20.00	-36.87	-19.09	
68.21	4.17	12.52	17.54	11.78
64.63	25.50	65.72	26.53	14.30
61.36	3.36	15.57	4.85	16.06
51.18	10.41	23.53	13.40	22.15
47.01	12.21	23.99	16.26	22.01
36.31	10.15	318.85	49.58	7.33
63.08	4.47	14.90	7.63	33.83
54.44	5.01	25.42	8.29	35.26
63.21	3.08	25.19	6.69	39.39
61.47	7.03	34.95	10.08	34.07
58.55	5.85	31.86	9.60	44.68
58.72	5.25	18.63	9.44	37.46
55.99	6.36	16.26	9.20	28.51

续表　Continued

行业	Sector
文教、工美、体育和娱乐用品制造业	Cultural, Educational and Sports Goods
石油、煤炭及其他燃料加工业	Petroleum Processing, Cooking and Nuclear Fuel Processing
化学原料和化学制品制造业	Raw Chemical Materials and Chemical Products
医药制造业	Medical and Pharmaceutical Products
化学纤维制造业	Chemical Fiber
橡胶和塑料制品业	Rubber and plastic products
非金属矿物制品业	Nonmetal Mineral Products
黑色金属冶炼和压延加工业	Smelting and Pressing of Ferrous Metals
有色金属冶炼和压延加工业	Smelting and Pressing of Nonferrous Metals
金属制品业	Metal Products
通用设备制造业	Ordinary Machinery
专用设备制造业	For Special Purpose Equipment Manufacturing
汽车制造业	Automotive Manufacturing
铁路、船舶、航空航天和其他运输设备制造业	Railway, Shipbuilding, Aerospace and other Transport Equipment
电气机械和器材制造业	Electric Equipment and Machinery
计算机、通信和其他电子设备制造业	Telecommunications Equipment, Computer and Other Electronic Equipment Manufacturing
仪器仪表制造业	Instruments, Meters, Cultural and Office Machinery
其他制造业	Handicraft Article and Other Manufacturing Indust
废弃资源综合利用业	Recovery of Resource Discarded and Useless Material
金属制品、机械和设备修理业	Metal Products, Machinery and Equipment Repair Industry
电力、热力生产和供应业	Production and Supply of Electricity and Heating Power
燃气生产和供应业	Production and Supply of Gas
水的生产和供应业	Production and Supply of Water

资产负债率 (%) Asset Liability Ratio (%)	成本费用利润率 (%) Profit Margin of the Cost and Expense (%)	每百元固定资产原值实现利税 (元) Pre tax Profits per 100 Yuan Original Value of Fixed Assets (yuan)	每百元营业收入实现利税 (元) Pre tax Profits per 100 Yuan Revenues in Main Business (yuan)	新产品产值率 (%) New product ratio (%)
59.15	5.83	26.06	8.80	34.82
62.91	7.12	41.23	18.04	20.44
43.98	11.59	28.97	13.21	36.61
38.09	17.31	37.43	20.85	43.90
56.19	3.77	13.18	5.10	46.08
53.34	5.50	18.03	8.17	31.17
61.48	9.01	34.75	12.32	22.26
55.58	3.63	13.81	4.93	31.34
62.27	1.71	26.36	3.46	28.32
58.02	4.78	22.49	7.51	34.61
51.57	7.74	26.53	10.56	45.73
51.93	8.72	27.02	11.73	48.60
62.15	9.49	30.03	12.27	60.37
72.95	0.74	6.99	4.06	42.89
53.40	6.22	32.11	8.48	53.71
51.40	8.42	34.92	10.23	65.56
43.54	16.44	57.69	18.19	54.42
58.10	5.28	24.88	8.59	30.47
60.24	8.10	55.66	14.21	16.96
67.87	9.56	10.64	11.72	9.88
56.86	5.99	5.25	9.00	2.50
61.52	6.72	15.57	7.52	3.51
63.45	6.06	2.58	10.28	3.61

7-8 按行业分的国有及国有控股工业企业主要指标(2019年)
Main Indicators of State-owned and State Holding Industrial Enterprises by Sector(2019)

单位:亿元(100 million yuan)

行业	Sector	企业单位数(个) Number of Enterprises (unit)	#亏损企业(个) Loss (unit)	工业总产值 Gross Industrial Output Value
总计	**Total**	**832**	**135**	**10993.61**
按登记注册类型分	**By Registered Type**			
#国有	State-owned Enterprises	33	11	349.11
集体	Collective Owned Enterprises			
私营	Private Enterprises	4		19.06
港澳台商投资	Funded by Enterpreneurs From Hong Kong Macao and Taiwan	25	2	698.32
外商投资	Foreign Funded Enterprises	39	5	357.63
在总计中:轻工业	Light Industry	130	33	912.49
重工业	Heavy Industry	702	102	10081.12
按工业行业分	**By Sector**			
煤炭开采和洗选业	Coal Mining and Dressing			
黑色金属矿采选业	Ferrous Metals Mining and Dressing	1	1	0.96
有色金属矿采选业	Nonferrous Metals Mining and Dressing	1	1	0.87
非金属矿采选业	Nonmetal Minerals Mining and Dressing	15	2	22.83
农副食品加工业	Non-staple Food Processing	19	4	43.36
食品制造业	Food Manufacturing	14	4	30.87
酒、饮料和精制茶制造业	Beverage Manufacturing	7	1	19.28
烟草制品业	Tobacco Processing	1		535.86
纺织业	Textile Industry	6	1	13.43
纺织服装、服饰业	Garments, Shoes and Hats Manufacturing	17	8	18.97
皮革、毛皮、羽毛及其制品和制鞋业	Leather, Furs, Down and Related Products	2	1	0.56
木材加工和木、竹、藤、棕、草制品业	Timber Processing, Bamboo, Cane Palm Fiber and Straw Products			
家具制造业	Furniture Manufacturing			
造纸和纸制品业	Papermaking and Paper Products	3	3	17.45
印刷和记录媒介复制业	Printing and Record Medium Reproduction	14	3	14.00
文教、工美、体育和娱乐用品制造业	Cultural, Educational and Sports Goods	4	1	4.35

续表 1 Continued 单位:亿元(100 million yuan)

行业	Sector	企业单位数(个) Number of Enterprises (unit)	#亏损企业(个) Loss (unit)	工业总产值 Gross Industrial Output Value
石油加工、炼焦和核燃料加工业	Petroleum Processing, Cooking and Nuclear Fuel Processing	6	2	1521.63
化学原料和化学制品制造业	Raw Chemical Materials and Chemical Products	48	5	519.20
医药制造业	Medical and Pharmaceutical Products	22	5	152.68
化学纤维制造业	Chemical Fiber	2		7.63
橡胶和塑料制品业	Rubber and plastic products	10	1	227.16
非金属矿物制品业	Nonmetal Mineral Products	92	3	520.58
黑色金属冶炼和压延加工业	Smelting and Pressing of Ferrous Metals	7		258.86
有色金属冶炼和压延加工业	Smelting and Pressing of Nonferrous Metals	5	2	26.46
金属制品业	Metal Products	12	1	42.88
通用设备制造业	Ordinary Machinery	37	1	224.81
专用设备制造业	For Special Purpose Equipment Manufacturing	16	6	24.38
汽车制造业	Automotive Manufacturing	15	6	270.18
铁路、船舶、航空航天和其他运输设备制造业	Railway, Shipbuilding, Aerospace and other Transport Equipment	11	3	65.99
电气机械和器材制造业	Electric Equipment and Machinery	25	2	215.21
计算机、通信和其他电子设备制造业	Telecommunications Equipment, Computer and Other Electronic Equipment Manufacturing	22	3	358.91
仪器仪表制造业	Instruments, Meters, Cultural and Office Machinery	5		8.33
其他制造业	Handicraft Article and Other Manufacturing Indust			
废弃资源综合利用业	Comprehensive Utilization of Waste Resources	5	1	5.21
金属制品、机械和设备修理业	Metal Products, Machinery and Equipment Repair Industry	3		12.44
电力、热力的生产和供应业	Electricity, Gas and Water Production and Supply	216	19	5072.68
燃气生产和供应业	Production and Supply of Gas	48	5	538.93
水的生产和供应业	Production and Supply of Water	121	40	196.65

续表 2 Continued 单位:亿元(100 million yuan)

行业	Sector	资产总计 Total Assets	年末负债合计 Total Liabilities	所有者权益合计 Creditors' Equity	实收资本 Total Capital Hold
总计	**Total**	**13858.84**	**7449.13**	**6386.53**	**3401.64**
按登记注册类型分	**By Registered Type**				
#国有	State - owned Enterprises	264.07	106.34	157.73	111.85
集体	Collective Owned Enterprises				
私营	Private Enterprises	16.36	6.27	10.10	3.55
港澳台商投资	Funded by Enterpreneurs From Hong Kong Macao and Taiwan	656.81	364.20	292.61	145.44
外商投资	Foreign Funded Enterprises	333.92	144.28	189.64	148.61
在总计中:轻工业	Light Industry	1399.03	549.69	849.35	160.77
重工业	Heavy Industry	12459.80	6899.45	5537.18	3240.87
按工业行业分	**By Sector**				
煤炭开采和洗选业	Coal Mining and Dressing				
黑色金属矿采选业	Ferrous Metals Mining and Dressing	5.65	0.14	5.51	
有色金属矿采选业	Nonferrous Metals Mining and Dressing	2.21	0.85	1.37	0.69
非金属矿采选业	Nonmetal Minerals Mining and Dressing	102.45	67.58	34.87	9.31
农副食品加工业	Non - staple Food Processing	64.80	36.32	28.48	13.83
食品制造业	Food Manufacturing	27.17	13.78	13.39	6.31
酒、饮料和精制茶制造业	Beverage Manufacturing	53.50	10.27	43.23	13.93
烟草制品业	Tobacco Processing	623.58	226.40	397.18	9.76
纺织业	Textile Industry	28.77	20.22	8.55	5.69
纺织服装、服饰业	Garments,Shoes and Hats Manufacturing	55.73	11.79	43.93	4.43
皮革、毛皮、羽毛及其制品和制鞋业	Leather,Furs,Down and Related Products	0.51	0.36	0.14	0.04
木材加工和木、竹、藤、棕、草制品业	Timber Processing, Bamboo, Cane Palm Fiber and Straw Products				
家具制造业	Furniture Manufacturing				
造纸和纸制品业	Papermaking and Paper Products	36.29	18.78	17.51	9.02
印刷和记录媒介复制业	Printing and Record Medium Reproduction	19.66	7.37	12.29	6.65
文教、工美、体育和娱乐用品制造业	Cultural,Educational and Sports Goods	2.00	1.18	0.82	0.42

续表 3 Continued 单位:亿元(100 million yuan)

行业	Sector	资产总计 Total Assets	年末负债合计 Total Liabilities	所有者权益合计 Creditors' Equity	实收资本 Total Capital Hold
石油加工、炼焦和核燃料加工业	Petroleum Processing, Cooking and Nuclear Fuel Processing	698.64	280.35	418.29	269.08
化学原料和化学制品制造业	Raw Chemical Materials and Chemical Products	679.30	146.58	527.84	156.94
医药制造业	Medical and Pharmaceutical Products	413.85	172.42	241.43	67.95
化学纤维制造业	Chemical Fiber	12.79	0.46	12.32	6.47
橡胶和塑料制品业	Rubber and plastic products	210.93	129.86	81.07	15.92
非金属矿物制品业	Nonmetal Mineral Products	592.42	313.29	262.99	123.47
黑色金属冶炼和压延加工业	Smelting and Pressing of Ferrous Metals	202.23	63.90	138.34	139.93
有色金属冶炼和压延加工业	Smelting and Pressing of Nonferrous Metals	18.53	10.77	6.35	4.30
金属制品业	Metal Products	43.05	31.88	11.17	9.22
通用设备制造业	Ordinary Machinery	501.96	249.82	252.14	70.05
专用设备制造业	For Special Purpose Equipment Manufacturing	40.78	28.54	12.24	9.98
汽车制造业	Automotive Manufacturing	632.78	585.50	47.27	186.77
铁路、船舶、航空航天和其他运输设备制造业	Railway, Shipbuilding, Aerospace and other Transport Equipment	116.56	98.51	18.05	24.67
电气机械和器材制造业	Electric Equipment and Machinery	247.88	170.88	77.00	30.46
计算机、通信和其他电子设备制造业	Telecommunications Equipment, Computer and Other Electronic Equipment Manufacturing	753.25	204.66	548.59	137.67
仪器仪表制造业	Instruments, Meters, Cultural and Office Machinery	20.73	8.37	12.35	1.04
其他制造业	Handicraft Article and Other Manufacturing Indust				
废弃资源综合利用业	Comprehensive Utilization of Waste Resources	11.83	5.45	6.38	2.88
金属制品、机械和设备修理业	Metal Products, Machinery and Equipment Repair Industry	31.09	22.01	9.08	11.99
电力、热力的生产和供应业	Electricity, Gas and Water Production and Supply	5990.29	3483.22	2507.07	1678.25
燃气生产和供应业	Production and Supply of Gas	329.46	208.18	121.28	95.24
水的生产和供应业	Production and Supply of Water	1288.19	819.42	468.01	279.29

续表 4 Continued 单位:亿元(100 million yuan)

行业	Sector	营业收入 Revenues in Main Business	营业成本 Costs in Main Business	营业税金及附加 Sales Taxes and Extra Charges in Main Busuness	销售费用 Selling Expenses
总计	**Total**	**11519.82**	**9534.55**	**568.64**	**189.52**
按登记注册类型分	**By Registered Type**				
#国有	State - owned Enterprises	348.09	328.62	1.33	1.81
集体	Collective Owned Enterprises				
私营	Private Enterprises	18.77	14.62	0.15	0.69
港澳台商投资	Funded by Enterpreneurs From Hong Kong Macao and Taiwan	745.39	649.92	10.58	16.50
外商投资	Foreign Funded Enterprises	377.47	321.22	1.89	11.91
在总计中:轻工业	Light Industry	1318.44	765.19	344.17	74.54
重工业	Heavy Industry	10201.38	8769.36	224.47	114.97
按工业行业分	**By Sector**				
煤炭开采和洗选业	Coal Mining and Dressing				
黑色金属矿采选业	Ferrous Metals Mining and Dressing	1.42	1.20	0.02	0.13
有色金属矿采选业	Nonferrous Metals Mining and Dressing	0.95	0.67	0.05	0.02
非金属矿采选业	Nonmetal Minerals Mining and Dressing	22.52	11.55	1.13	0.38
农副食品加工业	Non - staple Food Processing	50.45	46.27	0.21	1.00
食品制造业	Food Manufacturing	26.40	21.42	0.18	1.52
酒、饮料和精制茶制造业	Beverage Manufacturing	17.56	9.99	1.17	2.90
烟草制品业	Tobacco Processing	916.68	487.16	339.81	12.47
纺织业	Textile Industry	15.86	13.93	0.15	0.24
纺织服装、服饰业	Garments, Shoes and Hats Manufacturing	19.08	12.48	0.22	0.21
皮革、毛皮、羽毛及其制品和制鞋业	Leather, Furs, Down and Related Products	0.55	0.48	0.01	
木材加工和木、竹、藤、棕、草制品业	Timber Processing, Bamboo, Cane Palm Fiber and Straw Products				
家具制造业	Furniture Manufacturing				
造纸和纸制品业	Papermaking and Paper Products	18.09	15.10	0.16	0.79
印刷和记录媒介复制业	Printing and Record Medium Reproduction	15.64	13.69	0.10	0.44
文教、工美、体育和娱乐用品制造业	Cultural, Educational and Sports Goods	4.19	3.90	0.01	0.09

续表 5 Continued 单位:亿元(100 million yuan)

行业	Sector	营业收入 Revenues in Main Business	营业成本 Costs in Main Business	营业税金及附加 Sales Taxes and Extra Charges in Main Busuness	销售费用 Selling Expenses
石油加工、炼焦和核燃料加工业	Petroleum Processing, Cooking and Nuclear Fuel Processing	1489.65	1210.24	174.28	4.25
化学原料和化学制品制造业	Raw Chemical Materials and Chemical Products	561.68	441.23	2.93	9.11
医药制造业	Medical and Pharmaceutical Products	164.26	83.81	1.66	50.35
化学纤维制造业	Chemical Fiber	9.58	6.37	0.10	0.28
橡胶和塑料制品业	Rubber and plastic products	271.96	239.94	0.80	12.67
非金属矿物制品业	Nonmetal Mineral Products	530.29	391.16	3.58	16.56
黑色金属冶炼和压延加工业	Smelting and Pressing of Ferrous Metals	277.50	257.50	0.85	0.51
有色金属冶炼和压延加工业	Smelting and Pressing of Nonferrous Metals	24.62	22.77	0.07	0.10
金属制品业	Metal Products	45.72	39.48	0.25	0.96
通用设备制造业	Ordinary Machinery	266.42	220.08	1.26	7.88
专用设备制造业	For Special Purpose Equipment Manufacturing	23.68	17.53	0.17	0.88
汽车制造业	Automotive Manufacturing	288.04	250.13	7.79	2.89
铁路、船舶、航空航天和其他运输设备制造业	Railway, Shipbuilding, Aerospace and other Transport Equipment	70.50	63.71	0.44	0.82
电气机械和器材制造业	Electric Equipment and Machinery	228.54	196.40	0.90	9.85
计算机、通信和其他电子设备制造业	Telecommunications Equipment, Computer and Other Electronic Equipment Manufacturing	368.97	179.07	3.15	28.27
仪器仪表制造业	Instruments, Meters, Cultural and Office Machinery	8.34	5.47	0.03	0.63
其他制造业	Handicraft Article and Other Manufacturing Indust				
废弃资源综合利用业	Comprehensive Utilization of Waste Resources	8.42	6.32	0.08	0.24
金属制品、机械和设备修理业	Metal Products, Machinery and Equipment Repair Industry	13.80	11.82	0.10	0.10
电力、热力的生产和供应业	Electricity, Gas and Water Production and Supply	4999.02	4566.22	23.67	6.62
燃气生产和供应业	Production and Supply of Gas	548.89	508.90	1.05	5.49
水的生产和供应业	Production and Supply of Water	210.54	178.56	2.29	10.88

续表 6 Continued 单位:亿元(100 million yuan)

行业	Sector	管理费用 Administrative Expenses	财务费用 Financial Expenses	利润总额 Total Profits
总计	**Total**	**252.63**	**138.01**	**826.28**
按登记注册类型分	**By Registered Type**			
#国有	State - owned Enterprises	11.52	0.60	4.10
集体	Collective Owned Enterprises			
私营	Private Enterprises	0.83	0.11	2.64
港澳台商投资	Funded by Enterpreneurs From Hong Kong Macao and Taiwan	11.77	6.06	26.97
外商投资	Foreign Funded Enterprises	8.21	2.96	25.29
在总计中:轻工业	Light Industry	48.76	5.12	78.62
重工业	Heavy Industry	203.87	132.88	747.65
按工业行业分	**By Sector**			
煤炭开采和洗选业	Coal Mining and Dressing			
黑色金属矿采选业	Ferrous Metals Mining and Dressing	0.69		-0.60
有色金属矿采选业	Nonferrous Metals Mining and Dressing	0.23	0.04	-0.06
非金属矿采选业	Nonmetal Minerals Mining and Dressing	2.23	1.02	6.37
农副食品加工业	Non - staple Food Processing	1.52	0.62	2.36
食品制造业	Food Manufacturing	1.57	0.23	2.11
酒、饮料和精制茶制造业	Beverage Manufacturing	1.32	-0.14	2.53
烟草制品业	Tobacco Processing	18.88	-1.29	52.58
纺织业	Textile Industry	0.76	0.43	1.13
纺织服装、服饰业	Garments, Shoes and Hats Manufacturing	8.19	-0.12	-0.18
皮革、毛皮、羽毛及其制品和制鞋业	Leather, Furs, Down and Related Products	0.07		-0.01
木材加工和木、竹、藤、棕、草制品业	Timber Processing, Bamboo, Cane Palm Fiber and Straw Products			
家具制造业	Furniture Manufacturing			
造纸和纸制品业	Papermaking and Paper Products	1.03	0.46	-0.23
印刷和记录媒介复制业	Printing and Record Medium Reproduction	1.22	0.06	0.14
文教、工美、体育和娱乐用品制造业	Cultural, Educational and Sports Goods	0.14	0.05	0.09

续表 7 Continued 单位:亿元(100 million yuan)

行业	Sector	管理费用 Administrative Expenses	财务费用 Financial Expenses	利润总额 Total Profits
石油加工、炼焦和核燃料加工业	Petroleum Processing, Cooking and Nuclear Fuel Processing	24.40	-0.17	88.54
化学原料和化学制品制造业	Raw Chemical Materials and Chemical Products	12.88	1.78	115.07
医药制造业	Medical and Pharmaceutical Products	10.71	4.40	13.59
化学纤维制造业	Chemical Fiber	0.43	-0.01	2.39
橡胶和塑料制品业	Rubber and plastic products	5.26	2.45	2.01
非金属矿物制品业	Nonmetal Mineral Products	11.48	5.68	103.66
黑色金属冶炼和压延加工业	Smelting and Pressing of Ferrous Metals	3.43	-1.17	11.67
有色金属冶炼和压延加工业	Smelting and Pressing of Nonferrous Metals	0.84	0.41	0.20
金属制品业	Metal Products	1.28	0.93	-2.42
通用设备制造业	Ordinary Machinery	13.36	2.95	19.97
专用设备制造业	For Special Purpose Equipment Manufacturing	1.40	0.23	0.17
汽车制造业	Automotive Manufacturing	10.31	1.39	2.97
铁路、船舶、航空航天和其他运输设备制造业	Railway, Shipbuilding, Aerospace and other Transport Equipment	2.89	1.04	0.93
电气机械和器材制造业	Electric Equipment and Machinery	5.37	0.68	11.62
计算机、通信和其他电子设备制造业	Telecommunications Equipment, Computer and Other Electronic Equipment Manufacturing	11.70	-4.29	132.53
仪器仪表制造业	Instruments, Meters, Cultural and Office Machinery	0.75	0.04	1.05
其他制造业	Handicraft Article and Other Manufacturing Indust			
废弃资源综合利用业	Comprehensive Utilization of Waste Resources	0.27	0.19	1.41
金属制品、机械和设备修理业	Metal Products, Machinery and Equipment Repair Industry	0.75	0.33	0.57
电力、热力的生产和供应业	Electricity, Gas and Water Production and Supply	73.38	102.74	217.73
燃气生产和供应业	Production and Supply of Gas	5.56	3.84	26.07
水的生产和供应业	Production and Supply of Water	18.33	13.22	10.31

续表 8 Continued 单位:亿元(100 million yuan)

行业	Sector	利税总额 Total Profits and Taxes	本年应交增值税 Value Added Taxes Payable	平均用工人数(万人) Average Number of Employed Persons (10000 presons)
总计	**Total**	**1738.38**	**343.46**	**29.57**
按登记注册类型分	**By Registered Type**			
#国有	State - owned Enterprises	14.19	8.77	1.21
集体	Collective Owned Enterprises			
私营	Private Enterprises	3.57	0.78	0.13
港澳台商投资	Funded by Entrepreneurs From Hong Kong Macao and Taiwan	53.81	16.26	1.69
外商投资	Foreign Funded Enterprises	35.54	8.36	1.28
在总计中:轻工业	Light Industry	501.02	78.22	4.76
重工业	Heavy Industry	1237.36	265.24	24.81
按工业行业分	**By Sector**			
煤炭开采和洗选业	Coal Mining and Dressing			
黑色金属矿采选业	Ferrous Metals Mining and Dressing	-0.54	0.05	0.07
有色金属矿采选业	Nonferrous Metals Mining and Dressing	0.08	0.09	0.04
非金属矿采选业	Nonmetal Minerals Mining and Dressing	8.64	1.14	0.12
农副食品加工业	Non - staple Food Processing	3.01	0.44	0.47
食品制造业	Food Manufacturing	3.07	0.78	0.36
酒、饮料和精制茶制造业	Beverage Manufacturing	4.80	1.09	0.34
烟草制品业	Tobacco Processing	454.49	62.09	0.36
纺织业	Textile Industry	1.52	0.24	0.23
纺织服装、服饰业	Garments, Shoes and Hats Manufacturing	1.80	1.76	0.63
皮革、毛皮、羽毛及其制品和制鞋业	Leather, Furs, Down and Related Products	0.04	0.04	0.02
木材加工和木、竹、藤、棕、草制品业	Timber Processing, Bamboo, Cane Palm Fiber and Straw Products			
家具制造业	Furniture Manufacturing			
造纸和纸制品业	Papermaking and Paper Products	0.19	0.27	0.18
印刷和记录媒介复制业	Printing and Record Medium Reproduction	0.49	0.25	0.22
文教、工美、体育和娱乐用品制造业	Cultural, Educational and Sports Goods	0.15	0.05	0.02

续表 9 Continued 单位:亿元(100 million yuan)

行业	Sector	利税总额 Total Profits and Taxes	本年应交增值税 Value Added Taxes Payable	平均用工人数(万人) Average Number of Employed Persons (10000 presons)
石油加工、炼焦和核燃料加工业	Petroleum Processing, Cooking and Nuclear Fuel Processing	292.39	29.57	0.82
化学原料和化学制品制造业	Raw Chemical Materials and Chemical Products	133.36	15.37	1.54
医药制造业	Medical and Pharmaceutical Products	24.77	9.52	1.47
化学纤维制造业	Chemical Fiber	3.08	0.59	0.03
橡胶和塑料制品业	Rubber and plastic products	5.89	3.07	1.25
非金属矿物制品业	Nonmetal Mineral Products	127.64	20.41	1.82
黑色金属冶炼和压延加工业	Smelting and Pressing of Ferrous Metals	15.08	2.56	0.46
有色金属冶炼和压延加工业	Smelting and Pressing of Nonferrous Metals	0.35	0.08	0.11
金属制品业	Metal Products	-0.98	1.19	0.23
通用设备制造业	Ordinary Machinery	26.28	5.06	1.83
专用设备制造业	For Special Purpose Equipment Manufacturing	1.06	0.72	0.39
汽车制造业	Automotive Manufacturing	14.59	3.84	0.77
铁路、船舶、航空航天和其他运输设备制造业	Railway, Shipbuilding, Aerospace and other Transport Equipment	2.16	0.78	0.38
电气机械和器材制造业	Electric Equipment and Machinery	16.26	3.75	0.91
计算机、通信和其他电子设备制造业	Telecommunications Equipment, Computer and Other Electronic Equipment Manufacturing	157.48	21.80	3.09
仪器仪表制造业	Instruments, Meters, Cultural and Office Machinery	1.24	0.16	0.13
其他制造业	Handicraft Article and Other Manufacturing Indust			
废弃资源综合利用业	Comprehensive Utilization of Waste Resources	1.80	0.31	0.04
金属制品、机械和设备修理业	Metal Products, Machinery and Equipment Repair Industry	0.72	0.05	0.32
电力、热力的生产和供应业	Electricity, Gas and Water Production and Supply	386.02	144.62	8.03
燃气生产和供应业	Production and Supply of Gas	32.85	5.73	0.55
水的生产和供应业	Production and Supply of Water	18.61	6.01	2.34

7-9 按行业分的国有及国有控股工业企业主要经济效益指标(2019 年)
Main Economic Beneficial Indicators of State-owned and State Holding Industrial Enterprises by Sector(2019)

行业	Sector
总计	**Total**
按登记注册类型分	**By Registered Type**
#国有	State-owned Enterprises
集体	Collective Owned Enterprises
私营	Private Enterprises
港澳台商投资	Funded by Enterpreneurs From Hong Kong Macao and Taiwan
外商投资	Foreign Funded Enterprises
在总计中:轻工业	Light Industry
重工业	Heavy Industry
按工业行业分	**By Sector**
煤炭开采和洗选业	Coal Mining and Dressing
黑色金属矿采选业	Ferrous Metals Mining and Dressing
有色金属矿采选业	Nonferrous Metals Mining and Dressing
非金属矿采选业	Nonmetal Minerals Mining and Dressing
农副食品加工业	Non-staple Food Processing
食品制造业	Food Manufacturing
酒、饮料和精制茶制造业	Beverage Manufacturing
烟草制品业	Tobacco Processing
纺织业	Textile Industry
纺织服装、服饰业	Garments,Shoes and Hats Manufacturing
皮革、毛皮、羽毛及其制品和制鞋业	Leather,Furs,Down and Related Products
木材加工和木、竹、藤、棕、草制品业	Timber Processing,Bamboo,Cane Palm Fiber and Straw Products
家具制造业	Furniture Manufacturing
造纸和纸制品业	Papermaking and Paper Products
印刷和记录媒介复制业	Printing and Record Medium Reproduction
文教、工美、体育和娱乐用品制造业	Cultural,Educational and Sports Goods

资产负债率（%）Asset Liability Ratio（%）	成本费用利润率（%）Profit Margin of the Cost and Expense（%）	每百元固定资产原值实现利税（元）Pre tax Profits per 100 Yuan Original Value of Fixed Assets（yuan）	每百元营业收入实现利税（元）Pre tax Profits per 100 Yuan Revenues in Main Business（yuan）	新产品产值率（%）New product ratio（%）
53.75	**8.05**	**14.20**	**15.09**	**14.64**
40.27	1.19	3.79	4.08	3.84
38.30	16.11	37.79	19.03	5.11
55.45	3.88	14.41	7.22	27.42
43.21	7.20	8.87	9.42	14.22
39.29	8.63	100.01	38.00	20.11
55.37	7.99	10.54	12.13	14.15
2.41	-29.64		-37.70	
38.19	-5.94	3.12	7.91	
65.97	41.04	75.33	38.34	4.94
56.05	4.69	12.81	5.97	18.81
50.73	8.43	24.62	11.63	18.33
19.20	17.77	19.09	27.33	5.96
36.31	10.15	318.85	49.58	7.33
70.29	7.18	8.36	9.60	32.34
21.16	-0.85	5.80	9.41	12.42
71.79	-1.06	9.38	7.97	15.44
51.76	-1.30	0.55	1.07	42.14
37.50	0.90	3.02	3.11	0.11
58.96	2.03	31.69	3.52	0.15

续表 Continued

行业	Sector
石油、煤炭及其他燃料加工业	Petroleum Processing, Cooking and Nuclear Fuel Processing
化学原料和化学制品制造业	Raw Chemical Materials and Chemical Products
医药制造业	Medical and Pharmaceutical Products
化学纤维制造业	Chemical Fiber
橡胶和塑料制品业	Rubber and plastic products
非金属矿物制品业	Nonmetal Mineral Products
黑色金属冶炼和压延加工业	Smelting and Pressing of Ferrous Metals
有色金属冶炼和压延加工业	Smelting and Pressing of Nonferrous Metals
金属制品业	Metal Products
通用设备制造业	Ordinary Machinery
专用设备制造业	For Special Purpose Equipment Manufacturing
汽车制造业	Automotive Manufacturing Automotive Manufacturing Automotive Manufacturing
铁路、船舶、航空航天和其他运输设备制造业	Railway, Shipbuilding, Aerospace and other Transport Equipment
电气机械和器材制造业	Electric Equipment and Machinery
计算机、通信和其他电子设备制造业	Telecommunications Equipment, Computer and Other Electronic Equipment Manufacturing
仪器仪表制造业	Instruments, Meters, Cultural and Office Machinery
其他制造业	Handicraft Article and Other Manufacturing Indust
废弃资源综合利用业	Recovery of Resource Discarded and Useless Material
金属制品、机械和设备修理业	Metal Products, Machinery and Equipment Repair Industry
电力、热力生产和供应业	Production and Supply of Electricity and Heating Power
燃气生产和供应业	Production and Supply of Gas
水的生产和供应业	Production and Supply of Water

资产负债率(%) Asset Liability Ratio (%)	成本费用利润率(%) Profit Margin of the Cost and Expense (%)	每百元固定资产原值实现利税(元) Pre tax Profits per 100 Yuan Original Value of Fixed Assets (yuan)	每百元营业收入实现利税(元) Pre tax Profits per 100 Yuan Revenues in Main Business (yuan)	新产品产值率(%) New product ratio (%)
40.13	7.14	52.35	19.63	7.21
21.58	24.01	36.87	23.74	39.01
41.66	8.37	15.03	15.08	61.86
3.62	33.46	33.92	32.11	7.82
61.57	0.75	5.16	2.16	31.44
52.88	24.22	42.68	24.07	18.38
31.60	4.37	5.95	5.43	11.08
58.14	0.80	7.55	1.43	22.30
74.05	-5.52	-8.00	-2.14	39.59
49.77	7.90	27.64	9.86	58.04
69.99	0.71	9.92	4.48	39.54
92.53	1.08	8.24	5.07	69.16
84.52	1.32	3.72	3.06	72.45
68.94	5.29	36.75	7.12	68.73
27.17	51.03	157.18	42.68	86.24
40.39	14.22	97.70	14.81	11.75
46.09	19.83	28.71	21.38	29.71
70.79	4.35	3.95	5.22	23.32
58.15	4.57	4.57	7.72	1.47
63.19	4.98	11.94	5.98	
63.61	4.66	2.04	8.84	1.01

7－10 按行业分的规模以上私营工业企业主要指标(2019 年)
Main Indicators of Private Industrial Enterprises Above Designated Size by Sector(2019)

单位:亿元(100 million yuan)

行业	Sector	企业单位数(个) Number of Enterprises (unit)	#亏损企业(个) Loss (unit)	工业总产值 Gross Industrial Output Value
总计	**Total**	**36792**	**4652**	**34938.49**
按登记注册类型分	**By Registered Type**			
#国有	State－owned Enterprises			
集体	Collective Owned Enterprises			
私营	Private Enterprises	36792	4652	34938.49
港澳台商投资	Funded by Enterpreneurs From Hong Kong Macao and Taiwan			
外商投资	Foreign Funded Enterprises			
在总计中:轻工业	Light Industry	18694	2545	15521.36
重工业	Heavy Industry	18098	2107	19417.13
按工业行业分	**By Sector**			
煤炭开采和洗选业	Coal Mining and Dressing	1		0.26
黑色金属矿采选业	Ferrous Metals Mining and Dressing	2		0.58
有色金属矿采选业	Nonferrous Metals Mining and Dressing	10	3	6.28
非金属矿采选业	Nonmetal Minerals Mining and Dressing	100	14	98.28
农副食品加工业	Non－staple Food Processing	522	105	457.95
食品制造业	Food Manufacturing	212	51	189.94
酒、饮料和精制茶制造业	Beverage Manufacturing	126	24	181.19
烟草制品业	Tobacco Processing			
纺织业	Textile Industry	4258	490	3337.72
纺织服装、服饰业	Garments,Shoes and Hats Manufacturing	2013	397	1046.01
皮革、毛皮、羽毛及其制品和制鞋业	Leather,Furs,Down and Related Products	1572	161	898.20
木材加工和木、竹、藤、棕、草制品业	Timber Processing,Bamboo,Cane Palm Fiber and Straw Products	700	80	357.90
家具制造业	Furniture Manufacturing	826	148	603.41
造纸和纸制品业	Papermaking and Paper Products	823	154	883.27
印刷和记录媒介复制业	Printing and Record Medium Reproduction	636	86	383.69
文教、工美、体育和娱乐用品制造业	Cultural,Educational and Sports Goods	1099	121	890.84

续表 1 Continued 单位:亿元(100 million yuan)

行业	Sector	企业单位数(个) Number of Enterprises (unit)	#亏损企业(个) Loss (unit)	工业总产值 Gross Industrial Output Value
石油、煤炭及其他燃料加工业	Petroleum Processing, Cooking and Nuclear Fuel Processing	56	11	254.62
化学原料和化学制品制造业	Raw Chemical Materials and Chemical Products	1136	117	1797.22
医药制造业	Medical and Pharmaceutical Products	248	32	517.52
化学纤维制造业	Chemical Fiber	534	92	1576.22
橡胶和塑料制品业	Rubber and plastic products	2369	264	1686.32
非金属矿物制品业	Nonmetal Mineral Products	1597	175	2166.82
黑色金属冶炼和压延加工业	Smelting and Pressing of Ferrous Metals	516	90	1187.26
有色金属冶炼和压延加工业	Smelting and Pressing of Nonferrous Metals	618	99	1441.38
金属制品业	Metal Products	2766	293	2228.28
通用设备制造业	Ordinary Machinery	4171	401	3062.84
专用设备制造业	For Special Purpose Equipment Manufacturing	1701	195	1223.24
汽车制造业	Automotive Manufacturing	1766	238	2116.89
铁路、船舶、航空航天和其他运输设备制造业	Railway, Shipbuilding, Aerospace and other Transport Equipment	467	74	397.60
电气机械和器材制造业	Electric Equipment and Machinery	3631	406	3666.24
计算机、通信和其他电子设备制造业	Telecommunications Equipment, Computer and Other Electronic Equipment Manufacturing	1184	191	1341.15
仪器仪表制造业	Instruments, Meters, Cultural and Office Machinery	484	41	416.07
其他制造业	Handicraft Article and Other Manufacturing Indust	349	46	172.23
废弃资源综合利用业	Comprehensive Utilization of Waste Resources	105	29	130.15
金属制品、机械和设备修理业	Metal Products, Machinery and Equipment Repair Industry	30	3	36.50
电力、热力的生产和供应业	Electricity, Gas and Water Production and Supply	121	11	147.71
燃气生产和供应业	Production and Supply of Gas	19	2	22.28
水的生产和供应业	Production and Supply of Water	24	8	14.45

续表 2 Continued 单位:亿元(100 million yuan)

行业	Sector	资产总计 Total Assets	年末负债合计 Total Liabilities	所有者权益合计 Creditors' Equity	实收资本 Total Capital Hold
总计	**Total**	**33553.53**	**20304.90**	**13228.63**	**6505.85**
按登记注册类型分	**By Registered Type**				
#国有	State – owned Enterprises				
集体	Collective Owned Enterprises				
私营	Private Enterprises	33553.53	20304.90	13228.63	6505.85
港澳台商投资	Funded by Enterpreneurs From Hong Kong Macao and Taiwan				
外商投资	Foreign Funded Enterprises				
在总计中:轻工业	Light Industry	13711.28	8619.28	5085.56	2594.17
重工业	Heavy Industry	19842.25	11685.62	8143.07	3911.68
按工业行业分	**By Sector**				
煤炭开采和洗选业	Coal Mining and Dressing	0.29	0.24	0.06	0.01
黑色金属矿采选业	Ferrous Metals Mining and Dressing	1.59	0.53	1.05	0.49
有色金属矿采选业	Nonferrous Metals Mining and Dressing	15.75	9.27	6.48	3.48
非金属矿采选业	Nonmetal Minerals Mining and Dressing	135.25	80.13	54.02	24.83
农副食品加工业	Non – staple Food Processing	455.24	284.78	170.30	98.32
食品制造业	Food Manufacturing	224.33	126.90	96.47	45.49
酒、饮料和精制茶制造业	Beverage Manufacturing	175.98	101.45	74.31	41.07
烟草制品业	Tobacco Processing				
纺织业	Textile Industry	3024.84	2075.91	947.72	534.56
纺织服装、服饰业	Garments,Shoes and Hats Manufacturing	933.88	640.05	293.41	174.34
皮革、毛皮、羽毛及其制品和制鞋业	Leather,Furs,Down and Related Products	644.27	445.30	197.56	115.88
木材加工和木、竹、藤、棕、草制品业	Timber Processing, Bamboo, Cane Palm Fiber and Straw Products	299.74	191.75	107.94	59.05
家具制造业	Furniture Manufacturing	523.67	332.16	191.50	104.83
造纸和纸制品业	Papermaking and Paper Products	737.91	509.27	229.13	124.07
印刷和记录媒介复制业	Printing and Record Medium Reproduction	380.37	237.94	142.43	77.56
文教、工美、体育和娱乐用品制造业	Cultural,Educational and Sports Goods	727.15	483.72	243.43	114.39

续表 3　Continued　　单位:亿元(100 million yuan)

行业	Sector	资产总计 Total Assets	年末负债合计 Total Liabilities	所有者权益合计 Creditors' Equity	实收资本 Total Capital Hold
石油加工、炼焦和核燃料加工业	Petroleum Processing, Cooking and Nuclear Fuel Processing	268.93	185.00	83.93	54.56
化学原料和化学制品制造业	Raw Chemical Materials and Chemical Products	2011.71	934.32	1075.15	348.90
医药制造业	Medical and Pharmaceutical Products	684.70	265.76	418.95	161.40
化学纤维制造业	Chemical Fiber	1123.46	691.70	431.07	262.16
橡胶和塑料制品业	Rubber and plastic products	1478.95	912.83	564.69	311.08
非金属矿物制品业	Nonmetal Mineral Products	1851.17	1207.41	644.24	450.58
黑色金属冶炼和压延加工业	Smelting and Pressing of Ferrous Metals	736.07	481.19	253.93	144.67
有色金属冶炼和压延加工业	Smelting and Pressing of Nonferrous Metals	665.72	451.88	211.46	110.73
金属制品业	Metal Products	1848.33	1170.49	676.85	351.39
通用设备制造业	Ordinary Machinery	3275.28	1837.20	1435.97	651.77
专用设备制造业	For Special Purpose Equipment Manufacturing	1480.10	871.68	608.48	266.18
汽车制造业	Automotive Manufacturing	2787.00	1774.24	1011.33	443.91
铁路、船舶、航空航天和其他运输设备制造业	Railway, Shipbuilding, Aerospace and other Transport Equipment	428.92	270.25	158.51	78.38
电气机械和器材制造业	Electric Equipment and Machinery	3574.99	2099.25	1475.87	717.95
计算机、通信和其他电子设备制造业	Telecommunications Equipment, Computer and Other Electronic Equipment Manufacturing	1652.14	815.82	832.81	369.29
仪器仪表制造业	Instruments, Meters, Cultural and Office Machinery	507.97	269.26	238.71	96.75
其他制造业	Handicraft Article and Other Manufacturing Indust	159.00	105.47	53.54	25.80
废弃资源综合利用业	Comprehensive Utilization of Waste Resources	132.64	83.80	49.09	21.36
金属制品、机械和设备修理业	Metal Products, Machinery and Equipment Repair Industry	57.15	33.92	23.23	5.37
电力、热力的生产和供应业	Electricity, Gas and Water Production and Supply	498.02	290.60	207.42	105.27
燃气生产和供应业	Production and Supply of Gas	18.84	10.28	8.56	4.41
水的生产和供应业	Production and Supply of Water	32.18	23.14	9.04	5.61

续表 4 Continued 单位:亿元(100 million yuan)

行业	Sector	营业收入 Revenues in Main Business	营业成本 Costs in Main Business	营业税金及附加 Sales Taxes and Extra Charges in Main Busuness	销售费用 Selling Expenses
总计	**Total**	**35064.89**	**29575.59**	**183.91**	**1068.10**
按登记注册类型分	**By Registered Type**				
#国有	State - owned Enterprises				
集体	Collective Owned Enterprises				
私营	Private Enterprises	35064.89	29575.59	183.91	1068.10
港澳台商投资	Funded by Enterpreneurs From Hong Kong Macao and Taiwan				
外商投资	Foreign Funded Enterprises				
在总计中:轻工业	Light Industry	15369.83	13011.66	78.18	520.33
重工业	Heavy Industry	19695.06	16563.93	105.73	547.77
按工业行业分	By Sector				
煤炭开采和洗选业	Coal Mining and Dressing	0.28	0.23	0.01	
黑色金属矿采选业	Ferrous Metals Mining and Dressing	0.61	0.43	0.01	0.02
有色金属矿采选业	Nonferrous Metals Mining and Dressing	6.32	4.04	0.26	0.16
非金属矿采选业	Nonmetal Minerals Mining and Dressing	99.40	67.11	3.28	1.57
农副食品加工业	Non - staple Food Processing	464.24	413.71	1.50	11.31
食品制造业	Food Manufacturing	191.22	150.00	1.19	11.35
酒、饮料和精制茶制造业	Beverage Manufacturing	205.85	157.70	1.79	19.36
烟草制品业	Tobacco Processing				
纺织业	Textile Industry	3286.88	2894.27	14.02	50.45
纺织服装、服饰业	Garments, Shoes and Hats Manufacturing	1044.37	899.53	5.59	29.62
皮革、毛皮、羽毛及其制品和制鞋业	Leather, Furs, Down and Related Products	860.43	750.51	4.34	22.65
木材加工和木、竹、藤、棕、草制品业	Timber Processing, Bamboo, Cane Palm Fiber and Straw Products	357.50	301.07	2.43	12.13
家具制造业	Furniture Manufacturing	596.19	484.38	3.55	31.59
造纸和纸制品业	Papermaking and Paper Products	886.65	783.39	5.21	23.90
印刷和记录媒介复制业	Printing and Record Medium Reproduction	376.97	316.93	1.72	10.84
文教、工美、体育和娱乐用品制造业	Cultural, Educational and Sports Goods	863.57	719.42	5.33	33.82

续表 5 Continued 单位:亿元(100 million yuan)

行业	Sector	营业收入 Revenues in Main Business	营业成本 Costs in Main Business	营业税金及附加 Sales Taxes and Extra Charges in Main Busuness	销售费用 Selling Expenses
石油加工、炼焦和核燃料加工业	Petroleum Processing, Cooking and Nuclear Fuel Processing	256.61	223.32	1.12	1.81
化学原料和化学制品制造业	Raw Chemical Materials and Chemical Products	1890.78	1570.86	7.27	53.70
医药制造业	Medical and Pharmaceutical Products	490.94	232.76	4.83	110.99
化学纤维制造业	Chemical Fiber	1568.94	1443.96	3.33	6.73
橡胶和塑料制品业	Rubber and plastic products	1668.22	1406.59	8.45	48.47
非金属矿物制品业	Nonmetal Mineral Products	2170.23	1841.21	11.07	87.33
黑色金属冶炼和压延加工业	Smelting and Pressing of Ferrous Metals	1245.57	1152.19	2.62	11.47
有色金属冶炼和压延加工业	Smelting and Pressing of Nonferrous Metals	1664.52	1587.09	2.92	9.47
金属制品业	Metal Products	2220.93	1899.57	11.36	59.23
通用设备制造业	Ordinary Machinery	3021.80	2434.41	17.41	107.49
专用设备制造业	For Special Purpose Equipment Manufacturing	1202.89	936.73	7.51	45.97
汽车制造业	Automotive Manufacturing	2104.53	1765.43	21.31	51.31
铁路、船舶、航空航天和其他运输设备制造业	Railway, Shipbuilding, Aerospace and other Transport Equipment	395.49	335.71	3.29	9.89
电气机械和器材制造业	Electric Equipment and Machinery	3640.53	3018.65	18.42	114.82
计算机、通信和其他电子设备制造业	Telecommunications Equipment, Computer and Other Electronic Equipment Manufacturing	1329.40	1055.04	6.88	56.87
仪器仪表制造业	Instruments, Meters, Cultural and Office Machinery	407.34	295.81	2.62	23.25
其他制造业	Handicraft Article and Other Manufacturing Indust	180.26	154.22	1.03	6.02
废弃资源综合利用业	Comprehensive Utilization of Waste Resources	144.15	120.37	1.09	1.89
金属制品、机械和设备修理业	Metal Products, Machinery and Equipment Repair Industry	36.23	29.08	0.19	1.02
电力、热力的生产和供应业	Electricity, Gas and Water Production and Supply	147.82	99.52	0.83	0.32
燃气生产和供应业	Production and Supply of Gas	22.97	18.60	0.05	1.13
水的生产和供应业	Production and Supply of Water	14.27	11.76	0.10	0.11

续表 6 Continued 单位:亿元(100 million yuan)

行业	Sector	管理费用 Administrative Expenses	财务费用 Financial Expenses	利润总额 Total Profits
总计	**Total**	**1508.13**	**381.38**	**1871.13**
按登记注册类型分	**By Registered Type**			
#国有	State – owned Enterprises			
集体	Collective Owned Enterprises			
私营	Private Enterprises	1508.13	381.38	1871.13
港澳台商投资	Funded by Enterpreneurs From Hong Kong Macao and Taiwan			
外商投资	Foreign Funded Enterprises			
在总计中:轻工业	Light Industry	675.75	178.23	698.43
重工业	Heavy Industry	832.38	203.15	1172.69
按工业行业分	By Sector			
煤炭开采和洗选业	Coal Mining and Dressing	0.03		0.01
黑色金属矿采选业	Ferrous Metals Mining and Dressing	0.05	0.01	0.09
有色金属矿采选业	Nonferrous Metals Mining and Dressing	0.88	0.24	0.71
非金属矿采选业	Nonmetal Minerals Mining and Dressing	7.39	2.20	17.06
农副食品加工业	Non – staple Food Processing	14.05	7.48	14.55
食品制造业	Food Manufacturing	11.31	2.43	13.73
酒、饮料和精制茶制造业	Beverage Manufacturing	6.40	1.68	23.13
烟草制品业	Tobacco Processing			
纺织业	Textile Industry	123.22	45.63	111.19
纺织服装、服饰业	Garments, Shoes and Hats Manufacturing	62.47	12.86	33.08
皮革、毛皮、羽毛及其制品和制鞋业	Leather, Furs, Down and Related Products	41.13	7.88	22.73
木材加工和木、竹、藤、棕、草制品业	Timber Processing, Bamboo, Cane Palm Fiber and Straw Products	14.89	4.31	19.78
家具制造业	Furniture Manufacturing	35.65	6.05	27.41
造纸和纸制品业	Papermaking and Paper Products	33.23	11.43	30.52
印刷和记录媒介复制业	Printing and Record Medium Reproduction	20.63	4.85	17.61
文教、工美、体育和娱乐用品制造业	Cultural, Educational and Sports Goods	41.22	8.56	47.09

续表 7　Continued　　单位:亿元(100 million yuan)

行业	Sector	管理费用 Administrative Expenses	财务费用 Financial Expenses	利润总额 Total Profits
石油加工、炼焦和核燃料加工业	Petroleum Processing, Cooking and Nuclear Fuel Processing	2.63	4.38	18.09
化学原料和化学制品制造业	Raw Chemical Materials and Chemical Products	63.24	14.51	230.91
医药制造业	Medical and Pharmaceutical Products	35.68	3.96	81.93
化学纤维制造业	Chemical Fiber	19.39	18.39	58.79
橡胶和塑料制品业	Rubber and plastic products	78.96	20.83	77.06
非金属矿物制品业	Nonmetal Mineral Products	72.69	17.71	123.91
黑色金属冶炼和压延加工业	Smelting and Pressing of Ferrous Metals	23.43	6.60	35.97
有色金属冶炼和压延加工业	Smelting and Pressing of Nonferrous Metals	21.14	11.88	23.20
金属制品业	Metal Products	103.16	25.26	88.75
通用设备制造业	Ordinary Machinery	170.12	29.85	188.85
专用设备制造业	For Special Purpose Equipment Manufacturing	79.44	14.56	78.93
汽车制造业	Automotive Manufacturing	107.78	25.44	99.29
铁路、船舶、航空航天和其他运输设备制造业	Railway, Shipbuilding, Aerospace and other Transport Equipment	22.24	4.33	12.79
电气机械和器材制造业	Electric Equipment and Machinery	170.81	38.27	195.68
计算机、通信和其他电子设备制造业	Telecommunications Equipment, Computer and Other Electronic Equipment Manufacturing	73.39	11.58	77.68
仪器仪表制造业	Instruments, Meters, Cultural and Office Machinery	28.14	3.10	40.60
其他制造业	Handicraft Article and Other Manufacturing Indust	8.90	1.89	5.68
废弃资源综合利用业	Comprehensive Utilization of Waste Resources	4.22	1.82	16.28
金属制品、机械和设备修理业	Metal Products, Machinery and Equipment Repair Industry	2.56	0.26	2.59
电力、热力的生产和供应业	Electricity, Gas and Water Production and Supply	5.51	10.27	33.20
燃气生产和供应业	Production and Supply of Gas	1.10	0.16	1.85
水的生产和供应业	Production and Supply of Water	1.06	0.73	0.42

续表 8 Continued 单位:亿元(100 million yuan)

行业	Sector	利税总额 Total Profits and Taxes	本年应交增值税 Value Added Taxes Payable	平均用工人数(万人) Average Number of Employed Persons (10000 persons)
总计	**Total**	**2975.41**	**920.37**	**428.04**
按登记注册类型分	**By Registered Type**			
#国有	State – owned Enterprises			
集体	Collective Owned Enterprises			
私营	Private Enterprises	2975.41	920.37	428.04
港澳台商投资	Funded by Enterpreneurs From Hong Kong Macao and Taiwan			
外商投资	Foreign Funded Enterprises			
在总计中:轻工业	Light Industry	1200.36	423.75	223.04
重工业	Heavy Industry	1775.05	496.63	205.00
按工业行业分	**By Sector**			
煤炭开采和洗选业	Coal Mining and Dressing	0.03	0.02	
黑色金属矿采选业	Ferrous Metals Mining and Dressing	0.15	0.04	0.01
有色金属矿采选业	Nonferrous Metals Mining and Dressing	1.56	0.59	0.10
非金属矿采选业	Nonmetal Minerals Mining and Dressing	24.08	3.74	0.69
农副食品加工业	Non – staple Food Processing	23.19	7.14	4.27
食品制造业	Food Manufacturing	21.27	6.35	2.94
酒、饮料和精制茶制造业	Beverage Manufacturing	31.30	6.38	1.45
烟草制品业	Tobacco Processing			
纺织业	Textile Industry	214.14	88.93	42.46
纺织服装、服饰业	Garments, Shoes and Hats Manufacturing	71.12	32.45	24.22
皮革、毛皮、羽毛及其制品和制鞋业	Leather, Furs, Down and Related Products	53.10	26.03	20.57
木材加工和木、竹、藤、棕、草制品业	Timber Processing, Bamboo, Cane Palm Fiber and Straw Products	32.02	9.80	5.36
家具制造业	Furniture Manufacturing	51.89	20.94	11.69
造纸和纸制品业	Papermaking and Paper Products	70.78	35.05	8.41
印刷和记录媒介复制业	Printing and Record Medium Reproduction	28.83	9.50	6.02
文教、工美、体育和娱乐用品制造业	Cultural, Educational and Sports Goods	76.48	24.06	14.40

续表 9　Continued　　单位:亿元(100 million yuan)

行业	Sector	利税总额 Total Profits and Taxes	本年应交增值税 Value Added Taxes Payable	平均用工人数(万人) Average Number of Employed Persons (10000 persons)
石油加工、炼焦和核燃料加工业	Petroleum Processing, Cooking and Nuclear Fuel Processing	24.86	5.65	0.34
化学原料和化学制品制造业	Raw Chemical Materials and Chemical Products	279.10	40.92	10.37
医药制造业	Medical and Pharmaceutical Products	113.62	26.86	5.64
化学纤维制造业	Chemical Fiber	83.61	21.49	6.78
橡胶和塑料制品业	Rubber and plastic products	128.43	42.92	23.50
非金属矿物制品业	Nonmetal Mineral Products	211.26	76.27	13.72
黑色金属冶炼和压延加工业	Smelting and Pressing of Ferrous Metals	53.77	15.18	4.86
有色金属冶炼和压延加工业	Smelting and Pressing of Nonferrous Metals	43.74	17.61	5.00
金属制品业	Metal Products	159.34	59.23	32.70
通用设备制造业	Ordinary Machinery	297.58	91.32	45.97
专用设备制造业	For Special Purpose Equipment Manufacturing	124.06	37.63	19.52
汽车制造业	Automotive Manufacturing	169.08	48.49	27.35
铁路、船舶、航空航天和其他运输设备制造业	Railway, Shipbuilding, Aerospace and other Transport Equipment	27.32	11.24	6.43
电气机械和器材制造业	Electric Equipment and Machinery	300.65	86.55	50.65
计算机、通信和其他电子设备制造业	Telecommunications Equipment, Computer and Other Electronic Equipment Manufacturing	117.97	33.41	20.29
仪器仪表制造业	Instruments, Meters, Cultural and Office Machinery	58.15	14.93	6.34
其他制造业	Handicraft Article and Other Manufacturing Indust	11.90	5.19	3.55
废弃资源综合利用业	Comprehensive Utilization of Waste Resources	25.38	8.02	0.69
金属制品、机械和设备修理业	Metal Products, Machinery and Equipment Repair Industry	3.83	1.05	0.75
电力、热力的生产和供应业	Electricity, Gas and Water Production and Supply	38.61	4.59	0.75
燃气生产和供应业	Production and Supply of Gas	2.24	0.34	0.10
水的生产和供应业	Production and Supply of Water	1.00	0.48	0.14

7-11 按行业分的规模以上私营工业企业主要经济效益指标(2019年)
Main Economic Beneficial Indicators of Private Industrial Enterprises Above Designated Size by Sector(2019)

行业	Sector
总计	**Total**
按登记注册类型分	**By Registered Type**
#国有	State - owned Enterprises
集体	Collective Owned Enterprises
私营	Private Enterprises
港澳台商投资	Funded by Entrepreneurs From Hong Kong Macao and Taiwan
外商投资	Foreign Funded Enterprises
在总计中:轻工业	Light Industry
重工业	Heavy Industry
按工业行业分	**By Sector**
煤炭开采和洗选业	Coal Mining and Dressing
黑色金属矿采选业	Ferrous Metals Mining and Dressing
有色金属矿采选业	Nonferrous Metals Mining and Dressing
非金属矿采选业	Nonmetal Minerals Mining and Dressing
农副食品加工业	Non - staple Food Processing
食品制造业	Food Manufacturing
酒、饮料和精制茶制造业	Beverage Manufacturing
烟草制品业	Tobacco Processing
纺织业	Textile Industry
纺织服装、服饰业	Garments, Shoes and Hats Manufacturing
皮革、毛皮、羽毛及其制品和制鞋业	Leather, Furs, Down and Related Products
木材加工和木、竹、藤、棕、草制品业	Timber Processing, Bamboo, Cane Palm Fiber and Straw Products
家具制造业	Furniture Manufacturing
造纸和纸制品业	Papermaking and Paper Products
印刷和记录媒介复制业	Printing and Record Medium Reproduction
文教、工美、体育和娱乐用品制造业	Cultural, Educational and Sports Goods

资产负债率(%) Asset Liability Ratio (%)	成本费用利润率(%) Profit Margin of the Cost and Expense (%)	每百元固定资产原值实现利税(元) Pre tax Profits per 100 Yuan Original Value of Fixed Assets (yuan)	每百元营业收入实现利税(元) Pre tax Profits per 100 Yuan Revenues in Main Business (yuan)	新产品产值率(%) New product ratio (%)
60.51	**5.60**	**23.92**	**8.49**	**36.48**
60.51	5.60	23.92	8.49	36.48
62.86	4.74	20.89	7.81	34.01
58.89	6.28	26.52	9.01	38.44
81.15	2.27	18.82	10.09	
33.63	18.20	13.98	23.99	
58.87	13.31	44.97	24.63	8.87
59.25	21.64	61.46	24.22	10.96
62.56	3.22	15.35	4.99	17.81
56.57	7.65	23.31	11.12	30.79
57.65	12.37	36.84	15.20	22.69
68.63	3.50	13.86	6.51	30.81
68.54	3.24	20.52	6.81	29.19
69.12	2.71	25.52	6.17	34.55
63.97	5.84	33.11	8.96	31.52
63.43	4.80	30.37	8.70	35.45
69.02	3.52	23.49	7.98	27.44
62.56	4.86	14.31	7.65	27.23
66.52	5.73	28.68	8.86	32.11

续表 Continued

行业	Sector
石油加工、炼焦和核燃料加工业	Petroleum Processing, Cooking and Nuclear Fuel Processing
化学原料和化学制品制造业	Raw Chemical Materials and Chemical Products
医药制造业	Medical and Pharmaceutical Products
化学纤维制造业	Chemical Fiber
橡胶和塑料制品业	Rubber and plastic products
非金属矿物制品业	Nonmetal Mineral Products
黑色金属冶炼和压延加工业	Smelting and Pressing of Ferrous Metals
有色金属冶炼和压延加工业	Smelting and Pressing of Nonferrous Metals
金属制品业	Metal Products
通用设备制造业	Ordinary Machinery
专用设备制造业	For Special Purpose Equipment Manufacturing
汽车制造业	Automotive Manufacturing
铁路、船舶、航空航天和其他运输设备制造业	Railway, Shipbuilding, Aerospace and other Transport Equipment
电气机械和器材制造业	Electric Equipment and Machinery
计算机、通信和其他电子设备制造业	Telecommunications Equipment, Computer and Other Electronic Equipment Manufacturing
仪器仪表制造业	Instruments, Meters, Cultural and Office Machinery
其他制造业	Handicraft Article and Other Manufacturing Indust
废弃资源综合利用业	Comprehensive Utilization of Waste Resources
金属制品、机械和设备修理业	Metal Products, Machinery and Equipment Repair Industry
电力、热力的生产和供应业	Electricity, Gas and Water Production and Supply
燃气生产和供应业	Production and Supply of Gas
水的生产和供应业	Production and Supply of Water

资产负债率(%) Asset Liability Ratio (%)	成本费用利润率(%) Profit Margin of the Cost and Expense (%)	每百元固定资产原值实现利税(元) Pre tax Profits per 100 Yuan Original Value of Fixed Assets (yuan)	每百元营业收入实现利税(元) Pre tax Profits per 100 Yuan Revenues in Main Business (yuan)	新产品产值率(%) New product ratio (%)
68.79	7.57	19.16	9.69	53.69
46.44	13.22	46.73	14.76	39.08
38.81	19.86	41.46	23.14	49.86
61.57	3.87	15.32	5.33	44.40
61.72	4.83	19.67	7.70	29.74
65.22	6.05	34.63	9.73	20.71
65.37	2.97	16.62	4.32	31.36
67.88	1.41	23.31	2.63	27.95
63.33	4.16	22.50	7.17	30.71
56.09	6.64	24.83	9.85	41.91
58.89	7.01	24.66	10.31	48.73
63.66	4.92	19.46	8.03	50.36
63.01	3.34	19.82	6.91	38.17
58.72	5.67	28.81	8.26	44.56
49.38	6.17	24.72	8.87	52.01
53.01	10.92	46.56	14.28	50.79
66.33	3.26	22.86	6.60	25.18
63.18	12.50	63.58	17.60	23.30
59.36	7.70	13.67	10.57	1.53
58.35	28.33	9.75	26.12	13.19
54.56	8.77	22.25	9.75	26.51
71.92	3.02	4.55	7.00	11.27

7－12 按行业分的外商投资和港澳台商投资工业企业主要指标(2019 年)
Main Indicators of Foreign Funded Enterprises and Enterprises Funded by Entrepreneurs from Hong Kong,Macao and Taiwai by Sector(2019)

单位:亿元(100 million yuna)

行业	Sector	企业单位数(个) Number of Enterprises (unit)	#亏损企业(个) Loss (unit)	工业总产值 Gross Industrial Output Value
总计	**Total**	**4433**	**911**	**14906.52**
按登记注册类型分	**By Registered Type**			
#国有	State－owned Enterprises			
集体	Collective Owned Enterprises			
私营	Private Enterprises			
港澳台商投资	Funded by Entrepreneurs From Hong Kong Macao and Taiwan	2064	454	7090.53
外商投资	Foreign Funded Enterprises	2369	457	7815.99
在总计中:轻工业	Light Industry	2166	470	4836.58
重工业	Heavy Industry	2267	441	10069.94
按工业行业分	**By Sector**			
煤炭开采和洗选业	Coal Mining and Dressing			
黑色金属矿采选业	Ferrous Metals Mining and Dressing			
有色金属矿采选业	Nonferrous Metals Mining and Dressing			
非金属矿采选业	Nonmetal Minerals Mining and Dressing	2		10.90
农副食品加工业	Non－staple Food Processing	60	14	166.34
食品制造业	Food Manufacturing	75	13	226.24
酒、饮料和精制茶制造业	Beverage Manufacturing	43	6	161.96
烟草制品业	Tobacco Processing			
纺织业	Textile Industry	419	92	780.67
纺织服装、服饰业	Garments,Shoes and Hats Manufacturing	407	113	717.03
皮革、毛皮、羽毛及其制品和制鞋业	Leather,Furs,Down and Related Products	96	27	114.00
木材加工和木、竹、藤、棕、草制品业	Timber Processing,Bamboo,Cane Palm Fiber and Straw Products	33	5	49.54
家具制造业	Furniture Manufacturing	90	18	189.88
造纸和纸制品业	Papermaking and Paper Products	63	14	314.11
印刷和记录媒介复制业	Printing and Record Medium Reproduction	28	1	60.18
文教、工美、体育和娱乐用品制造业	Cultural,Educational and Sports Goods	162	36	258.06

续表 1 Continued 单位:亿元(100 million yuna)

行业	Sector	企业单位数(个) Number of Enterprises (unit)	#亏损企业(个) Loss (unit)	工业总产值 Gross Industrial Output Value
石油加工、炼焦和核燃料加工业	Petroleum Processing, Cooking and Nuclear Fuel Processing	11	2	322.02
化学原料和化学制品制造业	Raw Chemical Materials and Chemical Products	255	55	1802.72
医药制造业	Medical and Pharmaceutical Products	60	7	344.42
化学纤维制造业	Chemical Fiber	52	10	407.58
橡胶和塑料制品业	Rubber and plastic products	214	36	579.63
非金属矿物制品业	Nonmetal Mineral Products	104	17	212.27
黑色金属冶炼和压延加工业	Smelting and Pressing of Ferrous Metals	32	6	165.78
有色金属冶炼和压延加工业	Smelting and Pressing of Nonferrous Metals	35	7	433.17
金属制品业	Metal Products	240	36	453.55
通用设备制造业	Ordinary Machinery	512	101	939.80
专用设备制造业	For Special Purpose Equipment Manufacturing	255	48	530.31
汽车制造业	Automotive Manufacturing	303	82	1494.42
铁路、船舶、航空航天和其他运输设备制造业	Railway, Shipbuilding, Aerospace and other Transport Equipment	28	9	95.59
电气机械和器材制造业	Electric Equipment and Machinery	381	71	1189.08
计算机、通信和其他电子设备制造业	Telecommunications Equipment, Computer and Other Electronic Equipment Manufacturing	255	58	2071.27
仪器仪表制造业	Instruments, Meters, Cultural and Office Machinery	80	13	315.75
其他制造业	Handicraft Article and Other Manufacturing Indust	27	2	40.23
废弃资源综合利用业	Comprehensive Utilization of Waste Resources	8	4	29.75
金属制品、机械和设备修理业	Metal Products, Machinery and Equipment Repair Industry	6	1	24.71
电力、热力的生产和供应业	Electricity, Gas and Water Production and Supply	45	3	215.55
燃气生产和供应业	Production and Supply of Gas	38	1	183.39
水的生产和供应业	Production and Supply of Water	14	3	6.63

续表 2 Continued 单位:亿元(100 million yuna)

行业	Sector	资产总计 Total Assets	年末负债合计 Total Liabilities	所有者权益合计 Creditors' Equity	实收资本 Total Capital Hold
总计	**Total**	**17400.72**	**8653.76**	**8744.10**	**4408.61**
按登记注册类型分	**By Registered Type**				
#国有	State – owned Enterprises				
集体	Collective Owned Enterprises				
私营	Private Enterprises				
港澳台商投资	Funded by Enterpreneurs From Hong Kong Macao and Taiwan	8284.99	4026.60	4260.66	2090.10
外商投资	Foreign Funded Enterprises	9115.73	4627.16	4483.44	2318.51
在总计中:轻工业	Light Industry	5664.04	2777.47	2884.52	1554.37
重工业	Heavy Industry	11736.68	5876.29	5859.59	2854.24
按工业行业分	**By Sector**				
煤炭开采和洗选业	Coal Mining and Dressing				
黑色金属矿采选业	Ferrous Metals Mining and Dressing				
有色金属矿采选业	Nonferrous Metals Mining and Dressing				
非金属矿采选业	Nonmetal Minerals Mining and Dressing	11.81	3.30	8.51	4.58
农副食品加工业	Non – staple Food Processing	150.70	75.59	75.10	50.58
食品制造业	Food Manufacturing	258.38	117.33	141.04	92.19
酒、饮料和精制茶制造业	Beverage Manufacturing	207.82	95.89	111.92	67.65
烟草制品业	Tobacco Processing				
纺织业	Textile Industry	1006.87	468.61	538.26	287.84
纺织服装、服饰业	Garments, Shoes and Hats Manufacturing	742.50	388.16	354.01	172.64
皮革、毛皮、羽毛及其制品和制鞋业	Leather, Furs, Down and Related Products	120.38	69.79	49.88	36.34
木材加工和木、竹、藤、棕、草制品业	Timber Processing, Bamboo, Cane Palm Fiber and Straw Products	50.17	33.25	16.92	15.60
家具制造业	Furniture Manufacturing	253.60	134.86	118.74	59.94
造纸和纸制品业	Papermaking and Paper Products	415.22	222.91	192.19	117.08
印刷和记录媒介复制业	Printing and Record Medium Reproduction	95.06	35.89	59.17	40.10
文教、工美、体育和娱乐用品制造业	Cultural, Educational and Sports Goods	266.58	126.70	139.88	78.07

续表 3 Continued 单位:亿元(100 million yuna)

行业	Sector	资产总计 Total Assets	年末负债合计 Total Liabilities	所有者权益合计 Creditors' Equity	实收资本 Total Capital Hold
石油加工、炼焦和核燃料加工业	Petroleum Processing, Cooking and Nuclear Fuel Processing	187.87	81.32	106.56	36.87
化学原料和化学制品制造业	Raw Chemical Materials and Chemical Products	1863.66	794.58	1069.09	623.16
医药制造业	Medical and Pharmaceutical Products	362.02	151.09	210.93	71.84
化学纤维制造业	Chemical Fiber	511.91	278.35	229.05	147.19
橡胶和塑料制品业	Rubber and plastic products	601.98	299.20	306.38	132.61
非金属矿物制品业	Nonmetal Mineral Products	344.78	196.61	147.81	79.35
黑色金属冶炼和压延加工业	Smelting and Pressing of Ferrous Metals	115.89	48.10	67.79	63.82
有色金属冶炼和压延加工业	Smelting and Pressing of Nonferrous Metals	405.98	226.39	179.58	87.09
金属制品业	Metal Products	508.71	228.08	280.63	143.81
通用设备制造业	Ordinary Machinery	1208.28	529.35	678.42	311.55
专用设备制造业	For Special Purpose Equipment Manufacturing	729.53	292.93	436.34	184.33
汽车制造业	Automotive Manufacturing	2410.62	1271.68	1138.94	466.83
铁路、船舶、航空航天和其他运输设备制造业	Railway, Shipbuilding, Aerospace and other Transport Equipment	112.84	53.57	59.27	28.02
电气机械和器材制造业	Electric Equipment and Machinery	1320.38	640.71	679.67	340.11
计算机、通信和其他电子设备制造业	Telecommunications Equipment, Computer and Other Electronic Equipment Manufacturing	2019.60	1285.36	734.80	356.88
仪器仪表制造业	Instruments, Meters, Cultural and Office Machinery	412.54	156.62	255.92	67.82
其他制造业	Handicraft Article and Other Manufacturing Indust	34.71	14.07	20.64	11.36
废弃资源综合利用业	Comprehensive Utilization of Waste Resources	35.99	16.15	19.84	17.57
金属制品、机械和设备修理业	Metal Products, Machinery and Equipment Repair Industry	66.94	53.91	13.02	22.84
电力、热力的生产和供应业	Electricity, Gas and Water Production and Supply	397.10	163.41	233.46	149.48
燃气生产和供应业	Production and Supply of Gas	143.06	87.54	55.52	31.73
水的生产和供应业	Production and Supply of Water	27.27	12.46	14.82	11.74

续表 4 Continued 单位:亿元(100 million yuna)

行业	Sector	营业收入 Revenues in Main Business	营业成本 Costs in Main Business	营业税金及附加 Sales Taxes and Extra Charges in Main Busuness	销售费用 Selling Expenses
总计	**Total**	**15445.86**	**12835.62**	**88.43**	**585.06**
按登记注册类型分	**By Registered Type**				
#国有	State - owned Enterprises				
集体	Collective Owned Enterprises				
私营	Private Enterprises				
港澳台商投资	Funded by Enterpreneurs From Hong Kong Macao and Taiwan	7236.80	6060.50	43.18	207.52
外商投资	Foreign Funded Enterprises	8209.06	6775.13	45.25	377.54
在总计中:轻工业	Light Industry	4935.52	3958.10	35.10	281.61
重工业	Heavy Industry	10510.34	8877.53	53.33	303.44
按工业行业分	**By Sector**				
煤炭开采和洗选业	Coal Mining and Dressing				
黑色金属矿采选业	Ferrous Metals Mining and Dressing				
有色金属矿采选业	Nonferrous Metals Mining and Dressing				
非金属矿采选业	Nonmetal Minerals Mining and Dressing	10.90	5.18	0.30	0.18
农副食品加工业	Non - staple Food Processing	184.54	166.90	0.50	4.73
食品制造业	Food Manufacturing	240.29	187.68	1.24	16.26
酒、饮料和精制茶制造业	Beverage Manufacturing	200.78	140.07	6.13	28.64
烟草制品业	Tobacco Processing				
纺织业	Textile Industry	763.34	632.21	4.82	13.58
纺织服装、服饰业	Garments,Shoes and Hats Manufacturing	719.65	615.05	4.76	34.53
皮革、毛皮、羽毛及其制品和制鞋业	Leather,Furs,Down and Related Products	112.23	96.83	0.60	3.62
木材加工和木、竹、藤、棕、草制品业	Timber Processing, Bamboo, Cane Palm Fiber and Straw Products	49.04	39.76	0.63	1.95
家具制造业	Furniture Manufacturing	191.72	157.99	1.24	10.15
造纸和纸制品业	Papermaking and Paper Products	298.06	240.94	1.39	11.32
印刷和记录媒介复制业	Printing and Record Medium Reproduction	60.63	45.96	0.38	1.91
文教、工美、体育和娱乐用品制造业	Cultural,Educational and Sports Goods	235.91	191.58	1.67	9.16

续表 5 Continued 单位:亿元(100 million yuna)

行业	Sector	营业收入 Revenues in Main Business	营业成本 Costs in Main Business	营业税金及附加 Sales Taxes and Extra Charges in Main Busuness	销售费用 Selling Expenses
石油加工、炼焦和核燃料加工业	Petroleum Processing, Cooking and Nuclear Fuel Processing	318.79	287.48	13.14	1.41
化学原料和化学制品制造业	Raw Chemical Materials and Chemical Products	1834.77	1550.39	6.65	60.95
医药制造业	Medical and Pharmaceutical Products	313.84	182.03	2.31	61.52
化学纤维制造业	Chemical Fiber	433.98	392.14	1.13	4.79
橡胶和塑料制品业	Rubber and plastic products	628.62	537.32	2.71	25.02
非金属矿物制品业	Nonmetal Mineral Products	237.05	186.66	1.39	13.84
黑色金属冶炼和压延加工业	Smelting and Pressing of Ferrous Metals	181.05	171.87	0.52	1.42
有色金属冶炼和压延加工业	Smelting and Pressing of Nonferrous Metals	574.91	543.06	0.63	3.20
金属制品业	Metal Products	464.48	393.49	2.27	10.46
通用设备制造业	Ordinary Machinery	992.03	780.71	5.25	38.73
专用设备制造业	For Special Purpose Equipment Manufacturing	538.74	413.78	3.70	22.66
汽车制造业	Automotive Manufacturing	1552.81	1312.81	6.58	25.85
铁路、船舶、航空航天和其他运输设备制造业	Railway, Shipbuilding, Aerospace and other Transport Equipment	92.10	87.65	0.47	1.08
电气机械和器材制造业	Electric Equipment and Machinery	1277.82	1039.91	7.67	65.13
计算机、通信和其他电子设备制造业	Telecommunications Equipment, Computer and Other Electronic Equipment Manufacturing	2126.47	1820.49	5.67	90.73
仪器仪表制造业	Instruments, Meters, Cultural and Office Machinery	305.98	210.06	1.77	16.66
其他制造业	Handicraft Article and Other Manufacturing Indust	38.83	32.20	0.29	0.91
废弃资源综合利用业	Comprehensive Utilization of Waste Resources	27.99	27.52	0.16	0.21
金属制品、机械和设备修理业	Metal Products, Machinery and Equipment Repair Industry	25.49	16.97	0.35	0.20
电力、热力的生产和供应业	Electricity, Gas and Water Production and Supply	214.65	158.77	1.65	0.03
燃气生产和供应业	Production and Supply of Gas	191.72	165.50	0.35	4.23
水的生产和供应业	Production and Supply of Water	6.66	4.67	0.10	

续表 6 Continued 单位:亿元(100 million yuna)

行业	Sector	管理费用 Administrative Expenses	财务费用 Financial Expenses	利润总额 Total Profits
总计	**Total**	**586.03**	**104.41**	**1058.20**
按登记注册类型分	**By Registered Type**			
#国有	State – owned Enterprises			
集体	Collective Owned Enterprises			
私营	Private Enterprises			
港澳台商投资	Funded by Enterpreneurs From Hong Kong Macao and Taiwan	240.68	59.10	506.68
外商投资	Foreign Funded Enterprises	345.35	45.31	551.52
在总计中:轻工业	Light Industry	242.09	42.91	346.80
重工业	Heavy Industry	343.94	61.50	711.40
按工业行业分	**By Sector**			
煤炭开采和洗选业	Coal Mining and Dressing			
黑色金属矿采选业	Ferrous Metals Mining and Dressing			
有色金属矿采选业	Nonferrous Metals Mining and Dressing			
非金属矿采选业	Nonmetal Minerals Mining and Dressing	0.79	0.06	4.19
农副食品加工业	Non – staple Food Processing	5.56	1.38	6.37
食品制造业	Food Manufacturing	12.16	0.73	24.46
酒、饮料和精制茶制造业	Beverage Manufacturing	8.31	0.60	19.69
烟草制品业	Tobacco Processing			
纺织业	Textile Industry	37.53	7.62	59.11
纺织服装、服饰业	Garments, Shoes and Hats Manufacturing	36.10	2.42	29.97
皮革、毛皮、羽毛及其制品和制鞋业	Leather, Furs, Down and Related Products	5.71	2.00	2.09
木材加工和木、竹、藤、棕、草制品业	Timber Processing, Bamboo, Cane Palm Fiber and Straw Products	2.10	0.96	2.40
家具制造业	Furniture Manufacturing	10.56	2.17	14.66
造纸和纸制品业	Papermaking and Paper Products	7.85	6.47	24.13
印刷和记录媒介复制业	Printing and Record Medium Reproduction	3.39	0.39	8.02
文教、工美、体育和娱乐用品制造业	Cultural, Educational and Sports Goods	15.07	1.79	13.08

续表 7 Continued 单位:亿元(100 million yuna)

行业	Sector	管理费用 Administrative Expenses	财务费用 Financial Expenses	利润总额 Total Profits
石油加工、炼焦和核燃料加工业	Petroleum Processing, Cooking and Nuclear Fuel Processing	1.70	1.19	15.33
化学原料和化学制品制造业	Raw Chemical Materials and Chemical Products	53.18	14.29	136.09
医药制造业	Medical and Pharmaceutical Products	18.60	0.86	40.73
化学纤维制造业	Chemical Fiber	7.57	7.61	18.72
橡胶和塑料制品业	Rubber and plastic products	22.37	5.60	21.57
非金属矿物制品业	Nonmetal Mineral Products	10.27	3.12	18.96
黑色金属冶炼和压延加工业	Smelting and Pressing of Ferrous Metals	2.73	0.56	1.12
有色金属冶炼和压延加工业	Smelting and Pressing of Nonferrous Metals	5.57	4.16	9.99
金属制品业	Metal Products	21.11	2.35	38.11
通用设备制造业	Ordinary Machinery	57.34	3.06	86.83
专用设备制造业	For Special Purpose Equipment Manufacturing	31.65	2.18	56.40
汽车制造业	Automotive Manufacturing	75.45	5.19	117.26
铁路、船舶、航空航天和其他运输设备制造业	Railway, Shipbuilding, Aerospace and other Transport Equipment	3.53	1.12	-2.64
电气机械和器材制造业	Electric Equipment and Machinery	53.07	8.19	75.91
计算机、通信和其他电子设备制造业	Telecommunications Equipment, Computer and Other Electronic Equipment Manufacturing	45.16	8.39	90.49
仪器仪表制造业	Instruments, Meters, Cultural and Office Machinery	17.05	0.73	57.88
其他制造业	Handicraft Article and Other Manufacturing Indust	2.02	0.38	2.61
废弃资源综合利用业	Comprehensive Utilization of Waste Resources	0.68	0.43	0.39
金属制品、机械和设备修理业	Metal Products, Machinery and Equipment Repair Industry	2.15	1.73	3.75
电力、热力的生产和供应业	Electricity, Gas and Water Production and Supply	4.63	5.50	42.38
燃气生产和供应业	Production and Supply of Gas	4.63	0.79	16.80
水的生产和供应业	Production and Supply of Water	0.45	0.38	1.34

续表 8 Continued 单位:亿元(100 million yuna)

行业	Sector	利税总额 Total Profits and Taxes	本年应交增值税 Value Added Taxes Payable	平均用工人数(万人) Average Number of Employed Persons (10000 persons)
总计	**Total**	**1460.70**	**314.07**	**122.92**
按登记注册类型分	**By Registered Type**			
#国有	State – owned Enterprises			
集体	Collective Owned Enterprises			
私营	Private Enterprises			
港澳台商投资	Funded by Enterpreneurs From Hong Kong Macao and Taiwan	708.72	158.86	58.63
外商投资	Foreign Funded Enterprises	751.98	155.21	64.29
在总计中:轻工业	Light Industry	510.96	129.06	58.38
重工业	Heavy Industry	949.74	185.01	64.54
按工业行业分	**By Sector**			
煤炭开采和洗选业	Coal Mining and Dressing			
黑色金属矿采选业	Ferrous Metals Mining and Dressing			
有色金属矿采选业	Nonferrous Metals Mining and Dressing			
非金属矿采选业	Nonmetal Minerals Mining and Dressing	4.82	0.33	0.04
农副食品加工业	Non – staple Food Processing	9.69	2.82	1.04
食品制造业	Food Manufacturing	33.53	7.83	2.13
酒、饮料和精制茶制造业	Beverage Manufacturing	32.55	6.73	1.21
烟草制品业	Tobacco Processing			
纺织业	Textile Industry	88.04	24.12	10.88
纺织服装、服饰业	Garments, Shoes and Hats Manufacturing	52.05	17.31	13.96
皮革、毛皮、羽毛及其制品和制鞋业	Leather, Furs, Down and Related Products	6.61	3.91	1.97
木材加工和木、竹、藤、棕、草制品业	Timber Processing, Bamboo, Cane Palm Fiber and Straw Products	3.98	0.94	0.62
家具制造业	Furniture Manufacturing	21.97	6.06	3.21
造纸和纸制品业	Papermaking and Paper Products	33.14	7.62	1.41
印刷和记录媒介复制业	Printing and Record Medium Reproduction	10.83	2.43	0.61
文教、工美、体育和娱乐用品制造业	Cultural, Educational and Sports Goods	20.67	5.92	4.46

续表 9 Continued 单位:亿元(100 million yuna)

行业	Sector	利税总额 Total Profits and Taxes	本年应交增值税 Value Added Taxes Payable	平均用工人数(万人) Average Number of Employed Persons (10000 persons)
石油加工、炼焦和核燃料加工业	Petroleum Processing, Cooking and Nuclear Fuel Processing	35.48	7.01	0.15
化学原料和化学制品制造业	Raw Chemical Materials and Chemical Products	178.67	35.93	4.26
医药制造业	Medical and Pharmaceutical Products	56.65	13.62	2.27
化学纤维制造业	Chemical Fiber	22.12	2.27	1.85
橡胶和塑料制品业	Rubber and plastic products	34.44	10.16	4.87
非金属矿物制品业	Nonmetal Mineral Products	27.45	7.10	1.84
黑色金属冶炼和压延加工业	Smelting and Pressing of Ferrous Metals	3.05	1.40	0.45
有色金属冶炼和压延加工业	Smelting and Pressing of Nonferrous Metals	20.45	9.83	1.17
金属制品业	Metal Products	46.61	6.23	4.84
通用设备制造业	Ordinary Machinery	116.78	24.70	10.87
专用设备制造业	For Special Purpose Equipment Manufacturing	74.18	14.08	5.93
汽车制造业	Automotive Manufacturing	150.29	26.45	11.06
铁路、船舶、航空航天和其他运输设备制造业	Railway, Shipbuilding, Aerospace and other Transport Equipment	-0.35	1.83	1.05
电气机械和器材制造业	Electric Equipment and Machinery	111.20	27.62	11.57
计算机、通信和其他电子设备制造业	Telecommunications Equipment, Computer and Other Electronic Equipment Manufacturing	116.80	20.64	13.82
仪器仪表制造业	Instruments, Meters, Cultural and Office Machinery	66.38	6.73	3.14
其他制造业	Handicraft Article and Other Manufacturing Indust	3.63	0.73	0.77
废弃资源综合利用业	Comprehensive Utilization of Waste Resources	1.56	1.01	0.17
金属制品、机械和设备修理业	Metal Products, Machinery and Equipment Repair Industry	4.45	0.34	0.38
电力、热力的生产和供应业	Electricity, Gas and Water Production and Supply	52.30	8.26	0.44
燃气生产和供应业	Production and Supply of Gas	18.97	1.83	0.41
水的生产和供应业	Production and Supply of Water	1.71	0.27	0.06

7-13 按行业分的外商投资和港澳台商投资工业企业主要经济效益指标(2019年) Main Economic Beneficial Indicators of Foreign Funded Enterprises and Enterprises Funded by Entrepreneurs form Hong Kong, Macao and Taiwan by Sector(2019)

行业	Sector
总计	**Total**
按登记注册类型分	**By Registered Type**
#国有	State-owned Enterprises
集体	Collective Owned Enterprises
私营	Private Enterprises
港澳台商投资	Funded by Entrepreneurs From Hong Kong Macao and Taiwan
外商投资	Foreign Funded Enterprises
在总计中:轻工业	Light Industry
重工业	Heavy Industry
按工业行业分	**By Sector**
煤炭开采和洗选业	Coal Mining and Dressing
黑色金属矿采选业	Ferrous Metals Mining and Dressing
有色金属矿采选业	Nonferrous Metals Mining and Dressing
非金属矿采选业	Nonmetal Minerals Mining and Dressing
农副食品加工业	Non-staple Food Processing
食品制造业	Food Manufacturing
酒、饮料和精制茶制造业	Beverage Manufacturing
烟草制品业	Tobacco Processing
纺织业	Textile Industry
纺织服装、服饰业	Garments, Shoes and Hats Manufacturing
皮革、毛皮、羽毛及其制品和制鞋业	Leather, Furs, Down and Related Products
木材加工和木、竹、藤、棕、草制品业	Timber Processing, Bamboo, Cane Palm Fiber and Straw Products
家具制造业	Furniture Manufacturing
造纸和纸制品业	Papermaking and Paper Products
印刷和记录媒介复制业	Printing and Record Medium Reproduction
文教、工美、体育和娱乐用品制造业	Cultural, Educational and Sports Goods

资产负债率（%）Asset Liability Ratio (%)	成本费用利润率（%）Profit Margin of the Cost and Expense (%)	每百元固定资产原值实现利税（元）Pre tax Profits per 100 Yuan Original Value of Fixed Assets (yuan)	每百元营业收入实现利税（元）Pre tax Profits per 100 Yuan Revenues in Main Business (yuan)	新产品产值率（%）New product ratio (%)
49.73	**7.31**	**20.13**	**9.46**	**42.63**
48.60	7.49	21.42	9.79	42.35
50.76	7.15	19.05	9.16	42.89
49.04	7.48	19.91	10.35	38.21
50.07	7.23	20.25	9.04	44.76
27.97	65.19	117.21	44.22	99.99
50.16	3.53	15.08	5.25	16.43
45.41	11.20	21.64	13.96	6.87
46.14	11.02	21.09	16.21	20.33
46.54	8.31	17.95	11.53	42.54
52.28	4.31	19.76	7.23	33.98
57.98	1.89	17.69	5.89	49.36
66.27	5.20	21.71	8.11	36.04
53.18	7.90	30.29	11.46	56.08
53.69	8.78	13.08	11.12	51.22
37.75	15.10	30.19	17.86	42.54
47.53	5.85	17.87	8.76	38.25

续表 Continued

行业	Sector
石油、煤炭及其他燃料加工业	Petroleum Processing,Cooking and Nuclear Fuel Processing
化学原料和化学制品制造业	Raw Chemical Materials and Chemical Products
医药制造业	Medical and Pharmaceutical Products
化学纤维制造业	Chemical Fiber
橡胶和塑料制品业	Rubber and plastic products
非金属矿物制品业	Nonmetal Mineral Products
黑色金属冶炼和压延加工业	Smelting and Pressing of Ferrous Metals
有色金属冶炼和压延加工业	Smelting and Pressing of Nonferrous Metals
金属制品业	Metal Products
通用设备制造业	Ordinary Machinery
专用设备制造业	For Special Purpose Equipment Manufacturing
汽车制造业	Automotive Manufacturing
铁路、船舶、航空航天和其他运输设备制造业	Railway,Shipbuilding,Aerospace and other Transport Equipment
电气机械和器材制造业	Electric Equipment and Machinery
计算机、通信和其他电子设备制造业	Telecommunications Equipment,Computer and Other Electronic Equipment Manufacturing
仪器仪表制造业	Instruments,Meters,Cultural and Office Machinery
其他制造业	Handicraft Article and Other Manufacturing Indust
废弃资源综合利用业	Recovery of Resource Discarded and Useless Material
金属制品、机械和设备修理业	Metal Products,Machinery and Equipment Repair Industry
电力、热力生产和供应业	Production and Supply of Electricity and Heating Power
燃气生产和供应业	Production and Supply of Gas
水的生产和供应业	Production and Supply of Water

资产负债率（%）Asset Liability Ratio（%）	成本费用利润率（%）Profit Margin of the Cost and Expense（%）	每百元固定资产原值实现利税（元）Pre tax Profits per 100 Yuan Original Value of Fixed Assets（yuan）	每百元营业收入实现利税（元）Pre tax Profits per 100 Yuan Revenues in Main Business（yuan）	新产品产值率（%）New product ratio（%）
43.28	**5.25**	**29.88**	**11.13**	**30.63**
42.64	7.99	18.06	9.74	22.38
41.74	14.82	50.50	18.05	30.23
54.37	4.44	7.04	5.10	49.19
49.70	3.57	10.08	5.48	27.09
57.02	8.69	21.37	11.58	40.90
41.50	0.62	2.76	1.68	19.22
55.76	1.77	20.90	3.56	38.07
44.84	8.72	23.49	10.04	36.62
43.81	9.57	27.99	11.77	46.60
40.15	11.53	29.38	13.77	43.17
52.75	8.05	22.96	9.68	59.38
47.47	-2.78	-0.43	-0.37	26.11
48.52	6.29	24.39	8.70	56.87
63.64	4.43	22.20	5.49	63.67
37.96	22.08	48.32	21.69	59.86
40.53	7.18	22.76	9.36	38.81
44.88	1.33	11.95	5.57	10.54
80.55	17.38	9.81	17.45	25.91
41.15	24.87	11.35	24.37	11.50
61.19	9.57	17.81	9.90	
45.68	24.21	11.24	25.65	

7-14 大中型工业企业主要指标(2019 年)
Main Indicators of Large and Medium-sized Industrial Enterprises(2019)

单位:亿元(100 million yuna)

行业	Sector	企业单位数(个) Number of Enterprises (unit)	#亏损企业(个) Loss (unit)	工业总产值 Gross Industrial Output Value
总计	**Total**	**4328**	**419**	**40412.78**
按登记注册类型分	**By Registered Type**			
#国有	State-owned Enterprises	12	2	279.13
集体	Collective Owned Enterprises	2	1	12.41
私营	Private Enterprises	2412	225	12026.74
港澳台商投资	Funded by Entrepreneurs From Hong Kong Macao and Taiwan	445	47	5213.83
外商投资	Foreign Funded Enterprises	494	52	5409.86
在总计中:轻工业	Light Industry	2151	216	13201.28
重工业	Heavy Industry	2177	203	27211.50
按工业行业分	**By Sector**			
煤炭开采和洗选业	Coal Mining and Dressing			
黑色金属矿采选业	Ferrous Metals Mining and Dressing			
有色金属矿采选业	Nonferrous Metals Mining and Dressing	1	1	0.87
非金属矿采选业	Nonmetal Minerals Mining and Dressing	3	1	5.40
农副食品加工业	Non-staple Food Processing	38	2	177.86
食品制造业	Food Manufacturing	65	5	301.63
酒、饮料和精制茶制造业	Beverage Manufacturing	19	3	195.84
烟草制品业	Tobacco Processing	1		535.86
纺织业	Textile Industry	438	41	1759.07
纺织服装、服饰业	Garments,Shoes and Hats Manufacturing	254	37	1150.60
皮革、毛皮、羽毛及其制品和制鞋业	Leather,Furs,Down and Related Products	143	17	389.13
木材加工和木、竹、藤、棕、草制品业	Timber Processing, Bamboo, Cane Palm Fiber and Straw Products	25	1	143.76
家具制造业	Furniture Manufacturing	128	14	560.83
造纸和纸制品业	Papermaking and Paper Products	56	8	649.37
印刷和记录媒介复制业	Printing and Record Medium Reproduction	43	2	151.59
文教、工美、体育和娱乐用品制造业	Cultural,Educational and Sports Goods	120	8	619.73

续表 1 Continued

单位:亿元(100 million yuna)

行业	Sector	企业单位数(个) Number of Enterprises (unit)	#亏损企业(个) Loss (unit)	工业总产值 Gross Industrial Output Value
石油加工、炼焦和核燃料加工业	Petroleum Processing, Cooking and Nuclear Fuel Processing	6	1	1857.13
化学原料和化学制品制造业	Raw Chemical Materials and Chemical Products	154	8	3316.45
医药制造业	Medical and Pharmaceutical Products	124	8	1274.65
化学纤维制造业	Chemical Fiber	75	8	2200.54
橡胶和塑料制品业	Rubber and plastic products	154	11	962.55
非金属矿物制品业	Nonmetal Mineral Products	80	4	632.39
黑色金属冶炼和压延加工业	Smelting and Pressing of Ferrous Metals	35	3	1102.08
有色金属冶炼和压延加工业	Smelting and Pressing of Nonferrous Metals	40	6	1134.39
金属制品业	Metal Products	261	18	1215.82
通用设备制造业	Ordinary Machinery	416	28	2290.32
专用设备制造业	For Special Purpose Equipment Manufacturing	171	14	800.76
汽车制造业	Automotive Manufacturing	318	42	3210.88
铁路、船舶、航空航天和其他运输设备制造业	Railway, Shipbuilding, Aerospace and other Transport Equipment	59	15	358.59
电气机械和器材制造业	Electric Equipment and Machinery	546	48	4311.77
计算机、通信和其他电子设备制造业	Telecommunications Equipment, Computer and Other Electronic Equipment Manufacturing	307	44	3870.81
仪器仪表制造业	Instruments, Meters, Cultural and Office Machinery	98	4	640.85
其他制造业	Handicraft Article and Other Manufacturing Indust	35	4	100.63
废弃资源综合利用业	Comprehensive Utilization of Waste Resources	8		95.86
金属制品、机械和设备修理业	Metal Products, Machinery and Equipment Repair Industry	16	1	56.24
电力、热力的生产和供应业	Electricity, Gas and Water Production and Supply	65	5	4142.68
燃气生产和供应业	Production and Supply of Gas	5	1	98.89
水的生产和供应业	Production and Supply of Water	21	6	96.92

续表 2 Continued 单位:亿元(100 million yuna)

行业	Sector	资产总计 Total Assets	年末负债合计 Total Liabilities	所有者权益合计 Creditors' Equity	实收资本 Total Capital Hold
总计	**Total**	**50558.78**	**26088.11**	**24470.67**	**9719.24**
按登记注册类型分	**By Registered Type**				
#国有	State – owned Enterprises	203.15	75.88	127.27	92.24
集体	Collective Owned Enterprises	11.00	2.36	8.64	2.21
私营	Private Enterprises	12444.60	6783.91	5660.68	2121.46
港澳台商投资	Funded by Enterpreneurs From Hong Kong Macao and Taiwan	5897.37	2799.25	3098.12	1218.70
外商投资	Foreign Funded Enterprises	6316.42	3255.99	3060.43	1290.38
在总计中:轻工业	Light Industry	15778.11	7566.19	8211.92	2822.10
重工业	Heavy Industry	34780.68	18521.92	16258.75	6897.13
按工业行业分	**By Sector**				
煤炭开采和洗选业	Coal Mining and Dressing				
黑色金属矿采选业	Ferrous Metals Mining and Dressing				
有色金属矿采选业	Nonferrous Metals Mining and Dressing	2.21	0.85	1.37	0.69
非金属矿采选业	Nonmetal Minerals Mining and Dressing	8.10	0.23	7.87	4.23
农副食品加工业	Non – staple Food Processing	188.27	88.51	99.76	38.48
食品制造业	Food Manufacturing	354.89	170.90	183.99	71.49
酒、饮料和精制茶制造业	Beverage Manufacturing	266.04	111.05	154.99	47.91
烟草制品业	Tobacco Processing	623.58	226.40	397.18	9.76
纺织业	Textile Industry	1956.85	1081.60	875.25	364.02
纺织服装、服饰业	Garments,Shoes and Hats Manufacturing	1284.74	577.89	706.85	271.50
皮革、毛皮、羽毛及其制品和制鞋业	Leather,Furs,Down and Related Products	391.84	209.08	182.76	67.37
木材加工和木、竹、藤、棕、草制品业	Timber Processing, Bamboo, Cane Palm Fiber and Straw Products	172.19	93.33	78.86	28.75
家具制造业	Furniture Manufacturing	626.91	320.29	306.62	121.30
造纸和纸制品业	Papermaking and Paper Products	875.40	439.62	435.78	169.14
印刷和记录媒介复制业	Printing and Record Medium Reproduction	199.93	84.93	114.99	59.76
文教、工美、体育和娱乐用品制造业	Cultural,Educational and Sports Goods	578.02	304.15	273.87	94.58

续表 3 Continued

单位:亿元(100 million yuna)

行业	Sector	资产总计 Total Assets	年末负债合计 Total Liabilities	所有者权益合计 Creditors' Equity	实收资本 Total Capital Hold
石油加工、炼焦和核燃料加工业	Petroleum Processing, Cooking and Nuclear Fuel Processing	2205.90	1390.47	815.43	630.84
化学原料和化学制品制造业	Raw Chemical Materials and Chemical Products	4402.68	1717.84	2684.85	909.69
医药制造业	Medical and Pharmaceutical Products	2194.63	802.32	1392.31	383.19
化学纤维制造业	Chemical Fiber	2397.18	1331.09	1066.08	510.99
橡胶和塑料制品业	Rubber and plastic products	1036.42	450.22	586.20	175.68
非金属矿物制品业	Nonmetal Mineral Products	1011.15	543.10	468.05	206.88
黑色金属冶炼和压延加工业	Smelting and Pressing of Ferrous Metals	887.22	454.25	432.97	254.60
有色金属冶炼和压延加工业	Smelting and Pressing of Nonferrous Metals	710.10	421.88	288.23	137.82
金属制品业	Metal Products	1227.34	634.02	593.32	205.36
通用设备制造业	Ordinary Machinery	3175.50	1539.90	1635.60	514.14
专用设备制造业	For Special Purpose Equipment Manufacturing	1211.55	560.64	650.91	205.00
汽车制造业	Automotive Manufacturing	5138.79	3118.65	2020.14	823.01
铁路、船舶、航空航天和其他运输设备制造业	Railway, Shipbuilding, Aerospace and other Transport Equipment	756.80	596.28	160.52	131.63
电气机械和器材制造业	Electric Equipment and Machinery	5244.70	2622.95	2621.75	844.65
计算机、通信和其他电子设备制造业	Telecommunications Equipment, Computer and Other Electronic Equipment Manufacturing	4938.22	2565.19	2373.03	868.18
仪器仪表制造业	Instruments, Meters, Cultural and Office Machinery	1044.71	391.83	652.88	137.33
其他制造业	Handicraft Article and Other Manufacturing Indust	113.75	52.82	60.93	19.83
废弃资源综合利用业	Comprehensive Utilization of Waste Resources	91.10	57.01	34.09	13.37
金属制品、机械和设备修理业	Metal Products, Machinery and Equipment Repair Industry	115.07	72.79	42.29	27.04
电力、热力的生产和供应业	Electricity, Gas and Water Production and Supply	4386.38	2594.58	1791.80	1184.06
燃气生产和供应业	Production and Supply of Gas	101.51	69.27	32.24	31.32
水的生产和供应业	Production and Supply of Water	639.11	392.19	246.92	155.66

续表 4 Continued 单位:亿元(100 million yuna)

行业	Sector	营业收入 Revenues in Main Business	营业成本 Costs in Main Business	营业税金及附加 Sales Taxes and Extra Charges in Main Busuness	销售费用 Selling Expenses
总计	**Total**	**42210.29**	**34599.07**	**735.64**	**1470.92**
按登记注册类型分	**By Registered Type**				
#国有	State – owned Enterprises	277.32	261.13	0.94	1.69
集体	Collective Owned Enterprises	12.46	10.81	0.01	1.55
私营	Private Enterprises	12113.85	9951.74	59.71	459.98
港澳台商投资	Funded by Enterpreneurs From Hong Kong Macao and Taiwan	5274.35	4411.98	31.24	161.05
外商投资	Foreign Funded Enterprises	5710.22	4719.71	26.16	286.88
在总计中:轻工业	Light Industry	14384.51	11308.96	416.58	774.93
重工业	Heavy Industry	27825.78	23290.12	319.06	695.99
按工业行业分	**By Sector**				
煤炭开采和洗选业	Coal Mining and Dressing				
黑色金属矿采选业	Ferrous Metals Mining and Dressing				
有色金属矿采选业	Nonferrous Metals Mining and Dressing	0.95	0.67	0.05	0.02
非金属矿采选业	Nonmetal Minerals Mining and Dressing	5.35	3.78	0.34	0.05
农副食品加工业	Non – staple Food Processing	178.84	153.95	0.66	7.13
食品制造业	Food Manufacturing	311.48	232.75	1.68	23.55
酒、饮料和精制茶制造业	Beverage Manufacturing	239.68	163.62	4.36	44.78
烟草制品业	Tobacco Processing	916.68	487.16	339.81	12.47
纺织业	Textile Industry	1718.28	1431.61	9.60	30.39
纺织服装、服饰业	Garments,Shoes and Hats Manufacturing	1127.64	906.13	6.82	69.95
皮革、毛皮、羽毛及其制品和制鞋业	Leather,Furs,Down and Related Products	362.68	303.13	2.09	14.82
木材加工和木、竹、藤、棕、草制品业	Timber Processing, Bamboo, Cane Palm Fiber and Straw Products	155.54	113.15	1.57	9.92
家具制造业	Furniture Manufacturing	560.02	441.17	3.57	35.73
造纸和纸制品业	Papermaking and Paper Products	630.73	519.81	3.73	21.46
印刷和记录媒介复制业	Printing and Record Medium Reproduction	153.56	119.31	0.81	5.31
文教、工美、体育和娱乐用品制造业	Cultural,Educational and Sports Goods	584.66	478.46	3.08	25.42

续表 5 Continued 单位:亿元(100 million yuna)

行业	Sector	营业收入 Revenues in Main Business	营业成本 Costs in Main Business	营业税金及附加 Sales Taxes and Extra Charges in Main Busuness	销售费用 Selling Expenses
石油加工、炼焦和核燃料加工业	Petroleum Processing, Cooking and Nuclear Fuel Processing	1648.04	1335.11	176.36	4.45
化学原料和化学制品制造业	Raw Chemical Materials and Chemical Products	3440.51	2884.79	13.31	66.90
医药制造业	Medical and Pharmaceutical Products	1206.08	608.58	10.70	268.50
化学纤维制造业	Chemical Fiber	2576.12	2379.09	4.58	13.20
橡胶和塑料制品业	Rubber and plastic products	1009.58	820.84	5.27	42.98
非金属矿物制品业	Nonmetal Mineral Products	654.80	495.40	4.17	28.33
黑色金属冶炼和压延加工业	Smelting and Pressing of Ferrous Metals	1187.20	1103.32	2.44	8.17
有色金属冶炼和压延加工业	Smelting and Pressing of Nonferrous Metals	1326.66	1256.23	1.94	8.77
金属制品业	Metal Products	1222.30	1020.02	6.10	38.64
通用设备制造业	Ordinary Machinery	2388.48	1882.68	12.41	102.44
专用设备制造业	For Special Purpose Equipment Manufacturing	809.94	618.15	5.16	32.07
汽车制造业	Automotive Manufacturing	3322.88	2663.56	45.04	52.86
铁路、船舶、航空航天和其他运输设备制造业	Railway, Shipbuilding, Aerospace and other Transport Equipment	365.08	322.57	4.27	8.62
电气机械和器材制造业	Electric Equipment and Machinery	4962.14	4095.33	26.06	231.23
计算机、通信和其他电子设备制造业	Telecommunications Equipment, Computer and Other Electronic Equipment Manufacturing	3954.49	3142.44	15.88	194.60
仪器仪表制造业	Instruments, Meters, Cultural and Office Machinery	643.66	433.18	4.05	45.59
其他制造业	Handicraft Article and Other Manufacturing Indust	110.09	90.75	0.77	3.75
废弃资源综合利用业	Comprehensive Utilization of Waste Resources	106.19	91.94	0.47	0.39
金属制品、机械和设备修理业	Metal Products, Machinery and Equipment Repair Industry	56.81	43.63	0.43	1.13
电力、热力的生产和供应业	Electricity, Gas and Water Production and Supply	4064.96	3776.21	16.58	6.54
燃气生产和供应业	Production and Supply of Gas	105.67	94.62	0.27	2.30
水的生产和供应业	Production and Supply of Water	102.50	85.93	1.20	8.44

续表 6 Continued 单位:亿元(100 million yuna)

行业	Sector	管理费用 Administrative Expenses	财务费用 Financial Expenses	利润总额 Total Profits
总计	**Total**	**1313.87**	**315.32**	**3359.72**
按登记注册类型分	**By Registered Type**			
#国有	State – owned Enterprises	9.83	0.40	2.52
集体	Collective Owned Enterprises	0.53	0.02	-0.42
私营	Private Enterprises	447.37	99.62	930.44
港澳台商投资	Funded by Enterpreneurs From Hong Kong Macao and Taiwan	147.43	32.14	393.55
外商投资	Foreign Funded Enterprises	201.00	24.20	411.20
在总计中:轻工业	Light Industry	528.36	112.02	1097.45
重工业	Heavy Industry	785.50	203.30	2262.27
按工业行业分	**By Sector**			
煤炭开采和洗选业	Coal Mining and Dressing			
黑色金属矿采选业	Ferrous Metals Mining and Dressing			
有色金属矿采选业	Nonferrous Metals Mining and Dressing	0.23	0.04	-0.06
非金属矿采选业	Nonmetal Minerals Mining and Dressing	0.25	0.08	0.85
农副食品加工业	Non – staple Food Processing	5.97	1.96	9.45
食品制造业	Food Manufacturing	14.99	1.54	39.21
酒、饮料和精制茶制造业	Beverage Manufacturing	9.14	0.37	25.11
烟草制品业	Tobacco Processing	18.88	-1.29	52.58
纺织业	Textile Industry	74.67	22.21	119.01
纺织服装、服饰业	Garments, Shoes and Hats Manufacturing	57.38	2.01	83.37
皮革、毛皮、羽毛及其制品和制鞋业	Leather, Furs, Down and Related Products	18.30	3.60	17.34
木材加工和木、竹、藤、棕、草制品业	Timber Processing, Bamboo, Cane Palm Fiber and Straw Products	6.66	2.09	19.46
家具制造业	Furniture Manufacturing	27.53	6.04	46.59
造纸和纸制品业	Papermaking and Paper Products	14.81	11.43	54.27
印刷和记录媒介复制业	Printing and Record Medium Reproduction	8.30	0.95	17.54
文教、工美、体育和娱乐用品制造业	Cultural, Educational and Sports Goods	26.95	3.70	42.63

续表 7 Continued 单位:亿元(100 million yuna)

行业	Sector	管理费用 Administrative Expenses	财务费用 Financial Expenses	利润总额 Total Profits
石油加工、炼焦和核燃料加工业	Petroleum Processing, Cooking and Nuclear Fuel Processing	25.09	3.75	105.36
化学原料和化学制品制造业	Raw Chemical Materials and Chemical Products	71.68	25.50	456.31
医药制造业	Medical and Pharmaceutical Products	82.21	10.78	185.17
化学纤维制造业	Chemical Fiber	23.39	30.89	101.20
橡胶和塑料制品业	Rubber and plastic products	36.68	6.69	79.98
非金属矿物制品业	Nonmetal Mineral Products	20.94	7.92	92.28
黑色金属冶炼和压延加工业	Smelting and Pressing of Ferrous Metals	16.20	1.78	51.36
有色金属冶炼和压延加工业	Smelting and Pressing of Nonferrous Metals	15.16	9.50	20.72
金属制品业	Metal Products	46.33	8.45	85.97
通用设备制造业	Ordinary Machinery	107.35	9.59	224.42
专用设备制造业	For Special Purpose Equipment Manufacturing	41.79	5.05	89.93
汽车制造业	Automotive Manufacturing	145.30	13.95	384.40
铁路、船舶、航空航天和其他运输设备制造业	Railway, Shipbuilding, Aerospace and other Transport Equipment	20.03	7.53	-5.87
电气机械和器材制造业	Electric Equipment and Machinery	149.45	27.46	352.95
计算机、通信和其他电子设备制造业	Telecommunications Equipment, Computer and Other Electronic Equipment Manufacturing	107.56	8.70	344.86
仪器仪表制造业	Instruments, Meters, Cultural and Office Machinery	33.60	0.89	116.30
其他制造业	Handicraft Article and Other Manufacturing Indust	6.11	0.56	8.83
废弃资源综合利用业	Comprehensive Utilization of Waste Resources	1.52	1.27	10.96
金属制品、机械和设备修理业	Metal Products, Machinery and Equipment Repair Industry	4.04	0.94	5.95
电力、热力的生产和供应业	Electricity, Gas and Water Production and Supply	63.75	72.71	110.02
燃气生产和供应业	Production and Supply of Gas	2.91	1.15	4.77
水的生产和供应业	Production and Supply of Water	8.73	5.51	6.51

续表 8 Continued 单位:亿元(100 million yuna)

行业	Sector	利税总额 Total Profits and Taxes	本年应交增值税 Value Added Taxes Payable	平均用工人数(万人) Average Number of Employed Persons (10000 persons)
总计	**Total**	**5155.84**	**1060.49**	**312.88**
按登记注册类型分	**By Registered Type**			
#国有	State - owned Enterprises	10.17	6.71	0.92
集体	Collective Owned Enterprises	-0.31	0.10	0.09
私营	Private Enterprises	1316.13	325.98	142.96
港澳台商投资	Funded by Enterpreneurs From Hong Kong Macao and Taiwan	538.45	113.66	39.41
外商投资	Foreign Funded Enterprises	536.62	99.26	41.57
在总计中:轻工业	Light Industry	1957.56	443.52	148.88
重工业	Heavy Industry	3198.29	616.96	164.00
按工业行业分	**By Sector**			
煤炭开采和洗选业	Coal Mining and Dressing			
黑色金属矿采选业	Ferrous Metals Mining and Dressing			
有色金属矿采选业	Nonferrous Metals Mining and Dressing	0.08	0.09	0.04
非金属矿采选业	Nonmetal Minerals Mining and Dressing	1.31	0.12	0.11
农副食品加工业	Non - staple Food Processing	13.84	3.73	2.10
食品制造业	Food Manufacturing	52.10	11.21	3.63
酒、饮料和精制茶制造业	Beverage Manufacturing	37.37	7.91	1.73
烟草制品业	Tobacco Processing	454.49	62.09	0.36
纺织业	Textile Industry	194.30	65.69	26.73
纺织服装、服饰业	Garments, Shoes and Hats Manufacturing	120.96	30.76	19.62
皮革、毛皮、羽毛及其制品和制鞋业	Leather, Furs, Down and Related Products	33.15	13.72	9.15
木材加工和木、竹、藤、棕、草制品业	Timber Processing, Bamboo, Cane Palm Fiber and Straw Products	26.39	5.36	2.24
家具制造业	Furniture Manufacturing	70.82	20.65	9.65
造纸和纸制品业	Papermaking and Paper Products	83.03	25.03	3.49
印刷和记录媒介复制业	Printing and Record Medium Reproduction	22.94	4.59	1.88
文教、工美、体育和娱乐用品制造业	Cultural, Educational and Sports Goods	61.26	15.56	8.77

续表 9　Continued　　单位:亿元(100 million yuna)

行业	Sector	利税总额 Total Profits and Taxes	本年应交增值税 Value Added Taxes Payable	平均用工人数(万人) Average Number of Employed Persons (10000 persons)
石油加工、炼焦和核燃料加工业	Petroleum Processing,Cooking and Nuclear Fuel Processing	315.40	33.68	1.47
化学原料和化学制品制造业	Raw Chemical Materials and Chemical Products	542.81	73.18	9.51
医药制造业	Medical and Pharmaceutical Products	259.54	63.67	9.95
化学纤维制造业	Chemical Fiber	137.29	31.50	8.39
橡胶和塑料制品业	Rubber and plastic products	110.13	24.87	10.74
非金属矿物制品业	Nonmetal Mineral Products	120.33	23.88	4.67
黑色金属冶炼和压延加工业	Smelting and Pressing of Ferrous Metals	66.64	12.84	2.95
有色金属冶炼和压延加工业	Smelting and Pressing of Nonferrous Metals	48.75	26.09	2.96
金属制品业	Metal Products	121.81	29.74	15.45
通用设备制造业	Ordinary Machinery	298.11	61.28	25.85
专用设备制造业	For Special Purpose Equipment Manufacturing	116.37	21.27	10.47
汽车制造业	Automotive Manufacturing	508.65	79.20	23.72
铁路、船舶、航空航天和其他运输设备制造业	Railway, Shipbuilding, Aerospace and other Transport Equipment	6.48	8.09	4.32
电气机械和器材制造业	Electric Equipment and Machinery	478.71	99.70	41.29
计算机、通信和其他电子设备制造业	Telecommunications Equipment, Computer and Other Electronic Equipment Manufacturing	434.93	74.19	33.13
仪器仪表制造业	Instruments, Meters, Cultural and Office Machinery	138.37	18.02	6.94
其他制造业	Handicraft Article and Other Manufacturing Indust	13.12	3.51	2.16
废弃资源综合利用业	Comprehensive Utilization of Waste Resources	15.62	4.19	0.39
金属制品、机械和设备修理业	Metal Products, Machinery and Equipment Repair Industry	7.33	0.95	1.09
电力、热力的生产和供应业	Electricity, Gas and Water Production and Supply	226.69	100.10	6.46
燃气生产和供应业	Production and Supply of Gas	6.09	1.06	0.24
水的生产和供应业	Production and Supply of Water	10.66	2.95	1.23

7－15 按行业分的大中型工业企业主要经济效益指标(2019 年)
Main Economic Beneficial Indicators of Large and Medium－sized Industrial Enterprises by Sector(2019)

行业	Sector
总计	**Total**
按登记注册类型分	**By Registered Type**
#国有	State－owned Enterprises
集体	Collective Owned Enterprises
私营	Private Enterprises
港澳台商投资	Funded by Enterpreneurs From Hong Kong Macao and Taiwan
外商投资	Foreign Funded Enterprises
在总计中:轻工业	Light Industry
重工业	Heavy Industry
按工业行业分	**By Sector**
煤炭开采和洗选业	Coal Mining and Dressing
黑色金属矿采选业	Ferrous Metals Mining and Dressing
有色金属矿采选业	Nonferrous Metals Mining and Dressing
非金属矿采选业	Nonmetal Minerals Mining and Dressing
农副食品加工业	Non－staple Food Processing
食品制造业	Food Manufacturing
酒、饮料和精制茶制造业	Beverage Manufacturing
烟草制品业	Tobacco Processing
纺织业	Textile Industry
纺织服装、服饰业	Garments,Shoes and Hats Manufacturing
皮革、毛皮、羽毛及其制品和制鞋业	Leather,Furs,Down and Related Products
木材加工和木、竹、藤、棕、草制品业	Timber Processing,Bamboo,Cane Palm Fiber and Straw Products
家具制造业	Furniture Manufacturing
造纸和纸制品业	Papermaking and Paper Products
印刷和记录媒介复制业	Printing and Record Medium Reproduction
文教、工美、体育和娱乐用品制造业	Cultural,Educational and Sports Goods

资产负债率（%）Asset Liability Ratio（%）	成本费用利润率（%）Profit Margin of the Cost and Expense（%）	每百元固定资产原值实现利税（元）Pre tax Profits per 100 Yuan Original Value of Fixed Assets（yuan）	每百元营业收入实现利税（元）Pre tax Profits per 100 Yuan Revenues in Main Business（yuan）	新产品产值率（%）New product ratio（%）
51.60	**8.66**	**23.96**	**12.21**	**46.51**
37.35	0.92	3.41	3.67	4.62
21.44	-3.27	-4.37	-2.50	
54.51	8.21	29.03	10.86	51.42
47.47	8.01	24.42	10.21	48.83
51.55	7.68	21.35	9.40	49.16
47.95	8.38	34.55	13.61	48.29
53.25	8.80	20.17	11.49	45.64
38.19	-5.94	3.12	7.91	
2.84	20.41	26.35	24.43	
47.01	5.48	16.97	7.74	23.40
48.16	14.15	29.23	16.73	20.37
41.74	11.46	25.00	15.59	26.47
36.31	10.15	318.85	49.58	7.33
55.27	7.37	18.53	11.31	48.36
44.98	7.91	37.22	10.73	46.03
53.36	4.96	34.64	9.14	57.63
54.20	14.16	55.36	16.97	62.56
51.09	8.83	44.63	12.65	61.15
50.22	9.26	18.79	13.16	56.68
42.48	12.66	31.70	14.94	46.77
52.62	7.77	33.34	10.48	45.30

续表 Continued

行业	Sector
石油、煤炭及其他燃料加工业	Petroleum Processing, Cooking and Nuclear Fuel Processing
化学原料和化学制品制造业	Raw Chemical Materials and Chemical Products
医药制造业	Medical and Pharmaceutical Products
化学纤维制造业	Chemical Fiber
橡胶和塑料制品业	Rubber and plastic products
非金属矿物制品业	Nonmetal Mineral Products
黑色金属冶炼和压延加工业	Smelting and Pressing of Ferrous Metals
有色金属冶炼和压延加工业	Smelting and Pressing of Nonferrous Metals
金属制品业	Metal Products
通用设备制造业	Ordinary Machinery
专用设备制造业	For Special Purpose Equipment Manufacturing
汽车制造业	Automotive Manufacturing
铁路、船舶、航空航天和其他运输设备制造业	Railway, Shipbuilding, Aerospace and other Transport Equipment
电气机械和器材制造业	Electric Equipment and Machinery
计算机、通信和其他电子设备制造业	Telecommunications Equipment, Computer and Other Electronic Equipment Manufacturing
仪器仪表制造业	Instruments, Meters, Cultural and Office Machinery
其他制造业	Handicraft Article and Other Manufacturing Indust
废弃资源综合利用业	Recovery of Resource Discarded and Useless Material
金属制品、机械和设备修理业	Metal Products, Machinery and Equipment Repair Industry
电力、热力生产和供应业	Production and Supply of Electricity and Heating Power
燃气生产和供应业	Production and Supply of Gas
水的生产和供应业	Production and Supply of Water

资产负债率 (%) Asset Liability Ratio (%)	成本费用利润率 (%) Profit Margin of the Cost and Expense (%)	每百元固定资产原值实现利税 (元) Pre tax Profits per 100 Yuan Original Value of Fixed Assets (yuan)	每百元营业收入实现利税 (元) Pre tax Profits per 100 Yuan Revenues in Main Business (yuan)	新产品产值率 (%) New product ratio (%)
63.03	**7.64**	**41.17**	**19.14**	**21.04**
39.02	14.61	30.85	15.78	40.25
36.56	17.91	40.29	21.52	45.76
55.53	4.06	13.71	5.33	52.45
43.44	8.54	21.98	10.91	38.03
53.71	16.30	29.41	18.38	44.42
51.20	4.46	13.04	5.61	33.54
59.41	1.59	24.74	3.67	36.92
51.66	7.49	29.04	9.97	50.10
48.49	10.25	33.39	12.48	58.39
46.27	12.28	32.43	14.37	58.59
60.69	12.94	35.49	15.31	69.12
78.79	-1.59	2.27	1.77	51.26
50.01	7.59	39.19	9.65	64.72
51.95	9.43	40.78	11.00	71.85
37.51	21.13	66.55	21.50	60.11
46.44	8.51	34.52	11.91	48.64
62.58	11.36	50.19	14.71	26.66
63.25	11.72	13.69	12.90	4.37
59.15	2.80	3.66	5.58	2.22
68.24	4.72	7.04	5.77	
61.36	5.99	2.07	10.40	

7－16 规模以上工业企业能源购进、消费及库存(2019 年)

Purchasing,Consuming and Stocking of Energy in Industrial Enterprises Above Designated Size(2019)

能源名称		Item		年初库存 Stock at the Beginning of the Year	购进量实物量 Number of purchasing	消费量 Consumption	#工业生产消费 Industry	年末库存 Stock at the End of the Year
原煤	(吨)	Coal	(ton)	5386867	132600422	131446915	131400067	6142847
洗精煤	(吨)	Coal Washing	(ton)	148226	2336621	2273574	2273574	195522
其他洗煤	(吨)	Other Coal Washing	(ton)	37621	462193	504138	504138	2967
煤制品	(吨)	Coal Puoducts	(ton)	51121	2863261	2869975	2869960	44405
焦炭	(吨)	Coke	(ton)	68798	1039581	3020231	3020227	51085
其他焦化产品	(吨)	Other Coking Products	(ton)	271	6602	157689	157689	63
焦炉煤气	(万立方米)	Coking Coal	(10000 cu. m)			43057	43057	
高炉煤气	(万立方米)	Blast Furnace Gas	(10000 cu. m)		38447	1096416	1096416	
转炉煤气	(万立方米)	Converter Furnace Gas	(10000 cu. m)		857	102904	102904	
发生炉煤气	(万立方米)	Producer Furnace Gas	(10000 cu. m)		1399	1399	1399	
天然气	(万立方米)	Natural Gas	(10000 cu. m)	827	938030	937647	935121	1261
原油	(吨)	Crude Oil	(ton)	1198401	37647790	34723014	34723014	4121687
汽油	(吨)	Gasoline	(ton)	2105	241509	242114	111584	2013
煤油	(吨)	Kerosene	(ton)	324	9997	10027	9894	239
柴油	(吨)	Diesel Oil	(ton)	29258	688790	694760	576997	26378
燃料油	(吨)	Fuel Oil	(ton)	79255	2490247	2569407	2568716	142523
液化石油气	(吨)	LPG	(ton)	30384	186714	625188	624420	28261
其他石油制品	(吨)	Other Petroleum Products	(ton)	44069	1076844	3645279	3645274	56963
热力	(百万千焦)	Heat	(100 Million coke)		440412880	493920981	491602916	
电力	(万千瓦小时)	Electricity	(10000 kw. h)		20427767	23129913	22822349	
其他燃料	(吨标准煤)	Other Fuel	(Ton of SCE)	1115	108405	248888	248754	1458

7-17 能源生产弹性系数(1990-2019年)
Elasticity Ratio of Energy Production(1990-2019)

年份	全省能源生产量(万吨标准煤) Output of Energy Production (10000 tons of SCE)	全省电力生产量(亿千瓦小时) Output of Electricity Production (10000 million kw. h)	能源生产比上年增长(%) Growth Rate of Energy Production Over Preceding year (%)	电力生产比上年增长(%) Growth Rate of Electricity Production Over Preceding year (%)	生产总值比上年增长(%) Growth Rate of GDP Over Preceding year (%)	能源生产弹性系数 Elasticity Ratio of Energy Production	电力生产弹性系数 Elasticity Ratio of Electricity Production
1990	317.18	208.58			3.93		
1991	324.1	242.25	2.18	16.14	17.83	0.12	0.91
1992	355.57	284.13	9.71	17.29	19.02	0.51	0.91
1993	388.8	308.52	9.35	8.58	22.02	0.42	0.39
1994	402.53	340.90	3.53	10.5	19.97	0.18	0.53
1995	460.7	407.11	14.45	19.42	16.78	0.86	1.16
1996	379.17	448.36	-17.7	10.13	12.69	-1.39	0.8
1997	392.16	485.77	3.43	8.34	11.1	0.31	0.75
1998	494.04	539.16	25.98	10.99	10.17	2.55	1.08
1999	454.81	597.26	-7.94	10.78	10.03	-0.79	1.07
2000	439.24	696.59	-3.42	16.63	11.04	-0.31	1.51
2001	516.41	790.35	17.57	13.46	10.65	1.65	1.26
2002	745.64	887.82	44.39	12.33	12.64	3.51	0.98
2003	945.58	1090.86	26.81	22.87	14.7	1.82	1.56
2004	1091.63	1258.81	15.45	15.4	14.48	1.07	1.06
2005	1273.02	1456.42	16.62	15.7	12.76	1.3	1.23
2006	1216.21	1765.93	-4.46	21.25	13.88	-0.32	1.53
2007	1169.43	2080.41	-3.85	17.81	14.67	-0.26	1.21
2008	1228.75	2133.87	5.07	2.57	10.05	0.50	0.26
2009	1238.39	2250.71	0.78	5.48	8.94	0.1	0.61
2010	1489.94	2567.51	20.31	14.08	11.94	1.70	1.18
2011	1354.08	2790.24	-9.12	8.67	9.00	-1.01	0.96
2012	1709.98	2846.91	26.28	2.03	8.00	3.29	0.25
2013	1537.52	2922.88	-5.97	3.29	8.20	-0.73	0.40
2014	1554.58	2878.28	1.11	-1.53	7.60	0.15	-0.20
2015	2133.49	3010.84	37.24	4.61	8.00	4.65	0.58
2016	2337.52	3197.60	9.56	6.20	7.60	1.26	0.82
2017	2150.88	3312.33	-7.98	3.59	7.80	-1.02	0.46
2018	2407.37	3438.44	11.92	3.81	7.10	1.68	0.54
2019	2936.52	3537.65	22.00	1.00	6.80	3.23	0.15

注：2013年起数据根据经济普查进行了调整。
Data of the table are adjusted according to the economic census since 2013.

7-18 能源消费弹性系数(1990-2019年) Elasticity Ratio of Energy Consumption(1990-2019)

年份 Year	全省能源消费量(万吨标准煤) Total Energy Consumption (10000 tons of SCE)	全省电力消费量(亿千瓦小时) Total Electricity Consumption (100 million kwh)	能源消费比上年增长(%) Growth Rate of Energy Consumption Over Preceding year (%)	电力消费比上年增长(%) Growth Rate of Electricity Consumption Over Preceding year (%)	生产总值比上年增长(%) Growth Rate of GDP Over Preceding year (%)	能源消费弹性系数 Elasticity Ratio of Energy Consumption	电力消费弹性系数 Elasticity Ratio of Electricity Consumption
1990	2732.86	230.29			3.93		
1991	3123.17	263.07	14.28	14.23	17.83	0.80	0.80
1992	3484.22	303.28	11.56	15.28	19.02	0.61	0.80
1993	4044.22	346.75	16.07	14.33	22.02	0.73	0.65
1994	4496.67	396.74	11.19	14.42	19.97	0.56	0.72
1995	4851.26	439.59	7.89	10.80	16.78	0.47	0.64
1996	5165.43	479.34	6.48	9.04	12.69	0.51	0.71
1997	5446.74	511.45	5.45	6.70	11.10	0.49	0.60
1998	5656.96	547.78	3.86	7.10	10.17	0.38	0.70
1999	5960.14	611.67	5.36	11.66	10.03	0.53	1.16
2000	6560.37	742.89	10.07	21.45	11.04	0.91	1.94
2001	7253.11	855.29	10.56	15.13	10.65	0.99	1.42
2002	8279.64	1015.84	14.15	18.77	12.64	1.12	1.49
2003	9522.56	1240.35	15.01	22.10	14.70	1.02	1.50
2004	10824.69	1419.53	13.67	14.45	14.48	0.94	1.00
2005	12031.67	1642.32	11.15	15.69	12.76	0.87	1.23
2006	13218.85	1909.23	9.87	16.25	13.88	0.71	1.17
2007	14524.13	2189.37	9.87	14.67	14.67	0.67	1.00
2008	15106.88	2322.87	4.01	6.10	10.05	0.40	0.61
2009	15566.89	2471.44	3.05	6.40	8.94	0.34	0.72
2010	16865.29	2820.93	8.34	14.14	11.94	0.70	1.18
2011	17827.27	3116.91	5.70	10.49	9.00	0.63	1.16
2012	18076.18	3210.55	1.40	3.00	8.00	0.18	0.38
2013	18640.00	3453.05	4.11	7.55	8.20	0.50	0.92
2014	18826.00	3506.39	1.00	1.54	7.60	0.13	0.20
2015	19610.00	3554.00	4.20	1.40	8.00	0.53	0.18
2016	20275.60	3873.19	3.39	8.98	7.60	0.45	1.18
2017	21030.01	4192.63	3.72	8.25	7.80	0.48	1.06
2018	21674.56	4532.82	3.06	8.11	7.10	0.43	1.14
2019	22392.77	4706.22	3.31	3.83	6.80	0.49	0.56

7－19 全社会用电情况(2014－2019 年)
The Total Electricit Consumption(2014－2019)

单位:亿千瓦时(100 million kw. h)

指标	Item	2014	2015	2016	2017	2018	2019
全社会用电总计	**Total**	**3506.39**	**3553.90**	**3873.19**	**4192.63**	**4532.82**	**4706.22**
全行业用电合计	**Total by sector**	**3085.18**	**3110.02**	**3356.59**	**3645.41**	**3930.01**	**4065.27**
第一产业	Primary Industry	23.44	23.81	26.07	28.00	21.17	20.84
第二产业	Secondary Industry	2652.53	2638.11	2815.13	3044.83	3243.83	3327.86
第三产业	Teriary Industry	409.22	448.10	515.39	572.58	665.01	716.57
全行业用电按行业分	**By Sector**						
农、林、牧、渔业	Farming, Forestry, Animal Husbandry and Fishery	23.44	23.81	26.07	28.00	29.03	29.09
工业	Industry	2597.28	2584.30	2761.36	2985.79	3176.55	3243.50
采矿业	Mining and Quarrying	17.82	15.78	14.51	15.25	16.47	16.83
制造业合计	Manufacturing	2191.17	2177.54	2292.96	2483.45	2647.95	2717.36
电力燃气及水的生产和供应业	Electicity, Gas and Water Production and Suppiy	388.29	390.99	453.89	487.09	512.13	509.30
建筑业	Construction	55.25	53.81	53.77	59.04	71.76	87.99
交通运输、仓储、邮政业	Transport,Storage and Post	44.88	51.24	60.96	66.63	74.17	82.58
信息传输计算机服务软件业	Information Transmission, Computer Services and Software	32.29	37.20	43.56	47.16	52.86	57.51
商业、住宿和餐饮业	Commerce,Hotels and Catering Services	138.84	146.98	163.37	179.41	205.15	218.02
金融房地产商务及居民服务业	Finace, Real Estate, Business and Servicefor the Residents	76.49	86.24	103.74	122.45	124.53	139.84
公共事业及管理组织	Public Administration	116.72	126.45	143.76	156.93	195.97	206.74
城乡居民生活用电合计	Total Electricity Consumption by Urbanand Rural Residents	421.20	443.88	516.60	547.22	602.82	640.95
城镇居民	Urban Residents	224.12	237.55	277.59	292.79	328.86	350.98
乡村居民	Rural Residents	197.08	206.33	239.02	254.42	273.96	289.97

7-20 规模以下工业主要指标
Basic Indictators on Total Industry Below Designated Size

指标名称	Item		2016	2017	2018	2019
企业(单位)数（万家）	Number of Enterprises	(10000 unit)	82.34	77.76	77.34	76.75
年末从业人数(万人)	Number of Employed Persons at the Year-end	(10000 persons)	594.48	572.81	535.37	529.01
主营业务收入(亿元)	Revenues in Main Business	(100 million yuan)	16932.37	18820.77	18678.03	19673.35

注：(1)规模以下工业企业抽样调查范围2011年起为主营业务收入2000万元以下企业。
Under scale industrial enterprise sampling scope for enterprises in main business income is 20 million yuan.
(2)2014年起规模以下企业单位数含停产企业。Industrial enterprises below designated size include discontinued enterprises。

7-21 规模以下工业企业主要指标
Basic Indictators on Industry Enterprise Below Designated Size

单位:亿元(100 million yuan)

指标				2016	2017	2018	2019
企业数	（万家）	Number of Enterprises	(10000 unit)	24.66	25.17	25.63	27.07
年末从业人数	（万人）	Number of Employed Persons at the Year-end	(10000 persons)	286.63	287.58	269.66	279.29
资产总计		Total Assets		9787.47	10914.64	11532.32	12795.20
负债合计		Total Liabilities		5985.46	7112.03	7867.42	7815.36
主营业务收入		Revenues in Main Business		8217.28	9134.00	9386.39	10412.78
主营业务成本		Costs in Main Business		7005.40	7806.69	8046.09	8837.75
税金总额		Total Taxes		365.46	396.25	400.70	388.92
利润总额		Sales Profits		199.03	220.91	226.58	
从业人员工资总额		Total Salary of Employees		1043.78	1094.84	1089.12	1273.91

7-22 个体工业主要指标
Basic Indictators on Individual Industry

单位:亿元(100 million yuna)

指标		Item		2016	2017	2018	2019
单位数	（万家）	Number	(10000 unit)	57.68	52.59	51.71	49.68
年末从业人数	（万人）	Number of Employed Persons at the Year-end	(10000 persons)	307.85	285.23	265.71	249.72
应付职工薪酬		Payment and Benefits		1381.34	1237.42	1099.27	1017.85

浙/江/统/计/年/鉴

主要统计指标解释

■ 工业增加值

是指工业行业在报告期内以货币表现的工业生产活动的最终成果。

■ 固定资产原价

固定资产原值指企业在建造、购置、安装、改建、扩建、技术改造某项固定资产时所支出的全部货币总额。它一般包括买价、包装费、运杂费和安装费等。

■ 固定资产净值

是指固定资产原价减去历年已提折旧额后的净额。

■ 流动资产

流动资产是指可以在一年或者超过一年的一个营业周期内变现或者耗用的资产,包括现金及各种存款、短期投资、应收及预付货款、存货等。

■ 利税总额

指企业利润总额、产品销售税金及附加和应交增值税之和。

■ 主营业务收入

指企业在销售商品(不一定是本企业生产)、提供劳务及让渡资产使用权等日常活动中所产生的收入。

■ 主营业务成本

指企业在销售商品、提供劳务及让渡资产使用权等日常活动而发生的实际成本。

■ 主营业务税金及附加

指企业日常活动应负担的税金及附加,包括营业税、消费税、城市维护建设税、资源税、土地增值税和教育费附加等。

■ 产品销售利润

指企业销售产品和提供工业性劳务等主要经营业务收入扣除其成本、费用、税金后的利润。

■ 利润总额

指企业实现的利润。

■ 应交增值税

指企业在报告期内应交纳的增值税额。

■ 资本金

指企业在工商行政管理部门登记的注册资金合计。企业资本金按投资主体可分为国家资本金、法人资本金、个人资本金和外商资本金等。资本金合计包括企业各种投资主体注册的全部资本金。

■ 总资产

指企业拥有或控制的全部资产。包括流动资产、长期投资、固定资产、无形及递延资产、其他长期资产、递延税项等,即为企业资产负债表的资产总计项。

(1) 流动资产　指企业可以在一年内或者超过一年的一个生产周期内变现或耗用的资产合计。包括现金及各种存款、短期投资、应收及预付款项、存货等。

(2) 固定资产　指企业固定资产净值、固定资产清理、在建工程、待处理固定资产损失所占用的资金合计。

(3) 无形资产　指企业长期使用而没有实物形态的资产。包括专利权、非专利技术、商标权、著作权、土地使用权、商誉等。

■ 总负债

指企业承担并需要偿还的全部债务。包括流动负债和长期负债、递延税项等,即为企业资产负债表的负债合计项。

(1) 流动负债　指企业在一年内或者超过一年的一个营业周期内需要偿还的债务合计,其中包括短期借款、应付及预收款项、应付工资、应交税金和应交利润等。

主要统计指标解释

(2) 长期负债　指企业在一年以上或者超过一年的一个生产周期以上需要偿还的债务合计,其中包括长期借款、应付债务、长期应付款项等。

■ 所有者权益

指企业投资人对企业净资产的所有权。企业净资产等于企业全部资产减去全部负债后的余额,其中包括投资者对企业的最初投入,以及资本公积金、盈余公积金和未分配利润,对股份制企业即为股东权益。

■ 流动资产周转次数

指在一定时间内流动资产完成的周转次数,反映流动资产的周转速度。计算公式为:

流动资金周转次数 = 产品销售收入/全部流动资产平均余额。

■ 全员劳动生产率

指根据产品的价值量指标计算的平均每一从业人员在单位时间内的产品生产量。计算公式为:

全员劳动生产率 = 工业增加值 ÷ 全部从业人员数。

■ 能源生产总量

指一定时期内某地区一次能源生产量的总和。该指标是观察全国能源生产水平、规模、构成和发展速度的总量指标。一次能源生产量包括原煤、原油、天然气、水电、核能及其他动力能(如风能、地热能等)发电量,不包括低热值燃料生产值、生物能、太阳能等的利用和由一次能源加工转换而成的二次能源产量。

■ 能源消费总量

指一定时期内某地区物质生产部门、非物质生产部门和生活消费的各种能源的总和。该指标是观察能源消费水平、构成和增长速度的总量指标。能源消费总量包括原煤和原油及其制品、天然气、电力,不包括低热值燃料、生物质能和太阳能等的利用。能源消费总量分为终端能源消费量、能源加工转换损失量和能源损失量三部分。

(1)终端能源消费量:指一定时期内生产和生活消费的各种能源在扣除了用于加工转换二次能源消费量和损失量以后的数量。

(2)能源加工转换损失量:指一定时期内投入加工转换的各种能源数量之和与产出各种能源产品之和的差额。该指标是观察能源在加工转换过程中损失量变化的指标。

(3)能源损失量:指一定时期内能源在输送、分配、储存过程中发生的损失和由客观原因造成的各种损失量,不包括各种气体能源放空、放散量。

■ 能源生产弹性系数

研究能源生产增长速度与国民经济增长速度之间关系的指标。计算公式为:

$$能源生产弹性系数 = \frac{能源生产总量年平均增长速度}{生产总值年平均增长速度}$$

■ 电力生产弹性系数

研究电力生产增长速度与国民经济增长速度之间关系的指标。一般来说,电力的发展应当快于国民经济的发展,也就是说电力应超前发展。计算公式为:

$$电力生产弹性系数 = \frac{电力生产量年平均增长速度}{生产总值年平均增长速度}$$

■ 能源消费弹性系数

反映能源消费增长速度与国民经济增长速度之间比例关系的指标。计算公式为:

$$能源消费弹性系数 = \frac{能源消费量年平均增长速度}{生产总值年平均增长速度}$$

■ 电力消费弹性系数

反映电力消费增长速度与国民经济增长速度之间比例关系的指标。计算公式为:

$$电力消费弹性系数 = \frac{电力消费量年平均增长速度}{生产总值年平均增长速度}$$

ZHEJIANG STATISTICAL YEARBOOK

Explanatory Notes on Main Statistical Indicators

□ Value Added of Industry

refers to the final results of industrial production of the industrial trade in money terms during the reference period.

□ Original Value of Fixed Assets

refers to the original value of all fixed assets owned by industrial enterprises, calculated at the cost paid at the time of purchase, installation, reconstruction, expansion, and technical innovation and transformation of the said assets, which includes expenses on purchase, package, transportation, and installation, etc.

□ Net Value of Fixed Assets

is obtained by deducting depreciation over years from the original value of fixed assets.

□ Circulating Assets

refers to assets which can be cashed in or spent or consumed in an operating cycle of one year or over one year, which includes cash, various deposits, short term investment, and receivable payments, and advance payments, stock, etc.

□ Total Value of Profit and Tax (Pre - tax Profits)

refers to the sum of the total profits, products sales tax and surcharges and the value added tax payable of industrial enterprises. It is also called pre - tax profits.

□ Revenue on Main Business

refers to revenues from the sales of products, labor services provided, alienation of using asset right and etc.

□ Cost on Main Business

refers to real costs from the sales of products, labor services provided, alienation of using asset right and etc.

□ Tax and Extra Charges on Main Business

refer to the tax the business tax, consumption tax, city maintenance and construction, resources tax, land increasing value tax and extra charges for education and etc.

□ Sales Profit of Products

refers to the profit gained by the enterprises by deducting cost, charges and taxes from the business income of the enterprises obtained in selling products and providing industrial services.

□ Total Profits

refer to the profits gained by the enterprises.

□ Value Added Tax Payable

refers to the amount of the value added tax which should be paid by the enterprises in the reporting period.

□ Capital

refers to the corporation's capital registered in the departments of administration for industry and commerce. According to the different nature of investors, corporations' capital can be divided into state capital, legal person's capital, personal capital, foreign capital, etc. Total capital includes total registered capital of all investors in the corporation.

□ Total Assets

refer to all assets which are owned or controlled by enterprises, including circulating assets, long - term investment, fixed assets, intangible assets and deferred assets, other long - term assets, and deferred taxes, etc. The summation of above items is equal to total assets shown

EXPLANATORY NOTES ON MAIN STATISTICAL INDICATORS

in the balance sheets of the enterprises.

(1) Circulating assets (working capital) refer to assets which can be cashed in or spent or consumed in an operating cycle of one year or over one year, including cash, all kinds of deposits, short term investment, receivables, advance payment, stock, etc.

(2) Fixed assets refer to the net value of fixed assets, clearance of fixed assets, project under construction, fixed assets losses in suspense. These are corporations' fund holdings.

(3) Intangible assets refer to the assets without material form used by enterprises over a long time, such as patents, non-patent technologies, trade marks, copyright, land use right, business reputation, etc.

□ Total Liabilities

refer to the debts that enterprises are responsible for repayment, including liquid liabilities, long-term liabilities and deferred taxes, etc. Total liabilities correspond to the summation item of liabilities shown in the balance sheets of the enterprises.

(1) Liquid liabilities (also called quick liabilities or immediate liabilities) refer to enterprises total debt payable within an operating cycle of one year or over one year, including short term loans, payables and advance payments, wages payables, taxes payable and profit payable, etc.

(2) Long-term liabilities refers to total debt payable within an operating cycle of one year or over one year, including long-term loans, payable liabilities, long-term payables, etc.

□ Creditors' Equity

refers to investors' ownership of net assets of the enterprise. It is equal to the total assets of the enterprise minus its total liabilities, including the primary input from investors, capital accumulation fund, surplus accumulation fund and undistributed profit. It is the stock holders' equity in stock companies.

□ Turnover of Working Capital

refers to the number of times of turnover of working capital in a given period of time, which reflects the speed of the turnover of working capital and is calculated as follows:

Turnover of Working Capital (%) = 100% × (Sales Revenue of Products)/(Average Balance of Total Working Capital)

□ Overall Labour Productivity of Industrial Enterprises

refers to the average output per employed person in industrial enterprises in value terms. At present, the value added and the average number of staff and worders of an industrial enterprises in a given period are used to calculate the overall labour productivity. The formula used is:

Overall Labour Productivity = Value Added of Industry/Average Number of Staff and Worders

□ Total Energy Production

refers to the total production of primary energy by all energy producing enterprises in the region in a given period of time. It is a comprehensive indicator to show the capacity, scale, composition and development of energy production of the country. The production of primary energy includes that of coal, crude oil, natural gas, hydro-power and electricity generated by nuclear energy and other means such as wind power and geothermal power. However, it excludes the production of fuels of low calorific value, bio-energy, solar energy and the secondary energy converted from the primary energy.

□ Total Domestic Energy Consumption

refers to the total consumption of energy of various kinds by material production sectors, non material production sectors and households in the region in a given period of time. It is a comprehensive indicator to show the scale, composition and development of energy consumption. The total energy consumption includes that of coal, crude oil and their products, natural gas and electricity. However, it excludes the consumption of fuel of low calorific value, bioenergy and solar energy. Total domestic energy consumption can be divided into three parts: final energy consumption, loss during the process of energy conversion, and energy loss.

(1) Final Energy Consumption: It refers to the total energy consumption by material production sectors, non

EXPLANATORY NOTES ON MAIN STATISTICAL INDICATORS

material production sectors and households in the region in a given period of time, but excludes the consumption in conversion of the primary energy into the secondary energy and the loss in the process of energy conversion.

(2) Loss During the Process of Energy Conversion: It refers to the total input of various kinds of energy for conversion, minus the total output of various kinds of energy in the region in a given period of time. It is an indicator to show the loss that occurs during the process of energy conversion.

(3) Energy Loss: It refers to the total of the loss of energy during the course of energy transport, distribution and storage and the loss caused by any objective reason in a given period of time. The loss of various kinds of gas due to gas discharges and stocktaking is excluded.

□ Elasticity Ratio of Energy Production

is an indicator to show the relationship between the growth rate of energy production and the growth rate of the national economy. The formula is:

Elasticity Ratio of the Energy Production = Average Annual Growth Rate of Energy Production/Average Annual Growth Rate of GDP.

□ Elasticity Ratio of Electricity Production

is an indicator to show the relationship between the growth rate of electricity production and the growth rate of electricity production should be higher than that of the national economy.

Its formula is:

Elasticity Ratio of Electricity Production = Average Annual Growth Rate of Electricity Production/Average Annual Growth Rate of GDP.

□ Elasticity Ratio of Energy Consumption

is an indicator to show the relationship between the growth rate of energy consumption and the growth rate of the national economy. The formula is:

Elasticity Ratio of Energy Consumption = Average Annual Growth Rate of Energy Consumption/Average Annual Growth Rate of GDP.

□ Elasticity Ratio of Electricity Consumption

is an indicator to show the relationship between the growth rate of electricity consumption and the growth rate of the national economy. The formula is:

Elasticity Ratio of Electricity Consumption = Average Annual Growth Rate of Electricity Consumption/Average Annual Growth Rate of GDP.

2020
浙江统计年鉴
ZHEJIANG STATISTICAL YEARBOOK

建筑业
Construction

8－1 国有和私营建筑企业主要经济指标(2018－2019 年)
Major Economic Indicators of State－Owned and Private Consruction Enterprises(2018－2019)

指标	Item	国有建筑企业 Owned Consruction Enterprises		私营建筑企业 Private Construction Enterprises	
		2018	2019	2018	2019
建筑业总产值 (亿元)	Cross Output Value of Construction (100 million yuan)	77.4	64.1	11105.6	12860.6
实现利润总额 (亿元)	Total Profits (100 million yuan)	2.4	1.8	256.4	270.3
上缴税金 (亿元)	Taxes Turned over to State (100 million yuan)	2.3	1.5	313.5	343.1
房屋建筑施工面积 (万平方米)	Floor Space of Buildings under Construction (10000 sq. m)	56.7	39.5	82370.5	104210.9
房屋建筑竣工面积 (万平方米)	Floor Space of Buildings Completed (10000 sq. m)	27.2	18.0	30303.2	27250.5
计算劳动生产率的平均人数 (万人)	Average Staff and Workers to Calculate Labor Productivity (10000 persons)	2.2	1.5	390.6	421.0
年末拥有机械设备总功率 (万千瓦)	Net Value of Fixed Assets Owned(year end) (100 million yuan)	6.9	9.6	1298.5	1230.1
年末拥有机械设备净值 (亿元)	Net Value of Machinery and Equipment Owned(year end) (100 million yuan)	1.5	2.1	272.9	257.1
全员劳动生产率	Overall Labor Productivity				
按总产值计算 (元/人)	Calculated by Gross Output Value (yuan/person)	346610	429977	284331	305482
技术装备率 (元/人)	Value of Machines per Labourer (yuan/person)	6814	13964	6986	6108
动力装备率 (千瓦/人)	Power of Machines per Labourer (kw/person)	3.1	6.5	3.3	2.9
产值利润率 (%)	Ratio of Profit to Gross Output Value (%)	3.0	2.9	1.5	2.1

注：1. 8—1 至 8—16 各表数据为资质以上总承包、专业承包建筑业企业，不包括劳务分包企业。
The data in table 8－1 to 8－16 include enterprises of labor contracting which having qualificates.
2. 机械设备为年末施工机械设备。
The number of Machinery and Equipment Owned refer to the machinery and equipment under construction(year end).
3. 2018 年为经济普查数据。
The data in 2018 are economic census data.

8-2 各地建筑业企业基本情况
Major Economic Indicators of Construction Enterprises by Region

指标	Item	建筑业企业单位数(个) Number of Construction Enterprises by Region (unit)		建筑业企业年末就业人员(万人) Employed Persons in Construction Enterprises by Region (10000 persons)		建筑业企业总产值(亿元) Gross Output Value of Construction Enterprises By Region (100 million yuan)	
		2018	2019	2018	2019	2018	2019
合　计	**Total**	**6779**	**7256**	**665.6**	**602.5**	**20671**	**20390**
杭州市	Hangzhou	1501	1548	116.7	115.0	4433	4577
宁波市	Ningbo	994	1103	83.8	79.6	2724	2962
温州市	Wenzhou	762	854	58.4	57.3	1422	1463
嘉兴市	Jiaxing	358	380	24.8	24.4	1161	1135
湖州市	Huzhou	327	349	21.1	18.7	808	830
绍兴市	Shaoxing	796	812	174.7	154.8	5123	4682
金华市	Jinhua	767	865	97.5	80.9	2749	2647
衢州市	Quzhou	341	368	15.5	13.1	386	374
舟山市	Zhoushan	167	180	9.3	7.9	321	239
台州市	Taizhou	498	498	52.8	39.1	1222	1089
丽水市	Lishui	268	299	11.2	11.6	322	392

8-3 各地区按登记注册类型分的建筑业企业单位数(2019年)
Number of Construction Enterprises by Registration Status and Region(2019)

单位:个(unit)

地区	Region	建筑业企业单位数 Number of Construction Enterprises	内资企业 Domestic Funded Enterprises	#国有企业 State-owned Enterprises	#集体企业 Collective Owned Enterprises	#有限责任公司 Cooperative Enterprises	#私营企业 Private Enterprises	港澳台商投资企业 Funded by Enterpre-neurs From Hong Kong Macao and Taiwan	外商投资企业 Foreign Funded Enterprises
合　计	**Total**	**7256**	**7236**	**15**	**48**	**695**	**6403**	**15**	**5**
杭州市	Hangzhou	1548	1542	4	4	153	1357	4	2
宁波市	Ningbo	1103	1097	1		63	1025	5	1
温州市	Wenzhou	854	854	2	22	55	763		
嘉兴市	Jiaxing	380	379			36	338	1	
湖州市	Huzhou	349	349	2	4	90	245		
绍兴市	Shaoxing	812	807		2	91	703	3	2
金华市	Jinhua	865	865	3	7	76	777		
衢州市	Quzhou	368	368			15	352		
舟山市	Zhoushan	180	179		1	22	155	1	
台州市	Taizhou	498	497	3	5	65	421	1	
丽水市	Lishui	299	299		3	29	267		

8-4 各地区按登记注册类型分的建筑业企业年末就业人员(2019年底数)

Number of Employed Persons in Construction Enterprises by Registration Status and Region(End of 2019)

单位:人(person)

地区	Region	年末就业人员 Average Number of Employed	内资企业 Domestic Funded Enterprises	#国有企业 State-owned Enterprises	#集体企业 Collective Owned Enterprises	#有限责任公司 Cooperative Enterprises	#私营企业 Private Enterprises	港澳台商投资企业 Funded by Enterpre-neurs From Hong Kong Macao and Taiwan	外商投资企业 Foreign Funded Enterprises
合 计	**Total**	**6024632**	**5974661**	**15057**	**35701**	**1506168**	**4145981**	**31818**	**18153**
杭州市	Hangzhou	1150440	1148258	6205	217	421432	657610	756	1426
宁波市	Ningbo	796378	787907	2814		61882	688844	8379	92
温州市	Wenzhou	572956	572956	591	18088	43932	495135		
嘉兴市	Jiaxing	243775	232195			26461	178804	11580	
湖州市	Huzhou	187180	187180	2317	701	116181	62152		
绍兴市	Shaoxing	1548208	1520515		377	344130	1052581	11058	16635
金华市	Jinhua	808900	808900	197	1737	420866	385259		
衢州市	Quzhou	130813	130813			3717	127075		
舟山市	Zhoushan	79441	79438	227	138	12186	66126	3	
台州市	Taizhou	390892	390850	2706	14086	50413	322071	42	
丽水市	Lishui	115649	115649		357	4968	110324		

8-5 各地区建筑业总产值的构成

Total Construction Output Value by Structure and Region

单位:亿元(100 million yuan)

指标	Item	建筑业总产值 Cross Output Value of Construction		建筑工程产值 Output Value of Construction		安装工程产值 Output Value of Installation		其他产值 Others	
		2018	2019	2018	2019	2018	2019	2018	2019
合 计	**Total**	**20671**	**20390**	**18325**	**18036**	**1782**	**1802**	**563**	**552**
杭州市	Hangzhou	4433	4577	3823	3947	492	492	118	138
宁波市	Ningbo	2724	2962	2327	2538	313	331	84	93
温州市	Wenzhou	1421	1463	1329	1377	82	83	11	4
嘉兴市	Jiaxing	1161	1135	1060	1023	70	77	32	35
湖州市	Huzhou	808	830	697	730	61	77	50	22
绍兴市	Shaoxing	5122	4682	4534	4119	455	423	134	140
金华市	Jinhua	2750	2647	2499	2411	185	187	66	49
衢州市	Quzhou	386	374	338	321	28	30	20	23
舟山市	Zhoushan	321	239	292	215	23	19	6	5
台州市	Taizhou	1222	1089	1147	1011	51	57	23	21
丽水市	Lishui	322	392	280	344	23	26	19	22

8－6 各地区按登记注册类型分的建筑业总产值(2019 年)
Total Construction Output Value by Registration Status and Region(2019)

单位:亿元(100 million yuan)

地区	Region	建筑业总产值 Gross Output Valueof Construction	内资企业 Domestic Funded Enterprises	#国有企业 State－owned Enterprises	#集体企业 Collective Owned Enterprises	#有限责任公司 Cooperative Enterprises	#私营企业 Private Enterprises	港澳台商投资企业 Funded by Enterpre－neurs From Hong Kong Macao and Taiwan	外商投资企业 Foreign Funded Enterprises
合　计	**Total**	**20390**	**20135**	**64**	**96**	**6207**	**12861**	**198**	**57**
杭州市	Hangzhou	4577	4570	29	1	1960	2315	3	4
宁波市	Ningbo	2962	2942	9		505	2304	18	2
温州市	Wenzhou	1463	1463	5	45	198	1178		
嘉兴市	Jiaxing	1135	1027			112	829	107	
湖州市	Huzhou	830	830	13	2	516	282		
绍兴市	Shaoxing	4682	4563		1	1207	2986	69	51
金华市	Jinhua	2647	2647	1	7	1472	1167		
衢州市	Quzhou	374	374			22	351		
舟山市	Zhoushan	239	239			49	189		
台州市	Taizhou	1089	1089	7	40	141	893		
丽水市	Lishui	392	392		1	24	366		

8－7 各地区按所含专业分的建筑业总产值(2019 年)
Total Construction Output Value by Sector And Region(2019)

单位:亿元(100 million yuan)

地区	Region	建筑业总产值 Gross Output Value of Construction	房屋工程建筑 Housing	土木工程建筑 Civil Engineering	#铁路、道路、隧道和桥梁工程建筑 Railways,Tunnel Roads and Bridges	建筑安装业 Installation	建筑装饰业和其他建筑业 Building Decoration and Others
合　计	**Total**	**20390**	**13831**	**4565**	**3059**	**896**	**1097**
杭州市	Hangzhou	4578	2545	1285	883	302	446
宁波市	Ningbo	2962	1896	804	474	117	145
温州市	Wenzhou	1463	855	511	153	34	64
嘉兴市	Jiaxing	1135	834	222	161	39	39
湖州市	Huzhou	828	557	213	176	34	24
绍兴市	Shaoxing	4682	3589	535	447	291	266
金华市	Jinhua	2648	2242	342	262	33	31
衢州市	Quzhou	374	189	167	139	7	10
舟山市	Zhoushan	239	164	54	21	5	17
台州市	Taizhou	1089	722	300	253	31	36
丽水市	Lishui	392	238	133	90	2	19

8－8 各地区建筑业企业房屋建筑面积(2019 年)
Floor Space of Building Construction Enterprises by Region(2019)

单位:万平方米(10000 sq. m)

地区	Region	房屋建筑施工面积 Floor Space Under Construction				房屋建筑竣工面积 Completed Floor Space of Construction			
		合计 Tital	#国有企业 State－owned Enterprises	#集体企业 Collective Owned Enterprises	#私营企业 Private Enterprises	合计 Total	#国有企业 State－owned Enterprises	#集体企业 Collective Owned Enterprises	#私营企业 Private Enterprises
合　计	**Total**	**182719**	**40**	**1179**	**104211**	**43546**	**18**	**207**	**27251**
杭州市	Hangzhou	29470		2	15136	6396		1	3848
宁波市	Ningbo	23722			20463	4362			3787
温州市	Wenzhou	12695		777	10751	2059		136	1781
嘉兴市	Jiaxing	8277			5926	2791			2017
湖州市	Huzhou	4325		25	1658	1692		8	640
绍兴市	Shaoxing	48089		11	25893	14041		2	8301
金华市	Jinhua	39760		28	10265	7758		9	2681
衢州市	Quzhou	1808			1807	812			810
舟山市	Zhoushan	1233		1	1043	282		1	265
台州市	Taizhou	11653	40	335	9656	2603	18	49	2385
丽水市	Lishui	1687		2	1615	752		2	735

8－9 各地区建筑业企业劳动生产率(2019 年)
Labor Productivity of Construction Enterprises by Region(2019)

单位:元/人(yuan/person)

地区	Region	按建筑业总产值计算的劳动生产率 Overall Labor Productivity Calculated by Gross Output Value of Construction	#国有企业 State－owned Enterprises	#集体企业 Collective owned Enterprises
合　计	**Total**	**328649**	**429977**	**278073**
杭州市	Hangzhou	372040	551521	245604
宁波市	Ningbo	350476	272838	
温州市	Wenzhou	266958	483186	247074
嘉兴市	Jiaxing	429111		
湖州市	Huzhou	406425	558113	412809
绍兴市	Shaoxing	304381		345715
金华市	Jinhua	317307	343667	392200
衢州市	Quzhou	258464		
舟山市	Zhoushan	323704		213411
台州市	Taizhou	273093	270244	299578
丽水市	Lishui	320695		283364

8-10 各地区建筑业企业技术装备情况(2019年)
Technology and Equipment Owned by Construction Enterprises by Region(2019)

地区	Region	自有机械设备总台数(台) Number of Machinery and Equipment Owned (unit)	自有机械设备总功率(万千瓦) Total Power of Machinery and Equipment Owned (10000 kw)	自有机械设备净值(万元) Net Value of Machinery and Equipment Owned (10000 yuan)	技术装备率(元/人) Value of Machines per Labourer (yuan/person)	动力装备率(千瓦/人) Power of Machines per Labourer (kw/person)
合　计	**Total**	**1773916**	**15961292**	**3702581**	**5968**	**2.57**
杭州市	Hangzhou	147904	2706236	669716	5444	2.20
宁波市	Ningbo	89674	1855361	543650	6432	2.20
温州市	Wenzhou	1077909	1376403	391706	7146	2.51
嘉兴市	Jiaxing	37804	820293	194330	7350	3.10
湖州市	Huzhou	24726	512457	128632	6305	2.51
绍兴市	Shaoxing	200730	3834965	767275	4988	2.49
金华市	Jinhua	84940	1869999	442335	5300	2.24
衢州市	Quzhou	18976	676007	122552	8478	4.68
舟山市	Zhoushan	11124	262137	42428	5737	3.54
台州市	Taizhou	61110	1710168	301907	7570	4.29
丽水市	Lishui	19019	337266	98050	8031	2.76

8-11 各地区按资质等级分总承包建筑业企业总产值(2019年)
Total Output Value of Construction Enterprises of General Contractors by Qualification Criteria and by Region(2019)

单位:亿元(100 million yuan)

地区	Region	合计 Total	特级 Special Grade	一级 First Grade	二级 Second Grade	三级及以下 Third Grade and Below
合　计	**Total**	**18336**	**6685**	**7696**	**2466**	**1488**
杭州市	Hangzhou	3771	1390	1776	393	213
宁波市	Ningbo	2663	1222	947	256	237
温州市	Wenzhou	1308	102	659	368	179
嘉兴市	Jiaxing	1051	213	452	241	145
湖州市	Huzhou	716	171	373	123	49
绍兴市	Shaoxing	4325	1684	2136	362	143
金华市	Jinhua	2552	1496	713	193	150
衢州市	Quzhou	364		144	136	84
舟山市	Zhoushan	218		115	76	28
台州市	Taizhou	1006	407	286	191	122
丽水市	Lishui	360		95	128	138

8－12 各地区按资质等级分专业承包建筑业企业总产值
Total Output Value of Construction Enterprises of Professional Contractors by Qualification Criteria and by Region

单位:亿元(100 million yuan)

地区	Region	合计 Total		一级 First Grade		二级 Second Grade		三级及以下 Third Grade and Below	
		2018	2019	2018	2019	2018	2019	2018	2019
合　计	**Total**	**1879**	**2055**	**1177**	**1287**	**367**	**529**	**334**	**239**
杭州市	Hangzhou	755	807	527	584	128	174	101	50
宁波市	Ningbo	269	299	139	170	91	93	39	36
温州市	Wenzhou	128	155	56	67	36	63	36	24
嘉兴市	Jiaxing	79	83	36	36	21	25	22	22
湖州市	Huzhou	60	112	19	30	11	71	30	11
绍兴市	Shaoxing	328	357	271	279	25	47	33	31
金华市	Jinhua	107	96	69	52	19	25	19	19
衢州市	Quzhou	12	10	4	3	6	5	3	1
舟山市	Zhoushan	24	21	9	8	4	4	11	9
台州市	Taizhou	82	83	38	43	16	16	28	24
丽水市	Lishui	34	31	11	16	11	6	12	10

8－13 各地区建筑业企业资产与负债(2019 年)
Assets and Liabilities of Construction Enterprises by Region(2019)

单位:亿元(100 million yuan)

地区	Region	资产合计 Total Assets	#流动资产 Circulating Assets	流动负债 Liquid Liabilities	非流动负债 Non－current Liabilities	所有者权益 Creditors' Equity
合　计	**Total**	**14759.45**	**12335.98**	**9200.11**	**323.49**	**5137.63**
杭州市	Hangzhou	4117.97	3371.53	2755.47	135.24	1219.54
宁波市	Ningbo	2633.58	2191.34	1729.83	30.72	851.32
温州市	Wenzhou	873.35	706.53	526.16	17.33	324.54
嘉兴市	Jiaxing	668.81	586.36	465.50	9.45	192.03
湖州市	Huzhou	541.15	418.28	338.83	15.43	167.19
绍兴市	Shaoxing	2252.84	1915.39	1130.15	40.60	1057.60
金华市	Jinhua	2051.12	1778.30	1233.37	56.04	754.00
衢州市	Quzhou	256.56	210.19	138.52	0.92	114.77
舟山市	Zhoushan	249.70	207.92	180.40	2.89	64.67
台州市	Taizhou	845.68	711.57	526.91	14.71	300.90
丽水市	Lishui	268.67	238.57	174.98	0.16	91.09

8－14 各地区建筑业企业总收入(2019 年)
Total Income of Construction Enterprises by Region(2019)

单位:亿元(100 million yuan)

地区	Region	企业总收入 Total Income	工程结算收入 Revenue of Project Settlement Accounts	#工程结算成本 Costs of Project Settlement Accounts	#工程结算利润 Profits of Project Settlement Accounts	其他业务收入 Other Revenue from Business	#其他业务利润 Other Profits from Business
合　计	**Total**	**17464.03**	**17351.82**	**16231.02**	**428.29**	**112.21**	**18.93**
杭州市	Hangzhou	4465.96	4423.91	4141.75	84.11	42.04	10.42
宁波市	Ningbo	2416.99	2400.26	2204.99	92.71	16.73	3.22
温州市	Wenzhou	1294.42	1283.34	1209.31	26.85	11.08	0.51
嘉兴市	Jiaxing	960.71	956.22	906.07	14.58	4.49	1.13
湖州市	Huzhou	641.55	638.62	592.47	11.48	2.93	0.21
绍兴市	Shaoxing	3455.17	3441.71	3229.25	87.17	13.46	0.88
金华市	Jinhua	2360.99	2353.54	2212.32	70.29	7.45	0.65
衢州市	Quzhou	341.60	332.90	309.20	9.56	8.70	0.33
舟山市	Zhoushan	192.92	190.94	179.60	0.73	1.98	1.16
台州市	Taizhou	960.75	958.71	902.03	20.98	2.04	0.44
丽水市	Lishui	372.96	371.66	344.03	9.81	1.30	－0.02

8-15 各地区建筑业企业利税总额(2019年)
Profit and Taxes of Construction Enterprises by Region(2019)

地区	Region	利税总额(亿元) Total Pre-tax Profits (100 million yuan)	利润总额 Total Profits	工程结算税金及附加 Taxes and Extra Charges on Project Settlement Accounts	应交增值税 Value Added Taxes Payable	产值利税率(%) Ratio of Pre-tax Profits to Output Value (%)	资产利税率(%) Ratio of Pre-tax Profits to Assets (%)
合　计	**Zhejiang**	**977.30**	**462.21**	**87.69**	**427.40**	**4.79**	**6.62**
杭州市	Hangzhou	203.70	97.81	13.97	91.92	4.45	4.95
宁波市	Ningbo	148.58	97.75	9.32	41.51	5.02	5.64
温州市	Wenzhou	83.41	29.54	6.50	47.37	5.70	9.55
嘉兴市	Jiaxing	42.44	16.23	3.36	22.84	3.74	6.35
湖州市	Huzhou	29.53	12.37	2.58	14.58	3.56	5.46
绍兴市	Shaoxing	208.78	89.48	28.15	91.15	4.46	9.27
金华市	Jinhua	146.00	74.11	11.32	60.57	5.51	7.12
衢州市	Quzhou	21.92	10.04	2.30	9.59	5.87	8.55
舟山市	Zhoushan	8.11	2.46	0.77	4.88	3.39	3.25
台州市	Taizhou	54.67	21.98	5.27	27.42	5.02	6.46
丽水市	lishui	30.15	10.44	4.15	15.57	7.70	11.22

8－16 建筑业企业财务状况(2019 年)
Financial Indicators of Construction Enterprises(2019)

单位:亿元(100 million yuan)

指标	Item	资产合计 Total Assets	流动资产小计 Liquid Assets	流动负债小计 Total Liquid Liabilities	非流动负债 Non－Current Liabilities
总计	**Total**	**14759.45**	**12335.98**	**9200.11**	**323.49**
#国有及国有控股	State－owend and State－holding Enterprises	2115.61	1700.91	1595.02	97.69
#特、一、二级企业	The First Enterprises	13163.29	11007.76	8294.80	298.57
按登记注册类型分组	**Group by registration type**				
内资企业	Domestic Funded Enterprises	14650.49	12246.98	9126.93	321.81
#国有企业	State－owned Enterprises	58.35	46.91	42.44	0.56
集体企业	Cooperative Enterprises	61.30	52.28	40.94	0.24
股份合作企业	Limited Liability Corporations	988.36	737.10	565.16	35.78
私营企业	Private Enterprises	8522.50	7170.29	5073.99	96.58
港、澳、台商投资企业	Funded by Enterpreneurs From Hong Kong Macao and Taiwan	94.83	77.04	65.06	1.68
外商投资企业	Foreign Funded Enterprises	14.13	11.96	8.12	0.00
按国民经济行业分组	Group by national economy industry				
房屋建筑业	Housing	8624.08	7362.27	5469.55	198.99
土木工程建筑业	Civil Engineering	4493.28	3581.17	2687.86	107.94
建筑安装业	Installation	716.08	601.62	453.86	7.97
建筑装饰和其他建筑业	Building Decoration and Others	926.01	790.93	588.84	8.59

续表 1 Continued 单位:亿元(100 million yuan)

指标	Item	负债合计 Total Liabilities	所有者权益合计 Creditors´ Equity	工程结算收入 Revenue of Project Settled Accoun	工程结算成本 Costs of Project Settled Accounts	工程结算税金及附加 Taxes and Extra Charges on Project Settled Accounts	管理费用 Management Expenses
总计	**Total**	**9621.83**	**5137.63**	**17351.82**	**16231.02**	**87.69**	**440.94**
#国有及国有控股	State－owend and State－holding Enterprises	1694.39	421.23	1710.55	1595.39	4.45	48.01
#特、一、二级企业	The First Enterprises	8673.77	4489.54	15677.82	14713.13	77.40	351.60
按登记注册类型分组	**Group by registration type**						
内资企业	Domestic Funded Enterprises	9545.90	5104.61	17167.78	16056.42	87.19	437.28
#国有企业	State－owned Enterprises	43.29	15.06	60.27	56.28	0.23	1.90
集体企业	Cooperative Enterprises	41.82	19.49	75.83	73.01	0.55	1.74
股份合作企业	Limited Liability Corporations	601.30	387.06	834.77	776.11	3.45	18.72
私营企业	Private Enterprises	5255.67	3266.83	10735.42	10037.70	60.17	284.74
港、澳、台商投资企业	Funded by Enterpreneurs From Hong Kong Macao and Taiwan	67.81	27.01	153.92	145.80	0.42	3.05
外商投资企业	Foreign Funded Enterprises	8.12	6.01	30.12	28.80	0.09	0.60
按国民经济行业分组	Group by national economy industry						
房屋建筑业	Housing	5705.86	2918.21	11248.33	10646.17	59.71	190.54
土木工程建筑业	Civil Engineering	2848.73	1644.58	4269.46	3927.64	20.47	162.93
建筑安装业	Installation	463.10	252.99	843.17	756.77	3.65	43.03
建筑装饰和其他建筑业	Building Decoration and Others	604.15	321.86	990.86	900.44	3.86	44.44

续表 2　Continued　　单位:亿元(100 million yuan)

指标	Item	财务费用 Financial Expenses	营业利润 Business Profits	利润总额 Total Profits	应交所得税 Income Tax Payable	应付职工薪酬 Employee Benefits Payable	应交增值税 VAT Payable
总计	**Total**	**93.90**	**447.21**	**462.21**	**109.69**	**3341.17**	**427.40**
#国有及国有控股	State – owend and State – holding Enterprises	10.80	52.93	53.43	11.01	290.43	26.48
#特、一、二级企业	The First Enterprises	88.91	400.09	413.89	96.26	3060.33	379.22
按登记注册类型分组	**Group by registration type**						
内资企业	Domestic Funded Enterprises	92.48	442.66	457.55	109.03	3300.23	423.25
#国有企业	State – owned Enterprises	0.16	1.70	1.85	0.40	5.97	1.22
集体企业	Cooperative Enterprises	0.13	0.51	0.59	0.31	20.51	2.29
股份合作企业	Limited Liability Corporations	5.90	27.64	28.24	5.72	143.29	15.23
私营企业	Private Enterprises	58.64	262.56	270.35	68.12	2088.26	280.69
港、澳、台商投资企业	Funded by Enterpreneurs From Hong Kong Macao and Taiwan	1.40	4.02	4.10	0.55	25.93	3.29
外商投资企业	Foreign Funded Enterprises	0.03	0.54	0.56	0.12	15.02	0.86
按国民经济行业分组	Group by national economy industry						
房屋建筑业	Housing	60.24	270.96	279.08	66.39	2417.88	284.29
土木工程建筑业	Civil Engineering	24.71	122.15	127.91	31.47	643.63	101.65
建筑安装业	Installation	3.53	30.25	30.66	6.63	110.96	18.33
建筑装饰和其他建筑业	Building Decoration and Others	5.42	23.86	24.56	5.20	168.69	23.12

浙/江/统/计/年/鉴

主要统计指标解释

■ 建筑业增加值

指建筑业企业在报告期内以货币表现的建筑业生产经营活动的最终成果。目前建筑业增加值采用分配法计算，即从收入的角度出发，根据生产要素在生产过程中应得的收入份额计算。具体计算公式为：

建筑业企业增加值＝本年提取的固定资产折旧＋应付工资＋应付福利费＋管理费用中的劳动待业保险金、税金＋工程结算税金及附加＋营业利润－转作奖金的利润。

■ 房屋建筑施工面积

指在报告期内施工的全部房屋建筑面积。包括本期内新开工的、上期施工跨入本期继续施工、上期停建本期复工的房屋建筑面积；不包括上期开工后又停工，本期未施工的房屋建筑面积。

■ 房屋建筑竣工面积

指在报告期内，按照设计所规定的工程内容全部完成，达到了设计规定的交工条件，经有关部门检查验收鉴定合格的房屋建筑面积。

■ 自有施工机械设备年末总台数

指年末本企业（或单位）自有的直接用于工程施工的各种机械设备的台数。但不包括附属辅助生产机械设备、运输机械设备、生产试验机械设备的台数。

■ 自有施工机械设备年末总功率

指年末本企业（或单位）自有的直接用于工程施工的各种机械备年末总功率，按设定能力或查定能力计算。包括施工机械本身的动力和为该机械服务的单独动力设备，如电动机等。但不包括附属辅助生产机械设备、运输机械设备、生产试验机械设备的功率。计量单位用千瓦，动力换算可按1马力＝0.735千瓦折合成千瓦数。电焊机、变压器、锅炉不计算动力。

■ 工程结算收入

指企业（或单位）按工程的分部分项自行完成的建筑产品价值并已与甲方在报告期内办理结算手续的工程价款收入，以及向甲方收取的除工程价款以外的按规定列作营业收入的各种款项，如临时设施费、劳动保险费、施工机械调迁费等以及向甲方收取的各种索赔款。

■ 工程结算利润

指已结算工程实现的利润。如为亏损以“－”号表示。其计算公式为：

工程结算利润＝工程结算收入－工程结算成本－工程结算税金及附加－经营费用

■ 企业总收入

指与企业生产经营直接有关的各项收入，包括工程结算收入和其他业务收入，即：

企业总收入＝工程结算收入＋其他业务收入

ZHEJIANG STATISTICAL YEARBOOK

Explanatory Notes on Main Statistical Indicators

□ Value Added of Construction

refers to the final result of the activities of production and management of construction in monetary terms in the reference period. At present, the value added of construction is calculated with the method of distribution. In other words, it is the sum of incomes of various production factors in the production process. The formula is as follows:

Value added of construction = depreciation of fixed assets in the year + wages payable + welfare expenses payable + insurance premium and tax for waiting for employment in the administrative expenses + taxes and surcharges on project settlement + profit gained from project settlement – profit used as bonus.

□ Floor Space of Buildings Under Construction

refers to floor space of buildings under construction during the reference period, including newly started buildings, buildings started earlier and continued during the reference period, and buildings suspended earlier but restarted during the reference period. Excluded are buildings started and then suspended earlier that have not been restarted during the reference time.

□ Floor Space of Buildings Completed

refers to the floor space of buildings that are completed in the reference period in accordance with the requirements of the design, up to the standard for putting them into use, and have been checked and accepted by concerned departments as qualified ones.

□ Total Number of Machinery and Equipment Owned by the Construction Enterprises(or Units)by the End of Year

refers to the number of machines and equipment which are used directly in constraction owned by the enterprises (or units) it does not include the number of ancilary machinery and equipment for construction, production and transportation.

□ Total Power of Machinery and Equipment Owned by the Construction Enterprises (or Units) by the End of Year

refer to the total power of machinery and equipment owned by the enterprises (or units), used directly in construction by the end of the year, including machinery and equipment for construction, production and transportation. The power of the machinery is calculated on basis of the designed or verified capacity, covering the power of the machinery/equipment and the separate power equipment serving the machinery/equipment (such as electric motors), but excluding welders, transformers and boilers. The unit use for the calculation of power is kilowatt, with horsepower converted to kilowatt by 1horsepower = 0. 735 kilowatt.

□ Income from Settlement of Projects

refers to the income received by the construction enterprise/unit from the completed portion of the project through settlement procedures with the contractee during the reference period, and other charges to the contractee as operational costs, such as facility fee, labour insurance premium, moving cost of construction unit, as well as various types of claims to the contractee.

□ Profit from Settlement of Projects

refers to profit realized through settled projects. It is calculated with the following formula:

Profit from Settlement of Projects = Income from Settlement of projects – Settled Cost – Settled Taxes and Other Cost – Business Expense

□ Total Revenue of Enterprises

refers to the sum of income from production and operation of enterprises, including income from settlement of projects and other operational incomes, namely:

Total Revenue of Enterprises = Income from settlement of Projects + Other Operational Incomes

2020
浙江统计年鉴
ZHEJIANG STATISTICAL YEARBOOK

交通运输和邮电通信业
Transportation,Posts and Telecommunications

9－1 运输线路长度(2012－2019 年)
Length of Transportation Routes(2012－2019)

单位:公里(km)

指标	Item	2012	2013	2014	2015	2016	2017	2018	2019
铁路营业里程	**Length of Railways in Operation**	**1765**	**2031**	**2310**	**2527**	**2540**	**2587**	**2777**	**2805**
#复线里程	Double－tracking Length	1185	1453	1744	1969	1983	2072	2256	2256
公路通车里程	**Length of Highways**	**113550**	**115426**	**116367**	**118015**	**119053**	**120101**	**120662**	**121813**
#高速公路	Expresswayg	3618	3787	3884	3917	4062	4154	4421	4643
一级公路	First Class Highways	4903	5310	5679	6018	6359	6765	7046	7383
二级公路	Second Class Highways	9447	9610	9819	10041	10162	10263	10374	10673
内河通航里程	**Length of Navigable Inland Waterways**	**9739**	**9747**	**9769**	**9769**	**9769**	**9766**	**9766**	**9772**
民用航空通航点(个)	**Navigation Point of Civil Aviation**	**264**	**334**	**389**	**392**	**481**	**586**	**402**	**467**
#国内通航点	Navigation Point of Domestic Civil Aviation	224	285	319	322	389	482	322	365

注：2018 年前民用航空通航点为民用航空航线口径。
Before 2018, civil aviation navigable point is civil aviation route caliber.

9－2 主要港口货物吞吐量(2013－2019 年)
Cargo Handled at Principal Ports(2013－2019)

单位:万吨(10000 tons)

港口名称	Port	2013	2014	2015	2016	2017	2018	2019
沿海港口合计	**Total**	**100591**	**108177**	**109930**	**114202**	**125744**	**133534**	**135364**
宁波－舟山港	Ningbo－zhoushan	80978	87346	88929	92209	100933	108439	112009
温州港	Wenzhou	7379	7901	8490	8406	8926	8239	7541
台州港	Taizhou	5628	6049	6237	6771	7057	7167	4901
嘉兴港	Jiaxing	6605	6880	6273	6817	8829	9689	10913
内河港口合计	**Total**	**37459**	**30894**	**28206**	**26664**	**33088**	**35676**	**39681**
其中:	Include							
杭州港	Hangzhou	9382	10084	9372	7279	10714	11812	13881
湖州港	Huzhou	15312	8487	8052	8664	10540	10486	11621
嘉兴港	Jiaxing	11107	10110	8586	8423	9432	10696	11428

9-3 民用车辆拥有量
Number of Civil Vehicles Owned

单位:辆(unit)

指标	Item	合计 Total			#个人 Individuals		
		2017	2018	2019	2017	2018	2019
总计	**Total**	**17007649**	**17758902**	**18778927**	**15226872**	**15794241**	**16644282**
汽车	**Vehicles**	**13966490**	**15337276**	**16619897**	**12279084**	**13472127**	**14599122**
载客汽车	Passenger Vehicles	12668371	13913234	15083021	11498890	12621778	13680734
#大型	Large - Sized	70257	73546	74983	788	837	701
中型	Medium - Sized	36304	34237	31984	7908	7103	6155
小型	Small - Sized	12449052	13696371	14875509	11396679	12525536	13591653
微型	Mincar	112758	109080	100545	93515	88302	82225
#轿车	Cars	8873213	9637372		8226828	8918063	
载货汽车	Trucks	1245274	1367849	1474716	761905	831107	897193
#重型	Heavy - Sized	202677	232815	258393	30711	33600	32865
中型	Medium - Sized	41684	41370	38975	12730	12879	12153
轻型	Light - Sized	991791	1086609	1172328	710513	778364	847671
微型	Mincar	9122	7055	5020	7951	6264	4504
#普通载货	Ordinary	758435	802356		564531	600690	
其它汽车	Others	52845	56193	62160	18289	19242	21195
摩托车	**Motorcycles**	**2759646**	**2154397**	**1950544**	**2730441**	**2128463**	**1922161**
普通	Ordinary	2673981	2095630	1888438	2645240	2070037	1860503
轻便	Ligthweigh	85665	58767	62106	85201	58426	61658
拖拉机	**Tractors**	**212636**	**188647**	**117677**	**212636**	**188647**	**117677**
挂车	**Trailers**	**68804**	**78514**	**90748**	**4708**	**5001**	**5319**
其它类型车	**Others**	**38**	**33**	**26**	**3**	**3**	**3**
机动车驾驶员(人)	**Motor Divers (person)**	**20777093**	**22017418**	**23286000**			
#汽车驾驶员	Automobile Drivers	19625862	20975217	22310633			

9-4 水路运输工具年末实有数
Number of Means Waterway of Transportation(Year-end)

指标	Item	合计 Total 2017	2018	2019	#私人 Individuals 2017	2018	2019
机动船 (艘)	**Motor Vessels (Strip)**	**14497**	**14284**	**13912**	**8232**	**8003**	**7910**
净载重量 (吨位)	Dead Weight Tonnage (tons)	25874061	30276211	30800144	3665500	3689703	3811613
载客量 (客位)	Passenger Capacity (Class)	88679	87364	89186	48		
货船 (艘)	**Cargo Ships (Strip)**	**13082**	**12934**	**12595**	**8220**	**7999**	**7908**
净载重量 (吨位)	Dead Weight Tonnage (tons)	25862756	30265656	30789921	3665500	3689703	3811613
客货船 (艘)	**Passenger cargo Vessels (Strip)**	**7**	**7**	**7**			
载客量 (客位)	Dead Weight Tonnage (Class)	1441	1441	1441			
客船 (艘)	**Passenger Ships (Strip)**	**1349**	**1290**	**1260**	**4**		
载客量 (客位)	Passenger Capacity (Class)	87238	85923	87745	48		
拖船 (艘)	**Tugboats (Strip)**	**59**	**53**	**50**	**8**	**4**	**2**
驳船 (艘)	**Barges (Strip)**	**26**	**3**	**1**	**5**		
净载重量 (吨位)	Dead Weight Tonnage (tons)	7092	13370	10498	134		

9－5 客运量和旅客周转量(1978－2019年)
Passenger Traffic and Turnover Volume of Passenger Traffic(1978－2019)

年份 Year	客运量合计（万人） Passenger Traffic Total (10000 persons)	铁路 Railway	公路 Highway	水运 Waterways	民用航空 Civil Aviation	旅客周转量合计（亿人公里） Turnover Volume of Freight Traffic Total (100 million ton－km)	铁路 Railway	公路 Highway	水运 Waterways
1978	20535	1889	12815	5828	3	66.68	29.75	27.60	9.33
1979	23781	2068	15543	6166	4	68.22	24.77	33.26	10.19
1980	28454	2421	19326	6702	5	96.74	43.55	41.70	11.49
1981	32458	2677	22864	6909	8	111.40	49.05	50.25	12.10
1982	35988	2735	26150	7094	9	120.66	50.73	57.28	12.65
1983	37856	2919	28468	6461	8	134.73	57.46	64.54	12.73
1984	40827	3252	30882	6683	10	157.81	66.74	76.86	14.21
1985	52776	3225	39375	10163	13	201.35	75.26	107.23	18.86
1986	57973	3126	45759	9066	22	220.38	78.43	124.91	17.04
1987	61403	3258	49589	8526	30	246.98	83.94	145.85	17.19
1988	64571	3595	52560	8382	34	269.43	93.12	158.81	17.50
1989	59477	3453	48726	7275	23	257.28	87.63	153.87	15.78
1990	60347	3018	51083	6214	32	257.29	75.94	166.87	14.48
1991	64906	3040	56495	5286	85	285.85	80.91	190.95	13.99
1992	71017	3051	62767	5087	112	322.40	87.83	220.68	13.89
1993	91553	3249	83606	4560	138	398.87	98.05	288.10	12.72
1994	100068	3559	92090	4269	150	435.15	108.35	314.95	11.85
1995	109139	3566	101370	3968	235	483.06	109.80	360.09	13.17
1996	114098	3071	107317	3446	264	500.98	98.11	391.65	11.22
1997	115141	2990	108654	3231	266	529.79	101.20	417.77	10.82
1998	118329	3169	111847	3034	279	552.35	106.57	436.34	9.44
1999	118819	3750	111771	3034	264	582.71	140.01	433.50	9.20
2000	124133	3909	116996	2938	290	606.73	148.33	449.51	8.89
2001	132881	4193	126008	2371	309	651.79	164.48	479.53	7.78
2002	135995	4511	128980	2122	382	706.85	180.95	519.20	6.70
2003	140699	4338	133968	1983	410	718.39	181.03	531.63	5.73
2004	150254	5195	142177	2311	571	795.32	216.41	571.50	7.41
2005	160669	5274	152222	2510	663	848.49	222.95	617.87	7.67
2006	174626	5588	165441	2792	805	929.15	241.05	681.39	6.71
2007	189658	5931	179501	3164	1062	1026.50	258.52	761.07	6.91
2008	217209	6448	206111	3494	1156	1118.62	289.76	821.57	7.29
2009	222130	6508	210584	3680	1358	1152.38	291.30	853.63	7.45
2010	228017	7634	215708	3155	1520	1250.74	362.67	882.04	6.03
2011	231900	8439	218415	3466	1580	1296.25	381.66	908.15	6.44
2012	234366	8725	220517	3454	1670	1317.58	390.25	921.18	6.16
2013	136790	10579	121185	3111	1915	1025.10	437.02	582.99	5.09
2014	131486	12821	112915	3581	2169	1056.99	493.37	558.06	5.56
2015	113315	14806	92304	3841	2364	1092.53	541.93	544.76	5.84
2016	107377	17766	83033	3950	2628	1074.99	604.03	465.12	5.84
2017	107293	19870	80099	4284	3040	1096.04	658.17	431.56	6.31
2018	101516	21630	72013	4497	3375	1103.66	694.56	402.80	6.30
2019	105259	24074	72799	4785	3600	1128.60	743.26	378.39	6.95

注：1、民用航空客运量指发送量。
Passenger traffic of civil aviation refers to volume of transmitting passenger.
2、2008年始公路按新的调查方法进行统计；2013年起公路、水路按新的口径统计。
The data of highway is adjusted since 2008, The data of highway and waterway are adjusted since 2013.

9－6 货运量和货物周转量(1978－2019 年)
Freight Traffic and Turnover Volume of Freight Traffic(1978－2019)

年份	货运量合计(万吨) Freight Traffic Total (10000 ton)	铁路 Railway	公路 Highway	水运 Waterways	民用航空 Civil Aviation	货物周转量合计(亿吨公里) Turnover Volume of Freight Traffic Total (100 million ton－km)	铁路 Railway	公路 Highway	水运 Waterways
1978	8460	1415	2690	4355		164.19	112.77	6.69	44.73
1979	9202	1461	2998	4743		181.29	121.50	7.62	52.17
1980	9577	1523	3012	5042		190.76	126.23	8.25	56.28
1981	9608	1495	3042	5071		192.29	121.27	9.25	61.77
1982	10746	1609	3616	5521		201.83	120.49	11.49	69.85
1983	10877	1681	3728	5468		212.49	123.02	13.58	75.89
1984	11781	1736	3988	6057		232.67	127.59	16.67	88.41
1985	22385	1781	9397	11207		293.54	132.54	33.45	127.55
1986	31775	1893	17680	12202		341.20	135.18	68.14	137.88
1987	32346	1924	19426	10996		369.21	138.07	82.52	148.62
1988	37502	1877	24128	11497		403.96	136.50	96.25	171.21
1989	36358	1911	24354	10093		408.99	146.51	92.75	169.73
1990	33474	1691	22879	8904		400.65	144.43	100.75	155.47
1991	35198	1773	24162	9263		456.00	144.95	136.25	183.80
1992	41115	1915	28957	10243		546.81	167.52	158.83	220.46
1993	49867	1989	36439	11439		617.69	179.58	160.48	277.63
1994	54765	1841	40593	12331		685.41	181.55	171.63	332.23
1995	62287	1914	45052	15321		874.29	186.75	245.16	442.38
1996	63875	1928	47400	14547		900.80	178.92	266.22	455.66
1997	60956	1721	45224	14011		914.54	172.22	262.32	480.00
1998	60369	1726	45338	13305		897.88	173.28	257.11	467.49
1999	64004	1710	45754	16540		1004.10	171.80	256.90	575.40
2000	74884	1955	55008	17921		1199.74	187.16	280.02	732.56
2001	77832	2181	55706	19945		1371.60	206.48	282.53	882.59
2002	90507	2411	63532	24564		1616.61	230.41	293.60	1092.60
2003	103173	2658	70907	29598	10	2047.48	252.92	313.70	1480.86
2004	117312	2887	78540	35871	14	2701.48	288.22	353.62	2059.64
2005	126192	2960	81448	41768	16	3416.90	282.85	372.66	2761.39
2006	140110	3231	89342	47522	15	4363.71	300.74	431.07	3631.9
2007	153334	3447	98742	51129	16	4962.38	336.06	493.64	4132.68
2008	146654	3398	91625	51614	17	5476.25	339.74	1114.50	4022.01
2009	151258	3435	95802	52002	19	5659.78	323.30	1188.70	4147.78
2010	170563	3888	103394	63258	23	7117.04	342.08	1298.71	5476.24
2011	185717	4166	108654	72872	25	8634.82	312.24	1434.82	6887.75
2012	191084	3847	113393	73817	27	9183.30	291.26	1525.59	7366.45
2013	187915	4037	107186	76662	30	8949.57	270.44	1322.13	7357.00
2014	194918	3548	117070	74267	33	9548.09	223.02	1419.43	7905.64
2015	200711	3332	122547	74797	35	9868.98	212.42	1513.92	8142.64
2016	215018	3332	133999	77646	40	9788.76	211.39	1626.78	7950.58
2017	241993	3513	151920	86513	47	10105.81	215.39	1821.21	8069.22
2018	268530	3728	166533	98219	49	11537.91	221.30	1964.10	9352.50
2019	288550	3936	177683	106878	53	12391.21	235.40	2082.11	10073.71

注：2008 年始公路按新的调查方法进行统计;2013 年起公路、水路按新的口径统计。
The data of highway is adjusted since 2008,The data of highway and waterway are adjusted since 2013.

9-7 邮电业务基本情况(1978-2019年)
Post and Telecommunications Services(1978-2019)

年份 Year	邮电业务总量(亿元) Business Volume of Post and Telecommunications (100 million yuan)	邮政业务总量 Business volume of post	电信业务总量 Business volume of telecommunications	函件(万件) Number of Letters (10000 cases)	订销报刊累计份数(万份) Total Number of Newapsper and Magazine Subscribed (10000 copies)	快递业务量(万件) Express Business (10000 pieces)	固定电话年末户数(万户) Number of Fixed Telephone Users (10000users)
1978	0.69			11663	52264		7.49
1979	0.78			14236	52264		8.02
1980	0.90			16466	58538		8.8
1981	1.00			18039	64945		9.63
1982	1.08			19123	67993		10.74
1983	1.25			23155	7373		12
1984	1.49			28517	89384		14.03
1985	1.88			33742	101657		16.24
1986	2.06			34729	103759		18.41
1987	2.49			39847	116953		21.88
1988	3.13			42035	116694		27.72
1989	3.70			36577	64557		34.1
1990	4.54			34879	67183		40.6
1991	11.46			32219	68849		51.15
1992	16.58			33649	80349		70.85
1993	27.51			39190	77457		112.92
1994	42.92			38617	81515		177.38
1995	63.02			38678	85226		260.33
1996	86.53			37785	90955		321.77
1997	112.97			34186	98207		402.42
1998	157.72			33133	102761		502.34
1999	219.00			29439	107683		665.93
2000	324.08			30643	106807		884.28
2001	279.90			34839	116156		1121.6
2002	363.43			37862	114707		1381.78
2003	504.72			74901	116953		1656.53
2004	677.17			73462	110417		1974.77
2005	830.39			69844	112417	5835	2231.65
2006	972.08			73349	117573	7274	2390.75
2007	1327.06			74475	124782	8441	2405.85
2008	1545.42			75528	131296	9860	2297.59
2009	1666.37			83625	137328	14765	2118.59
2010	1971.96			84869	147074	24898	1998.54
2011	897.97	150.89	747.08	84741	154043	49661	1947.88
2012	1024.02	215.20	808.81	77656	164608	81987	1882.49
2013	1178.60	327.94	850.66	65746	183014	141953	1781.35
2014	1684.46	538.75	1145.70	59209	175418	245745	1641.91
2015	2392.11	811.01	1581.10	45208	174641	383146	1499.76
2016	3715.39	1250.75	2464.64	33786	140344	598770	1287.23
2017	3518.01	1728.40	1789.61	30471	136453	793231	1211.07
2018	6425.51	2326.20	4099.31	26194	112101	1011051	1153.49
2019	9894.11	3177.67	6716.44	18219	107553	1326252	1309.75

注：邮电业务总量1978—2000年按1990年不变价计算,2001-2010年按2000年不变价计算,2011年起按2010年不变价计算;邮政业务总量和电信业务总量2011年起按2010年不变价计算,电信业务总量2017年起按2015年不变价格计算。
Bussiness volume of post and telecommunications from 1978 to 2000 were caculated at constant price of 1990, at constant price of 2000 from 20001 to 2010, at constant price of since 20111. Bussiness volume of post and Business volume of telecommunications from 2011 were calculated at constant price of 2010. Bussiness volume of telecommunications from 2017 were calculated at constant price of 2015.

9-8 邮电企业主要指标(2015-2019年)
Principal Indicators of Post and Telecommunications Enterprises(2015-2019)

指标		Item		2015	2016	2017	2018	2019
邮电线路长度		**Length of Postal Routes**						
邮路总长度	(公里)	Length of Postal Routes	(km)	2258044	2535220	4094716	5390304	6027177
农村投递路线总长度	(公里)	Rural Delivery Routes	(km)	181748	184694	188093	200106	251448
邮运通信工具		**Telecommunications Facilities**						
邮政汽车	(辆)	Postal Cars	(vehicle)	30366	35913	37893	41446	44302
移动电话交换机	(万户)	Mobile Switchboard	(10000 users)	11423	11699	12269	12127	13432
固定电话用户数	(万户)	Number of Fixed Telephone Users	(10000 users)	1500	1287	1211	1153	1310
移动电话用户数	(万户)	Number of Mobile Phone Users	(10000 users)	7466	7225	7590	8309	8736
5G用户数	(万户)	Number of 5g Phone Users	(10000 users)					39.26
固定互联网宽带接入用户	(万户)	Fixed Internet Broadband AccessUsers	(10000 users)	1316	2160	2464	2648	2782
移动互联网用户	(万户)	Mobile Internet Users	(10000 users)	5430	6366	7456	8136	7047
移动互联网接入流量	(万G)	Mobile Internet Access Traffic	(10000G)	32757	63279	150825	430080	762038
长途光缆线路长度	(公里)	Length of Long Distance Optical Fibre Cable	(km)	26299	24040	27714	29002	26585

注：1、2017年起邮路总长度计算方式变化。The data of Length of Postal Routes are adjusted since 2017.
2.2019年起移动互联网用户口径调整。Mobile Internet Users have been adjusted since 2019
3.5G用户数据从2019年起开始统计。5g Telephone User data has been counted since 2019.

9-9 邮电通信水平(2015-2019年)
Level of Post and Telecommunications Services(2015-2019)

指标		Item		2015	2016	2017	2018	2019
每百人平均函件量	(件/百人)	Average Number of Letters Mailed per 100 Persons	(Piece/hundred People)	818	607	539	456	311
每百人平均累计订阅报刊量	(份/百人)	Average Number of Newspaper Subscribed per 100 Persons	(piece/hundred People)	3162	2621	2478	1954	1839
每百人平均快递业务量	(件/百人)	Average amount per one hundred courier business	(Piece/hundred People)	6937	10761	14022	17623	22671
固定电话普及率	(部/百人)	Popularization Rate of Fixed Telephone	(pars/hundred person)	27.2	23.2	21.7	20.6	22.8
移动电话普及率	(部/百人)	Popularization Rate of Mobile Telephone	(pars/hundred person)	135.6	130.4	135.8	148.6	152.3
人均邮政、电信费用支出(按合计总量算)	(元/人)	Per Capital Expenditure of Telecommunications	(yuan/person)	2168	2519	2745	3102	3308
已通电话的乡镇	(个)	Number of Townships with Telephone Communication	(Number)	1350	1378	1378	1375	1360
已通邮的行政村比重	(%)	Number of Villages with Posal Communication	(Percentage)	100	100	100	100	100
设有局所的乡(镇)比重	(%)	Percentage of Townships with Postal Offices	(Percentage)	100.0	100.0	100.0	100.0	100.0

浙/江/统/计/年/鉴

主要统计指标解释

■ 铁路营业里程

又称营业长度，指办理客货运输业务的铁路正线总长度。凡是全线或部分建成双线及以上的线路，以第一线的实际长度计算；复线、站线、段管线、岔线和特殊用途线以及不计算运费的联络线都不计算营业里程。铁路营业里程是反映铁路运输业基础设施发展水平的重要指标，也是计算客货周转量、运输密度和机车车辆运用效率等指标的基础资料。

■ 公路里程

指在一定时期内实际达到《公路工程技术标准JTJ01-88》规定的等级公路，并经公路主管部门正式验收交付使用的公路里程数。其计算单位为：km。它包括大中城市的郊区公路以及通过小城镇街道部分的公路里程，也包括桥梁、渡口的长度，但不包括大中城市的街道、厂矿、林区生产用道和农业生产用道的里程。两条或多条公路共同经由同一路段，只计算一次，不得重复计算里程长度。公路里程是反映公路建设发展规模的重要指标，也是计算运输网密度等指标的基础资料。

■ 内河航道里程

也称“内河通航里程”，是反映内河水运网规模、水平和发展情况的主要指标；是指在一定时期内，能通航运输船舶及排筏的天然河流、湖泊水库、运河及通航渠道的长度。包括全年季节性通航累计三个月以上的航道，但不包括仅供零散流放竹、木排的河道。

■ 货(客)运量

指在一定时期内，各种运输工具实际运送的货物(旅客)数量。是反映运输业为国民经济和人民生活服务的数量指标，也是制定和检查运输生产计划，研究运输发展规模和速度的重要指标。货运按吨计算，客运按人计算。货物不论运输距离长短，货物类别，均按实际重量统计；旅客不论行程远近或票价多少，均按一人一次作为客运量统计。半价票、小孩票也按一人统计。

■ 货物(旅客)周转量

指在一定时期内，由各种运输工具运送的货物(旅客)数量与其相应运输距离的乘积之总和，是反映运输业生产总成果的重要指标，也是编制和检查运输生产计划，计算运输效率、劳动生产率以及核算运输单位成本的主要基础资料。通常以吨公里和人公里为计算单位。计算货物周转量通常按发出站与到达站之间的最短距离，也就是计费距离计算。

■ 沿海主要港口货物吞吐量

指由水运进出沿海主要港区范围，并经过装卸的货物数量，包括邮件及办理托运手续的行李、包裹以及补给运输船舶的燃、物料和淡水。其计量单位为吨。货物吞吐量的货种分类及其主要流向流量，反映了港口在国内外物资交流和对外贸易运输中的地位和作用。吞吐量可以分为进口、出口，又可以分为国内贸易和对外贸易。

■ 邮电业务总量

指以货币表现的邮电部门用于传递信息和提供其他邮电服务的总数量。它综合反映了一定时期邮电工作的总成果，是研究邮电业务量构成和发展趋势的重要指标。它用各种邮电分类业务量，如函件件数、长途电话业务量、市内电话和农村电话的年均户数、订销报刊累计份数等，分别乘以相应的平均单价(不变价)，加总后再加上出租电路和设备的收入、代用户维护电话交换机和线路等设备的收入、其他业务收入求得。

ZHEJIANG STATISTICAL YEARBOOK

Explanatory Notes on Main Statistical Indicators

□ Length of Railways in Operation

refers to the total length of the trunk line under passenger and freight transportation. The calculation is based on the actual length of the first line even if this line has a full or partial double track or more tracks, excluding double tracks, stationsidings, tracks under the charge of stations; branch lines, specialpurpose lines and the non-payable connecting lines. The length of railways in operation is an important indicator to show the development of the intra – structure for the railway transport, and also the essential data to calculate volume of passenger freight transport, traffic density and utilization efficiency of the locomotives and carriages.

□ Length of Highways

refers to the length of highways which are built in conformity with the grades specified by the highway engineering standard formulated by the Ministry of Communications, and have been formally checked and accepted by the departments of highways and put into use. The length of highways includes that of the suburb highways at large and medium – sized cities, highways passing through streets at small cities and towns, and also the length of bridges and ferries. It does not include the length of streets in big and medium – sized cities and highways built for the production purpose at factories, mines, forest areas and agricultural areas. If two or more highways go the same section of the way, the length of the section is only calculated for once and no duplication is allowed. The length of highways is an important indicator to show the development of the highway construction and to provide essential information to calculate the transport network density.

□ Length of Navigable Inland Waterways

refers to the length of the natural rivers, lakes, reservoirs, canals, and ditches open to navigation during a given period, which enables the transport by ships and rafts. It includes the channels open to navigation for over 3 months accumulatively in a year, yet this does not include the river courses which are only used to float odd logs and bamboo rafts.

□ Length of Civil Aviation Routes

refers to the length of all routes for regular civil aviation flights. There are usually two ways to calculate the distance between airports connected by the route length: One is to put the length of all air routes together, called duplicated calculation of the length of the routes; the other is not to allow the duplication in calculation when two or more routes passing the same section. The latter is usually used, as it can precisely show the size of the civil aviation network and indicate the extent of civil aviation serving the national economy and the people.

□ Freight (Passenger) Traffic

refers to the volume of freight (passenger) transported with various means. Freight transport is calculated in tons and passenger traffic is calculated in the number of persons. Despite the type of freight and travelling distance, the freight transport is calculated by the principle that one person can be counted only once in one travel. The passenger who travel with a half – price ticket or a child ticket is also calculated as one person. The freight (passenger) traffic provides a quantitative measure to show how the transport industry serves the national economy and people, and is also an important indicator for planning the transport industry and for studying the development scale and speed of the transport industry.

□ Freight Ton-kilometers(Passenger – kilometers)

refer to the sum of the products of the volume of

EXPLANATORY NOTES ON MAIN STATISTICAL INDICATORS

transported cargo(passengers) multiplying by the transport distance, usually using ton - kilometre and passenger - kilometre as units for measurement. Normally, the shortest distance between the departure station and the destination station (i. e. , the payable distance) is the basis to calculate the freight ton - kilometres. This is an important indicator to show the total results of the transport industry, to prepare and examine the transport plan and to measure the efficiency, the labour productivity and the unit cost of transport.

□ Volume of Freight Handled in Major Coastal Ports

refers to the volume of cargo passing in and out the harbor area of the major coastal ports and having been loaded and unloaded. The volume includes that of the postal matters, registered luggages and fuels, materials and fresh water as supplies of the ships. The volume of freight handled may be classfied as import, export, or as domestic trade and foreign trade. The volume of freight handled by type of cargo and by main flow direction reflects the position and function of the ports in the inflow of Chinese and foreign commodities and in the transportation for foreign trade.

□ Business Volume of Post and Telecommunications

refers to the total amount of the imformation delivered and other post and telecommunications services provided by the post and telecommunications departments for the customers. It is derived by first multiplying the business volume of different types, such as number of letters, telegrams, long distance calls, city and rural telephone subscribers and accumulated number of newspapers and journals subscribed and sold, etc. by their respective average unit price (fixed price) and then adding these products together: plus the income from maintenance of telephone exchanges and lines, and the income from other business operations. The business volume of post and telecommunications indicates the total achievements made by the post and telecommunications department during a given period of time in a comprehensive way, and is an important indicator to study the composition and development of the post and telecommunications business.

2020 浙江统计年鉴

ZHEJIANG STATISTICAL YEARBOOK

CHAPTER 10

批发、零售贸易和餐饮业

Wholesale and Retail Trade and Catering Trade

10－1 社会消费品零售总额(1978－2019年)
Total Retail Sales of Consumer Goods by Region(1978－2019)

单位:亿元(100 million yuan)

年份 Year	社会消费品零售总额 Total Retail Sales of Consumer Goods	按地区分 By Region			按行业分 By Secter		
		市 City	县 County	县以下 County Level	批发和零售业 Wholesale and Retail Trade	餐饮业 Catering Services	其他 Others
1978	46.86	9.75	14.46	22.65	43.57	1.84	1.45
1979	58.97	11.56	17.68	29.73	55.06	2.28	1.63
1980	74.87	14.99	21.68	38.20	69.62	2.86	2.39
1981	85.99	23.76	17.59	44.64	79.98	3.21	2.80
1982	93.77	25.01	19.57	49.19	86.78	3.45	3.54
1983	104.24	28.06	23.10	53.08	96.93	3.87	3.44
1984	125.82	35.66	27.96	62.20	116.37	4.98	4.47
1985	172.27	55.99	40.74	75.54	157.44	6.56	8.27
1986	203.49	67.15	44.71	91.63	185.26	7.90	10.33
1987	242.58	87.80	45.29	109.49	220.40	9.73	12.45
1988	325.88	132.28	51.23	142.37	298.19	12.55	15.14
1989	346.01	141.80	51.91	152.30	316.71	14.06	15.24
1990	353.75	153.27	48.55	151.93	321.45	15.90	16.40
1991	404.00	184.56	55.79	163.65	366.65	19.07	18.28
1992	493.87	230.23	73.72	189.92	442.64	25.04	26.19
1993	770.58	370.85	112.50	287.23	721.37	40.01	9.19
1994	1128.68	612.96	114.69	401.03	1009.16	55.02	64.50
1995	1463.91	786.75	141.88	535.28	1351.93	85.41	26.57
1996	1762.60	943.27	180.24	639.09	1598.18	114.11	50.31
1997	1932.66	1044.47	191.49	696.70	1742.47	128.60	61.59
1998	2095.64	1137.17	201.50	756.97	1874.45	147.56	73.64
1999	2274.00	1240.12	220.45	813.43	2013.23	185.71	75.07
2000	2513.31	1372.30	246.41	894.60	2199.76	233.92	79.63
2001	2789.25	1566.09	270.22	952.94	2434.11	273.04	82.09
2002	3103.85	1780.48	309.32	1014.05	2682.26	333.64	87.95
2003	3435.33	2176.13	358.50	900.70	2934.07	390.51	110.75
2004	3976.46	2523.08	444.06	1009.32	3456.43	443.96	76.07
2005	4547.59	2991.39	452.23	1103.98	3948.01	523.54	76.05
2006	5234.70	3459.10	510.58	1265.01	4579.76	599.51	55.42
2007	6115.27	4051.80	595.12	1468.36	5351.86	706.02	57.39
2008	7332.87	4887.84	716.41	1728.61	6500.68	782.70	49.50
2009	8415.17	5632.07	818.96	1964.13	7484.78	879.51	50.87
2010	10056.56	8847.73		1208.83	8937.53	1038.34	80.69
2011	12093.23	10177.49		1915.75			
2012	13667.59	11517.32		2150.27			
2013	15335.15	12865.78		2469.37			
2014	17078.11	14299.13		2778.98			
2015	18910.74	15792.67		3118.07			
2016	20916.73	17403.60		3513.13			
2017	23121.32	19183.16		3938.17			
2018	25162.01	20811.75		4350.26			
2019	27343.81	22570.29		4773.52			

注:1、2010年起社会消费品零售总额由于口径变化,分为“城镇”和“乡村”两部分,分别列入原口径中的“市”和“县以下”中。Note: The data of total retail sales of consumer goods are adjusted since 2010.

2、1993年起社会消费品零售总额根据第四次经济普查进行调整。The total retail sales of consumer goods have been linked up with the data of the fourth economic census since 1993.

10－2 按登记注册类型分限额以上批发零售贸易业基本情况
Basic Information of Enterprises Above Designated Size in Wholesale and Retail Trades by Types of Registration

指标	Item	法人企业(个) Number of Corporation (unit)		从业人员(人) Persons Employed (person)	
		2018	2019	2018	2019
总计	**Total**	**19601**	**22841**	**800946**	**837933**
批发业合计	**Wholesale Trade**	**13794**	**16545**	**419663**	**463805**
#国有及国有控股企业	State－owend and State Holding Enterprises	479	533	47065	47429
内资企业	Domestic Funded Enterprises	13476	16104	393757	431600
国有企业	State－owned Enterprises	28	27	8934	9694
集体企业	Collective Owned Enterprises	10	8	441	347
股份合作企业	Cooperative Enterprises	17	21	410	430
有限责任公司	Limited Liability Corporations	2067	1623	95707	76553
国有独资公司	State Sole Funded Corporations	115	124	7716	6535
其他有限责任公司	Other Limited Liability Corporations	1952	1499	87991	70018
股份有限公司	Share－holding Corporations Ltd.	189	163	33573	33874
私营企业	Private Enterprises	11133	14235	254364	310118
私营独资企业	Private Funded Enterprises	35	46	392	426
私营合伙企业	Private Partnership Corporations	6	10	434	168
私营有限责任公司	Private Limited Liability Corporations	10984	14051	249087	304629
私营股份有限公司	Private Share－holding Corporations Ltd.	108	128	4451	4895
港、澳、台商投资企业	Enterprises With Funds From Hong Kong, Macao and Taiwan	147	162	15154	13271
合资经营企业	Joint－venture Enterprises	39	42	2555	2991
独资经营企业	Enterprises with Sole Hong Kong, Macao and Taiwan	102	116	12350	10043
外商投资企业	Foreign Funded Enterprises	171	279	10752	18934
中外合资经营企业	Joint－venture Enterprises	50	75	4713	9374
中外合作经营企业	Cooperation Enterprises		1		79
外资企业	Enterprises With Sole Foreign Investment	107	190	2959	9139
外商投资股份有限公司	Foreign Invesment Share － holding Corporations Ltd.	6	9	247	277

续表 Continued

指标	Item	法人企业(个) Number of Corporation (unit)		从业人员(人) Persons Employed (person)	
		2018	2019	2018	2019
零售业合计	**Retail Sale**	**5807**	**6296**	**381283**	**374128**
#国有及国有控股	State - owend and State Holding Enterprises	462	465	38859	33731
内资企业	Domestic Funded Enterprises	5619	6045	335324	325678
国有企业	State - owned Enterprises	22	21	723	699
集体企业	Collective Owned Enterprises	29	29	1172	1174
股份合作企业	Cooperative Enterprises	46	55	1173	1186
联营企业	Joint Ownership Enterprises	10	10	153	138
国有联营企业	State Joint Ownership Enterprises	2	2	45	42
国有与集体联营企业	Joint State - collective Enterprises	4	4	67	49
其他联营企业	Other Joint Ownership Enterprises	4	4	41	47
有限责任公司	Limited Liability Corporations	1392	1108	118067	85299
国有独资公司	State Sole Funded Corporations	95	89	6635	5697
其他有限责任公司	Other Limited Liability Corporations	1297	1019	111432	79602
股份有限公司	Share - holding Corporations Ltd.	104	60	21834	7930
私营企业	Private Enterprises	3979	4729	191687	228765
私营独资企业	Private Funded Enterprises	142	149	2041	1924
私营合伙企业	Private Partnership Corporations	34	34	508	493
私营有限责任公司	Private Limited Liability Corporations	3734	4487	185080	213126
私营股份有限公司	Private Share - holding Corporations Ltd.	69	59	4058	13222
港、澳、台商投资企业	Funded by Enterpreneurs From Hong Kong Macao and Taiwan	100	102	23441	22035
合资经营企业	Joint - venture Enterprises From Hong Kong, Macao and Taiwan	23	20	5232	2841
合作经营企业	Cooperation Enterprises From Hong Kong, Macao and Taiwan	1	1	278	241
港、澳、台商独资经营企业	Enterprises with Sole Hong Kong, Macao and Taiwan	68	75	16268	17345
港、澳、台商投资股份有限公司	Share - holding Corporations Ltd. with Funds From Hong Kong, Macao and Taiwan	6	3	914	531
外商投资企业	Foreign Funded Enterprises	88	149	22518	26415
中外合资经营企业	Joint - venture Enterprises	18	45	10848	11911
中外合作经营企业	Cooperation Enterprises	1	4	50	635
外资企业	Enterprises With Sole Foreign Investment	59	96	10875	13607

10－3 分行业限额以上批发零售贸易基本情况
Basic Information of Enterprises Above Designated Size in Wholesale and Retail Trade by Sector

指标	Item	法人企业（个）Number of Corporation (unit)		从业人员（人）Persons Employed (person)	
		2018	2019	2018	2019
总计	**Total**	**19601**	**22841**	**800946**	**837933**
批发业	**Wholesale**	**13794**	**16545**	**419663**	**463805**
食品、饮料及烟草制品批发	Food, Beverages, Tobacoo and Its Products	762	888	66256	69409
#米、面制品及食用油批发	Rice, Flour and Its Production, Edible Oil	114	130	5170	5932
烟草制品批发	Tobacoo and Its Production	12	12	8088	9023
纺织、服装及日用品批发	Textile, Garments and Articles for Daily Use	4102	4704	133915	148779
#服装批发	Garments	712	816	38978	43797
文化、体育用品及器材批发	Culture, Sports Articles and Equipment	592	691	16436	19540
医药及医疗器材批发	Medicines and Medical Appliances	465	558	36744	39623
矿产品、建材及化工产品批发	Mineral Production, Building Materials and Chemical Production	5404	6797	93709	102573
#煤炭及制品批发	Coal and Related Production	324	382	4437	4467
石油及制品批发	Petroleurn and Related Production	580	678	23022	21228
金属及金属矿批发	Metal Materials and Mineral	1983	2585	26993	31989
建材批发	Building Materials	558	779	9331	11809
化肥批发	Fertilizer	61	61	1656	1422
机械设备、五金交电及电子产品批发	Machinery Equipment, Hardware and Electric Production	1985	2243	60614	69134
#汽车批发	Motor Vehicles	400	460	14758	16620
五金产品批发	Hardware products Wholesale	444	485	11502	12813
计算机、软件及辅助设备批发	Computers, Software and Auxiliary Equipment	87	98	3155	3242
贸易经纪与代理	Manage and Agencies in Trade	85	97	1666	1794
其他批发	Others	227	394	5778	8416

续表 Continued

指标	Item	法人企业(个) Number of Corporation (unit)		从业人员(人) Persons Employed (person)	
		2018	2019	2018	2019
零售业	**Retail Sale**	**5807**	**6296**	**381283**	**374128**
综合零售	Synthesizs	472	506	99931	98665
#百货零售	Consumer Goods	168	162	24945	20848
超级市场零售	Supermarkets	258	280	69516	71782
食品、饮料及烟草制品专门零售	Food, Beverages, Tobacoos and Its Production	348	389	12470	14174
纺织、服装及日用品专门零售	Textile Garments and Articles for Daily Use	289	289	39095	31636
#服装零售	Garments Articles	155	151	30707	24171
文化、体育用品及器材专门零售	Culture, Sports Articles and Equipment	225	254	11905	12479
#体育用品零售	Sports Articles	9	14	313	556
#图书零售	Books, newspaper	86	92	5882	5856
医药及医疗器材专门零售	Medicines and Medical Appliances	301	331	30367	30821
#药品零售	Medicines	291	321	30129	30541
汽车、摩托车、燃料及零配件专门零售	Motor Vehicles Motorcycles Fuel	2562	2623	121115	115420
汽车零售	Motor Vehicles	1862	1904	102287	98013
机动车燃料零售	Fuel for Motor Vehicles Use	664	685	18068	16635
家用电器及电子产品专门零售	Household Appliance Electric Production	572	581	26461	25556
#日用家电设备零售	Household Appliance	252	271	11525	11516
计算机、软件及辅助设备零售	Computer, Software and Auxiliary Equipment	140	139	3315	3087
通信设备零售	Communication Equipment	84	90	8954	8747
五金、家具及室内装修材料专门零售	Hardware Furniture Decoration Indoors	200	228	5446	4757
货摊、无店铺及其他零售	Non – shop and Other Retail Sale	838	1095	34493	40620
#邮购及电子销售	Mail, telephone and TV retail	4	6	673	725

10-4 按登记注册类型分限额以上批发零售贸易业商品销售总额
Total Sales of Enterprises Above Designated Size in Wholesale and Retail Trade by Types of Registration

单位:亿元(100 million yuan)

指标	Item	合计 Total		批发 Wholesale		零售 Retail Sale	
		2018	2019	2018	2019	2018	2019
总计	**Total**	**65551.53**	**78098.09**	**56930.88**	**68673.77**	**8620.65**	**9424.32**
批发业合计	**Wholesale Trade**	**56362.35**	**68345.96**	**55810.14**	**67481.24**	**552.21**	**864.71**
#国有及国有控股企业	State-owend and State Holding Enterprises	12387.64	13988.52	12209.50	13822.24	178.14	166.29
内资企业	Domestic Funded Enterprises	52490.63	62746.35	51959.70	62000.05	530.93	746.30
国有企业	State-owned Enterprises	1085.03	1135.89	1073.14	1123.24	11.90	12.65
集体企业	Collective Owned Enterprises	7.21	6.25	7.13	6.22	0.08	0.03
股份合作企业	Cooperative Enterprises	13.69	21.10	13.38	20.93	0.31	0.16
联营企业	Joint Ownership Enterprises						
国有联营企业	State Joint Ownership Enterprises						
集体联营企业	Collective Joint Ownership Enterprises						
其他联营企业	Other Joint Ownership Enterprises						
有限责任公司	Limited Liability Corporations	19768.13	18874.92	19622.78	18697.87	145.34	177.04
国有独资公司	State Sole Funded Corporations	1543.02	1894.93	1538.36	1874.06	4.66	20.87
其他有限责任公司	Other Limited Liability Corporations	18225.11	16979.98	18084.42	16823.81	140.68	156.17
股份有限公司	Share-holding Corporations Ltd.	3920.95	3883.92	3816.04	3806.52	104.91	77.40
私营企业	Private Enterprises	27667.35	38812.33	27401.08	38333.94	266.27	478.39
私营独资企业	Private Funded Enterprises	26.09	41.25	24.87	39.86	1.21	1.38
私营合伙企业	Private Partnership Corporations	15.54	6.38	15.54	6.35		0.03
私营有限责任公司	Private Limited Liability Corporations	26965.64	37940.25	26710.97	37485.92	254.68	454.32
私营股份有限公司	Private Share-holding Corporations Ltd.	660.08	824.45	649.71	801.80	10.38	22.65
港澳台商投资企业	Enterprises With Funds From Hong Kong Macao and Taiwan	667.71	1423.73	651.21	1361.48	16.49	62.25
合资经营企业	Joint-venture Enterprises	145.89	175.89	144.00	174.82	1.89	1.07
独资经营企业	Enterprises with Sole Hong Kong, Macao and Taiwan	466.99	1.58	452.39	1.58	14.60	
外商投资企业	Foreign Funded Enterprises	3204.01	4175.87	3199.22	4119.71	4.79	56.16
中外合资经营企业	Joint-venture Enterprises	2337.57	1663.04	2337.42	1656.77	0.15	6.27
中外合作经营企业	Cooperation Enterprises		3.16		3.16		
外资企业	Enterprises With Sole Foreign Investment	363.49	2158.81	361.67	2108.91	1.82	49.89
外商投资股份有限公司	Foreign Invesment Share-holding Corporations Ltd.	28.46	71.59	28.46	71.59		

续表 Continued 单位:亿元(100 million yuan)

指标	Item	合计 Total		批发 Wholesale		零售 Retail Sale	
		2018	2019	2018	2019	2018	2019
零售业合计	**Retail Trade**	**9189.18**	**9752.14**	**1120.74**	**1192.53**	**8068.44**	**8559.61**
#国有及国有控股企业	State-owend and State Holding Enterprises	1849.29	1579.80	315.96	329.25	1533.33	1250.55
内资企业	Domestic Funded Enterprises	7999.62	7817.21	1066.41	978.74	6933.22	6838.47
国有企业	State – owned Enterprises	10.36	16.10	0.48	0.27	9.88	15.83
集体企业	Collective Owned Enterprises	14.71	15.20	0.25	1.73	14.46	13.48
股份合作企业	Cooperative Enterprises	22.20	22.26	0.67	1.14	21.53	21.13
联营企业	Joint Ownership Enterprises	8.85	6.46	0.76	0.65	8.09	5.81
国有联营企业	State Joint Ownership Enterprises	3.43	2.57	0.05	0.27	3.38	2.30
国有与集体联营企业	State-collective Joint Enterprises	4.04	2.35	0.60	0.18	3.44	2.17
其他联营企业	Other Joint Ownership Enterprises	1.38	1.54	0.11	0.21	1.27	1.33
有限责任公司	Limited Liability Corporations	3256.77	2421.44	467.81	298.43	2788.96	2123.01
国有独资公司	State Sole Funded Corporations	210.57	211.10	47.63	46.47	162.95	164.64
其他有限责任公司	Other Limited Liability Corporations	3046.20	2210.33	420.19	251.96	2626.01	1958.37
股份有限公司	Share – holding Corporations Ltd.	943.79	529.96	209.76	191.31	734.03	338.64
私营企业	Private Enterprises	3738.67	4801.39	386.40	485.01	3352.26	4316.39
私营独资企业	Private Funded Enterprises	106.54	30.83	35.67	4.02	70.87	26.81
私营合伙企业	Private Partnership Corporations	9.86	9.46	0.89	1.46	8.97	8.00
私营有限责任公司	Private Limited Liability Corporations	3556.11	4637.47	344.84	453.88	3211.27	4183.59
私营股份有限公司	Private Share-holding Corporations Ltd.	66.16	123.64	5.00	25.66	61.16	97.98
港澳台商投资企业	Enterprises With Funds From Hong Kong Macao and Taiwan	621.04	623.24	43.60	25.63	577.44	597.61
合资经营企业	Joint-venture Enterprises	201.27	184.67	17.51	4.32	183.76	180.36
合作经营企业	Cooperation Enterprises From Hong Kong,Macao and Taiwan	2.93	2.65			2.93	2.65
独资经营企业	Enterprises with Sole Hong Kong, Macao and Taiwan	393.80	425.91	25.81	21.16	367.99	404.75
港、澳、台商投资股份有限公司	Share-holding Corporations Ltd. with Funds From Hong Kong,Macao and Taiwan	16.80	3.10			16.80	3.10
外商投资企业	Foreign Funded Enterprises	568.53	1311.69	10.74	188.15	557.79	1123.53
中外合资经营企业	Joint – venture Enterprises	244.99	422.61	8.33	63.06	236.66	359.55
中外合作经营企业	Cooperation Enterprises	0.55	13.48			0.55	13.48
外资企业	Enterprises With Sole Foreign Investment	307.83	866.76	1.76	125.09	306.08	741.67

10－5 分行业限额以上批发零售贸易业销售总额
Total Sales of Enterprises Above Designated Size in Wholesale and Retail Trade by Sector

单位:亿元(100 million yuan)

指标	Item	销售总额 Sales					
		合计 Total		批发 Wholesale		零售 Retail Sale	
		2018	2019	2018	2019	2018	2019
总计	**Total**	**65551.53**	**78098.09**	**56930.88**	**68673.77**	**8620.65**	**9424.32**
批发业	**Wholesale**	**56362.35**	**68345.96**	**55810.14**	**67481.24**	**552.21**	**864.71**
食品、饮料及烟草制品批发	Food, Beverages, Tobacoo and Its Products	3200.00	3779.57	3159.02	3720.01	40.98	59.56
#米、面制品及食用油批发	Rice, Flour and Its Products, Edible Oil	336.11	367.88	331.11	359.33	5.00	8.55
烟草制品批发	Tobacoo and Its Products	1110.65	1155.51	1110.50	1155.42	0.15	0.10
纺织、服装及日用品批发	Textile, Garments and Articles for Daily Use	7569.19	9088.00	7425.51	8875.87	143.68	212.13
#服装批发	Garments	1453.04	1860.59	1429.84	1811.28	23.20	49.31
文化、体育用品及器材批发	Culture, Sports Articles and Equipment	1155.98	1337.10	1136.20	1315.64	19.77	21.45
医药及医疗器材批发	Medicines and Medical Appliances	1888.14	2189.64	1869.22	2171.52	18.92	18.12
矿产品、建材及化工产品批发	Mineral Products, Building Materials and Chemical Products	34470.38	42257.20	34235.07	41948.30	235.32	308.90
#煤炭及制品批发	Coal and Related Products	3155.38	3244.45	3154.23	3241.84	1.15	2.62
石油及制品批发	Petroleurn and Related Products	4689.97	4879.32	4541.17	4707.27	148.81	172.05
金属及金属矿批发	Metal Materials and Mineral	15671.69	20900.26	15644.42	20857.23	27.27	43.04
建材批发	Building Materials	1524.72	2006.19	1517.28	1995.44	7.44	10.74
化肥批发	Fertilizer	138.91	142.50	138.85	142.50	0.06	0.00
机械设备、五金交电及电子产品批发	Machinery Equipment, Hardware and Electric Products	6437.42	7041.54	6361.57	6888.17	75.85	153.37
#汽车批发	Motor Vehicles, Motorcycles and Parts	3045.04	2709.78	3010.33	2628.23	34.71	81.55
五金产品批发	Household Appliances	584.79	1084.69	575.46	1075.86	9.33	8.83
计算机、软件及辅助设备批发	Computers, Software and Auxiliary Equipment	197.72	132.14	188.92	123.34	8.81	8.80
贸易经纪与代理	Manage and Agencies in Trade	135.14	138.69	134.56	138.58	0.58	0.11
其他批发	Others	1236.32	2251.99	1222.69	2165.50	13.63	86.49

续表　Continued　　单位:亿元(100 million yuan)

指标	Item	销售总额 Sales					
		合计 Total		批发 Wholesale		零售 Retail Sale	
		2018	2019	2018	2019	2018	2019
零售业	**Retail Sale**	**9189.18**	**9752.14**	**1120.74**	**1192.53**	**8068.44**	**8559.61**
综合零售	Synthesizs	1289.79	1337.23	103.34	105.19	1186.45	1232.04
#百货零售	Consumer Goods	531.46	535.41	9.75	11.97	521.71	523.44
超级市场零售	Supermarkets	729.22	756.96	91.73	89.15	637.48	667.81
食品、饮料及烟草制品专门零售	Food,Beverages,Tobacoos and Its Products	181.95	137.90	43.12	13.98	138.82	123.92
纺织、服装及日用品专门零售	Textile Garments and Articles for Daily Use	394.65	343.09	82.10	54.64	312.55	288.45
#服装零售	Garments Articles	290.42	243.46	56.69	30.74	233.73	212.72
文化、体育用品及器材专门零售	Culture,Sports Articles and Equipments	147.15	198.71	14.34	31.63	132.81	167.08
#体育用品及器材零售	Sports Articles	4.92	7.86	0.04	1.21	4.88	6.65
图书报刊零售	Books	62.91	68.20	0.33	0.37	62.58	67.83
医药及医疗器材专门零售	Medicines and Medical Appliances	264.49	274.11	47.96	29.83	216.54	244.28
#药品零售	Medicines	261.05	270.63	47.35	28.97	213.69	241.66
汽车、摩托车、燃料及零配件专门零售	Motor Vehicles Motorcycles Fuel	5255.55	5380.34	571.46	669.08	4684.08	4711.25
#汽车零售	Motor Vehicles	3641.27	3665.51	233.58	199.28	3407.70	3466.23
机动车燃料零售	Fuel for Motor Vehicles Use	1594.09	1703.19	332.28	468.54	1261.82	1234.65
家用电器及电子产品专门零售	Household Appliance Electric Products	404.85	453.59	73.13	119.88	331.72	333.72
#日用家电设备零售	Household Appliance	197.75	242.48	16.31	54.47	181.44	188.00
计算机、软件及辅助设备零售	Computer, Software and Auxiliary Equipment	52.72	39.99	7.72	6.92	44.99	33.07
通信设备零售	Communication Equipment	105.49	132.23	41.06	53.69	64.44	78.54
五金、家具及室内装修材料专门零售	Hardware Furniture Decoration Indoors	123.66	69.87	55.42	11.28	68.24	58.59
货摊、无店铺及其他零售	Non－shop and Other Retail Sale	1127.09	1557.29	129.87	157.01	997.22	1400.28
#邮购及电视电话零售	Mail Order and Electron Vendition	14.98	21.85		1.23	14.98	20.62

10－6 限额以上批发零售贸易业商品分类销售额(2014－2019 年)
Total Sales of Enterprises Above Designated Size(2014－2019)

单位:亿元(100 million yuan)

商品分类	Commodity	合计 Total 2014	2015	2016	2018	2019
食品、饮料、烟酒类	Food,Beverage,Tobacco and Liquor	3316.95	3536.63	3798.87	4127.24	4886.58
肉禽蛋类	Meat,Poultry and Eggs	146.97	168.79	186.97	235.29	359.90
其他食品类	Other Food	1266.45	1456.30	1609.81	1658.66	2087.47
饮料类	Beverages	728.34	643.35	701.12	825.20	926.72
烟酒类	Tobacco and Liquor	1175.19	1268.19	1300.97	1408.09	1512.50
服装鞋帽、针、纺织品类	Garments,Shoes,Hats,Knit and Textile Goods	3580.11	4102.66	4164.84	4803.64	5826.25
服装类	Garments	1506.94	1806.96	1668.23	1839.12	2103.82
鞋帽类	Shoes and Hats	386.71	397.63	411.68	453.98	502.87
针、纺织品类	Knit and Textile Goods	1686.46	1898.04	2084.93	2510.53	3219.57
化妆品类	Cosmetics	134.31	149.01	189.42	267.45	314.10
金银珠宝类	Jewelry	375.42	486.44	288.27	299.86	284.84
日用品类	Articles For Daily Use	1034.95	1044.17	1146.20	1324.66	1596.72
洗涤用品类	Washing	198.42				
儿童玩具类	Toy For Children	36.40	35.79	46.17	52.84	
五金、电料类	Hardware & Electric Materials	435.26	426.45	495.44	566.68	681.39
体育、娱乐用品类	Sports and Recreation	41.42	49.02	56.52	55.14	78.94
书报杂志类	Newspapers and Magazines	82.48	98.21	110.99	126.16	152.79
电子出版物及音像制品类	Electronic Publication and Audiovisual Products	5.02	7.22	7.89	9.11	9.05
家用电器及音像器材类	Household Appliances and Audiovisual Equipment	994.54	1010.46	1304.85	1394.87	1615.30
中西药品类	Traditional Chinese & Western Medicines	1385.37	1513.34	1735.29	1776.16	1949.86
西药	Western Medicines	1022.15	1115.51	1260.10	1300.93	1414.32
中草药及中成药	Chinese Herbal Medicine and Other Traditional Chinese Medicine	254.56	272.76	291.14	281.77	304.46
文化办公用品类	Culture and Official Articles	479.05	522.95	630.59	692.29	695.78
家具类	Furniture	153.48	206.98	161.68	210.87	257.80
通讯器材类	Communication Appliances	283.36	405.85	766.15	945.41	1226.62
煤炭及制品类	Coal and Related Products	1374.73	1416.62	2027.82	2854.24	3070.04
木材及制品类	Timber and Related Products	236.29	390.05	454.63	504.73	724.21
石油及制品类	Oil and Related Products	4668.32	4389.75	6092.16	6707.94	6662.90
化工材料及制品类	Chemical Materials and Related Products	4238.95	4402.13	7001.30	9789.92	10508.90
化肥类	Fertilizer	139.17	137.62	119.11	137.28	144.66
金属材料类	Metal Materials	9761.29	9536.02	11892.68	14138.09	19683.98
建筑及装潢材料类	Building and Decoration Materials	542.94	563.54	650.68	847.87	1481.26
机电成品及设备类	Mechanical and Electrical Products and Appliances	872.78	936.21	1220.05	1556.09	1763.92
农机类	Agricutural Mechanical Products	10.20	8.24	9.54	10.82	10.72
汽车类	Motor Vehicles	3812.40	4217.61	6093.04	6485.02	6292.32
种子饲料类	Seed and Forage	40.41	42.54	61.68	75.55	77.34
棉麻类	Cotton & Ambery	96.33	93.42	104.75	146.19	209.31
其他类	Others	1924.63	2213.34	2414.02	2861.25	3423.19

续表 1 Continued 单位:亿元(100 million yuan)

商品分类	Commodity	批发额 Wholesale				
		2014	2015	2016	2018	2019
食品、饮料、烟酒类	Food, Beverage, Tobacco and Liquor	2579.79	2674.87	2948.43	3274.07	3896.54
肉禽蛋类	Meat, Poultry and Eggs	77.76	87.36	103.69	154.59	252.96
其他食品类	Other Food	706.02	879.47	1037.61	1076.24	1420.99
饮料类	Beverages	653.31	556.23	611.30	732.74	823.69
烟酒类	Tobacco and Liquor	1073.48	1151.81	1195.84	1310.50	1398.90
服装鞋帽、针、纺织品类	Garments, Shoes, Hats, Knit and Textile Goods	2892.12	3274.31	3316.90	3922.20	4873.92
服装类	Garments	971.27	1163.41	990.07	1129.45	1350.19
鞋帽类	Shoes and Hats	300.35	297.56	305.61	336.94	365.65
针、纺织品类	Knit and Textile Goods	1620.49	1813.32	2021.23	2455.80	3158.08
化妆品类	Cosmetics	44.55	48.18	77.41	121.10	141.14
金银珠宝类	Jewelry	187.77	276.43	145.31	155.34	153.45
日用品类	Articles For Daily Use	784.17	765.15	858.56	994.56	1144.02
洗涤用品类	Washing	149.37				
儿童玩具类	Toy For Children	26.67	23.95	31.93	39.34	
五金、电料类	Hardware & Electric Materials	407.33	391.07	467.43	541.00	655.89
体育、娱乐用品类	Sports and Recreation	24.17	30.32	32.98	35.92	48.37
书报杂志类	Newspapers and Magazines	35.74	41.52	45.17	53.04	56.26
电子出版物及音像制品类	Electronic Publication and Audiovisual Products	3.01	5.22	5.84	6.84	6.73
家用电器及音像器材类	Household Appliances and Audiovisual Equipment	660.16	631.76	871.81	981.83	1098.65
中西药品类	Traditional Chinese & Western Medicines	741.61	801.40	937.81	1551.57	1695.36
西药	Western Medicines	547.75	595.52	674.13	1148.92	1243.52
中草药及中成药	Chinese Herbal Medicine and Other Traditional Chinese Medicine	130.00	142.19	152.09	235.23	257.47
文化办公用品类	Culture and Official Articles	395.17	421.07	491.71	560.95	575.11
家具类	Furniture	91.13	122.91	106.13	145.02	181.46
通讯器材类	Communication Appliances	199.93	262.98	565.48	718.24	942.77
煤炭及制品类	Coal and Related Products	1370.98	1412.46	2026.65	2853.29	3068.77
木材及制品类	Timber and Related Products	236.29	390.05	454.63	504.73	724.21
石油及制品类	Oil and Related Products	3331.68	3148.95	4761.08	5314.53	5223.48
化工材料及制品类	Chemical Materials and Related Products	4238.95	4402.13	7001.30	9789.92	10508.90
化肥类	Fertilizer	139.17	137.62	119.11	137.28	144.66
金属材料类	Metal Materials	9761.29	9536.02	11892.68	14138.09	19683.98
建筑及装潢材料类	Building and Decoration Materials	457.65	443.52	592.94	800.34	1432.84
机电成品及设备类	Mechanical and Electrical Products and Appliances	860.94	923.08	1204.82	1543.08	1753.37
农机类	Agricutural Mechanical Products	10.20	8.24	9.54	10.82	10.72
汽车类	Motor Vehicles	838.89	1108.50	2619.34	3105.70	2774.70
种子饲料类	Seed and Forage	40.41	42.54	61.68	75.55	77.34
棉麻类	Cotton & Ambery	96.33	93.34	104.72	146.18	209.29
其他类	Others	1844.30	2093.39	2246.05	2729.41	3277.88

续表 2 Continued 单位:亿元(100 million yuan)

商品分类	Commodity	零售额 Retail				
		2014	2015	2016	2018	2019
食品、饮料、烟酒类	Food, Beverage, Tobacco and Liquor	737.16	861.76	850.44	853.16	990.04
肉禽蛋类	Meat, Poultry and Eggs	69.21	81.42	83.28	80.70	106.94
其他食品类	Other Food	560.42	576.83	572.21	582.41	666.48
饮料类	Beverages	75.03	87.12	89.82	92.46	103.03
烟酒类	Tobacco and Liquor	101.71	116.38	105.14	97.59	113.60
服装鞋帽、针、纺织品类	Garments, Shoes, Hats, Knit and Textile Goods	687.99	828.34	847.94	881.44	952.34
服装类	Garments	535.67	643.55	678.16	709.66	753.63
鞋帽类	Shoes and Hats	86.36	100.07	106.08	117.04	137.21
针、纺织品类	Knit and Textile Goods	65.96	84.72	63.70	54.73	61.49
化妆品类	Cosmetics	89.77	100.83	112.01	146.36	172.96
金银珠宝类	Jewelry	187.65	210.01	142.96	144.52	131.39
日用品类	Articles For Daily Use	250.78	279.02	287.64	330.10	452.70
洗涤用品类	Washing	49.05				
儿童玩具类	Toy For Children	9.72	11.84	14.25	13.50	
五金、电料类	Hardware & Electric Materials	27.94	35.39	28.01	25.68	25.50
体育、娱乐用品类	Sports and Recreation	17.26	18.70	23.54	19.22	30.57
书报杂志类	Newspapers and Magazines	46.73	56.68	65.82	73.12	96.52
电子出版物及音像制品类	Electronic Publication and Audiovisual Products	2.01	2.00	2.04	2.27	2.32
家用电器及音像器材类	Household Appliances and Audiovisual Equipment	334.38	378.70	433.04	413.04	516.65
中西药品类	Traditional Chinese & Western Medicines	643.75	711.94	797.48	224.59	254.49
西药	Western Medicines	474.40	519.99	585.97	152.02	170.81
中草药及中成药	Chinese Herbal Medicine and Other Traditional Chinese Medicine	124.56	130.57	139.04	46.54	46.98
文化办公用品类	Culture and Official Articles	83.89	101.88	138.88	131.34	120.67
家具类	Furniture	62.34	84.06	55.55	65.84	76.34
通讯器材类	Communication Appliances	83.43	142.87	200.67	227.17	283.86
煤炭及制品类	Coal and Related Products	3.74	4.16	1.17	0.94	1.26
木材及制品类	Timber and Related Products					
石油及制品类	Oil and Related Products	1336.64	1240.79	1331.08	1393.41	1439.42
化工材料及制品类	Chemical Materials and Related Products					
化肥类	Fertilizer					
金属材料类	Metal Materials					
建筑及装潢材料类	Building and Decoration Materials	85.28	120.03	57.74	47.53	48.43
机电成品及设备类	Mechanical and Electrical Products and Appliances	11.84	13.13	15.23	13.02	10.55
农机类	Agricutural Mechanical Products					
汽车类	Motor Vehicles	2973.51	3109.12	3473.69	3379.32	3517.62
种子饲料类	Seed and Forage					
棉麻类	Cotton & Ambery		0.07	0.04	0.01	0.02
其他类	Others	80.33	119.95	167.97	131.84	145.31

10－7 限额以上批发零售贸易企业财务状况(2010－2019年)
Finanical Conditions of Wholesale and Retail Trade Above Designated Size(2010－2019)

单位:亿元(100 million yuan)

指标	Item	2010	2011	2012	2013	2014	2015	2016	2017	2018	2019
法人企业数(个)	Corporation Units (unit)	10053	11943	12917	14603	15852	16574	17317	18514	19596	22839
从业人员(人)	Employed Persons (person)	516727	601464	641490	691577	739077	757248	758326	772544	795228	849202
流动资产合计	Total Circulating Assets	7716.00	10011.10	11186.82	13177.24	14578.67	15011.26	15960.01	17535.72	19097.38	23031.45
资产总计	Total Assets	9678.10	12417.10	13925.58	16605.02	18648.98	19422.55	20827.30	22698.86	25138.99	30091.47
负债合计	Total Liabilities	7412.80	9650.10	10850.65	12893.32	14525.48	14853.51	15833.63	17098.69	18684.50	22609.93
营业收入	Business Income	20927.10	26913.80	29083.68	34510.37	39122.87	37632.81	39951.43	49271.85	57773.11	71406.14
营业成本	Operating Costs	19729.80	25435.30	27524.14	32563.71	37049.63	35405.56	37552.61	46570.83	54745.24	67633.12
税金及附加	Taxes and Surcharges	63.66	74.33	83.06	98.66	107.14	155.71	177.45	184.73	199.98	214.96
营业利润	Operating Profit	1134.66	1404.17	1476.47	1739.19	1879.87	1963.40	2221.37	2516.30	2827.90	1117.20
销售费用	Selling Expenses	546.72	654.62	738.07	831.60	925.63	984.65	1103.55	1306.20	1511.22	1820.71
管理费用	Management Expenses	293.83	353.76	398.49	466.47	514.58	559.67	582.54	600.89	704.37	821.43
财务费用	Financial Expenses	114.34	183.29	206.29	196.52	224.45	189.82	201.34	248.80	246.78	261.86
利润总额	Total Profits	376.72	407.73	352.50	493.37	520.93	546.35	699.10	815.96	909.47	1208.11
本年应付职工薪酬	Total Wages Payable In the Year		292.02	389.62	421.39	504.63	520.31	580.96	689.12	737.17	964.85

注:指标"营业收入"、"营业成本"、"税金及附加"和"营业利润"2019年前分别为"商品销售收入净额"、"商品销售成本"、"商品销售税金及附加费"和"主营业务利润",以后各表同。

The indicators of "business income", "operating cost", "taxes and surcharges" and "operating profit" are "net sales revenue of goods", "cost of goods sales", "taxes and surcharges of goods sales" and "profits of main business" respectively before 2019,The same applies to the relevant tables following.

10－8 按登记注册类型分限额以上批发零售贸易企业资产及负债情况(2019年) Assets and Liabilities of Enterprises Above Designated Size in Wholesale and Retail Trade by Types of Registration(2019)

单位:亿元(100 million yuan)

指标	Item	资产合计 Total Assets	流动资产 Circulating Aassets	负债合计 Total Liabilities	所有者权益合计 Total Creditor's Equity
总计	**Total**	**30091.47**	**23031.45**	**22609.93**	**7665.69**
批发企业合计	**Wholesale Trade**	**26128.78**	**20181.19**	**19479.75**	**6623.05**
#国有及国有控股企业	State-owend and State Holding Enterprises	5063.08	3458.21	3159.31	1900.51
内资企业	Domestic Funded Enterprises	24054.29	18476.58	17896.78	6136.07
国有企业	State-owned Enterprises	427.26	376.84	85.70	341.53
集体企业	Collective Owned Enterprises	4.35	3.84	3.05	1.31
股份合作企业	Cooperative Enterprises	8.41	7.53	5.58	2.82
联营企业	Joint Ownership Enterprises				
国有联营企业	State Joint Ownership Enterprises				
集体联营企业	Collective Joint Ownership Enterprises				
其他联营企业	State-collective Joint Enterprises				
有限责任公司	Limited Liability Corporations	6583.92	4981.94	4858.83	1718.36
国有独资公司	State Sole Funded Corporations	736.08	551.26	502.54	233.54
其他有限责任公司	Other Limited Liability Corporations	5847.85	4430.69	4356.30	1484.82
股份有限公司	Share－holding Corporations Ltd.	3092.24	1725.26	1729.49	1362.75
私营企业	Private Enterprises	13934.59	11378.16	11211.80	2708.47
私营独资企业	Private Funded Enterprises	9.52	9.13	8.12	1.35
私营合伙企业	Private Partnership Corporations	4.13	3.90	2.64	1.49
私营有限责任公司	Private Limited Liability Corporations	13536.45	11106.46	10945.29	2576.92
私营股份有限公司	Enterprises With Funds From Hong Kong Macao and Taiwan	384.49	258.67	255.74	128.70
港澳台商投资企业	Enterprises With Funds From Hong Kong Macao and Taiwan	646.97	513.65	453.99	191.91
合资经营企业	Joint－venture Enterprises	131.55	84.80	78.32	53.23
独资经营企业	Enterprises with Sole Hong Kong, Macao and Taiwan	3.33	0.59	1.97	1.36
外商投资企业	Foreign Funded Enterprises	1427.52	1190.96	1128.98	295.07
中外合资经营企业	Joint－venture Enterprises	581.27	394.99	434.45	143.65
中外合作经营企业	Cooperation Enterprises	34.64	34.42	32.55	2.09
外资企业	Enterprises With Sole Foreign Investment	734.88	689.97	602.87	131.71
外商投资股份有限企业	Foreign Invesment Share-holding Corporations Ltd.	28.00	22.88	17.90	10.10

续表 Continued 单位:亿元(100 million yuan)

指标	Item	资产合计 Total Assets	流动资产 Circulating Aassets	负债合计 Total Liabilities	所有者权益合计 Total Creditor's Equity
零售业合计	**Retail Sale**	**3962.69**	**2850.25**	**3130.18**	**1042.64**
#国有及国有控股企业	State-owend and State Holding Enterprises	488.90	277.85	478.21	219.83
内资企业	Domestic Funded Enterprises	3278.20	2382.66	2697.49	788.31
国有企业	State-owned Enterprises	5.80	4.39	3.50	2.30
集体企业	Collective Owned Enterprises	8.15	5.55	4.86	3.29
股份合作企业	Cooperative Enterprises	9.70	6.81	6.11	3.60
联营企业	Joint Ownership Enterprises	1.21	0.93	0.38	0.83
国有联营企业	State Joint Ownership Enterprises	0.40	0.34	0.05	0.34
国有与集体联营企业	State-collective Joint Enterprises	0.50	0.41	0.24	0.26
其他联营企业	Other Joint Ownership Enterprises	0.31	0.18	0.08	0.23
有限责任公司	Limited Liability Corporations	1039.45	729.91	756.28	283.53
国有独资公司	State Sole Funded Corporations	91.41	59.44	54.13	37.29
其他有限责任公司	Other Limited Liability Corporations	948.03	670.47	702.15	246.24
股份有限公司	Share-holding Corporations Ltd.	187.55	70.78	317.40	78.74
私营企业	Private Enterprises	2024.43	1563.28	1608.39	414.70
私营独资企业	Private Funded Enterprises	10.96	8.84	7.90	3.02
私营合伙企业	Private Partnership Corporations	2.59	1.79	1.83	0.77
私营有限责任公司	Private Limited Liability Corporations	1912.00	1483.06	1556.89	353.82
私营股份有限公司	Private Share-holding Corporations Ltd.	98.88	69.59	41.78	57.10
港澳台商投资企业	Funded by Enterpreneurs From Hong Kong Macao and Taiwan	273.89	183.92	188.26	85.64
合资经营企业	Joint-venture Enterprises	92.42	55.88	43.52	48.89
合作经营企业	Cooperation Enterprises From Hong Kong, Macao and Taiwan	3.04	1.99	0.31	2.73
港、澳、台商独资经营企业	Enterprises with Sole Hong Kong, Macao and Taiwan	163.97	123.83	132.85	31.12
港、澳、台商投资股份有限公司	Share-holding Corporations Ltd. with Funds From Hong Kong, Macao and Taiwan	1.09	0.56	1.25	-0.16
外商投资企业	Foreign Funded Enterprises	410.60	283.68	244.43	168.69
中外合资经营企业	Joint-venture Enterprises	78.75	42.37	31.42	47.33
中外合作经营企业	Cooperation Enterprises	6.78	3.74	5.18	1.59
外资企业	Foreign Invesment Share-holding Corporations Ltd.	321.70	234.82	205.75	118.48

10－9 分行业限额以上批发零售贸易企业资产及负债情况(2019 年)
Assets and Liabilities of Enterprises In Wholesale and Retail Trade by Types of Registration(2019)

单位:亿元(100 million yuan)

指标	Item	资产合计 Total Assets	流动资产 Circulating Aassets	负债合计 Total Liabilities	所有者权益合计 Total Creditor's Equity
总计	**Total**	**30091.47**	**23031.45**	**22609.93**	**7665.69**
批发业	**Wholesale**	**26128.78**	**20181.19**	**19479.75**	**6623.05**
农、林、牧产品批发	Agricultural and Animal Products	217.63	142.20	159.36	58.02
食品、饮料及烟草制品批发	Food,Beverages,Tobacoo and Its Products	1943.00	1573.59	1163.68	778.66
#米、面制品及食用油批发	Rice,Flour and Its Products,Edible Oil	273.15	182.98	213.91	59.16
烟草制品批发	Tobacoo and Its Products	447.50	397.33	80.01	367.49
纺织、服装及日用品批发	Textile, Garments and Articles for Daily Use	3647.45	3096.94	2834.83	803.46
#服装批发	Garments	1024.09	735.25	723.83	299.27
文化、体育用品及器材批发	Culture,Sports Articles and Equipment	646.73	543.62	484.08	162.43
医药及医疗器材批发	Medicines and Medical Appliances	1176.02	912.86	774.44	401.34
矿产品、建材及化工产品批发	Mineral Products, Building Materials and Chemical Products	14949.78	11049.71	11339.66	3603.01
#煤炭及制品批发	Coal and Related Products	870.31	722.76	673.22	196.53
石油及制品批发	Petroleum and Related Products	1819.12	1283.82	1389.55	428.40
金属及金属矿批发	Metal Materials and Mineral	7473.47	5450.65	5740.41	1726.75
建材批发	Building Materials	1013.77	765.59	743.35	270.86
化肥批发	Fertilizer	86.65	57.61	52.78	33.81
机械设备、五金交电及电子产品批发	Machinery Equipment, Hardware and Electric Products	3000.40	2398.44	2269.53	723.18
#汽车批发	Motor Vehicles,Motorcycles and Parts	806.03	683.99	704.14	101.85
五金产品批发	Household Appliances	375.09	265.43	233.70	141.02
计算机、软件及辅助设备批发	Computers,Software and Auxiliary Equipment	51.23	49.39	38.92	12.31
贸易经纪与代理	Manage and Agencies in Trade	50.13	45.33	42.69	7.43
其他批发	Others	497.63	418.50	411.49	85.52

续表 Continued 单位:亿元(100 million yuan)

指标	Item	资产合计 Total Assets	流动资产 Circulating Aassets	负债合计 Total Liabilities	所有者权益合计 Total Creditor's Equity
零售业	**Retail Sale**	**3962.69**	**2850.25**	**3130.18**	**1042.64**
综合零售	Synthesizs	1035.99	638.67	742.64	295.00
#百货零售	Consumer Goods	624.68	356.19	402.31	221.99
超级市场零售	Supermarkets	383.85	264.62	309.98	76.00
食品、饮料及烟草制品专门零售	Food, Beverages, Tobacoos and Its Products	88.23	64.78	52.15	36.02
纺织、服装及日用品专门零售	Textile Garments and Articles for Daily Use	257.21	190.39	183.02	75.24
#服装零售	Garments Articles	186.36	139.30	137.20	50.23
文化、体育用品及器材专门零售	Culture,Sports Articles and Equipments	176.55	135.33	116.91	59.44
#体育用品及器材零售	Sports Articles	4.24	3.37	2.95	1.08
#图书报刊零售	Books	103.95	69.05	63.43	40.51
医药及医疗器材专门零售	Medicines and Medical Appliances	116.40	98.62	87.52	28.79
#药品零售	Medicines	114.05	96.55	86.00	27.97
汽车、摩托车、燃料及零配件专门零售	Motor Vehicles Motorcycles Fuel	1514.92	1070.19	1334.49	387.90
汽车零售	Motor Vehicles	1213.69	943.74	991.79	220.69
机动车燃料零售	Fuel for Motor Vehicles Use	288.79	116.96	334.84	162.64
家用电器及电子产品专门零售	Household Appliance Electric Products	211.08	177.47	158.64	52.43
#日用家电设备零售	Household Appliance	113.75	101.64	96.25	17.51
计算机、软件及辅助设备零售	Computer,Software and Auxiliary Equipment	30.16	24.84	14.92	15.24
通信设备零售	Communication Equipment	39.21	33.71	26.62	12.59
五金、家具及室内装修材料专门零售	Hardware Furniture Decoration Indoors	51.93	36.70	42.66	9.38
货摊、无店铺及其他零售	Non-shop and Other Retail Sale	510.38	438.10	412.15	98.43
#邮购及电视电话零售	Mail Order and Electron Vendition	8.73	8.23	3.65	5.08

10-10 按登记注册类型分限额以上批发零售贸易企业主要财务指标情况(2019年)
Main Financial Indicators of Enterprises Above Designated Size in Wholesale and Retail Trade by Types of Registration(2019)

单位:亿元(100 million yuan)

指标	Item	营业收入 Business Income	营业成本 Operating Costs	税金及附加 Taxes and Surcharges	营业利润 Operating Profit	销售费用 Sales Expenses
批发和零售贸易业合计	**Total**	**71406.14**	**67633.12**	**214.96**	**1117.20**	**1820.71**
批发企业合计	**Wholesale Trade**	**63148.22**	**60420.24**	**189.71**	**990.32**	**1195.51**
#国有及国有控股	State-owned and State Holding Enterprises	13554.10	12926.36	148.29	330.01	149.48
内资企业	Domestic Funded Enterprises	57988.90	55546.44	185.39	892.57	1018.38
国有企业	State－owned Enterprises	972.47	674.94	126.14	140.74	14.78
集体企业	Collective Owned Enterprises	5.65	5.17	0.02	0.10	0.18
股份合作企业	Cooperative Enterprises	18.83	17.72	0.03	0.36	0.47
其他联营企业	Other Joint Ownership Enterprises					
有限责任公司	Limited Liability Corporations	17034.43	16503.83	25.54	229.12	225.22
国有独资公司	State Sole Funded Corporations	1794.80	1740.25	12.67	20.85	11.27
其他有限责任公司	Other Limited Liability Corporations	15239.63	14763.58	12.87	208.26	213.95
股份有限公司	Share－holding Corporations Ltd.	4391.11	4178.40	4.00	201.17	109.20
私营企业	Private Enterprises	35554.57	34154.80	29.66	321.07	668.52
私营独资企业	Private Funded Enterprises	37.42	36.03	0.08	0.40	0.38
私营合伙企业	Private Partnership Corporations	5.69	5.14	0.01	0.27	0.12
私营有限责任公司	Private Limited Liability Corporations	34770.09	33398.41	29.11	301.55	656.85
私营股份有限公司	Private Share-holding Corporations Ltd.	741.37	715.22	0.46	18.84	11.16
港、澳、台商投资企业	Enterprises With Funds From Hong Kong, Macao and Taiwan	1304.91	1205.04	1.23	8.24	61.04
港澳台商合资经营企业	Joint-venture Enterprises	161.34	149.33	0.32	2.73	4.34
港澳台商独资经营企业	Enterprises with Sole Hong-Kong, Macao and Taiwan	1.44	1.40		0.01	0.01
外商投资企业	Foreign Funded Enterprises	3854.41	3668.77	3.09	89.51	116.09
中外合资经营企业	Joint-venture Enterprises	1483.92	1420.30	0.78	27.59	51.59
中外合作经营企业	Cooperation Enterprises	3.31	2.80	0.01	0.14	
外商企业	Enterprises With Sole Foreign Investment	2056.49	1945.77	1.97	51.71	63.32
外商投资股份有限公司	Foreign Invesment Share-holding Corporations Ltd.	64.70	62.12	0.05	2.57	0.75

续表 1 Continued 单位:亿元(100 million yuan)

指标	Item	营业收入 Business Income	营业成本 Operating Costs	税金及附加 Taxes and Surcharges	营业利润 Operating Profit	销售费用 Sales Expenses
零售企业总计	**Retail Sale**	**8257.93**	**7212.89**	**25.25**	**126.88**	**625.20**
#国有及国有控股	State-owend and State-holding Enterprises	1069.75	950.77	3.67	33.33	68.54
内资企业	Domestic Funded Enterprises	6900.17	6043.77	18.43	92.68	514.09
国有企业	State – owned Enterprises	16.15	14.52	0.03	0.56	0.53
集体企业	Collective Owned Enterprises	13.79	11.60	0.07	0.61	0.73
股份合作企业	Cooperative Enterprises	19.48	16.27	0.05	0.77	1.09
联营企业	Joint Ownership Enterprises	5.69	4.53	0.02	1.24	0.26
国有联营企业	State Joint Ownership Enterprises	2.26	1.71	0.01	0.46	0.08
集体联营企业	Collective Joint Ownership Enterprises					
国有与集体联营企业	State-collective Joint Enterprises	2.07	1.68	0.01	0.25	0.13
其他联营企业	Other Joint Ownership Enterprises	1.36	1.14		0.54	0.05
有限责任公司	Limited Liability Corporations	2120.03	1858.61	5.96	45.15	155.71
国有独资公司	State Sole Funded Corporations	84.56	69.18	0.41	3.63	8.51
其他有限责任公司	Other Limited Liability Corporations	2035.46	1789.43	5.54	41.52	147.21
股份有限公司	Share-holding Corporations Ltd.	344.10	312.83	0.88	0.83	26.69
私营企业	Private Enterprises	4376.68	3821.77	11.42	43.21	328.98
私营独资企业	Private Funded Enterprises	26.96	23.63	0.07	0.89	0.89
私营合伙企业	Private Partnership Corporations	8.44	7.04	0.03	0.45	0.41
私营有限责任公司	Private Limited Liability Corporations	4224.78	3693.01	10.98	38.79	315.58
私营股份有限公司	Private Share-holding Corporations Ltd.	116.51	98.08	0.34	3.08	12.11
其他企业	others	4.25	3.63		0.30	0.10
港澳台商投资企业	Enterprises With Funds From Hong Kong Macao and Taiwan	578.77	497.46	3.00	13.74	48.64
与港澳台商合资经营	Joint-venture Enterprises	171.46	147.74	1.40	11.87	6.35
与港澳台商合作经营	Cooperation Enterprises From Hong-Kong, Macao and Taiwan	2.40	1.77	0.04	0.13	0.16
港澳台商独资经营	Enterprises with Sole Hong-Kong, Macao and Taiwan	394.52	340.05	1.54	1.87	39.91
港澳台商投资股份有限公司	Share-holding Corporations Ltd. with Funds From Hong Kong, Macao and Taiwan	3.40	2.50	0.01	0.01	0.82
外商投资企业	Foreign Funded Enterprises	778.98	671.66	3.82	20.46	62.47
中外合资经营企业	Joint-venture Enterprises	258.36	217.90	0.57	7.79	26.98
中外合作经营企业	Cooperation Enterprises	12.67	10.85	0.04	0.11	1.41
外商企业	Enterprises With Sole Foreign Investment	498.87	434.60	3.20	12.48	33.62
外商投资股份有限公司	Foreign Invesment Share-holding Corporations Ltd.	3.37	3.12		-0.02	0.19

续表 2 Continued 单位:亿元(100 million yuan)

指标	Item	管理费用 Managemen Expenses	财务费用 Financial Expenses	利润总额 Profits	应付职工薪酬(本年贷方累计发生额) Total Wages Pagable in the Year	本年应交增值税 Value added tases payab in the year
批发和零售贸易业合计	**Total**	**821.43**	**261.86**	**1208.11**	**964.85**	**495.07**
批发企业合计	**Wholesale Trade**	**578.56**	**226.64**	**1070.63**	**638.34**	**401.57**
#国有及国有控股	State-owned and State Holding Enterprises	96.40	28.42	350.23	110.60	103.61
内资企业	Domestic Funded Enterprises	536.99	213.35	966.80	554.20	372.60
国有企业	State-owned Enterprises	28.50	-11.56	140.80	30.84	40.64
集体企业	Collective Owned Enterprises	0.14	0.05	0.10	0.15	0.04
股份合作企业	Cooperative Enterprises	0.29	0.06	0.36	0.26	0.11
其他联营企业	Other Joint Ownership Enterprises					
有限责任公司	Limited Liability Corporations	106.51	55.34	258.88	117.11	89.19
国有独资公司	State Sole Funded Corporations	12.38	4.70	31.51	12.46	9.81
其他有限责任公司	Other Limited Liability Corporations	94.13	50.64	227.37	104.64	79.38
股份有限公司	Share - holding Corporations Ltd.	41.23	29.79	198.53	65.78	23.91
私营企业	Private Enterprises	360.16	139.65	368.08	339.94	218.70
私营独资企业	Private Funded Enterprises	0.31	0.10	0.52	0.22	0.74
私营合伙企业	Private Partnership Corporations	0.12	0.01	0.27	0.09	0.10
私营有限责任公司	Private Limited Liability Corporations	353.07	135.49	346.46	333.87	215.86
私营股份有限公司	Private Share-holding Corporations Ltd.	6.66	4.05	20.82	5.76	2.01
港、澳、台商投资企业	Enterprises With Funds From Hong Kong, Macao and Taiwan	23.35	6.04	9.68	18.30	4.68
港澳台商合资经营企业	Joint-venture Enterprises	3.29	1.55	3.16	4.36	0.48
港澳台商独资经营企业	Enterprises with Sole Hong-Kong, Macao and Taiwan	0.02	-0.01	0.01	0.01	
外商投资企业	Foreign Funded Enterprises	18.22	7.26	94.15	65.85	24.29
中外合资经营企业	Joint-venture Enterprises	5.73	5.66	26.63	9.93	7.66
中外合作经营企业	Cooperation Enterprises	0.18	0.19	0.15	0.09	0.03
外商企业	Enterprises With Sole Foreign Investment	11.39	1.53	57.25	55.16	13.73
外商投资股份有限公司	Foreign Invesment Share-holding Corporations Ltd.	0.69	-0.11	2.63	0.40	0.60

续表 3　Continued　　单位:亿元(100 million yuan)

指标	Item	管理费用 Managemen Expenses	财务费用 Financial Expenses	利润总额 Profits	应付职工薪酬(本年贷方累计发生额) Total Wages Pagable in the Year	本年应交增值税 Value added tases payab in the year
零售企业总计	**Retail Sale**	**242.87**	**35.22**	**137.48**	**326.50**	**93.50**
#国有及国有控股	State-owend and State-holding Enterprises	18.27	0.36	34.16	36.15	10.54
内资企业	Domestic Funded Enterprises	205.50	33.55	102.16	273.32	77.00
国有企业	State – owned Enterprises	0.53		0.65	0.43	0.22
集体企业	Collective Owned Enterprises	0.78	0.01	0.76	0.66	0.25
股份合作企业	Cooperative Enterprises	1.17	0.18	1.03	0.71	0.37
联营企业	Joint Ownership Enterprises	0.05	-0.01	1.24	0.11	0.14
国有联营企业	State Joint Ownership Enterprises			0.46	0.02	0.07
集体联营企业	Collective Joint Ownership Enterprises					
国有与集体联营企业	State-collective Joint Enterprises	0.01	-0.01	0.25	0.06	0.04
其他联营企业	Other Joint Ownership Enterprises	0.03		0.53	0.03	0.02
有限责任公司	Limited Liability Corporations	49.39	7.32	49.64	81.52	23.45
国有独资公司	State Sole Funded Corporations	3.63	-0.35	4.31	6.32	0.57
其他有限责任公司	Other Limited Liability Corporations	45.75	7.66	45.33	75.19	22.88
股份有限公司	Share-holding Corporations Ltd.	6.16	1.45	1.00	8.84	2.18
私营企业	Private Enterprises	147.25	24.59	47.52	180.91	50.40
私营独资企业	Private Funded Enterprises	1.24	0.14	0.90	1.03	0.36
私营合伙企业	Private Partnership Corporations	0.45	0.06	0.44	0.27	0.17
私营有限责任公司	Private Limited Liability Corporations	141.14	24.55	42.68	172.19	48.67
私营股份有限公司	Private Share-holding Corporations Ltd.	4.41	-0.16	3.49	7.41	1.20
其他企业	others	0.19	0.02	0.32	0.14	0.01
港澳台商投资企业	Enterprises With Funds From Hong Kong Macao and Taiwan	16.84	0.26	13.97	25.86	8.07
与港澳台商合资经营	Joint-venture Enterprises	5.70	-0.45	11.99	4.82	2.26
与港澳台商合作经营	Cooperation Enterprises From Hong-Kong, Macao and Taiwan	0.29		0.13	0.24	0.05
港澳台商独资经营	Enterprises with Sole Hong – Kong, Macao and Taiwan	10.67	0.49	1.97	19.93	5.61
港澳台商投资股份有限公司	Share-holding Corporations Ltd. with Funds From Hong Kong, Macao and Taiwan	0.04	0.02	0.01	0.34	0.08
外商投资企业	Foreign Funded Enterprises	20.53	1.41	21.35	27.32	8.43
中外合资经营企业	Joint-venture Enterprises	4.90	0.39	8.31	10.57	2.79
中外合作经营企业	Cooperation Enterprises	0.13	0.09	0.11	0.75	0.05
外商企业	Enterprises With Sole Foreign Investment	15.28	0.85	12.74	15.82	5.55
外商投资股份有限公司	Foreign Invesment Share-holding Corporations Ltd.	0.05	0.03	0.03	0.07	0.03

10－11 分行业限额以上批发零售贸易企业主要财务指标情况(2019 年)
Main Financial Indicators of Enterprises Above Designated Size in Wholesale and Retail Trade by Sector(2019)

单位:亿元(100 million yuan)

指标	Item	营业收入 Business Income	营业成本 Operating Costs	税金及附加 Taxes and Surcharges	营业利润 Operating Profit	销售费用 Sales Expenses
批发企业合计	**Wholesale**	**63148.22**	**60420.24**	**189.71**	**990.32**	**1195.51**
农、林、牧产品批发	Agriculture, forest, animal husbandry products wholesale	254.45	238.59	0.25	1.31	4.74
食品、饮料及烟草制品批发	Food, Beverages, Tobacoo and Its Products	3443.51	2872.54	141.75	284.90	166.50
#米、面制品及食用油批发	Rice, Flour and Its Products, Edible Oil	338.21	327.42	0.29	-2.57	7.84
烟草制品批发	Tobacoo and Its Products	1015.07	690.70	137.93	154.47	15.44
纺织、服装及日用品批发	Textile, Garments and Articles for Daily Use	8456.82	7830.55	8.45	150.84	316.28
#服装批发	Garments	1737.52	1545.53	2.63	64.90	81.86
文化、体育用品及器材批发	Culture,Sports Articles and Equipment	1237.37	1153.27	1.20	24.99	32.78
医药及医疗器材批发	Medicines and Medical Appliances	1973.14	1753.36	4.15	62.36	119.95
矿产品、建材及化工产品批发	Mineral Products, Building Materials and Chemical Products	39073.19	38296.73	22.52	394.08	310.79
#煤炭及制品批发	Coal and Related Products	2976.39	2895.78	2.44	34.30	34.82
石油及制品批发	Petroleurn and Related Products	5306.22	5153.55	6.18	45.41	75.47
金属及金属矿批发	Petroleurn and Related Products	18667.04	18390.74	7.40	161.44	81.89
建材批发	Building Materials	1859.36	1777.40	1.97	47.61	30.62
化肥批发	Fertilizer	131.90	126.60	0.09	2.75	2.37
机械设备、五金交电及电子产品批发	Machinery Equipment, Hardware and Electric Products	6524.23	6156.93	5.95	56.77	214.45
#汽车批发	Motor Vehicles	2488.69	2382.40	1.17	-16.66	108.18
五金产品批发	Hardware products Wholesale	1002.82	933.15	0.77	17.71	24.40
计算机、软件及辅助设备批发	Computers, Software and Auxiliary Equipment	119.43	107.69	0.15	3.54	3.10
贸易经纪与代理	Manage and Agencies in Trade	134.08	128.10	0.04	-0.11	3.68
其他批发	Others	2051.44	1990.17	5.40	15.18	26.35

续表 1 Continued 单位:亿元(100 million yuan)

指标	Item	营业收入 Business Income	营业成本 Operating Costs	税金及附加 Taxes and Surcharges	营业利润 Operating Profit	销售费用 Sales Expenses
零售企业合计	**Retail Sale**	**8257.93**	**7212.89**	**25.25**	**126.88**	**625.20**
综合零售	Synthesizs	1260.29	1039.61	6.37	27.99	137.16
#百货零售	Consumer Goods	492.94	408.62	4.77	23.82	25.81
超级市场零售	Supermarkets	725.51	600.66	1.50	6.99	100.71
食品、饮料及烟草制品专门零售	Food, Beverages, Tobacoos and Its Products	128.46	107.97	0.32	0.04	12.68
纺织服装及日用品专门零售	Textile Garments and Articles for Daily Use	314.88	218.58	1.88	16.49	61.30
#服装零售	Garments Articles	221.60	150.26	1.49	12.68	45.16
文化、体育用品及器材专门零售	Culture,Sports Articles and Equipment	180.21	149.66	1.31	6.01	15.14
#体育用品及器材零售	Sports Articles	7.34	4.84	0.03	0.07	1.66
图书报刊零售	Books, newspaper	64.61	49.40	0.41	4.58	7.41
医药及医疗器材专门零售	Medicines and Medical Appliances	248.84	202.82	0.82	5.41	28.41
#药品零售	Medicines	245.40	200.23	0.80	5.11	28.15
汽车、摩托车、燃料及零配件专门零售	Motor Vehicles Motorcycles Fuel	4227.75	3909.08	10.35	50.34	149.90
#汽车零售	Motor Vehicles	3362.99	3132.07	8.84	21.34	105.45
机动车燃料零售	Fuel for Motor Vehicles Use	853.79	767.10	1.50	29.13	43.80
家用电器及电子产品专门零售	Household Appliance Electric Products	408.15	356.96	0.70	-0.21	34.89
#日用家电设备零售	Household Appliances Retail	213.46	183.93	0.42	-1.92	24.23
计算机、软件及辅助设备零售	Computer, Software and Auxiliary Equipment	36.50	31.84	0.07	0.59	1.48
通信设备零售	Communication Equipment	124.15	111.28	0.13	1.17	6.74
五金、家具及室内装修材料专门零售	Hardware Furniture Decoration Indoors	63.19	49.27	0.32	0.42	7.00
货摊、无店铺及其他零售	Stalls, No Satores and Other Retail	1426.16	1178.95	3.17	20.40	178.71
#邮购及电视、电话零售	Mail, telephone and TV retail	20.36	18.36	0.02	0.34	1.18

续表 2 Continued 单位:亿元(100 million yuan)

指标	Item	管理费用 Manage-ment Expenses	财务费用 Financial Expenses	利润总额 Profits	应付职工薪酬 Total Wages Pagable in the Year	本年应交增值税 Value Added Tases payable in the year
批发企业合计	**Wholesale**	**578.56**	**226.64**	**1070.63**	**638.34**	**401.57**
农、林、牧产品批发	Agriculture, forest, animal husbandry products wholesale	5.26	4.15	5.43	5.12	0.45
食品、饮料及烟草制品批发	Food, Beverages, Tobacoo and Its Products	70.12	-6.67	292.81	140.62	67.97
#米、面制品及食用油批发	Rice, Flour and Its Products, Edible Oil	5.59	2.81	1.66	5.38	0.52
烟草制品批发	Tobacoo and Its Products	30.30	-12.65	154.34	33.06	44.39
纺织、服装及日用品批发	Textile, Garments and Articles for Daily Use	150.18	30.26	164.77	201.59	89.43
#服装批发	Garments	48.60	11.98	69.90	45.20	18.31
文化、体育用品及器材批发	Culture, Sports Articles and Equip-ment	20.80	4.61	26.79	20.08	14.69
医药及医疗器材批发	Medicines and Medical Appliances	42.58	9.94	63.83	45.10	33.06
矿产品、建材及化工产品批发	Mineral Products, Building Materials and Chemical Products	181.17	165.68	423.46	131.95	137.28
#煤炭及制品批发	Coal and Related Products	10.69	8.20	39.05	6.63	22.81
石油及制品批发	Petroleurn and Related Products	27.93	15.19	53.18	28.88	34.32
金属及金属矿批发	Petroleurn and Related Products	69.48	100.76	176.47	45.09	43.60
建材批发	Building Materials	18.67	8.44	49.85	11.44	11.31
化肥批发	Fertilizer	1.97	0.87	3.64	1.72	0.21
机械设备、五金交电及电子产品批发	Machinery Equipment, Hardware and Electric Products	93.78	13.64	64.45	83.00	20.13
#汽车批发	Motor Vehicles	24.58	3.71	-15.63	20.63	4.77
五金产品批发	Hardware products Wholesale	14.57	2.55	19.64	15.44	3.28
计算机、软件及辅助设备批发	Computers, Software and Auxiliary Equipment	4.31	0.27	3.62	2.65	1.05
贸易经纪与代理	Manage and Agencies in Trade	1.95	0.27	0.51	1.56	0.13
其他批发	Others	12.73	4.75	28.57	9.32	38.43

续表 3 Continued 单位:亿元(100 million yuan)

指标	Item	管理费用 Manage - ment Expenses	财务费用 Financial Expenses	利润总额 Profits	应付职工薪酬 Total Wages Pagable in the Year	本年应交增值税 Value Added Tases payable in the year
零售企业合计	**Retail Sale**	**242.87**	**35.22**	**137.48**	**326.50**	**93.50**
综合零售	Synthesizs	53.67	3.35	29.97	77.93	12.13
#百货零售	Consumer Goods	32.80	3.24	23.36	18.09	6.04
超级市场零售	Supermarkets	17.81	-0.28	9.24	56.24	5.37
食品、饮料及烟草制品专门零售	Food, Beverages, Tobacoos and Its Products	7.13	0.57	0.85	8.12	1.23
纺织服装及日用品专门零售	Textile Garments and Articles for Daily Use	16.64	1.71	17.37	27.60	7.51
#服装零售	Garments Articles	12.28	1.04	13.43	21.39	5.38
文化、体育用品及器材专门零售	Culture, Sports Articles and Equipment	8.35	0.51	6.83	11.51	1.31
#体育用品及器材零售	Sports Articles	0.63	0.04	0.12	0.37	0.16
图书报刊零售	Books, newspaper	3.96	-0.71	5.29	7.08	0.16
医药及医疗器材专门零售	Medicines and Medical Appliances	11.45	0.87	5.86	18.58	4.98
#药品零售	Medicines	11.19	0.86	5.57	18.31	4.73
汽车、摩托车、燃料及零配件专门零售	Motor Vehicles Motorcycles Fuel	85.42	23.63	55.90	114.97	37.40
#汽车零售	Motor Vehicles	73.55	20.44	25.93	98.34	28.62
机动车燃料零售	Fuel for Motor Vehicles Use	11.31	3.21	30.08	16.02	8.79
家用电器及电子产品专门零售	Household Appliance Electric Products	13.29	1.86	0.21	16.43	4.55
#日用家电设备零售	Household Appliances Retail	5.59	0.69	-1.76	8.40	2.90
计算机、软件及辅助设备零售	Computer, Software and Auxiliary Equipment	2.22	0.24	0.67	1.95	0.58
通信设备零售	Communication Equipment	4.10	0.68	1.39	4.64	0.79
五金、家具及室内装修材料专门零售	Hardware Furniture Decoration Indoors	5.35	0.67	0.46	12.76	1.18
货摊、无店铺及其他零售	Stalls, No Satores and Other Retail	41.57	2.04	20.04	38.61	23.22
#邮购及电视、电话零售	Mail, telephone and TV retail	0.47	0.00	0.34	0.64	0.14

10－12 限额以上住宿餐饮业基本情况(2019年)
Main Indicator of Hotels and Catering Services Above Designated Size(2019)

单位:亿元(100 million yuan)

指标	Item	法人企业(个) Number of Corporation (unit)	从业人员数(人) Persons Employed (person)	营业额 Business Volume
总计	**Total**	**3598**	**297308**	**811.09**
住宿业	**Hotels**	**1646**	**140846**	**363.35**
#国有及国有控股	State-owend and State-holding Enterprises	156	22281	60.47
按登记注册类型分组	**By Registration**			
内资企业	Domestic Funded Enterprises	1569	122513	308.79
国有企业	State-owned Enterprises	50	6290	19.65
集体企业	Collective Owned Enterprises	13	974	1.94
股份合作企业	Cooperative Enterprises	5	378	0.56
联营企业	Joint Ownership Enterprises	1	46	0.46
国有与集体联营企业	State-collective Joint Enterprises	1	46	0.46
有限责任公司	Limited Liability Corporations	297	38715	96.96
国有独资公司	State Sole Funded Corporations	24	3579	8.19
其他有限责任公司	Other Limited Liability Corporations	273	35136	88.78
股份有限公司	Share-holding Corporations Ltd.	15	2285	5.79
私营企业	Private Enterprises	1188	73825	183.42
私营独资企业	Private Funded Enterprises	52	1709	3.63
私营合伙企业	Private Partnership Corporations	29	1183	2.03
私营有限责任公司	Private Limited Liability Corporations	1100	69715	175.01
私营股份有限公司	Private Share-holding Corporations Ltd.	7	1218	2.75
其他企业	others			
港、澳、台商投资企业	Enterprises With Funds From Hong Kong, Macao and Taiwan	35	8832	25.38
合资经营企业	Joint-venture Enterprises	16	4534	11.30
合作经营企业	Cooperation Enterprises From Hong Kong, Macao and Taiwan	1	45	0.07
独资经营企业	Enterprises with Sole Hong Kong, Macao and Taiwan	17	4205	13.92
外商投资企业	Foreign Funded Enterprises	42	9501	29.18
中外合资经营企业	Joint-venture Enterprises	14	2444	7.55
外资企业	Enterprises With Sole Foreign Investment	27	2634	7.62
按住宿行业中类分组	By Category			
旅游饭店	Restaurant for Tourism	922	114232	292.85
一般旅馆	Ordinary Hotels	672	25452	67.08
其他住宿服务	Others	52	1162	3.42

续表 Continued 单位:亿元(100 million yuan)

指标	Item	法人企业(个) Number of Corporation (unit)	从业人员数(人) Persons Employed (person)	营业额 Business Volume
餐饮业	**Catering Services**	**1952**	**156462**	**447.75**
#国有及国有控股	State-owend and State-holding Enterprises	37	8888	22.25
按登记注册类型分组	By Registration			
内资企业	Domestic Funded Enterprises	1915	123383	358.55
国有企业	State-owned Enterprises	8	856	2.52
集体企业	Collective Owned Enterprises	2	37	0.06
股份合作企业	Cooperative Enterprises	6	636	1.47
有限责任公司	Limited Liability Corporations	146	21526	69.14
国有独资公司	State Sole Funded Corporations	13	2292	4.60
其他有限责任公司	Other Limited Liability Corporations	133	19234	64.55
股份有限公司	Share-holding Corporations Ltd.	5	1041	2.65
私营企业	Private Enterprises	1748	99287	282.71
私营独资企业	Private Funded Enterprises	240	6505	16.24
私营合伙企业	Private Partnership Corporations	37	1335	3.60
私营有限责任公司	Private Limited Liability Corporations	1462	90382	259.34
私营股份有限公司	Private Share-holding Corporations Ltd.	9	1065	3.53
其他企业	Others			
港、澳、台商投资企业	Funded by Enterpreneurs From Hong Kong Macao and Taiwan	17	13265	23.43
合资经营企业	Joint-venture Enterprises	6	1879	3.51
合作经营企业	Cooperation Enterprises From Hong Kong, Macao and Taiwan			
独资经营企业	Enterprises with Sole Hong Kong, Macao and Taiwan	10	11006	18.81
外商投资企业	Foreign Funded Enterprises	20	19814	65.77
中外合资经营企业	Joint-venture Enterprises	4	18033	59.39
外资企业	Cooperation Enterprises	15	1739	6.32
中外合作经营企业	Enterprises With Sole Foreign Investment			
按餐饮行业中类分组	**By Category**			
正餐服务	Dinner Services	1772	111872	315.36
快餐服务	Snack Services	70	35278	103.44
饮料及冷饮服务	Beverages and Cold Drink Services	47	4086	11.85
其他餐饮服务	Others	63	5226	17.10

10－13 限额以上餐饮企业财务状况(2012－2019 年)

Financial Indicators of Enterprises in Catering Services Above Designated Size(2012－2019)

单位:亿元(100 million yuan)

指标	Item	2012	2013	2014	2015	2016	2017	2018	2019
法人企业数(个)	Corporation Unit	1273	1506	1544	1554	1526	1595	1659	1951
从业人员(人)	Employed Persons	144237	136523	131722	129407	128213	135257	143641	155497
流动资产合计	Total Circulating Assets	131.00	122.77	124.78	129.68	140.71	161.74	159.67	183.40
资产总计	Total Assets	290.19	299.61	312.97	340.46	354.38	384.21	386.98	430.64
负债合计	Total Liabilities	222.15	235.70	252.00	267.18	278.78	301.25	310.98	334.22
营业收入	Business Income	276.61	257.59	263.66	281.42	302.01	315.53	356.18	419.35
营业成本	Operating Costs	143.56	134.08	132.88	142.00	157.39	161.79	183.58	220.06
税金及附加	Taxes and Surcharges	14.77	13.64	13.77	14.25	6.78	1.87	1.70	1.74
营业利润	Operating Profit	118.28	109.87	117.01	125.17	137.85	151.86	170.89	13.19
销售费用	Selling Expenses	77.47	77.17	80.49	81.95	86.34	93.43	758.06	123.76
管理费用	Management Expenses	35.20	34.97	36.57	38.20	40.44	44.09	50.58	57.13
财务费用	Financial Expenses	7.17	6.25	5.87	6.43	5.80	5.94	5.63	6.40
利润总额	Total Profits	3.81	－4.69	－1.14	3.03	13.01	15.64	16.28	14.38
本年应付职工薪酬	Total Wages Payable in this year	46.05	49.31	50.25	52.48	57.22	61.58	72.74	109.00

注:"注:指标“营业收入”、“营业成本”、“税金及附加”和“营业利润”2019 年前分别为“商品销售收入净额”、“商品销售成本”、“商品销售税金及附加费”和“主营业务利润”。

The indicators of ""business income"", ""operating cost"", ""taxes and surcharges"" and ""operating profit"" are ""net sales revenue of goods"", ""cost of goods sales"", ""taxes and surcharges of goods sales"" and ""profits of main business"" respectively before 2019"

10－14 限额以上住宿餐饮企业资产负债情况(2019 年)
Assets and Liabilities of Hotel and Catering Services Above Designated Size(2019)

单位:亿元(100 million yuan)

指标	Item	资产合计 Total Assets	流动资产 Circulating Assets	负债合计 Total Liabilities	所有者权益合计 Total Creditor's Equity	营业收入 Business Income	营业成本 Operating Costs
总计	**Total**	**1607.46**	**646.37**	**1301.11**	**303.19**	**769.35**	**341.01**
住宿业	**Hotels**	**1176.82**	**462.97**	**966.90**	**208.95**	**349.99**	**120.95**
#国有及国有控股	State-owend and State-holding Enterprises	214.86	56.88	111.54	101.87	58.60	18.16
按登记注册类型分组	**By Registration**						
内资企业	Domestic Funded Enterprises	961.00	355.46	790.12	169.99	296.51	106.41
国有企业	State-owned Enterprises	47.80	13.46	18.81	28.99	18.67	5.34
集体企业	Collective Owned Enterprises	3.75	1.37	2.60	0.91	1.85	0.57
股份合作企业	Cooperative Enterprises	1.20	0.54	0.89	0.31	0.54	0.21
联营企业	Joint Ownership Enterprises	0.63	0.32	0.09	0.54	0.44	0.09
国有与集体联营企业	State-collective Joint Enterprises	0.63	0.32	0.09	0.54	0.44	0.09
有限责任公司	Limited Liability Corporations	378.18	105.49	284.84	91.80	93.20	33.86
国有独资公司	State Sole Funded Corporations	29.22	8.54	10.51	18.70	8.33	2.67
其他有限责任公司	Other Limited Liability Corporations	348.95	96.95	274.33	73.10	84.87	31.19
股份有限公司	Share-holding Corporations Ltd.	20.83	6.18	13.88	6.94	5.51	1.62
私营企业	Private Enterprises	508.62	228.09	469.01	40.50	176.31	64.71
私营独资企业	Private Funded Enterprises	5.00	1.71	3.27	1.54	3.30	1.56
私营合伙企业	Private Partnership Corporations	3.23	1.42	2.60	0.63	1.92	0.96
私营有限责任公司	Private Limited Liability Corporations	483.72	215.35	451.88	32.91	168.45	61.37
私营股份有限公司	Private Share-holding Corporations Ltd.	16.68	9.61	11.26	5.41	2.64	0.83
其他企业	others						
港澳台商投资企业	Enterprises With Funds From Hong Kong, Macao and Taiwan	119.16	50.51	108.28	10.88	25.40	6.92
合资经营企业	Joint-venture Enterprises	62.81	39.29	67.48	-4.67	11.49	2.98
合作经营企业	Cooperation Enterprises From Hong Kong, Macao and Taiwan	0.20		0.25	-0.05	0.07	0.03
独资经营企业	Enterprises with Sole Hong Kong, Macao and Taiwan	55.53	11.14	40.29	15.24	13.75	3.89
外商投资企业	Foreign Funded Enterprises	96.66	57.00	68.49	28.08	28.09	7.62
中外合资经营企业	Joint-venture Enterprises	24.55	6.28	18.59	5.96	7.49	2.90
外资企业	Enterprises With Sole Foreign Investment	48.23	32.76	43.77	4.37	7.38	2.17
按住宿行业中类分组	**By Category**						
旅游饭店	Restaurant for Tourism	1039.86	400.00	859.96	178.85	282.01	92.02
一般旅馆	Ordinary Hotels	121.55	50.87	103.01	18.63	64.87	27.34
其他住宿服务	Others	15.41	12.10	3.94	11.47	3.11	1.59

续表 1 Continued　　　　单位:亿元(100 million yuan)

指标	Item	资产合计 Total Assets	流动资产 Circulating Assets	负债合计 Total Liabilities	所有者权益合计 Total Creditor's Equity	营业收入 Business Income	营业成本 Operating Costs
餐饮业	**Catering Services**	**430.64**	**183.40**	**334.22**	**94.24**	**419.35**	**220.06**
#国有及国有控股	State-owend and State-holding Enterprises	25.00	10.29	15.05	9.95	21.16	12.38
按登记注册类型分组	**By Registration**						
内资企业	Domestic Funded Enterprises	377.72	167.58	297.48	78.05	334.43	180.52
国有企业	State-owned Enterprises	2.09	1.48	0.97	1.11	2.40	1.34
集体企业	Collective Owned Enterprises	0.03	0.01	0.03	0.01	0.06	0.04
股份合作企业	Cooperative Enterprises	1.72	0.43	1.41	0.31	1.24	0.81
有限责任公司	Limited Liability Corporations	81.97	32.44	66.80	13.70	64.83	32.97
国有独资公司	State Sole Funded Corporations	3.67	2.16	2.50	1.17	4.41	3.19
其他有限责任公司	Other Limited Liability Corporations	78.30	30.28	64.31	12.53	60.43	29.78
股份有限公司	Share-holding Corporations Ltd.	2.64	1.63	1.12	1.52	2.54	1.44
私营企业	Private Enterprises	289.27	131.60	227.14	61.40	263.37	143.93
私营独资企业	Private Funded Enterprises	7.12	3.54	4.21	2.71	14.99	9.79
私营合伙企业	Private Partnership Corporations	3.85	1.26	2.50	1.35	3.38	2.03
私营有限责任公司	Private Limited Liability Corporations	263.07	122.74	208.69	53.85	241.63	130.73
私营股份有限公司	Private Share-holding Corporations Ltd.	15.23	4.07	11.75	3.49	3.37	1.38
其他企业	Others						
港、澳、台商投资企业	Funded by Enterpreneurs From Hong Kong Macao and Taiwan	27.43	6.47	23.23	4.20	22.04	7.22
合资经营企业	Joint-venture Enterprises	3.74	1.54	3.05	0.69	3.34	1.00
合作经营企业	Cooperation Enterprises From Hong Kong, Macao and Taiwan						
独资经营企业	Enterprises with Sole Hong Kong, Macao and Taiwan	16.10	4.37	14.81	1.29	17.75	5.92
外商投资企业	Foreign Funded Enterprises	25.49	9.35	13.51	11.99	62.88	32.32
中外合资经营企业	Joint-venture Enterprises	16.00	4.89	5.97	10.03	56.50	28.75
外资企业	Cooperation Enterprises	9.48	4.45	7.54	1.95	6.33	3.55
中外合作经营企业	Enterprises With Sole Foreign Investment						
按餐饮行业中类分组	**By Category**						
正餐服务	Dinner Services	374.94	160.68	291.10	81.60	294.69	154.58
快餐服务	Snack Services	44.12	13.96	33.99	10.14	97.72	47.02
饮料及冷饮服务	Beverages and Cold Drink Services	3.66	2.54	4.39	-0.67	11.34	7.76
其他餐饮服务	Others	7.91	6.23	4.74	3.16	15.61	10.70

续表 2 Continued 单位:亿元(100 million yuan)

指标	Item	税金及附加 Taxes and Surcharges	销售费用 Selling Expenses	管理费用 Managemen Expenses	财务费用 Financial Expenses	利润总额 Total Profits	本年应付工资薪酬 Total Wages Payable In the Year
总计	**Total**	**5.81**	**245.44**	**168.97**	**26.81**	**-3.18**	**202.31**
住宿业	**Hotels**	**4.08**	**121.69**	**111.85**	**20.41**	**-17.57**	**93.31**
#国有及国有控股	State-owend and State-holding Enterprises	1.15	20.24	18.45	3.07	-0.35	19.32
按登记注册类型分组	**By Registration**						
内资企业	Domestic Funded Enterprises	3.38	101.12	96.61	17.20	-18.43	78.01
国有企业	State-owned Enterprises	0.23	6.26	5.81	-0.02	1.37	5.87
集体企业	Collective Owned Enterprises	0.02	0.92	0.46		-0.09	0.63
股份合作企业	Cooperative Enterprises		0.22	0.11	0.03	-0.02	0.18
联营企业	Joint Ownership Enterprises		0.05	0.29			0.03
国有与集体联营企业	State-collective Joint Enterprises		0.05	0.29			0.03
有限责任公司	Limited Liability Corporations	1.37	31.34	29.92	7.47	-6.61	28.33
国有独资公司	State Sole Funded Corporations	0.17	2.64	3.36	-0.04	-0.26	2.83
其他有限责任公司	Other Limited Liability Corporations	1.20	28.70	26.56	7.51	-6.35	25.51
股份有限公司	Share-holding Corporations Ltd.	0.12	2.03	1.74	0.66	-0.65	1.64
私营企业	Private Enterprises	1.62	60.30	58.28	9.06	-12.43	41.32
私营独资企业	Private Funded Enterprises	0.03	0.98	0.57	0.07	0.08	0.73
私营合伙企业	Private Partnership Corporations	0.02	0.49	0.37	0.05	0.04	0.47
私营有限责任公司	Private Limited Liability Corporations	1.52	57.86	56.67	8.78	-12.54	39.28
私营股份有限公司	Private Share-holding Corporations Ltd.	0.06	0.96	0.67	0.16	-0.01	0.85
其他企业	others						
港澳台商投资企业	Enterprises With Funds From Hong Kong,Macao and Taiwan	0.44	9.03	8.08	2.69	-1.15	6.62
合资经营企业	Joint-venture Enterprises	0.20	4.34	3.33	1.45	-0.57	3.37
合作经营企业	Cooperation Enterprises From Hong Kong, Macao and Taiwan		0.03	0.01			0.02
独资经营企业	Enterprises with Sole Hong Kong, Macao and Taiwan	0.24	4.65	4.65	1.23	-0.53	3.20
外商投资企业	Foreign Funded Enterprises	0.26	11.54	7.16	0.52	2.02	8.68
中外合资经营企业	Joint-venture Enterprises	0.16	1.49	2.90	0.30	-0.02	2.91
外资企业	Enterprises With Sole Foreign Investment	0.07	2.60	3.00	0.53	-0.48	1.88
按住宿行业中类分组	**By Category**						
旅游饭店	Restaurant for Tourism	3.60	101.76	90.89	18.68	-13.94	77.51
一般旅馆	Ordinary Hotels	0.44	19.15	19.81	1.68	-3.37	15.18
其他住宿服务	Others	0.03	0.77	1.15	0.06	-0.25	0.62

续表 3 Continued 单位:亿元(100 million yuan)

指标	Item	税金及附加 Taxes and Surcharges	销售费用 Selling Expenses	管理费用 Managemen Expenses	财务费用 Financial Expenses	利润总额 Total Profits	本年应付工资薪酬 Total Wages Payable In the Year
餐饮业	**Catering Services**	**1.74**	**123.76**	**57.13**	**6.40**	**14.38**	**109.00**
#国有及国有控股	State-owend and State-holding Enterprises	0.11	5.92	2.75	0.04	3.37	6.87
按登记注册类型分组	**By Registration**						
内资企业	Domestic Funded Enterprises	1.67	96.22	49.49	5.91	5.17	90.98
国有企业	State-owned Enterprises	0.03	0.37	0.58	-0.01	0.12	0.68
集体企业	Collective Owned Enterprises		0.02	0.01			0.01
股份合作企业	Cooperative Enterprises	0.03	0.22	0.16	0.08	-0.05	0.42
有限责任公司	Limited Liability Corporations	0.30	21.68	8.41	0.81	3.86	13.93
国有独资公司	State Sole Funded Corporations	0.01	0.44	0.72	0.01	0.18	1.52
其他有限责任公司	Other Limited Liability Corporations	0.29	21.24	7.69	0.80	3.68	12.41
股份有限公司	Share-holding Corporations Ltd.	0.01	0.65	0.39	0.02	0.19	0.94
私营企业	Private Enterprises	1.29	73.29	39.95	5.01	1.06	75.00
私营独资企业	Private Funded Enterprises	0.18	2.37	1.74	0.08	0.85	2.79
私营合伙企业	Private Partnership Corporations	0.02	0.70	0.48	0.02	0.09	0.59
私营有限责任公司	Private Limited Liability Corporations	1.09	68.65	37.22	4.52	0.53	70.55
私营股份有限公司	Private Share-holding Corporations Ltd.		1.58	0.52	0.38	-0.40	1.07
其他企业	Others						
港、澳、台商投资企业	Funded by Enterpreneurs From Hong Kong Macao and Taiwan	0.02	11.78	1.71	0.57	0.54	6.36
合资经营企业	Joint-venture Enterprises	0.01	1.79	0.26	0.11	-0.03	0.80
合作经营企业	Cooperation Enterprises From Hong Kong, Macao and Taiwan						
独资经营企业	Enterprises with Sole Hong Kong, Macao and Taiwan	0.01	9.53	1.19	0.46	0.67	5.33
外商投资企业	Foreign Funded Enterprises	0.05	15.76	5.92	-0.08	8.67	11.65
中外合资经营企业	Joint-venture Enterprises	0.02	13.67	5.00	-0.16	9.30	10.35
外资企业	Cooperation Enterprises	0.02	2.06	0.93	0.07	-0.63	1.28
中外合作经营企业	Enterprises With Sole Foreign Investment						
按餐饮行业中类分组	**By Category**						
正餐服务	Dinner Services	1.62	86.35	46.25	5.95	4.30	68.90
快餐服务	Snack Services	0.06	31.57	8.08	0.43	10.48	18.65
饮料及冷饮服务	Beverages and Cold Drink Services	0.02	2.77	1.28	0.01	-0.58	18.41
其他餐饮服务	Others	0.04	3.07	1.52	0.01	0.19	3.04

10 - 15 商品交易市场情况(1978 - 2019 年)
Basic Conditions of Business Markets of Commodity(1978 - 2019)

年份 Year	交易市场数(个) Business Markets (unit)	10 亿元以上(个) Above 1000 Million Yuan (unit)	100 亿元以上(个) Above 10000 Million Yuan (unit)	商品市场成交额(亿元) Transaction (100 million yuan)
1978	1051			8.6
1979	1322			11.3
1980	1415			12.2
1981	1656			14.7
1982	1736			18.1
1983	1788			21.6
1984	2241			26.9
1985	2345			44.0
1986	3653			59.1
1987	3706			80.9
1988	3632			96.3
1989	3669			149.0
1990	3797			161.9
1991	3802			204.6
1992	3865			321.3
1993	4127			651.2
1994	4207			1480.5
1995	4349			2165.7
1996	4388	57	3	2545.3
1997	4488	57	2	2798.0
1998	4619	58	2	3209.6
1999	4347	69	3	3606.0
2000	4348	68	4	4023.0
2001	4278	78	6	4652.0
2002	4193	77	6	4997.0
2003	4036	93	9	5591.0
2004	4049	114	9	6384.0
2005	4008	120	10	7173.0
2006	4064	125	13	8247.0
2007	4096	133	15	9325.0
2008	4087	139	15	9794.0
2009	4194	180	18	10744.9
2010	4146	202	22	12717.3
2011	4212	210	25	14500.0
2012	4297	233	31	15816.6
2013	4316	225	38	17800.0
2014	4321	225	33	19500.0
2015	4243	243	33	20500.0
2016	3951	294	32	20500.0
2017	3824	284	35	21500.0
2018	3759	268	39	21900.0
2019	3783	274	39	23058.2

10-16 亿元以上商品交易市场成交情况
Basic Conditions of Business Markets of Commodity Above 100 Million Yuan

单位:万元(10000 yuan)

指标	Item	摊位数量(个) Number of Stall(unit)			成交额 Value		
		2017	2018	2019	2017	2018	2019
总计	**Total**	**442959**	**379362**	**415003**	**172798140**	**152881672**	**182671744**
食品、饮料、烟酒类	Food,Beverage,Tobacco and Liquor	110086	115900	108185	36586254	41280153	41258502
服装鞋帽、针、纺织品类	Garments, Shoes, Hats, Knit and Textile Goods	139288	139971	135466	47903427	53308526	54218745
化妆品类	Cosmetics	2191	1971	2032	486139	487892	503695
金银珠宝类	Jewelry	4702	5157	5331	3936604	4214401	4661710
日用品类	Articles For Daily Use	21655	16730	16017	3944904	4602349	4696639
五金、电料类	Hardware & Electric Materials	16103	18296	16403	6243463	6748891	6877949
体育、娱乐用品类	Sports and Recreation	987	1319	1005	169904	226760	268498
书报杂志类	Newspapers and Magazines	141	104	57	43666	21676	3476
电子出版物及音像制品类	Electronic Publication and Audiovisual Products	116	183	167	34301	33277	29831
家用电器和音像器材类	Household Appliances and Audiovisual Equipment	2732	2484	2477	861015	911003	937918
中西药品类	Traditional Chinese & Western Medicines	1432	1424	1406	353562	360909	379010
#中草药及中成药	Chinese Herbal Medicine and Other Traditional Chinese Medicine	1340	981	953	251530	152532	147843
文化办公用品类	Culture and Official Articles	8060	7477	7422	1493559	1467299	1579168
家具类	Furniture	19555	15363	17332	4820392	4548707	4728703
通讯器材类	Communication Appliances	2520	2279	2551	302532	242954	296753
煤炭及制品类	Coal and Related Products	58	38	43	792608	533733	553179
木材及制品类	Timber and Related Products	3817	4018	2845	1170687	1312401	486015
石油及制品类	Oil and Related Production	87	200	210	1283504	341420	472545
化工材料及制品类	Chemical Materials and Related Products	4515	4641	4647	9362716	10272233	11222727
金属材料类	Metal Materials	11032	10052	10221	18105831	20626637	21077203
建筑及装潢材料类	Building and Decoration Materials	29917	29070	26382	6650305	6889195	6130297
机电成品及设备类	Mechanical and Electrical Products and Appliances	4297	4031	5238	2213108	2347569	2038277
#农机类	Agricutural Mechanical Products	55	11	12	15382	1570	1601
汽车类	Motor Vehicles	13016	10886	8895	15074367	13937310	14367072
种子饲料类	Seed and Forage	53	130	129	12368	56774	62612
棉麻类	Cotton & Ambery	600	606	631	814167	809436	830211
其他类	Others	37793	39857	39911	6712031	4022276	4991009

10－17 个体经济发展情况
Developments in Individual Economy

项目	Item	2016	2017	2018	2019
户数(户)	**Item**	**3526088**	**3896468**	**4226281**	**4641461**
农、林、牧、渔业	Farming, Forestry, Animal Husbandry and Fishery	59295	69256	78304	88993
采矿业	Ming and Quarrying	351	328	299	281
制造业	Manufacturing	597647	644873	670736	688186
电力、燃气及水的生产和供应业	Production and Supply of Electricity and Heating Power	449	482	569	567
建筑业	Construction	9940	14887	20745	31041
交通运输、仓储和邮政业	Transport, Storage and Post	96607	111876	120271	125116
信息传输、计算机服务和软件业	Information Transmission, Computer Services and Software	6180	7805	10227	14553
批发和零售业	Wholesale and Retail Trade	1974257	2110575	2261954	2503273
住宿和餐饮业	Hotels and Catering Services	362098	450929	519160	574974
房地产业	Real Estate	8481	10821	13424	15938
租赁和商务服务业	Renting and Business Services	60793	75429	91134	115125
居民服务和其他服务业	Resident Services and Other Services	311260	352779	392774	426338
卫生、社会保障和社会福利业	Health Care, Sports and Social Welfare	4671	5365	6456	7490
文化、体育和娱乐业	Culture, Sports and Entertainment	19629	23870	27877	34718
其他行业	Others	14430	17193	12351	14868
从业人员(人)	**Number of Employed Persons(person)**	**8002985**	**8359482**	**8961468**	**9675752**
农、林、牧、渔业	Farming, Forestry, Animal Husbandry and Fishery	206611	233046	257385	284748
采矿业	Ming and Quarrying	1548	1384	1257	1111
制造业	Manufacturing	2187626	2264485	2332277	2372037
电力、燃气及水的生产和供应业	Production and Supply of Electricity and Heating Power	978	1029	1224	1223
建筑业	Construction	35689	55565	74986	108399
交通运输、仓储和邮政业	Transport, Storage and Post	162550	182035	195387	205520
信息传输、计算机服务和软件业	Information Transmission, Computer Services and Software	10640	13134	16820	23014
批发和零售业	Wholesale and Retail Trade	3352335	3461336	3706231	4070677
住宿和餐饮业	Hotels and Catering Services	979135	1053902	1171151	1272576
房地产业	Real Estate	26852	31675	37350	42195
租赁和商务服务业	Renting and Business Services	128954	155162	182583	223574
居民服务和其他服务业	Resident Services and Other Services	806332	784345	862360	929086
卫生、社会保障和社会福利业	Health Care, Sports and Social Welfare	11115	12822	15136	17006
文化、体育和娱乐业	Culture, Sports and Entertainment	58227	67957	77135	90087
其他行业	Others	34393	41605	30186	34499

10－18 私营经济发展情况 Developments of Private－owned Economy

项目	Item	2016	2017	2018	2019
户数(户)	**Number of Households(household)**	**1521441**	**1800585**	**2068110**	**2349483**
农、林、牧、渔业	Farming,Forestry,Animal Husbandry and Fishery	29691	31966	33527	34398
采矿业	Ming and Quarrying	876	870	883	903
制造业	Manufacturing	442948	471693	495619	515937
电力、燃气及水的生产和供应业	Production and Supply of Electricity and Heating Power	3456	5053	5384	5496
建筑业	Construction	60240	75005	90830	108261
交通运输、仓储和邮政业	Transport,Storage and Post	30256	36227	41293	46408
信息传输、计算机服务和软件业	Information Transmission, Computer Services and Software	64091	88373	110499	134854
批发和零售业	Wholesale and Retail Trade	505918	592772	688973	811365
住宿和餐饮业	Hotels and Catering Services	21046	24845	28135	30992
房地产业	Real Estate	28403	36785	43981	50110
租赁和商务服务业	Renting and Business Services	163594	214786	249967	274683
居民服务和其他服务业	Resident Services and Other Services	40869	46177	51036	54522
卫生、社会保障和社会福利业	Health Care,Sports and Social Welfare	2966	4229	5454	7216
文化、体育和娱乐业	Culture,Sports and Entertainment	25465	36938	50711	62540
其他行业	Others	101622	134866	171818	211798
从业人员(人)	**Number of Employed Persons(person)**	**14683860**	**15126392**	**13500288**	**13684473**
农、林、牧、渔业	Farming,Forestry,Animal Husbandry and Fishery	160014	166457	170902	168801
采矿业	Ming and Quarrying	17685	17061	16960	16817
制造业	Manufacturing	6600428	6569513	5880670	5747176
电力、燃气及水的生产和供应业	Production and Supply of Electricity and Heating Power	30732	36955	38037	37680
建筑业	Construction	1167303	1081530	815105	842782
交通运输、仓储和邮政业	Transport,Storage and Post	197541	214442	223783	226896
信息传输、计算机服务和软件业	Information Transmission, Computer Services and Software	321719	396865	452687	492959
批发和零售业	Wholesale and Retail Trade	2916719	3127643	2873656	2957316
住宿和餐饮业	Hotels and Catering Services	175215	184035	191137	193024
房地产业	Real Estate	499442	210617	230288	244370
租赁和商务服务业	Renting and Business Services	1562332	1892175	1263380	1287216
居民服务和其他服务业	Resident Services and Other Services	263782	277811	225878	226235
卫生、社会保障和社会福利业	Health Care,Sports and Social Welfare	22378	27382	32162	37504
文化、体育和娱乐业	Culture,Sports and Entertainment	146147	186256	220539	243276
其他行业	Others	602423	737650	865104	962421

10－19 个体和私营经济发展情况(2019年)
Developments on Individual and Private－owned Economy(2019)

项目	Item	个体 Individuals	#城镇 Urban Areas	私营 Privates	#城镇 Urban Areas
户数(户)	**Number of Households(household)**	**4641461**	**3118988**	**2349483**	**1787781**
农、林、牧、渔业	Farming,Forestry,Animal Husbandry and Fishery	88993	42107	34398	18971
采矿业	Ming and Quarrying	281	145	903	434
制造业	Manufacturing	688186	332754	515937	272854
电力、燃气及水的生产和供应业	Production and Supply of Electricity and Heating Power	567	276	5496	3371
建筑业	Construction	31041	18576	108261	84374
交通运输、仓储和邮政业	Transport,Storage and Post	125116	79292	46408	32917
信息传输、计算机服务和软件业	Information Transmission,Computer Services and Software	14553	11420	134854	122981
批发和零售业	Wholesale and Retail Trade	2503273	1747415	811365	672733
住宿和餐饮业	Hotels and Catering Services	574974	428678	30992	24128
房地产业	Real Estate	15938	14286	50110	39959
租赁和商务服务业	Renting and Business Services	115125	86897	274683	240394
居民服务和其他服务业	Resident Services and Other Services	426338	314703	54522	42887
卫生、社会保障和社会福利业	Health Care,Sports and Social Welfare	7490	5825	7216	4989
文化、体育和娱乐业	Culture,Sports and Entertainment	34718	24919	62540	55442
其他行业	Others	14868	11695	211798	171347
从业人员(人)	**Number of Employed Persons(person)**	**9675752**	**6447334**	**13684473**	**8978909**
农、林、牧、渔业	Farming,Forestry,Animal Husbandry and Fishery	284748	143207	168801	84100
采矿业	Ming and Quarrying	1111	525	16817	4747
制造业	Manufacturing	2372037	1149360	5747176	2758525
电力、燃气及水的生产和供应业	Production and Supply of Electricity and Heating Power	1223	608	37680	21743
建筑业	Construction	108399	56365	842782	608828
交通运输、仓储和邮政业	Transport,Storage and Post	205520	142673	226896	152125
信息传输、计算机服务和软件业	Information Transmission, Computer Services and Software	23014	18216	492959	438412
批发和零售业	Wholesale and Retail Trade	4070677	2945460	2957316	2330518
住宿和餐饮业	Hotels and Catering Services	1272576	972708	193024	151239
房地产业	Real Estate	42195	39228	244370	186303
租赁和商务服务业	Renting and Business Services	223574	171430	1287216	1110488
居民服务和其他服务业	Resident Services and Other Services	929086	704310	226235	173593
卫生、社会保障和社会福利业	Health Care,Sports and Social Welfare	17006	13452	37504	28798
文化、体育和娱乐业	Culture,Sports and Entertainment	90087	63246	243276	208587
其他行业	Others	34499	26546	962421	720903

10－20 规模以上服务业企业主要经济指标(2019 年)
Main Indicators of Service Enterprises Above Designated Size(2019)

单位:亿元(100 million yuan)

项目	Item	单位数(个) Number of Enterprises (unit)	资产总计 Total assets	固定资产原价 Original value of fixed assets	本年折旧 This Year Depreciation
总　计	**Total**	**11754**	**46687.56**	**11649.63**	**772.01**
按登记注册类型分	**By Registered Type**				
国有企业	State-owned	235	1341.71	480.09	16.60
集体企业	Collective Owned	118	529.15	195.73	6.07
股份合作企业	Share-cooperations	27	100.25	52.45	1.31
联营企业	Joint	3	3.35	0.94	0.00
有限责任公司	Limited Liability Corporations	2640	23811.53	5526.95	270.07
股份有限公司	Share-holding Corporations Ltd.	307	4185.45	1391.99	76.91
私营企业	Private	7874	7767.19	1805.72	156.31
其他企业	Others	103	79.45	50.44	4.03
港澳台商投资企业	Investment from HongKong, Macao and Taiwan	209	7107.22	1368.65	182.33
外商投资企业	Investment from Foreign	238	1762.27	776.66	58.37
按国民经济行业分	**by Sector**				
交通运输、仓储和邮政业	Transportation, Storage and Post	3266	6845.85	4105.88	223.15
信息传输、软件和信息技术服务业	Information Transmission, Software and Information Technology Services	1425	10961.96	3183.66	346.68
房地产业(除房地产开发经营)	Real Estate	1093	6437.55	1023.04	39.20
租赁和商务服务业	Renting and Business Services	2480	10555.26	1569.86	72.40
科学研究和技术服务业	Scientific Research and Technical Services	1368	2486.95	307.52	23.51
水利、环境和公共设施管理业	Water Conservancy, Environment and Public Utility	361	7151.77	936.39	34.53
居民服务、修理和其他服务业	Service for the Residents, Repair and Others	431	144.92	25.66	2.29
教育	Education	183	115.58	56.65	3.15
卫生和社会工作	Health Care and Social Work	422	312.63	145.97	11.75
文化、体育和娱乐业	Culture, Sports and Recreation	725	1675.09	295.00	15.35

续表 1 Continued

单位:亿元(100 million yuan)

项目	Item	负债合计 Total Liabilities	所有者权益 Owner's Equity	营业收入 The Business revenue	营业成本 Operating Costs
总　计	**Total**	**25586.10**	**21101.23**	**19403.69**	**13342.81**
按登记注册类型分	**By Registered Type**				
国有企业	State-owned	332.74	1008.58	485.85	379.82
集体企业	Collective Owned	194.36	334.79	47.15	26.24
股份合作企业	Share-cooperations	23.05	77.19	12.27	4.41
联营企业	Joint	2.51	0.83	0.82	0.15
有限责任公司	Limited Liability Corporations	13760.34	10051.36	4734.20	3725.98
股份有限公司	Share-holding Corporations Ltd.	1674.20	2511.25	800.80	518.73
私营企业	Private	5377.94	2389.25	7176.35	5447.99
其他企业	Others	50.30	29.15	61.98	43.07
港澳台商投资企业	Investment from HongKong, Macao and Taiwan	3215.47	3891.74	3738.20	1035.81
外商投资企业	Investment from Foreign	955.19	807.08	2346.09	2160.62
按国民经济行业分	**by Sector**				
交通运输、仓储和邮政业	Transportation, Storage and Post	4029.69	2815.93	4192.96	3802.06
信息传输、软件和信息技术服务业	Information Transmission, Software and Information Technology Services	5508.01	5453.94	8490.00	4308.07
房地产业(除房地产开发经营)	Real Estate	3867.76	2569.80	715.46	458.51
租赁和商务服务业	Renting and Business Services	5290.38	5264.87	2838.57	2380.46
科学研究和技术服务业	Scientific Research and Technical Services	1431.24	1055.71	1611.13	1238.94
水利、环境和公共设施管理业	Water Conservancy, Environment and Public Utility	4342.08	2809.68	549.40	423.83
居民服务、修理和其他服务业	Service for the Residents, Repair and Others	94.79	50.14	245.40	200.37
教育	Education	72.44	43.14	92.16	58.57
卫生和社会工作	Health Care and Social Work	193.49	119.14	264.14	180.91
文化、体育和娱乐业	Culture, Sports and Recreation	756.22	918.87	404.48	291.12

续表 2 Continued 单位:亿元(100 million yuan)

项目	Item	税金及附加 Sales Taxes and Extra Charges in Business	销售费用 Sales Charges	管理费用 Management Expenses	财务费用 Financial Expenses	营业利润 Operating Profits
总　计	**Total**	**108.12**	**972.79**	**2596.99**	**201.03**	**2489.63**
按登记注册类型分	**By Registered Type**					
国有企业	State-owned	2.63	18.97	46.47	-11.80	182.59
集体企业	Collective Owned	2.84	2.12	13.38	-1.57	7.98
股份合作企业	Share-cooperations	0.78	0.24	3.40	-0.06	4.54
联营企业	Joint	0.01	0.12	0.40	0.00	0.13
有限责任公司	Limited Liability Corporations	33.16	163.34	402.15	185.89	429.60
股份有限公司	Share-holding Corporations Ltd.	8.54	65.54	70.61	12.15	191.89
私营企业	Private	31.14	359.80	838.83	73.38	384.89
其他企业	Others	0.15	3.93	13.21	0.40	1.20
港澳台商投资企业	Investment from HongKong, Macao and Taiwan	22.51	309.10	1131.34	-55.91	1229.99
外商投资企业	Investment from Foreign	6.37	49.63	77.21	-1.45	56.80
按国民经济行业分	**by Sector**					
交通运输、仓储和邮政业	Transportation, Storage and Post	15.20	57.92	216.97	83.49	156.25
信息传输、软件和信息技术服务业	Information Transmission, Software and Information Technology Services	31.05	645.87	1725.55	-61.92	1640.57
房地产业(除房地产开发经营)	Real Estate	23.78	38.20	100.00	51.87	96.84
租赁和商务服务业	Renting and Business Services	20.93	92.86	212.27	54.31	343.38
科学研究和技术服务业	Scientific Research and Technical Services	7.34	34.81	163.85	6.02	148.41
水利、环境和公共设施管理业	Water Conservancy, Environment and Public Utility	3.22	13.81	41.81	62.58	30.36
居民服务、修理和其他服务业	Service for the Residents, Repair and Others	1.20	15.19	20.82	0.36	10.95
教育	Education	0.33	10.25	16.87	0.47	5.45
卫生和社会工作	Health Care and Social Work	0.40	22.73	45.15	2.70	11.82
文化、体育和娱乐业	Culture, Sports and Recreation	4.67	41.16	53.71	1.14	45.60

续表 3 Continued 单位:亿元(100 million yuan)

项目	Item	利润总额 Profits	所得税费用 Income tax payable	应付职工薪酬 Total Wages Pagable	应交增值税 Value Added Taxes Payable	平均用工人数(万人) Average Number of Employed Persons (10000 persons)
总 计	**Total**	**2643.38**	**339.33**	**2881.80**	**379.64**	**220.74**
按登记注册类型分	**By Registered Type**					
国有企业	State-owned	186.49	3.69	114.30	11.72	8.80
集体企业	Collective Owned	8.52	0.50	8.43	1.79	0.75
股份合作企业	Share-cooperations	3.79	0.02	1.76	0.50	0.17
联营企业	Joint	0.13	0.05	0.47	0.03	0.02
有限责任公司	Limited Liability Corporations	522.09	67.46	830.12	88.07	61.78
股份有限公司	Share-holding Corporations Ltd.	195.36	30.44	152.52	17.74	10.89
私营企业	Private	417.82	53.91	1085.12	139.66	117.55
其他企业	Others	1.81	0.69	24.37	1.14	1.82
港澳台商投资企业	Investment from HongKong, Macao and Taiwan	1245.29	136.40	518.46	106.87	10.33
外商投资企业	Investment from Foreign	62.08	46.17	146.26	12.11	8.64
按国民经济行业分	**by Sector**					
交通运输、仓储和邮政业	Transportation,Storage and Post	195.87	64.90	461.13	50.66	40.74
信息传输、软件和信息技术服务业	Information Transmission, Software and Information Technology Services	1669.87	173.70	973.60	174.00	30.74
房地产业(除房地产开发经营)	Real Estate	118.26	25.85	181.58	27.19	27.43
租赁和商务服务业	Renting and Business Services	360.22	28.18	626.83	58.88	72.61
科学研究和技术服务业	Scientific Research and Technical Services	153.16	22.15	356.32	38.16	19.99
水利、环境和公共设施管理业	Water Conservancy, Environment and Public Utility	64.74	7.66	64.77	7.12	8.19
居民服务、修理和其他服务业	Service for the Residents, Repair and Others	11.90	2.66	39.30	8.80	6.42
教育	Education	6.11	1.92	38.59	2.23	3.32
卫生和社会工作	Health Care and Social Work	12.47	4.36	74.90	0.19	6.28
文化、体育和娱乐业	Culture,Sports and Recreation	50.78	7.94	64.77	12.40	5.01

注:限额以上服务业企业统计不包括批发零售业,住宿餐饮业,房地产开发业,金融业。
Above designated size services unit statistics do not include wholesale and retail trade,hotel and restaurant industry,the real estate development industry,finance.

浙/江/统/计/年/鉴

主要统计指标解释

■ 社会消费品零售总额

指各种经济类型的批发零售贸易业、餐饮业和除制造业和农业外的其他行业对城乡居民和社会集团的消费品零售额。这个指标反映通过各种商品流通渠道向居民和社会集团供应的生活消费品来满足他们生活需要，是研究人民生活，社会消费品购买力、货币流通等问题的重要指标。社会消费品零售总额包括：(1)售给城乡居民作为生活用的商品和修建房屋用的建筑材料；(2)售给社会集团的各种办公用品和公用消费品；(3)售给机关、团体、学校、部队、企业、事业单位的职工食堂和旅店(招待所)附设专门供本店旅客食用，不对外营业的食堂的各种食品、燃料；企业、单位和国营农场直接售给本单位职工和职工食堂的自己生产的产品；(4)售给部队干部、战士生活用的粮食、副食品、衣着品、日用品、燃料；(5)售给来华的外国人、华侨、港澳(台)同胞的消费品；(6)居民自费购买的中、西药品、中药材及医疗用品；(7)报社、出版社直接售给居民和社会集团的报纸、图书、杂志、集邮公司出售的新、旧纪念邮票、特种邮票、首日封、集邮册、集邮工具等；(8)旧货寄售商店自购、自销部分的商品；(9)煤气公司、液化石油气站售给居民和社会集团的煤气灶具和罐装液化石油气。不包括售给国民经济各部门企业、事业单位(包括国有经济的农场)生产经营用的各种原材料、燃料、设备、工具等和售给批发零售贸易业、餐饮业作为转卖用的商品、旧货寄售商店受托寄售卖出的商品、服务业的营业收入、邮局出售邮票的收入、自来水、电力、煤气生产(供应)单位的产品供应收入。

■ 商品销售总额

指对本企业(单位)以外的单位和个人出售(包括对国(境)外直接出口)的商品。这个指标反映批发零售贸易业在国内市场上销售商品以及出口商品的总量。商品销售总额包括：(1)售给城乡居民和社会集团消费用的商品；(2)售给工业、农业、建筑业、运输邮电业、批发零售贸易业、餐饮业、服务业等作为生产、经营使用的商品；(3)售给批发零售贸易业作为转卖或加工后转卖的商品；(4)对国(境)外直接出口的商品。不包括：出售本企业(单位)自用的废旧包装用品，未通过买卖行为付出的商品，经本单位介绍，由买卖双方直接结算，本单位只收取手续费的业务，购货退回的商品以及商品损耗和损失等。

■ 消费品市场成交额

指在全国消费品交易市场成交的全部商品金额。消费品市场包括农副产品市场和工业消费品市场。

■ 亿元商品交易市场成交额

年成交额达到亿元以上，经工商部门批准，专门从事商品批发、零售业务活动的市场，其市场所有摊位销售总额称为亿元商品交易市场成交额。

■ 连锁企业(或称连锁店、连锁公司)

指在核心企业或总店的领导下，由分散的、经营同类商品或服务的企业或活动单位，采取共同方针，实行集中采购和分散销售的有机结合，通过规范化经营，实行集中采购和分散销售的有机结合，通过规范化经营，实现规模效益的经济联合组织形式。一般连锁店应由若干个分店组成。其经营特征：(1)经营同类商品；(2)使用统一商号；(3)统一采购配送，采购与销售相分离(部分商品可根据物流合理和保质保鲜原则，由供应商直接送货到门店，其余均由总部统一配送)。

连锁门店包括下列两种形式：

直营连锁：指正规连锁。连锁门店均由总部独资或控股开设，在总部的直接领导下统一经营。

加盟连锁：指特许连锁。各连锁门店(被特许人)通过合同形式，取得使用总部(特许人)商标、商号、经营技术和销售总部开发的商品的特许权，各加盟连锁门店为独立法人，在总部指导下统一经营。

ZHEJIANG STATISTICAL YEARBOOK

Explanatory Notes on Main Statistical Indicators

□ Total Retail Sales of Consumer Goods

refer to the sum of retail sales of consumer goods by the establishments in wholesale trade, retail sale trade, catering trade and other industries except manufacturing and agriculture of different types of ownership, to urban and rural residents and social groups. This indicator is used to show the supply of consumers goods through various channels to households and institutions to meet their demands, and is therefore very important for the study of the issues on people ' s livelihood, on the purchasing power of consumer goods and on the circulation of money. The retail sales of consumer goods include: (1) commodities sold to urban and rural residents for residential use and building materials sold to them for the construction or repair of houses; (2) food and fuels sold to canteens of institutions, enterprises, schools, military units and to canteens of hotels and hostels that only serve their guests, and commodities produced by enterprises, institutions or state farms and sold directly to their employees or their canteens; (3) grain and non – staple food, clothing, daily articles and fuels sold to military personnel; (4) consumer goods sold to foreigners, overseas Chinese, and Chinese compatriots from Taiwan, Hong Kong and Macao during their stay in the mainland of China; (5) Chinese and western medicines, herbs and medical facilities purchased by residents; (6) newspapers, books and magazines directly sold to residents and social groups by publishers, new and old commemorative stamps, special stamps, first – day covers, stamp albums and other stamp – collection articles sold by stamp companies; (7) consumer goods purchased and then sold by second – hand shops; (8) stoves and other heating facilities and liquified gas sold by gas companies to households and institutions. Excluded under this heading are: raw materials, fuels, equipment, tools sold to enterprises, institutions and state farms for production purpose; commodities sold to trade establishments for re – selling; commissioned sales at second – hand shops; operational income of urban public utilities; stamps sold at post offices; income of water, power, gas production and supply establishments from the supply of their products.

□ Total Sales of Commodities

refer to selling of commodities by the establishments to other establishments and individuals (including direct export). This indicator is used to show the total value of sales of commodities at domestic markets and export. The total sales include: (1) commodities sold to urban and rural residents and social groups for their consumption; (2) commodities sold to establishments in industry, agriculture, construction, transportation, post and telecommunications, wholesale and retail trades, catering trade and public utility for their production and operation; (3) commodities sold to wholesale and retail establishments for re – selling, with or without further processing; and (4) commodities for direct export to other countries. Excluded are selling of waste packaging materials used by the establishments (units) themselves, commodities transferred without buying or selling procedures, commission income from brokerage in transactions whose settlement is directly handled by buyers and sellers , rejected commodities in the purchase, loss in commodities, etc.

□ Volume of Transaction at Consumer Goods Markets

refers to the value of transaction of all goods at consumer goods markets in the country, including both markets for farm and sideline products and for industrial consumption goods.

□ Volume of Transaction at Large Commodity Markets (with transaction value over 100 million yuan)

refers to markets approved by the industrial and commercial administration departments, which specialize in wholesale and retail of modities with transaction value

EXPLANATORY NOTES ON MAIN STATISTICAL INDICATORS

over 100 million yuan. The stall of sales of all sellers in the markets makes up the transaction value of the markets.

□ Chain Enterprises (also called chain stores or called corporations)

refer to a form of joint economic entities unit which scattered enterprises or establishments engaged in pithing homogeneous commodities or services, with the central leadership of core enterprise or headquarters and guided by policies, conduct centralized purchase and distributed selling commodities, in order to gain better efficiency through standardized operation. Consisting of a number of branch stores the chain stores have in general following features: (1) homogeneous commodities, (2) unique name of stores, (3) centralized purchase and delivery which is separated from the headquarters cept some items which, from logistics, quality or considerations, might be delivered by the suppliers directy.

Chain stores have two categories:

(a) Chain stores under direct management: These are chain stores invested or controlled by the headquarters operate under the direct and unified management from the headquarters.

(b) Chain stores through license arrangement: These are contracts, chain stores (their owners) obtain licenses from the headquarters to use designated trade marks, names, operates know – how, and to sell the commodity developed by the headquarters. Under this arrangement. Each store in the chairs an independent legal entity and operates under the guidance the headquarters.

CHAPTER 11

对外经济贸易和旅游

Foreign Economy and Trade, Tourism

11-1 进出口总值(1986-2019年) Total Value of Imports and Exports(1986-2019)

单位:万美元、万元(USD 10000,RMB 10000)

年份 Year	进出口总值 Total Value of Imports and Exports	出口 Export	#一般贸易 Ordinary Trade	进口 Import	#一般贸易 Ordinary Trade
1986	129291	109128		20163	
1987	149984	123406		26578	
1988	198628	149004		49624	
1989	251387	187222		64165	
1990	277342	218881		58461	
1991	385052	290628		94424	
1992	499907	357127	258763	142780	48230
1993	673269	432313	326388	240956	78690
1994	899144	608657	474070	290487	75292
1995	1151230	769782	593336	381448	92160
1996	1254126	804147	572545	449979	102558
1997	1427732	1011113	739172	416619	106496
1998	1485382	1086623	820244	398759	148712
1999	1830540	1287125	1001423	543415	314525
2000	2783265	1944279	1540108	838986	528135
2001	3279969	2297747	1825752	982222	635302
2002	4195650	2941102	2426940	1254548	859007
2003	6141083	4159499	3418932	1981584	1361717
2004	8521312	5814638	4674761	2706674	1665622
2005	10739123	7680353	6023916	3058770	1858590
2006	13914686	10089427	7731170	3825259	2143288
2007	17685633	12827293	9935900	4858341	2922772
2008	21110927	15426700	12185303	5684227	3440144
2009	18773488	13301032	10664403	5472456	3744581
2010	25353311	18046487	14500708	7306824	4943317
2011	30937777	21634949	17648423	9302827	6534332
2012	31240276	22451854	17968381	8788421	6243733
2013	33578871	24874624	19629669	8704246	6320295
2014	35504894	27332897	21676500	8171997	5819584
2015	215621649	171701752	133571930	43919897	32301600
2016	222020808	176664804	139364170	45356004	34807096
2017	256053153	194397631	155023115	61655522	47953668
2018	285115595	211745029	169599484	73370566	55589960
2019	308381472	230763226	182513447	77618246	59578541

注：2015年起以人民币为计价单位,以后各表同。
The data of this table is valued ta RMB since 2015,The same applies to the tables following.

11－2 出口总值分类表(2013－2019 年)
Total Value of Exports by Category(2013－2019)

单位:万美元、万元(USD 10000,RMB 10000)

项目	Item	2013	2014	2015	2016	2017	2018	2019
出口总值	**Total**	**24874624**	**27332897**	**171701752**	**176664804**	**194397631**	**211745029**	**230763226**
#机电产品	Electrical and Mechanical Products	10155084	11249163	72317490	74904798	84043878	92076534	98871159
总值中:	**Among Total**							
国有企业	State-owned Enterprises	1932966	1954347	10811052	9641795	10527712	11426279	11189405
三资企业	Foreign Funded Enterprises	6206415	6258027	35133806	33219739	34353579	35071257	34750508
集体企业	Collective Owned Enterprises	936231	898275	5139242	4964105	5116295	5325274	4961582
私营企业	Private Enterprises	15726403	18147611	120207379	128468988	144037996	159542380	178849184
其他企业	Others	72609	74637	410274	370177	361862	379840	1012547
总值中:	**Among Total**							
工业制成品	Manufactured Goods	23841361	26401846	166515263	171550015	188668019	205059667	224103666
初级产品	Primary Goods	1033263	931051	5186489	5114789	5729612	6685362	6659560

注：2015 年起以人民币为计价单位。The data of this table is valued ta RMB since 2015.

11－3 进口总值分类表(2013－2019 年)
Total Value of Imports by Category(2013－2019)

单位:万美元、万元(USD 10000,RMB 10000)

项目	Item	2013	2014	2015	2016	2017	2018	2019
进口总值	**Total**	**8704246**	**8171997**	**43919897**	**45356004**	**61655522**	**73370566**	**77618246**
#机电产品	Electrical and Mechanical Products	1495148	1450632	8225716	8535271	10666725	12751334	13707911
总值中:	**Among Total**							
国有企业	State-owned Enterprises	961541	933934	4807373	5712719	9224338	12033650	13505218
三资企业	Foreign Funded Enterprises	3770510	3419079	17049377	16428866	20456837	22261690	22128033
集体企业	Collective Owned Enterprises	476642	401151	2039608	1937108	2551161	3244898	2804564
私营企业	Private Enterprises	3476978	3381090	20009685	21263480	29290251	35747857	39014495
其他企业	Others	18575	36743	13852	13831	132932	82471	165935
总值中:	**Among Total**							
工业制成品	Manufactured Goods	5849765	5387537	29070712	28883406	38721737	46642597	47260102
初级产品	Primary Goods	2854482	2784460	14849185	16472599	22933786	26727969	30358144

注：2015 年起以人民币为计价单位。The data of this table is valued ta RMB since 2015.

11-4 浙江省与各国(地区)的进出口总额 Zhejiang's Foreign Trade with Related Countries (Regions)

单位:元(yuan)

国别(地区)	Country(Region)	出口 Exports			进口 Imports		
		2017	2018	2019	2017	2018	2019
总值	**Total**	**194397631**	**211745029**	**230763226**	**61655522**	**73370566**	**77618246**
#亚太经济合作组织	APEC	90994986	101451113	106964297	40952305	48451913	50126879
亚洲	**Asia**	**65770518**	**69477039**	**80726279**	**33435251**	**40510915**	**43522793**
#中国香港	Hong Kong,China	2391753	2487052	2719569	88405	277495	528745
日本	Japan	8044405	8374351	8732884	6585552	7441320	7227499
台湾省	Taiwan,China	1929673	2118214	2487608	5284935	5718096	5352504
韩国	Korea Rep	5021827	5511525	6082089	5331170	6553275	6678763
东南亚联盟	The Association of Southeast Asian Nations	17419598	20220373	25213606	8371172	11369085	12774306
非洲	**Africa**	**14742278**	**16598995**	**19583921**	**2700946**	**3253334**	**3315729**
欧洲	**Europe**	**51082893**	**55283448**	**60164118**	**9302017**	**11104450**	**11064862**
#欧洲联盟	EU	43262570	46622454	50150175	7665212	9053224	8719952
#英国	United Kingdom	7187496	6600083	7256542	839528	913781	930847
德国	Germany	7796993	8403379	9014437	2144781	2819682	2377960
意大利	Italy	4154291	4525102	4832358	764582	968809	943146
法国	France	3708515	3923628	4364839	1254222	1293168	1449817
比利时	Belgium	1851096	2058415	2282743	341937	519530	397614
#俄罗斯	Russia	5444714	5898578	6528402	1086305	1288275	1597987
拉丁美洲	**Latin America**	**17535968**	**19866448**	**21223593**	**4788005**	**6372977**	**7871260**
北美洲	**North America**	**40323000**	**45076522**	**43222230**	**6110244**	**6095689**	**4594798**
#美国	United States	36980691	41485897	39484294	4978753	4700107	3192990
加拿大	Canada	3340458	3585996	3734621	1131470	1394907	1398170
大洋洲	**Oceania**	**4940550**	**5442578**	**5842962**	**5315495**	**6030810**	**7116074**
#澳大利亚	Australia	3883317	4371911	4566954	4466239	5066717	6031629

11－5 进出口货物分贸易方式总值表(2016－2019年) Total Value of Imports and Exports by Type(2016－2019)

单位:万元(RMB 10000)

贸易方式	Type	出口 Exports				进口 Imports			
		2016	2017	2018	2019	2016	2017	2018	2019
总值	**Total**	**176664804**	**194397631**	**211745029**	**230763226**	**45356004**	**61655522**	**73370566**	**77618246**
一般贸易	Ordinary Trade	139364170	155023115	169599484	182513447	34807096	47953668	55589960	59578541
租赁贸易	Renting Trade	59313	11629	5210	7350	9310	9241		5980
来料加工装配贸易	Processing and Assembling Raw Material Supplied by Foreign Firms	1323016	1339028	1327986	1597891	719051	768311	1007322	1141530
进料加工贸易	Processing Imported Raw Materials	15617431	17004973	17413277	16143368	5365010	6415517	7116531	6659894
外商投资企业作为投资进口的设备物品	Equipment and Articles for Investment and Import from Foreign-invested Enterprises					75899	118857	49583	79921
出料加工贸易	Processing Exported Raw Materials		5442	7318	39		5863	10796	61
保税监管场所进出境货物	Bonded cargo entry and exit monitoring sites	962113	1212159	1809989	2177707	3411921	4755760	6827842	6389617
海关特殊监管区域物流货物	Customs supervision of goods logistics	519420	537763	827698	1105664	863066	1524592	2617705	3484748
国家间、国际组织无偿援助和赠送的物资	Free Assistance and Gifts from Countriesand International Organizations	900	230	5					
华侨、港澳台同胞、外籍华人捐赠物资	Assistant Goods From Overseas Chinese Compatriots from Hong Kong, Macao and Taiwan			472		600		270	
来料加工装配进口的设备	Assembling Imported Equipment					4033		849	2758
对外承包工程出口货物	Exported Commodities for Contracted Projects	96692	166141	213019	351595				
其他	Others	18721748	19097151	20540572	26866164	100017	103713	149709	275196

注：2015年起以人民币为计价单位。The data of this table is valued to RMB since 2015.

11－6 出口主要商品情况(2015－2019年)
Statistics on Export of Commodities(2015－2019)

单位:万元(RMB 10000)

项目名称	Item	2015	2016	2017	2018	2019
机电产品	Electrical and Mechanical Products	72317490	74904798	84043878	92076534	98871159
高新技术产品	High-tech Products	10434847	11117144	12631349	14082936	16050174
农副产品	Farm Products	6155095	6241266	6685174	7175979	6996301
服装及衣着附件	Garments and Related Products	20069479	19618625	19608519	20406957	19988505
纺织纱线、织物及制品	Spinning,Textile and Related Products	22546319	22938780	24610971	26860518	29136079
鞋类	Shoes	5813056	5701199	5788392	5888188	6011219
家具及其零件	Furniture and Related Parts	6457152	6734852	7827066	8671077	8735381
塑料制品	Plastic Articles	5849017	6177697	6716904	7468574	12596094
自动数据处理设备及其部件	Automatic Data Processing Equipment and Related Parts	691989	732538	875636	937475	1219276
灯具、照明装置及零件	Lighting Fixtures, Lighting Fixtures and Parts	3962062	4226125	3659076	3822381	4176592
箱包及类似容器	Travelling Articles and Bags	2983874	3070241	3267287	3566975	3814641
汽车零配件	Parts of Moter Vehicles	4209510	4484943	5122921	5656682	6262706
钢材	Stell	2563463	2691523	2982002	3265728	3317441
床垫、寝具及类似品	Mattress and Beddings	1417681	1530731	1628889	1820237	1915279
船舶	Seawater Aquatic Production	2118460	1647538	1400966	1145741	1354072
医药品	Medical and Pharmaceutical Products	1475831	1600246	1837339	2037638	2070259
电线和电缆	Electric Wire and Cables	1652737	1684141	1900202	2044371	1987576
水海产品	Freshwater and Seawater Aquatic Production	1139148	1210765	1271428	1376041	1350454
通断保护电路装置及零件	On-off Protection Circuit Device and Parts	2213713	2399130	2657233	2799463	3141586
钢铁或铜制标准紧固件	Standard Parts Made by Iron & Steel or Copper	1250947	1287784	1557626	1982892	1964945

注：2015年起以人民币为计价单位。The data of this table is valued to RMB since 2015.

11-7 进口主要商品情况(2015-2019年)
Statistics on Import of Commodities(2015-2019)

单位:万元(RMB 10000)

商品名称	Item	2015	2016	2017	2018	2019
机电产品	Electrical and Mechanical Products	8225716	8535271	10666725	12751334	13707911
高新技术产品	High-tech Products	4719462	5280752	6907330	7823218	8943999
农副产品	Farm Products	5162973	5503729	6812551	7276591	7781562
钢材	Steed Products	495473	508450	591279	897681	877766
初级形状的塑料	Plastics of Primary Forms	3729517	3752299	5006104	5887097	6551020
对苯二甲酸	Telephthatic Acid	31824	17986	41798	35055	125189
纺织机械及零件	Textile Machinery and Related Parts	445134	348999	413343	601777	451794
未锻轧铜及铜材	Unwrought Braided Copperand Copper Materials	1220946	1126553	1876860	2660437	2694008
自动数据处理设备及其部件	Automatic Data Processing Equipment and Related Parts	131310	139966	178402	269345	827324
液晶显示板	LCD Panel	799634	657498	658942	661842	618854
原油	Crude Oil	718577	435735	620781	344015	2210674
集成电路	Integrated Circuit	1502065	1687147	2224475	2560874	3219826
苯乙烯	Styrene	594174	629859	799621	774023	585166
铁矿砂及其精矿	Iron ore in Sand Form and Refinedore	2223142	2914691	4204365	4444772	6155719
橡胶或塑料加工机械及零件	Machinery Parts for Processing Rubber and Plastics	100114	134582	148054	189146	212545
金属加工机床	Processing Machine Tools	259053	315576	480716	636622	405228
纸浆	Paper Pulp	1023902	1015196	1317684	1636249	1440586
乙二醇	Glycol	989561	693244	1257482	1735898	1335079
原木	Log	931006	912033	1171237	1201715	1058881
计量检测分析自控仪器及器具	Automatic Instruments for Measurement Examination Analysis	407937	510309	574646	650262	720637
成品油	Processed Oil	1669593	1635280	2524507	4543692	3943559

注:2015年起以人民币为计价单位。The data of this table is valued to RMB since 2015.

11-8 利用外资协议合同(项目)和金额(1979-2019年)
Total Amount of Foreign Capital Utilized Through the Signed Agreements and Contracts (1979-2019)

年份 Year	协议合同(项目)(个) Projects(unit)			协议金额(万美元) Value(USD 10000)		
	合计 Total	对外借款 Foreign Loans	外商直接投资 Direct Foreign Investment	合计 Total	对外借款 Foreign Loans	外商直接投资 Direct Foreign Investment
1979				1120		
1980	4		4	620		138
1981	1	1		749	385	
1982	1		1	552		1
1983	2		2	440		94
1984	25	2	23	8506	4005	3955
1985	58	3	55	9154	4352	3650
1986	33	3	30	5224	2414	2307
1987	68	29	39	14291	7745	4525
1988	185	33	152	26815	14865	11326
1989	226	41	185	37107	23910	12212
1990	296	2	294	24792	11274	13313
1991	592	7	585	37480	5634	31728
1992	2343	5	2338	324084	32076	290922
1993	4497	10	4487	404330	29274	374562
1994	2537	9	2528	321573	27839	289317
1995	1861	25	1836	422153	92950	325031
1996	1243	35	1208	429083	107750	312866
1997	888	36	852	486522	294123	121008
1998	1013	48	965	225795	41999	183390
1999	1154	41	1113	302839	85528	214793
2000	1742	100	1642	306977	56029	250948
2001	2311	1	2310	717502	209462	501588
2002	3364		3364	720846	38453	678912
2003	4442		4442	1317478	108301	1205014
2004	3824		3824	1567591	106407	1456066
2005	3396		3396	1858137	209649	1612667
2006	3583		3583	2175249	192344	1910261
2007	2919		2919	2585485	271271	2040043
2008	1858		1858	2115422	290101	1781995
2009	1738		1738	1761290	142406	1601785
2010	1944		1944	2313902	260493	2004666
2011	1691		1691	2637868	579475	2058393
2012	1597		1597	2666132	558919	2107213
2013	1572		1572	2438359		2438359
2014	1550		1550	2441203		2441203
2015	1778		1778	2782198		2782198
2016	2145		2145	2808140		2808140
2017	3030		3030	3468697		3468697
2018	3529		3529	4305661		4305661
2019	3580		3580	4364885		4364885

11-9 实际利用外资金额(1984-2019年)
Amount of Foreign Capital Actually Used(1984-2019)

单位:万美元(USD 10000)

年份 Year	合计 Total	对外借款 Foreign Loans	外商直接投资 Direct Foreign Investment	其他投资 Others
1984	4887	4005	252	630
1985	6452	4352	1634	466
1986	4891	2414	1853	624
1987	11360	7745	2337	1278
1988	18124	14419	2957	748
1989	26918	21503	5181	234
1990	16235	11305	4844	86
1991	17186	7947	9162	77
1992	40971	10496	29398	1077
1993	121991	18226	103271	494
1994	137073	22038	114449	586
1995	153965	27692	125775	498
1996	238313	77825	152021	8467
1997	306641	84905	150345	71391
1998	241656	109448	131802	406
1999	252499	97036	153262	2201
2000	248919	87022	161266	631
2001	451934	223301	221162	7471
2002	469547	148515	316002	5030
2003	757824	207160	544936	5728
2004	974631	298657	668128	7846
2005	1393826	582049	772271	39506
2006	1450582	486127	888935	75520
2007	1432049	119126	1036576	276347
2008	1244995	192632	1007294	45069
2009	1087685	74715	993974	18996
2010	1322584	172425	1100175	49984
2011	1539807	353257	1166601	19949
2012	1622327	287791	1306926	27610
2013	1415898		1415898	
2014	1579725		1579725	
2015	1696024		1696024	
2016	1757748		1757748	
2017	1790210		1790210	
2018	1863874		1863874	
2019	1355920		1355920	

11－10 按行业分的外商直接投资
Foreign Direct Investment

单位:万美元(USD 10000)

指标	Item	项目(个) Number of Projects (unit)		合同外资 Compact of Foreign Captial		实际利用外资 Foreign Investments Actually Used	
		2018	2019	2018	2019	2018	2019
总计	**Total**	**3529**	**3580**	**4305661**	**4364885**	**1863874**	**1355920**
合资企业	Joint Enterprises	1035	981	837180	1468948	412847	313410
独资企业	Foreign Enterprises	2473	2559	3368143	2862659	1331149	1008741
第一产业	**Primary Industry**	**14**	**14**	**6608**	**6202**	**2212**	**1891**
第二产业	**Secondary Industry**	**575**	**564**	**1221338**	**1078626**	**661864**	**468051**
#制造业	Manufacturing	541	532	1113959	1004937	596719	437050
纺织业	Textile Industry	16	23	16144	22447	14207	11015
化学原料及化学制品制造业	Raw Chemical Materials and Chemical Products	26	26	141710	63377	80779	91230
医药制造业	Medical and Pharmaceutical Products	20	20	48223	105635	16488	49565
通用设备制造业	Ordinary Machinery	93	73	212960	92160	51328	39553
专用设备制造业	For Special Purpose Equipment Manufacturing	77	80	103469	64323	55297	23238
计算机、通信和其他电子设备制造业	Telecommunications Equipment, Computer and Other Electronic Equipment Manufacturing	42	45	113593	99782	63917	26967
#电力、热力、燃气及水的生产和供应业	Electricity, Thermal, Gas and Water Production and Supply Industry	14	11	58859	13085	19252	11372
#建筑业	Construction	22	20	48327	64130	46199	20633
第三产业	**Tertiary Industry**	**2940**	**3002**	**3077715**	**3280057**	**1199798**	**885978**
#交通运输、仓储和邮政业	Transport, Storage and Post	41	42	130119	120917	47205	56300
信息传输、计算机服务和软件业	Information Transmission, Computer Services and Software	304	359	485581	541487	201710	208261
批发和零售业	Wholesale and Retail Trade	1522	1667	332419	323102	213526	88964
住宿和餐饮业	Hotels and Catering Services	61	63	67895	14170	12186	3661
金融业	Banking	181	19	464260	15371	116935	44702
房地产业	Real Estate	54	40	509724	365072	277950	247380
租赁和商务服务业	Renting and Business Services	395	249	622322	1108219	176974	120345
科学研究、技术服务和地质勘查业	Scientific Research, Technic Service and Geological Prospecting	292	441	319855	692348	140181	97875
水利、环境和公共设施管理业	Water Conservancy, Environment and Public Utility	4	10	14751	13267	2339	1158
居民服务和其他服务业	Service for the Residents and Other	15	19	93840	46942	2085	1525
教育	Education	18	28	12509	1860	111	3000
卫生和社会工作	Health and Social Work	1	6	13192	19053	3379	6083
文化、体育和娱乐业	Culture, Sports and Entertainment	47	52	9761	8358	2387	4594

11-11 按国别(地区)分的外商直接投资
Foreign Direct Investment by Country(Region)

国别(地区)	Country(Region)	项目(个) Number of Projects (unit)		合同外资金额(万美元) Agreements of Foreign Capital (USD 10000)		实际利用外资(万美元) Foreign Capital Actually Used (USD 10000)	
		2018	2019	2018	2019	2018	2019
总计	**Total**	**3529**	**3580**	**4305661**	**4364885**	**1863874**	**1355920**
#中国香港	Hong Kong, China	1150	959	2986453	2994153	1211894	998370
台湾省	Taiwan, China	265	315	43421	76565	8127	4939
日本	Japan	67	79	44179	34849	46026	29490
新加坡	Singapore	77	87	150647	144755	56621	49244
韩国	Korea Rep	95	140	24023	388801	13209	10111
英国	United Kingdom	65	70	59150	80118	35664	13950
法国	France	22	44	22230	3322	7787	15840
德国	Germany	47	42	47425	31214	26443	21556
意大利	Italy	42	47	35557	6622	4632	950
美国	United States	225	233	190679	188118	30682	20040
加拿大	Canada	52	62	12834	19532	4976	1085
澳大利亚	Australia	37	60	9610	18588	2373	2349
维尔京群岛	Virgin Islands	17	36	101715	138011	73223	68392

注:年末实有企业指在工商行政管理部门登记注册的外商投资企业。
The number of Foreign-invested enterprises at year-end refer to the enterprises registered at Industry and Commerce Administrative Department.

11-12 对外经济合作情况(2013-2019年)
Labour Services Contracted Projects with Foreign and Regions(2013-2019)

项目		Item		2013	2014	2015	2016	2017	2018	2019
新签对外承包工程和劳务合作合同额	(万美元)	Amount of Newly Signed Contracts	(USD 10000)	464707	423539	587412	553693	516116	411499	538543
对外承包工程和劳务合作营业额	(万美元)	Business Income	(USD 10000)	440266	533922	618719	683295	728427	756048	782190
对外承包工程和劳务合作在年底在外人数	(人)	Population in Foreign Countries and Regions	(person)	27923	31279	32234	33921	27873	34594	32582
境外投资企业数	(个)	Number of Enterprises Investing Abroad	(unit)	568	577	760	803	527	737	763
境外企业中方投资额	(万美元)	Amount of Investing Abroad	(USD 10000)	551648	581489	539701	1689363	964207	1838091	1190853

11－13 国际旅游发展情况(1979－2019 年)
Development of International Tourism(1979－2019)

单位:人(person)

年份 Year	入境旅游者人数(人) International Tourists	#外国人 Foreigners	#港澳台同胞 Compatriots from Hong Kong,Macao and Taiwan,China	旅游创汇收入(万美元) Foreign Exchange Earnings(USD 10000)
1979	93094	49021	42901	
1980	138877	68583	68218	
1981	171710	102088	67005	
1982	180271	109309	67972	
1983	184287	114524	64618	1458
1984	213098	131977	73916	1900
1985	272870	178282	84621	2519
1986	293968	190695	90501	4175
1987	330062	206192	104005	4289
1988	392672	169782	182901	5624
1989	294062	84800	187607	3568
1990	496218	116429	342248	5440
1991	554091	176605	351881	7489
1992	685367	234282	403458	10210
1993	728408	289559	393251	11679
1994	612689	329529	261226	18055
1995	672717	366491	283353	23591
1996	729012	412970	293000	29184
1997	811468	453449	328430	34495
1998	819615	414273	364074	36122
1999	947788	506650	408454	41009
2000	1125898	643840	482058	51397
2001	1469502	818686	650816	70693
2002	2041761	1214635	827126	92763
2003	1817986	1069318	748668	87249
2004	2766680	1776392	990288	130047
2005	3480089	2328941	1151148	171626
2006	4272786	2817266	1455520	213490
2007	5111789	3436358	1675431	270790
2008	5396682	3661293	1735389	302408
2009	5706385	3776024	906547	322358
2010	6847102	4474054	2373048	393020
2011	7736908	5150408	2586500	454173
2012	8659290	5705072	2954218	515174
2013	8662817	5765720	2897097	539293
2014	9310301	6144460	3165841	575348
2015	10120384	6722552	3397832	678847
2016	11203019	7316202	3886817	743063
2017	12117339	8014956	4102383	827600
2018	4567577	3234062	1333515	259579
2019	4671137	3298281	1372855	266823

注:2018 年起入境旅游者口径和范围调整为入境过夜游客。The caliber and scope of international tourists has been adjusted to overnight in bound tourists since 2018.

1979－1999 年旅游者人数中包括华侨。Total Tourists number from 1979－1999 in this table included Overseas Chinese.

11－14 旅游事业发展情况(2013－2019年)
Development of Tourism(2013－2019)

项目	Item	2013	2014	2015	2016	2017	2018	2019
国内旅游	**Domestic Tourism**							
人数(万人次)	Number of Tourism(10000 person－times)	43439	47875	52532	57300	62868	68386	72180
收入(亿元)	Earnings(100 million yuan)	5202	5947	6720	7600	8764	9834	10727
入境旅游	**International Tourism**							
人数合计(人次)	Total(person－time)	8662817	9310301	10120384	11203019	12117339	4567577	4671137
#外国人	Foreigners	5765720	6144460	6722552	7316202	8014956	3234062	3298281
港澳同胞	Compatriots from Hong Kong and Macao, China	1363811	1485451	1570727	1871789	1922931	478914	469372
台湾同胞	Compatriots from Taiwan, China	1533286	1680390	1827105	2015028	2179452	854601	903483
创汇收入(万美元)	**Foreign Exchange Earnings (USD 10000)**	**539293**	**575348**	**678847**	**743063**	**827600**	**259579**	**266823**

11-15 接待入境旅游者人数(2013-2019年)
Reception and Tourism Departments(2013-2019)

单位:人次(person-time)

国别(地区)	Country(Region)	2013	2014	2015	2016	2017	2018	2019
日本	Japan	567087	515107	531329	552598	728221	311413	277727
韩国	Korea Rep	857061	955953	1103341	1168191	1028193	398352	478206
马来西亚	Malaysia	267461	257037	255174	268975	332428	113162	150608
美国	United States	441632	450717	485003	555743	636518	336958	348388
新加坡	Singapore	180420	195472	204909	204592	239499	79867	74636
泰国	Thailand	131264	134234	148543	168613	199976	54900	61460
德国	Germany	205304	221007	226266	246935	273711	110937	111215
意大利	Italy	227382	250023	281502	300172	284715	66556	63223
法国	France	171045	184472	203637	232813	240555	65746	74229
印度尼西亚	Indonesia	80659	79890	81134	88534	94286	42343	44233
澳大利亚	Australia	120212	121192	127899	143038	160630	71190	77905
英国	United Kingdom	169887	186097	194909	225166	262943	92006	93204
印度	India	115530	126043	165778	200255	219223	117528	128070
菲律宾	Philippines	60639	56034	69264	74537	88862	29516	31468
加拿大	Canada	125987	121996	126603	158602	183323	76308	74080
西班牙	Spain	121215	121430	149311	149413	151428	37223	36181
荷兰	Netherlands	67309	67075	74562	86305	109470	44046	41676
俄罗斯	Russia	116026	121211	110206	106592	134727	49080	53048
瑞典	Sweden	23049	20907	21101	25694	48024	34646	35157
瑞士	Switzerland	29393	32424	31578	36006	43145	10162	11088
新西兰	New Zealand	36530	37642	39945	53840	56001	11082	13537
中国香港	Hong Kong,China	1022083	1097730	1143473	1326690	1374149	380436	372169
中国澳门	Macao,China	341728	387721	427254	545099	548782	98477	97203
中国台湾	Taiwan,China	1533286	1680390	1827105	2015028	2179452	854601	903483

注:自2018年年报开始,全省入境旅游统计口径调整为"住宿单位接待入境过夜游客"。
Note: Since 2018, the statistical caliber of inbound tourism in the whole province has been adjusted to "accommodation units receive inbound overnight tourists".

浙/江/统/计/年/鉴

主要统计指标解释

■ 利用外资

指我国各级政府、部门、企业和其他经济组织通过对外借款、吸收外商直接投资以及用其他方式筹措的境外现汇、设备、技术等。

■ 对外借款

指通过对外正式签订借款协议,从境外筹措的资金,包括外国政府贷款、国际金融组织贷款、外国银行商业贷款、出口信贷以及对外发行债券等。1996 年及以前还包括对外发行股票。

■ 外商直接投资

是指外国企业和经济组织或个人(包括华侨、港澳台胞以及我国在境外注册的企业)按我国有关政策、法规,用现汇、实物、技术等在我国境内开办外商独资企业、与我国境内的企业或经济组织共同举办中外合资经营企业、合作经营企业或作合作开发资源的投资(包括外商投资收益的再投资)。

■ 外商其他投资

指除对外借款和外商直接投资以外的各种利用外资的形式。包括企业在境内外股票市场公开发行的以外币计价的股票(目前主要是在香港证券市场发行的H股和在境内证券市场发行的B股)发行价总额,国际租赁进口设备的应付款,补偿贸易中外商提供的进口设备、技术、物料的价款,加工装配贸易中外商提供的进口设备、物料的价款。

■ 对外劳承包工程及劳务合作

包括对外承包工程、对外劳务合作及对外设计咨询。其中对外承包工作指各对外承包公司以招标议标承包方式承揽的下列业务:(1)承包国外工程建设项目,(2)承包我国对外经授项目,(3)承包我国驻外机构的工程建设项目,(4)承包我国境内利用外资进行建设的工程项目,(5)与外国承包公司合营或联合承包工程项目时我国公司分包部分,(6)对外承包兼营的房屋开发业务。对外承包工程的营业额是以货币表现的本期内完成的对外承包工程的工作量,包括以前年度签订的合同和本年度新签订的合同在报告期内完成的工作量。对外劳务合作指以收取工资的形式向业主或承包商提供技术和劳动服务的活动。我国对外承包公司在境外开办的合营企业,中国公司同时又提供劳务的,其劳务部分也纳入劳务合作统计。劳务合作营业额按报告期内向雇主提交的结算数(包括工资、加班费和奖金等)统计。对外设计咨询指以服务成果向业主收费的技术服务项目。包括承担地形地貌测绘,地质资源勘探与普查,建设区域规划,提供设计文件、图纸、生产工艺技术资料和工程技术经济咨询,工程项目的可行性考察、研究和评估,进行技术指导和培训人员等;也包括承担国(境)内利用外资进行建设的工程项目的上述规定的设计咨询项目的收取外币部分。

■ 旅游人数

指来我国参观、访问、旅行、探亲、访友、休养、考察、参加会议和从事经济、科技、文化、教育、体育、宗教等活动的外国人、华侨、港澳和台湾同胞的人数。不包括外国在我国的常住机构,如领使馆、通讯社、企业办事处的工作人员;来我国常驻的外国专家、留学生以及在岸逗留不过夜人员。

■ 国际旅游(外汇)收入

指入境旅游的外国人、华侨、港澳台同胞在中国大陆旅游过程中发生的一切旅游支出。

ZHEJIANG STATISTICAL YEARBOOK

Explanatory Notes on Main Statistical Indicators

□ Utilization of Foreign Capital

refers to remittance, equipment and technology financed from abroad, by loans, foreign direct investment and other forms undertaken by the Chinese governments at all levels, by various departments, enterprises and other economic units.

□ Foreign Borrowings

refer to funds borrowed from abroad through formal signing of borrowing agreements with foreign institutions, including loans of foreign governments, loans of international financial institutions, commercial loans of foreign banks, export credit, and funds raised by Chinese bonds (and shares before 1996) issued abroad.

□ Foreign Direct Investment

refers to the investments inside China by foreign enterprises and economic organizations or individuals (including overseas Chinese, compatriots from Hong Kong and Macao, and Chinese enterprises registered abroad), following the relevant policies and laws of China, for the establishment of ventures exclusively with foreign own investment, si no – foreign joint ventures and cooperative enterprises or for co – operative exploration of resources with enterprises or economic organizations in China. It includes the re – investment of the foreign entrepreneurs with the profits gained from the investment.

□ Other Foreign Investment

refers to all forms of utilization of foreign capitals other than foreign borrowings and foreign direct investment. It includes the total value of stock shares in foreign currencies issued by enterprises at domestic or foreign stock exchanges (now mainly consisting of H shares issued at Hong Kong Security Market and B shares issued at domestic security markets), rent payable for the imported equipment through international leasing arrangement, cost of imported equipment, technology and materials provided by foreign counterparts in compensation trade and processing and assembly trade.

□ Overseas Contracted Project and Overseas Labour Services

It includes Overseas Contracted Project 、Overseas Labour Services and Overseas Design and Consultation Services. Overseas Contracted Project refers to projects undertaken by Chinese contractors (project contracting companies) through bidding process. They include: (1) overseas civil engineering construction projects financed by foreign investors; (2) overseas projects financed by the Chinese government through its foreign aid programs; (3) construction projects of Chinese diplomatic missions, trade offices and other institutions stationed abroad; (4) construction projects in China financed by foreign investment; (5) sub – contracted projects to be taken by Chinese contractors through a joint umbrella project with foreign contractor (s); (6) housing development projects. The business income from international contracted projects is the work volume of contracted projects completed during the reference period, expressed in monetary terms, including completed work on projects signed in previous years. Overseas Labour Services refer to the activities of providing technology and labour services to employers or contractors in the forms of receiving salaries and wages. Labour services providing by contractual joint ventures of Chinese international contracting corporations should be included in the statistics of service co – operation with foreign countries. The business income of labour service cooperation is the income in the form of wages and salaries, overtime pay, bonuses and other remuneration received from the employers during the reference period. Overseas Design and Consultation Services refer to projects with income for technical services provided to overseas operators. It includes geographic and topographic mapping, geological resource prospecting and survey, planning of construction areas, provision of design documents, blueprints, materials on production process and techniques, as well as engineering, technical and economic consultation, and feasibility study, research and evaluation of projects. Also included under this category are the above – mentioned services of foreign – financed projects in China that are paid in foreign currencies.

EXPLANATORY NOTES ON MAIN STATISTICAL INDICATORS

□ Number of Tourists

refers to the number of foreigners, overseas Chinese, and compatriots from Hong Kong, Macao and Taiwan coming to China for sightseeing, visits, tours, family reunions, vacations, study tours and other activities of an economic, scientific and technological, cultural, physical culture and religious nature. This does not include the number of employees of foreign organizations stationed in China such as embassies, consulates, news agencies, the offices of corporations and enterprises and foreign experts and students resi-ding in China and the persons staying briefly in China but not for passing the night .

□ Foreign Exchange Earnings from International Tourism

refer to the total expenditures of the foreigners, overseas Chinese, compatriots from Hong Kong, Macao and Taiwan in the process of their tourism in the mainland of China.

2020
浙江统计年鉴
ZHEJIANG STATISTICAL YEARBOOK

CHAPTER 12

财政、金融和保险
Public Finance,Banking and Insurance

12-1 一般预算总收入和总支出(1978-2019年)
Total Financial Budgettary Revenue and Expenditure(1978-2019)

单位:亿元(100 million yuan)

年份 Year	总收入 Total Revenue	#地方 The local	总支出 Total Expenditure	#一般公共服务支出 Expenditure on Public Service	#教育支出 Expenditure on Education	#城乡社区事务支出 Expenditure Urban and Lural Community Affairs	#农林水事务支出 Expenditure on Agriculture, Forestry and Land Reclamation, and Water Conservancy Affairs
1978	27.45		17.43				
1979	25.87		17.74				
1980	31.13		17.34				
1981	34.34		17.12				
1982	36.64		18.88				
1983	41.79		21.94				
1984	46.67		28.80				
1985	58.25		37.40				
1986	68.61		50.96				
1987	76.36		51.24				
1988	85.55		63.14				
1989	98.21		74.77				
1990	101.59		80.23				
1991	108.94		88.43				
1992	118.36		95.31				
1993	166.64		125.04				
1994	209.39	94.63	153.03				
1995	248.50	116.82	180.29				
1996	291.75	139.63	213.71				
1997	340.52	157.33	240.16				
1998	401.80	198.10	286.81				
1999	477.40	245.47	344.04				
2000	658.42	342.77	431.30				
2001	917.76	418.00	597.30				
2002	1166.58	566.85	749.90				
2003	1468.89	706.56	896.77				
2004	1805.16	900.99	1062.94				
2005	2115.36	1066.60	1265.53				
2006	2567.66	1298.20	1471.86	272.88	310.77	127.37	114.03
2007	3239.89	1649.50	1806.79	328.91	383.89	154.63	142.15
2008	3730.06	1933.39	2208.58	372.46	453.99	193.95	177.42
2009	4122.04	2142.51	2653.35	397.69	519.33	224.61	236.08
2010	4895.41	2608.47	3207.88	434.29	606.54	272.30	290.37
2011	5925.00	3150.80	3842.59	471.55	751.42	338.43	373.32
2012	6408.49	3441.23	4161.88	503.61	877.86	307.82	408.20
2013	6908.41	3796.92	4730.47	538.88	950.07	332.93	513.03
2014	7521.70	4122.02	5159.57	527.74	1030.99	389.01	524.59
2015	8549.47	4809.94	6645.98	584.45	1264.93	541.21	739.08
2016	9225.07	5301.98	6974.25	660.26	1300.03	788.93	722.41
2017	10301.16	5804.38	7530.32	765.03	1430.15	910.17	696.69
2018	11705.82	6598.08	8627.51	875.33	1572.47	1158.88	723.75
2019	12267.66	7048.58	10053.03	1009.96	1764.69	1627.80	744.24

12-2 地方一般预算收入和支出(2015-2019年) The Local Financial Budgetary Revenue and Expenditure(2015-2019)

单位:亿元(100 million yuan)

项目	Item	2015	2016	2017	2018	2019
一般预算收入合计	**The Local Budgetary Financial Revenue**	**4809.94**	**5301.98**	**5804.38**	**6598.08**	**7048.00**
税收收入小计	The Amount of Tax Revenue	4168.22	4540.08	4940.74	5586.50	5898.17
国内增值税(25%部分)	Value-added Taxe(25%)	809.91	1472.21	2201.37	2403.63	2374.55
营业税	Business Taxe	1201.33	678.78			
企业所得税	Company Income Tax	662.21	704.87	822.19	972.36	1115.55
个人所得税	Personal Income Tax	265.74	317.10	395.24	465.86	412.94
城市维护建设税	City Maintenance and Construction Tax	274.92	300.65	329.09	370.55	363.26
房产税	Tax on Real Estates	179.98	184.30	195.35	233.29	207.25
契税	Contract Tax	243.37	304.79	381.59	459.45	571.34
其它地方各税	Others	530.75	577.39	615.92	681.36	853.29
非税收入小计	The Amount of Non Tax Revenue	641.72	761.89	863.64	1011.58	1149.83
排污费收入	Fee on Sewage Treatment	11.55	9.84	9.58	3.83	
教育费附加收入	Extra Charge for Education	128.00	140.26	153.06	174.21	171.08
行政事业性收费收入	Adiministrative Fees Income	43.47	49.00	68.99	96.75	144.83
罚没收入	Penalty and Confiscatory Income	107.76	123.40	123.66	172.45	199.44
其它收入	Others	415.02	504.08	556.69	619.17	685.02
国有企业计划亏损补贴	Subsidies for the Loss of State-owned Enterprises	-64.07	-64.69	-48.34	-54.83	-50.54
一般预算支出合计	**The Local Financial Budgetary Expenditure**	**6645.98**	**6974.25**	**7530.32**	**8627.51**	**10052.99**
一般公共服务	Public Service	584.45	660.26	765.03	875.33	1009.96
公共安全	Public Safe	423.55	518.58	548.44	614.24	662.70
教育	Education	1264.93	1300.03	1430.15	1572.47	1764.69
科学技术	Science and Technology	250.79	269.04	303.50	379.66	516.06
文化体育与传媒	Culture, Physical Culture and the Media	165.38	158.72	159.66	174.58	203.26
社会保障和就业	Social Security and Employment	541.70	631.19	801.78	914.93	1073.94
医疗卫生	Medical and Health Sevice	485.50	542.44	584.17	626.20	735.61
环境保护	Environment Protect	167.89	161.40	190.15	194.75	269.55
城乡社区事务	Urban and Rural Community Affairs	541.21	788.93	910.17	1158.88	1627.80
农林水事务	Agriculture, Forestry and Land Reclamation and Water Conservancy Affairs	739.08	722.41	696.69	723.75	744.24
交通运输	Transportation	553.65	463.75	320.53	391.29	444.59
工业商业等事务	Industrial and Business Affairs	637.20	399.43	453.27	549.79	470.11
其他支出	Others	290.63	358.07	366.78	451.64	530.48

12-3 金融机构存贷款年末余额(1978-2019年)
Deposits and Loans of Financial Institutions(year-end,1978-2019)

单位:亿元(100 million yuan)

年份 Year	全部金融机构本外币存款余额 Deposits	全部金融机构人民币存款余额 RMB Deposits	住户本外币存款年末余额 Residents Deposits	住户人民币存款年末余额 Residents RMB Deposits	全部金融机构本外币贷款余额 Loans	全部金融机构人民币贷款余额 RMB Loans
1978	35.79	7.73	48.90			
1979	44.92	11.79	54.91			
1980	60.74	16.95	73.30			
1981	74.26	21.47	85.85			
1982	88.20	28.52	97.88			
1983	108.14	37.34	109.42			
1984	143.17	49.58	161.39			
1985	185.66	67.73	210.81			
1986	248.68	97.92	288.97			
1987	306.44	129.12	365.87			
1988	354.26	144.03	433.41			
1989	441.13	214.98	505.48			
1990	606.01	306.74	618.14			
1991	789.64	402.09	749.93			
1992	1036.72	514.44	972.09			
1993	1316.53	664.64	1247.76			
1994	1910.98	990.26	1627.87			
1995	2623.60	1377.22	2103.65			
1996	3400.19	1844.74	2584.09			
1997	4297.07	2293.55	3273.73			
1998	5264.21	2847.29	3897.12			
1999	6273.15	3261.34	4650.50			
2000	7299.57	3594.65	5423.52			
2001	8823.12	4262.38	6482.22			
2002	11899.34	11242.84	5700.77	5233.73	8791.38	8612.81
2003	15415.67	14758.15	6889.28	6452.21	12418.60	12014.28
2004	17855.05	17236.62	7741.65	7364.06	14982.54	14350.75
2005	21117.94	20494.16	9123.12	8746.02	17122.14	16557.67
2006	25005.92	24413.94	10801.70	10473.47	20757.83	20153.94
2007	29030.34	28504.46	11381.16	11160.73	24939.89	24144.42
2008	35481.20	34806.43	14804.54	14501.49	29649.22	28958.36
2009	45112.01	44336.49	18169.41	17833.44	39223.91	37997.98
2010	54482.29	53441.45	21093.62	20612.16	46938.54	45288.07
2011	60893.14	59727.91	23945.23	23470.25	53239.34	51276.64
2012	66679.08	64886.28	26902.40	26406.81	59509.12	56982.64
2013	73732.36	71986.58	29360.48	28922.97	65338.54	62597.56
2014	79241.90	77145.38	31167.48	30666.41	71361.00	68566.32
2015	90301.61	87393.30	34787.31	34218.62	76466.32	74070.20
2016	99530.29	96438.16	38755.05	38077.05	81804.50	79926.05
2017	107320.53	104000.60	40804.33	40192.49	90233.30	88606.47
2018	116512.74	113727.51	46457.80	45812.16	105774.91	104099.82
2019	131298.52	128258.10	53733.26	53132.67	121750.56	120289.29

注：1、2008年起含外资金融机构。Data of this table include foreign financial institutions since 2008.
2、2015年起金融机构存贷款余额指标口径有所调整；住户存款年末余额2015年前为城乡居民储蓄存款年末余额。
The data of deposits and loans are adjusted since 2015, the data of residents' deposits refer to the data of household savings before 2015.

12-4 金融机构人民币信贷收支表 Credit Funds Balance Sheet of Financial Institution

单位:亿元(100 million yuan)

项目	Item	2016	2017	2018	2019
资金来源合计	**ALL Sources**	**104902.66**	**111929.83**	**124550.35**	**143006.91**
各项存款	**Deposits**	**96438.16**	**104000.60**	**113727.51**	**128258.10**
境内存款	Domestic Deposit	96151.89	103767.65	113458.07	127986.61
住户存款	Household Deposits	38077.05	40192.49	45812.16	53132.67
活期存款	Current Deposits	16148.69	17240.95	19398.94	21933.97
定期及其他存款	Regular and other Deposits	21928.36	22951.54	26413.23	31198.70
非金融企业存款	Non Financial Enterprise Deposits	32338.64	34905.81	37672.35	43681.80
广义政府存款	General Government Deposits	17463.25	20825.82	23255.07	25199.49
非银行业金融机构存款	Non Banking Financial Institutions Deposits	8272.94	7843.53	6718.48	5972.64
境外存款	Offshore Deposits	286.27	232.95	269.44	271.49
金融债券	Bonds	1077.49	1464.11	1614.59	2114.32
卖出回购资产	Sell Assets Repurchased	40.89	40.16	13.47	10.78
借款及非银行金融机构拆入	Borrowing and non Bank Financial Institutions Borrowing	16.07	3.93	32.61	91.60
其他	Others	7330.05	6421.03	5752.23	6818.91
资金运用合计	**All Uses**	**104902.66**	**111929.83**	**124550.35**	**143006.91**
各项贷款	**Loans**	**79926.05**	**88606.47**	**104099.82**	**120289.29**
境内贷款	Domestic Loans	79851.14	88576.04	104016.55	120197.52
住户贷款	HouseholdLoans	27834.26	33841.96	42549.14	50577.63
短期贷款	Short - term Loans	11299.02	12201.23	16537.27	18831.53
中长期贷款	Medium - term &Long - term Loans	16535.24	21640.72	26011.87	31746.10
非金融企业及机团体贷款	Non Financial Enterprise and Government Agency Loans	51978.44	54684.39	61460.48	69586.29
非银行业金融机构贷款	Non Banking Financial Institutions Loans	38.44	49.69	6.92	33.60
境外贷款	Offshore Loans	74.91	30.44	83.27	91.77
债券投资	Bond Investment	6787.12	7435.93	9022.81	11404.29
股权及其他投资	Equity and other Investment	10270.78	10303.79	8921.48	8652.41
买入返售资产	Buy Assets Repurchased	185.27	130.51	477.48	461.24
存放非银行业金融机构款项	Deposit of non Banking Financial Institutions	32.90	41.47	19.92	17.85
联行往来(净)	Interbank Transactions(net)	5782.61	3488.14		
外汇买卖	Foreign exchange trading				
应收及预付款	Collectable Account and advance Payment	1038.28	994.23	1055.12	1174.34
投资性房地产	Investment Property	7.72	9.59	10.75	10.25
固定资产	Fitness Assets	871.93	919.70	942.97	997.24

12－5 保险公司主要业务经济技术指标(2013－2019 年)
Economic Technical Indicators of Insurance Companies(2013－2019)

单位:亿元(100 million yuan)

项目	Item	2013	2014	2015	2016	2017	2018	2019
保费收入	**Premium**	**1109.91**	**1258.04**	**1435.33**	**1784.86**	**2146.88**	**2273.20**	**2627.28**
财产险	Property Insurance	511.99	584.47	646.72	696.56	760.76	826.82	900.02
#机动车辆保险	Motor Vehicle Insurance	408.09	469.75	522.38	553.18	590.88	618.17	649.06
人身意外伤害险	Unforeseen Human Injury Insurance	30.03	35.43	43.66	52.16	59.19	68.28	74.81
健康险	Health Insurance	54.63	74.16	112.78	213.45	237.91	264.00	329.28
寿险	Life Insurance	513.26	563.97	632.16	822.69	1089.02	1114.09	1323.17
各项赔款和给付	**Settled Claim and Payment**	**451.02**	**474.63**	**558.82**	**633.24**	**653.37**	**761.88**	**877.56**
财产险	Property Insurance	349.26	349.77	379.69	414.23	430.77	490.33	579.61
#机动车辆保险	Motor Vehicle Insurance	272.63	281.17	311.29	339.16	344.85	379.84	420.12
人身意外伤害险	Unforeseen Human Injury Insurance	5.85	6.86	8.70	11.04	14.19	17.08	19.71
健康险	Health Insurance	19.30	25.74	27.62	35.80	49.42	76.64	101.91
寿险	Life Insurance	76.60	92.25	142.81	172.17	159.00	177.83	176.33
退保金	Insurance Withdrawn	117.13	164.36	169.95	159.55	207.96	254.07	242.09
手续费及佣金支出	**Service Charges and Expenditure for Commission**	**79.66**	**100.92**	**136.35**	**214.30**	**293.52**	**331.11**	**341.50**

12－6 社会融资及证券交易
Socail Financing and Securities Trading

单位:亿元、家(100 million yuan,unit)

项目	Item	2015	2016	2017	2018	2019
本年社会融资规模	**Social Financing and Stock Exchange**	**6291**	**7485**	**13331**	**19499**	**22162**
人民币贷款	Renminbi Loan	5387	5816	8718	15490	16003
企业债券融资	Corporate Bond Financing	1275	1270	911	1544	2679
非金融企业境内股票融资	Domestic Stock Financing of Non-financial Enterprises	749	1294	1166	384	333
证券交易额	**Stock Exchange Volume**	**628985**	**380852**	**378797**	**324404**	**421655**
境内上市公司	**Domestic Listed Companies**	**299**	**329**	**415**	**432**	**458**
境内上市公司融资	**Financing of Domestic Listed Companies**	**5181**	**7484**	**9077**	**10112**	**11408**
#当年新增	New Domestic Listed Companies Financing in the Year	1476	2303	1593	1035	1296

浙/江/统/计/年/鉴

主要统计指标解释

■ 财政收入

包括:(1) 各项税收 包括增值税、营业税、消费税、土地增值税、城市维护建设税、资源税、城市土地使用税、印花税、固定资产投资方向调节税、个人所得税、企业所得税、农牧业税和耕地占用税等。

(2) 专项收入 包括征收排污费、征收城市水资源费收入、教育费附加收入等。

(3) 其他收入 包括基本建设贷款归还收入、国家能源交通重点建设基金收入、国家预算调节基金等。

(4) 国有企业计划亏损补贴 这项为负收入,冲减财政收入。

■ 财政支出

国家财政将筹集起来的资金进行分配使用,以满足经济建设和各项事业的需要,主要包括:

(1) 一般公共服务
(2) 公共安全
(3) 教育
(4) 科学技术
(5) 文化体育传媒
(6) 社会保障和就业
(7) 医疗卫生
(8) 环境保护
(9) 城乡社区事务
(10) 农林水事务
(11) 交通运输
(12) 工业商业等事务

■ 信贷资金

指金融机构以信用方式积聚和分配的货币资金。金融机构信贷资金的来源有各项存款、金融债券发行、应付及暂收款、对国际金融机构负债、流通中货币、各项准备、所有者权益和其他项目等;信贷资金的运用有各项贷款、有价证券及投资、应收入预付款、委托投资、金银占款、外汇占款、库存现金、财政借款及在国际金融机构中的资产等。

■ 存款

指企业、机关、团体或居民根据资金必须收回的原则,把货币资金存入银行或其他信贷机构保管并取得一定利息的一种信用活动形式。根据存款对象或性质的不同可划分为企业存款、财政存款、机关团体存款、基本建设存款、储蓄存款、农村存款、委托存款、其他存款等科目。它是银行信贷资金的主要来源。

■ 贷款

指银行或其他信贷机构根据资金必须归还的原则,按一定利率,为企业、个人等提供资金的一种信用活动形式。我国银行贷款分为短期贷款、中期流动资金贷款、中长期贷款、信托贷款、融资租赁,委托贷款、票据融资、各项垫款等。

■ 保险公司

在中国境内的、经过保险监督管理部门批准设立,并依法登记注册的各类商业保险公司。

■ 保险金额

指保险人承担赔偿或者给付保险责任的最高限额。

■ 保费

指投保人为取得保险人在约定范围内所承担赔偿责任而支付给保险人的费用。

■ 赔款

指保险人根据保险合同的规定,向被保险人支付的赔偿保险责任损失的金额。

■ 给付

包括死伤医疗给付和满期给付。死伤医疗给付是指保险人根据人寿保险及长期健康保险合同的规定,因被保险人在保险期内发生保险责任范围内的保险事故支付给被保险人(或受益人)的金额。满期给付是指被保险人生存期满,保险人按人寿保险合同规定支付给被保险人的满期保险金额。

ZHEJIANG STATISTICAL YEARBOOK

Explanatory Notes on Main Statistical Indicators

□ Financial Revenue

It includes the following main items:

(1) Various tax revenues, including value added tax, business tax, consumption tax, land value added tax, tax on city maintenance and construction, resources tax, tax on use of urban land, stamp tax, tax on adjustment of the orientation of investment in fixed assets, personal income tax, enterprise income tax, tax on agriculture and animal husbandry and tax on occupancy of cultivated land, etc.

(2) Special revenues, including revenue collected from imposing fee on sewage treatment, revenue collected from imposing fee on urban water resources, and extra-charges for education, etc.

(3) Other revenues, including revenue from the repayment of capital construction loan, the funds for the state key construction projects in energy industry and transportation, and the funds for state budget adjustment, etc.

(4) Planned subsidies for the losses of the state-owned enterprises. This is an item of negative revenue, used to eat up part of the government revenue.

□ Financial Expenditure

refers to the distribution and use of the funds the government finance has raised, so as to meet the needs of economic construction and various causes. It includes the following main items:

(1) Public Service

(2) Pubic Safe

(3) Education

(4) Science and Technology

(5) Culture, Physical Culture and the Media

(6) Social Security and Employment

(7) Medical and Health Service

(8) Environment Protect

(9) Urban and Rural Community Affairs

(10) Agriculture, Forestry and Land Reclamation, and Water Conservancy Affairs

(11) Transportation

(12) Industrial and Business Affairs

□ Credit Funds

refer to the funds issued as loans by banking institutions. The sources of credit funds of the banking institutions included deposits, issue of financial bonds, account-pay-able and temporary gathering, liabilities to international financial institutions, currency in circulation, various reserves, owners' rights and interests and other items. The credit funds can be used in forms of loans, securities and investment, account receivable and advance payment, entrusted investment, gold, foreign exchange, cash on hand, government debt and assets in the international financial institutions.

□ Deposit

is a form of credit by which enterprises, institutions, organizations or households can put money into banks and other credit institutions for safekeeping and interest earning under the principle of free withdrawal. According to different depositors, deposits are divided into enterprise deposits, treasury deposits, deposits of government agencies and organizations, capital construction deposits, savings deposits, rural saving deposits, entrusted deposits and other deposits. Deposits are major sources of the credit funds of banks.

□ Loan

is a form of credit by which banks and other creditinstitutions provide funds at certain interest rate to enterprises and individuals in the light of the principle of unconditional repayment. Loans from Chinese banks include circulating capital loans, fixed assets loans, loans to urban and rural individuals engaged in industrial and

EXPLANATORY NOTES ON MAIN STATISTICAL INDICATORS

commercial business and agricultural loans.

□ Insurance Companies

refer to commercial insurance companies of various forms registered by law and established in China with the approval of insurance regulatory agencies.

□ Amount Insured

refers to the maximum that the insurant will get for the claim of the case insured.

□ Premium

is the fee paid by the insurant to the insurer to obtain the obligation of compensation from the insurance within the agreed terms.

□ Settled Claim

is the compensation paid by the insurer to the insurant in accordance with the insurance contract.

□ Payment

includes payment fordeath, injury or medical teatment and mature payment. Payment for death, injury or medical treatment refers to the money paid to the insurant (or the beneficiary) in accordance with the life or health insurance contract when the insurant encounters accidents within the insured period covered in the contract. Mature payment refers to the mature payment to the insurant in accordance with the life insurance contract at the end of the insured period.

2020
浙江统计年鉴
ZHEJIANG STATISTICAL YEARBOOK

CHAPTER 13

城市建设和环境保护
City Construction and Environment

13-1 城市公用事业(2013-2019年) Urban Public Utilities(2013-2019)

项目	Item	2013	2014	2015	2016	2017	2018	2019
自来水全年供水总量 (万吨)	**Annual Supply of Tap Water (10000 tons)**	**304982**	**308411**	**327217**	**329034**	**357435**	**371711**	**389283**
#生活用水量	Water Consumption for Residential Use	140214	145737	155160	159059	178508	189754	203591
人均日生活用水量 (升)	Daily Water Consumption for Residential Use Per Capita (Litres)	192.32	197.01	196.18	187.17	200.21	204.36	217.72
用水普及率 (%)	Percentage of Population with Access to Tap Water (%)	99.97	99.93	99.95	99.97	100.00	100.00	100.00
公共交通车辆运营数 (辆)	**Number of Public Transportation Vehicles (Vehicle)**	**29260**	**31890**	**34678**	**37896**	**41515**	**37732**	**38426**
每万人拥有公交车辆 (辆)	Number of Public Transportation VehiclesOwned 10000 Population (Vehicle)	14.64	15.72	16.00	16.27	16.99	14.82	14.98
城市道路面积 (万平方米)	**Area of Paved Roads (10000 sq.m)**	**35633**	**37323**	**39293**	**41286**	**42203**	**45946**	**48780**
人均拥有道路面积 (平方米)	Areas of Paved Roads Per Capita (sq.m)	17.83	18.40	18.12	17.73	17.27	18.05	19.02
排水管道长度 (公里)	**Length of Sewer Pipelines (km)**	**33502**	**35960**	**38203**	**40550**	**45674**	**48525**	**51185**
液化石油气供气总量 (万吨)	**Total Supply of LPG (10000 tons)**	**82.17**	**70.18**	**69.59**	**75.97**	**69.12**	**73.06**	**76.94**
液化石油气家庭用量 (万吨)	Consumption of LPG for Residential Use (10000 tons)	53.28	47.86	47.67	53.10	45.11	50.29	50.84
用气普及率 (%)	Percentage of Population with Access to LPG (%)	99.80	99.81	99.91	99.95	99.97	100.00	100.00
城市绿化覆盖面积 (公顷)	**Afforestation in Cities (hectare)**	**144481**	**149641**	**155192**	**172242**	**177783**	**186930**	**191900**
园林绿地面积 (公顷)	Green Areas in Gardens (hectare)	127927	132619	138039	154314	159214	167370	172280
#公园绿地面积 (公顷)	Public Green Areas (hectare)	24852	26155	28593	30675	32544	34958	35977
人均公园绿地 (平方米)	Public Green Areas Per Capita (sq.m)	12.44	12.90	13.19	13.17	13.32	13.73	14.03
公园个数 (个)	Number of Parks (unit)	1068	1106	1171	1197	1252	1340	1401
公园面积 (公顷)	Areas of Parks (hectare)	15165	15949	16655	18213	19110	20432	21269
环境卫生	**Environmental Sanitation**							
污水处理率 (%)	Sewage Treatment Rate %	89.28	90.68	91.95	93.89	94.98	95.75	96.95
生活垃圾清运量 (万吨)	Volume of Living Garbage Disposal (10000 tons)	1123.36	1229.05	1332.63	1433.55	1454.66	1474.62	1530.24

注：人均指标统计口径包含暂住人口。The data of Per capita indicators were adjusted.

13－2 自然资源(2015－2019 年)
Natural Resources(2015－2019)

项目		2015	2016	2017	2018	2019
人口	Population					
年末人口总数 （万人）	Year－end Population (10000 persons)	4873.34	4910.85	4957.63	4999.84	5038.91
人口密度 （人/平方公里）	Density of Population (person/sq. km)	462	465	469	473	
土地	Land					
土地面积 （万平方公里）	Land Area (10000 sq. km)	10.55	10.55	10.56	10.56	
农用地面积 （%）	Agricultural Land Area (%)	81.6	81.5	81.4	81.3	
建设用地面积 （%）	Construction Land Area (%)	12.2	12.3	12.4	12.6	
未利用地面积 （%）	Unutilized Land Area (%)	6.2	6.2	6.2	6.1	
气候(主要城市)	Climate(Main Cities)					
年平均降雨量 （毫米）	Total Precipitation (millimeter)	1891.2	1826.0	1448.7	1571.3	1792.6
年平均气温 （摄氏度）	Average Tempreature (℃)	17.7	18.3	18.2	18.2	18.1
森林	Forest					
林地面积 （万公顷）	Area of Afforetated Land (mille hectare)	660.49	660.00	660.95	660.23	659.35
森林覆盖率 （%）	Forest－coverage Rate (%)	60.96	61.00	61.17	61.15	61.15
林木蓄积量 （万立方米）	Total Standing Stock Volume (10000 cu. m)	33074	34996	36725	38491	40102
水资源	Water Resources					
水资源总量 （亿标立方米）	Hydropower Resources (100 million cu. m)	1405.11	1322.16	895.35	866.54	1321.36
总供水量 （亿标立方米）	Total Amount of Water Supply (100 million cu. m)	211.59	181.15	179.50	173.81	165.79
用水量构成 （%）	Component of Water Use (%)					
农田灌溉	Farmlands Irrigation	33.91	39.15	39.72	39.08	38.31
农牧渔畜	Agriculture, Animal Husbandry and Fishery	6.09	5.56	5.33	5.29	5.34
工业	Indrstry	24.38	26.70	25.67	25.31	24.62
居民生活	Consumption for Life	13.13	15.62	15.86	16.43	17.34
城镇公共用水	Urban Public Consumption	7.84	9.94	10.33	10.72	11.15
环境配水	Supplement for Environment	12.07				
生态环境用水	Eco－Environmental Water Consumption	2.58	3.03	3.09	3.16	3.24
淡水已养殖面积 （千公顷）	Cultivated Freshwater Area (1000 hectare)	213.07	202.09	198.04	179.77	173.04
海水已养殖面积 （千公顷）	Cultivated Seawater Area (1000 hectare)	85.88	88.82	75.95	80.93	82.02
海岸线总长度 （公里）	Length of Mainland Coastline (km)	6486	6486	6486	6630	6630
矿产资源(保有储量) （万吨）	Mineral Resources(Ensured Reserves) (10000 tons)					
铁矿石	Iron Ore	18713	19702	23158	21194	21216
煤	Coal	9309	9306	9306	9307	9307
沸石(矿石)	Zeolite	12785	12817	12830	12830	12830
叶蜡石(矿石)	Pyrophylite	4776	4694	4920	4826	4886
普通萤石	Fluorite	3699	3812	3918	4158	4943
明矾石	Alumstone	16824	16821	16820	16820	16820
水泥用灰岩	Cement Limestone	350997	363867	381133	363848	386672

注：2015 年土地面积来源于第二次土地调查。
Land area data for 2015 are derived from the Second Land Survey

13－3 各市水资源总量(2013－2019年)
Total Amount of Water Resource by City(2013－2019)

单位:亿立方米(100 million cu. m)

城市	City	2013	2014	2015	2016	2017	2018	2019
合　计	**Total**	**930.90**	**1130.69**	**1405.11**	**1322.16**	**895.35**	**866.54**	**1321.36**
杭州市	Hangzhou	141.15	163.01	239.06	213.10	146.87	146.24	188.12
宁波市	Ningbo	81.03	85.06	126.04	110.54	81.83	75.11	132.18
温州市	Wenzhou	138.08	159.01	155.74	184.66	104.68	128.47	145.95
嘉兴市	Jiaxing	21.70	23.52	38.76	40.61	27.31	36.51	33.21
湖州市	Huzhou	30.19	39.45	60.64	84.32	36.61	52.26	51.97
绍兴市	Shaoxing	67.04	72.40	106.77	80.03	62.03	59.21	92.64
金华市	Jinhua	81.66	115.13	139.17	118.28	88.88	69.95	141.05
衢州市	Quzhou	72.18	120.27	163.73	128.16	103.22	80.64	137.35
舟山市	Zhoushan	5.69	7.94	11.78	11.58	9.90	6.93	15.04
台州市	Taizhou	99.79	112.31	106.18	100.22	62.27	77.97	149.67
丽水市	Lishui	192.40	232.59	257.23	250.66	171.74	133.26	234.19

13－4 各市供水总量(2013－2019年)
Total Amount of Water Supply by City(2013－2019)

单位:亿立方米(100 million cu. m)

城市	City	2013	2014	2015	2016	2017	2018	2019
合　计	**Total**	**224.75**	**220.24**	**186.06**	**181.15**	**179.50**	**173.81**	**165.79**
杭州市	Hangzhou	57.77	57.38	34.79	34.24	33.47	32.47	30.96
宁波市	Ningbo	22.32	22.97	20.66	20.31	20.58	20.76	20.43
温州市	Wenzhou	22.83	21.79	19.13	18.78	18.49	17.81	17.03
嘉兴市	Jiaxing	20.24	19.34	18.96	18.81	18.89	18.76	17.85
湖州市	Huzhou	18.07	16.97	16.50	15.23	15.08	14.01	12.68
绍兴市	Shaoxing	21.10	20.17	18.52	18.36	18.52	18.09	17.56
金华市	Jinhua	18.78	17.88	17.51	17.19	17.10	16.28	15.71
衢州市	Quzhou	14.09	13.91	13.46	12.83	12.14	11.65	10.96
舟山市	Zhoushan	1.49	1.45	1.49	1.55	1.60	1.62	1.62
台州市	Taizhou	19.25	20.03	17.34	16.64	16.53	15.44	14.58
丽水市	Lishui	8.82	8.35	7.70	7.21	7.10	6.90	6.40

注：2015年起，供水总量不含环境配水量。
Total water supply does not include environmental water allocation since 2015.

13－5 主要城市平均气温(2019 年)
Average Temperature in Major Cities(2019)

单位:摄氏度(℃)

城市	City	1 月 Jan.	2 月 Feb.	3 月 Mar.	4 月 Apr.	5 月 May	6 月 June	7 月 July	8 月 Aug.	9 月 Sep.	10 月 Oct.	11 月 Nov.	12 月 Dec.	年平均 Annual Average
杭 州	Hangzhou	5.9	6.1	12.5	18.1	22.0	25.0	28.1	29.4	25.1	20.1	14.5	9.0	18.1
宁 波	Ningbo	6.8	7.1	11.9	17.7	20.8	24.0	27.3	28.4	24.6	20.1	14.8	9.5	17.8
温 州	Wenzhou	10.3	10.0	13.5	18.3	21.3	24.4	28.0	29.0	26.5	22.2	17.1	12.3	19.4
嘉 兴	Jiaxing	5.8	6.2	11.9	17.2	21.2	24.3	28.0	28.8	24.6	19.9	14.5	8.6	17.6
湖 州	Huzhou	5.1	5.8	12.1	17.4	21.7	24.8	28.2	29.1	24.5	19.4	13.8	7.9	17.6
绍 兴	Shaoxing	6.3	6.6	12.7	18.4	22.2	25.1	28.6	29.8	25.3	20.4	15.0	9.3	18.4
金 华	Jinhua	6.7	7.3	13.6	19.3	22.7	25.3	28.3	30.5	26.3	21.5	15.5	9.9	19.0
衢 州	Quzhou	6.7	7.2	13.1	18.6	22.3	24.7	28.0	29.8	26.0	21.2	15.0	9.7	18.6
舟 山	Zhoushan	7.6	7.5	11.1	16.2	19.6	22.8	26.5	28.2	24.4	20.3	15.6	10.3	17.6
台 州	Taizhou	8.9	8.7	12.5	17.6	21.0	24.1	27.7	29.0	26.1	21.7	16.4	11.4	18.8
丽 水	Lishui	8.3	9.6	14.1	19.4	22.5	25.7	28.5	29.9	26.4	21.9	15.7	10.6	19.4

注：本表由省气象局整理提供。表 13－6 至 13－7 同。
The data on this table are provided by Provincial Meteorological Bureau. Table from 13－6 to 13－7 are the same.

13－6 主要城市降水量(2019 年)
Precipitation in Major Cities(2019)

单位:毫米(millimeters)

城市	City	1 月 Jan.	2 月 Feb.	3 月 Mar.	4 月 Apr.	5 月 May	6 月 June	7 月 July	8 月 Aug.	9 月 Sep.	10 月 Oct.	11 月 Nov.	12 月 Dec.	全年 Annual Total
杭 州	Hangzhou	96.1	233.7	113.2	77.9	116.8	204.0	207.9	346.5	105.4	27.7	25.8	92.7	1647.7
宁 波	Ningbo	94.9	167.2	129.9	89.7	77.1	272.9	178.6	320.2	149.4	206.0	35.6	119.3	1840.8
温 州	Wenzhou	55.9	158.8	134.6	227.0	115.9	354.2	173.2	178.5	63.3	117.5	14.3	62.5	1655.7
嘉 兴	Jiaxing	66.7	196.7	73.4	55.9	52.3	234.0	132.4	497.9	112.4	37.1	30.5	87.1	1576.4
湖 州	Huzhou	66.9	166.1	72.8	74.2	106.9	257.4	158.6	212.3	177.4	17.1	44.7	79.6	1434.0
绍 兴	Shaoxing	106.0	196.5	127.3	70.1	158.4	268.1	205.0	228.6	103.8	95.3	25.4	102.1	1686.6
金 华	Jinhua	121.0	237.6	206.4	152.7	156.7	206.6	423.0	73.5	43.9	24.1	9.3	97.1	1751.9
衢 州	Quzhou	124.6	276.4	234.7	180.3	179.2	314.7	468.6	87.4	9.5	27.9	8.6	72.2	1984.1
舟 山	Zhoushan	70.3	157.1	117.4	62.1	88.0	206.4	159.1	498.6	227.1	357.7	39.7	109.9	2093.4
台 州	Taizhou	74.8	146.6	137.5	207.1	112.2	216.8	332.7	352.5	78.3	127.5	5.7	80.3	1872.0
丽 水	Lishui	85.1	146.5	162.1	244.9	137.1	384.1	319.1	77.1	84.0	32.4	6.4	55.6	1734.4

13－7 主要城市日照时数(2019年)
Sunshine Hours in Major Cities(2019)

单位:小时(hours)

城市		1月 Jan.	2月 Feb.	3月 Mar.	4月 Apr.	5月 May	6月 June	7月 July	8月 Aug.	9月 Sep.	10月 Oct.	11月 Nov.	12月 Dec.	全年 Annual Total
杭 州	Hangzhou	71.4	24.3	127.1	125.0	174.7	118.5	162.5	228.5	189.7	151.1	149.2	135.9	1657.9
宁 波	Ningbo	73.4	24.2	118.8	134.0	163.3	101.5	129.1	193.5	162.7	130.9	124.9	115.6	1471.9
温 州	Wenzhou	57.3	17.5	100.2	99.4	93.6	68.6	99.1	157.1	164.5	126.5	117.6	89.3	1190.7
嘉 兴	Jiaxing	64.7	15.1	109.2	102.4	172.1	102.2	140.6	199.1	168.2	127.5	139.9	125.9	1466.9
湖 州	Huzhou	73.1	26.6	137.8	121.1	178.9	125.6	161.5	201.4	188.3	139.0	148.9	134.7	1636.9
绍 兴	Shaoxing	74.3	23.6	129.3	126.0	168.0	121.6	152.5	215.3	178.6	132.5	134.6	133.1	1589.4
金 华	Jinhua	61.0	33.9	106.0	127.0	148.0	111.5	145.1	252.4	220.6	162.0	149.1	139.4	1656.0
衢 州	Quzhou	57.3	13.9	86.0	106.4	156.5	112.0	165.9	260.3	245.1	173.9	169.8	143.2	1690.3
舟 山	Zhoushan	70.7	31.1	111.2	119.4	178.0	77.1	132.6	190.4	182.6	147.8	112.9	127.7	1481.5
台 州	Lishui	97.3	16.7	107.2	111.6	150.2	83.1	114.0	196.9	194.6	170.8	144.5	141.0	1527.9
丽 水	Linhai	59.4	25.0	91.7	107.2	117.3	92.3	136.5	207.9	175.3	158.9	131.1	139.5	1442.1

13－8 主要城市空气指标(2019 年)
Air Quality Indicators of Major Cities(2019)

城市	City	二氧化硫年平均浓度(微克/立方米) Average Concentration of Sulfur Dioxide (Microgram/Cubic Meter)	二氧化氮年平均浓度(微克/立方米) Annual Average Concentration of Nitrogen Dioxide (Microgram/Cubic Meter)	可吸入颗粒物(PM_{10})年平均浓度(微克/立方米) Annual Average Concentration of Inhalable Particulate Matter(PM_{10}) (Microgram/Cubic Meter)	一氧化碳日均值第95百分位浓度(毫克/立方米) Daily Average 95% Concentration of Carbon Monoxide (Milligram/Cubic Meter)	臭氧(O_3)最大8小时第90百分位浓度(微克/立方米) Maximum 8－hou 90th Percentile Concentration of Ozone (O_3) (Microgram/Cubic Meter)	细颗粒物($PM_{2.5}$)年平均浓度(微克/立方米) Annual Average Concentration of Fine Particulate Matter ($PM_{2.5}$) (Microgram/Cubic Meter)	空气质量达到和好于二级的天数比例(%) The proportion of days in which air quality reaches and is better than grade 2 (%)
浙江省	Zhejiang	7	31	53	1.0	154	31	88.6
杭州市	Hangzhou	7	41	67	1.1	181	38	78.6
宁波市	Ningbo	8	36	48	1.1	150	29	87.1
温州市	Wenzhou	8	34	53	1.0	136	28	97.0
嘉兴市	Jiaxing	8	37	58	1.2	187	32	76.7
湖州市	Huzhou	7	33	56	1.1	169	35	80.0
绍兴市	Shaoxing	7	32	62	1.1	159	38	83.8
金华市	Jinhua	7	34	55	1.1	158	32	88.8
衢州市	Quzhou	7	31	51	1.1	140	33	93.4
舟山市	Zhoushan	5	19	36	0.9	130	20	96.7
台州市	Taizhou	5	22	49	0.8	144	27	94.0
丽水市	Lishui	6	22	43	1.0	135	25	98.1

13－9 废水排放及处理利用情况(2013－2019 年)
Discharging and Using of Industrial Waste Water(2013－2019)

单位:万吨(10000 tons)

项目	Item	2013	2014	2015	2016	2017	2018	2019
废水排放总量	**Waste Water Discharged**	**419120**	**418262**	**433822**	**430857**	**453935**	**463895**	**476707**
工业	Industry	163674	149380	147353	129913	122917	119936	119583
城镇生活及其他	For Living and Others	254972	268360	285847	300216	330264	343261	356300
集中式治理设施污水排放	Centralized Treatment Facilities	474	521	622	728	754	698	824
工业重复用水率(%)	**Rate of Water Utilized Repeatedly in Industry(%)**	**65.40**	**83.40**	**78.23**				

13－10 工业废气排放情况(2013－2019 年) Discharge of Industrial Waste Gas(2013－2019)

项目		Item		2013	2014	2015	2016	2017	2018	2019
工业废气排放总量	(亿标立方米)	Total Volume of Industrial Waste Gas Discharged	(100 million cu. m)	24565	26958	26841	22185	31310	28498	32834
二氧化硫排放量	(万吨)	Volume of Industrial SO2 Discharged	(10000 tons)	57.9	56.0	52.4	24.5	18.1	12.9	8.9
氮氧化物排放量	(万吨)	Volume of Industrial Nitrogen Oxide Discharged	(10000 tons)	57.3	51.9	45.9	23.2	20.6	17.8	16.4
烟(粉)尘排放总量	(万吨)	Volume of Industrial Smoke dust	(10000 tons)	29.7	35.9	31.1	16.3	12.9	10.5	11.7

注：2016 年起污染物排放量核算方法进行了调整。The method of pollutant discharge calculation is adjusted since 2016.

13－11 工业固体废物排放及处理利用情况(2012－2019 年) Discharge and Treatment of Industrial Solid Wastes(2012－2019)

单位:万吨(10000 tons)

项目	Item	2012	2013	2014	2015	2016	2017	2018	2019
工业固体废物产生量	Volume of Industrial Solid Wastes Produced	4542	4404	4700	4678	4496	4828	5134	5315
工业固体废物排放量	Volume of Industrial Solid Wastes Discharged	0.40				0.28			
工业固体废物综合利用量	Volume of Industrial Solid Wastes Utilized	4111	4123	4365	4338	4040	4365	4751	5013
工业固体废物贮存总量	Volume of Industrial Solid Wastes Accumulated	69.30	53.80	52.60	43.70	40.1	79.2	41.9	24.7
工业固体废物处置量	Volume of Industrial Solid Wastes Consumed	366	248	295	312	459	460	384	331
工业固体废物综合利用率(%)	Comprehensive utilization ratio of Industrial Solid Wastes(%)	90.45	93.24	92.75	92.55	89.34	89.85	92.11	93.80

浙/江/统/计/年/鉴

主要统计指标解释

■ 工业废水排放量

指经过企业厂区所有排放口排到企业外部的工业废水量。包括生产废水、外排的直接冷却水、超标排放的矿井地下水和与工业废水混排的厂区生活污水，不包括外排的间接冷却水(清污不分流的间按冷却水应计算在内)。

■ 工业废水排放达标量

指各项指标都达到国家或地方排放标准的外排工业废水量，包括未经处理外排达标的和经过处理后外排达标的两部分。国家排放标准见 GB8978-88。

■ 工业废气排放量

指企业厂区内燃料燃烧和生产工艺过程中产生的各种排入空气的含有污染物的气体的总量，以标准状态(273K，101325Pa)计。

■ 工业固体废物产生量

指企业在生产过程中产生的固体状、半固体状和高浓度液体状废弃物的总量，包括危险废物、冶炼废渣、粉煤灰、炉渣、煤矸石、尾矿、放射性废物和其他废物等；不包括矿山开采的剥离废石和掘进废石(煤矸石和呈酸性或碱性的废石除外)。酸性或碱性废石是指采掘的废石其流经水、雨淋水的 pH 值小于 4 或 pH 值大于 10.5 者。

■ 工业固体废物综合利用量

指通过回收、加工、循环、交换等方式，从固体废物中提取或者使其转化为可以利用的资源、能源和其他原材料的固体废物量(包括当年利用往年的工业固体废物累计贮存量)。如用作农业肥料、生产建筑材料、筑路等。综合利用量由原产生固体废物的单位统计。

ZHEJIANG STATISTICAL YEARBOOK

Explanatory Notes on Main Statistical Indicators

□ Volume of Industrial Waste Water Discharged

refers to the volume of industrial waste water discharged, through all outlets, to the outside of industrial enterprises, including waste water produced, direct – cooling water, underground water from mines that does not meet the standard of discharge, and the domestic sewage mixed up with industrial waste water when discharged, but excluding discharged indirect – cooling water.

□ Volume of Waste Water up to the Standard for Discharge

refers to the volume of discharged industrial waste water that, with or without treatment, has come up to the national or local standards for discharge.

□ Volume of Waste Gas Emission

refers to waste gas emitted from burning of fuels and from production process in the area of the factory, and is measured by 10000 standard cubic metres each year under normal condition.

□ Volume of Industrial Solid Wastes Produced

refers to the total volume of solid, semi – solid or highconcentration liquid residue produced by industrial enterprises in their production process, including dangerous wastes, residues from melting, slag, powdered coal ash, gangue, chemical residues, tailings, radioactive residues and other residues, but excluding stripped or dug stones in mining (except gangue and acid or alkali stones which are stones washed or soaked by water with a pH value smaller than 4 or larger than 10.5.)

□ Volume of Industrial Solid Wastes Utilized in a Comprehensive Way

refers to the volume of solid wastes from which useful materials can be extracted or which can be changed to be utilizable resources, energy or other materials, including the volume of industrial solid wastes stored up in the previous years and utilized in the current year, such as the solid wastes utilized as fertilizers, building materials, for making roads or for other purpose. Statistical data on utilization of industrial solid wastes are collected by solid wastes producing units.

2020
浙江统计年鉴
ZHEJIANG STATISTICAL YEARBOOK

CHAPTER 14

教育、科技、专利、测绘和标准计量

Education,Science,Patent,Surveying and Mapping and Standard Calculating

14－1 高等学校基本情况(1978－2019年)
Basic Statistics on Institutions of Higher Education(1978－2019)

年份 Year	学校数(所) Number of Schools (unit)	招生数(人) New Students Enrollment (person)		在校学生数(人) Stuednts Enrollment (person)		毕业生数(人) Graduates (person)		教职员工数(人) Number of School Staff and Workers (person)	
		本专科 Regular College Course and Specialized Subject	研究生 Graduates	本专科 Regular College Course and Specialized Subject	研究生 Graduates	本专科 Regular College Course and Specialized Subject	研究生 Graduates		#专任教师 Teachers
1978	20	14241		24223		3743		11961	5389
1979	20	9498		32227		1013		13889	6275
1980	22	9387		37815		3710		15619	6886
1981	22	9208		41020		5852		16365	6933
1982	22	10162		36088		14968		18181	7701
1983	24	12750		39008		10411		19274	8219
1984	27	15030		44883		9002		20431	8690
1985	35	19026		52688		11044		22497	9908
1986	37	17877		57352		13027		24723	10804
1987	37	18190		60072		15017		25620	11223
1988	37	19364		60419		18712		26472	11578
1989	37	18270		61045		17323		26772	11574
1990	37	18264		60327		18417		26787	11578
1991	36	18651		59822		18175		27004	11208
1992	35	21217		62226		18267		27821	11105
1993	36	27716		73586		15971		27898	11148
1994	37	30482		87428		17895		28212	11345
1995	37	28094		92857		22443		28194	11491
1996	36	30541		96480		27133		28107	11530
1997	35	33145		102302		26386		28123	11595
1998	32	36668	2155	113543	5991	24296		28327	11816
1999	36	59300	3216	151318	7460	30561	1578	30532	13140
2000	35	93516	4130	212375	9895	32477	1600	40037	18981
2001	38	120195	5577	293078	13237	37230	1882	44347	22168
2002	60	152470	6111	393145	16297	48431	2645	48481	25993
2003	64	173519	6863	484639	19269	78685	3514	48691	29945
2004	68	195617	8029	572759	22062	103123	4858	60833	35766
2005	67	215362	9577	651307	25637	133051	5558	58924	38402
2006	68	237157	10996	719869	27125	162531	8731	69730	42143
2007	77	249749	12326	777982	31409	183863	7387	73704	45622
2008	77	265696	13691	832224	35812	203203	8944	75986	47795
2009	78	261361	16184	866496	43381	218226	7941	77852	49516
2010	80	260111	16575	884867	47991	233741	11156	79785	50969
2011	104	271285	17565	907482	51846	238448	13046	81384	52296
2012	105	280824	18748	932292	54369	247537	15112	83843	54154
2013	106	283353	19535	959629	57801	244860	15592	85381	56000
2014	108	284285	20164	978216	60511	253708	16535	87375	58076
2015	108	287809	21496	991149	63528	263981	17117	88744	59472
2016	108	288798	22246	996143	67232	273342	17801	90214	60477
2017	108	293745	27368	1002346	74404	276580	18717	92654	62357
2018	109	309687	29760	1019449	82547	280634	20676	94462	63433
2019	109	350371	31771	1074688	92368	283396	20875	99551	66734

注：1、2011年起包含独立学院。The data include independent College since 2011 .
2、2017年起研究生含全日制和非全日制。
The number of postgraduate students in school includes full－time and part－time students since 2017.

14-2 中等职业学校基本情况(1978-2019 年)
Basic Statistics on Secondary Professional Schools(1978-2019)

年份	学校数(所) Number of Schools (unit)	招生数(万人) New Students Enrollment (10000 persons)	在校学生数(万人) Students Enrollment (10000 persons)	毕业生数(万人) Graduates (10000 persons)	教职员工数(万人) Staff and Workers (10000 persons)	#专任教师 Teachers
1978	73	1.29	2.79	0.14	0.54	0.24
1979	75	1.24	3.42	0.61	0.55	0.30
1980	81	1.13	3.10	1.44	0.67	0.33
1981	83	1.16	2.67	1.59	0.75	0.35
1982	92	1.19	2.77	1.08	0.85	0.39
1983	96	1.30	3.07	0.98	0.87	0.41
1984	104	1.64	3.66	1.16	0.96	0.44
1985	119	1.99	4.36	1.29	1.12	0.49
1986	130	2.14	5.22	1.27	1.25	0.58
1987	134	2.26	5.79	1.66	1.34	0.65
1988	136	2.31	6.31	1.81	1.40	0.70
1989	140	2.31	6.61	2.02	1.49	0.72
1990	141	2.23	6.67	2.12	1.50	0.73
1991	141	2.41	6.77	2.29	1.52	0.72
1992	142	2.72	7.20	2.27	1.54	0.72
1993	144	3.59	8.48	2.28	1.55	0.72
1994	155	4.92	10.87	2.32	1.58	0.74
1995	158	6.00	13.91	2.90	1.61	0.78
1996	161	7.30	17.72	3.44	1.63	0.80
1997	151	5.68	15.74	3.99	1.64	0.81
1998	150	5.65	16.70	4.58	1.60	0.79
1999	149	5.16	16.52	5.08	1.49	0.78
2000	86	3.54	14.80	5.08	0.97	0.53
2001	82	3.10	12.93	4.77	0.57	0.31
2002	62	4.22	12.25	4.67	0.59	0.34
2003	57	4.67	12.07	4.12	0.60	0.36
2004	53	4.33	12.81	3.22	0.57	0.37
2005	51	4.36	12.94	3.83	0.55	0.37
2006	49	3.39	11.36	4.10	0.50	0.37
2007	402	21.38	63.13	20.56	3.36	2.69
2008	392	21.09	59.36	20.84	3.32	2.69
2009	377	22.81	59.02	19.21	3.32	2.72
2010	358	22.62	60.64	17.29	3.35	2.77
2011	338	22.09	61.59	17.39	3.49	2.91
2012	319	18.89	58.40	19.06	3.58	3.04
2013	300	17.84	54.76	19.33	3.62	3.10
2014	274	16.73	50.60	18.97	3.64	3.16
2015	258	17.74	49.97	16.82	3.65	3.21
2016	239	17.85	49.98	15.98	3.64	3.23
2017	231	17.52	51.02	15.11	3.65	3.28
2018	230	17.01	50.68	16.15	3.72	3.36
2019	231	19.03	52.31	16.33	3.84	3.47

注：2007 年起数据口径调整为职业高中和普通中等专业学校.
The data scope were adjusted since 2007, including the vocational high schools and the general secondary specialized schools.

14－3 普通高等教育分类情况(2019年)
Institutions of Higher Education by Type(2019)

分类	Item	学校数(所) Number of Schools (unit)	本、专科学生(人) Regular College Courae and Specialized Subject (person) 毕业生数 Graduates	招生数 New Students Enrollment	在校学生数 Students Enrollment	教职员工数(人) Number of School Staff and Workers (person)	#专任教师 Teachers
总计	**Total**	**109**	**283396**	**350371**	**1074688**	**99551**	**66734**
普通本科	**Institutions of Higher Education**	**59**	**151734**	**169704**	**636152**	**73105**	**48331**
#民办本科	Private Institutions	26	63410	71373	255574	17737	13100
#独立学院	Indenpendency Institutions	21	42241	48493	170205	11038	8475
高职(高专)院校	**Higher(Colleges) Professional Institutions**	**50**	**131662**	**180667**	**438536**	**26446**	**18403**
#民办	Private Higher Professional Institutions	10	23848	34251	79168	4479	3227

14－4 各级成人教育基本情况
Adult Education by Level

类别	Item	学校数(所) school (Unit) 2017	2018	2019	毕(结)业生数(万人) Graduates (10000 persons) 2017	2018	2019	在校学生数(万人) Students Enrollment (10000 persons) 2017	2018	2019
成人高等学历教育	**Adult Higher Education**	**9**	**9**	**8**	**10.92**	**9.59**	**9.40**	**21.96**	**22.75**	**26.41**
广播电视大学	Radio and TV Universities	2	2	2	0.52	0.49	0.49	1.25	1.19	1.17
职工高等学校	Schools of Higher Education for Staff and Workers	4	4	4	0.20	0.14	0.08	0.24	0.12	0.00
教育学院	Pedagogical Colleges	3	3	2	0.20	0.21	0.16	0.62	0.74	0.61
普通高校	Institutions of Higher Education	72	75	76	10.01	8.75	8.67	19.84	20.70	24.63
成人中等学历教育	**Secondary Education for Adults**	**20**	**16**	**14**	**0.79**	**0.89**	**0.90**	**2.17**	**1.93**	**1.90**
成人中学	**Secondary Schools for Adults**	**240**	**253**	**252**	**2.58**	**2.16**	**2.42**	**2.80**	**2.49**	**2.84**
成人技术培训学校	**Technical Training Schools for Adults**	**4040**	**4620**	**5614**	**343.69**	**456.11**	**574.64**	**326.50**	**407.22**	**494.52**
成人初等学校	**Primary Schools for Adults**	**306**	**258**	**232**	**7.73**	**6.65**	**3.27**	**6.80**	**6.45**	**3.13**

14－5 技工学校基本情况(1980－2019年)
Basic Statistics on Technical Schools(1980－2019)

年份	学校数(所) Number of Schools (unit)	在校学生数(人) Students Enrollment (person)	毕业生数(人) Graduates (person)	招生数(人) New Students Enrollment (person)	教职员工数(人) Number of School Staff and Workers (person)
1980	140	17093	5895	5139	2709
1981	139	12180	8718	4115	4462
1982	141	9386	5798	3813	3987
1983	142	8536	3935	4260	4266
1984	101	11152	2696	6110	4673
1985	94	14065	4138	6790	5146
1986	94	17122	3529	6717	5936
1987	92	19006	4663	6907	5960
1988	91	18243	6121	6125	5881
1989	94	17323	6377	6060	4464
1990	96	16365	5815	6176	5826
1991	94	18230	5083	7489	6131
1992	98	21663	5414	9480	6373
1993	99	31998	7523	14204	6541
1994	102	38658	10523	17603	6993
1995	104	15149	12140	20852	7273
1996	107	49246	15415	20438	7335
1997	107	56633	13709	24026	6758
1998	106	62052	17268	23916	6560
1999	99	63128	18081	22681	6197
2000	95	60968	21029	22630	7204
2001	97	59068	20410	23983	5914
2002	96	62572	17684	27123	5774
2003	87	70650	15933	33494	5616
2004	83	88652	19062	40536	6335
2005	79	97783	21954	39406	5441
2006	76	101968	25444	39318	7128
2007	72	95295	22940	35323	6348
2008	71	97072	23944	35621	6316
2009	68	103862	26374	37892	5785
2010	68	108791	26328	39120	6875
2011	68	113036	25681	39173	7660
2012	66	106085	26618	35537	8431
2013	66	118587	27273	37351	8877
2014	71	121196	33376	39893	10059
2015	71	122661	34419	42372	10194
2016	78	137923	33880	47800	11229
2017	77	141668	33106	47189	11381
2018	77	153607	31044	48712	11933
2019	78	162770	35166	53695	11859

14－6 特殊教育情况(1980－2019 年)
Basic Statistics on Special Education(1980－2019)

年份 Year	学校数(所) Number of Schools (unit)	在校学生数(人) Students Enrollment (person)	毕业生数(人) Graduates (person)	招生数(人) New Students Enrollment (person)	教职员工数(人) Number of School Staff and Workers (person)	#专任教师 Teachers
1980	7	1293	73	203	174	116
1981	7	1347	109	204	177	117
1982	7	1407	118	224	186	136
1983	8	1478	129	271	225	162
1984	11	1668	81	340	258	186
1985	13	1784	150	380	311	231
1986	15	1979	125	412	334	242
1987	18	2303	128	553	410	294
1988	24	2621	201	641	507	370
1989	32	2985	135	594	600	435
1990	43	3443	222	832	729	555
1991	46	3963	142	784	847	639
1992	47	6907	346	918	963	735
1993	53	13202	548	4288	1081	824
1994	55	18038	1172	2774	1291	1003
1995	56	23690	1791	2831	1433	1130
1996	60	22691	1778	2261	1462	1169
1997	61	23919	2190	2306	1419	1154
1998	63	22812	3086	2486	1453	1172
1999	62	21840	3315	2437	1382	1120
2000	62	19749	3701	2445	1396	1139
2001	64	19358	2783	2593	1385	1068
2002	64	16484	2603	2158	1424	1122
2003	63	15357	2561	1947	1445	1133
2004	62	14195	2124	1663	1475	1194
2005	62	12889	1782	1465	1531	1233
2006	63	12160	1717	1535	1576	1281
2007	63	12993	1567	1612	1603	1326
2008	64	12924	1603	1864	1680	1413
2009	64	12268	1649	1751	1605	1351
2010	67	13010	1718	1904	1837	1586
2011	78	13048	1544	2174	2095	1794
2012	79	14425	1550	2741	2185	1915
2013	82	16327	1777	2812	2331	2038
2014	84	15884	2101	2444	2422	2132
2015	86	16236	2367	2418	2538	2266
2016	84	16660	2598	2567	2656	2379
2017	86	18532	2910	3069	2853	2566
2018	85	19526	3046	3479	2869	2589
2019	86	20913	2909	3521	3121	2852

注：2017 年开始,学生中含送教上门。
The ways of study have included home delivery teaching since 2017

14－7 普通中学基本情况(1978－2019年)
Basic Statistics on Regular Secondary Schools(1978－2019)

年份 Year	学校数（所） Number of Schools (unit)	招生数（万人） New Students Enrollment (10000 persons)	在校学生数（万人） Students Enrollment (10000 persons)	毕业生数（万人） Graduates (10000 persons)	教职员工数（万人） Workers and Staff (10000 persons)	#专任教师 Teachers
1978	4097	83.92	214.65	83.59	12.29	9.94
1979	3680	72.29	181.12	80.45	11.04	9.04
1980	3391	64.67	170.04	49.05	11.45	8.53
1981	3243	61.03	155.75	50.75	10.88	8.07
1982	3115	59.93	151.08	44.01	10.34	7.89
1983	3161	61.28	154.91	39.43	10.44	7.90
1984	3199	61.95	166.13	39.50	10.56	7.87
1985	3235	63.29	177.46	41.84	10.94	8.24
1986	3296	65.09	184.04	47.49	11.14	8.41
1987	3346	62.41	182.95	50.19	11.26	8.56
1988	3389	54.34	169.74	52.04	11.53	8.83
1989	3384	58.19	163.34	52.09	11.76	8.95
1990	3353	64.78	169.62	49.92	11.59	8.98
1991	3381	66.01	180.75	46.02	11.87	9.24
1992	3283	66.14	188.38	49.55	12.17	9.53
1993	3259	63.08	185.02	55.67	12.36	9.73
1994	3315	72.82	194.02	56.88	12.72	10.12
1995	3255	80.67	210.54	58.84	13.37	10.77
1996	3240	75.03	223.64	57.41	14.15	11.55
1997	3186	71.92	222.74	68.10	14.74	12.19
1998	3128	76.23	217.67	75.49	15.11	12.52
1999	2995	85.72	228.15	69.91	15.78	13.14
2000	2940	92.51	249.55	66.83	16.52	13.93
2001	2900	89.34	263.00	71.57	17.70	14.73
2002	2781	92.10	270.30	81.36	18.25	15.33
2003	2695	90.99	270.07	88.09	18.78	15.83
2004	2609	84.72	266.14	86.48	19.17	16.29
2005	2524	86.45	261.08	89.71	19.49	16.69
2006	2459	91.93	262.32	88.60	19.82	17.01
2007	2404	90.14	266.55	82.99	20.05	17.34
2008	2377	90.40	269.80	83.40	20.36	17.76
2009	2353	85.47	262.27	87.73	20.56	18.02
2010	2314	83.30	255.15	85.97	20.82	18.29
2011	2314	80.03	244.50	85.30	21.05	18.26
2012	2306	78.85	236.88	81.15	21.15	18.34
2013	2296	77.76	232.24	78.19	21.14	18.29
2014	2280	75.60	228.99	75.72	21.31	18.47
2015	2275	74.87	225.27	74.93	21.44	18.66
2016	2291	79.04	226.87	74.23	21.77	18.98
2017	2315	72.52	233.18	81.62	22.12	19.43
2018	2333	79.74	238.39	72.13	22.53	19.79
2019	2345	82.35	242.12	76.62	22.95	20.25

14-8 小学基本情况(1978-2019年)
Basic Statistics on Primary Schools(1978-2019)

年份	学校数（万所）Number of Schools (unit)	招生数（万人）New Students Enrollment (10000 persons)	在校学生数（万人）Students Enrollment (10000 persons)	毕业生数（万人）Graduates (10000 persons)	教职员工数（万人）Workers and Staff (10000 persons)	#专任教师 Teachers	小学学龄儿童入学率（%）Percentage of Schoolage Children Enrolled(%)
1978	4.45	104.85	501.43	81.56	18.07	17.35	97.60
1979	4.26	86.44	486.77	72.47	18.38	17.54	97.40
1980	4.17	83.58	482.42	71.07	18.45	17.26	97.00
1981	4.10	74.19	459.83	78.66	17.66	16.50	97.20
1982	3.94	70.63	430.59	81.06	17.09	15.94	97.00
1983	3.82	70.20	407.20	83.03	16.44	15.25	97.40
1984	3.75	70.10	395.46	76.47	16.08	14.82	97.80
1985	3.65	67.78	384.91	75.34	16.09	14.62	98.10
1986	3.56	69.38	378.09	72.15	15.84	14.42	98.30
1987	3.45	57.33	365.15	67.32	15.55	14.16	98.60
1988	3.36	63.19	366.04	58.54	15.78	14.39	98.90
1989	3.27	72.30	375.73	60.16	16.11	14.65	99.10
1990	3.18	64.60	372.43	65.81	14.88	13.46	99.30
1991	2.97	57.85	362.64	65.64	14.97	13.50	99.30
1992	2.73	57.90	355.21	63.74	15.10	13.63	99.40
1993	2.53	64.74	359.23	59.33	15.23	13.77	99.50
1994	2.37	72.71	366.15	66.20	15.46	13.98	99.70
1995	2.26	66.19	362.98	70.01	15.84	14.34	99.70
1996	2.14	63.84	363.80	63.90	16.30	14.85	99.80
1997	1.97	61.39	368.57	57.72	16.84	15.40	99.88
1998	1.69	56.19	365.23	59.59	17.17	15.69	99.92
1999	1.38	65.46	363.31	67.83	17.53	16.00	99.95
2000	1.18	61.58	353.76	71.58	17.57	16.04	99.93
2001	1.00	58.45	346.28	66.66	17.64	15.99	99.97
2002	0.90	57.78	343.75	64.48	17.65	16.01	99.99
2003	0.77	52.45	340.29	59.78	17.54	15.91	99.98
2004	0.67	51.42	344.31	53.24	17.61	16.01	99.99
2005	0.61	48.96	342.40	55.25	17.79	16.22	99.99
2006	0.55	52.99	339.43	62.04	17.98	16.38	99.99
2007	0.48	54.85	335.46	62.81	18.12	16.56	99.99
2008	0.44	55.78	332.28	62.48	18.28	16.78	99.99
2009	0.41	53.91	325.14	57.24	18.45	17.01	99.99
2010	0.40	60.21	333.33	54.13	18.61	17.19	99.99
2011	0.38	62.88	344.06	51.78	18.53	17.44	99.99
2012	0.37	60.72	346.73	53.83	19.03	17.95	99.99
2013	0.34	60.75	349.58	54.04	19.44	18.35	99.99
2014	0.33	59.81	354.50	53.75	20.19	19.04	99.99
2015	0.33	59.88	356.99	52.73	20.50	19.48	99.99
2016	0.33	59.51	355.02	56.95	20.92	20.00	99.99
2017	0.33	61.31	354.01	58.56	21.33	20.51	99.99
2018	0.33	66.18	360.57	56.73	21.87	21.04	99.99
2019	0.33	65.57	367.11	57.32	22.43	21.61	99.99

14-9 幼儿园基本情况(1979-2019年)
Basic Statistics on Kindergartens(1979-2019)

年份	园数 (所) Number of Kindergartens (unit)	班数 (个) Number of Classes (unit)	在园幼儿数 (万人) Number of Children Enrollment (10000 persons)	教职员工数 (人) Staff and Workers (person)	#专任教师 Teachers
1979	3100	8908	28.34	13400	10095
1980	7067	14951	43.39	20601	17473
1981	5235	14605	41.97	20737	17473
1982	6409	14916	44.52	22209	18212
1983	6120	15440	47.19	23198	18839
1984	11511	20043	60.65	28735	24074
1985	12468	21902	65.41	30801	26180
1986	12375	24286	71.90	34210	29012
1987	13366	25980	81.25	37548	31680
1988	12590	26048	80.32	38205	32261
1989	12153	26277	74.85	38955	32703
1990	11824	26684	75.16	39859	33556
1991	11242	28308	85.72	41706	34425
1992	9860	29035	94.30	41052	34024
1993	9179	29396	97.63	43522	35887
1994	11705	31178	99.33	48006	39453
1995	11794	31530	99.43	49377	40220
1996	11915	32654	98.95	50389	40678
1997	12920	34637	100.21	54459	43503
1998	14068	37270	105.90	58867	46500
1999	14864	38637	108.38	61549	47902
2000	15073	41271	112.45	67773	51168
2001	12501	43167	115.13	72593	48195
2002	11920	44483	117.61	75000	49442
2003	11560	44651	117.96	83022	54056
2004	11367	46490	127.85	91772	58732
2005	11472	47153	132.22	98629	62679
2006	11437	48666	138.91	106202	67046
2007	10411	51048	147.78	115965	73164
2008	10212	53755	159.34	127635	79741
2009	10067	55922	167.06	139977	87271
2010	9863	60856	183.05	157174	95101
2011	9649	63850	187.14	168497	100019
2012	9573	65192	188.63	180518	107289
2013	9209	64058	186.88	190186	110251
2014	8871	64112	185.75	200295	112297
2015	8908	66323	190.16	212385	116415
2016	8771	66232	191.82	223377	119957
2017	8645	67142	195.80	231543	125042
2018	8453	67165	193.41	240263	129643
2019	8261	67859	193.74	250051	135413

14－10 各级学校女学生和女教师数(2010－2019年) Female Students and Teachers by Level of Schools(2010－2019)

类别	Category	2010	2011	2012	2013	2014	2015	2016	2017	2018	2019
女学生数 （万人）	Number of Female Students (10000 persons)	352.35	355.04	353.10	352.16	352.06	351.33	350.88	353.26	359.17	366.88
普通高等学校	nstitutions of Higher Education	46.61	48.59	50.72	52.79	54.26	54.79	54.65	54.37	55.22	57.43
中等职业学校	Specialized Secondary Schools	30.63	30.99	29.08	26.63	24.36	23.59	23.12	23.52	23.24	24.15
普通中学	Regular Secondary Schools	122.31	117.42	114.13	111.86	110.37	108.65	109.68	112.54	114.61	115.92
小学	Primary Schools	152.80	158.04	159.17	160.88	163.07	164.30	163.43	162.83	166.10	169.38
女学生占学生总数 (%)	Percentage of Female Students to Total Students (%)	47.77	47.69	47.80	47.87	47.92	47.88	47.83	47.70	47.67	47.59
普通高等学校	Institutions of Higher Education	52.67	53.55	54.40	55.01	55.46	55.27	54.86	54.24	54.17	53.44
中等职业学校	Specialized Secondary Schools	47.70	47.53	47.02	46.02	45.64	45.05	44.40	44.22	44.17	44.55
普通中学	Regular Secondary Schools	47.94	48.02	48.18	48.17	48.20	48.23	48.34	48.26	48.08	47.88
小学	Primary Schools	45.84	45.93	45.91	46.02	46.00	46.02	46.03	46.00	46.07	46.14
女教师数 （万人）	Number of Female Teachers (10000 persons)	25.07	25.59	26.40	27.06	28.01	28.85	29.80	30.93	31.98	33.27
普通高等学校	Institutions of Higher Education	2.26	2.32	2.42	2.51	2.63	2.70	2.75	2.84	2.90	3.08
中等职业学校	Specialized Secondary Schools	1.60	1.64	1.73	1.78	1.77	1.81	1.84	1.88	1.93	2.03
普通中学	Regular Secondary Schools	9.60	9.71	9.82	9.91	10.11	10.34	10.64	11.05	11.42	11.82
小学	Primary Schools	11.61	11.92	12.43	12.86	13.50	14.00	14.57	15.16	15.73	16.34
女教师占教师总数 (%)	Percentage of Female Teachers to Total Teachers (%)	57.50	58.12	58.76	59.46	60.16	60.89	61.65	62.45	63.23	63.86
普通高等学校	Institutions of Higher Education	44.41	44.31	44.65	44.89	45.28	45.37	45.51	45.61	45.74	46.18
中等职业学校	Specialized Secondary Schools	52.41	53.04	53.53	54.26	54.49	55.05	55.76	56.12	56.60	57.02
普通中学	Regular Secondary Schools	52.51	53.18	53.53	54.22	54.73	55.40	56.06	56.87	57.71	58.37
小学	Primary Schools	67.55	68.38	69.24	70.10	70.92	71.87	72.86	73.90	74.77	75.61

14－11 每万人口中在校学生数和构成(1979－2019 年)
Students Enrollment Per 10 Thousand Population and Its Composition(1979－2019)

年份 Year	各级学校在校学生占全省人口(%) Students Enrollment as Percentage of Total Population	平均每万人口中 Number of Students Per 10000 Population			大、中、小学生占学生总数 Students of Different Level as Percentage of Total Students(%)		
		大学生(人) University and College Students (person)	中学生(人) Secondary School Students (person)	小学生(人) Primary School Students (person)	大学生(人) University and College Students (person)	中学生(人) Secondary School Students (person)	小学生(人) Primary School Students (person)
1979	17.79	8.50	486.60	1283.56	0.5	27.4	72.2
1980	17.27	9.88	456.50	1260.71	0.6	26.4	73.0
1981	16.11	10.60	412.65	1187.73	0.7	25.6	73.7
1982	15.01	9.20	394.84	1097.23	0.6	26.3	73.1
1983	14.43	9.84	405.18	1027.48	0.7	28.1	71.2
1984	14.38	11.24	436.36	990.36	0.8	30.3	68.9
1985	14.37	13.08	469.11	955.22	0.9	32.6	66.5
1986	14.29	14.09	486.19	928.95	1.0	34.0	65.0
1987	13.80	14.58	479.78	886.03	1.1	34.8	64.2
1988	13.36	14.49	443.83	877.83	1.1	33.2	65.7
1989	13.32	14.50	424.92	892.71	1.1	31.9	67.0
1990	13.33	14.25	439.14	879.43	1.1	32.9	66.0
1991	13.29	14.04	463.63	850.99	1.1	34.9	64.0
1992	13.25	14.52	481.58	828.79	1.1	36.3	62.6
1993	13.28	17.06	477.71	832.84	1.3	36.0	62.7
1994	13.72	20.14	508.46	843.42	1.5	37.0	61.5
1995	14.07	21.25	554.97	830.70	1.5	39.5	59.0
1996	14.37	21.93	588.29	826.80	1.5	41.0	57.5
1997	14.48	23.13	591.39	833.44	1.6	40.8	57.6
1998	14.34	25.52	587.47	821.32	1.8	41.0	57.2
1999	14.58	33.87	611.26	813.24	2.3	41.9	55.8
2000	14.86	47.19	554.41	785.92	3.2	43.9	52.9
2001	14.61	61.97	667.40	732.27	4.3	45.2	50.5
2002	14.94	82.31	691.96	719.69	5.5	46.3	48.2
2003	15.01	99.78	699.06	700.65	6.7	46.6	46.7
2004	15.11	116.29	695.51	699.08	7.7	46.0	46.3
2005	14.97	130.49	668.96	686.05	9.1	44.6	46.3
2006	14.86	141.93	674.74	669.25	9.6	45.4	45.0
2007	14.66	157.02	658.03	650.76	10.7	44.9	44.4
2008	14.54	166.53	650.11	637.48	11.5	44.7	43.8
2009	14.18	172.47	628.70	616.33	12.2	44.3	43.5
2010	13.83	171.28	599.78	612.00	12.4	43.4	44.3
2011	13.86	175.60	580.99	629.80	12.7	41.9	45.4
2012	13.72	180.15	558.49	633.06	13.1	40.7	46.2
2013	13.59	185.05	543.59	630.64	13.6	40.0	46.4
2014	13.62	188.59	529.61	643.61	13.8	38.9	47.3
2015	13.54	190.41	519.06	644.51	14.1	38.3	47.6
2016	13.45	190.23	519.93	635.10	14.1	38.7	47.2
2017	13.44	190.34	527.43	625.79	14.2	39.3	46.6
2018	13.51	192.09	530.64	628.50	14.2	39.3	46.5
2019	13.58	199.50	531.12	627.53	14.7	39.1	46.2

注：从 2001 年起按常住人口计算。
The data in the table were calculated by resident population since 2001.

14－12 学校教师负担学生数(1979－2019 年)
Students－Teachers Ratio by Level of Schools(1979－2019)

年份 Year	高等学校 Institutions of Higher Education		中等学校 Secondary Schools		小学 Primary Schools	
	教师数（万人）Number of Teachers (10000 persons)	平均每个教师负担学生（人）Student Teacher Ratio (person)	教师数（万人）Number of Teachers (10000 persons)	平均每个教师负担学生（人）Student Teacher Ratio (person)	教师数（万人）Number of Teachers (10000 persons)	平均每个教师负担学生（人）Student Teacher Ratio (person)
1979	0.63	5.10	9.34	19.80	17.54	27.80
1980	0.69	5.50	8.95	19.50	17.26	28.00
1981	0.69	5.90	8.51	18.80	16.50	27.90
1982	0.77	4.70	8.35	18.60	15.94	27.00
1983	0.82	4.70	8.45	19.00	15.25	26.70
1984	0.87	5.20	8.54	20.40	14.82	26.70
1985	0.99	5.30	9.12	20.70	14.62	26.30
1986	1.08	5.30	9.45	20.90	14.42	26.20
1987	1.12	5.40	9.71	20.40	14.16	25.80
1988	1.16	5.20	10.12	18.30	14.39	25.40
1989	1.16	5.30	10.28	17.40	14.65	25.60
1990	1.16	5.20	10.36	18.00	13.46	27.70
1991	1.12	5.30	10.62	18.60	13.50	26.90
1992	1.11	5.60	10.97	18.80	13.63	26.10
1993	1.11	6.60	11.27	18.30	13.77	26.10
1994	1.13	7.70	11.75	18.80	13.98	26.20
1995	1.15	8.10	12.57	19.30	14.34	25.30
1996	1.15	8.40	13.43	19.30	14.85	24.50
1997	1.16	8.80	13.46	19.40	15.40	23.93
1998	1.18	9.60	14.66	17.80	15.69	23.28
1999	1.31	11.55	15.40	17.73	16.00	22.71
2000	1.90	11.17	14.83	18.24	16.04	22.05
2001	2.22	13.20	17.08	18.48	15.99	21.66
2002	2.60	15.12	18.01	18.35	16.01	21.47
2003	2.99	16.21	18.82	18.04	15.91	21.39
2004	3.58	16.00	19.57	17.50	16.01	21.51
2005	3.84	17.60	19.36	17.04	16.22	21.11
2006	4.21	17.10	20.26	16.40	16.38	20.70
2007	4.56	17.74	20.02	16.47	16.56	20.26
2008	4.78	18.16	20.82	16.28	16.78	19.80
2009	4.95	18.38	21.10	15.72	17.01	19.11
2010	5.10	18.30	21.61	15.12	17.19	19.39
2011	5.23	18.34	21.74	14.60	17.44	19.73
2012	5.42	18.22	21.97	13.92	17.95	19.32
2013	5.60	18.17	22.01	13.58	18.35	19.05
2014	5.81	17.89	22.37	13.04	19.04	18.62
2015	5.95	17.73	22.66	12.69	19.48	18.33
2016	6.05	17.58	23.10	12.58	20.00	17.75
2017	6.24	17.27	23.64	12.62	20.51	17.26
2018	6.34	17.37	24.12	12.62	21.04	17.14
2019	6.67	17.49	24.68	12.59	21.61	16.99

注：2010 年起中等学校教师数包括了技工学校专任教师数。
Since 2010 the number of secondary school teachers in technical schools, including the number of full－time teachers.

14－13 R&D 经费投入情况(1990－2019 年)
Basic Statistics on R&D Activities Funds(1990－2019)

单位:亿元(100 million yuan)

年份 Year	研究与试验发展经费支出 Expenditure on R&D	按执行部门分 By Sector				按经费来源分 By Source			
		研究机构 Research and Development Institutions	高等院校 Colleges and Universities	工业企业 Enterprises	其他部门 Others	政府资金 Government Appropriation Funds	企业资金 Selfraised Funds by Enterprises	国外资金 Overseas Capital	其他资金 Other
1990	2.04	0.96	0.51	0.52	0.05				
1991	2.27	0.87	0.69	0.64	0.06				
1992	3.46	1.21	1.25	0.90	0.09				
1993	4.43	1.48	1.77	1.04	0.13				
1994	7.88	1.33	1.82	4.52	0.21				
1995	9.14	1.85	2.42	4.63	0.24				
1996	10.50	2.23	2.43	5.56	0.29				
1997	15.19	2.96	3.04	7.85	1.34				
1998	19.70	3.10	3.00	11.80	1.80				
1999	27.05	3.04	3.71	17.80	2.50				
2000	36.59	3.21	3.33	26.54	3.51	5.73	26.93	0.53	3.40
2001	44.74	3.32	5.09	32.04	4.29	6.59	32.73	0.64	4.78
2002	57.65	2.97	6.58	42.58	5.52	6.77	42.20	0.17	8.51
2003	77.76	4.35	7.88	59.62	5.91	9.46	57.70	0.32	10.28
2004	115.55	4.62	13.33	91.10	6.50	13.78	97.42	0.63	3.72
2005	163.29	11.58	13.90	130.41	7.40	24.12	134.74	0.55	3.88
2006	224.03	12.38	15.99	183.39	12.27	28.00	190.28	1.12	4.63
2007	286.32	13.63	18.18	235.55	18.96	30.94	246.39	2.50	6.49
2008	345.76	13.89	19.15	283.73	28.99	37.08	296.46	4.39	7.83
2009	398.84	12.85	23.91	330.10	31.98	36.63	354.22	2.48	5.51
2010	494.23	15.36	34.55	407.43	36.89	48.00	435.45	3.27	7.53
2011	612.93	18.07	40.81	501.87	52.18	53.56	539.41	9.51	10.45
2012	722.59	21.83	44.72	588.61	67.43	60.41	644.37	3.13	14.68
2013	817.27	24.17	47.28	684.36	61.46	66.16	733.62	2.38	15.12
2014	907.85	27.12	49.76	768.15	62.83	70.65	817.35	2.58	17.27
2015	1011.18	30.28	56.14	853.57	71.19	75.29	911.30	2.00	22.60
2016	1130.63	35.03	54.65	935.79	105.16	78.72	1033.25	2.10	16.56
2017	1266.34	36.24	62.19	1030.14	137.77	91.58	1151.55	1.56	21.66
2018	1445.69	47.41	72.36	1147.39	178.53	113.89	1302.68	2.18	26.94
2019	1669.80	55.22	93.00	1274.23	247.35	136.33	1506.98	0.34	26.15

14－14 R&D 人员投入情况(1990－2019 年)
R&D Personnel(1990－2019)

单位:万人年(10000 man－year)

年份 Year	研究与试验发展人员 R&D Personnel	按执行部门分 By Sector			
		研究机构 Research and Development Institutions	高等院校 Colleges and Universities	工业企业 Enterprises	其他部门 Others
1990	1.23				
1991	1.30				
1992	1.39				
1993	1.49				
1994	1.56				
1995	1.63				
1996	1.71				
1997	1.76				
1998	2.31				
1999	2.74				
2000	2.86	0.29	0.53	1.62	0.43
2001	3.92	0.27	0.57	2.43	0.65
2002	4.46	0.28	0.77	2.66	0.74
2003	4.96	0.29	0.82	3.13	0.72
2004	5.85	0.28	1.03	3.98	0.56
2005	8.01	0.32	1.06	6.11	0.52
2006	10.81	0.34	1.05	8.80	0.63
2007	13.05	0.45	1.08	10.55	0.96
2008	16.03	0.41	1.13	13.03	1.46
2009	18.51	0.40	1.20	15.09	1.81
2010	22.35	0.42	1.30	18.57	2.05
2011	26.29	0.46	1.29	21.71	2.82
2012	27.81	0.54	1.34	22.86	3.07
2013	31.10	0.51	1.42	26.35	2.82
2014	33.84	0.56	1.41	29.03	2.84
2015	36.47	0.71	1.61	31.67	2.48
2016	37.66	0.71	1.77	32.18	2.99
2017	39.81	0.78	2.00	33.36	3.66
2018	45.80	0.89	2.07	39.41	3.43
2019	53.47	0.88	2.68	45.18	4.73

14－15 县级以上政府部门属研究与开发机构情况(1986－2019 年)

Basic Statistics on Research and Development Organizations Attached to Goverment at County Level and Above(1986－2019)

年份 Year	机构数 (个) Institutions (unit)	从事科技活动人员数 (人) Specialized Technical Persons (person)	科技经费收入 (万元) Income (10000 yuan)	政府拨款 Government Appropriations	科技经费支出 (万元) Spending on Science and technology (10000 yuan)	#人员费用 Charge for Person
1986	153		14015	8877	12580	3067
1987	152		17721	10431	15234	3001
1988	156		18920	14073	27715	4065
1989	161		24889	11974	25070	4026
1990	163		33801	15801	29169	5123
1991	164		29623	9330	26494	5001
1992	165		40512	14410	37017	6156
1993	162		47139	14289	45206	9001
1994	161		53069	18251	48025	13993
1995	161		62021	11784	59248	15589
1996	161		72172	25110	63407	18189
1997	162		91503	31795	83434	20806
1998	164		126704	47919	107580	23018
1999	160		126740	50194	113565	28392
2000	146		120587	54365	108129	27263
2001	127		89248	51719	82109	26341
2002	110	5470	89540	54571	80771	28286
2003	104	5095	115029	65770	97981	38157
2004	92	4792	116542	80373	102949	34213
2005	99	5798	144821	109676	120907	31646
2006	99	6178	176610	128341	142664	38853
2007	100	6677	211682	155461	167207	44752
2008	98	7123	247818	177210	203732	51972
2009	97	7517	259300	188672	217138	57000
2010	95	7771	281040	205659	250360	60634
2011	94	8247	324294	223070	289858	71232
2012	97	8971	375690	270412	336575	80561
2013	97	9255	412979	309667	369037	92073
2014	97	9199	431374	311697	408097	104341
2015	96	9603	431581	304650	414042	122536
2016	96	9629	487236	358527	444288	138555
2017	93	10602	526443	383723	483779	171450
2018	92	10698	593654	431147	532198	203675
2019	90	10882	688624	513718	652444	236683

注：从事科技活动人员数包括本单位在职科技活动人员，也包括外聘的流动学者和非本单位在读研究生，和表 14－18 的科技活动人员口径一致。
Specialized technical persons include the on－the－job technical staff in the unit, including external flow scholars and the graduate students outside the unit, same as the table 14－18.

14－16 县级以上政府部门属研究与开发机构课题情况
Basic Statistics on Topics in Research and Development Organizations Attache to Government at County Level and Above

分类	Item	课题数(项)			投入人员(人年)			投入经费(万元)		
		2017	2018	2019	2017	2018	2019	2017	2018	2019
总计		**4578**	**4647**	**4816**	**6052**	**6423**	**7128**	**201217**	**224425**	**246716**
按活动类型分	**By Type**									
基础研究	Fundational Research	699	759	745	771	833	923	14853	18795	25259
应用研究	Applied Research	1055	1065	1132	1484	1600	1806	63175	57834	76036
试验发展	Experimental Development	1374	1604	1584	2116	2451	2608	65740	81463	76162
R&D 成果应用	Applying in R&D Results	612	504	509	692	581	682	20199	19656	17254
科技服务	Technology Service	838	715	846	989	957	1110	37251	46677	52005

14－17 县级以上政府部门属研究与机构科学论文与科技著作
Basic Statistics on Papers in Research and Development Organizations Attached to Government at County Level and Above

单位:篇(paper)

项目	Item	科学论文 Papers of Science			#国外发表 Publishing Abroad			科技著作 Works of Science and Technology		
		2017	2018	2019	2017	2018	2019	2017	2018	2019
合计		**4904**	**4892**	**6764**	**1443**	**1610**	**2590**	**166**	**196**	**244**
国务院部门属	Attaching to the Sate Council	2818	1590	1991	399	1084	1403	123	36	42
省属	Attaching to Province	447	2913	3107	42	484	563	12	147	166
市属	Attaching to City	1639	389	488	1002	42	78	31	13	10

14－18 县级以上政府部门属研究与开发机构课题情况(1986－2019 年)
Basic Statistics on Research and Development Organizations Attached to Government at County Level and Above(1986－2019)

年份 Year	课题数 (项) Number of Topics (topic)	投入人员 (人年) Persons (person－year)	投入经费 (万元) Funds (10000 yuan)	人均经费 (元/人年) Funds per Capital (yuan/person－year)	课题平均经费 (元/项) Funds per Topic (yuan/topic)
1986	2568	6506	3590	5518	13980
1987	3272	6892	4467	6481	13652
1988	3066	7053	5180	7344	16895
1989	3134	7405	5644	7622	18009
1990	3120	6276	5551	8845	17792
1991	3457	5506	4720	8572	13653
1992	3452	5533	6772	12239	19618
1993	2941	4948	7418	14992	25223
1994	2540	4401	9262	21045	36465
1995	2453	4301	10058	23385	41003
1996	2315	4331	12792	29536	55257
1997	2440	4390	17798	40542	72943
1998	2534	5568	25194	45248	99424
1999	2558	5070	26927	53110	105266
2000	1989	4040	29664	73426	149140
2001	1790	2818	21663	76874	121022
2002	1746	2812	23329	89262	133614
2003	1700	2944	30816	104674	181271
2004	1540	2769	42463	153351	275734
2005	2121	3383	58242	172161	274597
2006	2834	3787	65945	174135	232392
2007	3539	4372	82918	189657	234298
2008	3151	4542	92146	202875	292434
2009	3132	4457	101017	226648	322532
2010	3278	4211	113576	269713	346480
2011	3223	4401	123464	280536	383072
2012	3743	5358	133137	248483	355697
2013	4044	5411	129391	239126	319958
2014	4217	5715	140051	245059	332111
2015	4430	6350	152245	239756	343668
2016	4353	6197	189743	306185	435890
2017	4578	6052	201217	332480	439530
2018	4647	6423	224425	349408	482946
2019	4816	7128	246716	346122	512284

14－19 县级以上政府部门属研究与开发机构情况(2019 年)
Basic Statistics on Research and Development Organizations Attached to Government at County Level and Above(2019)

项目	Item	机构数（个）Institutions（unit）	从事科技活动人员数（人）Specialized Technical Persons（person）	经费收入（万元）Income（10000 yuan）	#政府拨款 Government Appropriations	经费支出（万元）Expenditures（10000 yuan）	#科技费用 Charge of Science
总计		**90**	**10882**	**755570**	**523726**	**722952**	**652444**
按隶属关系分							
中央	Central Enterprises	10	3471	252065	191818	251585	238311
地方	The Local	80	7411	503505	331907	471368	414133
按机构地域分							
杭州市	Hangzhou District	39	6303	472384	288478	452670	395162
宁波市	Ningbo District	8	1918	131420	117754	113403	111083
温州市	Wenzhou District	14	1257	60448	44739	64022	57381
嘉兴市	Jiaxing District	2	558	44805	33730	44909	44572
湖州市	Huzhou District	4	185	13848	11052	14075	13303
绍兴市	Shaoxing District	2	49	1816	1139	1879	1855
金华市	Jinhua District	8	188	8640	7823	10843	10107
衢州市	Quzhou District	3	50	3717	3707	2717	2384
舟山市	Zhoushan District	3	82	3284	3224	3536	2839
台州市	Taizhou District	4	185	8428	5650	7976	6996
丽水市	Lishui District	3	107	6780	6431	6923	6762

注：该表中的经费收入和经费支出均指的是全部经费收入和支出。
The data of income and expenditrue in the table refers to the data of all income and expenditure.

14－20 高等学校科技活动情况(1986－2019年)
Basic Statistics on Scientific Technological Activities on Higher Education(1986－2019)

年份 Year	科技活动机构数(个) Institutions (unit)	科技活动人员(人) Persons Engaged in Scientific and Technological Activities (person)	经费拨入总额(万元) Funds (10000 yuan)	#政府拨款 Government Appropriations	经费支出总额(万元) Expenditures (10000 yuan)	#仪器设备费 Expenditures for Instrument and Equipment
1986	31	16086	2760	2061	2191	943
1987	32	15363	2954	1836	2557	823
1988	45	19874	3167	1789	2757	639
1989	44	20166	4514	2039	3926	884
1990	45	20267	5320	2773	4068	881
1991	43	20251	6442	3234	5505	1101
1992	58	20597	11083	5250	9996	2128
1993	234	20940	26974	9129	26563	4917
1994	262	20933	25766	8965	24830	3449
1995	259	21098	28731	7522	24805	3067
1996	259	22111	32341	7404	29516	3417
1997	295	22247	38327	10791	34538	4497
1998	433	23092	45677	11598	45008	4592
1999	365	23869	58749	13654	51850	3035
2000	430	28555	81153	23554	74714	8225
2001	534	34716	108576	37059	90486	11448
2002	405	19659	150651	61506	112630	17339
2003	421	21763	178362	67396	136090	19425
2004	203	29031	209249	90951	178960	27796
2005	191	25077	271011	136055	203204	37122
2006	160	25436	314684	170843	257099	53033
2007	161	26496	350014	178132	261104	41679
2008	169	28594	398755	225555	297278	51504
2009	575	53160	449992	242782	391720	72279
2010	471	56822	596839	348846	539237	61563
2011	494	60216	660167	376049	635506	108295
2012	524	62209	718381	410322	686972	98605
2013	595	64507	722863	406115	675602	96108
2014	601	65855	750889	433034	725606	88192
2015	634	74942	847205	498600	751587	86076
2016	717	87309	972426	580644	873965	94396
2017	823	89458	1091217	627515	994536	122007
2018	846	92824	1301272	724200	1208697	153233
2019	973	96977	1720699	855391	1454735	190943

14 – 21 高等学校自然科学领域研究与发展课题情况(1986 – 2019 年)

Basic Statistics on Topics of Natural Scientific Research and Development in Institutions of Higher Education(1986 – 2019)

年份 Year	课题数 (项) Number of Topics (topic)	投入人员 (人年) Persons (person – year)	投入经费 (万元) Funds (10000 yuan)	课题平均经费 (元/项) Funds per Topic (yuan/topic)
1986	1684		2295	13569
1987	1849		2681	14500
1988	2163		2616	12094
1989	2285		3848	16840
1990	2925		4667	15956
1991	3400		5053	14862
1992	4083		7905	19361
1993	4263		12961	30403
1994	4398		17082	38840
1995	4264		16211	38018
1996	4415		17900	40544
1997	4713		23901	50713
1998	5173		24912	48158
1999	5412		25385	46905
2000	5268		29482	55964
2001	6375	3821	40110	62918
2002	8736	4295	37511	42938
2003	13385	6363	90175	67370
2004	16003	8354	154804	96734
2005	18789	8676	133346	70970
2006	19896	8844	126763	63713
2007	19945	8966	150157	75286
2008	21657	9687	192980	89107
2009	22235	9581	210106	94493
2010	22391	10073	346706	154842
2011	22193	9847	351999	158608
2012	23938	9745	342897	143244
2013	25264	9984	385379	152541
2014	25510	9857	424142	166265
2015	28514	10885	436645	153133
2016	32389	11844	424460	131051
2017	36800	13177	450101	122310
2018	38483	13876	563041	146309
2019	41857	15630	689134	164640

14－22 高等学校自然科学领域研究与发展课题情况
Basic Statistics on Topics of Natural Scientific Research and Development in Institutions of Higher Education

项目	Item	课题数(项) Number of Topics (topic)		投入人员 (人年) Persons (person)		投入经费 (万元) Funds (10000 yuna)		课题平均经费(元) Funds per Topic (yuan)	
		2018	2019	2018	2019	2018	2019	2018	2019
总计	**Total**	**38483**	**41857**	**13876**	**15630**	**563041**	**689134**	**146309**	**164640**
按活动类型分	By Type of Activities								
基础研究	Fundational Research	13089	13607	4835	5296	2183070	257936	1667866	189561
应用研究	Applied Research	19015	20781	6850	7625	2315128	272790	1217527	131269
试验发展	Experimental Development	2384	2817	756	990	301536	36230	1264832	128612
研究与试验发展成果应用	Applying in R&D Results	1855	2035	667	769	567860	81626	3061240	401113
科技服务	Technology Service	2140	2617	768	949	262815	40550	1228107	154950

14－23 高等学校自然科学领域研究与发展机构科技著作
Scientific and Technical Works of Research and Development Organizations in Institutions of Higher Education

项目	Item	出版科技专著(部) Science and Technology Workers Published (work)				发表学术论文(篇) Academic Papers Published (paper)				#国外及全国性学术刊物 Published in foreign Academic Publications			
		2016	2017	2018	2019	2016	2017	2018	2019	2016	2017	2018	2019
合计	**Total**	**135**	**163**	**174**	**197**	**33724**	**37257**	**38371**	**40016**	**15126**	**17535**	**21411**	**26777**
自然科学	Natural Sciences	23	29	22	16	7016	8282	7729	6290	3161	4306	4401	4436
工程与技术	Engineering and Technology	78	77	96	96	14414	15618	15011	17757	6539	7629	8897	12781
医学科学	Medical Sciences	27	42	42	72	9650	10255	12588	12578	3991	4574	6236	7038
农业科学	Agricultural Sciences	7	15	14	13	2644	3102	3043	3391	1435	1026	1877	2522

14－24 规模以上工业企业研发活动情况（2017－2019 年）
Basic Statistics on R&D Activities of Industrial Enterprises above Designated Size (2017－2019)

单位：亿元（100 million yuan）

项目		Item		2017	2018	2019
有 R&D 活动的企业数	（个）	Number of Enterprises with R&D Activities	(unit)	15517	16505	20217
企业有研发机构	（个）	Number of R&D Intitutions	(unit)	10893	10141	13850
从业人员年平均人数	（万人）	Average Number of Employed Person	(10000 persons)	667	662	671
研发活动人员	（万人）	Number of Persons with R&D Activities	(10000 persons)	44.43	51.35	57.46
参加项目人员	（万人）	Number of Persons with R&D Projects	(10000 persons)	43.60	47.91	53.75
企业内部的日常研发经费支出		Daily Expenditure on R&D Activities of Enterprises		1293.05	1476.95	1746.07
人工费用		Labor Costs		477.01	559.60	682.66
直接投入费用		Direct Input Costs		565.16	666.41	776.50
委托外单位开发经费支出		Expenditure on Entrustment		47.69	82.17	83.72
折合全时 R&D 人员	（万人年）	Full－time Equivalent of R&D Personnel	(10000 man－year)	33.36	39.41	45.18
R&D 经费支出		Expenditure on R&D Activities		1030.14	1147.39	1274.23
新产品开发经费支出		Expenditure on New Product Development		1107.40	1270.04	1531.68
新产品销售收入		Sales income of New Porduct		21150.15	23308.16	26099.37
出口		Export		4155.25	4531.86	5142.15
专利申请数	（项）	Number of Patent Application	(item)	85639	100254	114326
发明专利	（项）	Patent of Invention	(item)	21817	27998	30914
拥有发明专利数	（项）	Owning Invention Patent	(item)	49158	62341	75770
技术改造经费支出		Expenditure for Technology Transform		185.53	227.16	203.32
引进境外技术经费支出		Expenditure for Acquisition of Abroad Technology		7.58	9.47	9.43
引进境外技术的消化吸收经费支出		Expenditure for Assimilation of Abroad Technology		1.89	1.56	0.85
购买境内技术经费支出		Expenditure for Purchasing of Domestic Technology		14.08	20.72	24.71

14－25 规模以上工业企业研发活动情况(2019 年)
Basic Statistics on R&D Activities of Industrial Enterprises above Designated Size(2019)

项目	Item	有 R&D 活动的企业数（个）Number of Enterprises with R&D Acticities (unit)	企业办研发机构（个）Number of R&D Intitutios (unit)	企业办机构仪器设备原价（万元）Value of Instrument and Equipment Owned by Intitutions (10000 yuan)
总计	**Total**	**20217**	**13850**	**8336365**
按企业规模分	**By size**			
大型企业	Large－sized Industrial Enterprises	485	561	2142140
中型企业	Medium－sized Industrial Enterprises	2800	2515	2865977
小型企业	Small－sized Industrial Enterprises	16538	10608	3309580
微型企业	Micro enterprises	394	166	18668
按登记注册类型分	**By Registered Type**			
内资企业	Domestic Funded Enterprises	18231	12127	6580354
国有企业	State－owned Enterprises	9	5	1945
集体	Collective Owned Enterprises	2	1	50
股份合作企业	Cooperative Enterprises	138	61	20540
联营企业	Joint Ownership Enterprises	1		
有限责任公司	Limited Liability Corporations	1374	1020	1026103
股份有限公司	Share－holding Corporations Ltd.	763	809	1241246
私营企业	Private Enterprises	15945	10231	4290470
其他企业	Other Enterprises			
港、澳、台商投资企业	Enterpreneurs with Funds From Hong Kong, Macao and Taiwan	975	809	988274
合资经营企业	Joint－venture Enterprises	538	424	512138
合作经营企业	Cooperation Enterprises	11	11	2279
港、澳、台商独资经营企业	Enterprises with Sole Investment	400	349	382698
港、澳、台商投资股份有限公司	Share－holding Corporations Ltd.	23	23	90730
其他港澳台投资企业	Other Enterprises	3	2	430
外商投资企业	Foreign Funded Enterprises	1011	914	767737
中外合资经营企业	Joint－venture Enterprises	510	439	313867
中外合作经营企业	Cooperation Enterprises	4	3	771
外资企业	Enterprises With Sole Foreign Investment	445	414	367905
外商投资股份有限公司	Foreign Invesment Share－holding Corporations Ltd.	46	54	84703
其他外商投资企业	Other Enterprises	6	4	491
按隶属关系分	**By Jurisdiction of Management**			
中央企业	Central Enterprises	51	42	78604
地方企业	Local Enterprise	20166	13808	8257761

R&D 人员 (人年) R&D Personnel (man－year)	R&D 经费支出 (万元) Expenditure on R&D Activities (10000 yuan)	新产品开发经费支出 (万元) Expenditure on New Product Development (10000 yuan)	新产品销售收入 (万元) Sales income of New Porduct (10000 yuan)	发明专利申请数 (项) Number of Patent Invention Application (item)	有效发明专利数 (项) Number of Owning Invention Patent (item)
451752	**12742260**	**15316802**	**260993704**	**30914**	**75770**
101438	3765611	4543084	92647831	10725	19861
140702	4030082	4819278	84892291	7656	21319
208175	4899833	5887541	80331778	12366	34114
1436	46734	66899	3121804	167	476
377251	10258152	12111944	200635529	25645	58557
159	3279	3412	127846	7	20
7	74	147	887		
1294	28188	31945	411753	47	200
44108	1550278	1829260	41747264	4208	8793
62770	2210800	2577876	38996246	7361	13223
268912	6465534	7669304	119351534	14022	36321
39589	1379214	1714058	31360693	2524	10375
19978	656461	832819	17942943	1318	3123
323	10701	10523	153396	28	32
17811	659149	796719	11851735	1116	6784
1456	52328	72626	1399990	61	420
21	575	1372	12629	1	16
34913	1104894	1490799	28997482	2745	6838
17725	541908	743956	13207246	1103	3074
69	2491	4546	46628	2	12
13306	442476	584067	13359702	1105	2524
3547	107835	149124	2245181	521	1204
266	10185	9106	138725	14	24
1547	73431	101147	1359834	306	1003
450205	12668829	15215655	259633870	30608	74767

14－26 大中型工业企业研发活动情况(2019 年)
Basic Statistics on R&D Activities of Large and Medium sized Industrial Enterprises(2019)

项目	Item	企业数(个) Number of Enterprises (unit)	有 R&D 活动的企业数(个) Number of Enterprises with R&D Activities (unit)	企业办研发机构(个) Number of R&D Intitutions (unit)
总计	**Total**	**4328**	**3285**	**3076**
按登记注册类型分	**By Status of Registration**			
内资企业	Domestic Funded Enterprises	3389	2650	2439
国有企业	State－owned Enterprises	12	5	4
集体	Collective Owned Enterprises	2		
股份合作企业	Cooperative Enterprises	8	7	7
有限责任公司	Limited Liability Corporations	550	384	355
股份有限公司	Share－holding Corporations Ltd.	404	367	476
私营企业	Private Enterprises	2413	1887	1597
其他企业	Others			
港、澳、台商投资企业	Funded by Enterpreneurs From Hong Kong Macao and Taiwan	445	323	316
合资经营企业	Joint－venture Enterprises	237	186	180
合作经营企业	Cooperation Enterprises From Hong Kong,Macao and Taiwan	5	3	4
港、澳、台商独资经营企业	Enterprises with Sole Hong Kong, Macao and Taiwan	184	120	115
港、澳、台商投资股份有限公司	Share－holding Corporations Ltd. with Funds From Hong Kong,Macao and Taiwan	18	14	17
其他港澳台投资企业	Other Hong Kong, Macao and Taiwan investment	1		
外商投资企业	Foreign Funded Enterprises	494	312	321
中外合资经营企业	Joint－venture Enterprises	210	152	145
中外合作经营企业	Cooperation Enterprises	2	1	1
外资企业	Enterprises With Sole Foreign Investment	248	132	142
外商投资股份有限公司	Foreign Invesment Share－holding Corporations Ltd.	32	26	32
其他外商投资企业	Other foreign investment	2	1	1
按隶属关系分	**By Relationship**			
中央企业	Central Enterprises	53	21	26
地方企业	The Local	4275	3264	3050

企业办机构仪器设备原价（万元）Original Value of Machines (10000 yuan)	R&D 人员（人年）Number of Persons with R&D Activities (man - year)	R&D 经费支出（万元）Expenditure on R&D Activities (10000 yuan)	新产品开发经费支出（万元）Expenditure on New Product Development (10000 yuan)	新产品销售收入（万元）Sales income of New Product (10000 yuan)	发明专利申请数（项）Number of Patent Applications (item)	有效发明专利数（项）Patent of Inventions Owned (item)
5008117.3	**242141**	**7795693.6**	**9362361.9**	**177540121.9**	**18381**	**41180**
3760117	187967	5848017.8	6847012.1	127418632.1	14466	28254
1757.8	136	3172.1	3308.9	126518.2	2	18
9757.1	345	12256	12666	186158.6	7	41
719905.1	27948	1074318.8	1269128	32169465.2	2953	5612
1071785.1	54925	1996588.2	2308306.4	35242876.5	6437	10714
1956911.9	104613	2761682.7	3253602.8	59693613.6	5067	11869
788918.2	30151	1140990.6	1416451.2	27185554.9	1958	8271
391944.5	14776	521213.9	675090.5	15734475.6	1003	1993
748.3	202	6269.5	7146.1	111986.3	19	19
307187.2	14010	568972.9	669390.9	10071243.7	885	5967
89038.2	1163	44534.3	64823.7	1267849.3	51	292
459082.1	24023	806685.2	1098898.6	22935934.9	1957	4655
176434.4	12179	401889.4	556233.3	9809300.2	814	1963
235.3	43	610.9	610.9	13896		2
211207.4	8560	302750.2	404130.8	10897551.3	766	1668
70755	3050	92561.9	130967.4	2119225.7	368	1020
450	191	8872.8	6956.2	95961.7	9	2
71258.3	1143	53352.4	70797.3	987838.1	218	877
4936859	240997	7742341.2	9291564.6	176552283.8	18163	40303

14－27 大中型工业企业研发活动情况(2017－2019年)
Basic Statistics on R&D Activities of Large and Medium sized Industrial Enterprises (2017－2019)

单位:亿元(100 million yuan)

项目		Item		2017	2018	2019
企业数	(个)	Number of Enterprises	(unit)	4740	4476	4328
有R&D活动企业数	(个)	Number of Enterprises with R&D Activities	(unit)	3289	3178	3285
企业有研发机构	(个)	Number of R&D Intitutions	(unit)	3174	2850	3076
从业人员年平均人数	(万人)	Average Number of Employed Person	(10000 persons)	326.69	318.31	309.05
R&D活动人员	(万人)	Number of Persons with R&D Activities	(10000 persons)	25.83	29.03	30.34
参加项目人员	(万人)	Number of Persons with R&D Projects	(10000 persons)	25.26	27.33	28.68
企业内部的日常研发经费支出		Daily Expenditure on R&D Activities of Enterprises		832.29	933.57	1061.08
人工费用		Labor Costs		312.09	363.52	420.89
直接投入费用		Direct Input Costs		352.30	407.39	453.19
委托外单位开发经费支出		Expenditure on Entrustment		38.53	70.22	64.06
折合全时R&D人员	(万人年)	Full－time Equivalent of R&D Personnel	(person－year)	20.04	22.75	24.21
R&D经费支出		Expenditure on R&D Activities		668.15	724.19	779.57
新产品开发经费支出		Expenditure on New Product Development		720.15	806.89	936.24
新产品销售收入		Sales income of New Porduct		15161.90	16536.24	17754.01
出口		Export		3100.06	3350.89	3627.75
专利申请数	(项)	Patent Application	(item)	44391	50132	55673
发明专利	(项)	Patent of Invention	(item)	12840	16325	18381
拥有发明专利数	(项)	Owning Invention Patent	(item)	28657	35216	41180
技术改造经费支出		Expenditure for Technology Transform		161.55	193.24	164.02
引进境外技术经费支出		Expenditure for Acquisition of Abroad Technology		6.72	8.23	8.85
引进境外技术的消化吸收经费支出		Expenditure for Assimilation of Abroad Technology		1.69	1.35	0.67
购买境内技术经费支出		Expenditure for Purchasing of Domestic Technology		10.76	15.59	20.38

14－28 科协系统科技活动情况
Basic Statistics on Scientific and Technological Activities

项目		Item		科协合计 Total Associations with Science and Technology System		省科协 Associations at province Level		市科协 Associations at City level		县级科协 Associations	
				2018	2019	2018	2019	2018	2019	2018	2019
机构数	**（个）**	**Institutions**	**（Number）**	**101**	**101**	**1**	**1**	**11**	**11**	**89**	**89**
人员数	**（人）**	**Personnel**	**（person）**	**1614**	**1575**	**217**	**228**	**540**	**564**	**857**	**783**
学术活动		**Academic Activities**									
学术会议		**Academic Meetings**									
次数	（次）	Number	（Times）	215	360	5	5	151	276	59	79
参加人数	（人）	Participants	（person）	50883	77529	370	1620	40721	63452	9792	12457
干部教育培训											
办培训班	（个）	Training Classes	（Number）	120	100	20	16	10	20	90	64
培训人数	（人次）		（Times）	8807	9211	1775	2357	786	1658	6246	5196
科普活动		**Activities for Popular Science**									
宣讲活动	（次）		（Times）	4095	12490	136	175	584	4867	3375	7448
受众	（人次）		（Times）	8256229	311454851	2181477	300014350	3348124	8066596	2726628	3373905
出版		**Publications**									
编著科技图书	（种）	Books Edited	（Species）	47	66		2	15	22	32	42
年发行总量	（册）	Number of Annual Published	（tome）	231810	298265		20000	97000	152230	134810	126035

14－29 科协系统省级学会情况(2013－2019年)
Basic Statistics on Academy in Science Systems(2013－2019)

项目		Item		2013	2014	2015	2016	2017	2018	2019
机构数	**(个)**	**Institutions**	**(unit)**	**165**	**169**	**170**	**173**	**173**	**175**	**176**
会员数	**(人)**	**Personnel**	**(person)**	**197578**	**219027**	**231067**	**220897**	**235037**	**274195**	**276952**
学术活动		**Academic Activities**								
学术会议		**Domestic Academic Meetings**								
次数	(次)	Number	(Time)	771	927	1105	1058	780	829	852
参加人数	(人)	Participants	(person)	100846	127614	173171	182818	223252	223508	264382
交流论文数	(篇)	Papers Presented	(paperr)	14873	33283	35226	39773	26284	24887	34355
科技培训		**Training**								
继续教育	(个)	Continuing Education	(unit)	253	344	443	334	326	239	456
培训人数	(人次)	Participants	(person－Time)	35343	51386	82564	59965	76936	73540	70106
科普活动		**Activities for Popular Science**								
宣讲活动	(次)	Propaganda Activity	(Time)	937	1455	1967	1254	452	342	2183
受众人数	(人次)	Audience Numbers	(Time)	265364	323308	352079	1984109	1863481	3561227	5307130
青少年科技竞赛次数	(次)	Teenagers Participating in Science technology Competitions	(Time)	61	39	48	49	26	30	33
出版		**Publications**								
主办科技期刊	(种)	Journals by held	(kind)	58	54	56	53	60	54	35
年发行总数	(册)	Number of Copies Distributed	(cope)	981607	2144011	2109891	995120	1862500	1929077	887280
编著科技图书	(种)	Academic Newspaper	(kind)	44	51	51	70	34	37	49
年发行总量	(册)	Number of Copies Distributed	(cope)	167000	291400	306300	362232	362730	318750	242700

14－30 专利申请量和授权量(2012－2019 年)
Patent Applications Accepted and Approved(2012－2019)

项目	Item	2012	2013	2014	2015	2016	2017	2018	2019
申请量合计(项)	**Number of Patent Applications Accepted(item)**	**249373**	**294014**	**261434**	**307263**	**393147**	**377115**	**455526**	**435824**
发明	Inventions	33265	42744	52405	67674	93254	98975	143064	112974
实用新型	Utility Models	108599	127122	116011	150172	199244	191372	219176	218590
外观设计	Outward Designs	107509	124148	93018	89417	100649	86768	93286	104260
授权量合计(项)	**Number of Patent Applications Approved(item)**	**188431**	**202350**	**188544**	**234983**	**221456**	**213805**	**284592**	**285325**
发明	Inventions	11459	11139	13372	23345	26576	28742	32550	33963
实用新型	Utility Models	84897	106238	99508	124465	123744	114311	172435	168331
外观设计	Outward Designs	92075	84973	75664	87173	71136	70752	79607	83031

14－31 测绘部门主要指标完成情况(2011－2019 年)
Major Indicators of Surveying and Mapping Department(2011－2019)

项目	Item	2011	2012	2013	2014	2015	2016	2017	2018	2019
测绘资质单位数（家）	Number of surveying and mapping qualification Units (unit)							723	799	837
测绘服务总值（亿元）	Gross Output Value of Surveying and Mapping (100 million yuan)	25.10	27.95	32.39	33.64	37.43	50.40	54.13	66.18	81.41
年末测绘人数（人）	Personnel (person)	10774	11742	12488	14587	16061	18576	20011	21939	23332
1:1 万地形图测制与更新（幅）	1:10000 Topographic Maps and Updated (Suit)	1473	1657	1639	1502	1446	1446	1446	4336	1504
1:2 千地形图测制与更新（副）	1:2000 Topographic Maps and Updated (Suit)							22076	12262	50200

14-32 标准计量、特种设备和质量监督情况表(2015-2019年)
Basic Statistics on Standard Measuring ,Special Equipment and Quality Supervising(2015-2019)

项目				2015	2016	2017	2018	2019
国家质检中心	(家)	Number of National Quality Inspection Center	(unit)	44	49	49	49	50
省级质检中心	(家)	Number of Provincial Quality Inspection Center	(unit)	96	100	101	104	105
各级政府质量奖获奖企业数	(家)	Number of Government Quality Award Winning Enterprises at All Levels	(unit)	1590	1712	1993	2371	2683
浙江名牌产品数	(个)	Number of Famous Brand Products in Zhejiang	(unit)	2618	2605	2680	2842	
现行有效地方标准数	(项)	Number of Effective Local Standards	(nape)	611	623	733	789	829
企业产品标准自我声明公开数	(项)	Number of Product Standards by Enterprises	(nape)	23805	62180	102877	136372	169677
依法设置的计量检定机构数	(所)	Number of Metrological Verification Institutions	(unit)	74	76	76	76	75
省级检定机构数	(所)	Provincial Level	(unit)	1	1	1	1	1
市级检定机构数	(所)	City level	(unit)	12	12	12	12	12
县(市、区)级检定机构数	(所)	County(District) Level	(unit)	61	63	63	63	62

续表 Continued

项目				2015	2016	2017	2018	2019
依法授权的计量检定机构数	(个)	Number of Metrological Verification Institutions Authorized in accordance with the Law	(unit)	61	51	56	84	70
省级授权机构数	(个)	Provincial Level	(unit)	8	8	8	9	8
市级授权机构数	(个)	City level	(unit)	53	43	48	75	62
全省最高等级社会公用计量标准数	(个)	Number of Social Common Measurement Standards by Highest Level	(unit)	172	200	183	321	335
全省其他等级社会公用计量标准数	(个)	Number of Social Common Measurement Standards at Other Levels	(unit)	3063	3176	3193	3039	3298
强制检定计量器具实际检出数	(万台件)	Actual Quantity Checked by Measurement Implement Tested Compulsively	(10000pointsq)	759.29	643.18	776.13	728.02	925.04
全省检验检测机构数	(个)	Number of Provincial Inspection and Testing Institutions	(unit)	1558	1674	1766	2062	2128
产品质量监督检验受检企业数	(个)	Number of Enterprises Passed Quality Check	(unit)	19660	17960	17620	17239	17522
特种设备综合检验机构数	(个)	Number of Comprehensive Inspection Institutions for Special Equipment	(unit)	16	18	18	18	19
省特种设备检验机构数	(个)	Provincial Level	(unit)	1	1	1	1	1
市特种设备检验机构数	(个)	City level	(unit)	11	11	11	11	11
行业特种设备检验机构数	(个)	Sector	(unit)	4	6	2	6	7
打击假冒伪劣案件立案数	(个)	Number of Fake and Shoddy Cases Registered	(unit)	4510	4365	5962	7750	9380

注:2019 年打击假冒伪劣案件立案数为结案数。The number of cases of cracking down on fake and shoddy goods is the number of closed cases in 2019.

14－33 按行业分的事业单位专业技术人员(2019 年)
Specialized Technical Personnel in Enterprises by Sector(2019)

单位:人(person)

项目	Item	总计 Total	按职务分 By Post		
			高级岗位 Senior	中级岗位 Medium	初级岗位 Junior
总计	**Total**	**927728**	**181760**	**394031**	**351937**
教育	Education	514684	110542	238899	165243
科研	Scientific Research	5016	1922	2189	905
文化	Culture	10378	2241	4542	3595
卫生	Health	284176	51223	101221	131732
体育	Sports	1454	261	615	578
新闻出版	Press and Publications	2155	443	992	720
广播电视	Radion and television	9912	1467	4283	4162
社会福利	Social welfare	1928	83	883	962
救助减灾	Resuce and disaster mitigation	151	5	63	83
统计调查	Statistical Survey	611	29	232	350
技术推广与实验	Technology promotion and experiment	9148	1817	4222	3109
公共设施与管理	Public facilities and management	21425	3891	9164	8370
物资仓储	Material storage	54	6	20	28
监测	Supervise	1902	468	865	569
勘探与勘察	Exploration and investigation	2470	774	1373	323
测绘	Mapping	787	237	394	156
检验检测与鉴定	Inspection, testing and identification	1934	441	804	689
法律服务	Legal service	454	14	133	307
资源管理事务	Resource management services	2783	409	1275	1099
质量技术监督事务	Quality and technical supervision service	3114	841	1342	931
经济监管事务	Economic regulation	1405	154	626	625
知识产权事务	Intellctual property matters	72	15	28	29
公证与认证	Notarization and certification	422	56	159	207
信息与咨询	Information and consultation	1524	274	646	604
人才交流	Talent exchange	236	36	111	89
机关后勤服务	Office logistics service	1427	77	587	763
其他服务	Others	48106	4034	18363	25709

14－34 按行业分的企业单位专业技术人员(2019年)
Specialized Technical Personnel in Enterprises by Sector(2019)

单位:人(person)

项目	Item	总数 Total	按职务分 By Post 高级职务 Senior	#正高级职务 Chief Senior	中级职务 Medium	初级职务 Junior	未聘任专业技术职务 Not Appointed
总计	**Total**	**179279**	**15219**	**853**	**44783**	**60873**	**58404**
农、林、牧、渔业	Farming, Forestry, Animal Husbandry and Fishery	1348	103	6	391	759	95
采矿业	Ming and Quarrying	490	66	1	204	198	22
制造业	Manufacturing	21862	1973	95	6031	7640	6218
电力、热力、燃气及水生产和供应业	Electricity, Heat, Gas and Water Production and Supply	18545	1544	45	5268	8062	3671
建筑业	Construction	26067	2952	159	7117	8363	7635
批发和零售业	Wholesale and Retail Trade	20022	574	12	2923	5738	10787
交通运输、仓储及邮政业	Transport, Storage and Post	36237	3749	201	9493	14381	8614
住宿和餐饮业	Hotels and Catering Services	1203	42	1	184	365	612
信息传输、软件和信息技术服务业	Information Transmission Software and Information Technology Services	3415	85	3	291	461	2578
金融业	Finance	10988	323	13	2772	3161	4732
房地产业	Real Estate	5168	617	11	2051	1761	739
租赁和商务服务业	Leasing and Commercial Services	7080	246	6	1088	1717	4029
科学研究和技术服务业	Scientific Research and Technic Service	5832	1254	87	2230	1312	1036
水利、环境和公共设施管理业	Water Conservancy, Environment and Public Facilities Management	6575	616	15	1808	3097	1054
居民服务、修理和其他服务业	Resident Services, Repair and Other Services	2493	172	3	643	1075	603
教育	Education	286	31	7	119	45	91
卫生和社会工作	Health Care and Social Work	1475	193	36	553	678	51
文化、体育与娱乐业	Culture, Sports and Recreation	10193	679	152	1617	2060	5837
公共管理、社会保障和社会组织	Public Security, Social Security and Social Organization						

续表 Continued 单位:人(person)

项目	Item	按专业分 By Occupation					
		#工程技术人员 Engine-ering	#农业技术人员 Agricu-lature	#科学技术人员 Scientific Research	#卫生技术人员 Medical Profess-ionals	#教学人员 Teaching	#其他专技人员 Others
总计	**Total**	**88606**	**982**	**492**	**5885**	**739**	**82575**
农、林、牧、渔业	Farming, Forestry, Animal Husbandry and Fishery	498	266	8	4	4	568
采矿业	Ming and Quarrying	251			12		227
制造业	Manufacturing	15115	172	232	210	156	5977
电力、热力、燃气及水生产和供应业	Electricity, Heat, Gas and Water Production and Supply	11477	13	10	18	7	7020
建筑业	Construction	20995	4	1		10	5057
批发和零售业	Wholesale and Retail Trade	860	284	1	3818	21	15038
交通运输、仓储及邮政业	Transport, Storage and Post	20287	175	1	117	217	15440
住宿和餐饮业	Hotels and Catering Services	255		1	156	11	780
信息传输、软件和信息技术服务业	Information Transmission Software and Information Technology Services	1912		73			1430
金融业	Finance	447		1	1	4	10535
房地产业	Real Estate	2999	6		5	10	2148
租赁和商务服务业	Leasing and Commercial Services	1442	50	9	114	7	5458
科学研究和技术服务业	Scientific Research and Technic Service	5238		151	11	3	429
水利、环境和公共设施管理业	Water Conservancy, Environment and Public Facilities Management	4514	7	2		1	2051
居民服务、修理和其他服务业	Resident Services, Repair and Other Services	964	4		42	25	1458
教育	Education	29			2	201	54
卫生和社会工作	Health Care and Social Work	40			1373	1	61
文化、体育与娱乐业	Culture, Sports and Recreation	1283	1	2	2	61	8844
公共管理、社会保障和社会组织	Public Security, Social Security and Social Organization						

浙/江/统/计/年/鉴

主要统计指标解释

■ 普通高等学校

指按照国家规定的设置标准和审批程序批准举办,通过国家统一招生考试,招收高中毕业生为主要培养对象,实施高等教育的全日制大学、独立设置的学院和高等专科学校、短期职业大学。

■ 成人高等学校

指按照国家有关规定审批,招收通过全国成人高教统一招生考试的具有高中毕业或同等学历的在职从业人员利用脱产、半脱产、业余或函授等多种形式对其实施高等学历教育,培养高等教育专科或本科毕业水平的专门人才,修业年限、课程设置和总学时数均按高等学历教育要求付诸实施的学校。包括广播电视大学、职工高等学校、农民高等学校、管理干部学院、教育学院、独立设置的函授学院等。

■ 小学学龄儿童入学率

指调查范围内已入小学学习的学龄儿童占校内外学龄儿童总数(包括弱智儿童在内,但不包括盲聋哑儿童)的比重。计算公式

$$\text{小学学龄儿童入学率} = \frac{\text{已入学的小学学龄儿童数}}{\text{校内外小学学龄儿童总数}} \times 100\%$$

■ 独立研究与开发机构

指有明确的任务和研究方向,有一定学术水平的业务骨干和一定数量的研究人员,具有研究、开发、开展学术工作的基本条件,主要进行科学研究与技术开发活动,并且在行政上有独立的组织形式,财务上独立核算盈亏,有权与其他单位签订合同,在银行有单独户头的单位。包括国务院各部门、中国科学院、中国社会科学院和各省、自治区、直辖市以及地(市)以上(含地,市)各部门所属的国有独立的科学研究与技术开发机构。

■ 科学家和工程师

指具有大学本科及以上学历的和不具备上述学历但有高、中级职称的人员。

ZHEJIANG STATISTICAL YEARBOOK

Explanatory Notes on Main Statistical Indicators

□ Regular Institutions of Higher Education

refer to educational establishments set up according to the government evaluation and approval procedures, enrolling graduates from senior secondary schools and providing higher education courses and training for senior professionals. They include full－time universities, colleges, high professional schools and short－term professional universities.

□ Institutions of Higher Education for Adults

refer to educational establishments, set up in line with relevant rules approved by the government, enrolling staff and workers with senior secondary school or equivalent education, and providing higher education courses in many forms of full－time, part－time, spare－time, or correspondence for adults. Professionals thus trained receive a qualification equivalent to graduates studying regular courses at regular universities, colleges and professional colleges. Institutions of higher learning for adults include Radio and TV universities, schools of high education for staff and workers and peasants, colleges for management cadres, pedagogical colleges, independent correspondence colleges.

□ Enrollment Rate of Primary School-age Children

refers to the proportion of school－age children enrolled at schools to the total number of school－age children both in and outside schools (including retarded children, but excluding blind, deaf and mute children). The formula is:

$$\text{Enrollment Rate of Primary School-age Children} = \frac{\text{Total Primary School-age Children at Schools}}{\text{Total Primary School-age Children Both at and Outside Schools}} \times 100\%$$

□ Independent Research and Development Institutions

refer to the state－owned insitutions which have direct mission and research purpose, a certain number of core member with higher research level and a certain number of research personnel, favorable conditions for R&D and engaging in scientific rese arch and technological development. The institutions also have their own indepen dent organization and finance, authority to sign contracts with other units, with their own accounts in banks. Independent research and development institutions include the institutions attached to central government agencies, Chinese Acade my of Sciences. Chinese Academy of Social Sciences and the institutions attached to local governments.

□ Scientists and Engineers

refer to persons who have completed university or higher education or obtained titles of senior and middle－level professional positions.

2020
浙江统计年鉴
ZHEJIANG STATISTICAL YEARBOOK

CHAPTER 15

文化、体育和卫生
Culture, Sports and Public Health

15－1 文化部门文化、艺术、文物机构数(1978－2019年)
Number of Institutions for Culture, Arts and Heritage (1978－2019)

单位:个(unit)

年份 Year	电影放映单位 Film Prijection Units	艺术表演团体 Art Performance Troupes	文化馆、站 Cultural Centers, Stations	#文化馆 Cultural Centers	公共图书馆 Public Libraries	博物馆 Meseums
1978	4375	128	1125	76	63	19
1979	4320	161	1332	79	69	17
1980	4218	170	1659	79	69	19
1981	4126	147	1753	79	70	20
1982	4095	135	2124	82	73	20
1983	4625	131	2954	86	73	20
1984	5242	133	3607	91	74	21
1985	5592	126	3598	93	76	21
1986	5375	122	3617	95	78	35
1987	5089	112	3619	93	80	40
1988	4896	98	3501	87	80	45
1989	4673	90	3547	87	80	47
1990	4580	90	3554	85	80	51
1991	4436	91	3695	85	80	55
1992	4050	89	2065	84	80	55
1993	3600	89	2033	84	81	58
1994	3327	87	2010	84	82	58
1995	3029	83	1974	83	81	59
1996	2817	85	2114	83	81	61
1997	2766	86	2014	83	81	63
1998	2723	82	2016	83	82	68
1999	2381	82	1956	84	83	69
2000	2129	79	1932	84	83	65
2001	1868	80	1640	86	83	69
2002	1984	80	1676	86	83	70
2003	83	77	1650	87	83	70
2004	1758	71	1634	87	84	73
2005	1505	68	1592	87	90	73
2006	1829	68	1593	87	92	72
2007	1626	71	1582	87	93	75
2008		71	1593	87	94	81
2009	100	72	1613	88	96	90
2010	136	70	1612	89	97	90
2011	160	77	1449	104	97	89
2012	196	65	1447	102	97	103
2013	263	60	1432	102	98	103
2014	325	57	1420	102	98	105
2015	418	57	1417	102	100	108
2016	520	59	1466	102	102	111
2017	650	59	1472	101	101	117
2018	725	58	1475	101	103	119
2019	755	59	1464	101	103	143

注：1、2003年电影放映单位为发行机构数,2009年起为城市影院数。
The film projection units in 2003 refer to publishing institutions, as it refers to the number of urban theater since 2009.
2、2011年"群艺馆"更名为"文化馆",2011年之前"文化馆"单位数未包括"群艺馆"。
Art House were renamed Museum in 2011, before 2011 the number of museum did not include the number of Mass Art.

15－2 文化文物部门机构人员数(2019 年)
Number of Cultural and Cultural Relics Department Intitutions and Persons(2019)

单位:个、人(unit、person)

类别	Category	总计 Total		执行事业会计制度 According to the Institution Accounting System		执行企业会计制度 According to the Enterprise Accounting System		隶属文化部门 Subordination to Cultural Department	
		机构数 Institutions	人数 Persons	机构数 Institutions	人数 Persons	机构数 Institutions	人数 Persons	机构数 Institutions	人数 Persons
总计	**Total**	**16394**	**179431**	**2449**	**33275**	**13945**	**146156**	**2324**	**35143**
一、文化合计	**Cultural Department**	**15837**	**168779**	**1907**	**22859**	**13930**	**145920**	**1995**	**26454**
艺术表演团体	Art Performance Troupes	1541	47127	44	2810	1497	44317	59	4069
其中:公有制艺术表演团体	Public－owned	64	4169	44	2810	20	1359	59	4069
艺术表演场馆	Art Performance Venue	342	7144	40	520	302	6624	63	1375
其中:公有制艺术表演场馆	Public－owned	71	1486	40	520	31	966	63	1375
公共图书馆	Public Library	103	4055	103	4055			103	4055
文化馆	Cultural Center	101	2219	101	2219			101	2219
文化站	Cultural Station	1363	5741	1363	5741			1363	5741
其中:乡镇综合文化站	Multi－use Culture Station of Township	951	3875	951	3875			951	3875
艺术展览创作机构	Art Exhibition and Creative Organization	13	159	13	159			11	140
其中:美术馆	Art Gallery	10	141	10	141			9	136
艺术教育业	Art Education	7	1850	7	1850			7	1850
文化科研机构	Cultural Scientific Research Institutions	7	167	7	167			7	167
文化市场经营机构	Cultural Market Management Organization	12073	93258			12073	93258		
文化行政主管部门	Administrative Department of Culture	102	3760	102	3760			102	3760
其他文化机构	Other Cultural Institutions	185	3299	127	1578	58	1721	180	3088
其中:文化市场执法机构	Law Enforcement Agencies	61	973	61	973			61	973
二、文物合计	**Cultural Relics Department**	**557**	**10652**	**542**	**10416**	**15**	**236**	**329**	**8689**
博物馆	Museum	366	6041	366	6041			143	4156
文物保护管理机构	Cultural Relics Protection Administration	92	2608	92	2608			90	2571
文物科研机构	Cultural Relics Scientific Research Institution	5	205	5	205			5	205
文物商店	Cultural Relics Store	9	83			9	83	9	83
其他文物机构	Other	85	1715	79	1562	6	153	82	1674

15－3 电影放映情况(2010－2019 年)
Considions of Film Projection(2010－2019)

项目	Item	2010	2011	2012	2013	2014
城市影院数 （个）	**Number of Urban Theaters (unit)**	**136**	**160**	**196**	**263**	**325**
放映场次 （万场）	Number of Projection (10000 shows)	69	108	151	232	305
观众人数（万人次）	Number of Audiences (10000 person－times)	2021	2624	3440	4862	6426
放映收入 （万元）	Projection Income (10000 yuan)	71450	97533	137500	180368	236817

续表　Continued

项目	Item	2015	2016	2017	2018	2019
城市影院数 （个）	**Number of Urban Theaters (unit)**	**418**	**520**	**650**	**725**	**755**
放映场次 （万场）	Number of Projection (10000 shows)	422	596	774	932	1023
观众人数（万人次）	Number of Audiences (10000 person－times)	9696	10017	12501	13789	13399
放映收入 （万元）	Projection Income (10000 yuan)	349204	345700	411692	449187	459193

15－4 文化馆(站)业务活动和经费情况
Basic Statistics on Activities and Expenditures of Cultural Centers

项目	Item	总计 Total			文化馆 Cultural Centers			文化站 Cultural Stations		
		2017	2018	2019	2017	2018	2019	2017	2018	2019
单位数 （个）	Number of Units (unit)	1472	1475	1464	101	101	101	1371	1374	1363
举办展览 （个）	Number of Exhibitions (unit)	13514	14903	17739	2783	3031	3793	10731	11872	13946
组织文艺活动 （次）	Entertainment Activities (Times)	91936	115327	148863	19932	22675	33051	72004	92652	115812
举办训练班班次 （次）	Number of Training Classes (Times)	66855	81366	106079	23352	31277	43391	43503	50089	62688
培训人次 （千人次）	Persons Training Courses (1000 person－times)	4400	5284	6291	1377	1491	2029	3022	3793	4262
由本馆(站)指导单位	Units Responsible for Guilding Centers(Stations)									
群众业余文艺团队 （个）	Part time Art Groups (Number)	36020	37483	39555	8631	7947	10293	27389	29536	29262
总支出 （万元）	Total Expenditures (10000 yuan)	231789	265603	283997	80750	88434	94831	151039	177169	189166
#事业支出 （万元）	Operating Expenditures (10000 yuan)	120821	131031	134010	51064	54885	56589	69757	76146	77421

15－5 博物馆、文物保护管理单位基本情况
Basic Statistics on Museums and Cultural Relic Protiction & Management Agencies

项目	Item	博物馆 Museums			文物保护管理单位 Projection & Management Agencies		
		2017	2018	2019	2017	2018	2019
单位数 （个）	**Number of Units (unit)**	**117**	**119**	**143**	**92**	**94**	**90**
藏　品 （件）	**Number of Collections (case)**	**957357**	**1022871**	**1084722**	**92193**	**110731**	**100200**
#一级品	Grade One (Piece)	1878	1915	1995	211	169	111
业务活动	**Vocational Activities**						
陈列、展览 （个）	Number of Displays (unit)	1349	1415	1526	219	227	185
参观人数 （万人次）	Number of Visitors (10000 person－times)	4731	5077	5983	2571	2540	3119
本年收入 （万元）	**Total Income (10000 yuan)**	**109483**	**141769**	**158319**	**149568**	**132336**	**151806**
本年支出 （万元）	**Total Expenditure (10000 yuan)**	**123414**	**144381**	**158591**	**138628**	**119257**	**115641**
固定资产原值 （万元）	**Original Value of Fixed Assets (10000 yuan)**	**237288**	**278089**	**319272**	**206962**	**290816**	**254472**

15-6 公共图书馆基本情况(2010-2019年) Basic Statistics on Public Libraries(2010-2019)

项目		Item		2010	2011	2012	2013	2014
单位数	(个)	Number of Units	(unit)	97	97	97	98	98
从业人员	(人)	Staff and Workers	(person)	3040	3091	3096	3273	3483
总藏量	(万册件)	Total Collections	(10000 volume-time)	3761	3964	4539	5165	5634
有效借书证数	(万个)	Number of Library Cards Borrowed	(10000 units)	177	203	241	322	926
书刊文献外借人次	(万人次)	Number of Persons Borrowing Books and Papers	(10000 person-times)	1376	1766	1677	1912	1953
书刊文献外借册次	(万册次)	Number of Books and Papers Borrowed by the Readers	(10000 volume-times)	2924	3660	3900	3919	4936
经费总支出	(万元)	Total Expenditure	(10000 yuan)	47316	56470	73446	76969	83152
本年新购藏量	(万册)	Number of Books Purchased During the Year	(10000 volumes)	337	450	628	480	437
固定资产原值	(万元)	Orginal Value of Fixed Assets	(10000 yuan)	128663	142779	167655	191237	207624
实际使用房建筑面积	(万平方米)	Space of Actual Building Area	(10000 sq. m)	58	63	69	75	86
阅览室座席数	(千个)	Seating Capacity of Reading Rooms	(1000 seats)	35	36	40	42	51

续表 Continued

项目		Item		2015	2016	2017	2018	2019
单位数	(个)	Number of Units	(unit)	100	102	101	103	103
从业人员	(人)	Staff and Workers	(person)	3577	3616	3607	3849	4055
总藏量	(万册件)	Total Collections	(10000 volume-time)	6250	6969	7813	8608	9433
有效借书证数	(万个)	Number of Library Cards Borrowed	(10000 units)	1639	845	1041	957	1286
书刊文献外借人次	(万人次)	Number of Persons Borrowing Books and Papers	(10000 person-times)	2253	2706	2862	2432	2543
书刊文献外借册次	(万册次)	Number of Books and Papers Borrowed by the Readers	(10000 volume-times)	5727	6520	6982	7149	7846
经费总支出	(万元)	Total Expenditure	(10000 yuan)	100338	108932	129175	143649	166239
本年新购藏量	(万册)	Number of Books Purchased During the Year	(10000 volumes)	643	711	753	673	816
固定资产原值	(万元)	Orginal Value of Fixed Assets	(10000 yuan)	232383	273537	275283	338817	367265
实际使用房建筑面积	(万平方米)	Space of Actual Building Area	(10000 sq. m)	95	106	108	120	131
阅览室座席数	(千个)	Seating Capacity of Reading Rooms	(1000 seats)	61	65	69	78	85

注：总藏量未包含电子图书。The data od total collections does not include electronic books.

15－7 报纸和杂志出版数量
Number of Newspaper and Magazines Published

项目	Item	种数(种) Number of Publications (kind)			总印量 (万册、万份) Total Printed Copies (10000 Copies)			总印张 (千印张) Total Printed Sheets (1000 sheets)		
		2017	2018	2019	2017	2018	2019	2017	2018	2019
报纸	**Newspaper**	**66**	**66**	**66**	**230830**	**211181**	**200192**	**7616572**	**6481101**	**6071515**
综合报	Synthetical Newspapers	42	42	42	191943	177182	167952	6847249	5863211	5507242
专业报	Special Newspapers	16	16	16	29412	25051	24136	585611	438593	416323
杂志	**Magazines**	**229**	**231**	**235**	**7534**	**7366**	**7010**	**321014**	**313925**	**299223**
综合	Synthesis	21	21	21	23	23	22	1549	1556	1422
哲学、社会科学	Philosophy and Social Science	49	49	49	1939	1895	1803	100260	100222	98434
自然科学技术	Natural Science and Technology	111	113	117	419	410	411	24971	24399	24576
文化教育	Culture and Education	31	31	31	4754	4711	4485	176096	171360	160035
文学艺术	Literature and Arts	17	17	17	399	327	289	18139	16387	14756

15－8 图书出版数量
Number of books Published

项目	Item	本版图书种数 (种) Number of Publications (kind)		租型图书种数 (种) Number of Publications for lease (kind)		总印数 (万册、万份) Total Printed Copies (10000 Copies)		总印张 (千印张) Total Printed Sheets (10000 sheets)	
		2018	2019	2018	2019	2018	2019	2018	2019
图书总计	**Total**	**15231**	**16079**	**420**	**386**	**41810**	**44892**	**3049827**	**3361516**
使用《中国标准书号》部分合计	Publications withChina Standard Book Number	15203	15964	420	386	41784	44839	3047661	3356637
#哲学	Philosophy	163	178			152	120	20194	16333
社会科学总论	General Social Science	234	226			166	168	22516	21547
文化、科学、教育、体育	Culture, Science, Education and Sports	7380	8410	411	386	31041	36012	2040751	2521351
文学	Literature	2252	2001			5308	4118	489398	374326
艺术	Arts	2013	2184			912	1393	83914	122700
自然科学总论	General Natural Science	16	24			18	20	3790	3563
不使用《中国标准书号》部分合计	Publications withoutChina Standard Book Number	28	115			26	52	2165	4879

15-9 电视节目制作情况(2011-2019年) Prodiction of Television Programs(2011-2019)

项目		Item		2011	2012	2013	2014
基本情况		Basic Statistics					
省市级电视台	(座)	Television Station	(set)	12	12	12	12
电视节目套数	(套)	Sets of Television Programs	(set)	116	116	116	117
电视发射台及转播台	(座)	Number of TV Transmission Stations and Relaying Stations at 1 kw and Higher Level	(set)	97	97	100	100
播出时间	(小时)	Broadcasting Hours(Hour/per week)	(hours)	722035	733784	738055	755633
新闻资讯节目		New and Informating Programs		86552	94558	98587	103248
专题服务节目		Special Subject Service Programs		72850	73588	84682	93206
综艺益智节目		Programs of General Entertainment		38317	38789	32970	31496
影视剧节目		Movie and Teleplay Programs		322303	329109	322553	324315
广告节目		Advertisement		122537	123652	122328	126074
其他节目		Other Programs		79475	74085	66935	77292
电视人口覆盖率	(%)	Viewer Rating	(%)	99.38	99.60	99.64	99.65
中央电视台(一套节目)	(%)	CCTV-1	(%)	98.63	98.91	99.00	99.01
浙江电视台(一套节目)	(%)	ZJTV-1	(%)	98.70	99.16	99.24	99.26
有线电视实际用户数	(万户)	Number of Cable TV Users	(10000 households)	1330.93	1357.34	1449.05	1499.71

续表 Continued

项目		Item		2015	2016	2017	2018	2019
基本情况		Basic Statistics						
省市级电视台	(座)	Television Station	(set)	12	12	12	12	12
电视节目套数	(套)	Sets of Television Programs	(set)	118	118	116	116	116
电视发射台及转播台	(座)	Number of TV Transmission Stations and Relaying Stations at 1 kw and Higher Level	(set)	176	164	168	180	185
播出时间	(小时)	Broadcasting Hours(Hour/per week)	(hours)	753757	755972	740705	744396	738453
新闻资讯节目		New and Informating Programs		109730	116754	115792	116054	114860
专题服务节目		Special Subject Service Programs		93996	104435	107359	113963	112319
综艺益智节目		Programs of General Entertainment		35552	36906	36350	34420	31123
影视剧节目		Movie and Teleplay Programs		322198	305808	289295	288290	293763
广告节目		Advertisement		117372	119556	119209	122085	114962
其他节目		Other Programs		74906	72511	72699	69581	71424
电视人口覆盖率	(%)	Viewer Rating	(%)	99.69	99.72	99.75	99.80	99.82
中央电视台(一套节目)	(%)	CCTV-1	(%)	99.06	99.71	99.74	99.80	99.82
浙江电视台(一套节目)	(%)	ZJTV-1	(%)	99.29	99.66	99.72	99.78	99.81
有线电视实际用户数	(万户)	Number of Cable TV Users	(10000 households)	1562.57	1526.08	1419.56	1434.67	1346.73

15－10 广播节目制作情况(2009－2019 年)
Prodiction of Broadcasting Programs(2009－2019)

项目		Item		2009	2010	2011	2012	2013
基本情况		Basic Statistics						
省市级广播电台	(座)	Broadcasting Stations	(set)	12	12	12	12	12
广播节目套数	(套)	Set of Broadcasting Programs	(set)	106	107	107	108	110
中短波广播发射台和转播台	(座)	Number of Broadcasting Transmission Stations and Relaying Stations	(set)	37	37	37	36	36
县级广播电视台	(个)	Number of Boradcast Stations at County and Higher Level	(unit)	66	66	66	66	66
广播人口综合覆盖率	(%)	Listener Rating	(%)	99.09	99.17	99.20	99.54	99.56
中央人民广播电台第一套节目	(%)	Channel 1,Central People Broadcasting Station	(%)	98.13	98.26	98.40	98.81	98.81
浙江电台第一套节目	(%)	Zhejiang Channel 1	(%)	98.45	98.61	98.56	98.97	99.02
全年公共广播节目播出时间	(小时)	Broadcasting Hours Per Day	(hours)	694857	709854	713198	714622	740977
新闻咨讯类节目		News Programs		127753	123775	140654	145666	156168
专题服务类节目		Special Subject Programs		145694	158029	176263	174486	188969
综艺类节目		Programs of Entertainment		177756	179135	178555	179916	177619
广播剧类节目		Educational Programs		24279	25821	26072	26662	28500
广告类		Advertisement		76959	74354	72488	72741	73229
其他类节目		Service Programs		142413	148739	119166	115105	116492

续表 Continued

项目		Item		2014	2015	2016	2017	2018	2019
基本情况		Basic Statistics							
省市级广播电台	(座)	Broadcasting Stations	(set)	12	12	12	12	12	12
广播节目套数	(套)	Set of Broadcasting Programs	(set)	111	113	113	112	112	112
中短波广播发射台和转播台	(座)	Number of Broadcasting Transmission Stations and Relaying Stations	(set)	36	37	36	38	33	36
县级广播电视台	(个)	Number of Boradcast Stations at County and Higher Level	(unit)	66	66	66	66	66	66
广播人口综合覆盖率	(%)	Listener Rating	(%)	99.57	99.60	99.65	99.68	99.73	99.73
中央人民广播电台第一套节目	(%)	Channel 1, Central People Broadcasting Station	(%)	98.82	99.86	99.47	99.51	99.56	99.56
浙江电台第一套节目	(%)	Zhejiang Channel 1	(%)	99.03	99.09	99.44	99.52	99.58	99.58
全年公共广播节目播出时间	(小时)	Broadcasting Hours Per Day	(hours)	749740	761835	778581	770768	770765	768027
新闻咨讯类节目		News Programs		157189	157933	168161	160904	156897	150879
专题服务类节目		Special Subject Programs		185000	185974	179690	163848	162958	162024
综艺类节目		Programs of Entertainment		173893	175431	175715	187906	182589	177912
广播剧类节目		Educational Programs		27580	28619	26688	21677	24301	18988
广告类		Advertisement		75670	77090	78293	78198	83127	84590
其他类节目		Service Programs		130406	136786	150032	158233	160890	173631

15－11 体育系统职工人数(2019 年)
Number of Staff and Workers in Sports Commissions(2019)

单位:人(person)

类别	Category	总计 Total	体育行政机关 Sports Commiss－ion Organizatio	运动项目管理部门 Sprots Manag－ement	职业运动技术学院 Profes－sional Sprots and Technical College	体育运动学校 Physical Education and Sport Schools	竞技(业余)体校 Amateur Sports Schools	体育场所 Public Sports Places	训练基地 Training bases	体育科研机构 Sports Science Research Institu	其他事业单位 Others
总计	**Total**	**5686**	**963**	**537**	**1424**	**416**	**1088**	**489**	**61**	**17**	**691**
公务员	Government	819	819								
运动员	Office Worker	1373		391	982						
专职教练员(教练员)	Athletes Full－time Coaches	1209	10	52	148	174	708	15	30		72
专职教师(文化教师)	Full－time Teachers	366			62	124	158	3			19
科研人员	Scientific and Technical Personnel	41			12	5	6			14	4
医务人员	Medical Personnel	53		1	37	4	7	3	1		
管理人员	Administrative Personnel	950	1	46	40	69	138	229	26	3	398
工勤人员	Workers	263	26	1	120	4	11	86	1		14
其他人员	Others	612	107	46	23	36	60	153	3		184

注：业余体校包括重点业余体校和普通业余体校。
Sparetime sports schools included key and ordinary spare schools.

15－12 等级运动员和社会体育指导员人数(2010－2019 年)
Number of Athletes and Social Sprots Instructors(2010－2019)

单位:人(person)

项目	Item	2010	2011	2012	2013	2014	2015	2016	2017	2018	2019
等级运动员	Number of Athletes in Grades	2032	1950	2889	2256	2496	2420	3684	2074	2567	2739
国际级健将	International Master of Sports	15	9	12	10	10	16	10	7	6	10
国家级健将	National Master of Sports	65	122	126	85	75	125	119	83	30	126
一级	First Grade Sportsmen	472	633	517	545	622	922	489	712	792	716
二级	Second Grade Sportsmen	1480	1186	2234	1616	1789	1357	3066	1272	1739	1887
社会体育指导员	International Referees								18418	29652	17933
一级	National Referees								2490	1168	1125
二级	First Grade Referees								3760	7369	5860
三级	Second Grade Referees								12168	21115	10948

15－13 运动员分项获奖情况(2014－2019)
Awards Own by Athletes by Item(2014－2019)

单位:项(Item)

项目	Item	世界冠军 World Championships								
		2014	2015	2016	2017	2018	2019	2014	2015	2016
合计	**Total**	**12**	**14**	**13**	**19**	**74**	**15**	**31**	**20**	**39**
举重	Weightlifting	2	2		6	3	4			3
游泳	Swimming		4	1	3	22	3	9		10
田径	Track and Field							2	5	4
棋类	Chess	3	1	4	1	1	1	3	1	2
羽毛球	Badminton	2	3	4	1	15	2	3	3	4
射击	Shooting	2			1	12		3	4	5
拳击	Boxing									
体操	Gymnastics					2		1		
皮划艇	Canoe/Kayak						1			
其他	Others	3	4	4	7	19	4	10	7	11

续表 Continued

单位:项(Item)

项目	Item	亚洲冠军 Asia Championships			全国冠军 National Championships					
		2017	2018	2019	2014	2015	2016	2017	2018	2019
合计	**Total**	**22**	**52**	**27**	**376**	**418**	**391**	**432**	**529**	**472**
举重	Weightlifting	3		4	47	45	33	59	27	14
游泳	Swimming		12		60	104	88	118	49	90
田径	Track and Field	1	2	3	21	29	21	39	40	36
棋类	Chess	1	1		6	16	8	8	5	12
羽毛球	Badminton	2	5	2	6	7	1	7	10	18
射击	Shooting	3	3	9	13	9	7	14	32	36
拳击	Boxing				1	1	3	2	2	
体操	Gymnastics	5	2		22	21	29	29	42	59
皮划艇	Canoe/Kayak	2	1		20	20	22	12	57	27
其他	Others	5	26	9	180	166	179	144	265	180

15－14 群众体育活动和体育场地情况
Basic Statistics on Activities of Mass Sports and Number of Sports Ground

项目		Item		2016	2017	2018	2019
群众体育活动		**Activities of Mass Sports**					
#省级	（次）	Provincial Level	（Times）	564	516	515	612
参加人数	（万人）	Number of active persons	（10000 persons）	18	8	10	14
#市级	（次）	City level	（Times）	3747	1748	1975	2158
参加人数	（万人）	Number of active persons	（10000 persons）	302	85	75	93
#县级	（次）	County level	（Times）	18572	5706	10100	8058
参加人数	（万人）	Number of active persons	（10000 persons）	1182	255	337	383
国民体质监测		**Monitor Wational constitution**					
站点数	（个）	Sites	（Number）	2511	1100	1196	1215
累计受测人员数	（万人）	Accumulative persons involved monitoring	（10000 persons）	362	391	425.7	441.9
本年受测人员数	（万人）	Persons involved monitoring this year	（10000 persons）	19	29	34.7	16.2
测试达标人员数	（万人）	Number of persons reached the Standards	（10000 persons）	18	27	32.2	15.1
测试达标率	（%）	Attainment rate	（Percentage）	93	92	92.9	93.4
体育场地		**Sports Ground**					
数量	（个）	Number of Sports Ground	（Number）	139009	143512	151251	183472
场地面积	（万平方米）	Space of sports Ground	（Million Square meters）	10247	11028	12412	13703
人均体育场地面积	（平方米）	Per capita Area of Sports Ground	（Square meters）	1.85	1.97	2.16	2.34

15－15 卫生事业情况(2014－2019年)
Statistics on Health Undertakings(2014－2019)

项目	Item	2014	2015	2016	2017	2018	2019
卫生机构数合计(个)	**Total Number of Health Institutions(unit)**	**30360**	**31139**	**31548**	**31981**	**32755**	**34126**
医院	Hospital	935	1049	1131	1204	1288	1374
疗养院	Sanatoriam	14	13	15	14	13	12
社区卫生服务中心(站)	Center of Community Service	6166	6020	5870	5687	5310	4922
卫生院	Commune Hospital	1148	1199	1201	1161	1168	1092
门诊部	Clinics	1060	1247	1390	1605	1831	2229
诊所医务室卫生所	Consulting Room	8257	9098	9673	10201	11090	12312
专科防治所站	Specialized Prevention Station	20	16	16	16	16	15
疾控中心防疫站	Sanitation and Antiepidemic Institutions	100	101	101	100	100	100
#卫生防疫站	Sanitaion Station						
妇幼保健机构	Maternity and Child Care Institutions	89	88	87	88	89	92
卫生监督所	Sanitation Supervisory Station	103	103	103	102	102	102
医学科学研究机构	Research Institutions of Medical Science	7	7	7	7	6	5
医学在职培训机构	Training Institutions	42	41	41	37	37	35
村卫生室	Clinics by Village	12042	11867	11677	11535	11483	11593
其他卫生机构	Others	377	290	236	224	222	243
床位合计数(张)	Total Beds(bed)	245752	272503	290388	314016	332116	350268
#医院	Hospital	213451	239444	255279	277598	293720	307197
社区服务中心(站)	Center of Community Service	7120	7413	7286	7472	8283	8425
卫生院	Commune Hospital	15481	15697	17162	18093	19031	21278
门诊部	Clinics	370	277	239	184	219	209
妇幼保健机构	Maternity and Child Care Institutions	7194	7549	7985	8485	8820	11019
专科防治所站	Specialized Prevention Sation	598	548	448	448	446	357
其他卫生机构	Others	1538	1575	1989	1736	1597	1783
卫生人员合计(人)	Persons Engaged in Health Institutions(persons)	455704	491172	523632	557296	589703	628466
卫生技术人员	Medical Technical Personnel	375542	405458	432393	460505	486231	520251
医生	Doctors	145698	158056	168167	179474	190802	205625
其他技术人员	Others	18127	18793	20444	22499	24792	26789
管理人员	Management Personnel	15173	17142	18455	20148	21510	22812
工勤人员	Logistics Workers	38327	41609	44326	46347	49843	51660
乡村医生和卫生员	Doctors and Health Workers in Rural Area	8535	8170	8014	7797	7327	6954
在卫生技术人员中	Among them						
执业医师	Licenced Doctors	124648	135772	144998	155782	166144	180044
执业助理医师	Licenced Assistant Doctors	21050	22284	23169	23692	24658	25581
注册护士	Registered Nurses	145135	159945	174486	188163	201514	219811
药剂人员	Medical Pharmacists	24452	25763	26871	27950	29048	30287
检验人员	Laboratory Technicians	19372	20477	21975	23315	24514	26049
其他	Others	40885	41217	40894	41603	40353	38479
平均每千人口拥有卫生技术人员(按常住人口计算)	Number of Medical Technical Personnel Per 1000 Population(Calculated by Number of Permanent population)	6.82	7.32	7.74	8.14	8.48	8.89
#医生	Doctors	2.65	2.85	3.01	3.17	3.33	3.51
平均每千人口拥有卫生技术人员(按户籍人口计算)	Number of Medical Technical Personnel Per 1000 Population(Calculated by Number of Household population)	7.73	8.32	8.81	9.29	9.72	10.32
#医生	Doctors	3.00	3.24	3.42	3.62	3.82	4.08

注：自2010年开始，卫生机构中包含村卫生室，卫生人员中包含乡村医生和卫生员。
Since 2010, health agencies are included in the village clinics, health personnel include rural doctors and health workers.

15－16 医疗卫生机构诊疗次数和入院人数(2019 年) Number of Hospital Patients(2019)

类别	Item	机构数(个) Number of Institu－tions (unit)	诊疗人次数(万人次) Total Number of Patients Treate (10000 person times) 小计 Total	#门、急诊 Out－Patients and Emer－gency Patients	入院人数(人) Hospial Admiss－ions (person)	每百门急诊次入院人数(人) Hospital Admiss－ions Per 100 Patient－Time (person)
医院合计	**Hospitals**	**1374**	**29725.22**	**29507.03**	**9925069**	**3.36**
综合医院	**General Hospitals**	**577**	**20540.52**	**20390.36**	**7204461**	**3.53**
中医医院	**Hospitals of Chinese Medicine**	**179**	**5254.74**	**5225.70**	**1297093**	**2.48**
中西医结合医院	**Hospitals which Integrate Traditional Chinese Therapeutics with Western Therapeutics**	**38**	**888.10**	**877.58**	**249302**	**2.84**
专科医院	**Specialized Hospitals**	**511**	**3020.27**	**2993.72**	**1130069**	**3.77**
传染病院	Hospitals for Infectious Diseases	3	94.92	94.13	29749	3.16
精神病院	Mental Hospitals	72	468.49	465.70	205346	4.41
肿瘤医院	Tumor Hospitals	4	103.44	103.44	188504	18.22
眼科病院	Ophthalmoology Hospitals	56	282.10	280.18	123125	4.39
妇幼保健院	**Hospitals for Maternity and Childern Care**	**65**	**2296.18**	**2252.38**	**630779**	**2.80**
社区卫生服务中心	**Center of Community Service**	**479**	**10557.87**	**10146.11**	**72808**	**0.07**
卫生院	**Rural Hospitals**	**1092**	**11278.57**	**10901.69**	**388278**	**0.36**
门诊部	**Clinics**	**2229**	**2361.56**	**1977.43**	**2856**	

15－17 医疗机构病床使用情况(2019 年) Utilization of Beds of Medical Institutions(2019)

类别	Item	入院人数(人) Hospital Admissions (persons)	病床使用率(%) Utilization Rate of Beds (%)	病床周转次数(次) Turnover of Beds (time)	出院者平均住院日(日) Average Hospitalization Period (day)
合计	Total	11043284	84.99	33.6	9.0
#医院	Hospital	9925069	88.40	34.1	9.3
#社区卫生服务中心	Center of Community Service	72808	41.77	10.1	13.9
#卫生院	Rural Hospitals	388278	52.56	20.9	8.8

15－18 县(区)村卫生室基本情况
Basic Conditions of Rual Clinics on Country

项目	Item	总计 Total		村办 Villiage－run		乡卫生院设点 Township－run	
		2018	2019	2018	2019	2018	2019
机构数 (个)	Number of Institutions (unit)	11483	11593	6762	7521	1420	1151
执业(助理)医师 (人)	Licensed(Assistant)Doctors (person)	5674	5862	3870	4066		
注册护士 (人)	Registered Nurse (person)	1052	1122	757	739		
乡村医生和卫生员 (人)	Rural Doctors and Health Workers (person)	7327	6954	4769	4604	572	487
乡村医生 (人)	Rural Doctors (person)	7039	6637	4594	4424	552	466
当年考核合格的乡村医生数 (人)	Doctor Number (person)	4351	4075	2905	2748	369	319
卫生员 (人)	Health Workers (person)	288	317	175	180	20	21
年内培训人次数 (人次)	Training Number (Times)	27702	27487	18630	18810	2111	1658
总收入 (万元)	Total Income (1000 yuan)	162370.1	178471.8	108261.4	120724.7	10204.9	10077.6
医疗收入 (万元)	Pharmaceutical Income	139061.9	147372.1	91903.7	99758.7	8687.9	8400.1
药品收入 (万元)	Medical Income	109624.7	117063.7	73305.5	80588.9	7085.5	7092.4
上级补助收入 (万元)	Subsidies of Higher Level	17919.0	17714.2	13051.6	13210.9	1196.9	1043.5
总费用 (万元)	Total Expenditure (1000 yuan)	145734.9	940315.1	99267.2	892421.9	9503.6	8702.3
人员经费 (万元)	Persons Expenditure	48722.9	835126.9	32607.9	818861.4	2733.8	2433.6
药品费 (万元)	Medicines Expenditure	89919.1	96725.0	61947.8	68095.8	6382.0	5894.1
诊疗人次数 (人)	Patients Treated (persons)	45002905	50885155	29444936	33615988	1906341	1940398
其中:出诊人次数(人)	Medical Treatment Outside (persons)	656248	679460	442203	435163	32030	21677
报告疑似传染病例数 (数)	The Number of Suspected Infections Disesses (person)	1939	1835	1690	1611	51	34
参加乡镇卫生院例会次数 (次)	The Number of Rural Hospital to Psticipate in Regular Meetings (Times)	82063	80987	55179	54765	5530	4228

按设置/主办单位分 By Ownership						按行医方式分 By Type					
联合办 Combination		私人办 Privata - run		其他 Others		中医 Chinese Medicine		西医 Western Medicine		中西医结合 Combining Chinese Medicine With Western Medicine	
2018	2019	2018	2019	2018	2019	2018	2019	2018	2019	2018	2019
145	142	1949	1886	1207	893	217	215	8342	8945	2924	2433
111	113	1022	1033	671	650	194	206	3043	3175	2437	2481
8	7	198	286	89	90	21	21	590	625	441	476
78	69	1365	1317	543	477	67	79	6159	5790	1101	1085
72	69	1316	1231	505	447	65	62	5974	5610	1000	965
26	32	747	712	304	264	37	37	3695	3469	619	569
6	0	49	86	38	30	2	17	185	180	101	120
299	267	4704	4693	1958	2059	539	490	22332	22283	4831	4714
1840.6	1741.1	27417.8	29977.3	14645.5	15951.1	3639.2	4023.0	108362.9	119495.4	50368.0	54953.5
1663.9	1526.7	23890.0	25359.4	12916.5	12327.3	3155.4	3370.9	91324.4	98224.9	44582.1	45776.3
1310.7	1175.0	19023.0	20412.5	8899.9	7794.8	2411.6	2404.5	72976.3	79581.1	34236.8	35078.2
159.4	161.8	2680.9	2354.4	830.2	943.8	246.0	223.5	13740.8	13454.7	3932.2	4036.0
1593.1	1484.3	23508.6	24806.6	11862.3	12899.8	3073.5	3291.0	97999.2	889195.7	44662.2	47828.4
565.3	565.4	8652.1	8833.3	4163.8	4433.1	1019.7	1106.6	32959.0	819065.7	14744.3	14954.6
969.5	877.6	13784.2	14433.9	6835.7	7423.6	1851.6	1953.0	60511.6	65595.6	27555.9	29176.4
550843	582706	8042296	9162953	5058489	5583110	1172125	1229917	29289001	33343444	14541779	16311794
2123	3513	138300	167951	41592	51156	10721	12433	531619	574601	113908	92426
37	15	133	162	28	13	76	37	930	1031	933	767
546	417	15855	15689	4953	5888	1384	1354	65377	64805	15302	14828

15－19 城市和农村前十位疾病死亡原因和构成
Main 10 Causes of Death by Diseases in Urban and Rural Areas

2018				2019			
位次 No.	城市死因	Cause of Death in Urban Area	占死亡总数(%) As % of Total Death	位次 No.	城市死因	Cause of Death in Urban Area	占死亡总数(%) As % of Total Death
1	恶性肿瘤	Malignant Tumour	30.03	1	恶性肿瘤	Malignant Tumour	30.72
2	脑血管病	Cerebrovasular Disease	17.25	2	脑血管病	Cerebrovasular Disease	17.86
3	心脏病	Heart Trouble	14.63	3	心脏病	Heart Trouble	14.95
4	呼吸系统疾病	Respiratory Disease	13.99	4	呼吸系统疾病	Respiratory Disease	12.21
5	损伤和中毒	Trauma and Toxicosis	9.15	5	损伤和中毒	Trauma and Toxicosis	9.07
6	内分泌,营养和代谢的其他疾病	Other Diseases of Endocrine, Nutrilion and Supersession	3.12	6	内分泌,营养和代谢的其他疾病	Other Diseases of Endocrine, Nutrilion and Supersession	3.09
7	消化系统疾病	Disease of Digestion System	2.21	7	神经系统疾病	Mental Disease	2.29
8	神经系统疾病	Mental Disease	2.14	8	消化系统疾病	Disease of Digestion System	2.26
9	传染病和寄生虫病	Infections and Parasite Disease	1.03	9	泌尿生殖系统疾病	Urinary Disease	1.17
10	泌尿生殖系统疾病	Urinary Disease	1.18	10	传染病和寄生虫病	Infections and Parasite Disease	1.03
	合计	Total	94.73		合计	Total	94.65

2018				2019			
位次 No.	农村死因	Cause of Death in Rural Area	占死亡总数(%) As % of Total Death	位次 No.	农村死因	Cause of Death in Rural Area	占死亡总数(%) As % of Total Death
1	恶性肿瘤	Malignant Tumour	28.88	1	恶性肿瘤	Malignant Tumour	29.38
2	脑血管病	Cerebrovasular Disease	18.36	2	脑血管病	Cerebrovasular Disease	18.8
3	呼吸系统疾病	Respiratory Disease	13.99	3	心脏病	Heart Trouble	14.11
4	心脏病	Heart Trouble	14.36	4	呼吸系统疾病	Respiratory Disease	12.05
5	损伤和中毒	Trauma and Toxicosis	9.58	5	损伤和中毒	Trauma and Toxicosis	9.94
6	内分泌、营养和代谢的其他疾病	Other Diseases of Endocrine, Nutrilion and Supersession	2.95	6	内分泌、营养和代谢的其他疾病	Other Diseases of Endocrine, Nutrilion and Supersession	3.25
7	消化系统疾病	Disease of Digestion System	2.34	7	神经系统疾病	Mental Disease	2.57
8	神经系统疾病	Mental Disease	2.31	8	消化系统疾病	Disease of Digestion System	2.45
9	泌尿生殖系统疾病	Urinary Disease	1.25	9	泌尿生殖系统疾病	Urinary Disease	1.17
10	传染病和寄生虫病	Infections and Parasite Disease	1.12	10	传染病和寄生虫病	Infections and Parasite Disease	1.14
	合计	Total	95.14		合计	Total	94.86

浙/江/统/计/年/鉴

主要统计指标解释

■ 文化事业机构

指从事专业文化工作和为专业文化工作服务的独立建制的单独核算的单位。不包括这些单位另外举办独立核算的其他机构和各部门的业余文化组织。

■ 艺术表演团体

指从事戏曲、音乐、舞蹈、杂技等专业艺术表演，有独立帐户，实行单独核算的团体。不包括半工半艺、半农半艺和民间职业剧团。

■ 电影放映单位

指具有放映机器设备、固定或不固定的放映场所与专职或兼职的放映技术人员，经有关部门登记批准，经常为一定的观众对象放映电影的机构。包括经批准对外开放进行营业，并与电影发行放映管理机构分帐的专用放映单位和军委系统租片单位。

■ 等级运动员人数

指经考核正式批准授予等级运动员称号的人数。运动员等级分为国际级运动健将、运动健将、一级运动员、二级运动员、三级运动员、少年级运动员 。

■ 等级裁判员人数

指经考核正式批准授予等级裁判员称号的人数。裁判员等级分为国际裁判、国家级裁判、一级裁判、二级裁判、三级裁判。

■ 医院

指名称为医院，设有固定床位能收容病人住院并能为病人提供医疗、护理服务的医疗机构。包括县及县以上医院、农村乡卫生院、其他医院三部分。按所属性质分为卫生部门、工业及其他部门，集体经济单位三类。其中县及县以上医院按业务性质分为综合医院和专科医院。

■ 卫生技术人员

指卫生事业机构支付工资的全部固定职工和合同制职工中现任职务为卫生技术工作的专业人员。包括中医师、西医师、中西医结合高级医师、护师、中药师、西药师、检验师、其他技师、中医士、西医士、护士、助产士、中药剂士、西药剂士 、检验士、其他技士、其他中医、护理员、中药剂员、西药剂员、检验员，其他初级卫生技术人员。

■ 医生

指领取职业医生证书，从事医疗工作的专业人员。分为中医医生、西医医生和助理中西医医生。

ZHEJIANG STATISTICAL YEARBOOK

Explanatory Notes on Main Statistical Indicators

□ Cultural Institutions

refer to units which have their own organizational system and independent accounting system and specialize in or serve cultural development. They exclude other establishments run by these cultural institutions and amateur cultural groups established by various departments.

□ Art Troupe

refers to the troupe which is engaged in drama, opera, music, dance, acrobatics or other art performance, opens independent accounts with banks and has self - supporting accounting system; excluding the troupes which are engaged partly in industrial or agricultural activities, partly in art performance and the professional troupes organized by the people.

□ Film Projection Units

refer to units with film projection equipment, full or part - time projectionists, permanent or non - permanent places, approved by related administrative departments to show films regularly for certain groups of audience, including those film projection units which have been approved to give commercial shows and run business with independent accounting system as well as those film - renting units of the military system.

□ Number of Athletes in Grades

refers to the number of at athletes who have been given titles through examination. The titles of athletes include international masters of sports, masters of sports, first - grade, second - grade and third - grade sportsmen and young athletes.

□ Number of Referees in Grades

refers to the number of referees who have been given titles after examination. They are classified as international referees, national referees and referees of the first, second and third grades.

□ Hospitals

refer to medical institutions named as "hospital" with permanent hospital beds, which are able to take in patients and provide them with medical and nursing services. Hospitals are classified into three categories: hospitals at or above the county level, hospitals of rural townships, and other hospitals. According to their ownership, hospitals can be classified into three categories: hospitals under the public health departments, hospitals under industrial and other departments and Collective Owned hospitals. Hospitals at or above county level are divided into comprehensive and specialized hospitals.

□ Medical Technical Personnel

refers to all permanent medical staff and workers employed by medical institutions, including doctors of Chinese and Western medicine, senior doctors who integrate traditional Chinese thrapeutics with Western thrapeutics in practice, senior nurses, pharmacists of Chinese and Western medicine, laboratory specialists, other specialists, paramedics of Chinese and Western medicine, nurses, midwives, druggists in Chinese and Western medicine, laboratory technicians, other technicians, other practitioners of Chinese medicine, nursing attendants, pharmacological workers of Chinese and Western medicine, laboratory workers, and other primary medical personnel.

□ Doctors

refer to qualified professional medical workers approved to practice by public health departments. They are classified into doctors of Chinese medicine, doctors of Western medicine, Assistant Doctors.

2020
浙江统计年鉴
ZHEJIANG STATISTICAL YEARBOOK

档案、司法、社会福利和工会组织
Archives,Judicature,Social Welfare and Labour Union

16－1 档案事业机构和人员数
Number of Persons and Instituions of Archives

项目	Item	机构数（个）Number of Institutions (unit)				专职人员数（人）Full－time Persons (person)			
		2016	2017	2018	2019	2016	2017	2018	2019
总计	**Total**	**5859**	**6113**	**213**	**215**	**6958**	**7014**	**5055**	**5148**
档案行政管理部门	Administrative Department of Archives	99	99	99	101	1318	1342	1216	179
档案馆	Archives	114	114	114	114	654	568	589	1594
档案室(处、科)	Archive Offices(Sections)	5646	5900			4986	5104	3250	3375

续表 Continued

项目	Item	#女性 Female				#大专以上文化程度 College and Higher Level			
		2016	2017	2018	2019	2016	2017	2018	2019
总计	**Total**	**4853**	**4816**	**3463**	**3423**	**6481**	**6526**	**4792**	**4880**
档案行政管理部门	Administrative Department of Archives	585	587	534	82	1294	1302	1206	178
档案馆	Archives	347	305	315	733	640	559	585	1582
档案室(处、科)	Archive Offices(Sections)	3921	3924	2614	2608	4547	4665	3001	3120

16－2 档案馆档案资料馆藏和利用情况(2007－2019 年)
Conditions and Files Stored and Used in the Archives(2007－2019)

项目		Item		2007	2008	2009
馆藏档案		**Archives Stored**				
全　宗	（个）	Whole Volume	(unit)	17772	17888	18260
案　卷	（万卷、件）	Files	(10000 volumes, part)	1066	1118	1173
录音录像影片	（盘）	Records, Films on Videotape	(copy)	16824	17801	23855
照　片	（万张）	Pictures	(10000 Pieces)	135.00	144.94	158.87
馆藏资料	**（万册）**	**Number of Material Stored**	**(10000 volumes)**	**114.00**	**116.53**	**124.75**
档案馆面积	**（平方米）**	**Areas of Archives**	**(sq. m)**	**268856**	**298709**	**318659**
#库房建筑面积		Areas of Storerooms		120018	126447	127168
档案资料利用		**Use of Archive Material**				
利用人次	（万人次）	Number of Persons Using Material	(10000 person－times)	20.00	21.85	26.36
利用档案	（万卷、次）	Number of Archives Used	(10000 volume－times)	63.00	74.75	56.09
利用资料	（万册、次）	Number of Material Used	(10000 volume－times)	3.60	2.69	3.69
复　制	（万页）	Copies	(10000 pages)	80.00	90.66	87.27
开放档案		**Opening Archives**				
全　宗	（个）	Whole Volume	(Number)	10240	10517	10580
案　卷	（万卷）	Files	(10000 volumes, part)	233.00	256.22	282.83

注：2013 年起案卷的计量单位改为万卷、件。

2010	2011	2012	2013	2014	2015	2016	2017	2018	2019
18606	19289	19491	19608	20016	20342	20638	20906	20993	21358
1310	1399	1446	2269	2609	2946	3140	3506	3865	4274
23282	24778	29194	32213	36608	39933	40974	34010	35038	40509
170.00	177.56	185.40	181.00	234.00	251.00	257.00	258.57	190.00	203.00
127.00	124.95	124.22	179.45	133.00	133.00	135.00	147.00	146.00	153.00
351321	399899	389569	391816	468545	486864	570315	691479	725842	792426
126535	132358	132231	140090	154880	162963	185242	215564	229112	263314
27.00	64.06	50.66	47.36	45.00	47.52	47.12	48.72	47.00	42.00
56.06	186.00	138.49	121.81	142.00	177.52	140.62	150.44	150.71	156.00
4.00	2.67	7.10	7.15	15.50	5.60	6.78	6.16	7.00	2.55
102.41	137.11								
11062	11866	11711	11958	12375	12389	12664	13122		
301.96	321.61	328.11	458.23	448.37	446.86	559.42	693.00	468.00	543.00

The unit of files adjusted since 2013.

16－3 工会、妇联工作情况(2009－2019年)
Basic statistics on Unions and Women Federation(2009－2019)

项目		Item		2009	2010
工会情况		**Basic Statistics on Unions**			
基层工会组织数	(个)	Number of Grass Roots Unions	(Number)	110416	117501
全省已建立工会组织的基层单位职工和会员人数		Membership and Number of Staff and Workers in Grass Roots Unions			
在岗职工人数	(万人)	Number of Staff and Workers	(10000 persons)	1415.99	1569.35
#女职工	(万人)	Female	(10000 persons)	624.35	687.79
会员人数	(万人)	Membership	(10000 persons)	1307.32	1468.97
#女会员	(万人)	Female	(10000 persons)	583.74	652.65
工会专职干部	(万人)	Full－time Cadres	(10000 persons)	1.56	1.38
提出合理化建议	(万件)	Advanced Rationalization Proposals	(10 Kilo－Piece)	27.39	34.14
组织职工技术培训数	(万人)	Enterprise	(10000 persons)		
建立劳动保护监督检查委员会	(个)	Commissions for Labour protection Supervising and inspecting	(Number)	42657	48577
建立了工会劳动法律监督组织	(个)	Organization of Labor Law Supervision Established by Grass Roots Unions	(Number)	38657	45075
建立劳动争议调解委员会	(个)	Labour dispute mediation Committee	(Number)	46005	53437
劳动争议调解委员会受理劳动争议	(件)	Number of Technical Training for Staff and Workers	(Piece)		
劳动争议调解委员会调解成功劳动争议	(件)	Disputes resolved through mediation by the committees	(Piece)	9653	6421
全省签订综合集体合同数	(件)	Number of Comprehensive Collective Contract	(Piece)		
全省签订工作专项集体合同数	(件)	Number of Special Collective Contract	(Piece)		
参加工会开展的职工医疗互助活动人数	(万人)	Number of Workers Who Take Part in the Employee Medical Assistance	(10000 persons)		
妇联工作情况		**Condition of the Women Federation**			
妇联的基层组织数	(个)	Number of Grass Roots Women Federation	(Number)	34503	34337
接受技术培训人数	(万人)	Number of Women Participating in Technical Training	(10000 persons)	53.30	70.33
创建巾帼文明岗数量	(人)	The Demonstration Posts of Women Civilization	(person)	2665	2423
评选巾帼建功标兵数量	(人)	Number of Persons	(person)	814	912
来信来访处理情况		Treatment of the Letters From the People and the Persons Coming to Visit			
婚姻家庭权益信访案件	(件)	Petition Cases of Marriage and Family Rights and Interests	(Piece)		
侵犯妇女财产权利信访案件	(件)	Petition Letter and Visit Cases about Woman's Property Right be Violated	(Piece)	1581	1487
"最美家庭"户数	(万户)	Number of Most Beautiful Families	(10 Kilo－door)		

注：自2011年起接受技术培训人数统计口径有调整。
The data of number of women participating in technical training was adjusted since 2011.

2011	2012	2013	2014	2015	2016	2017	2018	2019
134706	143885	149865	153220	151330	150155	149731	148909	137855
1770.70	2011.04	2098.18	2142.22	2097.11	2119.73	2136.37	2135.56	1949.30
778.49	862.39	891.27	905.43	885.30	890.73	893.88	889.90	822.74
1669.22	1925.75	2010.34	2055.15	2027.83	2056.51	2071.79	2069.47	1883.21
739.90	831.71	865.38	880.33	864.98	872.33	875.18	869.53	802.29
1.80	1.75	1.26	1.37	1.51	1.49	1.69	1.85	1.86
36.00	46.53	42.12	90.30	51.95	36.26	28.10	26.30	20.78
			49.80	52.40	37.01	42.05	50.25	45.65
66083	70031	88385	102998	101724	104568	108255	110032	106103
53883	57646	68971	7286	72450	77183	54548	78560	100197
63753	62278	83380	92207	95704	96653	73867	83341	74005
			21489	16078	9705	9030	7771	4110
10459	8733	12668	12513	11303	5724	4937	3431	3261
			116206	129603	124209	103204	84778	83886
			114088	126777	121722	103114	88419	88948
			422.33	698.87	736.50	828.54	736.30	851
33508	33548	33993	35209	32780	33465	32777	30044	26854
38.68	25.94	38.09	24.31	32.69	78.04	24.37	90.18	78.16
2437	1955	3385	2249	2312	1505	2047	2330	2234
864	885	961	782	652	718	679	792	385
						6108	4390	4650
892	1034	901	860	787	475	575	894	506
						8.16	12.71	10.65

16－4 律师、公证及调解工作基本情况(2009－2019年) Basic Statistics on Lawyers, Notarization and Mediation(2009－2019)

项目		Item		2009	2010
律师工作		**Lawyers**			
律师事务所	(个)	Number of Law Offices	(unit)	787	868
律师工作人员	(人)	Number of Lawyers	(person)	11917	12994
专职律师	(人)	Full Time Lawyer	(person)		
兼职律师	(人)	Part Time lawyer	(person)		
公职律师	(人)	Public Office Lawyers	(person)		
公司律师	(人)	Corporate Lawyer	(person)		
法律援助律师	(人)	Legal Aid Lawyers	(person)		
港澳台律师	(人)	Lawyers from Hong Kong, Macao and Taiwan	(person)		
实习律师	(人)	Apprentice Lawyers	(person)		
律所行政人员	(人)	Law Firm Executives	(person)		
聘请担任常年法律顾问单位	(处)	Number of Units with Permanent Legal Advisors	(solum)	28144	33076
民事诉讼代理	(件)	Agent of Civil Cases	(Piece)	168615	152714
刑事辩护及代理	(件)	Defending and Agent of Criminal Cases	(Piece)	24813	28410
非诉讼法律事务	(件)	Agent of Non litigious Legal Affairs	(Piece)	14541	16645
解答法律咨询	(人次)	Legal Advisory Services	(Times)	245373	191413
代写法律事务文书	(件)	Agent of Legal Document Written on Behalf of Clients	(Piece)	22374	23091
公证工作		Notarization			
公证处	(个)	Number of Notary Offices	(unit)	92	92
公证人员	(人)	Notarial Personnel	(person)	957	1044
#公证员	(人)	Notaries	(person)	365	383
公证员助理	(人)	Assistant Notaries	(person)	306	378
办理国内公证文书	(件)	Number of Domestic Notarized Documents	(case)	447429	486654
人民调解工作		People's Mediation			
专职司法助理员	(人)	Number of Full－time Judicial Assistants	(person)	3269	5005
人民调解委员会	(个)	Number of People's Mediation Committees	(unit)	47056	46688
调解人员	(人)	Number of Mediators	(person)	175849	174422
调解民事纠纷	(件)	Number of Civil Disputes Mediated	(case)	357388	408744
法律援助机构	(个)	Assistance Institution of Law	(unit)	102	102
工作人员	(人)	Staff and Workers	(person)	461	511
承办案件总数	(件)	Number of Cases Accepted	(case)	37730	41811
受援人总数	(人)	Number of Persons Being Assisted	(person)	44509	47210

2011	2012	2013	2014	2015	2016	2017	2018	2019
957	1021	1072	1158	1269	1348	1465	1518	1572
14623	15698	16657	18680	20115	22201	24537	26912	30784
							18039	20060
							588	616
							2026	2444
							102	153
							311	356
							7	8
							2613	3205
							3226	3942
35941	63978	37623	39614	42472	41295	47407	54636	61679
158360	173321	181043	226327	274484	310155	346392	393212	453148
25576	27396	23992	32733	37155	43934	48163	52844	67051
18364	15949	16716	16120	18618	19316	25697	30291	34128
196616	190738	201693	201913	221203	124574	114519	142839	129550
20927	20201	21688	19384	17504	11163	12115	18166	16956
92	92	92	92	92	92	92	92	92
1133	1186	1252	1305	1284	1337	1454	1558	1762
395	408	410	418	450	467	479	511	536
443	447	509	489	444	473	451	453	592
483449	494958	606423	497469	552671	626542	654289	569655	532639
3527	4533	3598	3533	3522	3421	3139	2846	2566
45805	45050	44032	42731	42136	41180	38944	35009	31865
174570	173677	170704	158310	156698	153955	150309	130304	127303
492858	562072	601314	598686	589883	590448	608523	643754	617658
102	102	103	102	103	103	105	102	102
501	530	529	540	530	517	549	573	571
44917	58965	75129	84383	92667	99149	83567	101913	105685
53153	73053	84921	98292	105057	101528	84449	102513	105933

16－5 司法公证文书分类(2015－2019 年)
Classification of Judicial Notarization Documents(2015－2019)

单位:件(case)

项目	Item	2015	2016	2017	2018	2019
办理公证(出证)总数	**Total Number of Notarization (Certification)**	**772149**	**832961**	**841528**	**765726**	**727873**
国内公证数	Domestic Notarization	552671	626542	654289	569655	532639
涉外公证数	foreign－related Notarization	211641	199420	181268	190065	189421
涉港澳台公证数	Notarization Involving Hong Kong, Macao and Taiwan	7837	6999	5971	6006	5813
公证文书分类	**Classification of Judicial Notarization Documents**					
合同(协议)	Contract (Agreement)	115094	120196	113118	90303	61961
委托	Entrust	63353	80481	96860	142646	144359
声明	Statement	22666	21829	29758	41617	45698
赠与	Gift	1108	765	718	1863	2455
遗嘱	Will	3549	4358	5133	7778	8191
现场监督	On－the－spot Supervision	38954	45476	62335	45268	43472
出生、死亡、生存、居住	Birth, Death, Live				24451	22935
学历(学位)、职务(职称)、经历	Education Background (Degree), Job Title (Professional Technical Title) and Experience				5222	4650
继承	Succession document	53953	61752	69585	76150	79038
保全证据	Preserve Evidence	16721	23935	27613	40880	41109
公司章程	Articles of Association				146	161
收养、亲属关系、婚姻状况	Adoption, Relationship and Marital Status	2143	1990	1810	33003	31909
有无违法犯罪记录	Having or not Having Illegal and Criminal Record	1500	2026	1336	20858	21262
证书(执照)	Certificate (Licence)	3134	4771	5560	57471	59254
签名(印鉴)	Signature (Seal)	94611	142054	132794	44957	40824
文本相符	Text Matching	20676	26530	20361	49577	44496
赋予执行效力	Give Effect to Execution	81749	59973	48651	29587	27193
执行证书	Execution Certificate	798	1797	1115	357	238
抵押登记	Mortgage Registration	16456	17940	23171	27770	26200
提存	Deposit	242	339	478	532	1131
保管	Safekeeping	39	107	58	27	367
其他	Other	11460	5024	9118	25263	20970

16－6 调解民间纠纷分类(2009－2019年)
Civil Disputes Mediated by Type(2009－2019)

单位:件(case)

分类	Item	2009	2010	2011	2012	2013
合　计	**Total**	**357388**	**408744**	**492858**	**562072**	**601314**
婚　姻	Marriages	40078	45628	52534	50762	51544
邻　里	Neighbor Disputes	75971	88362	99751	103940	102239
合　同	Contracts	14176	15369	14851	17146	18421
损害赔偿	Compensation for Damages	91245	60703	60728	57361	65421
劳　动	Labour Dispates	31620	32529	36342	34956	34692
环境污染	Environmental Pollution					
电子商务	Electronic Commerce					
征地拆迁	Land Acquisition and Demolition					
医　疗	Medical Care					
物　业	Estate Management					
房屋、宅基地	Housing and Housing Sites	20355	22931	24610	24092	21413
其　他	Others	51169	107123	167669	234847	90239

续表　Continued

单位:件(case)

分类	Item	2014	2015	2016	2017	2018	2019
合　计	**Total**	**598686**	**589883**	**590448**	**608523**	**643754**	**617658**
婚　姻	Marriages	53516	52286	54213	56007	56585	55760
邻　里	Neighbor Disputes	103261	98119	105644	106348	108918	91525
合　同	Contracts	21734	22962	23258	28184	30999	31160
损害赔偿	Compensation for Damages	70811	74776	75280	76808	83863	80907
劳　动	Labour Dispates	35437	34978	33401	34379	37388	36921
环境污染	Environmental Pollution					4698	4445
电子商务	Electronic Commerce					10648	10970
征地拆迁	Land Acquisition and Demolition					14786	14252
医　疗	Medical Care					4015	4111
物　业	Estate Management					19049	18979
房屋、宅基地	Housing and Housing Sites	19495	16283	16442	17004	14963	14782
其　他	Others	85134	76935	263362	280854	105586	106182

16-7 社会工作单位基本情况(2009-2019年)
Basic Information of Social Work Units(2009-2019)

分类	Item	2009	2010	2011	2012	2013
提供住宿的社会服务机构 (个)	Social Service Institutions Providing Accommodation (unit)	1633	1695	1863	1979	2089
养老机构 (个)	Pension Institutions (unit)					
精神疾病服务机构 (个)	Psychiatric Services (unit)					
儿童福利和救助机构 (个)	Child Welfare and Relief Agencies (unit)					
其他提供住宿机构 (个)	Other (unit)					
社会服务机构床位数 (万张)	Number of Beds in Social Service Institutions (10000 bed)	17.25	19.42	21.80	24.92	27.96
社会服务机构收养人数 (万人)	Number of Adoptions by Social Service Institutions (10000 persons)	10.40	10.88	11.96	12.70	14.04
殡葬事业单位 (个)	Funeral and Interment Services Institutions (unit)	226	240	240	251	217

续表 Continued

分类	Item	2014	2015	2016	2017	2018	2019
提供住宿的社会服务机构 (个)	Social Service Institutions Providing Accommodation (unit)	2030	1348	1422	1502	1538	1765
养老机构 (个)	Pension Institutions (unit)					1464	1675
精神疾病服务机构 (个)	Psychiatric Services (unit)					2	2
儿童福利和救助机构 (个)	Child Welfare and Relief Agencies (unit)					17	34
其他提供住宿机构 (个)	Other (unit)					55	54
社会服务机构床位数 (万张)	Number of Beds in Social Service Institutions (10000 bed)	29.82	22.92	38.40	28.05	29.63	32.04
社会服务机构收养人数 (万人)	Number of Adoptions by Social Service Institutions (10000 persons)	14.22	10.20	11.10	12.11	12.78	12.80
殡葬事业单位(个)	Funeral and Interment Services Institutions (unit)	225	225	225	216	215	240

注:自2015年起提供住宿的社会服务机构口径调整。Since 2015, the indicator caliber of social service institutions providing accommodation has beenadjusted.

16－8 享受国家抚恤、补助及救济人员情况(2009－2019年)
Pensons Enjoying Subsidy and Commiseration of Country(2009－2019)

单位:人、户(person,household)

项目	Item	2009	2010	2011	2012	2013
享受定期抚恤人数	Number of Persons Receiving Periodical Commiseration	5478	5501	5382	5419	4872
革命伤残人员抚恤人数	Number of Persons Receiving Disability Commiseration	22255	22004	21879	22232	22285
享受定期补助优抚对象数	Number of Persons Receiving Periodical Subsidies	90299	90653	119449	182445	235293
#在乡复员军人数	Rural Demobilized Soldier	33972	31910	29711	27418	23048
在乡退伍军人数	Rural Veteran	29543	30780	34688	26224	23536

续表 Continued

单位:人、户(person,household)

项目	Item	2014	2015	2016	2017	2018	2019
享受定期抚恤人数	Number of Persons Receiving Periodical Commiseration	4897	4758	4426	4309	4241	4030
革命伤残人员抚恤人数	Number of Persons Receiving Disability Commiseration	22246	22369	22598	22344	22632	23091
享受定期补助优抚对象数	Number of Persons Receiving Periodical Subsidies	249113	271970	279624	290730	329532	340489
#在乡复员军人数	Rural Demobilized Soldier	20736	18517	16284	14068	11433	9916
在乡退伍军人数	Rural Veteran	20193	17948	16398	15928	15520	15272

16－9 最低生活保障和救济情况(2009－2019年)
Basic Statistics of Lowest Cost－of－Living and Relief(2009－2019)

项目	Item	2009	2010	2011	2012	2013
最低生活保障人数（万人）	Number of Person Receiving Lowest Cost－of－Living (10000 persons)	70.40	70.67	71.09	68.56	66.05
#城镇	Urban	9.33	8.98	8.76	7.85	7.18
#农村(含特困)	Rural	61.08	61.70	62.33	60.71	58.87
保障资金总额（亿元）	Amount of Security Money (100 million yuan)	12.15	14.71	18.98	22.19	24.32
#城镇	Urban	2.97	3.44	4.17	4.37	4.38
#农村(不含特困)	Rural	9.18	11.27	14.81	17.82	19.94

续表 Continued

项目	Item	2014	2015	2016	2017	2018	2019
最低生活保障人数（万人）	Number of Person Receiving Lowest Cost－of－Living (10000 persons)	60.78	67.54	82.26	81.40	72.59	65.5
#城镇	Urban	6.43	7.32	10.89	22.17	21.98	19.43
#农村(含特困)	Rural	54.35	60.22	71.37	59.23	50.61	48.68
保障资金总额（亿元）	Amount of Security Money (100 million yuan)	24.41	26.44	35.10	42.13	45.71	48.42
#城镇	Urban	4.20	4.49	6.35	13.49	14.55	15.14
#农村(不含特困)	Rural	20.21	21.95	28.75	28.64	31.16	33.28

注：农村最低生活保障人数中包含了农村特困供养人数。Number of Persons Receiving Lowed Cost－of－Living in Rual Areas include Number of Persons with Livlihood Guaranteed in Five Aspects.

16－10 内地居民婚姻登记情况(2009－2019 年)
Conditions of Marriages(2009－2019)

项目		Item		2009	2010	2011	2012	2013
准予登记结婚数	**(对)**	**Registered Marriages**	**(couple)**	**427614**	**431568**	**440931**	**441984**	**422174**
初婚数	(人)	First Marriages	(person)	755950	757741	775973	770792	712969
恢复结婚数	(对)	Resume Marriages	(couple)	5856	7527	8796	10229	11758
再婚数	(人)	Remarriages	(person)	99278	105395	105889	113176	131379
男	(人)	Male	(person)	47832	48384	51631	53731	69154
女	(人)	Female	(person)	51446	57011	54258	59445	62225
准予登记离婚数	**(对)**	**Divorces Approved**	**(couple)**	**82902**	**87671**	**90442**	**98082**	**108097**
内地居民登记离婚	(对)	Mainland residents to register a divorce	(couple)	82541	87309	90024	97628	107546
涉外及华侨、港澳台居民登记离婚	(对)	Concerning foreign affairs and overseas Chinese, Hong Kong, Macao and Taiwan residents to register a divorce	(couple)	361	362	418	454	551

续表 Continued

项目		Item		2014	2015	2016	2017	2018	2019
准予登记结婚数	**(对)**	**Registered Marriages**	**(couple)**	**436802**	**392478**	**366823**	**344449**	**337295**	**293615**
初婚数	(人)	First Marriages	(person)	732704	648666	605781	572689	561895	435469
恢复结婚数	(对)	Resume Marriages	(person)	10305	10619	13195	24952	24329	23354
再婚数	(人)	Remarriages	(person)	140900	136290	127865	116209	112695	151761
男	(人)	Male	(person)	67692	66321	62457	53836	52791	71230
女	(人)	Female	(person)	73208	69969	65408	62373	59904	80531
准予登记离婚数	**(对)**	**Divorces Approved**	**(couple)**	**111040**	**115062**	**122870**	**132855**	**129619**	**130272**
内地居民登记离婚	(对)	Mainland residents to register a divorce	(couple)	110637	114669	122483	132547	129249	129911
涉外及华侨、港澳台居民登记离婚	(对)	Concerning foreign affairs and overseas Chinese, Hong Kong, Macao and Taiwan residents to register a divorce	(couple)	403	393	387	308	370	361

16－11 社会保险参保人员基本情况(2014－2019 年)
Basic Statistics of Persons Participating in Social Insurance(2014－2019)

单位:万人(10000 persons)

项目	Item	2014	2015	2016	2017	2018	2019
基本养老保险参保人数	Number of Basic Endowment Insurance Participants	3890.14	3790.17	3740.06	3913.07	4081.25	4231.15
城镇职工基本养老保险参保人数	Insured Number of Basic Endowment Insurance for Urban Employees		2504.28	2506.94	2712.37	2883.41	3031.72
企业职工基本养老保险参保人数	Insured Number of Basic Endowment Insurance for Enterprise Employees		2398.40	2323.02	2500.66	2664.68	2807.34
机关事业单位参保人数	Insured Number of Institutions		105.88	183.92	211.71	218.73	224.38
城乡居民社会养老保险参保人数	Number of Urban and Rural Residents Covered by Social Endowment Insurance		1285.89	1233.12	1200.70	1197.84	1199.43
失业保险参保人数	Number of People Covered by Unemployment Insurance	1210.13	1260.25	1317.00	1382.85	1478.36	1561.72
工伤保险参保人数	Insured Number of Work Injury Insurance	1899.41	1930.12	1880.72	1977.17	2087.84	2257.44

16－12 医疗保险参保人员基本情况(2014－2019 年)
Basic Information of Medical Insurance Participants(2014－2019)

单位:万人(10000 persons)

项目	Item	2014	2015	2016	2017	2018	2019
基本医疗保险参保人数	Number of Basic Medical Insurance Participants	4847.59	4964.14	4993.28	5251.64	5368.70	5461.46
职工基本医疗保险参保人数	Number of Employees Participating in Basic Medical Insurance	1900.05	1992.70	2017.49	2117.44	2277.04	2426.61
城乡居民基本医疗保险参保人数	Number of Urban and Rural Residents Participating in Basic Medical Insurance	2947.54	2971.44	2975.79	3134.20	3091.66	3034.85
生育保险参保人数	Number of Persons Covered by Maternity Insurance	1248.94	1285.18	1294.36	1392.97	1477.34	1561.06
医疗救济支出(亿元)	Medical Relief Expenditure(100 million yuan)	9.68	10.45	12.38	15.20	20.09	23.30

浙/江/统/计/年/鉴

主要统计指标解释

■ 社会福利事业单位

指集中收养社会孤老,残,幼的机构。包括由民政部门管理的社会福利院、儿童福利院、精神病人福利院和城镇集体办的福利院,以及农村集体举办的敬老院。

■ 社会福利事业单位收养人数

包括民政部门管理和城镇及农村集体举办的社会福利事业单位中收养的老人,少年儿童,缺乏生活自理能力的残疾人员和精神病人。

■ 社会福利企业单位

指以安置城镇有一定劳动能力的盲,聋,哑和肢体残疾人员就业为目的,享受国家减免税待遇的国有或集体经济性质的企业。包括福利工厂、福利商业服务业、假肢厂和安置农场等单位。

■ 律师

指受聘参加法律顾问处工作,提任法律顾问、刑(民)事代理人、刑事辩护人、办理非诉讼事件、解答法律询问、代定法律事务文书等主要从事律师业务的专职法律工作者和兼职律师。

■ 公证人员

指在国家公证机关依法办理公证事务的司法人员。包括公证员、助理公证员和在公证员和在公证处工作的其他人员。

■ 办理公证文书

指公证处在一定时期内办结的公证文书件数。公证文书系按司法部规定或批准的格式制作。包括国内公证和涉外公证两部分。其中国内公证分为经济合同公证和民事法律关系公证两大类。

■ 调解人员

在人民调解委员会担负调解民间一般民事纠纷和轻微违法行为所引起和纠纷的工作人员。包括调解委员会的委员和调解小组的调解员。

■ 调解民间纠纷

指调解委员会依照法律规定,根据自愿原则,用说服教育的方法调解民间发生的有关民事权利和义务的争执,促成当事双方达到协议和谅解,解决纠纷。包括婚姻家庭纠纷,财产权益纠纷等。不包括法院受理调解的民事案件数。

■ 受理劳动争议案件数

是指劳动争议仲裁委员会根据国家有关规定,对劳动争议当事人的申请予以审查,符合受理条件而正式立案,准备处理的劳动争议案件数。

■ 离休、退休、通职人员

指正式办理了离休、退休、退职手续,并享受相应的离休、退休、退职待遇的人员。

■ 保险福利费用

指企业、事业、机关单位在工资以外实际支付给职工和离休、退休、退职人员个人以及用于集体的劳动保险和福利费用。

Explanatory Notes on Main Statistical Indicators

□ Social Welfare Institutions

refer to institutions taking care of old people without children, handicapped people and orphans. They include social welfare institutions run by civil affairs departments, children's welfare institutions social welfare institutions for mental patients, and Collective Owned old people's homes in tual areas.

□ Number of People Taken in by Social Welfare Institutions

refers to the number of old people, children, totally dependent handicapped people and mental patiens taken in by scoial welfare institutions run by civil affairs departments and those run by collective units in urban and rural aress.

□ Social Welfare Enterprises

are Collective Owned enterprises which employ the blind, deaf-mute, and other handicapped people who are able to work in cities and towns and enjoy exemption from state taxes, including welfare plants, welfare commercial services, artificial limb plants and farms, etc.

□ Lawyers

are legal workers who are employed full – time by legal counseling firms to act as legal advisres, agents in criminal or civil lawsuits, or defenders in criminal lawsuits, or to handle non – litigious legal affairs, to advise on matters of law or to write legal papers for others. Both full-time and part – time lawyers are included.

□ Notary Personnel

refers to judicial workers of the state notary offices handing notarization work according to law. They include notaries, assistant notaries, and other people working for notary offices.

□ Notarized Documents

refer to the documents settled by notary offices in a year . The notarial documents are drawn up in accordance with the regulations of the Ministry of Justice, including domestic documents and foreign – related documents. Domestic documents are divided into two major categoriees, documents on economic contracts and documents on civil legal relations.

□ Mediators

refer to workers on people's mediation committees responsible for mediating in civil dispites and cases of slight infraction of the law. They include members of the mediation committees and mediators of mediation groups.

□ Mediation of Civil Disputes

refers to mediation committees' work in mediating in civi ldisputes concerning civil rights and duties through persuasion and education in accordance with the provisions of law on a voluntary basis, so as to solve disputes by helping the parties involved come to an agreement and understanding. These disputes include divorce cases and disputes over property ownership, but exclude the civil cases to be handled by the court.

□ Number of Labour Dispute Cases Accepted

refers to the number of cases of labour dispute submitted that, after being reviewed by the labour dispute arbitration committees in line with the relevant state regulations, are accepted and registered for trearment.

□ Retired or Resigned Personnel

refers to the persons who have formally gone through the formalities for their retorement or quitting work and enjoy the corresponding treatments.

□ Insurance and welfare funds

refers to labour insurance and welfare fund paid by enterprises, organizations and institutions to their staff and workers as well as retired and resigned in addition to their wages and salaries.

2020 浙江统计年鉴

ZHEJIANG STATISTICAL YEARBOOK

CHAPTER 17

各市、县国民经济主要经济指标

Major Indicators of National Economy by City,Prefecture and County

17－1 各市土地面积和行政区划(2019年)
Land Area and Administrative Divisions by City (2019)

城市	City	土地面积(平方公里) Land Area (sq. m)	市辖区(个) Districts Under City Administration (unit)	县(县级市)(个) Counties (Cities) (unit)	建制镇(个) Towns (unit)	乡(个) Townships (unit)	村(个) Villages (unit)
杭州市	Hangzhou	16850	10	3	75	23	2011
宁波市	Ningbo	9816	6	4	73	10	2477
温州市	Wenzhou	12110	4	8	92	26	3034
嘉兴市	Jiaxing	4223	2	5	42		755
湖州市	Huzhou	5820	2	3	39	6	988
绍兴市	Shaoxing	8279	3	3	49	7	1597
金华市	Jinhua	10942	2	7	74	31	2850
衢州市	Quzhou	8845	2	4	43	39	1482
舟山市	Zhoushan	1459	2	2	17	5	284
台州市	Taizhou	10050	3	6	61	24	3033
丽水市	Lishui	17275	1	8	54	88	1891

17-2 各市国民经济主要指标(2019年)
Main Indicators of National Economy by City (2019)

城市	City	年末常住人口(万人) Total Population with Permanent Residence (10000 persons)	生产总值(亿元) Gross Domestic Product (100 million yuan)	第一产业 Primary Industry	第二产业 Secondary Industry	第三产业 Tertiary Industry
杭州市	Hangzhou	1036.00	15373.05	325.70	4875.07	10172.28
宁波市	Ningbo	854.20	11985.12	322.27	5782.92	5879.93
温州市	Wenzhou	930.00	6606.11	151.72	2811.93	3642.46
嘉兴市	Jiaxing	480.00	5370.32	120.89	2892.55	2356.88
湖州市	Huzhou	306.00	3122.43	133.80	1595.40	1393.23
绍兴市	Shaoxing	505.70	5780.74	208.40	2770.77	2801.56
金华市	Jinhua	562.40	4559.91	145.82	1833.03	2581.06
衢州市	Quzhou	221.80	1573.52	86.51	651.12	835.88
舟山市	Zhoushan	117.60	1371.60	146.40	475.53	749.67
台州市	Taizhou	615.00	5134.05	282.08	2339.90	2512.07
丽水市	Lishui	221.30	1476.61	100.04	571.34	805.23

续表 1 Continued

城市	City	工业 Industry	人均生产总值(元) Per Capita GDP (yuan)	全社会就业人员年末数(万人) Total Empioyed Persons by year-end (10000 persons)	社会消费品零售总额(亿元) Total Retail Sales of Consumer Goods (100 million yuan)
杭州市	Hangzhou	4288.42	152465	720.00	6187.60
宁波市	Ningbo	5164.64	143157	589.09	4268.56
温州市	Wenzhou	2311.00	71225	575.90	3655.87
嘉兴市	Jiaxing	2576.03	112751	336.00	2102.54
湖州市	Huzhou	1422.08	102593	193.90	1429.27
绍兴市	Shaoxing	2325.64	114561	348.00	2352.56
金华市	Jinhua	1565.05	81224	354.50	2722.88
衢州市	Quzhou	528.99	71087	135.00	757.08
舟山市	Zhoushan	374.41	116781	75.60	576.10
台州市	Taizhou	1966.42	83555	408.30	2544.63
丽水市	Lishui	448.72	66936	144.30	737.95

续表 2 Continued

城市	City	进口总额（亿元）Imports (100 million yuan)	出口总额（亿元）Exports (100 million yuan)	财政总收入（亿元）Total Financial Revenue (100 million yuan)	一般公共预算收入（亿元）General Public Revenue (100 million yuan)
杭州市	Hangzhou	1839.40	3352.76	3650.04	1965.97
宁波市	Ningbo	3200.63	5969.63	2784.83	1468.51
温州市	Wenzhou	216.89	1685.35	936.87	578.97
嘉兴市	Jiaxing	725.69	2106.46	945.40	565.69
湖州市	Huzhou	101.59	838.59	540.55	316.07
绍兴市	Shaoxing	207.90	2251.07	825.36	528.37
金华市	Jinhua	184.68	4033.83	661.50	411.30
衢州市	Quzhou	346.64	238.42	223.36	137.12
舟山市	Zhoushan	869.91	501.20	230.59	154.86
台州市	Taizhou	134.93	1565.15	729.83	438.50
丽水市	Lishui	27.56	267.37	228.13	139.83

续表 3 Continued

城市	City	一般公共预算支出（亿元） General Public Budget Expenditure (100 million yuan)	住户存款年末余额（亿元） Savings Deposits of Residents (100 million yuan)	城镇居民人均可支配收入（元） Per Capita Disposable Income of Urban Residents (yuan)	农村居民人均可支配收入（元） Per Capita Disposable Income of Rural Residents (yuan)
杭州市	Hangzhou	1952.85	11677.34	66068	36255
宁波市	Ningbo	1767.89	7475.47	64886	36632
温州市	Wenzhou	1084.12	7601.83	60957	30211
嘉兴市	Jiaxing	766.89	4313.44	61940	37413
湖州市	Huzhou	466.87	2444.97	59028	34803
绍兴市	Shaoxing	640.87	4723.28	63935	36120
金华市	Jinhua	664.33	5348.64	59348	28511
衢州市	Quzhou	449.00	1382.35	46933	24426
舟山市	Zhoushan	323.36	971.65	61479	36784
台州市	Taizhou	770.33	5333.52	60351	30221
丽水市	Lishui	526.50	1841.34	46437	21931

注：生产总值为初步核算数，人均生产总值按常住人口计算。
GDP data are preliminary accounting figures. Per Capita GDP is calculated by population with permanent residence.

17－3 各市全社会就业人员数(2019 年底)
Total Employed Persons by City(end of 2019)

单位:万人(10000 persons)

城市	City	全社会就业人员数 Total Employed Persons	第一产业 Primary Industry	第二产业 Secondary Industry	第三产业 Tertiary Industry
杭州市	Hangzhou	720.00	56.70	256.60	406.70
宁波市	Ningbo	589.09	15.88	319.10	254.11
温州市	Wenzhou	575.90	61.35	269.94	244.61
嘉兴市	Jiaxing	336.00	25.32	176.47	134.21
湖州市	Huzhou	193.90	20.56	94.60	78.74
绍兴市	Shaoxing	348.00	45.09	173.01	129.90
金华市	Jinhua	354.50	68.57	162.37	123.56
衢州市	Quzhou	135.00	47.00	43.44	44.57
舟山市	Zhoushan	75.60	10.56	28.77	36.27
台州市	Taizhou	408.30	66.52	184.22	157.56
丽水市	Lishui	144.30	46.07	44.67	53.56

17－4 各市年末非私营单位就业人员数(2019 年)
Employed Persons in Non Private Units by City(2019)

单位:万人(10000 persons)

城市	City	年末非私营单位就业人员数 Number of Non Private Sector Employees	农、林、牧、渔业 Total Employed Persons in Towns	采矿业 Mining and Quarrying	制造业 Manufac－turing	电力、煤气及水的生产和供应业 Electricity, Gas and Water	建筑业 Construction	批发和零售业 Wholesale and Retail Trade
杭州市	Hangzhou	286.54	0.11	0.12	59.56	1.62	67.38	17.24
宁波市	Ningbo	158.15	0.06		63.90	1.67	18.36	8.05
温州市	Wenzhou	99.93	0.06	0.04	25.24	1.50	22.17	2.46
嘉兴市	Jiaxing	73.97	0.03	0.00	40.64	1.02	1.27	2.10
湖州市	Huzhou	48.98	0.03	0.09	17.59	0.70	11.19	1.35
绍兴市	Shaoxing	102.95	0.03	0.06	25.11	0.95	50.72	1.97
金华市	Jinhua	69.53	0.03	0.02	12.59	0.84	19.25	2.58
衢州市	Quzhou	20.79	0.03	0.03	4.91	0.53	1.00	0.50
舟山市	Zhoushan	18.61	0.05	0.03	3.31	0.31	2.03	0.64
台州市	Taizhou	87.98	0.05	0.02	30.39	1.32	18.40	2.37
丽水市	Lishui	19.51	0.05	0.04	3.18	0.55	0.58	0.41

续表 1 Continued 单位:万人(10000 persons)

城市	City	交通运输、仓储和邮政业 Transport, Storage and Post	住宿、餐饮业 Hotels and Catering Services	信息传输、软件和信息技术服务业 Information Transmission, Software and Information Technology Services	金融业 Finance	房地产业 Real Estate	租赁和商业服务业 Leasing and Commercial Services	科学研究和技术服务业 Scientific Research and Technical Services
杭州市	Hangzhou	10.11	7.81	18.04	12.69	13.34	12.2	9.64
宁波市	Ningbo	6.92	1.73	1.68	8.68	4.16	6.52	2.62
温州市	Wenzhou	3.49	0.94	0.76	3.12	2.77	3.29	1.03
嘉兴市	Jiaxing	1.59	0.59	0.8	2.28	1.92	3.71	1.37
湖州市	Huzhou	0.94	0.95	0.47	2.29	0.75	1.14	0.52
绍兴市	Shaoxing	1.55	0.63	0.4	2.5	0.73	1.04	0.67
金华市	Jinhua	1.89	0.69	0.63	3.81	1.24	2.58	0.66
衢州市	Quzhou	0.59	0.17	0.45	2.35	0.08	0.66	0.29
舟山市	Zhoushan	2.16	0.36	0.25	1.24	0.56	0.97	0.28
台州市	Taizhou	1.45	0.54	0.56	6.56	1.09	2.69	0.66
丽水市	Lishui	0.53	0.2	0.31	2.05	0.16	0.81	0.29

续表 2 Continued 单位:万人(10000 persons)

城市	City	水利、环境和公共设施管理业 Water Conservancy, Environmen	居民服务、修理和其他服务业 Service for the Residents, Repair and Others	教育 Education	卫生和社会工作 Health Care and Social Work	文化、体育和娱乐业 Culture Sports and Recreation	公共管理、社会保障和社会组织 Public Administration, Social Security and Social Organization
杭州市	Hangzhou	3.32	2.27	21.03	13.12	2.48	14.46
宁波市	Ningbo	1.67	0.61	11.99	7.48	1.69	10.34
温州市	Wenzhou	0.66	0.17	13.83	6.39	0.63	11.37
嘉兴市	Jiaxing	1.10	0.10	6.17	3.81	0.43	5.03
湖州市	Huzhou	0.52	0.07	3.78	2.40	0.22	3.97
绍兴市	Shaoxing	0.89	0.15	6.18	3.76	0.35	5.27
金华市	Jinhua	1.28	0.08	8.11	4.73	1.14	7.39
衢州市	Quzhou	0.20	0.03	3.02	1.88	0.12	3.96
舟山市	Zhoushan	0.44	0.05	1.65	1.11	0.18	2.99
台州市	Taizhou	0.79	0.13	8.58	4.56	0.50	7.31
丽水市	Lishui	0.40	0.03	3.30	2.06	0.25	4.33

17-5 各市农、林、牧、渔业总产值(2019年)
Gross Output Value of Farming, Forestry, Animal Husbandry and Fishery by City(2019)

单位:亿元(100 million yuan)

城市	City	农、林、牧、渔业总产值 Total Output Value	农业产值 Farming	林业产值 Forestry	牧业产值 Animal Husbandry	渔业产值 Fishery	农林牧渔业服务业产值 Services
杭州市	Hangzhou	501.15	295.34	61.89	76.77	48.57	18.58
宁波市	Ningbo	507.05	240.16	16.39	43.12	188.19	19.18
温州市	Wenzhou	239.61	110.41	6.64	36.12	81.35	5.08
嘉兴市	Jiaxing	201.71	121.96	2.3	27.66	30.1	19.68
湖州市	Huzhou	226.63	102.68	22.4	21.38	67.99	12.17
绍兴市	Shaoxing	313.85	208.46	30.31	34.53	36.76	3.8
金华市	Jinhua	236.77	153.96	7.34	53.61	14.03	7.83
衢州市	Quzhou	138.87	72.44	14.03	41.78	8.32	2.3
舟山市	Zhoushan	267.52	10.08	0.22	2.41	253.68	1.13
台州市	Taizhou	503.28	164.23	7.17	29.88	296.22	5.79
丽水市	Lishui	154.29	101.24	23.81	23.69	3.65	1.9

17-6 各市播种面积(2019年)
Sown Area by City (2019)

城市	City	农作物播种面积(千公顷) Swon Area of Farm Crop (1000 hectares)	#粮食 Grain	#谷物 Gereal	#油料 Oilbearing Crops	#棉花 Cotton	#蔬菜瓜类 Vegetable	果用瓜 Melo used as Fruit
杭州市	Hangzhou	282.24	88.73	66.08	26.32	0.19	98.53	10.79
宁波市	Ningbo	259.30	109.87	86.55	11.43	2.10	82.47	18.86
温州市	Wenzhou	216.33	108.00	84.04	8.07	0.01	69.26	11.93
嘉兴市	Jiaxing	267.43	147.89	130.76	4.96	0.66	82.80	6.29
湖州市	Huzhou	158.87	78.61	65.80	10.66	0.13	38.42	3.79
绍兴市	Shaoxing	233.43	120.87	100.51	13.89	0.26	53.53	8.84
金华市	Jinhua	202.66	77.51	57.09	20.98	1.49	50.28	11.11
衢州市	Quzhou	186.88	87.93	71.06	31.68	0.50	40.52	5.89
舟山市	Zhoushan	15.77	4.97	2.83	1.62	0.01	6.87	1.56
台州市	Taizhou	201.42	82.58	66.01	6.94	0.27	77.44	16.71
丽水市	Lishui	137.21	70.48	44.77	3.85	0.01	45.73	3.06

17－7 各市主要农产品产量(2019 年)
Output of Major Farm Products by City (2019)

单位:吨(ton)

城市	City	粮食 Grain	#谷物 Cereal	油菜籽 Rapeseeds	棉花 Cotton	水果 Fruit	#柑桔 Citrus	茶叶 Tea	蚕茧 Silkworm Cocoons
杭州市	Hangzhou	496447	416871	59503	292	825816	187752	31342	3454
宁波市	Ningbo	663294	584469	17966	2728	1290249	260011	12487	
温州市	Wenzhou	636752	549483	12913	12	609371	115288	7045	3
嘉兴市	Jiaxing	956764	893625	12765	1222	558304	55884	26	10554
湖州市	Huzhou	518996	467171	24318	194	233009	2057	10865	4893
绍兴市	Shaoxing	782799	701392	21840	382	593047	14729	41729	263
金华市	Jinhua	435037	370482	35105	2207	670161	74053	24072	162
衢州市	Quzhou	540439	486084	54566	750	772020	515248	8425	51
舟山市	Zhoushan	26484	17269	2197	12	74441	26058	70	
台州市	Taizhou	502482	449460	10866	325	1482039	496472	5316	10
丽水市	Lishui	361992	276820	4552	12	332653	86484	35807	330

续表 Continued

单位:吨(ton)

城市	City	生猪年末存栏头数(万头) Year-end Hogs (10000 heads)	牛年末存栏头数(头) Year-end Cattle (head)	羊年末存栏只数(万只) Year-end Sheep and Goats (1000 heads)	肉产量(吨) Output of Meat (tons)	#猪肉 Pork (ton)	禽蛋产量(吨) Poultry Eggs (ton)	牛奶产量(吨) Cow Milk (ton)	水产品产量(吨) Output of Aquatic Production (ton)
杭州市	Hangzhou	90	13013	19	149691	111811	88661	26335	202996
宁波市	Ningbo	47	12488	5	81619	68676	39279	29282	994678
温州市	Wenzhou	35	29548	9	78666	42160	36540	16418	619717
嘉兴市	Jiaxing	13	2565	28	82561	24483	27611	6744	161469
湖州市	Huzhou	16	1861	33	66106	21913	23381	6346	507526
绍兴市	Shaoxing	42	7218	7	85897	66110	16035	17539	119336
金华市	Jinhua	79	19465	4	123393	96543	23777	61888	87072
衢州市	Quzhou	51	13706	4	164022	106709	40840	2710	71302
舟山市	Zhoushan	3	327	1	4686	3593	955		1755530
台州市	Taizhou	17	17168	4	58892	25841	24480	4757	1459016
丽水市	Lishui	33	15041	4	47170	33761	14141	1328	25411

17-8 各市农业现代化情况(2019年)
Agricultural Modernization by City (2019)

城市	City	农业机械总动力(万千瓦) Total Power of Agricultural Machinery (10000 million kw)	农村用电量(万千瓦小时) Electricity Consumed in Rural Area (10000 million kw. h)	农用化肥施用量(折纯)(吨) Consumption of Chemical Fertilizer (pure) (ton)	机耕面积(千公顷) Area Ploughed by Tractors (1000 hectares)	有效灌溉面积(千公顷) Irrigated Area (1000 hectares)
杭州市	Hangzhou	214.91	1060993	83773	152.55	157.02
宁波市	Ningbo	247.18	1891830	88005	228.70	175.18
温州市	Wenzhou	188.18	929111	73506	144.78	115.23
嘉兴市	Jiaxing	117.32	1492703	87550	155.65	167.38
湖州市	Huzhou	141.83	377904	37279	79.68	128.69
绍兴市	Shaoxing	191.04	2348540	75176	145.05	154.91
金华市	Jinhua	207.50	607980	83436	121.34	170.00
衢州市	Quzhou	136.17	117880	54474	108.52	104.74
舟山市	Zhoushan	127.05	171115	4156	9.25	14.56
台州市	Taizhou	241.55	1201899	86176	128.91	123.31
丽水市	Lishui	95.31	67325	51476	63.72	94.41

17－9 各市规模以上工业企业单位数(2019年)
Number of Industrial Enterprises Above Designated Size by City (2019)

单位:个(unit)

城市	City	工业企业单位数 Number of Enterprises	内资企业 Domestic－funded Enterprises	港澳台商投资企业 Enterprises with Investment from Hong Kong,Macao and Taiwan	外商投资企业 Enterprises with Foreign Investment
杭州市	Hangzhou	5698	4951	302	445
宁波市	Ningbo	8242	6874	681	687
温州市	Wenzhou	5941	5829	44	68
嘉兴市	Jiaxing	6452	5424	429	599
湖州市	Huzhou	3609	3286	161	162
绍兴市	Shaoxing	4769	4326	258	185
金华市	Jinhua	4161	3984	93	84
衢州市	Quzhou	1044	995	14	35
舟山市	Zhoushan	376	353	7	16
台州市	Taizhou	4309	4169	67	73
丽水市	Lishui	1105	1081	9	15

17－10 各市规模以上工业总产值(2019年)
Gross Output Value of Industry by City Above Designated Size (2019)

单位:亿元(100 million yuan)

城市	City	工业总产值 Gross Output Value of Industry	内资企业 Domestic－funded Enterprises	港澳台商投资企业 Enterprises with Investment from Hong Kong, Macao and Taiwan	外商投资企业 Enterprises with Foreign Investment
杭州市	Hangzhou	14585.45	11006.92	1212.07	2366.46
宁波市	Ningbo	17852.10	12440.52	3491.12	1920.46
温州市	Wenzhou	5471.29	5147.56	77.32	246.41
嘉兴市	Jiaxing	10358.81	7756.95	1016.00	1585.86
湖州市	Huzhou	4663.69	3910.33	358.98	394.38
绍兴市	Shaoxing	6994.42	5917.94	598.58	477.90
金华市	Jinhua	4097.38	3790.22	173.07	134.09
衢州市	Quzhou	1823.27	1622.43	20.37	180.47
舟山市	Zhoushan	919.47	820.89	15.54	83.04
台州市	Taizhou	4992.92	4467.17	112.06	413.69
丽水市	Lishui	1411.90	1383.03	15.62	13.24

17 - 11 各市工业企业经济指标(2019 年)
Main Indicators of Industrial Enterprises by City (2019)

单位:亿元(100 million yuan)

城市	City	流动资产合计 Circulating Funds	固定资产净额 Net Fixed Assets	营业收入 Business Income	营业成本 Operating Costs
杭州市	Hangzhou	10971.46	3065.72	16004.59	12879.23
宁波市	Ningbo	10364.74	4070.14	18063.65	15029.92
温州市	Wenzhou	3158.79	1130.52	5073.77	4178.67
嘉兴市	Jiaxing	6011.01	3153.53	10549.58	9023.81
湖州市	Huzhou	2736.85	1207.42	5170.68	4407.18
绍兴市	Shaoxing	4449.33	1765.12	6903.02	5792.74
金华市	Jinhua	2677.25	1108.86	4227.41	3603.82
衢州市	Quzhou	1079.74	649.35	1945.40	1663.56
舟山市	Zhoushan	1165.53	509.25	864.01	748.05
台州市	Taizhou	3397.90	1884.76	5039.31	4125.70
丽水市	Lishui	818.44	379.33	1445.47	1238.40

续表 Continued

单位:亿元(100 million yuan)

城市	City	利税总额 Total Profits and Taxes	税金及附加 Sales Tax and Extra Charges	应交增值税 Tax Payable of Value Added	利润总额 Total Profits
杭州市	Hangzhou	1854.99	295.25	433.57	1126.17
宁波市	Ningbo	2129.71	407.61	382.23	1339.87
温州市	Wenzhou	536.02	27.73	146.58	361.71
嘉兴市	Jiaxing	911.38	49.80	249.81	611.77
湖州市	Huzhou	491.02	29.21	145.91	315.90
绍兴市	Shaoxing	726.99	35.10	193.93	497.96
金华市	Jinhua	317.34	22.62	129.22	165.50
衢州市	Quzhou	193.40	9.18	50.56	133.66
舟山市	Zhoushan	40.18	8.93	14.98	16.27
台州市	Taizhou	510.84	35.33	143.97	331.54
丽水市	Lishui	141.90	6.76	43.34	91.80

17－12 各市客运量和货运量(2019 年) Passenger Traffic and Freight Traffic by City (2019)

城市	City	客运量(万人) Passenger Traffic (10000 persons)			货运量(万吨) Freight Traffic (10000 tons)		
		公路 Highways	水运 Waterways	航空 Civil Aviation	公路 Highways	水运 Waterways	航空 Civil Aviation
杭州市	Hangzhou	9144	610.09	4010.84	31731	4073	69.03
宁波市	Ningbo	3829	182.81	1241.40	37036	29798	10.61
温州市	Wenzhou	21588	35.66	637.54	12097	4761	4.75
嘉兴市	Jiaxing	2971	329.60		14534	10466	
湖州市	Huzhou	5522	122.77		13183	7819	
绍兴市	Shaoxing	2001	107.08		13615	1662	
金华市	Jinhua	10563	0.28		10887	37	
衢州市	Quzhou	3886	0.97	40.41	13509	8	0.08
舟山市	Zhoushan	2584	3233.59	152.19	10374	31623	0.06
台州市	Taizhou	8314	29.00	70.57	16330	13573	0.56
丽水市	Lishui	2315	133.00		5247	259	

17－13 各市公路里程、邮电通信和用电量情况(2019 年) Length of Highways,Posts and Telecommunications and Electricity by City (2019)

城市	City	境内公路里程(公里) Length of Highways (km)	#高速公路 Expressway	民用汽车拥有量(辆) Civil Motor Vehicles (unit)	固定电话用户(万户) Telephone Subscribers (10000 subscribers)	年末移动电话用户数(万户) Number of Mobile Telephones Subscribers (10000 subscribers)
杭州市	Hangzhou	16667.50	632.04	2745840	231.01	1817.41
宁波市	Ningbo	11375.00	567.00	2770211	250.20	1358.16
温州市	Wenzhou	14904.00	513.00	2349526	128.62	1216.49
嘉兴市	Jiaxing	8288.00	419.00	1478138	94.93	705.40
湖州市	Huzhou	8065.00	368.00	886936	73.00	463.34
绍兴市	Shaoxing	10222.00	441.00	1533721	116.95	665.74
金华市	Jinhua	13076.00	376.00	2072702	84.94	951.11
衢州市	Quzhou	8516.00	422.00	466580	31.62	245.35
舟山市	Zhoushan	1907.00	42.00	195935	23.81	174.39
台州市	Taizhou	13111.90	446.07	1752182	100.80	960.57
丽水市	Lishui	15680.50	418.60	428520	29.39	264.07

续表 Continued

城市	City	国际互联网用户数(万户) Users of International Computer Network (10000 subscribers)	电信业务收入(万元) Telecom Business Income (10000 yuan)	全年用电量(亿千瓦小时) Total Electricity Consumption (100 million kw. h)	#工业用电 Industrial Consumption	#城乡居民生活用电 Residential Consumption
杭州市	Hangzhou	524.28	2024100	816.70	433.04	137.54
宁波市	Ningbo	425.51	1112733	807.92	590.17	94.73
温州市	Wenzhou	404.66	1218171	441.08	257.44	100.68
嘉兴市	Jiaxing	187.09	578686	538.03	423.99	48.11
湖州市	Huzhou	204.23	383080	295.02	215.51	33.50
绍兴市	Shaoxing	217.00	551901	462.37	356.30	48.66
金华市	Jinhua	304.78	802129	394.67	258.46	62.21
衢州市	Quzhou	87.92	214039	184.25	141.51	19.64
舟山市	Zhoushan	56.25	146576	65.50	25.95	10.55
台州市	Taizhou	253.23	743127	331.22	212.87	64.37
丽水市	Lishui	98.58	195304	112.40	71.20	20.96

17－14 各市房地产投资(2019 年)
Investment in Real Estate by City (2019)

单位:亿元(100 million yuan)

城市	City	房地产开发投资 Real Estate Development	#住宅 Residential Buildings	商品房屋销售面积(万平方米) Floor Space of Commerical Houses Sold (10000 sq. m)	商品房屋销售额 Total Value of Commerical Houses Sold
杭州市	Hangzhou	3396.75	2198.70	1513.62	3923.64
宁波市	Ningbo	1703.59	1201.35	1714.63	2583.12
温州市	Wenzhou	1199.85	939.67	1139.87	1625.13
嘉兴市	Jiaxing	979.70	781.81	1069.19	1430.93
湖州市	Huzhou	586.27	491.98	823.78	984.61
绍兴市	Shaoxing	825.23	630.17	1104.91	1338.27
金华市	Jinhua	553.78	408.69	552.00	802.93
衢州市	Quzhou	220.45	175.88	209.34	239.83
舟山市	Zhoushan	210.91	171.16	150.05	219.81
台州市	Taizhou	790.95	578.63	850.81	915.03
丽水市	Lishui	215.49	150.99	250.46	288.81

17－15 各市国内贸易情况(2019 年)
The Situation of Domestic Trade by City (2019)

城市	City	社会消费品零售总额(亿元) Total Retail Sales of Consumer Goods (100 million yuan)	限额以上批发零售业商品销售额(亿元) Total Sales of Wholesale and Retailsale Trade Above Designated Size (100 million yuan)	限额以上批发零售企业数(个) Number of Wholesale and retail enterprises above the Designated Size (unit)	零售 Retail
杭州市	Hangzhou	6187.60	27136.65	5373	1524
宁波市	Ningbo	4268.56	25006.08	5292	929
温州市	Wenzhou	3655.87	6651.51	2532	748
嘉兴市	Jiaxing	2102.54	3283.57	1721	409
湖州市	Huzhou	1429.27	3113.46	922	341
绍兴市	Shaoxing	2352.56	4052.72	2708	599
金华市	Jinhua	2722.88	2145.09	1568	639
衢州市	Quzhou	757.08	569.86	474	209
舟山市	Zhoushan	576.10	2847.25	512	84
台州市	Taizhou	2544.63	2266.77	1336	572
丽水市	Lishui	737.95	1003.92	403	242

17－16 各市外贸及利用外资情况(2019 年)
The Situation of Foreign Trade and the Use of Foreign Capital by City(2019)

城市	City	进口总额(亿元) Total imports (100 million yuan)	出口总额(亿元) Total exports (100 million yuan)	外国和港澳台地区在华直接投资 Foreign Funded Enterprises and Enterprises Funded by Entrepreneurs from Hong Kong, Macao & Taiwan	
				新签项目(合同)数(个) Newly Signed Contracts(unit)	实际使用外资金额(万美元) Amount of Foreign Capital Actually Use (USD 10000)
杭州市	Hang Zhou	1839.40	3352.76	735	612818
宁波市	Ning Bo	3200.63	5969.63	737	236341
温州市	Wen Zhou	216.89	1685.35	115	75842
嘉兴市	Jia Xing	725.69	2106.46	339	412541
湖州市	Hu Zhou	101.59	838.59	295	189881
绍兴市	Shao Xing	207.90	2251.07	287	65739
金华市	Jin Hua	184.68	4033.83	973	21657
衢州市	Qu Zhou	346.64	238.42	17	7779
舟山市	Zhou Shan	869.91	501.20	78	50093
台州市	Tai Zhou	134.93	1565.15	78	62272
丽水市	Li Shui	27.56	267.37	29	12079

17－17 各市旅游事业情况(2019 年)
Tourism by City(2019)

城市	City	入境游客(人次) Number of Inbound Tourists (person)	入境旅游收入(万美元) Income from Inbound Tourism (USD 10000)	国内游客(万人次) Number of Domestic Tourists (10000 person)	国内旅游收入(亿元) Domestic Tourism Revenue (100 million yuan)
杭州市	Hangzhou	1133143	73659	20700	3954
宁波市	Ningbo	762151	40310	13947	2303
温州市	Wenzhou	583884	31929	13670	1529
嘉兴市	Jiaxing	571130	31157	11971	1401
湖州市	Huzhou	259250	14984	13198	1519
绍兴市	Shaoxing	152500	7360	11473	1302
金华市	Jinhua	889269	53212	13913	1543
衢州市	Quzhou	12900	593	7869	595
舟山市	Zhoushan	156252	8511	7025	1012
台州市	Taizhou	138754	4614	13156	1467
丽水市	Lishui	11888	494	7795	781

17－18 各市财政收支情况(2019 年)
Total Financial Revenve and Expenditure by City (2019)

单位:万元(10000 yuan)

城市	City	财政总收入(亿元) Total Financial Revenue (100 million)	一般公共预算收入 General Public Revenue	一般公共预算支出 General Public Budget Expenditure	#一般性公共服务支出 Expenses for Public Service	#教育支出 Expenses for Education
杭州市	Hangzhou	3650.04	19659731	19528530	1708207	3635648
宁波市	Ningbo	2784.83	14685072	17678895	1643631	2514461
温州市	Wenzhou	936.87	5789706	10841222	1222802	2067136
嘉兴市	Jiaxing	945.40	5656945	7668853	645904	1310320
湖州市	Huzhou	540.55	3160702	4668656	470330	768283
绍兴市	Shaoxing	825.36	5283698	6408697	719414	1314831
金华市	Jinhua	661.50	4113010	6643295	813865	1266907
衢州市	Quzhou	223.36	1371245	4490028	544131	560654
舟山市	Zhoushan	230.59	1548600	3233611	438835	360395
台州市	Taizhou	729.83	4384983	7703304	858023	1473112
丽水市	Lishui	228.13	1398293	5264959	560476	766949

17－19 各市金融情况(2019 年)
Finace by City(2019)

单位:亿元(100 million yuan)

城市	City	金融机构年末存款余额 Deposits	住户存款年末余额 Savings Deposits of Residents	金融机构年末贷款余额 Loans
杭州市	Hangzhou	43644.17	11677.34	41237.43
宁波市	Ningbo	20290.86	7475.47	21774.23
温州市	Wenzhou	13156.44	7601.83	11529.55
嘉兴市	Jiaxing	9318.44	4313.44	8004.43
湖州市	Huzhou	5163.75	2444.97	4818.46
绍兴市	Shaoxing	9408.16	4723.28	8527.52
金华市	Jinhua	9730.61	5348.64	8379.17
衢州市	Quzhou	2765.13	1382.35	2554.75
舟山市	Zhoushan	2221.31	971.65	2425.93
台州市	Taizhou	9345.45	5333.52	8504.65
丽水市	Lishui	2954.97	1841.34	2232.85

17－20 各市社会保险福利情况(2019 年)
Basic Statistics on Social Insurance & Welfare by City (2019)

单位:万人(10000 persons)

城市	City	城镇职工基本养老保险参保人数 Staff and Workers in Urban Area Participating in the Basic Retirement Security Program	城乡居民基本医疗保险参保人数 Urban and Rural Households Participating in the Basic Health Care Program	失业保险人数 Persons Participating in the Unemployment Insurance Program
杭州市	Hangzhou	704.69	364.75	486.65
宁波市	Ningbo	468.25	322.30	297.21
温州市	Wenzhou	315.88	584.78	133.71
嘉兴市	Jiaxing	187.64	170.33	149.04
湖州市	Huzhou	161.71	133.02	82.7
绍兴市	Shaoxing	260.33	266.29	126.81
金华市	Jinhua	246.25	337.37	103.77
衢州市	Quzhou	89.06	168.82	35.41
舟山市	Zhoushan	56.24	55.24	24.61
台州市	Taizhou	243.73	437.31	100.06
丽水市	Lishui	80.21	191.00	27.39

续表 Continued

单位:万人(10000 persons)

城市	City	养老服务机构数(个) Number of Pension Service Institutions (unit)	养老服务机构床位数(张) Number of Beds in Pension Services (unit)	居民最低生活保障线以下人数(人) Residents under Minimum Life Guarantee Relief (person)
杭州市	Hangzhou	276	47816	20058
宁波市	Ningbo	282	75358	59281
温州市	Wenzhou	282	23219	10488
嘉兴市	Jiaxing	88	34753	4885
湖州市	Huzhou	167	28656	3621
绍兴市	Shaoxing	111	27431	5267
金华市	Jinhua	144	39924	2195
衢州市	Quzhou	106	16564	3003
舟山市	Zhoushan	101	11032	1388
台州市	Taizhou	313	38603	77825
丽水市	Lishui	125	20446	72256

17－21 各市各类学校在校学生数(2019 年)
Student Enrollment by Type of School and by City (2019)

城市	City	高等学校（人）Institutions of Higher Education (person)	中等职业学校（人）Vocational Secondary Schools (person)	普通中学（万人）Regular Secondary Schools (10000 persons)	小学（万人）Primary Schools (10000 persons)
杭州市	Hangzhou	446683	76769	36.21	61.69
宁波市	Ningbo	156455	66510	30.28	50.45
温州市	Wenzhou	104298	85108	39.98	63.57
嘉兴市	Jiaxing	72365	49180	16.35	26.95
湖州市	Huzhou	28834	28083	11.62	17.28
绍兴市	Shaoxing	104232	47572	22.83	26.19
金华市	Jinhua	81338	81139	27.07	43.14
衢州市	Quzhou	16409	26771	11.05	13.34
舟山市	Zhoushan	24585	6478	3.31	5.02
台州市	Taizhou	37349	91033	31.55	43.65
丽水市	Lishui	20952	28404	11.89	15.83

17－22 各市 R&D 经费支出及专利申请(2019 年)
Expenditure on R&D Activities and Patent Application by City (2019)

城市	City	R&D 经费支出（万元）Expenditure on R&D Activities (10000 yuan)	专利申请受理量(项) Patent Application Accepted (item)	专利申请授权量(项) Patent Application Approved (item)	#发明 Invention
杭州市	Hangzhou	5304203	113562	61568	11748
宁波市	Ningbo	3239477	70304	47220	5075
温州市	Wenzhou	1403079	52315	37009	3876
嘉兴市	Jiaxing	1646576	39248	27771	2313
湖州市	Huzhou	870122	23359	16419	1256
绍兴市	Shaoxing	1529807	36072	26934	3293
金华市	Jinhua	841368	43254	27237	1895
衢州市	Quzhou	252846	7629	4754	573
舟山市	Zhoushan	144803	3418	2027	580
台州市	Taizhou	1022987	35089	26936	3071
丽水市	Lishui	245414	11555	7445	275

17－23 各市文化和卫生事业主要指标(2019 年)
Main Indicators of Culture and Public Healthy by City (2019)

城市	City	体育场馆数(个) Number of Sports Grounds and Gymnasiums (unit)	剧场、影剧院数(个) Number of Theaters and Music Halls (unit)	公共图书馆图书藏量(万册) Total Collections of Books in Public Libraries (10000 copies)	医院数(个) Number of Health Institutions (unit)	医院床位数(张) Number of Beds in Health Institutions (bed)	医生数(人) Doctors (person)
杭州市	Hangzhou	27	119	2557	343	79957	48962
宁波市	Ningbo	22	15	1243	180	37354	29565
温州市	Wenzhou	36	9	1377	147	38313	30136
嘉兴市	Jiaxing	66	70	987	87	23744	13422
湖州市	Huzhou	45	40	285	70	16925	9422
绍兴市	Shaoxing	25	10	644	89	22001	16312
金华市	Jinhua	14	73	530	145	30305	18938
衢州市	Quzhou	5	24	316	90	13363	7453
舟山市	Zhoushan	8	18	235	34	5632	3883
台州市	Taizhou	49	53	869	133	27762	19258
丽水市	Lishui	16	9	272	56	13097	8318

17－24 各市、县国民经济主要指标(2019年)
Main Indicators of National Economy by City and Country (2019)

市县名称	City and County	土地面积（平方公里） Land Area (sq. km)	年末常住人口（万人） Total Population with Permanent Residence (10000 persons)	生产总值（亿元） Gross Domestic Product (100 million yuan)	第一产业 Primary Industry	第二产业 Secondary Industry
杭州市区	Hangzhou District	8292	911.90	14348.92	226.99	4434.99
萧山区	Xiaoshan	1418	181.80	2198.51	71.66	1039.03
余杭区	Yuhang	1228	189.10	2824.02	53.31	652.25
富阳区	Fuyang	1821	74.40	820.47	49.31	373.92
临安区	Linan	3119	59.60	572.94	45.86	257.28
建德市	Jiande	2314	44.70	383.24	35.54	184.53
桐庐县	Tonglu	1830	43.60	386.39	25.03	177.60
淳安县	Chunan	4417	35.80	254.50	38.14	77.96
宁波市区	Ningbo District	3730	455.60	7670.55	95.32	3371.40
鄞州区	Yinzhou	814	142.90	2211.02	26.54	630.06
奉化区	Fenhua	1268	51.60	645.25	31.11	392.27
余姚市	Yuyao	1501	118.40	1166.26	47.74	664.08
慈溪市	Cixi	1361	158.50	1898.64	55.72	1146.40
象山县	Xiangshan	1382	53.10	548.59	77.22	237.43
宁海县	Ninghai	1843	68.60	701.08	46.27	363.61
温州市区	Wenzhou District	1332	305.21	2610.62	17.30	981.70
洞头区	Dongtou	254	10.82	107.84	5.86	44.55
瑞安市	Ruian	1350	143.79	1003.96	25.10	460.11
乐清市	Yueqing	1391	142.85	1209.93	20.36	557.41
永嘉县	Yongjia	2677	83.32	444.52	16.07	191.73
平阳县	Pingyang	1042	80.38	510.29	18.61	228.84
苍南县	Cangnan	1253	124.29	652.21	35.45	267.79
文成县	Wenchen	1296	24.57	104.91	9.34	24.29
泰顺县	Taishun	1768	25.59	110.60	9.48	37.10
嘉兴市区	Jiaxing District	987	131.19	1444.52	26.10	679.02
平湖市	Pinghu	554	70.35	765.77	12.55	468.53
海宁市	Haining	863	87.83	1026.57	18.27	581.06
桐乡市	Tongxiang	727	86.33	968.17	23.51	510.50
嘉善县	Jiashan	507	59.20	626.81	23.25	330.96
海盐县	Haiyan	585	45.10	539.65	17.21	324.97
湖州市区	Huzhou District	1565	136.86	1422.56	47.62	717.74
德清县	Deqing	938	51.90	537.01	23.43	310.18
长兴县	ChangXing	1431	67.50	693.28	35.03	355.64
安吉县	Anji	1886	49.74	469.59	27.72	211.83
绍兴市区	Shaoxing District	2965	278.65	3426.46	99.41	1614.71
柯桥区	keqiao	1066	100.02	1504.27	37.21	755.38
上虞区	Shangyu	1406	79.85	978.11	49.70	504.96

续表 1 Continued

市县名称	City and County	土地面积(平方公里) Land Area (sq. km)	年末常住人口(万人) Total Population with Permanent Residence (10000 persons)	生产总值(亿元) Gross Domestic Product (100 million yuan)	第一产业 Primary Industry	第二产业 Secondary Industry
诸暨市	Zhuji	2311	118.78	1312.36	47.70	646.85
嵊州市	Shengzhou	1789	69.43	589.15	39.19	283.67
新昌县	Xinchang	1214	38.84	451.46	22.10	223.80
金华市区	Jinhua District	2049	115.58	877.92	33.90	314.23
金东区	JIndong	658	36.80	248.04	13.82	112.62
兰溪市	Lanxi	1312	56.81	385.69	26.09	200.44
东阳市	Dongyang	1747	85.04	638.45	17.54	283.10
义乌市	Yiwu	1105	131.86	1421.14	22.58	418.03
永康市	Yongkang	1047	76.53	629.56	8.24	341.96
武义县	Wuyi	1568	36.32	261.53	15.49	132.53
浦江县	Pujiang	918	42.05	230.16	10.26	97.69
磐安县	Panan	1195	18.21	115.44	11.73	45.05
衢州市区	Quzhou District	2354	84.47	739.70	28.53	299.36
江山市	Jiangshan	2019	48.54	303.41	22.70	136.12
常山县	Changshan	1097	25.54	150.37	8.00	63.02
开化县	Kaihua	2231	25.55	146.80	13.65	52.42
龙游县	Longyou	1143	37.69	231.95	13.64	99.54
舟山市区	Zhoushan District	1036	89.08	1008.95	72.93	347.73
岱山县	Daishan	326	21.46	248.30	39.52	120.31
嵊泗县	Shengsi	97	7.06	114.03	33.95	19.55
台州市区	Taizhou District	1680	197.80	1894.10	55.44	826.49
温岭市	Wenling	1074	137.20	1105.13	77.70	503.56
临海市	Linhai	2251	105.50	711.92	48.02	323.96
玉环市	Yuhuan	510	63.10	617.50	37.11	339.85
三门县	Sanmen	1105	35.10	265.74	33.43	115.44
天台县	Tiantai	1432	40.60	291.03	14.76	119.66
仙居县	Xianju	2000	35.70	249.20	15.62	109.02
丽水市区	Lishui District	1493	48.34	389.63	20.57	123.40
龙泉市	Longquan	3044	23.92	142.55	15.26	52.05
青田县	Qingtian	2477	36.37	243.48	9.57	104.54
云和县	Yunhe	990	11.51	82.93	4.85	44.65
庆元县	Qingyuan	1897	13.92	78.38	6.85	29.55
缙云县	Jinyun	1494	37.57	232.03	11.43	106.21
遂昌县	Suichang	2540	19.23	124.66	11.94	48.49
松阳县	Songyang	1401	19.23	115.55	13.17	46.97
景宁自治县	Jingning	1939	11.21	69.00	6.42	17.04

续表 2 Continued

市县名称	City and County	第三产业 Tertiary Industry	工业 Industry Industry	人均生产总值(元) Per－capita GDP (yuan)	社会消费品零售总额(亿元) Total Retail Sales of Consumer Goods (100 million yuan)	财政总收入(亿元) Total Financia Revenue (100 million yuan)
杭州市区	Hangzhou District	9686.94	3943.45	162236	5842.96	3500.61
萧山区	Xiaoshan	1087.82	945.99	124315	771.77	430.44
余杭区	Yuhang	2118.46	604.00	161650	757.82	726.47
富阳区	Fuyang	397.24	333.51	110426	368.62	131.26
临安区	Linan	269.81	215.13	96374	205.23	101.93
建德市	Jiande	163.18	145.25	85833	114.86	54.12
桐庐县	Tonglu	183.76	149.95	89029	145.78	58.09
淳安县	Chunan	138.40	49.77	71088	83.99	37.22
宁波市区	Ningbo District	4203.83	2991.67	172508	2727.88	2072.63
鄞州区	Yinzhou	1554.42	502.49	156502	907.03	453.40
奉化区	Fenhua	221.87	352.51	125170	152.86	90.10
余姚市	Yuyao	454.44	623.76	100280	407.05	178.13
慈溪市	Cixi	696.52	1066.16	122730	658.55	352.50
象山县	Xiangshan	233.94	166.12	103507	207.41	76.88
宁海县	Ninghai	291.20	316.92	102273	267.68	104.71
温州市区	Wenzhou District	1611.61	774.67	86114	1647.55	426.25
洞头区	Dongtou	57.44	26.02	101883	39.49	17.66
瑞安市	Ruian	518.75	395.86	69985	525.37	125.20
乐清市	Yueqing	632.16	516.69	84848	535.41	167.02
永嘉县	Yongjia	236.72	141.96	53473	216.69	62.20
平阳县	Pingyang	262.84	189.24	63529	229.01	57.48
苍南县	Cangnan	348.98	213.22	52280	395.94	67.66
文成县	Wenchen	71.28	10.44	42829	50.63	13.84
泰顺县	Taishun	64.02	9.62	43236	55.27	17.22
嘉兴市区	Jiaxing District	739.41	589.13	111091	571.57	306.11
平湖市	Pinghu	284.70	434.18	109442	235.15	144.14
海宁市	Haining	427.23	515.23	118213	477.48	157.36
桐乡市	Tongxiang	434.15	443.37	113143	424.76	135.26
嘉善县	Jiashan	272.59	295.84	106337	234.10	110.98
海盐县	Haiyan	197.48	300.37	120069	159.49	91.56
湖州市区	Huzhou District	657.19	625.62	104506	726.91	223.02
德清县	Deqing	203.39	284.46	103989	204.56	113.06
长兴县	ChangXing	302.60	318.93	103180	311.34	114.38
安吉县	Anji	230.04	193.06	95065	186.47	90.09
绍兴市区	Shaoxing District	1712.34	1341.48	123420	1420.67	543.93
柯桥区	keqiao	711.67	639.99	151457	362.10	197.82
上虞区	Shangyu	423.45	427.18	122601	436.87	147.61

续表 3 Continued

市县名称	City and County	第三产业 Tertiary Industry	工业 Industry Industry	人均生产总值（元） Per - capita GDP (yuan)	社会消费品零售总额（亿元） Total Retail Sales of Consumer Goods (100 million yuan)	财政总收入（亿元） Total Financia Revenue (100 million yuan)
诸暨市	Zhuji	617.81	541.09	110524	475.44	142.03
嵊州市	Shengzhou	266.28	243.43	84885	286.20	69.67
新昌县	Xinchang	205.56	197.86	116281	170.25	69.73
金华市区	Jinhua District	529.79	250.99	75988	732.49	157.49
金东区	JIndong	121.60	89.48	67724	243.73	36.69
兰溪市	Lanxi	159.17	183.88	67951	154.16	47.70
东阳市	Dongyang	337.81	207.26	75364	302.17	118.44
义乌市	Yiwu	980.53	361.52	108113	973.10	152.44
永康市	Yongkang	279.37	319.35	82403	323.49	94.53
武义县	Wuyi	113.52	122.59	72163	98.40	44.06
浦江县	Pujiang	122.20	85.39	54605	102.51	29.00
磐安县	Panan	58.66	34.08	63603	36.56	17.84
衢州市区	Quzhou District	411.81	261.90	111431	284.83	127.22
江山市	Jiangshan	144.59	109.37	62617	145.10	32.20
常山县	Changshan	79.35	47.79	58933	72.57	18.94
开化县	Kaihua	80.73	27.76	57512	90.18	15.45
龙游县	Longyou	118.77	81.89	61712	164.40	29.55
舟山市区	Zhoushan District	588.30	266.98	113308	450.27	192.96
岱山县	Daishan	88.47	102.82	116383	86.13	26.24
嵊泗县	Shengsi	60.53	8.94	161293	39.70	11.39
台州市区	Taizhou District	1012.17	715.65	95807	1000.49	303.53
温岭市	Wenling	523.87	393.46	80637	689.57	126.69
临海市	Linhai	339.94	268.08	67513	278.49	111.14
玉环市	Yuhuan	240.54	315.85	98094	216.12	87.42
三门县	Sanmen	116.87	91.27	75816	110.91	29.25
天台县	Tiantai	156.61	97.42	71771	139.10	37.00
仙居县	Xianju	124.56	85.54	69804	109.95	34.81
丽水市区	Lishui District	245.66	91.21	80803	219.27	87.14
龙泉市	Longquan	75.24	37.73	59468	66.65	15.07
青田县	Qingtian	129.37	87.19	67409	122.22	34.37
云和县	Yunhe	33.43	40.00	72078	34.83	10.41
庆元县	Qingyuan	41.98	21.24	56228	42.41	8.34
缙云县	Jinyun	114.38	84.95	62064	98.84	25.99
遂昌县	Suichang	64.23	39.57	64959	62.75	19.02
松阳县	Songyang	55.42	38.26	60200	54.10	12.83
景宁自治县	Jingning	45.55	9.80	62306	36.88	14.95

续表 4 Continued

市县名称	City and County	一般公共预算收入(亿元) General Public Revenue (100 million yuan)	一般公共预算支出(亿元) General Public Budget Expenditure (100 million yuan)	住户存款年末余额(亿元) Savings Deposits of Residents (100 million yuan)	城镇居民人均可支配收入(元) Per Capita Disposable Income of Urban Residents (yuan)	农村居民人均可支配收入(元) Per Capita Disposable Income of Rural Residents (yuan)
杭州市区	Hangzhou District	1880.02	1779.64	10870.17		
萧山区	Xiaoshan	267.66	275.43	1990.43	70702	41132
余杭区	Yuhang	391.45	376.73	1471.18	68159	41347
富阳区	Fuyang	80.00	105.50	585.33	60576	35531
临安区	Linan	61.16	85.62	396.64	57296	33536
建德市	Jiande	31.10	54.15	303.40	52899	28669
桐庐县	Tonglu	33.77	50.20	308.51	54279	31940
淳安县	Chunan	21.09	68.87	195.26	47056	21074
宁波市区	Ningbo District	1047.32	1260.50	4323.99		
鄞州区	Yinzhou	269.33	233.53		70074	39953
奉化区	Fenhua	60.00	82.27		56551	33185
余姚市	Yuyao	107.23	122.59	989.31	61988	36811
慈溪市	Cixi	201.69	216.57	1472.84	63964	38081
象山县	Xiangshan	46.26	77.46	333.57	58747	33435
宁海县	Ninghai	66.02	90.76	355.75	61016	33864
温州市区	Wenzhou District	259.90	363.26	3445.97		
洞头区	Dongtou	12.91	37.00	56.81	49567	29962
瑞安市	Ruian	79.64	139.92	1173.49	64721	33497
乐清市	Yueqing	99.69	155.39	1103.38	64442	35478
永嘉县	Yongjia	39.53	109.23	527.80	49489	24550
平阳县	Pingyang	38.03	90.88	456.74	50767	24957
苍南县	Cangnan	42.46	113.75	500.88	50803	24320
文成县	Wenchen	9.63	56.14	239.47	42116	19128
泰顺县	Taishun	10.10	55.55	154.11	40622	18805
嘉兴市区	Jiaxing District	180.50	256.80	1239.42	56059	35887
平湖市	Pinghu	88.45	113.26	491.15	62943	37219
海宁市	Haining	97.02	111.42	860.05	65526	38739
桐乡市	Tongxiang	79.65	100.72	818.63	60880	38197
嘉善县	Jiashan	67.79	97.49	514.48	63287	38057
海盐县	Haiyan	52.28	87.21	389.71	63733	37801
湖州市区	Huzhou District	131.02	214.55	1273.59		
德清县	Deqing	65.66	83.66	414.80	59431	36013
长兴县	ChangXing	65.83	81.10	428.98	59848	35274
安吉县	Anji	53.56	87.57	327.60	56954	33488
绍兴市区	Shaoxing District	349.13	390.07	2900.15		
柯桥区	keqiao	131.41	126.99	1098.93	68948	40655
上虞区	Shangyu	89.52	104.48	759.21	65234	35443

续表 5 Continued

市县名称	City and County	一般公共预算收入（亿元）General Public Revenue (100 million yuan)	一般公共预算支出（亿元）General Public Budget Expenditure (100 million yuan)	住户存款年末余额（亿元）Savings Deposits of Residents (100 million yuan)	城镇居民人均可支配收入（元）Per Capita Disposable Income of Urban Residents (yuan)	农村居民人均可支配收入（元）Per Capita Disposable Income of Rural Residents (yuan)
诸暨市	Zhuji	89.81	110.50	998.68	67862	39380
嵊州市	Shengzhou	45.76	75.95	532.43	61271	32131
新昌县	Xinchang	43.66	64.35	292.02	60167	30755
金华市区	Jinhua District	95.01	160.44	943.88		
金东区	JIndong	22.94	31.55		49356	27619
兰溪市	Lanxi	28.28	58.10	327.06	44711	21874
东阳市	Dongyang	69.90	98.97	795.38	56245	31727
义乌市	Yiwu	101.22	131.21	1780.80	77150	39529
永康市	Yongkang	59.93	87.28	793.10	58877	30831
武义县	Wuyi	27.03	48.99	301.21	42813	19656
浦江县	Pujiang	19.29	39.95	294.29	48326	23306
磐安县	Panan	10.64	39.39	112.92	41736	19461
衢州市区	Quzhou District	75.92	191.48	549.27	47407	22996
江山市	Jiangshan	20.54	67.68	341.01	49465	26391
常山县	Changshan	11.79	55.65	142.81	39654	22149
开化县	Kaihua	9.95	65.98	137.27	37762	19001
龙游县	Longyou	18.93	68.21	211.99	48242	24856
舟山市区	Zhoushan District	129.46	242.17	786.05		
岱山县	Daishan	17.60	50.90	136.83	54562	36903
嵊泗县	Shengsi	7.80	30.29	48.77	54801	35492
台州市区	Taizhou District	178.72	281.24	2222.00	67041	32374
温岭市	Wenling	78.27	128.56	1162.33	62948	33842
临海市	Linhai	65.99	108.30	717.24	55915	30131
玉环市	Yuhuan	53.92	80.21	475.25	71344	35340
三门县	Sanmen	18.17	53.64	194.27	48875	26601
天台县	Tiantai	22.33	61.06	282.52	48984	24644
仙居县	Xianju	21.09	57.33	279.91	43940	22962
丽水市区	Lishui District	54.63	128.13	476.64	49730	28220
龙泉市	Longquan	9.79	57.31	141.01	48439	23459
青田县	Qingtian	21.02	66.30	555.35	47954	25222
云和县	Yunhe	6.43	30.40	69.54	44155	20467
庆元县	Qingyuan	5.48	37.25	85.52	40496	18856
缙云县	Jinyun	16.65	62.97	221.30	45586	21489
遂昌县	Suichang	10.96	50.29	111.91	48254	20749
松阳县	Songyang	7.89	46.30	120.15	40432	19371
景宁自治县	Jingning	6.98	47.54	59.93	40014	20005

注：人均生产总值按常住人口计算，以后各表同。
Per Capita GDP is calculated by population with permanent residence. The same applies to the relevant tables following.

17－25 各市、县全社会就业人员数(2019 年底)
Total Employed Persons by City and County (End of 2019)

单位:万人(10000 persons)

市县名称	City and County	全社会就业人员数 Total Employed Persons	第一产业 Primary Industry	第二产业 Secondary Industry	第三产业 Tertiary Industry
杭州市区	Hangzhou District	637.92	31.95	233.63	372.34
萧山区	Xiaoshan	104.01	7.90	47.51	48.60
余杭区	Yuhang	117.06	6.97	56.00	54.09
富阳区	Fuyang	48.30	8.75	22.79	16.76
临安区	Linan	40.40	9.13	17.23	14.04
建德市	Jiande	27.43	9.26	8.18	9.99
桐庐县	Tonglu	30.08	5.54	11.55	12.99
淳安县	Chunan	24.56	9.95	3.24	11.38
宁波市区	NiBo District	340.89		178.32	172.61
鄞州区	Yinzhou	108.71	3.12	45.57	60.02
奉化区	Fenhua	36.70	5.19	19.37	12.14
余姚市	Yuyao	76.94	2.60	44.46	29.88
慈溪市	Cixi	84.90	9.10	54.90	20.90
象山县	Xiangshan	37.26	7.02	16.22	14.02
宁海县	Ninghai	49.10	7.20	25.20	16.70
温州市区	WenZhou District	236.28	3.38	120.08	112.82
洞头区	Ruian	5.40	0.89	2.09	2.42
瑞安市	Dongtou	73.73	3.51	37.99	32.24
乐清市	Yueqing	73.58	11.25	29.68	32.65
永嘉县	Yongjia	49.46	12.34	19.31	17.82
平阳县	Pingyang	45.98	10.50	20.21	15.27
苍南县	Cangnan	65.40	10.98	31.51	22.91
文成县	Wenchen	14.49	4.26	3.65	6.58
泰顺县	Taishun	16.98	5.13	7.52	4.33
嘉兴市区	JiXing District				
平湖市	Pinghu	41.94	2.95	23.27	15.72
海宁市	Haining	65.25	4.25	37.55	23.44
桐乡市	Tongxiang	67.96	4.50	37.16	26.29
嘉善县	Jiashan	40.97	3.62	22.79	14.56
海盐县	Haiyan	28.97	3.53	15.20	10.23
湖州市区	District	91.08	8.99	47.44	34.65
德清县	Deqing	30.51	3.33	15.00	12.18
长兴县	ChangXing	39.27	4.40	16.58	18.29
安吉县	Anji	33.04	3.84	15.58	13.62
绍兴市区	ShaoXing District	193.04	17.83	95.30	79.91
柯桥区	keqiao	73.17	5.71	39.53	27.93
上虞区	Shangyu	57.43	6.72	31.17	19.54

续表 Continued 单位:万人(10000 persons)

市县名称	City and County	全社会就业人员数 Total Employed Persons	第一产业 Primary Industry	第二产业 Secondary Industry	第三产业 Tertiary Industry
诸暨市	Zhuji	81.18	12.74	41.44	27.00
嵊州市	Shengzhou	47.38	9.11	24.79	13.48
新昌县	Xinchang	26.40	5.41	11.48	9.51
金华市区	JinHua District	73.13	7.26	36.86	29.01
金东区	JIndong	23.36	7.86	8.68	6.82
兰溪市	Lanxi	36.22	6.89	16.47	12.86
东阳市	Dongyang	45.16	8.02	20.18	16.96
义乌市	Yiwu	94.28	6.39	35.56	52.33
永康市	Yongkang	50.53	8.28	30.21	12.03
武义县	Wuyi	20.30	2.68	10.38	7.24
浦江县	Pujiang	31.01	5.31	15.61	10.08
磐安县	Panan	12.53	3.23	5.16	4.14
衢州市区	QuZhou District	50.84	14.78	12.47	23.59
江山市	Jiangshan	26.95	9.50	10.36	7.09
常山县	Changshan	16.47	3.06	7.67	5.75
开化县	Kaihua	16.04	6.61	4.27	5.16
龙游县	Longyou	24.70	8.36	7.78	8.56
舟山市区	ZhouShan District	56.97	6.71	22.85	27.41
岱山县	Daishan	14.04	2.72	5.25	6.07
嵊泗县	Shengsi	4.59	1.13	0.67	2.79
台州市区	TaiZhou District	128.83	14.62	68.74	45.47
温岭市	Wenling	93.05	17.05	48.67	27.33
临海市	Linhai	66.85	16.24	31.12	19.49
玉环市	Yuhuan	41.26	2.89	25.66	12.71
三门县	Sanmen	22.36	5.30	10.70	6.36
天台县	Tiantai	26.47	6.76	8.30	11.41
仙居县	Xianju	22.50	6.65	8.43	7.42
丽水市区	LiShui District	31.76	6.21	10.22	15.33
龙泉市	Longquan	17.05	5.72	4.83	6.50
青田县	Qingtian	20.71	6.44	7.08	7.19
云和县	Yunhe	8.48	1.85	2.99	3.64
庆元县	Qingyuan	7.83	3.50	1.56	2.77
缙云县	Jinyun	22.73	8.41	7.90	6.42
遂昌县	Suichang	13.61	4.85	4.22	4.54
松阳县	Songyang	15.22	6.37	4.58	4.27
景宁自治县	Jingning	6.48	2.72	1.29	2.47

17-26 各市、县年末非私营单位就业人员数(2019年底)
Employed Persons in Non Private Units by City and County (End of 2019)

单位:人(person)

市县名称	City and County	年末非私营单位就业人员数 Number of Non Private Sector Employees	农、林、牧、渔业 Agriculture	采矿业 Mining and Quarrying	制造业 Manufac-turing	电力、煤气及水的生产和供应业 Electricity, Gas and Water Production and Supply	建筑业 Construction	批发和零售业 Wholesale and Retail Trade	交通运输、仓储和邮政业 Transport, Storage and Post
杭州市区	Hangzhou District	2737127	453	979	550055	13195	669238	166678	97264
萧山区	Xiaoshan	370776	17		110473	3006	126605	12052	17169
余杭区	Yuhang	279585	277	489	97360	2013	23333	17464	5221
富阳区	Fuyang	170552	57	429	37037	1571	81938	3683	4095
临安区	Linan	76554	72	61	31735	1277	9016	1239	2018
建德市	Jiande	43028	93	166	16804	1191	1896	997	1045
桐庐县	Tonglu	45406	27	30	20015	1093	347	1017	1259
淳安县	Chunan	39884	505		8705	704	2367	3738	1528
宁波市区	Ningbo District	1049072	362		415808	7897	75253	70278	59834
鄞州区	Yinzhou	314699	73		79663	1749	26133	17089	17458
奉化区	Fenhua	55526	60		25243	848	2339	1251	2332
余姚市	Yuyao	131493	22		82376	2508	1837	2120	1835
慈溪市	Cixi	160260	124		85417	2505	2473	6142	3750
象山县	Xiangshan	175226	33	31	27245	1587	103362	909	2167
宁海县	Ninghai	65407	98		28138	2208	676	1019	1654
温州市区	Wenzhou District	389959	34		73810	3970	64640	14733	24026
洞头区	Dongtou	11439	4		1382	119	761	190	534
瑞安市	Ruian	71336	62		18222	1080	1229	1504	2444
乐清市	Yueqing	167548	76		83567	4540	17732	3241	2959
永嘉县	Yongjia	69604	86		27158	1385	8485	1152	2037
平阳县	Pingyang	88428	57	30	29617	1563	21586	850	1511
苍南县	Cangnan	229008	39	329	50420	1667	99595	3926	8527
文成县	Wenchen	21942	82		305	622	6642	378	194
泰顺县	Taishun	29510	82	76	252	455	13167	305	526
嘉兴市区	Jiaxing District	247785	127		115669	1979	6390	10488	7649
平湖市	Pinghu	114917	53		73282	2726	493	1896	2698
海宁市	Haining	106520	15		61743	1483	455	2536	1470
桐乡市	Tongxiang	103974	34		54555	1726	3814	1649	1275
嘉善县	Jiashan	109247	39		73687	1340	546	3116	1802
海盐县	Haiyan	57249	9		27479	984	998	1276	1044
湖州市区	Huzhou District	251164	74	702	57451	1837	87075	7560	4961
德清县	Deqing	86961			49762	1710	4856	1876	1666
长兴县	ChangXing	80208	55	149	36582	2635	9646	2427	1565
安吉县	Anji	71440	124	10	32134	867	10342	1671	1239
绍兴市区	Shaoxing District	744681	32	453	165143	7031	394504		
柯桥区	keqiao	256874		453	54273	3012	158201	2513	2328
上虞区	Shangyu	186784	17		55663	1955	90171	2312	2061

续表 1 Continued 单位：人(person)

市县名称	City and County	年末非私营单位就业人员数 Number of Non Private Sector Employees	农、林、牧、渔业 Agriculture	采矿业 Mining and Quarrying	制造业 Manufac－turing	电力、煤气及水的生产和供应业 Electricity, Gas and Water Production and Supply	建筑业 Construction	批发和零售业 Wholesale and Retail Trade	交通运输、仓储和邮政业 Transport, Storage and Post
诸暨市	Zhuji	178697	25	154	30226	886	106999	3199	858
嵊州市	Shengzhou	46073	231	8	20933	838	331	1269	1020
新昌县	Xinchang	60021			34826	699	5362	1077	1238
金华市区	Jinhua District	193303	96		31333	1275	28105	10138	6769
金东区	JIndong	31397	6		7286	79	429	4431	197
兰溪市	Lanxi	48555	58	105	17371	1490	6975	1203	1363
东阳市	Dongyang	198814	3	85	32489	1159	114132	2003	1532
义乌市	Yiwu	110344	8		13939	1882	8563	9967	6250
永康市	Yongkang	49373	92		14682	827	1923	1647	1358
武义县	Wuyi	24519	8		6168	843	869	314	667
浦江县	Pujiang	23313	20		3763	722	978	253	575
磐安县	Panan	47106	29		6160	183	30930	279	372
衢州市区	Quzhou District	119194	66		27104	2699	5801	3810	4713
江山市	Jiangshan	28229	118		7587	874	1003	408	28
常山县	Changshan	16406	52		3875	510	609	431	137
开化县	Kaihua	15845	31		2082	561	658	111	549
龙游县	Longyou	28268	8	266	8478	644	1957	286	456
舟山市区	Zhoushan District	148200	446	49	22086	2641	17118	5914	18026
岱山县	Daishan	26724	6	255	10940	305	1568	274	1807
嵊泗县	Shengsi	11171	17	32	31	195	1635	187	1746
台州市区	Taizhou District	409186	165		134796	4039	79445	12013	7976
温岭市	Wenling	113273	3		34809	1411	26157	4579	1507
临海市	Linhai	151224	132		45971	1587	55470	2896	2582
玉环市	Yuhuan	89234	64	12	56228	1328	3737	1455	534
三门县	Sanmen	31149	59		6283	2655	5109	478	498
天台县	Tiantai	42462	28		13859	1297	4296	223	983
仙居县	Xianju	43226	55	181	11957	883	9749	2019	451
丽水市区	Lishui District	69404	55	19	7198	1136	877	2299	2049
龙泉市	Longquan	13196	28		362	531	751	133	518
青田县	Qingtian	28730	1	89	9482	721	270	490	480
云和县	Yunhe	9580	24		1178	560	482	83	241
庆元县	Qingyuan	10653	103		1256	331	121	65	411
缙云县	Jinyun	20924	45		3368	667	627	335	373
遂昌县	Suichang	19239	172	280	7112	770	275	194	318
松阳县	Songyang	12534	26		1475	456	603	149	431
景宁自治县	Jingning	10816			358	352	1833	377	487

续表 2 Continued 单位:人(person)

市县名称	City and County	住宿、餐饮业 Hotels and Catering Services	信息传输、软件和信息技术服务业 Information Transmission, Software and Information Technology Services	金融业 Finance	房地产业 Real Estate	租赁和商业服务业 Leasing and Commercial Services	科学研究和技术服务业 Scientific Research and Technical Services
杭州市区	Hangzhou District	74379	179600	124984	130252	117897	95457
萧山区	Xiaoshan	8521	5086	3268	12423	11735	2886
余杭区	Yuhang	1997	37301	2142	9811	11615	7367
富阳区	Fuyang	704	638	1038	2138	2715	1191
临安区	Linan	549	450	839	1098	2518	1289
建德市	Jiande	279	222	647	1160	1469	405
桐庐县	Tonglu	501	280	754	317	1929	314
淳安县	Chunan	2923	315	474	1716	723	258
宁波市区	Ningbo District	12558	16320	83069	36582	50141	18602
鄞州区	Yinzhou	5097	9095	38352	17742	23284	10097
奉化区	Fenhua	318	246	721	659	3660	458
余姚市	Yuyao	1843	110	366	1561	1923	1072
慈溪市	Cixi	1489	17	1802	1684	6504	5205
象山县	Xiangshan	909	348	925	772	4335	600
宁海县	Ninghai	524	10	636	1005	2323	714
温州市区	Wenzhou District	5875	5197	28401	20069	18644	6984
洞头区	Dongtou		87	232	290	870	202
瑞安市	Ruian	712	485	86	1224	4701	809
乐清市	Yueqing	786	909	214	3335	2069	662
永嘉县	Yongjia	330	168	143	590	489	812
平阳县	Pingyang	334	271	147	946	1687	451
苍南县	Cangnan	905	546	1586	2039	11734	1285
文成县	Wenchen	297	116	569	99	998	45
泰顺县	Taishun	300	121	512	121	856	120
嘉兴市区	Jiaxing District	2355	4539	19302	9775	9076	6186
平湖市	Pinghu	324	704	679	1084	8203	470
海宁市	Haining	1093	262	1221	3102	5155	844
桐乡市	Tongxiang	739	400	272	2918	5440	589
嘉善县	Jiashan	757	318	697	1167	7119	735
海盐县	Haiyan	637	1774	590	1172	2139	4905
湖州市区	Huzhou District	5279	3241	22422	4441	6021	3535
德清县	Deqing	2283	891	91	1024	2576	741
长兴县	ChangXing	1000	340	248	880	862	429
安吉县	Anji	923	234	124	1183	1973	454
绍兴市区	Shaoxing District				5074	6979	5737
柯桥区	keqiao	388	465	2525	1876	1329	1291
上虞区	Shangyu	1726	233	1312	866	2236	1123

续表 3 Continued 单位:人(person)

市县名称	City and County	住宿、餐饮业 Hotels and Catering Services	信息传输、软件和信息技术服务业 Information Transmission, Software and Information Technology Services	金融业 Finance	房地产业 Real Estate	租赁和商业服务业 Leasing and Commercial Services	科学研究和技术服务业 Scientific Research and Technical Services
诸暨市	Zhuji	271	20	988	1166	2178	519
嵊州市	Shengzhou	448		172	445	448	304
新昌县	Xinchang	70	186	82	572	790	175
金华市区	Jinhua District	830	4153	33361	3939	13077	3086
金东区	JIndong	145	1685	685	134	3382	541
兰溪市	Lanxi	23	163	101	601	312	307
东阳市	Dongyang	2631	396	255	690	3655	611
义乌市	Yiwu	2042	994	4244	5875	5672	1553
永康市	Yongkang	656	279	62	763	1335	363
武义县	Wuyi	351	122	48	169	925	274
浦江县	Pujiang	134	114	54	318	300	332
磐安县	Panan	267	96		42	486	63
衢州市区	Quzhou District	1051	3865	22400	562	3324	2089
江山市	Jiangshan	220	205	151	16	1508	269
常山县	Changshan	314	110	406	40	170	176
开化县	Kaihua	71	118	18	30	707	110
龙游县	Longyou	43	179	488	180	913	234
舟山市区	Zhoushan District	3429	2432	11858	4740	7919	2595
岱山县	Daishan	89	58	399	581	1156	132
嵊泗县	Shengsi	40	12	172	239	631	92
台州市区	Taizhou District	2177	4685	59223	5527	15228	3322
温岭市	Wenling	947	276	3114	1622	3099	797
临海市	Linhai	861	296	1451	1081	3818	1255
玉环市	Yuhuan	940	132	465	732	1701	532
三门县	Sanmen	5	122	719	432	1189	176
天台县	Tiantai	205	108	129	1067	489	364
仙居县	Xianju	263	26	539	464	1346	109
丽水市区	Lishui District	976	2484	19245	686	1826	1674
龙泉市	Longquan	392	75	122	56	572	187
青田县	Qingtian		89	74	255	3380	122
云和县	Yunhe	137	67	14		489	43
庆元县	Qingyuan		112	91	42	231	188
缙云县	Jinyun	176	3	504	176	333	106
遂昌县	Suichang	269	80	336	207	851	164
松阳县	Songyang	18	128	68	79	228	285
景宁自治县	Jingning		38	59	57	178	87HT9. SS]

续表 4 Continued 单位:人(person)

市县名称	City and County	水利、环境和公共设施管理业 Water Conservancy, Environment and Public Facilities Management	居民服务、修理和其他服务业 Service for the Residents, Repair and Others	教育 Education	卫生和社会工作 Health Care and Social Work	文化、体育和娱乐业 Culture Sports and Recreation	公共管理、社会保障和社会组织 Public Administration, Social Security and Social Organization
杭州市区	Hangzhou District	29807	22575	193627	119823	23846	127018
萧山区	Xiaoshan	3274	599	21785	13484	1544	16849
余杭区	Yuhang	1961	491	29339	10678	1014	19712
富阳区	Fuyang	1741	471	15143	6485	841	8637
临安区	Linan	1296	59	9527	5438	382	7691
建德市	Jiande	1505	59	5697	3496	267	5630
桐庐县	Tonglu	1026	74	5897	4511	276	5739
淳安县	Chunan	906	24	5035	3349	401	6213
宁波市区	Ningbo District	9589	5123	72248	47373	6527	61508
鄞州区	Yinzhou	2369	1617	24160	15003	2836	22882
奉化区	Fenhua	769	65	5402	3843	395	6917
余姚市	Yuyao	469	232	12908	7774	1016	11521
慈溪市	Cixi	2345	670	15893	9601	1881	12758
象山县	Xiangshan	2528	109	8834	5029	6901	8602
宁海县	Ninghai	1725	14	10057	5002	576	9028
温州市区	Wenzhou District	2671	562	46372	31065	3156	39750
洞头区	Dongtou	75		2207	827	135	3524
瑞安市	Ruian	1222	237	16076	8603	693	11947
乐清市	Yueqing	1241	289	22820	6823	443	15842
永嘉县	Yongjia	223	89	12621	3536	468	9832
平阳县	Pingyang	81	96	11764	4306	285	12846
苍南县	Cangnan	446	353	21229	6025	659	17698
文成县	Wenchen	358	35	3556	1696	286	5664
泰顺县	Taishun	439	27	5081	1842	294	4934
嘉兴市区	Jiaxing District	2674	459	19292	14677	1966	15182
平湖市	Pinghu	636	71	7534	4498	440	9126
海宁市	Haining	1055	124	11889	6048	700	7325
桐乡市	Tongxiang	5218	106	10737	5939	574	7989
嘉善县	Jiashan	1211	115	6940	4021	299	5338
海盐县	Haiyan	234	86	5326	2897	352	5347
湖州市区	Huzhou District	1222	245	16482	11649	969	15998
德清县	Deqing	2112	229	6531	3440	506	6667
长兴县	ChangXing	1001	83	8537	5195	266	8308
安吉县	Anji	826	178	6206	3697	502	8753
绍兴市区	Shaoxing District	7308					
柯桥区	keqiao	1819	147	10046	7276	632	8300
上虞区	Shangyu	2676	117	10397	5017	318	8584

续表 5　Continued　　单位:人(person)

市县名称	City and County	水利、环境和公共设施管理业 Water Conservancy, Environment and Public Facilities Management	居民服务、修理和其他服务业 Service for the Residents, Repair and Others	教育 Education	卫生和社会工作 Health Care and Social Work	文化、体育和娱乐业 Culture Sports and Recreation	公共管理、社会保障和社会组织 Public Administration, Social Security and Social Organization
诸暨市	Zhuji	1020	62	12507	6999	735	9885
嵊州市	Shengzhou	434	159	7155	5101	487	6290
新昌县	Xinchang	182	178	4444	3281	278	6581
金华市区	Jinhua District	2833	246	20434	12148	1627	19853
金东区	JIndong	646	30	5284	1268	17	5152
兰溪市	Lanxi	723	53	7045	4094	551	6017
东阳市	Dongyang	2956	137	12202	7846	7226	8806
义乌市	Yiwu	2467	76	19206	10455	968	16183
永康市	Yongkang	2243	131	9332	5496	273	7911
武义县	Wuyi	371	65	4543	2789	294	5699
浦江县	Pujiang	829	57	5971	2889	295	5709
磐安县	Panan	343		2370	1554	177	3755
衢州市区	Quzhou District	1126	190	13402	9066	613	17313
江山市	Jiangshan	119	31	5923	3533	140	6096
常山县	Changshan	170	28	2866	1917	180	4415
开化县	Kaihua	67	32	3472	2081	213	4934
龙游县	Longyou	480	24	4574	2172	69	6817
舟山市区	Zhoushan District	3235	403	13489	8933	1367	21520
岱山县	Daishan	570	38	2019	1371	301	4855
嵊泗县	Shengsi	638	26	1026	756	128	3568
台州市区	Taizhou District	3110	579	30415	15632	2505	28349
温岭市	Wenling	728	203	14258	9506	503	9754
临海市	Linhai	819	206	13805	7649	606	10739
玉环市	Yuhuan	992	138	8372	3937	519	7416
三门县	Sanmen	455	38	5399	2456	267	4809
天台县	Tiantai	1558	35	7598	3307	284	6632
仙居县	Xianju	248	56	6001	3120	359	5400
丽水市区	Lishui District	878	65	8048	8442	1292	10155
龙泉市	Longquan	346	24	2955	1624	158	4362
青田县	Qingtian	819	20	5028	1937	52	5421
云和县	Yunhe	192	50	1727	995	80	3218
庆元县	Qingyuan	254	23	2327	1224	92	3782
缙云县	Jinyun	518	32	5364	2741	291	5265
遂昌县	Suichang	339	18	2518	1398	186	3752
松阳县	Songyang	196	27	3217	1399	133	3616
景宁自治县	Jingning	415	5	1773	865	237	3695

17-27 各市、县农、林、牧、渔业总产值(2019年)
Gross Output Value of Farming, Forestry, Animal Husbandry and Fishery by City and County (2019)

单位:万元(10000 yuan)

市县名称	City and County	农、林、牧、渔业总产值 Total Output Value of Agriculture	农业产值 Farming	林业产值 Forestry	牧业产值 Animal Husbandry	渔业产值 Fishery	农林牧渔业服务业产值 Services
杭州市区	Hangzhou District	5011510	2953377	618886	767683	485734	185830
萧山区	Xiaoshan	979553	593212	15981	222378	93539	54443
余杭区	Yuhang	850031	460809	87252	51034	192789	58147
富阳区	Fuyang	698208	407790	128572	116249	36700	8897
临安区	Linan	668463	326017	215468	103748	8389	14841
建德市	Jiande	563875	377621	34624	112267	20320	19043
桐庐县	Tonglu	373740	236568	59140	48314	18002	11716
淳安县	Chunan	540516	363231	77136	63083	26680	10386
宁波市区	Ningbo District	5070459	2401649	163907	431229	1881905	191769
鄞州区	Yinzhou	383538	276591	10889	10760	56868	28430
奉化区	Fenhua	523766	219749	44028	45495	197770	16724
余姚市	Yuyao	752814	520763	45360	88921	65722	32048
慈溪市	Cixi	839100	530552	4984	113751	160503	29310
象山县	Xiangshan	1359473	225984	15641	86231	997557	34060
宁海县	Ninghai	655649	200453	20848	54525	354411	25412
温州市区	Wenzhou District	2396103	1104126	66434	361231	813480	50832
洞头区	Dongtou	110961	1521	539	724	107839	338
瑞安市	Ruian	393129	156828	4194	36844	187835	7428
乐清市	Yueqing	317331	143469	1492	42100	110903	19367
永嘉县	Yongjia	234215	156213	14691	49915	9675	3721
平阳县	Pingyang	328658	109391	13220	82373	116739	6935
苍南县	Cangnan	410663	152665	12085	47197	192094	6622
文成县	Wenchen	131701	109210	10103	9007	1721	1660
泰顺县	Taishun	139005	93098	7810	35514	1012	1571
嘉兴市区	Jiaxing District	2017087	1219608	23045	276646	301014	196774
海宁市	Haining	297775	174969	2340	47841	42080	30545
平湖市	Pinghu	216814	135204	3832	9958	34439	33381
嘉善县	Jiashan	396998	297328	1274	6678	64237	27481
海盐县	Haiyan	279619	145219	9300	59827	38405	26868
桐乡市	Tongxiang	395994	208868	2055	102568	40007	42496
湖州市区	Huzhou District	2266278	1026845	224019	213805	679911	121698
德清县	Deqing	410650	77359	53527	49683	199426	30655
长兴县	ChangXing	614303	437537	49520	28985	80782	17479
安吉县	Anji	421376	272286	89360	16252	36475	7003
绍兴市区	Shaoxing District	3138524	2084570	303143	345254	367576	37981
柯桥区	Keqiao	546120	386570	51180	42293	60871	5206
上虞区	Shangyu	800980	481014	49030	93463	165471	12002

续表 Continued 单位:万元(10000 yuan)

市县名称	City and County	农、林、牧、渔业总产值 Total Output Value of Agriculture	农业产值 Farming	林业产值 Forestry	牧业产值 Animal Husbandry	渔业产值 Fishery	农林牧渔业服务业产值 Services
诸暨市	Zhuji	713958	449820	101730	83504	71146	7758
嵊州市	Shengzhou	575130	409632	56982	93089	11293	4134
新昌县	Xinchang	299705	240859	35426	12866	4974	5580
金华市区	Jinhua District	2367656	1539550	73437	536143	140251	78275
金东区	Jindong	252105	184376	2212	48254	12387	4876
兰溪市	Lanxi	461602	213274	3471	182469	49781	12607
东阳市	Dongyang	271138	200695	12251	32591	12398	13203
义乌市	Yiwu	333679	261844	7560	44739	12502	7034
永康市	Yongkang	125664	87088	2984	13206	15267	7119
武义县	Wuyi	240227	172352	12860	39951	7092	7972
浦江县	Pujiang	154218	111402	3359	32535	3787	3135
磐安县	Panan	175634	141825	16590	14418	317	2484
衢州市区	Quzhou District	1388745	724384	140329	417809	83211	23012
江山市	Jiangshan	383477	175516	27032	160631	14888	5410
常山县	Changshan	126067	76389	19606	19228	6621	4223
开化县	Kaihua	195838	123660	34933	26712	7503	3030
龙游县	Longyou	266304	83139	18123	140341	21153	3548
舟山市区	Zhoushan District	2675221	100796	2208	24056	2536836	11325
岱山县	Daishan	767765	17714	832	1156	746983	1080
嵊泗县	Shengsi	557530	1326	62	120	552652	3370
台州市区	Taizhou District	5032840	1642302	71675	298837	2962161	57865
玉环市	Yuhuan	699523	71775	1141	11499	606658	8450
三门县	Sanmen	686925	108332	4304	25605	548411	273
天台县	Tiantai	230804	147666	14892	62989	3802	1455
仙居县	Xianju	246362	174111	26840	36483	6592	2336
温岭市	Wenling	1434103	307041	677	57765	1035102	33518
临海市	Linhai	793799	379671	19372	72801	318555	3400
丽水市区	Lishui District	1542861	1012380	238070	236926	36489	18996
龙泉市	Longquan	236780	147088	47489	37059	3147	1997
青田县	Qingtian	145801	88701	22885	21444	11039	1732
云和县	Yunhe	78214	58149	6702	8583	1872	2908
庆元县	Qingyuan	108636	62523	27892	14360	2163	1698
缙云县	Jinyun	173333	107144	21656	39322	3478	1733
遂昌县	Suichang	187456	119437	42608	20874	2656	1881
松阳县	Songyang	201069	147928	23702	25834	2543	1062
景宁县	Jingning	104602	70260	16234	14674	1786	1648

17-28 各市、县农作物播种面积(2019 年) Sown Area by City and County (2019)

单位:千公顷(1000 hectares)

县市名称	City and County	农作物播种面积 Sown Area of Farm Corps	#粮食 Grain	#谷物 Cereal	油料 Oil-bearing Crops	棉花 Cotton	蔬菜 Vegetables	果用瓜 Melon Used as Fruit
杭州市区	Hangzhou District	191.03	57.34	45.35	11.11	0.08	73.15	5.91
萧山区	Xiaoshan	61.38	17.89	11.42	2.55	0.06	20.28	1.51
余杭区	Yuhang	50.83	17.05	15.93	1.62	0.02	23.72	0.73
富阳区	Fuyang	37.77	15.11	12.70	3.58		10.51	1.89
临安区	Linan	25.00	6.78	4.86	1.74		8.22	0.92
建德市	Jiande	35.13	12.36	8.62	6.12	0.04	9.07	2.61
桐庐县	Tonglu	23.65	7.88	6.41	3.12	0.00	7.11	1.29
淳安县	Chunan	32.43	11.16	5.70	5.97	0.07	9.19	0.98
宁波市区	Ningbo District	87.03	38.02	32.44	1.73	0.02	21.36	4.46
鄞州区	Yinzhou	26.34	12.50	11.55	0.44	0.01	8.36	1.43
奉化区	Fenhua	20.03	9.96	7.67	0.48		2.34	0.72
余姚市	Yuyao	53.08	27.07	24.53	1.33	0.03	17.67	1.78
慈溪市	Cixi	69.67	18.18	10.24	6.32	1.60	30.69	7.58
象山县	Xiangshan	23.32	11.06	8.64	0.92		7.90	1.74
宁海县	Ninghai	26.20	15.55	10.70	1.13	0.45	4.86	3.29
温州市区	Wenzhou District	23.69	7.26	4.87	0.74		13.18	1.09
洞头区	Dongtou	2.58	0.89	0.09	0.32		1.04	0.30
瑞安市	Ruian	33.02	15.73	14.36	1.58		11.69	2.76
乐清市	Yueqing	31.45	20.25	16.67	0.95	0.01	7.12	1.37
永嘉县	Yongjia	26.80	13.67	10.41	1.97		6.69	1.52
平阳县	Pingyang	29.95	16.21	13.50	1.35		7.09	2.04
苍南县	Cangnan	35.41	18.65	14.63	0.76		11.21	2.33
文成县	Wenchen	18.31	7.11	4.74	0.55		6.99	0.68
泰顺县	Taishun	17.69	9.13	4.87	0.17		5.27	0.14
嘉兴市区	Jiaxing District	65.00	37.24	32.00	0.79	0.13	21.60	1.61
海宁市	Haining	38.86	19.14	16.12	1.54	0.12	10.71	0.66
平湖市	Pinghu	41.56	27.92	26.29	0.52	0.11	10.05	0.57
嘉善县	Jiashan	38.68	21.13	19.87	0.51		14.09	1.64
海盐县	Haiyan	32.10	22.28	19.79	0.23	0.04	7.57	0.72
桐乡市	Tongxiang	51.23	20.17	16.68	1.37	0.26	18.78	1.09
湖州市区	Huzhou District	50.41	26.87	23.78	4.37	0.05	13.49	1.26
德清县	Deqing	13.31	7.40	5.40	0.36	0.07	3.85	0.50
长兴县	ChangXing	66.37	30.44	24.90	4.09		13.77	1.09
安吉县	Anji	28.78	13.90	11.71	1.83	0.01	7.31	0.94
绍兴市区	Shaoxing District	108.19	58.92	52.90	5.68	0.13	28.29	3.97
柯桥区	keqiao	30.64	12.43	10.69	1.07	0.01	9.86	1.03
上虞区	Shangyu	61.28	36.67	32.70	4.09	0.12	14.73	2.37

续表 Continued 单位:千公顷(1000 hectares)

县市名称	City and County	农作物播种面积 Sown Area of Farm Corps	#粮食 Grain	#谷物 Cereal	油料 Oil – bearing Crops	棉花 Cotton	蔬菜 Vegetables	果用瓜 Melon Used as Fruit
诸暨市	Zhuji	58.96	33.88	27.41	2.22	0.01	7.29	2.30
嵊州市	Shengzhou	44.78	20.43	15.27	1.74	0.05	12.95	1.82
新昌县	Xinchang	21.49	7.64	4.93	4.25	0.08	5.01	0.75
金华市区	Jinhua District	41.72	11.69	9.03	3.70	0.07	8.76	2.59
金东区	Jindong	15.19	2.50	1.10	1.01	0.01	4.96	1.58
兰溪市	Lanxi	38.31	14.66	9.70	7.94	1.25	7.23	2.24
东阳市	Dongyang	34.40	16.56	12.76	2.14	0.08	7.35	1.78
义乌市	Yiwu	21.24	7.19	5.91	1.66		8.49	1.11
永康市	Yongkang	15.59	9.00	7.85	0.57		4.20	0.72
武义县	Wuyi	22.23	9.29	7.13	2.24	0.01	6.20	0.82
浦江县	Pujiang	14.73	4.56	2.09	2.34	0.07	4.57	1.07
磐安县	Panan	14.45	4.56	2.61	0.39		3.47	0.76
衢州市区	Quzhou District	58.77	24.04	19.89	6.64	0.02	17.38	3.33
江山市	Jiangshan	43.21	24.31	20.64	6.88	0.21	8.35	0.50
常山县	Changshan	19.44	9.59	7.11	3.62	0.02	4.25	0.55
开化县	Kaihua	27.79	10.05	6.92	6.77	0.03	6.04	0.71
龙游县	Longyou	37.67	19.95	16.49	7.77	0.22	4.50	0.81
舟山市区	Zhoushan District	12.61	4.18	2.49	1.27	0.01	5.21	1.26
岱山县	Daishan	2.91	0.74	0.34	0.34		1.46	0.30
嵊泗县	Shengsi	0.25	0.05				0.20	
台州市区	Taizhou District	46.51	15.16	11.26	0.49	0.02	22.87	4.31
玉环市	Yuhuan	7.87	1.87	0.95	0.75		3.94	1.11
三门县	Sanmen	17.99	7.19	5.73	0.65	0.08	6.13	3.23
天台县	Tiantai	24.40	10.42	9.08	1.98	0.04	7.43	1.00
仙居县	Xianju	24.50	11.84	8.91	1.94		5.91	0.89
温岭市	Wenling	41.52	18.19	14.08	0.35	0.09	16.69	3.26
临海市	Linhai	38.62	17.92	16.00	0.77	0.04	14.48	2.92
丽水市区	Lishui District	21.06	8.14	3.55	0.88		9.76	1.13
龙泉市	Longquan	21.42	11.42	8.75	0.42		6.77	0.21
青田县	Qingtian	16.07	9.16	5.96	0.45	0.01	4.73	0.45
云和县	Yunhe	5.61	3.40	2.22	0.09		1.48	0.19
庆元县	Qingyuan	8.82	5.78	4.00	0.05		2.32	0.05
缙云县	Jinyun	17.77	8.53	5.63	0.57		6.80	0.53
遂昌县	Suichang	19.12	10.41	6.48	0.71		5.16	0.16
松阳县	Songyang	14.34	7.40	4.21	0.45		4.53	0.09
景宁县	Jingning	13.01	6.24	3.97	0.23		4.18	0.26

17－29 各市、县主要农产品产量(2019 年)
Output of Major Farm Products by City and County (2019)

单位:吨(ton)

县市名称	City and County	粮食 Grain	#谷物 Cereal	油菜籽 Rapeseeds	棉花 Cotton	水果 Fruit	#柑桔 Citrus	茶叶 Tea	蚕茧 Silkworm Cocoons
杭州市区	Hangzhou District	341619	293873	23802	152	381894	5380	19543	920
萧山区	Xiaoshan	92073	69876	5514	81	92454	341	619	
余杭区	Yuhang	113071	108223	3412	63	65272	1277	8647	46
富阳区	Fuyang	96944	84579	7686		125589	2349	7060	251
临安区	Linan	37150	28897	3151		59265	1281	2633	623
建德市	Jiande	67435	54833	19941	46	228543	116527	3110	264
桐庐县	Tonglu	46889	42022	5556		90636	2568	3713	669
淳安县	Chunan	40504	26143	10204	94	124743	63277	4976	1601
宁波市区	Ningbo District	248656	228298	1887	31	318475	44628	3835	
鄞州区	Yinzhou	82753	78493	610	10	100989	21828	1175	
奉化区	Fenhua	63706	56128	266		69083	5807	1038	
余姚市	Yuyao	174272	162899	2566	31	185481	1808	3989	
慈溪市	Cixi	84426	60415	11617	2118	359507	3994	51	
象山县	Xiangshan	72095	64261	938	5	208528	125247	624	
宁海县	Ninghai	83846	68597	958	543	218258	84334	3988	
温州市区	Wenzhou District	41088	32972	1329		82889	32410	43	
洞头区	Dongtou	2933	663	482		13705	2000		
瑞安市	Ruian	98476	92505	2650		96047	12356	95	
乐清市	Yueqing	111304	98881	1380	10	64383	7353	165	
永嘉县	Yongjia	79789	68362	3164	2	121067	26886	741	
平阳县	Pingyang	100857	91341	2284		77691	9983	981	3
苍南县	Cangnan	111193	95666	1230		85818	24347	900	
文成县	Wenchen	41039	32557	677		48742	748	485	
泰顺县	Taishun	53006	37199	199		32734	1205	3635	
嘉兴市区	Jiaxing District	240671	221192	1970	196	180285	1396		321
海宁市	Haining	118813	107765	3919	194	109941	33332		2755
平湖市	Pinghu	184940	180099	1359	135	30519	1483		
嘉善县	Jiashan	139928	135702	1177	3	81173	3608		
海盐县	Haiyan	139229	129932	644	67	81626	15185	26	548
桐乡市	Tongxiang	133183	118935	3696	627	74760	880		6930
湖州市区	Huzhou District	196358	184526	10713	48	48606	946	510	2800
德清县	Deqing	46726	36879	846	135	22604	65	1083	1162
长兴县	ChangXing	195384	172602	9288	4	125405	1015	5330	662
安吉县	Anji	80528	73163	3471	7	36393	31	3943	269
绍兴市区	Shaoxing District	379598	357044	11711	170	265483	2755	10757	54
柯桥区	keqiao	83372	76300	2120	13	54855	610	7597	2
上虞区	Shangyu	228608	214383	8327	148	182364	2052	2392	52

续表 1 Continued 单位:吨(ton)

县市名称	City and County	粮食 Grain	#谷物 Cereal	油菜籽 Rapeseeds	棉花 Cotton	水果 Fruit	#柑桔 Citrus	茶叶 Tea	蚕茧 Silkworm Cocoons
诸暨市	Zhuji	223185	197153	2236	9	148620	3732	8207	18
嵊州市	Shengzhou	133901	111968	1491	60	139454	7099	17311	140
新昌县	Xinchang	46116	35226	6402	143	39490	1143	5454	51
金华市区	Jinhua District	66841	56102	6179	118	148480	23021	2373	
金东区	Jindong	11646	5484	1641	14	107963	18143	25	
兰溪市	Lanxi	76012	61181	15043	1881	92459	12438	1889	1
东阳市	Dongyang	94115	84372	3065	106	103005	13936	2073	6
义乌市	Yiwu	42353	37200	1962		96155	10498	721	2
永康市	Yongkang	56911	53427	912		46854	6189	14	19
武义县	Wuyi	55543	49924	3778	12	53907	6586	14089	111
浦江县	Pujiang	21319	13000	3918	90	99646	1332	1020	18
磐安县	Panan	21943	15276	248		20626	40	2423	5
衢州市区	Quzhou District	147978	133457	12510	19	417185	276676	1429	
江山市	Jiangshan	155407	142852	10869	324	51182	16090	1479	
常山县	Changshan	55942	48609	6383	26	171103	143429	225	16
开化县	Kaihua	59694	50973	10167	29	24593	2480	2177	35
龙游县	Longyou	121419	110193	14637	352	107957	76573	3283	
舟山市区	Zhoushan District	22947	15306	1782	12	63769	23245	41	
岱山县	Daishan	3332	1963	415		10526	2743	29	
嵊泗县	Shengsi	204				146	70		
台州市区	Taizhou District	87513	75645	648	31	312598	88543	42	
玉环市	Yuhuan	9840	6633	1297	7	87507	35979	9	
三门县	Sanmen	43012	38833	774	126	159310	66154	724	
天台县	Tiantai	67233	62763	2966	35	93519	21874	2780	2
仙居县	Xianju	72680	63346	3377		105613	6253	462	2
温岭市	Wenling	111787	98730	553	83	271054	15151	75	
临海市	Linhai	110416	103510	1251	43	452438	262518	1224	6
丽水市区	Lishui District	34417	20487	765		127963	27836	1808	
龙泉市	Longquan	67219	58743	220		11129	2555	2182	
青田县	Qingtian	46541	34957	604	9	65772	26959	347	
云和县	Yunhe	17541	13697	168		8134	869	1190	
庆元县	Qingyuan	31539	25700	73		12722	9836	554	
缙云县	Jinyun	42856	32748	1008	3	56540	1335	2351	330
遂昌县	Suichang	53163	40130	878		9499	508	12266	
松阳县	Songyang	35023	23925	628		30864	14461	13025	
景宁县	Jingning	33693	26432	208		10030	2125	2084	

续表 2 Continued 单位:吨(ton)

县市名称	City and County	生猪年末存栏头数(万头) Year - end Hogs (10000 heads)	牛年末存栏头数(头) Year - end Cattle (head)	羊年末存栏只数(万只) Year - end Sheep and Goats (10000 heads)	肉产量(吨) Output of Meat (ton)	#猪肉(吨) Pork (ton)	禽蛋产量(吨) Poultry Eggs (ton)	牛奶产量(吨) Cow Milk (ton)	水产品产量(吨) Output of Aquatic Production (ton)
杭州市区	Hangzhou District	72	8884	16	122013	93540	20722	22821	171462
萧山区	Xiaoshan	55	3733	9	70506	63700	1980	9264	36267
余杭区	Yuhang	3	87	2	14058	4927	3233		61729
富阳区	Fuyang	4	2482	1	20722	11322	10010		17780
临安区	Linan	10	2582	3	16708	13591	5499	8650	5246
建德市	Jiande	5	1960	1	12280	5591	60209	3514	9469
桐庐县	Tonglu	3	1012	1	5819	4340	2610		8720
淳安县	Chunan	10	1157		9579	8340	5120		13345
宁波市区	Ningbo District	9	6268	1	14551	12512	4863	19798	45442
鄞州区	Yinzhou		453		811	565	496		15691
奉化区	Fenhua	6	770	1	9641	8748	3353	561	146283
余姚市	Yuyao	8	2004	1	19215	16392	3463	3572	24251
慈溪市	Cixi	18	455	2	23002	19829	20162	1438	45724
象山县	Xiangshan	8	785	1	16165	12561	9112		572630
宁海县	Ninghai	6	2976		8686	7382	1679	4474	160348
温州市区	Wenzhou District	2	1636		10033	1665	3827	1160	169309
洞头区	Dongtou		34		123	22	128		165990
瑞安市	Ruian	5	4565	1	10845	5989	7194	2390	98546
乐清市	Yueqing	3	4668	1	10190	4437	7407	2596	73502
永嘉县	Yongjia	4	8034	3	8547	3860	2591	35	4212
平阳县	Pingyang	10	4092	1	15961	12270	5401	2053	60128
苍南县	Cangnan	6	3179	2	11208	6933	7896	2160	212111
文成县	Wenchen		1002	1	1968	168	436		1176
泰顺县	Taishun	5	2291	1	8349	5389	397	6024	733
嘉兴市区	Jiaxing District	4	1193	2	12985	6487	2136	5992	50029
海宁市	Haining	2		9	18846	2793	3298		22676
平湖市	Pinghu		4	1	2764	826	1520		23149
嘉善县	Jiashan		409		1424		3706	752	30027
海盐县	Haiyan	2	959	3	27845	5353	2204		16638
桐乡市	Tongxiang	4		13	18697	9024	14747		18950
湖州市区	Huzhou District	7	25	15	41002	10538	11840		271836
德清县	Deqing	5	1224	7	10559	5251	4143	6346	149288
长兴县	ChangXing	1	432	9	7528	1712	6727		67002
安吉县	Anji	3	180	1	7017	4412	671		19400
绍兴市区	Shaoxing District	14	4617	4	27595	25410	5540	17539	84940
柯桥区	keqiao	5	46	1	5897	5500	2634		21073
上虞区	Shangyu	7	4568	2	17978	16610	1906	17539	44537

续表 3　Continued　　单位:吨(ton)

县市名称	City and County	生猪年末存栏头数(万头) Year - end Hogs (10000 heads)	牛年末存栏头数(头) Year - end Cattle (head)	羊年末存栏只数(万只) Year - end Sheep and Goats (10000 heads)	肉产量(吨) Output of Meat (ton)	#猪肉(吨) Pork (ton)	禽蛋产量(吨) Poultry Eggs (ton)	牛奶产量(吨) Cow Milk (ton)	水产品产量(吨) Output of Aquatic Production (ton)
诸暨市	Zhuji	10	1676	2	16311	13800	8795		25685
嵊州市	Shengzhou	16	541	1	39290	24600	899		5071
新昌县	Xinchang	3	384		2731	2300	801		3640
金华市区	Jinhua District	38	14120		45011	41193	2201	57331	22363
金东区	Jindong	14	4329		16199	14185	476	20137	8475
兰溪市	Lanxi	17	2632	2	29460	22648	14252	4403	22765
东阳市	Dongyang	2	732	1	6313	4631	2916		10538
义乌市	Yiwu	3	35		12836	1677	204		3797
永康市	Yongkang	1	188		1898	1346	507		15204
武义县	Wuyi	13	1319		19384	17287	2080	133	7411
浦江县	Pujiang	3	236	1	5892	5513	454		4660
磐安县	Panan	2	203		2599	2248	1163	21	334
衢州市区	Quzhou District	9	3896	1	23128	18035	5342	2403	23544
江山市	Jiangshan	13	3255	1	42018	18800	24254	28	15023
常山县	Changshan	3	1894	1	11354	5111	3291	14	6553
开化县	Kaihua	3	707		6670	5314	871		5152
龙游县	Longyou	23	3954	1	80852	59449	7082	265	21030
舟山市区	Zhoushan District	3	283		4585	3593	916		979523
岱山县	Daishan		33		93		39		381627
嵊泗县	Shengsi		11		8				394380
台州市区	Taizhou District	1	1982	1	4150	2987	3927	3349	265416
玉环市	Yuhuan	1	374		2569	691	559		245768
三门县	Sanmen	4	1267		4520	3583	5139	63	296425
天台县	Tiantai	4	5465	1	17426	5690	3460	18	2709
仙居县	Xianju	1	2746		4045	1794	1506	433	5038
温岭市	Wenling	3	1307		7970	4400	6453	172	524299
临海市	Linhai	3	4027	1	18212	6696	3436	722	119361
丽水市区	Lishui District	5	1555	1	8330	3654	2793	197	4632
龙泉市	Longquan	5	1496		8247	5506	261	416	3610
青田县	Qingtian	4	2941	1	7056	6007	1157		4900
云和县	Yunhe	1	1566		1529	998	1687	27	1791
庆元县	Qingyuan	3	1650		3213	2846	307		875
缙云县	Jinyun	5	607	1	6998	4856	3970	23	3631
遂昌县	Suichang	3	1258		3908	3392	2279		1791
松阳县	Songyang	4	1581		5438	4529	1562	665	2441
景宁县	Jingning	2	2387		2451	1973	125		1740

17-30 各市、县农业现代化情况(2019年)
Agricultural Modernization by City and County (2019)

市县名称	City and County	农业机械总动力(千瓦) Total Power of Agricultural Machinery (kw)	农村用电量(万千瓦小时) Electricity Consumed in Rural Area (10000 kw.h)	农用化肥施用量(折纯)(吨) Consumption of Chemical Fertilizer (pure) (ton)	机耕面积(千公顷) Area Ploughed by Tractors (1000 hectares)	有效灌溉面积(千公顷) Irrigated Area (1000 hectares)
杭州市区	Hangzhou District	2149051	951085	50443	152.55	3.21
萧山区	Xiaoshan	395082	150487	15337	36.32	44.05
余杭区	Yuhang	323969	175987	10219	22.06	26.89
富阳区	Fuyang	276935	454658	7537	15.12	22.66
临安区	Linan	308887	134678	13021	12.05	19.92
建德市	Jiande	176069	22032	16921	22.74	15.79
桐庐县	Tonglu	139571	71822	9659	11.89	14.81
淳安县	Chunan	311116	16054	6750	11.29	9.69
宁波市区	Ningbo District	2471822	545241	34360	228.70	27.38
鄞州区	Yinzhou	141257	146506	6282	19.34	14.12
奉化区	Fenhua	205238	130984	14297	12.09	22.85
余姚市	Yuyao	453413	284107	11769	54.69	39.68
慈溪市	Cixi	331275	790495	24321	64.19	36.99
象山县	Xiangshan	746916	97190	9199	23.24	16.31
宁海县	Ninghai	247371	174797	8356	25.43	17.85
温州市区	Wenzhou District	1881794	223035	7325	144.78	10.81
洞头区	Dongtou	243401	12143	945	0.47	0.09
瑞安市	Ruian	353438	110746	13265	29.93	19.52
乐清市	Yueqing	225874	110907	9984	26.79	17.74
永嘉县	Yongjia	147295	260221	11899	21.98	14.50
平阳县	Pingyang	271544	123378	10103	24.95	14.75
苍南县	Cangnan	392437	79122	8132	15.22	19.69
文成县	Wenchen	71048	11721	5564	8.38	8.60
泰顺县	Taishun	67481	9981	7234	4.54	9.53
嘉兴市区	Jiaxing District	1173157	245054	22665	155.65	38.88
海宁市	Haining	158629	222175	8356	19.37	29.22
平湖市	Pinghu	211647	279803	17265	28.83	23.13
嘉善县	Jiashan	199526	204119	8870	26.40	22.40
海盐县	Haiyan	114816	173999	13374	21.50	22.30
桐乡市	Tongxiang	225334	367553	17020	19.53	31.45
湖州市区	Huzhou District	1418327	159693	9730	79.68	49.05
德清县	Deqing	279270	130185	3991	4.49	23.94
长兴县	ChangXing	384079	56385	13249	32.26	33.57
安吉县	Anji	264614	31641	10309	15.19	22.13
绍兴市区	Shaoxing District	1910411	1516634	30865	145.05	10.00
柯桥区	keqiao	178245	1187601	6063	13.08	14.38
上虞区	Shangyu	387551	215401	19756	43.21	33.22

续表 Continued

市县名称	City and County	农业机械总动力(千瓦) Total Power of Agricultural Machinery (kw)	农村用电量(万千瓦小时) Electricity Consumed in Rural Area (10000 kw.h)	农用化肥施用量(折纯)(吨) Consumption of Chemical Fertilizer (pure) (ton)	机耕面积(千公顷) Area Ploughed by Tractors (1000 hectares)	有效灌溉面积(千公顷) Irrigated Area (1000 hectares)
诸暨市	Zhuji	660682	671196	23655	40.91	44.03
嵊州市	Shengzhou	355005	112000	11136	23.68	39.89
新昌县	Xinchang	197281	48710	9520	6.16	13.39
金华市区	Jinhua District	2074977	77197	21135	121.34	28.16
金东区	Jindong	223085	41837	10005	7.01	15.26
兰溪市	Lanxi	190845	127065	19703	29.99	36.86
东阳市	Dongyang	421780	158976	8115	21.47	22.19
义乌市	Yiwu	204561	123889	8853	11.46	17.31
永康市	Yongkang	284344	69901	7701	6.49	16.05
武义县	Wuyi	175670	18339	11147	22.00	15.20
浦江县	Pujiang	89738	22905	3305	3.83	13.62
磐安县	Panan	229403	9708	3477	4.00	5.35
衢州市区	Quzhou District	1361665	36932	17276	108.52	32.21
江山市	Jiangshan	402153	29886	13033	27.89	23.79
常山县	Changshan	89055	22549	5504	14.41	12.65
开化县	Kaihua	138569	11786	5628	15.17	11.86
龙游县	Longyou	298802	16727	13033	26.84	24.23
舟山市区	Zhoushan District	1270549	151357	2962	9.25	12.18
岱山县	Daishan	547623	15808	1170	1.47	2.35
嵊泗县	Shengsi	196282	3950	24	0.06	0.03
台州市区	Taizhou District	2415541	453836	27446	128.91	28.31
玉环市	Yuhuan	177847	96831	2327	3.52	5.58
三门县	Sanmen	239330	63188	6272	17.81	13.13
天台县	Tiantai	153319	35917	6106	11.08	13.78
仙居县	Xianju	189197	46278	6336	18.33	13.60
温岭市	Wenling	927361	282638	16503	23.95	24.27
临海市	Linhai	440431	223211	21186	30.64	24.64
丽水市区	Lishui District	953100	5364	10241	63.72	11.72
龙泉市	Longquan	179830	7941	6505	9.02	16.38
青田县	Qingtian	57672	15300	1955	5.03	9.08
云和县	Yunhe	66920	1726	536	2.48	6.95
庆元县	Qingyuan	91622	2504	4172	7.14	13.98
缙云县	Jinyun	125039	17035	6459	13.61	10.26
遂昌县	Suichang	111281	7408	8275	7.45	9.71
松阳县	Songyang	130184	7286	9216	5.34	9.63
景宁县	Jingning	83136	2761	4117	4.33	6.70

17－31 各市、县规模以上工业企业单位数(2019 年)
Number of Industrial Enterprises Above Designated Size by City and County (2019)

单位:个(unit)

市县名称	City and County	工业企业单位数 Number of Enterprises	内资企业 Domestic－Funded Enterprises	港澳台商投资企业 Enterprises with Investment from Hong Kong, Macao and Taiwan	外商投资企业 Enterprises with Foreign Investment
杭州市区	Hangzhou District	4984	4287	272	425
萧山区	Xiaoshan	1627	1394	102	131
余杭区	Yuhang	1203	1060	61	82
富阳区	Fuyang	632	587	17	28
临安区	Linan	607	583	15	9
建德市	Jiande	302	293	6	3
桐庐县	Tonglu	324	291	21	12
淳安县	Chunan	88	80	3	5
宁波市区	Ningbo District	4174	3303	410	461
鄞州区	Yinzhou	1208	1021	98	89
奉化区	Fenhua	567	509	24	34
余姚市	Yuyao	1288	1092	121	75
慈溪市	Cixi	1604	1446	85	73
象山县	Xiangshan	560	497	25	38
宁海县	Ninghai	616	536	40	40
温州市区	Wenzhou District	1967	1910	21	36
洞头区	Dongtou	47	46	1	
瑞安市	Ruian	1021	1004	6	11
乐清市	Yueqing	1348	1334	7	7
永嘉县	Yongjia	471	463	4	4
平阳县	Pingyang	503	494	4	5
苍南县	Cangnan	570	564	2	4
文成县	Wenchen	36	35		1
泰顺县	Taishun	25	25		
嘉兴市区	Jiaxing District	1233	991	91	151
平湖市	Pinghu	809	584	76	149
海宁市	Haining	1620	1462	84	74
桐乡市	Tongxiang	1212	1065	86	61
嘉善县	Jiashan	908	705	63	140
海盐县	Haiyan	670	617	29	24
湖州市区	District	1608	1500	48	60
德清县	Deqing	746	645	54	47
长兴县	ChangXing	789	729	28	32
安吉县	Anji	466	412	31	23
绍兴市区	Shaoxing District	2560	2273	172	115
柯桥区	keqiao	1229	1142	59	28
上虞区	Shangyu	785	691	52	42

续表 Continued 单位:个(unit)

市县名称	City and County	工业企业单位数 Number of Enterprises	内资企业 Domestic - Funded Enterprises	港澳台商投资企业 Enterprises with Investment from Hong Kong, Macao and Taiwan	外商投资企业 Enterprises with Foreign Investment
诸暨市	Zhuji	1184	1122	27	35
嵊州市	Shengzhou	719	645	54	20
新昌县	Xinchang	306	286	5	15
金华市区	Jinhua District	805	734	39	32
金东区	JIndong	369	360	5	4
兰溪市	Lanxi	440	424	4	12
东阳市	Dongyang	492	480	5	7
义乌市	Yiwu	679	644	21	14
永康市	Yongkang	807	793	10	4
武义县	Wuyi	530	523	2	5
浦江县	Pujiang	280	260	10	10
磐安县	Panan	128	126	2	0
衢州市区	Quzhou District	360	334	5	21
江山市	Jiangshan	295	285	3	7
常山县	Changshan	118	116	1	1
开化县	Kaihua	64	62	2	
龙游县	Longyou	207	198	3	6
舟山市区	Taizhou District	312	297	6	9
岱山县	Daishan	53	45	1	7
嵊泗县	Shengsi	11	11		
台州市	Taizhou District	1326	1280	25	21
温岭市	Wenling	992	966	12	14
临海市	Linhai	539	517	14	8
玉环市	Yuhuan	868	846	7	15
三门县	Sanmen	235	228	1	6
天台县	Tiantai	174	165	4	5
仙居县	Xianju	175	167	4	4
丽水市区	Lishui District	287	281	2	4
龙泉市	Longquan	119	116	1	2
青田县	Qingtian	165	159	1	5
云和县	Yunhe	71	70		1
庆元县	Qingyuan	56	55	1	
缙云县	Jinyun	196	193	2	1
遂昌县	Suichang	82	81		1
松阳县	Songyang	104	102	2	
景宁自治县	Jingning	25	24		1

17－32 各市、县规模以上工业总产值(2019 年)
Gross Output Value of Industry Above Designated Size by City and County (2019)

单位:亿元(100 million yuan)

市县名称	City and County	工业总产值 Gross Output Value of Industry	内资企业 Domestic－Funded Enterprises	港澳台商投资企业 Enterprises with Investment from Hong Kong, Macao and Taiwan	外商投资企业 Enterprises with Foreign Investment
杭州市区	Hangzhou District	13595.24	10112.34	1166.94	2315.96
萧山区	Xiaoshan	3678.94	3081.87	329.75	267.31
余杭区	Yuhang	1925.89	1629.81	112.80	183.28
富阳区	Fuyang	1334.37	1218.60	13.10	102.67
临安区	Linan	886.85	847.33	23.34	16.17
建德市	Jiande	451.11	419.38	7.50	24.23
桐庐县	Tonglu	429.20	372.12	36.26	20.82
淳安县	Chunan	109.90	103.07	1.38	5.45
宁波市区	Ningbo District	11124.70	7101.84	2525.86	1497.01
鄞州区	Yinzhou	1699.04	1259.27	242.61	197.17
奉化区	Fenhua	713.38	586.71	66.63	60.04
余姚市	Yuyao	1834.23	1162.59	547.60	124.05
慈溪市	Cixi	3317.72	2797.96	322.49	197.26
象山县	Xiangshan	651.26	526.01	50.00	75.25
宁海县	Ninghai	924.19	852.13	45.18	26.88
温州市区	Wenzhou District	1982.17	1880.30	25.01	76.86
洞头区	Dongtou	104.41	101.67	2.74	
瑞安市	Ruian	897.79	825.03	5.74	67.02
乐清市	Yueqing	1435.88	1350.54	6.38	78.96
永嘉县	Yongjia	328.86	324.31	1.46	3.10
平阳县	Pingyang	404.28	391.85	2.66	9.78
苍南县	Cangnan	385.58	339.15	36.09	10.34
文成县	Wenchen	20.87	20.52		0.35
泰顺县	Taishun	15.86	15.86		
嘉兴市区	Jiaxing District	2308.85	1664.47	214.34	430.04
平湖市	Pinghu	1978.82	1206.92	176.96	594.94
海宁市	Haining	2046.71	1599.68	290.63	156.40
桐乡市	Tongxiang	1810.68	1574.56	128.93	107.19
嘉善县	Jiashan	1203.68	808.52	148.95	246.21
海盐县	Haiyan	1010.06	902.80	56.18	51.08
湖州市区	District	1918.99	1670.37	108.04	140.58
德清县	Deqing	914.21	718.51	138.03	57.67
长兴县	ChangXing	1197.08	970.67	66.67	159.74
安吉县	Anji	633.40	550.77	46.24	36.39
绍兴市区	Shaoxing District	4894.66	4151.20	506.51	236.96
柯桥区	keqiao	2075.45	1859.89	158.63	56.92
上虞区	Shangyu	1561.34	1205.72	245.34	110.27

续表 Continued 单位:亿元(100 million yuan)

市县名称	City and County	工业总产值 Gross Output Value of Industry	内资企业 Domestic - Funded Enterprises	港澳台商投资企业 Enterprises with Investment from Hong Kong, Macao and Taiwan	外商投资企业 Enterprises with Foreign Investment
诸暨市	Zhuji	1120.84	894.61	41.09	185.14
嵊州市	Shengzhou	492.94	429.59	41.53	21.81
新昌县	Xinchang	485.99	442.55	9.46	33.99
金华市区	Jinhua District	777.61	598.83	109.56	69.21
金东区	JIndong	263.07	247.34	13.71	2.02
兰溪市	Lanxi	666.35	644.00	2.15	20.20
东阳市	Dongyang	490.82	481.25	5.88	3.68
义乌市	Yiwu	625.93	574.20	28.18	23.55
永康市	Yongkang	798.53	776.53	19.50	2.51
武义县	Wuyi	495.61	484.64	0.90	10.07
浦江县	Pujiang	159.56	150.32	4.39	4.86
磐安县	Panan	82.97	80.47	2.51	
衢州市区	Quzhou District	1066.03	924.25	6.88	134.90
江山市	Jiangshan	277.59	263.68	1.68	12.23
常山县	Changshan	130.51	125.83	4.01	0.66
开化县	Kaihua	95.63	89.95	5.67	
龙游县	Longyou	253.52	218.71	2.13	32.68
舟山市区	Taizhou District	630.83	582.73	15.01	33.09
岱山县	Daishan	285.13	234.65	0.53	49.95
嵊泗县	Shengsi	3.51	3.51		
台州市区	Taizhou District	1763.39	1597.61	36.57	129.21
温岭市	Wenling	762.35	703.50	35.65	23.20
临海市	Linhai	916.31	789.68	18.85	107.78
玉环市	Yuhuan	839.22	706.96	9.25	123.01
三门县	Sanmen	305.94	297.53	1.12	7.29
天台县	Tiantai	205.98	194.70	1.88	9.40
仙居县	Xianju	199.74	177.20	8.74	13.80
丽水市区	Lishui District	373.08	367.31	2.16	3.61
龙泉市	Longquan	73.87	72.24	0.17	1.47
青田县	Qingtian	254.87	240.28	10.76	3.82
云和县	Yunhe	121.94	121.65		0.29
庆元县	Qingyuan	49.61	48.70	0.91	
缙云县	Jinyun	218.98	215.41	0.74	2.83
遂昌县	Suichang	169.15	168.65		0.50
松阳县	Songyang	136.51	135.63	0.88	
景宁自治县	Jingning	13.89	13.17		0.72

17－33 各市、县工业企业经济指标(2019 年)
Main Indicators of Industrial Enterprises by City and County (2019)

单位:亿元(100 million yuan)

市县名称	City and County	流动资产合计 Circulating Funds	固定资产净额 Net Fixed Assets	营业收入 Business Income	营业成本 Operating Costs
杭州市区	Hangzhou District	10443.10	2772.05	14990.10	12049.64
萧山区	Xiaoshan	2749.21	957.57	4128.20	3612.55
余杭区	Yuhang	1473.67	411.45	2003.16	1598.42
富阳区	Fuyang	890.81	297.95	1476.69	1307.86
临安区	Linan	645.29	173.17	957.90	789.70
建德市	Jiande	220.81	144.13	461.47	366.62
桐庐县	Tonglu	235.94	111.33	425.84	359.88
淳安县	Chunan	71.60	38.21	127.18	103.08
宁波市区	Ningbo District	6559.26	2645.27	11395.24	9544.84
鄞州区	Yinzhou	1152.62	350.59	1751.95	1443.31
奉化区	Fenhua	503.08	157.63	832.24	592.90
余姚市	Yuyao	1153.80	367.83	1808.01	1489.37
慈溪市	Cixi	1605.88	634.02	3325.69	2722.98
象山县	Xiangshan	435.00	175.74	604.18	508.70
宁海县	Ninghai	610.79	247.28	930.54	764.04
温州市区	Wenzhou District	1023.28	394.23	1721.45	1415.07
洞头区	Dongtou	57.16	43.66	130.57	117.55
瑞安市	Ruian	528.86	186.82	849.63	711.33
乐清市	Yueqing	970.32	273.80	1415.39	1139.61
永嘉县	Yongjia	256.76	65.27	306.70	244.52
平阳县	Pingyang	163.55	86.67	372.48	318.87
苍南县	Cangnan	196.04	115.20	375.64	322.69
文成县	Wenchen	11.42	3.87	19.10	15.96
泰顺县	Taishun	8.55	4.67	13.38	10.63
嘉兴市区	Jiaxing District	1415.40	622.85	2395.75	2045.33
平湖市	Pinghu	1081.46	665.37	2030.71	1738.90
海宁市	Haining	1182.95	478.60	2073.56	1792.61
桐乡市	Tongxiang	962.58	514.27	1880.28	1655.06
嘉善县	Jiashan	747.92	289.11	1170.16	988.79
海盐县	Haiyan	620.70	583.33	999.11	803.13
湖州市区	District	1175.79	471.35	2054.84	1770.55
德清县	Deqing	533.20	215.50	883.08	720.29
长兴县	ChangXing	714.08	357.43	1616.46	1421.44
安吉县	Anji	313.78	163.14	616.30	494.90
绍兴市区	Shaoxing District	2747.24	1301.17	4741.16	4005.97
柯桥区	keqiao	963.23	570.77	1909.72	1633.62
上虞区	Shangyu	1133.75	388.44	1517.09	1212.13

续表　Continued　　单位:亿元(100 million yuan)

市县名称	City and County	流动资产合计 Circulating Funds	固定资产净额 Net Fixed Assets	营业收入 Business Income	营业成本 Operating Costs
诸暨市	Zhuji	836.80	224.63	1197.94	1037.52
嵊州市	Shengzhou	312.38	115.18	469.15	378.97
新昌县	Xinchang	552.91	124.14	494.77	370.28
金华市区	Jinhua District	597.58	226.58	801.17	670.61
金东区	JIndong	164.80	58.44	257.18	219.25
兰溪市	Lanxi	342.83	165.31	664.84	576.10
东阳市	Dongyang	330.03	125.86	584.62	495.19
义乌市	Yiwu	450.76	284.84	620.40	528.06
永康市	Yongkang	576.21	145.61	817.20	702.15
武义县	Wuyi	252.12	86.29	498.93	424.50
浦江县	Pujiang	75.62	48.41	161.19	141.88
磐安县	Panan	52.11	25.97	79.07	65.34
衢州市区	Quzhou District	638.59	369.14	1160.91	1017.28
江山市	Jiangshan	167.92	92.79	288.50	233.49
常山县	Changshan	73.58	59.68	130.29	106.08
开化县	Kaihua	47.67	27.21	100.32	86.70
龙游县	Longyou	151.98	100.54	265.38	220.01
舟山市区	Taizhou District	543.80	353.66	693.67	604.28
岱山县	Daishan	617.75	153.20	166.66	140.67
嵊泗县	Shengsi	3.98	2.39	3.69	3.11
台州市区	Taizhou District	1159.32	468.96	1848.33	1539.65
温岭市	Wenling	458.31	167.50	749.59	614.43
临海市	Linhai	787.39	241.46	942.51	778.30
玉环市	Yuhuan	477.02	237.64	795.07	648.42
三门县	Sanmen	199.40	607.94	296.29	241.30
天台县	Tiantai	179.37	67.59	211.34	159.79
仙居县	Xianju	137.09	93.68	196.18	143.80
丽水市区	Lishui District	285.66	100.43	374.04	306.47
龙泉市	Longquan	35.83	21.15	66.98	54.70
青田县	Qingtian	175.55	107.69	271.81	234.85
云和县	Yunhe	30.73	21.63	126.62	116.53
庆元县	Qingyuan	21.87	15.80	44.14	36.22
缙云县	Jinyun	102.11	44.56	218.80	185.22
遂昌县	Suichang	100.34	32.74	190.82	175.72
松阳县	Songyang	56.85	28.74	138.68	118.58
景宁自治县	Jingning	9.50	6.59	13.56	10.10

续表 1 Continued 单位:亿元(100 million yuan)

市县名称	City and County	利税总额 Total Profits and Taxes	税金及附加 Taxes and Surcharges	应交增值税 VAT Payable	利润总额 Total Profits
杭州市区	Hangzhou District	1730.02	288.75	403.35	1037.92
萧山区	Xiaoshan	309.21	21.91	78.66	208.64
余杭区	Yuhang	206.76	11.00	62.61	133.15
富阳区	Fuyang	116.34	6.68	52.44	57.23
临安区	Linan	97.64	5.01	22.13	70.50
建德市	Jiande	61.02	3.14	14.00	43.88
桐庐县	Tonglu	46.42	2.36	12.30	31.75
淳安县	Chunan	17.53	0.99	3.92	12.62
宁波市区	Ningbo District	1364.73	352.52	223.50	788.71
鄞州区	Yinzhou	149.53	9.51	34.79	105.23
奉化区	Fenhua	201.91	126.73	32.78	42.40
余姚市	Yuyao	195.75	9.10	36.16	150.49
慈溪市	Cixi	414.17	38.46	83.99	291.72
象山县	Xiangshan	61.41	2.88	15.09	43.43
宁海县	Ninghai	93.66	4.65	23.50	65.52
温州市区	Wenzhou District	164.79	11.58	50.20	103.01
洞头区	Dongtou	4.03	2.39	1.84	-0.20
瑞安市	Ruian	141.03	3.99	21.19	115.86
乐清市	Yueqing	132.39	6.90	41.96	83.53
永嘉县	Yongjia	31.94	1.74	11.25	18.94
平阳县	Pingyang	30.23	1.83	10.51	17.89
苍南县	Cangnan	32.25	1.50	10.52	20.23
文成县	Wenchen	1.84	0.09	0.63	1.13
泰顺县	Taishun	1.55	0.11	0.32	1.13
嘉兴市区	Jiaxing District	181.65	10.42	45.36	125.87
平湖市	Pinghu	187.10	12.98	42.43	131.69
海宁市	Haining	156.10	7.97	56.23	91.90
桐乡市	Tongxiang	142.88	6.29	41.95	94.64
嘉善县	Jiashan	91.64	5.53	26.48	59.64
海盐县	Haiyan	152.00	6.62	37.36	108.02
湖州市区	District	181.07	8.67	63.63	108.77
德清县	Deqing	103.37	5.62	26.43	71.32
长兴县	ChangXing	128.67	11.14	32.97	84.56
安吉县	Anji	77.90	3.79	22.87	51.24
绍兴市区	Shaoxing District	492.54	22.90	124.27	345.37
柯桥区	keqiao	187.09	9.44	56.66	121.00
上虞区	Shangyu	207.97	7.76	40.46	159.74

续表2　Continued　　单位:亿元(100 million yuan)

市县名称	City and County	利税总额 Total Profits and Taxes	税金及附加 Taxes and Surcharges	应交增值税 VAT Payable	利润总额 Total Profits
诸暨市	Zhuji	104.89	4.90	36.60	63.39
嵊州市	Shengzhou	44.51	3.74	14.75	26.02
新昌县	Xinchang	85.05	3.55	18.31	63.19
金华市区	Jinhua District	66.92	3.96	23.04	39.92
金东区	JIndong	21.57	1.19	10.84	9.54
兰溪市	Lanxi	45.18	4.63	24.98	15.58
东阳市	Dongyang	47.62	2.81	12.11	32.71
义乌市	Yiwu	53.81	3.36	26.93	23.53
永康市	Yongkang	53.52	4.34	23.41	25.77
武义县	Wuyi	32.43	2.22	12.37	17.84
浦江县	Pujiang	10.78	0.88	4.25	5.66
磐安县	Panan	7.08	0.42	2.15	4.50
衢州市区	Quzhou District	103.88	4.46	27.93	71.49
江山市	Jiangshan	38.40	2.04	8.44	27.91
常山县	Changshan	18.89	0.80	4.54	13.55
开化县	Kaihua	9.00	0.36	2.18	6.46
龙游县	Longyou	23.23	1.52	7.47	14.25
舟山市区	Taizhou District	38.50	4.51	13.03	20.96
岱山县	Daishan	1.32	4.38	1.86	-4.92
嵊泗县	Shengsi	0.37	0.05	0.09	0.24
台州市区	Taizhou District	155.93	9.80	47.77	98.36
温岭市	Wenling	74.85	5.58	21.34	47.93
临海市	Linhai	111.85	8.83	23.77	79.25
玉环市	Yuhuan	93.84	5.55	26.26	62.03
三门县	Sanmen	18.96	2.24	12.31	4.40
天台县	Tiantai	29.58	2.07	7.06	20.44
仙居县	Xianju	25.85	1.25	5.46	19.13
丽水市区	Lishui District	39.56	1.75	11.63	26.18
龙泉市	Longquan	7.17	0.54	2.39	4.24
青田县	Qingtian	21.19	1.02	7.13	13.03
云和县	Yunhe	12.07	0.73	6.95	4.39
庆元县	Qingyuan	3.89	0.20	1.31	2.38
缙云县	Jinyun	21.59	1.27	6.76	13.55
遂昌县	Suichang	20.91	0.68	3.02	17.21
松阳县	Songyang	13.14	0.49	3.61	9.04
景宁自治县	Jingning	2.38	0.07	0.53	1.78

17－34 各市、县客运量和货运量(2019 年)
Passenger Traffic and Freight Traffic by City and County (2019)

市县名称	City and County	客运量(万人) Passenger Traffic (10000 persons)		货运量(万吨) Freight Traffic (10000 tons)	
		公路 Highways	水运 Waterways	公路 Highways	水运 Waterways
杭州市区	Hangzhou District	8466	263	20358	3844
萧山区	Xiaoshan	384	18	3723	1752
余杭区	Yuhang	184		1380	526
富阳区	Fuyang	211		1459	498
临安区	Linan	729		906	132
建德市	Jiande		31	2857	129
桐庐县	Tonglu	257	32	7934	91
淳安县	Chunan	421	285	582	10
宁波市区	Ningbo District				
鄞州区	Yinzhou	645	10	6604	1167
奉化区	Fenhua	493		2129	486
余姚市	Yuyao	238	1	1407	7
慈溪市	Cixi	510		1307	37
象山县	Xiangshan	655	140	529	3464
宁海县	Ninghai	151	14	1168	854
温州市区	Wenzhou District	2213	8	6793	2884
洞头区	Dongtou	719		125	2251
瑞安市	Ruian	1799	4	1086	273
乐清市	Yueqing	3108		1041	703
永嘉县	Yongjia	4032		1188	615
平阳县	Pingyang	2877	22	676	
苍南县	Cangnan	4107		968	286
文成县	Wenchen	1295	2	169	
泰顺县	Taishun	1437		51	
嘉兴市区	Jiaxing District	779	99	3948	3110
平湖市	Pinghu	534		3571	1369
海宁市	Haining	336		1348	838
桐乡市	Tongxiang	506	157	1529	1899
嘉善县	Jiashan	616	74	2764	1559
海盐县	Haiyan	200		1374	1690
湖州市区	District				
德清县	Deqing	1050	50	1347	706
长兴县	ChangXing	746	58	5562	3806
安吉县	Anji	1270		2407	1424
绍兴市区	Shaoxing District				
柯桥区	keqiao	190	65	4132	187
上虞区	Shangyu	317		2652	549

续表 Continued

市县名称	City and County	客运量(万人) Passenger Traffic (10000 persons)		货运量(万吨) Freight Traffic (10000 tons)	
		公路 Highways	水运 Waterways	公路 Highways	水运 Waterways
诸暨市	Zhuji	378	38	2376	530
嵊州市	Shengzhou	250		1505	23
新昌县	Xinchang	249	2	1143	
金华市区	Jinhua District	1808		3280	
金东区	JIndong				
兰溪市	Lanxi	1603		672	37
东阳市	Dongyang	1836		1337	
义乌市	Yiwu	2045		3704	
永康市	Yongkang	1194		1169	
武义县	Wuyi	921		356	
浦江县	Pujiang	610		212	
磐安县	Panan	546		157	
衢州市区	Quzhou District				
江山市	Jiangshan	784		3837	
常山县	Changshan	399		1427	
开化县	Kaihua	523		954	
龙游县	Longyou	614	1	2021	4
舟山市区	Taizhou District				
岱山县	Daishan		660		
嵊泗县	Shengsi		235		
台州市区	Taizhou District				
温岭市	Wenling	2599		2267	2632
临海市	Linhai	304		2369	530
玉环市	Yuhuan	1871	6	1687	732
三门县	Sanmen	772		491	1012
天台县	Tiantai	808		715	
仙居县	Xianju	852		582	
丽水市区	Lishui District	448	101	1016	
龙泉市	Longquan	182	2	412	
青田县	Qingtian	594	6	1346	259
云和县	Yunhe	148	23	336	
庆元县	Qingyuan	188		427	
缙云县	Jinyun	297		672	
遂昌县	Suichang	202		457	
松阳县	Songyang	166		376	
景宁自治县	Jingning	90	1	205	

17－35 各市、县公路里程邮电通信和用电量情况(2019 年)
Length of Highways, Posts and Telecommunications, Electricity Consumption by City and County (2019)

市县名称	City and County	境内公路里程(公里) Length of Highways (km)	#高速公路 Expressway	民用汽车拥有量(辆) Civilb Motor Vehicles (unit)	固定电话用户(万户) Telephone Subscribers (10000 subscribers)	年末移动电话用户数(万户) Number of Mobile Telephones Subscribers (10000 subscribers)
杭州市区	Hangzhou District	9940	483		139.77	1026.88
萧山区	Xiaoshan	2497	125	526882	34.77	233.86
余杭区	Yuhang	2366	122	428359	23.16	245.93
富阳区	Fuyang	1983	37	163090	9.33	97.08
临安区	Linan	2953	104	147169	7.85	72.89
建德市	Jiande	1995	107	88405	5.37	50.38
桐庐县	Tonglu	1932	29	94174	5.54	54.48
淳安县	Chunan	2801	13	63545	5.23	35.92
宁波市区	Ningbo District					
鄞州区	Yinzhou	1023	95	558831		
奉化区	Fenhua	1358	55	155236		
余姚市	Yuyao	1993	65	344820		
慈溪市	Cixi	1630	82	466165		
象山县	Xiangshan	1483	46	145904		
宁海县	Ninghai	1651	75	166951		
温州市区	Wenzhou District					
洞头区	Dongtou	241	3	21683	1.65	12.79
瑞安市	Ruian	1943	90	429665	18.81	177.46
乐清市	Yueqing	1360	92	341712	21.16	180.32
永嘉县	Yongjia	2817	110	236000	10.32	99.84
平阳县	Pingyang	1649	47	167824	7.29	96.59
苍南县	Cangnan	1679	67	242267	13.09	137.10
文成县	Wenchen	1696	12	48977	1.86	21.32
泰顺县	Taishun	2209	0	49342	2.08	28.23
嘉兴市区	Jiaxing District	1864	127	440002	33.29	230.79
平湖市	Pinghu	1201	44	172873	10.78	85.74
海宁市	Haining	1473	101	265335	17.20	120.34
桐乡市	Tongxiang	1940	44	301683	15.33	130.22
嘉善县	Jiashan	802	62	161158	10.36	82.22
海盐县	Haiyan	1007	40	137087	7.97	56.10
湖州市区	District					
德清县	Deqing	1287	44	141977	10.09	70.93
长兴县	ChangXing	2278	133	175608	12.50	88.90
安吉县	Anji	2248	59	154009	10.26	74.31
绍兴市区	Shaoxing District					
柯桥区	keqiao	1487	23	339394	24.35	116.39
上虞区	Shangyu	1583	87	203773	17.15	93.27

续表 1 Continued

市县名称	City and County	境内公路里程(公里) Length of Highways (km)	#高速公路 Expressway	民用汽车拥有量(辆) Civilb Motor Vehicles (unit)	固定电话用户(万户) Telephone Subscribers (10000 subscribers)	年末移动电话用户数(万户) Number of Mobile Telephones Subscribers (10000 subscribers)
诸暨市	Zhuji	2763	152	363351	25.60	135.45
嵊州市	Shengzhou	2352	100	158788	12.56	76.33
新昌县	Xinchang	1383	40	97145	6.44	48.28
金华市区	Jinhua District	2790	73	394475	18.28	270.49
金东区	JIndong	1190	50			
兰溪市	Lanxi	1471	15	120314	5.27	56.62
东阳市	Dongyang	2460	95	300260	11.39	111.25
义乌市	Yiwu	1559	76	660065	27.55	246.53
永康市	Yongkang	1201	58	326634	9.69	129.59
武义县	Wuyi	1436	26	109858	4.39	42.43
浦江县	Pujiang	919	13	127024	3.91	74.94
磐安县	Panan	1240	20	34072	1.68	19.25
衢州市区	Quzhou District			198229		
江山市	Jiangshan	1833	76	106980	5.11	50.80
常山县	Changshan	1072	89	44826	2.33	25.33
开化县	Kaihua	1632	112	47088	2.13	26.47
龙游县	Longyou	1529	80	69457	4.90	37.45
舟山市区	Taizhou District				19.81	140.37
岱山县	Daishan	386		21220	2.85	24.51
嵊泗县	Shengsi	181		5500	1.14	9.52
台州市区	Taizhou District	2561	59	681739	41.28	345.81
温岭市	Wenling	2051	45	393964	17.77	211.02
临海市	Linhai	2391	106	254142	12.34	149.79
玉环市	Yuhuan	766	32	165040	13.41	97.20
三门县	Sanmen	1355	57	73959	4.64	46.19
天台县	Tiantai	2022	42	92655	6.42	57.69
仙居县	Xianju	1966	106	90683	4.94	52.87
丽水市区	Lishui District	1354	69	112152	10.15	71.21
龙泉市	Longquan	2589	89	49404	2.03	27.84
青田县	Qingtian	2495	67	52548	4.50	37.36
云和县	Yunhe	900	44	21248	1.31	14.25
庆元县	Qingyuan	1586	21	22893	1.27	15.97
缙云县	Jinyun	1445	35	74864	4.77	42.31
遂昌县	Suichang	1811	29	32567	1.84	21.28
松阳县	Songyang	1570	53	34657	2.45	20.72
景宁自治县	Jingning	1932	12	18822	1.06	13.12

续表 2 Continued

市县名称	City and County	电信业务收入（万元）Telecom Business Income (10000 yuan)	全年用电量（万千瓦小时）Total Electricity Consumption (10000 kw. h)	#工业用电 Industrial Consumption	#城乡居民生活用电 Residential Consumption
杭州市区	Hangzhou District	1286100			
萧山区	Xiaoshan	245700	2592879		
余杭区	Yuhang	232300	1129290	507207	271820
富阳区	Fuyang	88300	789570	588145	95200
临安区	Linan	60300	392551	252191	67485
建德市	Jiande	39500	371425	285074	39378
桐庐县	Tonglu	47800	252340	154271	49440
淳安县	Chunan	24200	154428	71410	28246
宁波市区	Ningbo District				
鄞州区	Yinzhou		932992	451658	183953
奉化区	Fenhua		365982	244525	55358
余姚市	Yuyao		1063585	828056	118500
慈溪市	Cixi		1190351	897214	165512
象山县	Xiangshan		263862	152412	55618
宁海县	Ninghai		371680	242856	72828
温州市区	Wenzhou District				
洞头区	Dongtou	14120	37229	14529	11336
瑞安市	Ruian	177838	767119	493346	173094
乐清市	Yueqing	184612	652738	362960	175048
永嘉县	Yongjia	93184	317063	182504	80020
平阳县	Pingyang	91295	388274	239490	91901
苍南县	Cangnan	138699	616474	383270	151487
文成县	Wenchen	18361	50613	15416	18371
泰顺县	Taishun	26270	53528	15201	20168
嘉兴市区	Jiaxing District	207616	1318311	950266	136894
平湖市	Pinghu	65139	871073	745831	56702
海宁市	Haining	96387	996550	771208	92574
桐乡市	Tongxiang	100117	1103835	901787	90209
嘉善县	Jiashan	66282	582914	448181	63682
海盐县	Haiyan	43145	493157	408164	40999
湖州市区	District				
德清县	Deqing	56489	510020	367433	53037
长兴县	ChangXing	67283	875816	728717	70005
安吉县	Anji	62500	358586	225575	65069
绍兴市区	Shaoxing District				
柯桥区	keqiao	105149	1656526	1427884	98121
上虞区	Shangyu	76291	648848	494196	68245

续表 3 Continued

市县名称	City and County	电信业务收入（万元）Telecom Business Income (10000 yuan)	全年用电量（万千瓦小时）Total Electricity Consumption (10000 kw. h)	#工业用电 Industrial Consumption	#城乡居民生活用电 Residential Consumption
诸暨市	Zhuji	119082	947344	715129	119308
嵊州市	Shengzhou	57475	301521	191787	61095
新昌县	Xinchang	38436	228343	154181	37233
金华市区	Jinhua District	177681	767865	431310	143271
金东区	JIndong				
兰溪市	Lanxi	44596	519460	430602	45430
东阳市	Dongyang	106238	540509	347197	95269
义乌市	Yiwu	260959	1004350	560659	174690
永康市	Yongkang	108762	534152	393119	82720
武义县	Wuyi	41988	279949	211472	31849
浦江县	Pujiang	46141	241884	176027	36597
磐安县	Panan	15763	58512	34223	12260
衢州市区	Quzhou District				
江山市	Jiangshan	38629	276326	193472	37975
常山县	Changshan	22044	163908	122514	21244
开化县	Kaihua	22644	89948	48878	21935
龙游县	Longyou	31738	275731	201696	32717
舟山市区	Taizhou District	119236			
岱山县	Daishan	18538	158192	44957	15638
嵊泗县	Shengsi	8802	53626	5360	6524
台州市区	Taizhou District	299860	1225311	773090	220359
温岭市	Wenling	157705	606383	365538	143764
临海市	Linhai	98493	510328	338966	97392
玉环市	Yuhuan	79666	471653	357778	71160
三门县	Sanmen	32476	181212	116968	32814
天台县	Tiantai	38689	160777	84377	43244
仙居县	Xianju	36236	130487	65915	35009
丽水市区	Lishui District	64507	263729	133530	52416
龙泉市	Longquan	18952	83327	43502	22128
青田县	Qingtian	26910	163327	97669	37856
云和县	Yunhe	9820	158415	136972	12065
庆元县	Qingyuan	10652	42723	22973	9980
缙云县	Jinyun	26952	185023	130558	33991
遂昌县	Suichang	14104	102554	72795	15930
松阳县	Songyang	13443	81085	50328	16435
景宁自治县	Jingning	9964	23380	6235	8794

17－36 各市、县国内贸易情况(2019 年)
Domestic and Foreign Trade by City and County (2019)

市县名称	City and County	社会消费品零售总额(亿元) Total Retail Sales of Consumer Goods (100 million yuan)	限额以上批发、零售业商品销售额(亿元) Total Sales of Wholesale and Retailsale Trade Above Designated Size (100 million yuan)	限额以上批发零售企业数(个) Number of Wholesale and retail enterprises above Designaged Size(unit)	#零售 Retail
杭州市区	Hangzhou District	5842.96	26773.01	5086	1406
萧山区	Xiaoshan	771.77	4031.30	812	148
余杭区	Yuhang	757.82	2442.16	764	214
富阳区	Fuyang	368.62	1008.12	325	115
临安区	Linan	205.23	213.46	187	108
建德市	Jiande	114.86	71.77	77	35
桐庐县	Tonglu	145.78	125.48	136	47
淳安县	Chunan	83.99	166.39	74	36
宁波市区	Ningbo District	2727.88	22876.12	4270	602
鄞州区	Yinzhou	907.03	5687.40	1644	213
奉化区	Fenhua	152.86	174.31	119	42
余姚市	Yuyao	407.05	621.77	260	69
慈溪市	Cixi	658.55	1033.20	439	137
象山县	Xiangshan	207.41	222.53	177	56
宁海县	Ninghai	267.68	252.47	146	65
温州市区	Wenzhou District	1647.55	5198.26	1440	352
洞头区	Dongtou	39.49	102.55	35	7
瑞安市	Ruian	525.37	439.81	326	93
乐清市	Yueqing	535.41	415.61	293	96
永嘉县	Yongjia	216.69	234.75	140	56
平阳县	Pingyang	229.01	170.29	138	48
苍南县	Cangnan	395.94	171.53	140	63
文成县	Wenchen	50.63	11.88	31	22
泰顺县	Taishun	55.27	9.38	24	18
嘉兴市区	Jiaxing District	571.57	1351.96	488	144
平湖市	Pinghu	235.15	461.16	240	48
海宁市	Haining	477.48	501.59	378	61
桐乡市	Tongxiang	424.76	648.20	374	104
嘉善县	Jiashan	234.10	192.93	135	31
海盐县	Haiyan	159.49	127.74	106	21
湖州市区	District	726.91	839.10	394	164
德清县	Deqing	204.56	699.56	228	35
长兴县	ChangXing	311.34	1494.03	168	53
安吉县	Anji	186.47	80.77	132	89
绍兴市区	Shaoxing District	1420.67	3047.43	1956	294
柯桥区	keqiao	362.10	1639.74	1086	61
上虞区	Shangyu	436.87	406.67	243	94

续表 Continued

市县名称	City and County	社会消费品零售总额（亿元）Total Retail Sales of Consumer Goods (100 million yuan)	限额以上批发、零售业商品销售额（亿元）Total Sales of Wholesale and Retailsale Trade Above Designated Size (100 million yuan)	限额以上批发零售企业数（个）Number of Wholesale and retail enterprises above Designaged Size(unit)	#零售 Retail
诸暨市	Zhuji	475.44	720.45	526	197
嵊州市	Shengzhou	286.20	121.53	127	64
新昌县	Xinchang	170.25	163.31	99	44
金华市区	Jinhua District	732.49	842.82	423	176
金东区	JIndong	243.73	222.98	152	83
兰溪市	Lanxi	154.16	176.40	154	70
东阳市	Dongyang	302.17	265.78	147	64
义乌市	Yiwu	973.10	472.32	428	152
永康市	Yongkang	323.49	277.13	248	97
武义县	Wuyi	98.40	63.30	78	29
浦江县	Pujiang	102.51	38.45	65	38
磐安县	Panan	36.56	8.90	25	13
衢州市区	Quzhou District	284.83	374.36	264	98
江山市	Jiangshan	145.10	49.24	80	49
常山县	Changshan	72.57	26.89	36	21
开化县	Kaihua	90.18	12.54	20	13
龙游县	Longyou	164.40	106.83	74	28
舟山市区	Taizhou District	450.27	2761.02	471	73
岱山县	Daishan	86.13	20.43	23	6
嵊泗县	Shengsi	39.70	65.79	18	5
台州市区	Taizhou District	1000.49	1395.40	540	219
温岭市	Wenling	689.57	431.51	364	134
临海市	Linhai	278.49	211.73	150	83
玉环市	Yuhuan	216.12	127.64	139	49
三门县	Sanmen	110.91	23.50	38	22
天台县	Tiantai	139.10	26.24	59	41
仙居县	Xianju	109.95	50.74	46	24
丽水市区	Lishui District	219.27	351.87	116	61
龙泉市	Longquan	66.65	26.57	36	22
青田县	Qingtian	122.22	47.00	64	33
云和县	Yunhe	34.83	10.21	39	33
庆元县	Qingyuan	42.41	5.86	20	15
缙云县	Jinyun	98.84	34.27	39	30
遂昌县	Suichang	62.75	37.28	31	12
松阳县	Songyang	54.10	34.79	37	25
景宁自治县	Jingning	36.88	456.06	21	11

17-37 各市、县外贸及利用外资情况(2019年)
Foreign Trade and Utlization of Foreign Capital by City and County (2019)

市县名称	City and County	进口总额(万元) Total imports (10000 yuan)	出口总额(万元) Total exports (10000 yuan)	外国和港澳台地区在华直接投资 Foreign Funded Enterprises and Enterprises Funded by Entrepreneurs from Hong Kong, Macao & Taiwan	
				新签项目(合同)数(个) Newly Signed Contracts (unit)	实际使用外资金额(万美元) Amount of Foreign Capital Actually Use (USD 10000)
杭州市区	Hangzhou District	12077287	14798149	712	
萧山区	Xiaoshan	1983226	6387331	65	83516
余杭区	Yuhang	373251	4412336	115	89560
富阳区	Fuyang	1636228	1322972	23	29747
临安区	Linan	451976	1245759	20	16008
建德市	Jiande	49186	624976	12	11607
桐庐县	Tonglu	60334	689517	6	17000
淳安县	Chunan	25163	108499	5	2003
宁波市区	Ningbo District			595	185486
鄞州区	Yinzhou	5154008	14762424	164	48759
奉化区	Fenhua	288631	1824938	24	11003
余姚市	Yuyao	3441002	5987381	57	31058
慈溪市	Cixi	1041021	7810067	48	15001
象山县	Xiangshan	174538	1844461	22	11002
宁海县	Ninghai	266967	2762509	15	12632
温州市区	Wenzhou District			65	47966
洞头区	Dongtou	133598	52064	35	555
瑞安市	Ruian	309855	2744052	11	10137
乐清市	Yueqing	51638	1804980	11	5265
永嘉县	Yongjia	27701	595296	6	3604
平阳县	Pingyang	35053	758399	6	4104
苍南县	Cangnan	32787	501516	12	3428
文成县	Wenchen	271	35995	0	621
泰顺县	Taishun	53	42935	4	717
嘉兴市区	Jiaxing District			31	136114
平湖市	Pinghu	1451549	2670213	52	81519
海宁市	Haining	525981	5105445	68	51025
桐乡市	Tongxiang	1014377	3174157	42	50098
嘉善县	Jiashan	566864	2490263	49	58683
海盐县	Haiyan	326731	1361162	32	35102
湖州市区	Huzhou District			176	85924
德清县	Deqing	210542	1489309	35	36459
长兴县	ChangXing	336586	1565984	49	36459
安吉县	Anji	68108	2475986	35	31039
绍兴市区	Shaoxing District			225	57522
柯桥区	keqiao	439500	8657649	144	20772
上虞区	Shangyu	242237	2782922	49	34694

续表 Continued

市县名称	City and County	进口总额(万元) Total imports (10000 yuan)	出口总额(万元) Total exports (10000 yuan)	外国和港澳台地区在华直接投资 Foreign Funded Enterprises and Enterprises Funded by Entrepreneurs from Hong Kong,Macao & Taiwan	
				新签项目(合同)数(个) Newly Signed Contracts (unit)	实际使用外资金额(万美元) Amount of Foreign Capital Actually Use (USD 10000)
诸暨市	Zhuji	712227	4168614	45	6296
嵊州市	Shengzhou	33442	826290	14	921
新昌县	Xinchang	41259	1409795	3	1000
金华市区	Jinhua District	365362	2417792	47	2830
金东区	JIndong	311047	1012762	15	1327
兰溪市	Lanxi	195387	1098512	7	1230
东阳市	Dongyang	184963	1977777	27	13
义乌市	Yiwu	999021	28679255	868	16205
永康市	Yongkang	37207	3191625	7	124
武义县	Wuyi	22965	2046446	6	103
浦江县	Pujiang	37305	611529	9	1152
磐安县	Panan	4586	315406	2	
衢州市区	Quzhou District			8	4952
江山市	Jiangshan	357536	352463	3	1330
常山县	Changshan	209276	151627	2	11
开化县	Kaihua	207636	188661	2	
龙游县	Longyou	440022	344175	2	1486
舟山市区	Zhoushan District			74	37696
岱山县	Daishan	262752	700915	3	9286
嵊泗县	Shengsi	596843	46971	1	3111
台州市区	Taizhou District	761626	5589758	29	27921
温岭市	Wenling	170097	3432538	10	5231
临海市	Linhai	187661	2346847	10	5097
玉环市	Yuhuan	100192	2579189	11	15294
三门县	Sanmen	81059	618527	9	4052
天台县	Tiantai	29274	519974	7	7415
仙居县	Xianju	19424	564638	2	108
丽水市区	Lishui District			9	5607
龙泉市	Longquan	1637	243811	1	77
青田县	Qingtian	51645	674677	7	2080
云和县	Yunhe	6939	168447		409
庆元县	Qingyuan	877	136766	2	582
缙云县	Jinyun	12786	608668	3	2264
遂昌县	Suichang	11057	111234	2	
松阳县	Songyang	761	89395	3	1060
景宁自治县	Jingning	158593	179723	2	

17－38 各市、县财政收支情况(2019 年)
Total Financial Revenue and Expenditure by City and County (2019)

单位:亿元(100 million yuan)

市县名称	City and County	财政总收入 Total Financial Revenue	一般公共预算收入 General Public Revenue	一般公共预算支出 General Public Budget Expenditure	一般性公共服务支出 Expenses for Public Service	#教育事业费 Expenses for Education
杭州市区	Hangzhou District	3500.61	1880.02	1779.64	154.62	332.78
萧山区	Xiaoshan	430.44	267.66	275.43	23.54	51.91
余杭区	Yuhang	726.47	391.45	376.73	30.90	69.64
富阳区	Fuyang	131.26	80.00	105.50	9.61	21.88
临安区	Linan	101.93	61.16	85.62	7.83	16.87
建德市	Jiande	54.12	31.10	54.15	5.12	9.63
桐庐县	Tonglu	58.09	33.77	50.20	3.84	13.04
淳安县	Chunan	37.22	21.09	68.87	7.24	8.12
宁波市区	Ningbo District	2072.63	1047.32	1260.50	115.70	160.59
鄞州区	Yinzhou	453.40	269.33	233.53	22.32	32.50
奉化区	Fenhua	90.10	60.00	82.27	12.83	14.09
余姚市	Yuyao	178.13	107.23	122.59	12.07	23.84
慈溪市	Cixi	352.50	201.69	216.57	17.81	36.98
象山县	Xiangshan	76.88	46.26	77.46	9.24	13.01
宁海县	Ninghai	104.71	66.02	90.76	9.53	17.03
温州市区	Wenzhou District	426.25	259.90	363.26	53.95	71.83
洞头区	Dongtou	17.66	12.91	37.00	4.93	4.43
瑞安市	Ruian	125.20	79.64	139.92	12.42	26.82
乐清市	Yueqing	167.02	99.69	155.39	9.77	28.48
永嘉县	Yongjia	62.20	39.53	109.23	10.04	23.23
平阳县	Pingyang	57.48	38.03	90.88	14.18	16.08
苍南县	Cangnan	67.66	42.46	113.75	10.01	24.88
文成县	Wenchen	13.84	9.63	56.14	6.44	8.13
泰顺县	Taishun	17.22	10.10	55.55	5.47	7.27
嘉兴市区	Jiaxing District	306.11	180.50	256.80	19.67	34.59
平湖市	Pinghu	144.14	88.45	113.26	9.43	19.55
海宁市	Haining	157.36	97.02	111.42	11.12	23.40
桐乡市	Tongxiang	135.26	79.65	100.72	7.53	20.96
嘉善县	Jiashan	110.98	67.79	97.49	9.58	18.23
海盐县	Haiyan	91.56	52.28	87.21	7.27	14.30
湖州市区	District	223.02	131.02	214.55	20.53	32.68
德清县	Deqing	113.06	65.66	83.66	9.26	13.60
长兴县	ChangXing	114.38	65.83	81.10	8.15	15.57
安吉县	Anji	90.09	53.56	87.57	9.09	14.98
绍兴市区	Shaoxing District	543.93	349.13	390.07	47.29	80.31
柯桥区	keqiao	197.82	131.41	126.99	14.35	29.00
上虞区	Shangyu	147.61	89.52	104.48	12.83	21.49

续表 Continued 单位:亿元(100 million yuan)

市县名称	City and County	财政总收入 Total Financial Revenue	一般公共预算收入 General Public Revenue	一般公共预算支出 General Public Budget Expenditure	一般性公共服务支出 Expenses for Public Service	#教育事业费 Expenses for Education
诸暨市	Zhuji	142.03	89.81	110.50	11.21	23.21
嵊州市	Shengzhou	69.67	45.76	75.95	6.69	15.53
新昌县	Xinchang	69.73	43.66	64.35	6.75	12.43
金华市区	Jinhua District	157.49	95.01	160.44	21.11	26.09
金东区	JIndong	36.69	22.94	31.55	5.05	4.68
兰溪市	Lanxi	47.70	28.28	58.10	5.27	11.04
东阳市	Dongyang	118.44	69.90	98.97	14.39	19.93
义乌市	Yiwu	152.44	101.22	131.21	16.69	31.00
永康市	Yongkang	94.53	59.93	87.28	8.75	15.75
武义县	Wuyi	44.06	27.03	48.99	4.84	7.80
浦江县	Pujiang	29.00	19.29	39.95	4.94	8.39
磐安县	Panan	17.84	10.64	39.39	5.38	6.70
衢州市区	Quzhou District	127.22	75.92	191.48	28.66	24.53
江山市	Jiangshan	32.20	20.54	67.68	6.38	9.48
常山县	Changshan	18.94	11.79	55.65	6.15	6.93
开化县	Kaihua	15.45	9.95	65.98	5.51	6.27
龙游县	Longyou	29.55	18.93	68.21	7.71	8.85
舟山市区	Taizhou District	192.96	129.46	242.17	35.69	28.20
岱山县	Daishan	26.24	17.60	50.90	4.47	5.07
嵊泗县	Shengsi	11.39	7.80	30.29	3.72	2.77
台州市区	Taizhou District	303.53	178.72	281.24	31.96	53.84
温岭市	Wenling	126.69	78.27	128.56	12.00	24.95
临海市	Linhai	111.14	65.99	108.30	11.07	22.07
玉环市	Yuhuan	87.42	53.92	80.21	10.98	13.04
三门县	Sanmen	29.25	18.17	53.64	7.04	9.62
天台县	Tiantai	37.00	22.33	61.06	6.32	13.82
仙居县	Xianju	34.81	21.09	57.33	6.43	9.97
丽水市区	Lishui District	87.14	54.63	128.13	14.25	17.81
龙泉市	Longquan	15.07	9.79	57.31	4.96	6.95
青田县	Qingtian	34.37	21.02	66.30	8.09	10.13
云和县	Yunhe	10.41	6.43	30.40	3.36	4.03
庆元县	Qingyuan	8.34	5.48	37.25	4.78	7.15
缙云县	Jinyun	25.99	16.65	62.97	5.21	11.82
遂昌县	Suichang	19.02	10.96	50.29	5.09	7.30
松阳县	Songyang	12.83	7.89	46.30	4.67	6.44
景宁自治县	Jingning	14.95	6.98	47.54	5.63	5.05

17－39 各市、县金融业、社会保险、福利情况(2019 年)
Basic Statistics on Finace and Social Insurance and Welfare by City and County (2019)

市县名称	City and County	金融机构年末存款余额(亿元) Deposits in Financial Institutions (100 million yuan)	#住户存款年末余额(亿元) Saving Deposits of Residents (10000 million yuan)	金融机构年末贷款余额(亿元) Loans in Financial Institutions (100 million yuan)	城镇职工基本养老保险参保人数(万人) Staff and Workers in Urban Area Participating in the Basic Retirement Security Program (10000 persons)	城乡居民基本医疗保险参保人数(万人) Urban and Rural Households Participating in the Basic Health Care Program (10000 persons)
杭州市区	Hangzhou District	42181.20	10870.17	39918.95	651.93	285.03
萧山区	Xiaoshan	4778.58	1990.43	4402.44		45.76
余杭区	Yuhang	3765.86	1471.18	2616.67		44.25
富阳区	Fuyang	1324.88	585.33	1488.76		30.42
临安区	Linan	972.40	396.64	802.96	27.57	30.58
建德市	Jiande	527.01	303.40	450.82	21.04	28.59
桐庐县	Tonglu	558.15	308.51	555.81	21.25	22.75
淳安县	Chunan	377.81	195.26	311.86	10.47	28.39
宁波市区	Ningbo District	14351.00	4323.99	16355.89	261.17	137.39
鄞州区	Yinzhou				69.84	33.63
奉化区	Fenhua				26.69	27.29
余姚市	Yuyao	1766.60	989.31	1361.05	55.99	46.08
慈溪市	Cixi	2728.19	1472.84	2237.91	70.66	65.32
象山县	Xiangshan	655.14	333.57	862.05	25.32	32.29
宁海县	Ninghai	789.93	355.75	957.34	28.41	41.22
温州市区	Wenzhou District	6969.69	3445.97	6148.42	229.16	95.56
洞头区	Dongtou	105.02	56.81	113.82	3.52	10.02
瑞安市	Ruian	1722.53	1173.49	1351.83	62.45	77.54
乐清市	Yueqing	1634.51	1103.38	1384.77	40.65	98.63
永嘉县	Yongjia	806.17	527.80	715.96	26.20	73.83
平阳县	Pingyang	659.03	456.74	642.54	30.43	66.72
苍南县	Cangnan	775.13	500.88	964.19	29.80	108.42
文成县	Wenchen	344.11	239.47	170.75	5.74	31.80
泰顺县	Taishun	245.27	154.11	151.09	6.02	32.29
嘉兴市区	Jiaxing District	3113.87	1239.42	2725.09	57.35	36.14
平湖市	Pinghu	1014.34	491.15	906.39	25.18	18.98
海宁市	Haining	1744.03	860.05	1443.27	34.12	34.97
桐乡市	Tongxiang	1565.06	818.63	1315.71	32.81	41.86
嘉善县	Jiashan	1148.69	514.48	850.83	22.33	21.65
海盐县	Haiyan	732.45	389.71	763.15	15.85	16.73
湖州市区	District	2711.79	1273.59	2384.25	63.04	
德清县	Deqing	872.17	414.80	828.61		
长兴县	ChangXing	916.61	428.98	845.12		
安吉县	Anji	663.18	327.60	760.49		
绍兴市区	Shaoxing District	6297.98	2900.15	5881.71	156.87	125.70
柯桥区	keqiao	2125.53	1098.93	1854.25	55.53	38.96
上虞区	Shangyu	1369.91	759.21	1182.83	41.78	42.52

续表 1 Continued

市县名称	City and County	金融机构年末存款余额（亿元）Deposits in Financial Institutions (100 million yuan)	#住户存款年末余额（亿元）Saving Deposits of Residents (10000 million yuan)	金融机构年末贷款余额（亿元）Loans in Financial Institutions (100 million yuan)	城镇职工基本养老保险参保人数（万人）Staff and Workers in Urban Area Participating in the Basic Retirement Security Program (10000 persons)	城乡居民基本医疗保险参保人数（万人）Urban and Rural Households Participating in the Basic Health Care Program (10000 persons)
诸暨市	Zhuji	1644.24	998.68	1388.80	49.04	71.28
嵊州市	Shengzhou	841.24	532.43	672.29	32.02	45.94
新昌县	Xinchang	624.69	292.02	584.71	22.39	23.36
金华市区	Jinhua District	2140.02	943.88	2218.65	61.46	67.04
金东区	JIndong					
兰溪市	Lanxi	560.61	327.06	497.37	20.99	44.79
东阳市	Dongyang	1358.47	795.38	937.51	37.92	62.73
义乌市	Yiwu	3262.50	1780.80	2814.79	63.72	43.67
永康市	Yongkang	1265.63	793.10	1014.21	26.14	45.43
武义县	Wuyi	491.35	301.21	381.44	14.58	26.45
浦江县	Pujiang	420.34	294.29	340.48	13.30	30.33
磐安县	Panan	231.70	112.92	174.71	8.14	16.93
衢州市区	Quzhou District	1372.55	549.27	1417.71	39.62	51.60
江山市	Jiangshan	539.86	341.01	412.32	19.70	43.55
常山县	Changshan	236.01	142.81	196.00	9.50	21.15
开化县	Kaihua	232.32	137.27	206.09	8.36	26.01
龙游县	Longyou	384.39	211.99	322.63	11.87	26.52
舟山市区	Taizhou District	1870.39	786.05	2199.83	43.80	40.13
岱山县	Daishan	260.91	136.83	178.45	9.28	11.55
嵊泗县	Shengsi	90.02	48.77	47.65	3.16	3.56
台州市区	Taizhou District	4263.50	2222.00	3840.50	90.32	109.52
温岭市	Wenling	1885.96	1162.33	1610.51	47.04	93.77
临海市	Linhai	1169.57	717.24	1055.00	35.60	89.00
玉环市	Yuhuan	762.04	475.25	631.84	21.90	30.06
三门县	Sanmen	323.54	194.27	503.98	13.80	32.29
天台县	Tiantai	458.40	282.52	450.67	21.54	45.09
仙居县	Xianju	482.43	279.91	412.14	13.55	37.57
丽水市区	Lishui District	960.42	476.64	897.49	21.34	29.54
龙泉市	Longquan	211.03	141.01	171.37	8.88	22.48
青田县	Qingtian	690.01	555.35	289.88	11.50	30.40
云和县	Yunhe	122.67	69.54	97.31	4.11	8.51
庆元县	Qingyuan	137.89	85.52	116.31	4.86	15.74
缙云县	Jinyun	338.47	221.30	278.50	12.67	35.94
遂昌县	Suichang	192.93	111.91	144.32	6.09	17.25
松阳县	Songyang	180.93	120.15	144.38	7.13	18.57
景宁自治县	Jingning	120.63	59.93	93.28	3.63	12.57

续表 2 Continued

市县名称	City and County	失业保险人数（万人） Person Participating in the Unemployment Insurance Program (10000 persons)	养老服务机构数（个） Number of Pension Service Institutions (unit)	养老服务机构床位数（张） Number of Beds in Pension Services (unit)	居民最低生活保障线以下人数(人) Residents under Minimum Life Guarantee Relief (person)
杭州市区	Hangzhou District	462.62	197	38766	17870
萧山区	Xiaoshan	59.52	41	6330	2433
余杭区	Yuhang	68.67	19	3218	1541
富阳区	Fuyang	22.47	29	5152	429
临安区	Linan	14.09	29	3145	454
建德市	Jiande	8.49	21	3226	749
桐庐县	Tonglu	10.32	32	3148	903
淳安县	Chunan	5.22	26	2676	536
宁波市区	Ningbo District	186.56	141	41750	20746
鄞州区	Yinzhou	63.35	25	10863	3625
奉化区	Fenhua	13.33	28	6405	8665
余姚市	Yuyao	29.34	37	10174	8273
慈溪市	Cixi	37.47	21	6757	11462
象山县	Xiangshan	11.42	60	9030	9299
宁海县	Ninghai	12.87	23	7647	9501
温州市区	Wenzhou District	60.31	48	6120	5121
洞头区	Dongtou	1.19	8	607	51
瑞安市	Ruian	20.76	51	3814	1200
乐清市	Yueqing	21.02	36	2689	245
永嘉县	Yongjia	9.23	40	2485	888
平阳县	Pingyang	9.75	36	3210	943
苍南县	Cangnan	9.67	52	3544	1814
文成县	Wenchen	1.18	11	787	185
泰顺县	Taishun	1.78	8	570	92
嘉兴市区	Jiaxing District	48.03	18	9680	1507
平湖市	Pinghu	22.94	16	4813	1074
海宁市	Haining	24.84	17	6170	657
桐乡市	Tongxiang	21.94	15	7006	584
嘉善县	Jiashan	18.60	12	3922	569
海盐县	Haiyan	12.68	10	3162	494
湖州市区	District	34.25	43	11486	1954
德清县	Deqing	15.76	32	5333	420
长兴县	ChangXing	17.31	44	6761	668
安吉县	Anji	15.38	48	5076	579
绍兴市区	Shaoxing District	83.13	30	13027	4333
柯桥区	keqiao	30.73	4	4627	1559
上虞区	Shangyu	21.53	7	2477	1189

续表 3　Continued

市县名称	City and County	失业保险人数（万人）Person Participating in the Unemployment Insurance Program (10000 persons)	养老服务机构数（个）Number of Pension Service Institutions (unit)	养老服务机构床位数（张）Number of Beds in Pension Services (unit)	居民最低生活保障线以下人数(人) Residents under Minimum Life Guarantee Relief (person)
诸暨市	Zhuji	10.81	20	5371	334
嵊州市	Shengzhou	21.09	51	7109	386
新昌县	Xinchang	11.78	10	1924	214
金华市区	Jinhua District	31.03	26	7103	785
金东区	JIndong	0.00	9	2309	139
兰溪市	Lanxi	7.46	25	6268	385
东阳市	Dongyang	14.43	27	7265	203
义乌市	Yiwu	26.99	10	6418	170
永康市	Yongkang	10.22	9	4214	158
武义县	Wuyi	5.84	19	3372	113
浦江县	Pujiang	6.64	16	3358	284
磐安县	Panan	1.18	12	1926	97
衢州市区	Quzhou District	18.74	19	3763	1189
江山市	Jiangshan	6.36	34	3817	564
常山县	Changshan	3.15	25	3620	549
开化县	Kaihua	2.42	15	2161	385
龙游县	Longyou	4.74	13	3203	316
舟山市区	Taizhou District	20.84	62	8119	997
岱山县	Daishan	2.68	24	2238	214
嵊泗县	Shengsi	1.09	15	675	177
台州市区	Taizhou District	40.68	82	10392	14599
温岭市	Wenling	18.26	54	8969	11588
临海市	Linhai	13.23	62	9089	12354
玉环市	Yuhuan	11.84	27	2175	5367
三门县	Sanmen	4.85	30	1570	9633
天台县	Tiantai	5.87	37	3537	11762
仙居县	Xianju	5.33	21	2871	12522
丽水市区	Lishui District	10.69	21	5194	10871
龙泉市	Longquan	2.40	12	2335	7781
青田县	Qingtian	3.21	24	3570	15832
云和县	Yunhe	1.40	11	1072	3783
庆元县	Qingyuan	1.06	8	1483	6661
缙云县	Jinyun	3.52	19	2326	9905
遂昌县	Suichang	1.93	11	2096	5927
松阳县	Songyang	1.68	8	1094	6525
景宁自治县	Jingning	1.51	11	1276	4971

17-40 各市、县各类学校在校学生数(2019 年)
Student Enrollment by Type of School by City and County (2019)

市县名称	City and County	高等学校 (人) Institutions of Higher Education (person)	中等职业学校 (人) Specialized Secondary Schools (person)	普通中学 (万人) Regular Secondary Schools (10000 persons)	小学 (万人) Primary Schools (10000 persons)
杭州市区	Hangzhou District	438182	70329	31.37	55.43
萧山区	Xiaoshan	30551	10890	5.96	10.00
余杭区	Yuhang	26615	10959	5.53	11.45
富阳区	Fuyang	4568	6789	3.44	4.50
临安区	Linan	14770	3535	2.10	3.24
建德市	Jiande		1458	1.73	2.21
桐庐县	Tonglu	8501	2051	1.68	2.51
淳安县	Chunan		2931	1.43	1.55
宁波市区	Ningbo District		33837	15.71	26.55
鄞州区	Yinzhou			3.35	8.69
奉化区	Fenhua		3936	1.94	3.02
余姚市	Yuyao		8860	3.92	6.89
慈溪市	Cixi		11300	5.26	8.54
象山县	Xiangshan		4635	2.26	3.68
宁海县	Ninghai		7878	3.12	4.79
温州市区	Wenzhou District		26848	10.41	17.61
洞头区	Dongtou		831	0.41	0.72
瑞安市	Ruian		12725	5.63	8.99
乐清市	Yueqing		10306	6.33	10.89
永嘉县	Yongjia		9483	4.43	5.96
平阳县	Pingyang		10380	4.47	6.29
苍南县	Cangnan		11714	6.35	10.24
文成县	Wenchen		1190	1.02	1.57
泰顺县	Taishun		2462	1.35	2.03
嘉兴市	Jiaxing District	48536	14797	4.78	8.28
平湖市	Pinghu		6770	1.93	3.10
海宁市	Haining	14756	10698	2.91	4.63
桐乡市	Tongxiang	5324	8153	3.15	4.91
嘉善县	Jiashan	3749	4151	1.95	3.53
海盐县	Haiyan		4629	1.62	2.49
湖州市区	District		9686	4.59	7.76
德清县	Deqing		3193	2.00	2.68
长兴县	ChangXing		8862	2.69	3.70
安吉县	Anji		6342	2.33	3.14
绍兴市区	Shaoxing District		26993	10.70	13.86
柯桥区	keqiao	12496	8995	3.73	4.54
上虞区	Shangyu	11499	7335	3.20	3.83

续表 Continued

市县名称	City and County	高等学校（人）Institutions of Higher Education (person)	中等职业学校（人）Specialized Secondary Schools (person)	普通中学（万人）Regular Secondary Schools (10000 persons)	小学（万人）Primary Schools (10000 persons)
诸暨市	Zhuji	6804	10339	7.42	6.88
嵊州市	Shengzhou		5776	2.71	3.23
新昌县	Xinchang		4464	2.00	2.22
金华市区	Jinhua District	50428	30613	6.12	8.60
金东区	JIndong			1.15	2.52
兰溪市	Lanxi	7677	7200	2.64	3.11
东阳市	Dongyang	13887	6862	4.71	7.10
义乌市	Yiwu	9346	15454	5.27	11.26
永康市	Yongkang		10181	3.60	6.05
武义县	Wuyi		2735	1.50	2.88
浦江县	Pujiang		6256	2.30	3.09
磐安县	Panan		1838	0.92	1.06
衢州市区	Quzhou District		7813	4.96	5.40
江山市	Jiangshan		6277	2.71	3.09
常山县	Changshan		2024	1.27	1.63
开化县	Kaihua		1834	1.41	1.63
龙游县	Longyou		4756	1.56	1.89
舟山市区	Taizhou District		5848	2.71	4.17
岱山县	Daishan		630	0.42	0.62
嵊泗县	Shengsi			0.18	0.23
台州市区	Taizhou District	29237	30874	9.34	14.12
温岭市	Wenling		11590	5.45	8.62
临海市	Linhai	8112	23063	6.04	7.58
玉环市	Yuhuan		4790	2.41	4.53
三门县	Sanmen		5826	1.98	2.63
天台县	Tiantai		7152	3.15	3.12
仙居县	Xianju		7738	3.17	3.04
丽水市区	Lishui District	20952	6048	2.61	3.77
龙泉市	Longquan		3224	1.19	1.58
青田县	Qingtian		4332	1.97	2.87
云和县	Yunhe		1646	0.49	0.80
庆元县	Qingyuan		1802	0.76	0.92
缙云县	Jinyun		5303	2.34	2.84
遂昌县	Suichang		2248	0.89	1.02
松阳县	Songyang		2161	0.98	1.24
景宁自治县	Jingning		1640	0.66	0.80

17-41 各市、县专利申请(2019年)
Patent Application by City and County (2019)

市县名称	City and County	专利申请受理量(项) Patent Application Accepted (item)	专利申请授权量(项) Patent Application Approved (item)	#发明 Invention
杭州市区	Hangzhou District			
萧山区	Xiaoshan	12853	7459	545
余杭区	Yuhang	21315	12509	982
富阳区	Fuyang	4934	2744	395
临安区	Linan	5122	2955	219
建德市	Jiande	1663	622	45
桐庐县	Tonglu	2589	1855	61
淳安县	Chunan	915	531	24
宁波市区	Ningbo District			
鄞州区	Yinzhou	15806	10828	1623
奉化区	Fenhua	2405	1758	147
余姚市	Yuyao	9896	6765	473
慈溪市	Cixi	15562	10558	592
象山县	Xiangshan	2296	1249	178
宁海县	Ninghai	4134	3198	132
温州市区	Wenzhou District			
洞头区	Dongtou	509	323	40
瑞安市	Ruian	8544	6098	439
乐清市	Yueqing	9553	7190	736
永嘉县	Yongjia	4043	2484	204
平阳县	Pingyang	4035	2852	114
苍南县	Cangnan	2976	1780	100
文成县	Wenchen	777	260	34
泰顺县	Taishun	494	350	39
嘉兴市区	Jiaxing District	12857	9296	692
平湖市	Pinghu	4662	3432	368
海宁市	Haining	6077	4388	439
桐乡市	Tongxiang	5509	3865	316
嘉善县	Jiashan	5200	3519	352
海盐县	Haiyan	4943	3271	146
湖州市区	District			
德清县	Deqing	3416	2918	194
长兴县	ChangXing	6608	3323	415
安吉县	Anji	4565	4301	102
绍兴市区	Shaoxing District			
柯桥区	keqiao	5657	5455	590
上虞区	Shangyu	7058	4239	311

续表 Continued

市县名称	City and County	专利申请受理量(项) Patent Application Accepted (item)	专利申请授权量(项) Patent Application Approved (item)	#发明 Invention
诸暨市	Zhuji	6179	3859	695
嵊州市	Shengzhou	3524	1894	269
新昌县	Xinchang	5407	5168	1055
金华市区	Jinhua District	7933	4299	386
金东区	JIndong	2736	1509	78
兰溪市	Lanxi	2247	1153	126
东阳市	Dongyang	4615	2677	428
义乌市	Yiwu	9594	5987	358
永康市	Yongkang	11271	8357	235
武义县	Wuyi	3983	2734	148
浦江县	Pujiang	2707	1534	136
磐安县	Panan	904	496	78
衢州市区	Quzhou District			
江山市	Jiangshan	1404	917	239
常山县	Changshan	669	448	11
开化县	Kaihua	516	415	7
龙游县	Longyou	1667	1170	58
舟山市区	Taizhou District			
岱山县	Daishan	249	182	7
嵊泗县	Shengsi	43	66	4
台州市区	Taizhou District	16385	12512	1464
温岭市	Wenling	4930	4143	365
临海市	Linhai	4401	3303	444
玉环市	Yuhuan	4581	3503	349
三门县	Sanmen	1849	1468	257
天台县	Tiantai	1887	1455	105
仙居县	Xianju	1056	552	87
丽水市区	Lishui District	3401	1689	108
龙泉市	Longquan	1576	1167	38
青田县	Qingtian	938	634	13
云和县	Yunhe	2110	1401	10
庆元县	Qingyuan	499	435	17
缙云县	Jinyun	1978	1273	50
遂昌县	Suichang	309	218	13
松阳县	Songyang	491	398	17
景宁自治县	Jingning	253	230	9

17－42 各市、县文化和卫生事业主要指标(2019 年)
The Culture and Public Health by City and county (2019)

市县名称	City and County	体育场馆数（个）Number of Sports and Gymnsiums (unit)	剧场和影剧院数（个）Number of Theaters and Music Halls (unit)	公共图书馆图书藏量（万册）Total Collections of Books in Public Libraries (10000 copies)	医院数（个）Number of Hospitals (unit)	医院床位数（张）Number of Beds in Hospital (unit)	医生数（人）Doctors (person)
杭州市区	Hangzhou District	21	111	2332	304	73202	44842
萧山区	Xiaoshan	3	19	323	57	10100	5526
余杭区	Yuhang	1	21	107	33	5510	4502
富阳区	Fuyang	1	12	57	15	3107	2397
临安区	Linan	1	1	85	29	3088	1948
建德市	Jiande	1		80	10	2359	1339
桐庐县	Tonglu	4	4	75	17	2120	1602
淳安县	Chunan	1	4	70	12	2276	1179
宁波市区	Ningbo District	10	12	834	118	24683	18651
鄞州区	Yinzhou	3	1	277	36	8935	6145
奉化区	Fenhua	2	1	50	12	2415	1706
余姚市	Yuyao	1		76	12	2761	3032
慈溪市	Cixi	2	1	227	25	5830	4326
象山县	Xiangshan	1	1	58	15	2064	1675
宁海县	Ninghai	1	1	49	10	2016	1881
温州市区	Wenzhou District	12	4	783	60	19210	12142
洞头区	Dongtou	1	1	38	2	322	323
瑞安市	Ruian	3	1	130	14	3627	4244
乐清市	Yueqing	7	1	93	21	4030	4152
永嘉县	Yongjia	3		78	11	2511	2507
平阳县	Pingyang	2		69	12	3310	2509
苍南县	Cangnan	3		132	23	4300	2886
文成县	Wenchen	3	1	51	4	649	826
泰顺县	Taishun	3	1	41	2	676	870
嘉兴市区	Jiaxing District	16	25	274	32	9309	4745
平湖市	Pinghu	7	6	108	8	2724	1479
海宁市	Haining	10	9	204	11	3975	2284
桐乡市	Tongxiang	12	14	184	15	3356	2327
嘉善县	Jiashan	12	8	132	13	2547	1441
海盐县	Haiyan	9	8	85	8	1833	1146
湖州市区	District	17	21	159	32	8340	4666
德清县	Deqing	16	5	51	10	1889	1385
长兴县	ChangXing	7	7	45	17	3902	1983
安吉县	Anji	5	6	30	11	2794	1388
绍兴市区	Shaoxing District	17	6	442	46	12379	8842
柯桥区	keqiao	4	1	125	13	3315	2945
上虞区	Shangyu	4	1	73	11	2639	2133

续表 Continued

市县名称	City and County	体育场馆数（个）Number of Sports and Gymnsiums (unit)	剧场和影剧院数（个）Number of Theaters and Music Halls (unit)	公共图书馆图书藏量（万册）Total Collections of Books in Public Libraries (10000 copies)	医院数（个）Number of Hospitals (unit)	医院床位数（张）Number of Beds in Hospital (unit)	医生数（人）Doctors (person)
诸暨市	Zhuji	3	2	93	17	4208	4280
嵊州市	Shengzhou	3	1	60	16	2881	1882
新昌县	Xinchang	2	1	48	10	2533	1308
金华市区	Jinhua District	3	16	147	40	9667	4986
金东区	JIndong		3	13	9	415	686
兰溪市	Lanxi	3	5	37	20	2410	1655
东阳市	Dongyang	2	9	52	14	4608	2878
义乌市	Yiwu	3	26	118	32	5729	4255
永康市	Yongkang	1	7	54	15	3017	2327
武义县	Wuyi		5	38	8	1856	1031
浦江县	Pujiang	2	4	52	10	2242	1259
磐安县	Panan		1	34	6	776	547
衢州市区	Quzhou District	1	11	187	37	6654	3482
江山市	Jiangshan	1	5	37	11	2202	1415
常山县	Changshan	1	3	36	9	1259	771
开化县	Kaihua	1	2	33	8	1478	788
龙游县	Longyou	1	3	22	25	1770	997
舟山市区	Taizhou District	3	14	100	27	4826	3171
岱山县	Daishan	1	2	31	5	581	490
嵊泗县	Shengsi	1	2	15	2	225	222
台州市区	Taizhou District	14	29	325	53	9680	6789
温岭市	Wenling	13	18	162	26	6099	3979
临海市	Linhai	16	11	115	24	4884	3039
玉环市	Yuhuan	2	7	80	9	2106	1467
三门县	Sanmen	1	6	43	6	1134	1022
天台县	Tiantai	1	5	56	7	2186	1615
仙居县	Xianju	2	6	88	8	1673	1347
丽水市区	Lishui District	4	2	74	14	5340	3013
龙泉市	Longquan	2	1	24	4	946	864
青田县	Qingtian	2	1	26	7	1484	927
云和县	Yunhe	2	1	26	4	553	425
庆元县	Qingyuan	1		13	3	567	472
缙云县	Jinyun			46	10	1970	980
遂昌县	Suichang	2	2	24	6	819	622
松阳县	Songyang	3		23	5	865	596
景宁自治县	Jingning		2	15	3	553	419

2020

浙江统计年鉴

ZHEJIANG STATISTICAL YEARBOOK

CHAPTER 18

附表1　各季消费者信心指数(2019年)

指标	1季度	2季度	3季度	4季度
按地区分				
杭州	122.6	124.3	120.4	126.8
宁波	123.8	122.2	124.8	137.9
温州	129.7	128.2	130.1	131.1
嘉兴	128.8	129.7	127.8	136.4
湖州	129.2	131.7	136.7	142.1
绍兴	133.7	128.9	130.8	135.0
金华	126.6	126.2	129.0	136.0
衢州	130.6	123.5	129.2	133.1
舟山	126.2	123.3	128.6	128.7
台州	130.2	130.6	134.3	145.1
丽水	134.5	136.5	134.8	139.9
全省	128.3	127.4	129.1	135.2
按城乡分				
城市	128.9	129.7	131.9	136.4
农村	127.5	124.0	124.9	133.5
按年龄分				
18－30岁	130.7	132.0	132.4	138.0
31－40岁	128.1	125.2	128.8	134.0
41－50岁	126.2	125.6	125.8	134.5
51－60岁	126.6	125.2	128.2	133.7
61－65岁	133.3	132.5	138.6	138.4
按收入状况分(家庭平均月收入)				
3000元以下	96.9	104.7	105.3	113.9
3000－5000元	118.8	121.0	119.9	127.3
5000－8000元	127.2	126.2	128.9	135.4
8000－10000元	132.2	131.4	132.8	137.3
10000－15000元	134.1	131.9	136.7	141.1
15000－20000元	135.7	134.3	134.3	142.3
20000元以上	143.1	135.5	137.1	142.8

附表2 各季就业信心指数(2019年)

指标	1季度	2季度	3季度	4季度
按地区分				
杭州	129.4	131.2	127.2	132.9
宁波	133.0	130.4	133.3	147.1
温州	136.1	135.0	139.0	140.5
嘉兴	135.1	136.1	136.0	145.2
湖州	136.8	140.0	147.7	152.7
绍兴	140.0	135.6	137.7	145.0
金华	134.8	134.7	139.6	147.2
衢州	139.1	129.5	140.5	143.6
舟山	129.2	128.1	135.7	137.1
台州	137.2	135.1	143.1	155.0
丽水	142.7	143.8	145.6	151.3
全省	135.4	134.2	138.0	144.6
按城乡分				
城市	135.5	136.7	139.9	145.1
农村	135.3	130.6	135.3	143.9
按年龄分				
18-30岁	138.6	138.1	141.4	146.7
31-40岁	136.3	133.0	138.0	143.7
41-50岁	132.6	133.1	134.6	143.6
51-60岁	132.1	130.4	136.3	145.0
61-65岁	132.4	135.8	147.1	145.5
按收入状况分(家庭平均月收入)				
3000元以下	115.3	120.4	125.0	134.0
3000-5000元	130.2	133.1	133.4	142.7
5000-8000元	136.8	134.8	140.4	147.2
8000-10000元	139.5	139.3	141.6	146.8
10000-15000元	137.8	136.4	143.4	147.3
15000-20000元	137.2	136.0	136.9	143.5
20000元以上	141.8	133.1	136.8	143.6

附表3　各季收入信心指数(2019年)

指标	1季度	2季度	3季度	4季度
按地区分				
杭州市	120.8	121.7	117.5	125.4
宁波市	119.3	118.8	121.6	133.3
温州市	126.9	125.4	126.8	128.2
嘉兴市	127.2	127.6	125.2	131.1
湖州市	125.9	127.7	131.5	136.9
绍兴市	131.6	126.3	128.5	129.7
金华市	121.1	122.7	124.0	131.1
衢州市	125.8	121.2	122.6	128.0
舟山市	126.4	122.0	126.9	126.0
台州市	127.2	128.8	132.1	140.7
丽水市	130.3	133.3	130.2	134.0
全省	125.3	124.7	125.6	131.0
按城乡分				
城市	126.1	126.7	128.8	132.7
农村	124.1	121.6	120.7	128.5
按年龄分				
18－30岁	127.3	129.4	127.4	133.0
31－40岁	124.2	121.8	125.1	129.6
41－50岁	123.6	123.2	122.8	130.8
51－60岁	124.6	122.9	126.4	129.4
61－65岁	135.5	131.8	136.0	139.2
按收入状况分(家庭平均月收入)				
3000元以下	84.9	93.9	93.5	103.0
3000－5000元	112.2	114.4	113.0	118.7
5000－8000元	122.4	121.7	123.5	129.3
8000－10000元	129.4	128.2	129.0	133.1
10000－15000元	134.0	131.0	134.6	139.2
15000－20000元	136.1	136.0	136.2	144.4
20000元以上	146.5	140.3	140.1	144.8

附表 4 浙江省投入产出表(2017 年)

(按当年生产价格计算) 单位:万元

投入 \ 产出	中间使用						
	农林牧渔产品和服务	煤炭采选产品	石油和天然气开采产品	金属矿采选产品	非金属矿和其他矿采选产品	食品和烟草	纺织品
农林牧渔产品和服务	2119077	0	0	9	502	5990602	3783936
煤炭采选产品	0	18015	0	4767	14774	265525	723727
石油和天然气开采产品	0	0	0	0	14	36800	441650
金属矿采选产品	0	0	0	82127	8	1	0
非金属矿和其他矿采选产品	44	0	0	907	550922	112611	12005
食品和烟草	2513982	0	0	47	778	6709912	61757
纺织品	174	0	0	72	1038	79903	21826574
纺织服装鞋帽皮革羽绒及其制品	41572	0	0	241	1391	50100	639234
木材加工品和家具	24372	0	0	33	4035	149022	70443
造纸印刷和文教体育用品	34129	0	0	102	3099	1128311	453046
石油、炼焦产品和核燃料加工品	131790	0	0	2006	80564	238740	204858
化学产品	3011621	0	0	4116	78190	1179186	12795776
非金属矿物制品	39629	0	0	332	49221	145685	81029
金属冶炼和压延加工品	37811	0	0	1063	10537	59688	216832
金属制品	161781	0	0	475	13679	185819	232987
通用设备	39219	0	0	1073	16071	64495	773153
专用设备	148794	0	0	1296	29397	25236	119713
交通运输设备	180083	0	0	681	684	5900	19759
电气机械和器材	7060	0	0	344	2372	16673	33508
通信设备、计算机和其他电子设备	4806	0	0	39	452	3956	10769
仪器仪表	2999	326	0	77	88	2893	12541
其他制造产品和废品废料	595	0	0	0	1	5711	13826
金属制品、机械和设备修理服务	400	665	0	2985	35236	89455	427483
电力、热力的生产和供应	1017170	2970	0	9875	156926	1145976	5837282
燃气生产和供应	2928	0	0	22	0	549	55
水的生产和供应	0	84	0	191	3557	51594	266746
建筑	76381	19	0	53	6078	26245	82781
批发和零售	896209	297	0	6817	12435	2614778	2415820
交通运输、仓储和邮政	733873	1486	0	3927	239790	1185257	1346640
住宿和餐饮	37111	468	0	1198	11958	89741	286887
信息传输、软件和信息技术服务	37786	1742	0	340	1640	16877	47657
金融	515611	415	0	5469	86028	255909	1155918
房地产	0	0	0	6	6	16806	54685
租赁和商务服务	18075	0	0	3148	66952	271158	274490
研究和试验发展	0	0	0	0	0	0	0
综合技术服务	1130723	0	0	54	604	22107	138855
水利、环境和公共设施管理	9170	0	0	71	276	1006	4545
居民服务、修理和其他服务	13448	312	0	512	52258	148127	107519
教育	31480	178	0	50	730	7046	22336
卫生和社会工作	90138	0	0	0	0	0	0
文化、体育和娱乐	0	0	0	237	1663	10259	31340
公共管理、社会保障和社会组织	45635	0	0	40	334	2578	10835
中间投入合计	**13155676**	**26977**	**0**	**134802**	**1534288**	**22412237**	**55038997**
劳动者报酬	20002903	5672	0	38671	261271	2365416	6731248
生产税净额	-775493	3296	0	18092	210391	4895713	2675108
固定资产折旧	2000341	741	0	19583	119970	896106	2454178
营业盈余	0	9562	0	15869	274532	2187414	5049044
增加值合计	**21227751**	**19271**	**0**	**92215**	**866164**	**10344649**	**16909578**
总投入	**34383427**	**46248**	**0**	**227017**	**2400452**	**32756886**	**71948575**

续 1

投入 \ 产出	中间使用						
	纺织服装鞋帽皮革羽绒及其制品	木材加工品和家具	造纸印刷和文教体育用品	石油、炼焦产品和核燃料加工品	化学产品	非金属矿物制品	金属冶炼和压延加工品
农林牧渔产品和服务	571865	731206	473903	302	583289	8724	3784
煤炭采选产品	239568	123723	381735	262238	1368343	490888	990123
石油和天然气开采产品	20035	18445	84159	11849290	198441	221790	145684
金属矿采选产品	57	283	504	0	225190	145731	4546766
非金属矿和其他矿采选产品	67	1644	42143	13	246700	3842348	192086
食品和烟草	2828213	14512	295873	497	2434853	12782	2006
纺织品	4511018	663347	1388104	129	4091241	49351	5709
纺织服装鞋帽皮革羽绒及其制品	11708327	211444	72566	3381	338654	17920	7808
木材加工品和家具	54997	5764132	629910	420	195810	36027	13620
造纸印刷和文教体育用品	808634	802168	12138431	1183	2218601	227250	91911
石油、炼焦产品和核燃料加工品	94578	154889	205760	2670032	1276914	767803	57600
化学产品	2227122	1933678	3192606	64900	67031692	1235549	379745
非金属矿物制品	21749	106945	300811	1577	258392	6236899	222134
金属冶炼和压延加工品	39695	1234703	3670164	11286	2103843	679020	19663826
金属制品	329868	729855	449646	1659	846541	89293	42814
通用设备	75211	114881	242880	21808	491329	102946	78394
专用设备	83799	98003	193653	9219	431526	75899	83905
交通运输设备	3905	4275	49263	209	91077	18802	5906
电气机械和器材	13472	16299	183574	2640	371000	51796	24768
通信设备、计算机和其他电子设备	10336	3650	127458	348	119220	20641	6372
仪器仪表	5771	791	11501	7104	45357	6490	6030
其他制造产品和废品废料	102186	86774	2753892	45307	2289966	348552	1037491
金属制品、机械和设备修理服务	539145	46240	238810	35931	457354	135697	93211
电力、热力的生产和供应	771261	462802	1427384	177873	6269699	1265693	829050
燃气生产和供应	0	0	279	0	567	41	58
水的生产和供应	40283	17253	52559	7574	174908	28961	102657
建筑	42685	22922	29533	3851	111688	16114	27711
批发和零售	10416868	2169423	3293752	2677730	4096385	1932998	2479511
交通运输、仓储和邮政	1611305	963359	1333679	362412	4631997	1673860	502906
住宿和餐饮	294025	124450	169900	3440	1090908	125512	39082
信息传输、软件和信息技术服务	74856	15917	34661	1826	84488	12729	3806
金融	803326	351120	871728	60305	1699628	386258	277268
房地产	124884	23314	52976	127	69003	36481	6617
租赁和商务服务	869699	234083	256307	70806	1494454	156017	91061
研究和试验发展	0	0	0	0	0	0	0
综合技术服务	55935	4249	68078	370	392070	800	3339
水利、环境和公共设施管理	3691	1170	2618	56	7419	2263	661
居民服务、修理和其他服务	184713	51336	101607	20698	380470	65185	62424
教育	31491	4888	9638	1599	36423	4978	4290
卫生和社会工作	0	0	0	0	0	0	0
文化、体育和娱乐	28512	9270	18306	441	68411	15003	4459
公共管理、社会保障和社会组织	6021	1859	3380	95	10637	3554	636
中间投入合计	**39649173**	**17319302**	**34853731**	**18378676**	**108334488**	**20548645**	**32137229**
劳动者报酬	7696620	2788393	4602696	185281	9016584	2066547	1740745
生产税净额	2115425	930312	2214221	2816277	5435219	1203938	1227010
固定资产折旧	1204751	561506	1696379	376790	5162785	921363	1084806
营业盈余	3437234	1723468	2878245	1983571	10586793	2114938	2168780
增加值合计	**14454030**	**6003679**	**11391541**	**5361919**	**30201381**	**6306786**	**6221341**
总投入	**54103203**	**23322981**	**46245272**	**23740595**	**138535869**	**26855431**	**38358570**

续 2

投入＼产出	中间使用						
	金属制品	通用设备	专用设备	交通运输设备	电气机械和器材	通信设备、计算机和其他电子设备	仪器仪表
农林牧渔产品和服务	4214	1437	2481	34285	4406	15050	851
煤炭采选产品	199565	392178	112728	573491	521717	249342	69110
石油和天然气开采产品	127292	100185	54319	31073	33211	13367	9357
金属矿采选产品	289531	1551860	40041	737654	84040	17876	638
非金属矿和其他矿采选产品	47661	9174	263455	5332	40179	787	2264
食品和烟草	9437	15540	7438	5731	12220	36797	8201
纺织品	43151	159465	16555	863471	129212	228668	12896
纺织服装鞋帽皮革羽绒及其制品	32304	52559	19000	30067	24479	19993	65801
木材加工品和家具	657748	160707	48608	83705	172124	47789	36757
造纸印刷和文教体育用品	890885	526741	725206	136663	1359737	432291	163508
石油、炼焦产品和核燃料加工品	261064	667418	106410	135992	346564	71794	58885
化学产品	1946736	1991332	1299561	3792526	7009920	1131087	820264
非金属矿物制品	229874	229126	274981	195774	797002	373572	94984
金属冶炼和压延加工品	12462777	13487457	4478306	2794251	13178627	3279245	731391
金属制品	5504811	4010601	2940270	374492	6352477	701500	312844
通用设备	683759	12315314	1486502	1166676	2045499	258008	117223
专用设备	82231	698900	3145160	374239	2483536	909880	345373
交通运输设备	57124	140514	107852	23131252	93905	223194	365404
电气机械和器材	155592	2850788	895762	1259814	14068952	1800944	309900
通信设备、计算机和其他电子设备	85755	947710	240978	129904	3212982	11141795	898117
仪器仪表	3908	432363	148102	176331	127338	799231	1709505
其他制造产品和废品废料	384261	135774	16662	71130	31299	80062	26756
金属制品、机械和设备修理服务	252312	248990	236986	123050	205887	219806	13920
电力、热力的生产和供应	1048763	1301699	426841	396575	910163	582040	161259
燃气生产和供应	3104	2072	865	1715	535	31	1
水的生产和供应	31860	45321	14957	11325	28118	32377	9848
建筑	22978	60841	77113	30253	45038	30352	12515
批发和零售	1755949	1033801	372822	1407351	2244785	783584	155259
交通运输、仓储和邮政	1221025	1847164	764812	1064000	1895337	661577	383149
住宿和餐饮	162929	318136	171055	87314	268330	467314	278469
信息传输、软件和信息技术服务	27894	52830	15939	10988	45148	69974	24436
金融	580551	1072345	257590	341592	813874	521219	1108807
房地产	48854	15159	16916	19046	43849	87084	12538
租赁和商务服务	276997	342662	181273	135605	468943	783725	888598
研究和试验发展	0	0	0	0	0	0	0
综合技术服务	17004	239163	39760	11417	429289	40520	2356
水利、环境和公共设施管理	2678	4457	2252	1442	3794	5567	3179
居民服务、修理和其他服务	168805	223457	99946	118614	168052	77317	48851
教育	9361	24057	13426	6321	13114	45210	68532
卫生和社会工作	0	0	0	0	0	0	0
文化、体育和娱乐	17845	33229	13822	8705	24437	36121	19848
公共管理、社会保障和社会组织	2703	6710	2593	1268	5667	11645	1920
中间投入合计	**29811292**	**47749236**	**19139345**	**39880434**	**59743786**	**26287735**	**9353514**
劳动者报酬	4125528	7396977	3443611	4139932	6799096	3259614	1247172
生产税净额	1521954	2826856	1312746	2829070	2906264	983836	440330
固定资产折旧	1159766	2354745	1106817	1639139	2375377	1002749	364104
营业盈余	1996631	4672024	2058518	4050742	4527218	2676019	1097305
增加值合计	**8803879**	**17250602**	**7921692**	**12658883**	**16607955**	**7922218**	**3148911**
总投入	**38615171**	**64999838**	**27061037**	**52539317**	**76351741**	**34209953**	**12502425**

续3

产出 投入	中间使用						
	其他制造产品	金属制品、机械和设备修理服务	电力、热力的生产和供应	燃气生产和供应	水的生产和供应	建筑	批发和零售
农林牧渔产品和服务	5648	192	80912	13	98	6749995	940364
煤炭采选产品	260264	2204	19210932	0	59	463434	0
石油和天然气开采产品	10418	741	230066	1683869	0	109	0
金属矿采选产品	119	0	0	0	0	1447	0
非金属矿和其他矿采选产品	0	0	92164	3	4814	2297948	1
食品和烟草	865	721	1320	147	259	20043	35137
纺织品	547133	9020	259	185	84	2488	92741
纺织服装鞋帽皮革羽绒及其制品	3260	4006	10802	1784	9178	376465	49002
木材加工品和家具	50204	2300	87999	158	308	1196445	72504
造纸印刷和文教体育用品	151021	2576	13621	2093	3618	238010	219454
石油、炼焦产品和核燃料加工品	35872	18699	283743	779	5496	3553218	814990
化学产品	762354	23706	105730	1222	211979	3898251	258578
非金属矿物制品	9669	2622	10482	100	2324	24074593	21132
金属冶炼和压延加工品	795326	31985	23614	2707	13319	29985657	2794
金属制品	228476	14614	18946	4202	11571	3925338	47336
通用设备	70652	20731	162458	1154	10746	860514	11521
专用设备	18673	23613	24073	2646	4842	450377	11177
交通运输设备	714	2306	3926	140	388	40438	689
电气机械和器材	74270	7008	133320	1579	4135	2850916	531478
通信设备、计算机和其他电子设备	47377	555	11023	579	1408	173518	801953
仪器仪表	3	625	14138	18786	10216	527556	534
其他制造产品和废品废料	3072790	3502	6719	193	734	8609	200
金属制品、机械和设备修理服务	35857	333955	671914	15152	60899	67638	68025
电力、热力的生产和供应	178167	58203	15362858	21190	304785	1023419	809882
燃气生产和供应	16789	11	0	983635	3	0	414
水的生产和供应	3795	2368	69043	469	465983	595785	74100
建筑	13844	6729	89378	2878	33415	2515871	134548
批发和零售	432007	0	840	0	653	6429779	9934889
交通运输、仓储和邮政	301380	17867	654867	262295	18457	1096385	6298434
住宿和餐饮	20611	17188	23640	1750	2093	447939	723895
信息传输、软件和信息技术服务	10689	5534	9761	2826	4617	107999	186975
金融	73589	33100	1235570	40731	45879	1977396	3498772
房地产	1060	195	10269	10279	97	43772	3482944
租赁和商务服务	19635	5748	89324	53153	12174	292164	8897625
研究和试验发展	0	0	0	0	0	0	0
综合技术服务	25217	17	6992	3203	43604	7632132	1205661
水利、环境和公共设施管理	347	265	315	29	44	6172	11206
居民服务、修理和其他服务	24245	6622	135397	8257	74968	385415	151565
教育	3702	979	8626	611	1625	48322	28074
卫生和社会工作	0	0	0	0	0	0	3376
文化、体育和娱乐	2298	1961	6652	574	1486	61561	57375
公共管理、社会保障和社会组织	554	419	1086	82	214	7740	8540
中间投入合计	**7308894**	**662887**	**38902779**	**3129453**	**1366572**	**104434858**	**39487885**
劳动者报酬	646237	222095	1915835	113439	341139	22644732	27729105
生产税净额	269458	51699	2464374	92419	132550	4164216	16818072
固定资产折旧	175183	19257	4961243	170237	460823	701000	2457802
营业盈余	10539112	18182	3052041	213201	13796	4644727	19893206
增加值合计	**11629990**	**311233**	**12393493**	**589296**	**948308**	**32154675**	**66898185**
总投入	**18938884**	**974120**	**51296272**	**3718749**	**2314880**	**136589533**	**106386070**

续4

投入＼产出	中间使用						
	交通运输、仓储和邮政	住宿和餐饮	信息传输、软件和信息技术服务	金融	房地产	租赁和商务服务	研究和试验发展
农林牧渔产品和服务	1001	5548371	7932	5051	4832	1358801	41261
煤炭采选产品	778	0	0	0	0	55	0
石油和天然气开采产品	51	0	0	0	0	0	0
金属矿采选产品	0	109	0	0	0	0	0
非金属矿和其他矿采选产品	2264	373	1	58	268	1096	0
食品和烟草	48044	5695486	42454	95619	18554	134507	3638
纺织品	78912	143952	1685	0	7595	139896	9268
纺织服装鞋帽皮革羽绒及其制品	130434	50041	67024	134594	86025	135302	2849
木材加工品和家具	46094	59962	61774	50919	21288	17275	3751
造纸印刷和文教体育用品	160039	168179	939889	1472219	450894	1843689	31375
石油、炼焦产品和核燃料加工品	5544929	111347	93414	252069	122471	2670042	27023
化学产品	268841	424678	8537	5484	50637	155839	520952
非金属矿物制品	9318	56693	11900	4	10030	11380	7597
金属冶炼和压延加工品	20470	1085	0	1	855	1981	1
金属制品	85402	72219	21966	9089	59976	60246	47393
通用设备	122428	118366	36091	21336	36465	43600	4359
专用设备	13444	7672	12957	19781	38848	5286	39
交通运输设备	843408	3722	9684	38920	12568	451985	1934
电气机械和器材	67087	69984	283201	1187	38875	67141	18293
通信设备、计算机和其他电子设备	35099	55560	3542844	48321	38819	143343	15174
仪器仪表	22412	824	25762	9147	1195	8128	858909
其他制造产品和废品废料	1605184	41112	248032	20	9219	429484	386820
金属制品、机械和设备修理服务	155280	9266	20995	2276	56874	115330	257
电力、热力的生产和供应	1166917	1330639	616832	399695	979184	4624386	29707
燃气生产和供应	1552547	531051	0	0	5017	13544	121
水的生产和供应	65053	409192	61038	37032	180668	180905	3322
建筑	126986	107890	66662	87602	329497	688739	15169
批发和零售	1540209	710262	486957	411600	45748	1653766	123646
交通运输、仓储和邮政	21808982	116387	1022229	2011880	217506	2900106	181928
住宿和餐饮	245686	77228	683484	1589878	370061	3053392	113636
信息传输、软件和信息技术服务	110035	121889	5866693	903518	36726	185280	13914
金融	5380682	988232	442551	11201808	2826185	3633334	65285
房地产	710952	2500789	549557	2884481	1317062	6155900	73178
租赁和商务服务	658595	760213	1870667	1617852	440405	3057680	138472
研究和试验发展	0	0	0	0	0	0	18505
综合技术服务	65299	3713	70957	236185	341	1179	175
水利、环境和公共设施管理	4983	6898	10670	222136	11511	109417	4046
居民服务、修理和其他服务	411651	213849	41647	179325	9044	333929	15782
教育	46484	18518	28595	175761	7194	55459	3838
卫生和社会工作	9856	3460	0	0	0	0	0
文化、体育和娱乐	88794	117212	159206	217559	66041	344073	8165
公共管理、社会保障和社会组织	8699	4380	72058	35731	8808	285713	952
中间投入合计	**43263329**	**20660803**	**17485945**	**24378138**	**7917286**	**35071208**	**2790734**
劳动者报酬	15323691	9773348	6165597	7104079	1383321	17601338	938866
生产税净额	1545125	701695	1267896	2963467	2402103	3190493	102651
固定资产折旧	6132137	1658157	2515580	385935	5216692	4194095	97117
营业盈余	4937348	3518300	6881755	17756157	1833670	6615767	289648
增加值合计	**27938301**	**15651500**	**16830828**	**28209638**	**10835786**	**31601693**	**1428282**
总投入	**71201630**	**36312303**	**34316773**	**52587776**	**18753072**	**66672901**	**4219016**

续5

投入 \ 产出	中间使用						
	综合技术服务	水利、环境和公共设施管理	居民服务、修理和其他服务	教育	卫生和社会工作	文化、体育和娱乐	公共管理、社会保障和社会组织
农林牧渔产品和服务	600620	937915	17095	60320	9687	46459	0
煤炭采选产品	0	0	0	0	0	0	0
石油和天然气开采产品	0	0	0	0	0	0	0
金属矿采选产品	0	0	184	0	0	0	0
非金属矿和其他矿采选产品	84	88	288	128	1	15	0
食品和烟草	41728	2324	27172	59913	6012	337978	55416
纺织品	4636	6269	28339	2045	5098	544	23890
纺织服装鞋帽皮革羽绒及其制品	7329	7321	131528	56124	1433	253829	13716
木材加工品和家具	10751	8671	17518	103223	939	3404	26884
造纸印刷和文教体育用品	651969	58515	247513	322509	129834	1045121	619963
石油、炼焦产品和核燃料加工品	158700	103433	367589	510177	37030	48529	118582
化学产品	297099	290668	911114	260032	11265320	34715	69790
非金属矿物制品	17896	3646	350	187	28576	56	0
金属冶炼和压延加工品	18	3431	1606	82	27	22	0
金属制品	324077	135684	87496	3205	1005	51329	874
通用设备	25384	4546	59206	3595	8275	8303	9271
专用设备	205	406	1130	370	949010	932	0
交通运输设备	6437	8830	2794	3940	2937	4425	6983
电气机械和器材	149939	8357	8307	2457	1060	179812	0
通信设备、计算机和其他电子设备	485980	87721	95812	16323	8517	16842	70632
仪器仪表	1626407	4064	42335	603	27098	4820	874
其他制造产品和废品废料	1186813	35983	485595	42	58256	56518	1039
金属制品、机械和设备修理服务	14466	13161	2319	20009	3560	4988	13669
电力、热力的生产和供应	125047	697599	290794	224370	219421	193448	254667
燃气生产和供应	1116	332	34618	195	123	17326	0
水的生产和供应	18873	31357	82929	80957	38593	31092	90982
建筑	31075	83722	105567	446963	106212	42876	714708
批发和零售	375421	173057	282411	83681	836904	138691	141260
交通运输、仓储和邮政	1613856	431227	574161	434721	37943	226742	651409
住宿和餐饮	1645450	22457	441606	236810	50112	170212	397904
信息传输、软件和信息技术服务	153788	6949	26050	56725	22281	15987	161072
金融	221108	136432	613915	141508	100888	316076	194779
房地产	187572	94523	774867	565907	647490	395521	521457
租赁和商务服务	735132	111365	383119	153730	266732	158214	451293
研究和试验发展	0	0	0	0	0	0	0
综合技术服务	267012	2234	8033	405	43693	207	4237
水利、环境和公共设施管理	5764	81639	21278	3808	23029	3109	3189
居民服务、修理和其他服务	118741	45833	96369	1369826	470847	68251	2634131
教育	49651	5394	12254	519643	53904	11997	312343
卫生和社会工作	0	0	0	0	1333497	143	0
文化、体育和娱乐	122200	7333	25293	100926	31789	215413	154734
公共管理、社会保障和社会组织	6252	2486	16303	3304	23181	4159	1737516
中间投入合计	**11288596**	**3654972**	**6324857**	**5848763**	**16850314**	**4108105**	**9457264**
劳动者报酬	7590323	1700372	3726833	4599560	10390856	3048907	18574577
生产税净额	1224200	200977	232966	21587	14277	506666	23372
固定资产折旧	741213	478600	244070	460476	856898	720223	1259820
营业盈余	2693074	557506	1012341	104482	490202	1136483	656220
增加值合计	**12248810**	**2937455**	**5216210**	**5186105**	**11752233**	**5412279**	**20513989**
总投入	**23537406**	**6592427**	**11541067**	**11034868**	**28602547**	**9520384**	**29971253**

续 6

投入 \ 产出	中间使用合计	最终使用 农村居民	城镇居民	居民消费支出小计	政府消费	最终消费支出合计
农林牧渔产品和服务	**30746490**	2144764	8083882	10228646	217240	**10445886**
煤炭采选产品	**26939283**	40863	11671	52534	0	**52534**
石油和天然气开采产品	**15310366**	0	0	0	0	**0**
金属矿采选产品	**7724166**	0	0	0	0	**0**
非金属矿和其他矿采选产品	**7769936**	0	0	0	0	**0**
食品和烟草	**21597913**	6511895	17925111	24437006	0	**24437006**
纺织品	**35174117**	153863	805271	959134	0	**959134**
纺织服装鞋帽皮革羽绒及其制品	**14868887**	1849148	8152479	10001627	0	**10001627**
木材加工品和家具	**9992630**	257280	1111561	1368841	0	**1368841**
造纸印刷和文教体育用品	**30913997**	825906	4294182	5120088	0	**5120088**
石油、炼焦产品和核燃料加工品	**22411793**	1141318	4224317	5365635	0	**5365635**
化学产品	**130951133**	944417	2722785	3667202	0	**3667202**
非金属矿物制品	**33938271**	37213	160810	198023	0	**198023**
金属冶炼和压延加工品	**109025503**	0	0	0	0	**0**
金属制品	**28491856**	57167	155683	212850	0	**212850**
通用设备	**21733442**	25445	136581	162026	0	**162026**
专用设备	**10925240**	2825	25455	28280	0	**28280**
交通运输设备	**25946957**	2339851	6187142	8526993	0	**8526993**
电气机械和器材	**26563664**	508419	1695469	2203888	0	**2203888**
通信设备、计算机和其他电子设备	**22662688**	530882	1974796	2505678	0	**2505678**
仪器仪表	**6703182**	90099	576603	666702	0	**666702**
其他制造产品和废品废料	**15067109**	102085	404128	506213	0	**506213**
金属制品、机械和设备修理服务	**5089453**	0	0	0	0	**0**
电力、热力的生产和供应	**53112511**	808463	2375956	3184419	0	**3184419**
燃气生产和供应	**3169664**	363277	782600	1145877	0	**1145877**
水的生产和供应	**3443709**	131689	611380	743069	0	**743069**
建筑	**6475482**	1246624	4624426	5871050	0	**5871050**
批发和零售	**64568355**	4407795	3868027	8275822	0	**8275822**
交通运输、仓储和邮政	**63306317**	441145	2219089	2660234	3363777	**6024011**
住宿和餐饮	**14363259**	1406608	9085442	10492050	0	**10492050**
信息传输、软件和信息技术服务	**8590842**	1087683	3195034	4282717	0	**4282717**
金融	**44332781**	4499555	17663665	22163220	104677	**22267897**
房地产	**21556223**	330176	4055837	4386013	1697771	**6083784**
租赁和商务服务	**27057345**	273596	3751312	4024908	1403838	**5428746**
研究和试验发展	**18505**	0	0	0	1949326	**1949326**
综合技术服务	**12217189**	0	0	0	5686175	**5686175**
水利、环境和公共设施管理	**586170**	23042	146488	169530	5817130	**5986660**
居民服务、修理和其他服务	**8889345**	1575969	2578928	4154897	0	**4154897**
教育	**1728122**	2402672	6997329	9400001	14301531	**23701532**
卫生和社会工作	**1440470**	1774014	4404450	6178464	19069223	**25247687**
文化、体育和娱乐	**2132553**	403006	2159659	2562665	2221797	**4784462**
公共管理、社会保障和社会组织	**2346287**	0	0	0	27624966	**27624966**
中间投入合计	**999883205**	38738754	127167548	165906302	83457451	**249363753**
劳动者报酬	**249448227**					
生产税净额	**74180828**					
固定资产折旧	**60408554**					
营业盈余	**140365125**					
增加值合计	**524402734**					
总投入	**1524285939**					

续 7

投入 ＼ 产出	最终使用				
	固定资本形成总额	存货增加	**资本形成总额合计**	出口	国内省外流出
农林牧渔产品和服务	439866	-25736	**414130**	520512	9613863
煤炭采选产品	0	2086	**2086**	16	88791
石油和天然气开采产品	0	0	**0**	223228	0
金属矿采选产品	0	-42166	**-42166**	2496	3023863
非金属矿和其他矿采选产品	0	176022	**176022**	58845	28322
食品和烟草	0	4681909	**4681909**	3050708	10863338
纺织品	0	12282439	**12282439**	23857650	18496809
纺织服装鞋帽皮革羽绒及其制品	0	7292442	**7292442**	28520608	3049176
木材加工品和家具	350765	3279027	**3629792**	9307029	6001976
造纸印刷和文教体育用品	273910	8186892	**8460802**	10954095	9960416
石油、炼焦产品和核燃料加工品	0	2227186	**2227186**	965485	11715052
化学产品	0	18737087	**18737087**	24004380	33983383
非金属矿物制品	0	3896878	**3896878**	3761962	15767830
金属冶炼和压延加工品	0	7609984	**7609984**	4935453	3143699
金属制品	685328	7568686	**8254014**	12763776	2271338
通用设备	11411574	10005913	**21417487**	17482381	18923315
专用设备	15999291	9759006	**25758297**	6931360	10567147
交通运输设备	1584445	-3972127	**-2387682**	7984846	26146132
电气机械和器材	2908528	18695785	**21604313**	23059784	10158010
通信设备、计算机和其他电子设备	8415440	11382882	**19798322**	8184337	17030397
仪器仪表	1356887	3304237	**4661124**	3267243	8937848
其他制造产品和废品废料	0	2294524	**2294524**	3145775	8552976
金属制品、机械和设备修理服务	0	0	**0**	0	2024
电力、热力的生产和供应	0	0	**0**	0	1515995
燃气生产和供应	0	124567	**124567**	0	691584
水的生产和供应	0	84702	**84702**	0	66132
建筑	108574725	0	**108574725**	0	27578017
批发和零售	2246872	290326	**2537198**	15321611	38135897
交通运输、仓储和邮政	351831	173041	**524872**	5830483	18512527
住宿和餐饮	0	0	**0**	0	13042091
信息传输、软件和信息技术服务	12163301	0	**12163301**	0	37192587
金融	0	0	**0**	0	5953254
房地产	21522356	0	**21522356**	0	0
租赁和商务服务	0	0	**0**	0	34740125
研究和试验发展	2251185	0	**2251185**	0	0
综合技术服务	3444182	0	**3444182**	25	2189859
水利、环境和公共设施管理	0	0	**0**	0	19597
居民服务、修理和其他服务	0	0	**0**	0	4543513
教育	0	0	**0**	330526	1316006
卫生和社会工作	0	0	0	122021	1922391
文化、体育和娱乐	0	0	**0**	89309	3023215
公共管理、社会保障和社会组织	0	0	**0**	0	0
中间投入合计	**193980486**	**128015592**	**321996078**	214675944	418768495
劳动者报酬					
生产税净额					
固定资产折旧					
营业盈余					
增加值合计					
总投入					

续 8

投入＼产出	最终使用合计	进口	国内省外流入	其它	总产出
农林牧渔产品和服务	**20994391**	3348292	14009162	**0**	**34383427**
煤炭采选产品	**143427**	1235875	25800587	0	46248
石油和天然气开采产品	**223228**	620781	14912813	**0**	**0**
金属矿采选产品	**2984193**	5915856	4565486	**0**	**227017**
非金属矿和其他矿采选产品	**263189**	80000	5552673	**0**	**2400452**
食品和烟草	**43032961**	2446415	29427573	**0**	**32756886**
纺织品	**55596032**	1566291	17255283	**0**	**71948575**
纺织服装鞋帽皮革羽绒及其制品	**48863853**	576544	9052993	**0**	**54103203**
木材加工品和家具	**20307638**	768956	6208331	**0**	**23322981**
造纸印刷和文教体育用品	**34495401**	1449886	17714240	**0**	**46245272**
石油、炼焦产品和核燃料加工品	**20273358**	4553025	14391531	**0**	**23740595**
化学产品	**80392052**	17871224	54936092	**0**	**138535869**
非金属矿物制品	**23624693**	503142	30204391	**0**	**26855431**
金属冶炼和压延加工品	**15689136**	4501970	81854099	**0**	**38358570**
金属制品	**23501978**	382858	12995805	**0**	**38615171**
通用设备	**57985209**	2142817	12575996	**0**	**64999838**
专用设备	**43285084**	1748235	25401052	**0**	**27061037**
交通运输设备	**40270289**	530296	13147633	**0**	**52539317**
电气机械和器材	**57025995**	1016194	6221724	**0**	**76351741**
通信设备、计算机和其他电子设备	**47518734**	4022282	31949187	**0**	**34209953**
仪器仪表	**17532917**	785754	10947920	**0**	**12502425**
其他制造产品和废品废料	**14499488**	4781709	5846004	**0**	**18938884**
金属制品、机械和设备修理服务	**2024**	0	4117357	**0**	**974120**
电力、热力的生产和供应	**4700414**	0	6516653	**0**	**51296272**
燃气生产和供应	**1962028**	0	1412943	**0**	**3718749**
水的生产和供应	**893903**	0	2022732	**0**	**2314880**
建筑	**142023792**	0	11909741	**0**	**136589533**
批发和零售	**64270528**	2311738	20141075	**0**	**106386070**
交通运输、仓储和邮政	**30891893**	0	22996580	**0**	**71201630**
住宿和餐饮	**23534141**	0	1585097	**0**	**36312303**
信息传输、软件和信息技术服务	**53638605**	0	27912674	**0**	**34316773**
金融	**28221151**	0	19966156	**0**	**52587776**
房地产	**27606140**	0	30409291	**0**	**18753072**
租赁和商务服务	**40168871**	0	553315	**0**	**66672901**
研究和试验发展	**4200511**	0	0	**0**	**4219016**
综合技术服务	**11320241**	24	0	**0**	**23537406**
水利、环境和公共设施管理	**6006257**	0	0	**0**	**6592427**
居民服务、修理和其他服务	**8698410**	0	6046688	**0**	**11541067**
教育	**25348064**	11739521	4301797	**0**	**11034868**
卫生和社会工作	**27292099**	130022	0	**0**	**28602547**
文化、体育和娱乐	**7896986**	39696	469459	**0**	**9520384**
公共管理、社会保障和社会组织	**27624966**	0	0	**0**	**29971253**
中间投入合计	**1204804270**	75069403	605332133	**0**	**1524285939**
劳动者报酬					
生产税净额					
固定资产折旧					
营业盈余					
增加值合计					
总投入					

附表5　浙江省投入产出直接消耗系数表(2017年)

投入＼产出	农林牧渔产品和服务	煤炭采选产品	石油和天然气开采产品	金属矿采选产品	非金属矿和其他矿采选产品	食品和烟草	纺织品
农林牧渔产品和服务	0.061631	0.000000	0.000000	0.000040	0.000209	0.182881	0.052592
煤炭采选产品	0.000000	0.389530	0.000000	0.020998	0.006155	0.008106	0.010059
石油和天然气开采产品	0.000000	0.000000	0.000000	0.000000	0.000006	0.001123	0.006138
金属矿采选产品	0.000000	0.000000	0.000000	0.361766	0.000003	0.000000	0.000000
非金属矿和其他矿采选产品	0.000001	0.000000	0.000000	0.003995	0.229508	0.003438	0.000167
食品和烟草	0.073116	0.000000	0.000000	0.000207	0.000324	0.204840	0.000858
纺织品	0.000005	0.000000	0.000000	0.000317	0.000432	0.002439	0.303364
纺织服装鞋帽皮革羽绒及其制品	0.001209	0.000000	0.000000	0.001062	0.000579	0.001529	0.008885
木材加工品和家具	0.000709	0.000000	0.000000	0.000145	0.001681	0.004549	0.000979
造纸印刷和文教体育用品	0.000993	0.000000	0.000000	0.000449	0.001291	0.034445	0.006297
石油、炼焦产品和核燃料加工品	0.003833	0.000000	0.000000	0.008836	0.033562	0.007288	0.002847
化学产品	0.087589	0.000000	0.000000	0.018131	0.032573	0.035998	0.177846
非金属矿物制品	0.001153	0.000000	0.000000	0.001462	0.020505	0.004447	0.001126
金属冶炼和压延加工品	0.001100	0.000000	0.000000	0.004682	0.004390	0.001822	0.003014
金属制品	0.004705	0.000000	0.000000	0.002092	0.005699	0.005673	0.003238
通用设备	0.001141	0.000000	0.000000	0.004727	0.006695	0.001969	0.010746
专用设备	0.004327	0.000000	0.000000	0.005709	0.012246	0.000770	0.001664
交通运输设备	0.005237	0.000000	0.000000	0.003000	0.000285	0.000180	0.000275
电气机械和器材	0.000205	0.000000	0.000000	0.001515	0.000988	0.000509	0.000466
通信设备、计算机和其他电子设备	0.000140	0.000000	0.000000	0.000172	0.000188	0.000121	0.000150
仪器仪表	0.000087	0.007049	0.000000	0.000339	0.000037	0.000088	0.000174
其他制造产品和废品废料	0.000017	0.000000	0.000000	0.000000	0.000000	0.000174	0.000192
金属制品、机械和设备修理服务	0.000012	0.014379	0.000000	0.013149	0.014679	0.002731	0.005942
电力、热力的生产和供应	0.029583	0.064219	0.000000	0.043499	0.065374	0.034984	0.081131
燃气生产和供应	0.000085	0.000000	0.000000	0.000097	0.000000	0.000017	0.000001
水的生产和供应	0.000000	0.001816	0.000000	0.000841	0.001482	0.001575	0.003707
建筑	0.002221	0.000411	0.000000	0.000233	0.002532	0.000801	0.001151
批发和零售	0.026065	0.006422	0.000000	0.030029	0.005180	0.079824	0.033577
交通运输、仓储和邮政	0.021344	0.032131	0.000000	0.017298	0.099894	0.036183	0.018717
住宿和餐饮	0.001079	0.010119	0.000000	0.005277	0.004982	0.002740	0.003987
信息传输、软件和信息技术服务	0.001099	0.037666	0.000000	0.001498	0.000683	0.000515	0.000662
金融	0.014996	0.008973	0.000000	0.024091	0.035838	0.007812	0.016066
房地产	0.000000	0.000000	0.000000	0.000026	0.000002	0.000513	0.000760
租赁和商务服务	0.000526	0.000000	0.000000	0.013867	0.027891	0.008278	0.003815
研究和试验发展	0.000000	0.000000	0.000000	0.000000	0.000000	0.000000	0.000000
综合技术服务	0.032886	0.000000	0.000000	0.000238	0.000252	0.000675	0.001930
水利、环境和公共设施管理	0.000267	0.000000	0.000000	0.000313	0.000115	0.000031	0.000063
居民服务、修理和其他服务	0.000391	0.006746	0.000000	0.002255	0.021770	0.004522	0.001494
教育	0.000916	0.003849	0.000000	0.000220	0.000304	0.000215	0.000310
卫生和社会工作	0.002622	0.000000	0.000000	0.000000	0.000000	0.000000	0.000000
文化、体育和娱乐	0.000000	0.000000	0.000000	0.001044	0.000693	0.000313	0.000436
公共管理、社会保障和社会组织	0.001327	0.000000	0.000000	0.000176	0.000139	0.000079	0.000151
中间投入合计	**0.382617**	**0.583312**	**0.000000**	**0.593797**	**0.639166**	**0.684199**	**0.764977**
劳动者报酬	0.581760	0.122643	0.000000	0.170344	0.108842	0.072211	0.093556
生产税净额	−0.022554	0.071268	0.000000	0.079694	0.087646	0.149456	0.037181
固定资产折旧	0.058177	0.016022	0.000000	0.086262	0.049978	0.027356	0.034110
营业盈余	0.000000	0.206755	0.000000	0.069902	0.114367	0.066777	0.070176
增加值合计	**0.617383**	**0.416688**	**0.000000**	**0.406203**	**0.360834**	**0.315801**	**0.235023**
总投入	**1.000000**	**1.000000**	**1.000000**	**1.000000**	**1.000000**	**1.000000**	**1.000000**

续1

投入 \ 产出	纺织服装鞋帽皮革羽绒及其制品	木材加工品和家具	造纸印刷和文教体育用品	石油、炼焦产品和核燃料加工品	化学产品	非金属矿物制品	金属冶炼和压延加工品
农林牧渔产品和服务	0.010570	0.031351	0.010248	0.000013	0.004210	0.000325	0.000099
煤炭采选产品	0.004428	0.005305	0.008255	0.011046	0.009877	0.018279	0.025812
石油和天然气开采产品	0.000370	0.000791	0.001820	0.499115	0.001432	0.008259	0.003798
金属矿采选产品	0.000001	0.000012	0.000011	0.000000	0.001625	0.005427	0.118533
非金属矿和其他矿采选产品	0.000001	0.000070	0.000911	0.000001	0.001781	0.143075	0.005008
食品和烟草	0.052274	0.000622	0.006398	0.000021	0.017576	0.000476	0.000052
纺织品	0.083378	0.028442	0.030016	0.000005	0.029532	0.001838	0.000149
纺织服装鞋帽皮革羽绒及其制品	0.216407	0.009066	0.001569	0.000142	0.002445	0.000667	0.000204
木材加工品和家具	0.001017	0.247144	0.013621	0.000018	0.001413	0.001342	0.000355
造纸印刷和文教体育用品	0.014946	0.034394	0.262479	0.000050	0.016015	0.008462	0.002396
石油、炼焦产品和核燃料加工品	0.001748	0.006641	0.004449	0.112467	0.009217	0.028590	0.001502
化学产品	0.041164	0.082909	0.069036	0.002734	0.483858	0.046007	0.009900
非金属矿物制品	0.000402	0.004585	0.006505	0.000066	0.001865	0.232240	0.005791
金属冶炼和压延加工品	0.000734	0.052939	0.079363	0.000475	0.015186	0.025284	0.512632
金属制品	0.006097	0.031293	0.009723	0.000070	0.006111	0.003325	0.001116
通用设备	0.001390	0.004926	0.005252	0.000919	0.003547	0.003833	0.002044
专用设备	0.001549	0.004202	0.004188	0.000388	0.003115	0.002826	0.002187
交通运输设备	0.000072	0.000183	0.001065	0.000009	0.000657	0.000700	0.000154
电气机械和器材	0.000249	0.000699	0.003970	0.000111	0.002678	0.001929	0.000646
通信设备、计算机和其他电子设备	0.000191	0.000156	0.002756	0.000015	0.000861	0.000769	0.000166
仪器仪表	0.000107	0.000034	0.000249	0.000299	0.000327	0.000242	0.000157
其他制造产品和废品废料	0.001889	0.003721	0.059550	0.001908	0.016530	0.012979	0.027047
金属制品、机械和设备修理服务	0.009965	0.001983	0.005164	0.001513	0.003301	0.005053	0.002430
电力、热力的生产和供应	0.014255	0.019843	0.030866	0.007492	0.045257	0.047130	0.021613
燃气生产和供应	0.000000	0.000000	0.000006	0.000000	0.000004	0.000002	0.000002
水的生产和供应	0.000745	0.000740	0.001137	0.000319	0.001263	0.001078	0.002676
建筑	0.000789	0.000983	0.000639	0.000162	0.000806	0.000600	0.000722
批发和零售	0.192537	0.093017	0.071224	0.112791	0.029569	0.071978	0.064640
交通运输、仓储和邮政	0.029782	0.041305	0.028839	0.015265	0.033435	0.062329	0.013111
住宿和餐饮	0.005435	0.005336	0.003674	0.000145	0.007875	0.004674	0.001019
信息传输、软件和信息技术服务	0.001384	0.000682	0.000750	0.000077	0.000610	0.000474	0.000099
金融	0.014848	0.015055	0.018850	0.002540	0.012269	0.014383	0.007228
房地产	0.002308	0.001000	0.001146	0.000005	0.000498	0.001358	0.000173
租赁和商务服务	0.016075	0.010037	0.005542	0.002982	0.010787	0.005810	0.002374
研究和试验发展	0.000000	0.000000	0.000000	0.000000	0.000000	0.000000	0.000000
综合技术服务	0.001034	0.000182	0.001472	0.000016	0.002830	0.000030	0.000087
水利、环境和公共设施管理	0.000068	0.000050	0.000057	0.000002	0.000054	0.000084	0.000017
居民服务、修理和其他服务	0.003414	0.002201	0.002197	0.000872	0.002746	0.002427	0.001627
教育	0.000582	0.000210	0.000208	0.000067	0.000263	0.000185	0.000112
卫生和社会工作	0.000000	0.000000	0.000000	0.000000	0.000000	0.000000	0.000000
文化、体育和娱乐	0.000527	0.000397	0.000396	0.000019	0.000494	0.000559	0.000116
公共管理、社会保障和社会组织	0.000111	0.000080	0.000073	0.000004	0.000077	0.000132	0.000017
中间投入合计	**0.732843**	**0.742585**	**0.753671**	**0.774146**	**0.781996**	**0.765158**	**0.837811**
劳动者报酬	0.142258	0.119556	0.099528	0.007804	0.065085	0.076951	0.045381
生产税净额	0.039100	0.039888	0.047880	0.118627	0.039233	0.044830	0.031988
固定资产折旧	0.022268	0.024075	0.036682	0.015871	0.037267	0.034308	0.028281
营业盈余	0.063531	0.073896	0.062239	0.083552	0.076419	0.078753	0.056540
增加值合计	**0.267157**	**0.257415**	**0.246329**	**0.225854**	**0.218004**	**0.234842**	**0.162189**
总投入	**1.000000**	**1.000000**	**1.000000**	**1.000000**	**1.000000**	**1.000000**	**1.000000**

续2

投入＼产出	金属制品	通用设备	专用设备	交通运输设备	电气机械和器材	通信设备、计算机和其他电子设备	仪器仪表
农林牧渔产品和服务	0.000109	0.000022	0.000092	0.000653	0.000058	0.000440	0.000068
煤炭采选产品	0.005168	0.006034	0.004166	0.010915	0.006833	0.007289	0.005528
石油和天然气开采产品	0.003296	0.001541	0.002007	0.000591	0.000435	0.000391	0.000748
金属矿采选产品	0.007498	0.023875	0.001480	0.014040	0.001101	0.000523	0.000051
非金属矿和其他矿采选产品	0.001234	0.000141	0.009736	0.000101	0.000526	0.000023	0.000181
食品和烟草	0.000244	0.000239	0.000275	0.000109	0.000160	0.001076	0.000656
纺织品	0.001117	0.002453	0.000612	0.016435	0.001692	0.006684	0.001031
纺织服装鞋帽皮革羽绒及其制品	0.000837	0.000809	0.000702	0.000572	0.000321	0.000584	0.005263
木材加工品和家具	0.017033	0.002472	0.001796	0.001593	0.002254	0.001397	0.002940
造纸印刷和文教体育用品	0.023071	0.008104	0.026799	0.002601	0.017809	0.012636	0.013078
石油、炼焦产品和核燃料加工品	0.006761	0.010268	0.003932	0.002588	0.004539	0.002099	0.004710
化学产品	0.050414	0.030636	0.048023	0.072185	0.091811	0.033063	0.065608
非金属矿物制品	0.005953	0.003525	0.010162	0.003726	0.010439	0.010920	0.007597
金属冶炼和压延加工品	0.322743	0.207500	0.165489	0.053184	0.172604	0.095856	0.058500
金属制品	0.142556	0.061702	0.108653	0.007128	0.083200	0.020506	0.025023
通用设备	0.017707	0.189467	0.054931	0.022206	0.026790	0.007542	0.009376
专用设备	0.002129	0.010752	0.116225	0.007123	0.032528	0.026597	0.027624
交通运输设备	0.001479	0.002162	0.003986	0.440266	0.001230	0.006524	0.029227
电气机械和器材	0.004029	0.043858	0.033102	0.023978	0.184265	0.052644	0.024787
通信设备、计算机和其他电子设备	0.002221	0.014580	0.008905	0.002473	0.042081	0.325689	0.071835
仪器仪表	0.000101	0.006652	0.005473	0.003356	0.001668	0.023363	0.136734
其他制造产品和废品废料	0.009951	0.002089	0.000616	0.001354	0.000410	0.002340	0.002140
金属制品、机械和设备修理服务	0.006534	0.003831	0.008757	0.002342	0.002697	0.006425	0.001113
电力、热力的生产和供应	0.027159	0.020026	0.015773	0.007548	0.011921	0.017014	0.012898
燃气生产和供应	0.000080	0.000032	0.000032	0.000033	0.000007	0.000001	0.000000
水的生产和供应	0.000825	0.000697	0.000553	0.000216	0.000368	0.000946	0.000788
建筑	0.000595	0.000936	0.002850	0.000576	0.000590	0.000887	0.001001
批发和零售	0.045473	0.015905	0.013777	0.026787	0.029401	0.022905	0.012418
交通运输、仓储和邮政	0.031620	0.028418	0.028262	0.020252	0.024824	0.019339	0.030646
住宿和餐饮	0.004219	0.004894	0.006321	0.001662	0.003514	0.013660	0.022273
信息传输、软件和信息技术服务	0.000722	0.000813	0.000589	0.000209	0.000591	0.002045	0.001955
金融	0.015034	0.016498	0.009519	0.006502	0.010660	0.015236	0.088687
房地产	0.001265	0.000233	0.000625	0.000363	0.000574	0.002546	0.001003
租赁和商务服务	0.007173	0.005272	0.006699	0.002581	0.006142	0.022909	0.071074
研究和试验发展	0.000000	0.000000	0.000000	0.000000	0.000000	0.000000	0.000000
综合技术服务	0.000440	0.003679	0.001469	0.000217	0.005623	0.001184	0.000188
水利、环境和公共设施管理	0.000069	0.000069	0.000083	0.000027	0.000050	0.000163	0.000254
居民服务、修理和其他服务	0.004371	0.003438	0.003693	0.002258	0.002201	0.002260	0.003907
教育	0.000242	0.000370	0.000496	0.000120	0.000172	0.001322	0.005481
卫生和社会工作	0.000000	0.000000	0.000000	0.000000	0.000000	0.000000	0.000000
文化、体育和娱乐	0.000462	0.000511	0.000511	0.000166	0.000320	0.001056	0.001588
公共管理、社会保障和社会组织	0.000070	0.000103	0.000096	0.000024	0.000074	0.000340	0.000154
中间投入合计	**0.772010**	**0.734605**	**0.707266**	**0.759059**	**0.782481**	**0.768424**	**0.748136**
劳动者报酬	0.106837	0.113800	0.127253	0.078797	0.089050	0.095283	0.099754
生产税净额	0.039413	0.043490	0.048511	0.053847	0.038064	0.028759	0.035220
固定资产折旧	0.030034	0.036227	0.040901	0.031198	0.031111	0.029312	0.029123
营业盈余	0.051706	0.071877	0.076069	0.077099	0.059294	0.078223	0.087767
增加值合计	**0.227990**	**0.265395**	**0.292734**	**0.240941**	**0.217519**	**0.231576**	**0.251864**
总投入	**1.000000**	**1.000000**	**1.000000**	**1.000000**	**1.000000**	**1.000000**	**1.000000**

续3

投入 \ 产出	其他制造产品和废品废料	金属制品、机械和设备修理服务	电力、热力的生产和供应	燃气生产和供应	水的生产和供应	建筑	批发和零售
农林牧渔产品和服务	0.000298	0.000197	0.001577	0.000003	0.000042	0.049418	0.008839
煤炭采选产品	0.013742	0.002263	0.374509	0.000000	0.000025	0.003393	0.000000
石油和天然气开采产品	0.000550	0.000761	0.004485	0.452805	0.000000	0.000001	0.000000
金属矿采选产品	0.000006	0.000000	0.000000	0.000000	0.000000	0.000011	0.000000
非金属矿和其他矿采选产品	0.000000	0.000000	0.001797	0.000001	0.002080	0.016824	0.000000
食品和烟草	0.000046	0.000740	0.000026	0.000040	0.000112	0.000147	0.000330
纺织品	0.028889	0.009260	0.000005	0.000050	0.000036	0.000018	0.000872
纺织服装鞋帽皮革羽绒及其制品	0.000172	0.004112	0.000211	0.000480	0.003965	0.002756	0.000461
木材加工品和家具	0.002651	0.002361	0.001716	0.000042	0.000133	0.008759	0.000682
造纸印刷和文教体育用品	0.007974	0.002644	0.000266	0.000563	0.001563	0.001743	0.002063
石油、炼焦产品和核燃料加工品	0.001894	0.019196	0.005531	0.000209	0.002374	0.026014	0.007661
化学产品	0.040253	0.024336	0.002061	0.000329	0.091572	0.028540	0.002431
非金属矿物制品	0.000511	0.002692	0.000204	0.000027	0.001004	0.176255	0.000199
金属冶炼和压延加工品	0.041994	0.032835	0.000460	0.000728	0.005754	0.219531	0.000026
金属制品	0.012064	0.015002	0.000369	0.001130	0.004999	0.028738	0.000445
通用设备	0.003731	0.021282	0.003167	0.000310	0.004642	0.006300	0.000108
专用设备	0.000986	0.024240	0.000469	0.000712	0.002092	0.003297	0.000105
交通运输设备	0.000038	0.002367	0.000077	0.000038	0.000168	0.000296	0.000006
电气机械和器材	0.003922	0.007194	0.002599	0.000425	0.001786	0.020872	0.004996
通信设备、计算机和其他电子设备	0.002502	0.000570	0.000215	0.000156	0.000608	0.001270	0.007538
仪器仪表	0.000000	0.000642	0.000276	0.005052	0.004413	0.003862	0.000005
其他制造产品和废品废料	0.162248	0.003595	0.000131	0.000052	0.000317	0.000063	0.000002
金属制品、机械和设备修理服务	0.001893	0.342827	0.013099	0.004074	0.026308	0.000495	0.000639
电力、热力的生产和供应	0.009407	0.059749	0.299493	0.005698	0.131663	0.007493	0.007613
燃气生产和供应	0.000886	0.000011	0.000000	0.264507	0.000001	0.000000	0.000004
水的生产和供应	0.000200	0.002431	0.001346	0.000126	0.201299	0.004362	0.000697
建筑	0.000731	0.006908	0.001742	0.000774	0.014435	0.018419	0.001265
批发和零售	0.022811	0.000000	0.000016	0.000000	0.000282	0.047074	0.093385
交通运输、仓储和邮政	0.015913	0.018342	0.012766	0.070533	0.007973	0.008027	0.059204
住宿和餐饮	0.001088	0.017645	0.000461	0.000471	0.000904	0.003279	0.006804
信息传输、软件和信息技术服务	0.000564	0.005681	0.000190	0.000760	0.001994	0.000791	0.001758
金融	0.003886	0.033979	0.024087	0.010953	0.019819	0.014477	0.032888
房地产	0.000056	0.000200	0.000200	0.002764	0.000042	0.000320	0.032739
租赁和商务服务	0.001037	0.005901	0.001741	0.014293	0.005259	0.002139	0.083635
研究和试验发展	0.000000	0.000000	0.000000	0.000000	0.000000	0.000000	0.000000
综合技术服务	0.001331	0.000017	0.000136	0.000861	0.018836	0.055876	0.011333
水利、环境和公共设施管理	0.000018	0.000272	0.000006	0.000008	0.000019	0.000045	0.000105
居民服务、修理和其他服务	0.001280	0.006798	0.002640	0.002220	0.032385	0.002822	0.001425
教育	0.000195	0.001005	0.000168	0.000164	0.000702	0.000354	0.000264
卫生和社会工作	0.000000	0.000000	0.000000	0.000000	0.000000	0.000000	0.000032
文化、体育和娱乐	0.000121	0.002013	0.000130	0.000154	0.000642	0.000451	0.000539
公共管理、社会保障和社会组织	0.000029	0.000430	0.000021	0.000022	0.000092	0.000057	0.000080
中间投入合计	**0.385920**	**0.680498**	**0.758394**	**0.841534**	**0.590342**	**0.764589**	**0.371175**
劳动者报酬	0.034122	0.227996	0.037348	0.030505	0.147368	0.165787	0.260646
生产税净额	0.014228	0.053073	0.048042	0.024852	0.057260	0.030487	0.158085
固定资产折旧	0.009250	0.019769	0.096717	0.045778	0.199070	0.005132	0.023103
营业盈余	0.556480	0.018665	0.059498	0.057331	0.005960	0.034005	0.186991
增加值合计	**0.614080**	**0.319502**	**0.241606**	**0.158466**	**0.409658**	**0.235411**	**0.628825**
总投入	**1.000000**	**1.000000**	**1.000000**	**1.000000**	**1.000000**	**1.000000**	**1.000000**

续4

投入 \ 产出	交通运输、仓储和邮政	住宿和餐饮	信息传输、软件和信息技术服务	金融	房地产	租赁和商务服务	研究和试验发展
农林牧渔产品和服务	0.000014	0.152796	0.000231	0.000096	0.000258	0.020380	0.009780
煤炭采选产品	0.000011	0.000000	0.000000	0.000000	0.000000	0.000001	0.000000
石油和天然气开采产品	0.000001	0.000000	0.000000	0.000000	0.000000	0.000000	0.000000
金属矿采选产品	0.000000	0.000003	0.000000	0.000000	0.000000	0.000000	0.000000
非金属矿和其他矿采选产品	0.000032	0.000010	0.000000	0.000001	0.000014	0.000016	0.000000
食品和烟草	0.000675	0.156847	0.001237	0.001818	0.000989	0.002017	0.000862
纺织品	0.001108	0.003964	0.000049	0.000000	0.000405	0.002098	0.002197
纺织服装鞋帽皮革羽绒及其制品	0.001832	0.001378	0.001953	0.002559	0.004587	0.002029	0.000675
木材加工品和家具	0.000647	0.001651	0.001800	0.000968	0.001135	0.000259	0.000889
造纸印刷和文教体育用品	0.002248	0.004631	0.027389	0.027995	0.024044	0.027653	0.007437
石油、炼焦产品和核燃料加工品	0.077876	0.003066	0.002722	0.004793	0.006531	0.040047	0.006405
化学产品	0.003776	0.011695	0.000249	0.000104	0.002700	0.002337	0.123477
非金属矿物制品	0.000131	0.001561	0.000347	0.000000	0.000535	0.000171	0.001801
金属冶炼和压延加工品	0.000287	0.000030	0.000000	0.000000	0.000046	0.000030	0.000000
金属制品	0.001199	0.001989	0.000640	0.000173	0.003198	0.000904	0.011233
通用设备	0.001719	0.003260	0.001052	0.000406	0.001944	0.000654	0.001033
专用设备	0.000189	0.000211	0.000378	0.000376	0.002072	0.000079	0.000009
交通运输设备	0.011845	0.000102	0.000282	0.000740	0.000670	0.006779	0.000458
电气机械和器材	0.000942	0.001927	0.008253	0.000023	0.002073	0.001007	0.004336
通信设备、计算机和其他电子设备	0.000493	0.001530	0.103239	0.000919	0.002070	0.002150	0.003597
仪器仪表	0.000315	0.000023	0.000751	0.000174	0.000064	0.000122	0.203580
其他制造产品和废品废料	0.022544	0.001132	0.007228	0.000000	0.000492	0.006442	0.091685
金属制品、机械和设备修理服务	0.002181	0.000255	0.000612	0.000043	0.003033	0.001730	0.000061
电力、热力的生产和供应	0.016389	0.036644	0.017975	0.007601	0.052215	0.069359	0.007041
燃气生产和供应	0.021805	0.014625	0.000000	0.000000	0.000268	0.000203	0.000029
水的生产和供应	0.000914	0.011269	0.001779	0.000704	0.009634	0.002713	0.000787
建筑	0.001783	0.002971	0.001943	0.001666	0.017570	0.010330	0.003595
批发和零售	0.021632	0.019560	0.014190	0.007827	0.002439	0.024804	0.029307
交通运输、仓储和邮政	0.306299	0.003205	0.029788	0.038258	0.011598	0.043498	0.043121
住宿和餐饮	0.003451	0.002127	0.019917	0.030233	0.019733	0.045797	0.026934
信息传输、软件和信息技术服务	0.001545	0.003357	0.170957	0.017181	0.001958	0.002779	0.003298
金融	0.075570	0.027215	0.012896	0.213012	0.150705	0.054495	0.015474
房地产	0.009985	0.068869	0.016014	0.054851	0.070232	0.092330	0.017345
租赁和商务服务	0.009250	0.020935	0.054512	0.030765	0.023484	0.045861	0.032821
研究和试验发展	0.000000	0.000000	0.000000	0.000000	0.000000	0.000000	0.004386
综合技术服务	0.000917	0.000102	0.002068	0.004491	0.000018	0.000018	0.000041
水利、环境和公共设施管理	0.000070	0.000190	0.000311	0.004224	0.000614	0.001641	0.000959
居民服务、修理和其他服务	0.005781	0.005889	0.001214	0.003410	0.000482	0.005008	0.003741
教育	0.000653	0.000510	0.000833	0.003342	0.000384	0.000832	0.000910
卫生和社会工作	0.000138	0.000095	0.000000	0.000000	0.000000	0.000000	0.000000
文化、体育和娱乐	0.001247	0.003228	0.004639	0.004137	0.003522	0.005161	0.001935
公共管理、社会保障和社会组织	0.000122	0.000121	0.002100	0.000679	0.000470	0.004285	0.000226
中间投入合计	**0.607617**	**0.568975**	**0.509545**	**0.463570**	**0.422186**	**0.526019**	**0.661466**
劳动者报酬	0.215215	0.269147	0.179667	0.135090	0.073765	0.263995	0.222532
生产税净额	0.021701	0.019324	0.036947	0.056353	0.128091	0.047853	0.024331
固定资产折旧	0.086124	0.045664	0.073305	0.007339	0.278178	0.062906	0.023019
营业盈余	0.069343	0.096890	0.200536	0.337648	0.097780	0.099227	0.068653
增加值合计	**0.392383**	**0.431025**	**0.490455**	**0.536430**	**0.577814**	**0.473981**	**0.338534**
总投入	**1.000000**	**1.000000**	**1.000000**	**1.000000**	**1.000000**	**1.000000**	**1.000000**

续5

投入＼产出	综合技术服务	水利、环境和公共设施管理	居民服务、修理和其他服务	教育	卫生和社会工作	文化、体育和娱乐	公共管理、社会保障和社会组织	**中间使用合计**
农林牧渔产品和服务	0.025518	0.142272	0.001481	0.005466	0.000339	0.004880	0.000000	**0.020171**
煤炭采选产品	0.000000	0.000000	0.000000	0.000000	0.000000	0.000000	0.000000	**0.017673**
石油和天然气开采产品	0.000000	0.000000	0.000000	0.000000	0.000000	0.000000	0.000000	**0.010044**
金属矿采选产品	0.000000	0.000000	0.000016	0.000000	0.000000	0.000000	0.000000	**0.005067**
非金属矿和其他矿采选产品	0.000004	0.000013	0.000025	0.000012	0.000000	0.000002	0.000000	**0.005097**
食品和烟草	0.001773	0.000353	0.002354	0.005429	0.000210	0.035500	0.001849	**0.014169**
纺织品	0.000197	0.000951	0.002455	0.000185	0.000178	0.000057	0.000797	**0.023076**
纺织服装鞋帽皮革羽绒及其制品	0.000311	0.001111	0.011397	0.005086	0.000050	0.026662	0.000458	**0.009755**
木材加工品和家具	0.000457	0.001315	0.001518	0.009354	0.000033	0.000358	0.000897	**0.006556**
造纸印刷和文教体育用品	0.027699	0.008876	0.021446	0.029226	0.004539	0.109777	0.020685	**0.020281**
石油、炼焦产品和核燃料加工品	0.006742	0.015690	0.031851	0.046233	0.001295	0.005097	0.003957	**0.014703**
化学产品	0.012622	0.044091	0.078945	0.023565	0.393857	0.003646	0.002329	**0.085910**
非金属矿物制品	0.000760	0.000553	0.000030	0.000017	0.000999	0.000006	0.000000	**0.022265**
金属冶炼和压延加工品	0.000001	0.000520	0.000139	0.000007	0.000001	0.000002	0.000000	**0.071526**
金属制品	0.013769	0.020582	0.007581	0.000290	0.000035	0.005391	0.000029	**0.018692**
通用设备	0.001078	0.000690	0.005130	0.000326	0.000289	0.000872	0.000309	**0.014258**
专用设备	0.000009	0.000062	0.000098	0.000034	0.033179	0.000098	0.000000	**0.007167**
交通运输设备	0.000273	0.001339	0.000242	0.000357	0.000103	0.000465	0.000233	**0.017022**
电气机械和器材	0.006370	0.001268	0.000720	0.000223	0.000037	0.018887	0.000000	**0.017427**
通信设备、计算机和其他电子设备	0.020647	0.013306	0.008302	0.001479	0.000298	0.001769	0.002357	**0.014868**
仪器仪表	0.069099	0.000616	0.003668	0.000055	0.000947	0.000506	0.000029	**0.004398**
其他制造产品和废品废料	0.050422	0.005458	0.042075	0.000004	0.002037	0.005937	0.000035	**0.009885**
金属制品、机械和设备修理服务	0.000615	0.001996	0.000201	0.001813	0.000124	0.000524	0.000456	**0.003339**
电力、热力的生产和供应	0.005313	0.105818	0.025196	0.020333	0.007671	0.020319	0.008497	**0.034844**
燃气生产和供应	0.000047	0.000050	0.003000	0.000018	0.000004	0.001820	0.000000	**0.002079**
水的生产和供应	0.000802	0.004757	0.007186	0.007336	0.001349	0.003266	0.003036	**0.002259**
建筑	0.001320	0.012700	0.009147	0.040505	0.003713	0.004504	0.023846	**0.004248**
批发和零售	0.015950	0.026251	0.024470	0.007583	0.029260	0.014568	0.004713	**0.042360**
交通运输、仓储和邮政	0.068566	0.065412	0.049749	0.039395	0.001327	0.023816	0.021734	**0.041532**
住宿和餐饮	0.069908	0.003406	0.038264	0.021460	0.001752	0.017879	0.013276	**0.009423**
信息传输、软件和信息技术服务	0.006534	0.001054	0.002257	0.005141	0.000779	0.001679	0.005374	**0.005636**
金融	0.009394	0.020695	0.053194	0.012824	0.003527	0.033200	0.006499	**0.029084**
房地产	0.007969	0.014338	0.067140	0.051284	0.022637	0.041545	0.017399	**0.014142**
租赁和商务服务	0.031232	0.016893	0.033196	0.013931	0.009325	0.016618	0.015058	**0.017751**
研究和试验发展	0.000000	0.000000	0.000000	0.000000	0.000000	0.000000	0.000000	**0.000012**
综合技术服务	0.011344	0.000339	0.000696	0.000037	0.001528	0.000022	0.000141	**0.008015**
水利、环境和公共设施管理	0.000245	0.012384	0.001844	0.000345	0.000805	0.000327	0.000106	**0.000385**
居民服务、修理和其他服务	0.005045	0.006952	0.008350	0.124136	0.016462	0.007169	0.087889	**0.005832**
教育	0.002109	0.000818	0.001062	0.047091	0.001885	0.001260	0.010421	**0.001134**
卫生和社会工作	0.000000	0.000000	0.000000	0.000000	0.046622	0.000015	0.000000	**0.000945**
文化、体育和娱乐	0.005192	0.001112	0.002192	0.009146	0.001111	0.022627	0.005163	**0.001399**
公共管理、社会保障和社会组织	0.000266	0.000377	0.001413	0.000299	0.000810	0.000437	0.057973	**0.001539**
中间投入合计	**0.479602**	**0.554420**	**0.548031**	**0.530026**	**0.589119**	**0.431506**	**0.315544**	**0.655968**
劳动者报酬	0.322479	0.257928	0.322919	0.416821	0.363284	0.320250	0.619746	**0.163649**
生产税净额	0.052011	0.030486	0.020186	0.001956	0.000499	0.053219	0.000780	**0.048666**
固定资产折旧	0.031491	0.072598	0.021148	0.041729	0.029959	0.075651	0.042034	**0.039631**
营业盈余	0.114417	0.084568	0.087716	0.009468	0.017138	0.119374	0.021895	**0.092086**
增加值合计	**0.520398**	**0.445580**	**0.451969**	**0.469974**	**0.410881**	**0.568494**	**0.684456**	**0.344032**
总投入	1.000000	1.000000	1.000000	1.000000	1.000000	1.000000	1.000000	1.000000

附表6　浙江省投入产出完全消耗系数表(2017年)

投入＼产出	农林牧渔产品和服务	煤炭采选产品	石油和天然气开采产品	金属矿采选产品	非金属矿和其他矿采选产品	食品和烟草	纺织品
农林牧渔产品和服务	0.092965	0.007070	0.000000	0.007502	0.009502	0.259654	0.097258
煤炭采选产品	0.060331	0.751511	0.000000	0.143720	0.129595	0.099329	0.195113
石油和天然气开采产品	0.011402	0.009933	0.000000	0.017206	0.045564	0.020231	0.027483
金属矿采选产品	0.007587	0.004046	0.000000	0.576700	0.012800	0.010260	0.015981
非金属矿和其他矿采选产品	0.002585	0.001154	0.000000	0.010294	0.306704	0.009160	0.004467
食品和烟草	0.108191	0.006832	0.000000	0.007303	0.009357	0.289542	0.029099
纺织品	0.012201	0.003143	0.000000	0.006812	0.009861	0.017682	0.465386
纺织服装鞋帽皮革羽绒及其制品	0.003574	0.001707	0.000000	0.003835	0.003922	0.005184	0.020180
木材加工品和家具	0.003441	0.001681	0.000000	0.002014	0.005478	0.011095	0.005767
造纸印刷和文教体育用品	0.018106	0.009554	0.000000	0.011642	0.018542	0.072934	0.036032
石油、炼焦产品和核燃料加工品	0.018142	0.014492	0.000000	0.029553	0.080843	0.031100	0.028465
化学产品	0.215037	0.019339	0.000000	0.077226	0.118325	0.168407	0.551165
非金属矿物制品	0.004859	0.001936	0.000000	0.005427	0.038522	0.011169	0.006931
金属冶炼和压延加工品	0.034102	0.019813	0.000000	0.046854	0.059638	0.048833	0.070797
金属制品	0.012217	0.003977	0.000000	0.009948	0.017473	0.016095	0.016983
通用设备	0.005553	0.003726	0.000000	0.013805	0.017329	0.008001	0.026652
专用设备	0.007594	0.002914	0.000000	0.012959	0.021329	0.005072	0.007982
交通运输设备	0.012903	0.003871	0.000000	0.011443	0.007585	0.006820	0.006068
电气机械和器材	0.004112	0.004420	0.000000	0.007160	0.006915	0.005378	0.008077
通信设备、计算机和其他电子设备	0.004852	0.015585	0.000000	0.005192	0.005599	0.005742	0.007188
仪器仪表	0.004224	0.015281	0.000000	0.002659	0.002393	0.002624	0.003779
其他制造产品和废品废料	0.011796	0.006636	0.000000	0.007467	0.015704	0.015969	0.021328
金属制品、机械和设备修理服务	0.006230	0.043565	0.000000	0.039761	0.039502	0.013778	0.028607
电力、热力的生产和供应	0.084462	0.180357	0.000000	0.136976	0.174429	0.120140	0.253101
燃气生产和供应	0.002578	0.003627	0.000000	0.002882	0.007558	0.004075	0.003887
水的生产和供应	0.001765	0.005761	0.000000	0.003686	0.005317	0.004754	0.010195
建筑	0.004019	0.002945	0.000000	0.002538	0.006606	0.003862	0.004934
批发和零售	0.062621	0.025889	0.000000	0.072765	0.047006	0.152052	0.104750
交通运输、仓储和邮政	0.073840	0.102712	0.000000	0.076024	0.235015	0.123061	0.113622
住宿和餐饮	0.010589	0.024968	0.000000	0.017723	0.019836	0.014018	0.020690
信息传输、软件和信息技术服务	0.006282	0.081625	0.000000	0.012068	0.010869	0.008202	0.013525
金融	0.045701	0.048794	0.000000	0.077472	0.110527	0.056374	0.079489
房地产	0.009331	0.011328	0.000000	0.014218	0.020893	0.016656	0.017158
租赁和商务服务	0.015526	0.013976	0.000000	0.037282	0.055125	0.034019	0.030555
研究和试验发展	0.000000	0.000000	0.000000	0.000000	0.000000	0.000000	0.000000
综合技术服务	0.038483	0.001501	0.000000	0.002559	0.003045	0.012736	0.010203
水利、环境和公共设施管理	0.000587	0.000339	0.000000	0.000966	0.000864	0.000503	0.000629
居民服务、修理和其他服务	0.004165	0.015413	0.000000	0.007613	0.034126	0.010251	0.009005
教育	0.001840	0.007674	0.000000	0.001534	0.001843	0.001538	0.002185
卫生和社会工作	0.003019	0.000038	0.000000	0.000036	0.000064	0.000738	0.000290
文化、体育和娱乐	0.000981	0.001250	0.000000	0.002769	0.002598	0.001568	0.002145
公共管理、社会保障和社会组织	0.001744	0.000382	0.000000	0.000639	0.000718	0.000793	0.000740

续 1

投入 \ 产出	纺织服装鞋帽皮革羽绒及其制品	木材加工品和家具	造纸印刷和文教体育用品	石油、炼焦产品和核燃料加工品	化学产品	非金属矿物制品	金属冶炼和压延加工品
农林牧渔产品和服务	0.053328	0.062220	0.032639	0.003163	0.033379	0.011156	0.008513
煤炭采选产品	0.083302	0.104067	0.127253	0.036119	0.161277	0.157684	0.191065
石油和天然气开采产品	0.018088	0.024099	0.022410	0.566659	0.028919	0.055144	0.023214
金属矿采选产品	0.009838	0.045097	0.055711	0.001486	0.027796	0.033770	0.390036
非金属矿和其他矿采选产品	0.002709	0.005949	0.008385	0.000326	0.008346	0.245849	0.020065
食品和烟草	0.099171	0.020147	0.024695	0.001699	0.054911	0.010880	0.006836
纺织品	0.166779	0.075613	0.078794	0.001476	0.093232	0.015945	0.009990
纺织服装鞋帽皮革羽绒及其制品	0.280824	0.019180	0.006532	0.000765	0.009340	0.004027	0.002941
木材加工品和家具	0.005481	0.333295	0.028044	0.000533	0.007366	0.005644	0.003262
造纸印刷和文教体育用品	0.047570	0.082663	0.376938	0.003457	0.058440	0.030693	0.018664
石油、炼焦产品和核燃料加工品	0.026731	0.035906	0.029948	0.133643	0.042923	0.079198	0.025109
化学产品	0.199873	0.292820	0.259052	0.011884	1.014068	0.168144	0.084803
非金属矿物制品	0.004811	0.013927	0.017401	0.000697	0.009204	0.312742	0.019316
金属冶炼和压延加工品	0.046221	0.230028	0.289082	0.007082	0.115871	0.114449	1.094001
金属制品	0.017155	0.058405	0.027235	0.001338	0.022740	0.014594	0.010522
通用设备	0.009373	0.016364	0.017130	0.002113	0.015533	0.014114	0.012093
专用设备	0.005941	0.010971	0.011507	0.001050	0.010528	0.011008	0.010362
交通运输设备	0.005297	0.006405	0.007634	0.001425	0.007517	0.007969	0.006170
电气机械和器材	0.006409	0.007794	0.013546	0.001862	0.011934	0.008995	0.007417
通信设备、计算机和其他电子设备	0.008019	0.007279	0.012693	0.002691	0.008905	0.007841	0.007030
仪器仪表	0.002317	0.002381	0.003087	0.001036	0.003729	0.002896	0.003126
其他制造产品和废品废料	0.017435	0.031652	0.118075	0.004986	0.054096	0.037156	0.075181
金属制品、机械和设备修理服务	0.028880	0.016088	0.023337	0.004608	0.022386	0.026983	0.025633
电力、热力的生产和供应	0.101039	0.115290	0.136148	0.023916	0.189667	0.168186	0.136186
燃气生产和供应	0.004342	0.005018	0.004323	0.001427	0.005105	0.006678	0.003496
水的生产和供应	0.004777	0.004971	0.005739	0.001129	0.006410	0.005214	0.009582
建筑	0.004494	0.004482	0.003915	0.001070	0.004521	0.004355	0.004085
批发和零售	0.316207	0.199210	0.167223	0.145570	0.109530	0.148137	0.183325
交通运输、仓储和邮政	0.128368	0.151067	0.125783	0.044567	0.148495	0.207244	0.100880
住宿和餐饮	0.021360	0.020792	0.018177	0.003959	0.027204	0.019682	0.014807
信息传输、软件和信息技术服务	0.009754	0.009450	0.010545	0.002759	0.011997	0.011591	0.012428
金融	0.079026	0.079449	0.081732	0.019726	0.077325	0.086741	0.069015
房地产	0.029698	0.022485	0.020283	0.009230	0.019098	0.021719	0.017972
租赁和商务服务	0.061294	0.045385	0.036142	0.018552	0.043003	0.040107	0.035486
研究和试验发展	0.000000	0.000000	0.000000	0.000000	0.000000	0.000000	0.000000
综合技术服务	0.008779	0.006876	0.007239	0.002094	0.009641	0.003949	0.004065
水利、环境和公共设施管理	0.000680	0.000635	0.000628	0.000154	0.000628	0.000702	0.000606
居民服务、修理和其他服务	0.009740	0.008822	0.008894	0.002246	0.011054	0.014142	0.009305
教育	0.002001	0.001602	0.001665	0.000433	0.001977	0.001777	0.001727
卫生和社会工作	0.000178	0.000202	0.000115	0.000020	0.000120	0.000068	0.000046
文化、体育和娱乐	0.002365	0.002127	0.002047	0.000456	0.002413	0.002412	0.001817
公共管理、社会保障和社会组织	0.000747	0.000637	0.000548	0.000149	0.000615	0.000640	0.000459

续2

投入＼产出	金属制品	通用设备	专用设备	交通运输设备	电气机械和器材	通信设备、计算机和其他电子设备	仪器仪表
农林牧渔产品和服务	0.011910	0.010261	0.011326	0.014101	0.012940	0.016490	0.019351
煤炭采选产品	0.142280	0.127345	0.116099	0.117823	0.128194	0.121183	0.099291
石油和天然气开采产品	0.027400	0.026665	0.023697	0.019578	0.023517	0.019981	0.022768
金属矿采选产品	0.171389	0.173022	0.119026	0.098950	0.123201	0.086095	0.056827
非金属矿和其他矿采选产品	0.012906	0.009873	0.025119	0.007170	0.012938	0.010969	0.008119
食品和烟草	0.010756	0.009998	0.011440	0.012973	0.013856	0.016473	0.019903
纺织品	0.017873	0.017007	0.016990	0.060649	0.023620	0.029224	0.021311
纺织服装鞋帽皮革羽绒及其制品	0.004531	0.004210	0.004186	0.004778	0.004093	0.004608	0.011689
木材加工品和家具	0.029994	0.009352	0.010066	0.007369	0.010565	0.007771	0.009581
造纸印刷和文教体育用品	0.055525	0.035209	0.064562	0.026813	0.056986	0.050392	0.052286
石油、炼焦产品和核燃料加工品	0.033810	0.037518	0.030475	0.027632	0.032884	0.027969	0.033883
化学产品	0.181235	0.151827	0.192090	0.321532	0.301928	0.185001	0.229063
非金属矿物制品	0.019274	0.016331	0.026450	0.015666	0.028249	0.031039	0.021011
金属冶炼和压延加工品	0.836613	0.668326	0.591942	0.300359	0.624048	0.438427	0.282441
金属制品	0.178813	0.106849	0.163823	0.034155	0.140516	0.062284	0.056287
通用设备	0.034400	0.247054	0.089832	0.059210	0.055572	0.029403	0.027651
专用设备	0.009929	0.024589	0.141328	0.022145	0.054679	0.055240	0.046735
交通运输设备	0.008773	0.011319	0.014533	0.792183	0.010069	0.025308	0.068591
电气机械和器材	0.013631	0.075446	0.058300	0.061880	0.242234	0.106786	0.053234
通信设备、计算机和其他电子设备	0.011186	0.038254	0.026711	0.017233	0.085905	0.500931	0.134152
仪器仪表	0.002974	0.013247	0.010791	0.009964	0.008095	0.043490	0.164614
其他制造产品和废品废料	0.054188	0.036921	0.035996	0.026258	0.038708	0.032065	0.027681
金属制品、机械和设备修理服务	0.028087	0.023327	0.030943	0.019209	0.022405	0.028632	0.015359
电力、热力的生产和供应	0.135411	0.118091	0.111647	0.096334	0.116341	0.116788	0.102889
燃气生产和供应	0.004517	0.004205	0.004272	0.003979	0.004394	0.004267	0.004910
水的生产和供应	0.006661	0.005844	0.005481	0.004106	0.005645	0.006298	0.005727
建筑	0.004059	0.004209	0.006412	0.003668	0.004158	0.005030	0.005811
批发和零售	0.156822	0.110016	0.105333	0.112922	0.133532	0.110809	0.084693
交通运输、仓储和邮政	0.129830	0.121705	0.123290	0.117285	0.128927	0.114803	0.128307
住宿和餐饮	0.018583	0.019602	0.020698	0.015420	0.020344	0.035962	0.047260
信息传输、软件和信息技术服务	0.011093	0.010574	0.009511	0.008792	0.010511	0.013027	0.013494
金融	0.078579	0.078442	0.067997	0.061178	0.074489	0.085370	0.187769
房地产	0.020172	0.016851	0.016786	0.015235	0.018824	0.025347	0.034483
租赁和商务服务	0.038159	0.033272	0.033944	0.029228	0.038764	0.063788	0.115515
研究和试验发展	0.000000	0.000000	0.000000	0.000000	0.000000	0.000000	0.000000
综合技术服务	0.004693	0.008367	0.005828	0.004700	0.011489	0.006203	0.004868
水利、环境和公共设施管理	0.000661	0.000655	0.000617	0.000506	0.000634	0.000886	0.001469
居民服务、修理和其他服务	0.012070	0.011006	0.011544	0.009766	0.010298	0.010422	0.012435
教育	0.001743	0.001927	0.001964	0.001489	0.001785	0.003691	0.008537
卫生和社会工作	0.000059	0.000052	0.000055	0.000061	0.000061	0.000069	0.000079
文化、体育和娱乐	0.002181	0.002259	0.002186	0.001681	0.002188	0.003474	0.004564
公共管理、社会保障和社会组织	0.000530	0.000556	0.000537	0.000418	0.000575	0.001112	0.001108

续 3

投入 \ 产出	其他制造产品和废品废料	金属制品、机械和设备修理服务	电力、热力的生产和供应	燃气生产和供应	水的生产和供应	建筑	批发和零售
农林牧渔产品和服务	0.008149	0.014890	0.008183	0.002517	0.010826	0.066900	0.019055
煤炭采选产品	0.071593	0.136847	0.945193	0.017084	0.192551	0.111751	0.029264
石油和天然气开采产品	0.009984	0.030551	0.019783	0.626050	0.014384	0.037558	0.016073
金属矿采选产品	0.027005	0.039955	0.005577	0.002667	0.014572	0.106178	0.003901
非金属矿和其他矿采选产品	0.002387	0.005704	0.004616	0.000506	0.007641	0.072656	0.000963
食品和烟草	0.005811	0.014949	0.005696	0.002143	0.011642	0.015463	0.007668
纺织品	0.057707	0.030733	0.003657	0.002007	0.015699	0.012640	0.004902
纺织服装鞋帽皮革羽绒及其制品	0.002143	0.010734	0.002092	0.001837	0.009555	0.006634	0.002397
木材加工品和家具	0.006052	0.008296	0.004768	0.000788	0.003407	0.015999	0.002250
造纸印刷和文教体育用品	0.021619	0.023738	0.010037	0.006144	0.019751	0.025298	0.016130
石油、炼焦产品和核燃料加工品	0.012635	0.050604	0.022358	0.016179	0.021709	0.061245	0.027693
化学产品	0.132421	0.126283	0.026165	0.010452	0.261289	0.148440	0.023928
非金属矿物制品	0.003751	0.012824	0.002898	0.001131	0.009356	0.243553	0.002446
金属冶炼和压延加工品	0.139604	0.198107	0.026688	0.012918	0.069768	0.550402	0.019047
金属制品	0.021791	0.042630	0.005540	0.003803	0.016814	0.048397	0.004346
通用设备	0.009567	0.049229	0.009414	0.002146	0.014403	0.018105	0.002489
专用设备	0.003820	0.046087	0.003883	0.002160	0.007830	0.011873	0.001908
交通运输设备	0.002349	0.010633	0.003576	0.004283	0.004053	0.006661	0.004686
电气机械和器材	0.008829	0.022165	0.008315	0.002231	0.009021	0.033712	0.009580
通信设备、计算机和其他电子设备	0.007668	0.009888	0.010256	0.002650	0.008500	0.012688	0.015943
仪器仪表	0.001434	0.004043	0.009059	0.008544	0.011259	0.011766	0.002125
其他制造产品和废品废料	0.204962	0.022271	0.006639	0.005985	0.016368	0.035217	0.007771
金属制品、机械和设备修理服务	0.009596	0.534147	0.053081	0.010497	0.064086	0.016754	0.004662
电力、热力的生产和供应	0.054021	0.186642	0.534986	0.024961	0.296424	0.104953	0.042741
燃气生产和供应	0.003325	0.003637	0.003144	0.364206	0.002611	0.003911	0.004013
水的生产和供应	0.002115	0.008025	0.006086	0.001053	0.255348	0.010198	0.003025
建筑	0.002118	0.013452	0.004918	0.002250	0.021461	0.022146	0.004513
批发和零售	0.057935	0.047704	0.021848	0.010823	0.033953	0.149651	0.121747
交通运输、仓储和邮政	0.057285	0.091570	0.091584	0.149311	0.069396	0.113026	0.119288
住宿和餐饮	0.007008	0.038388	0.017609	0.005230	0.015733	0.020799	0.019205
信息传输、软件和信息技术服务	0.005410	0.020124	0.045925	0.003530	0.014957	0.010000	0.006579
金融	0.027359	0.104184	0.079292	0.042070	0.072457	0.074956	0.083155
房地产	0.006897	0.017020	0.011741	0.012106	0.014307	0.018780	0.058594
租赁和商务服务	0.012457	0.026851	0.014502	0.026347	0.023651	0.034411	0.106750
研究和试验发展	0.000000	0.000000	0.000000	0.000000	0.000000	0.000000	0.000000
综合技术服务	0.003584	0.003580	0.001909	0.001977	0.027383	0.063373	0.014539
水利、环境和公共设施管理	0.000221	0.001033	0.000463	0.000276	0.000550	0.000627	0.000733
居民服务、修理和其他服务	0.004221	0.016006	0.013318	0.004896	0.046578	0.011054	0.004426
教育	0.000877	0.002987	0.004697	0.000693	0.002526	0.001893	0.001082
卫生和社会工作	0.000033	0.000060	0.000038	0.000029	0.000043	0.000207	0.000109
文化、体育和娱乐	0.000765	0.004575	0.001344	0.000902	0.002241	0.002384	0.002179
公共管理、社会保障和社会组织	0.000206	0.001082	0.000357	0.000242	0.000514	0.000587	0.000761

续4

投入 \ 产出	交通运输、仓储和邮政	住宿和餐饮	信息传输、软件和信息技术服务	金融	房地产	租赁和商务服务	研究和试验发展
农林牧渔产品和服务	0.006798	0.212927	0.014001	0.015434	0.012440	0.040767	0.029754
煤炭采选产品	0.043479	0.077167	0.056722	0.032837	0.074731	0.097258	0.070258
石油和天然气开采产品	0.088280	0.020643	0.013178	0.013142	0.012138	0.035086	0.020815
金属矿采选产品	0.006056	0.006723	0.016398	0.004847	0.007366	0.007116	0.022792
非金属矿和其他矿采选产品	0.001166	0.003323	0.002668	0.001200	0.002714	0.002345	0.004376
食品和烟草	0.006903	0.223134	0.013652	0.016109	0.011972	0.020976	0.022325
纺织品	0.008549	0.014156	0.009774	0.006163	0.006735	0.010412	0.027573
纺织服装鞋帽皮革羽绒及其制品	0.005174	0.004855	0.005269	0.006252	0.008495	0.005504	0.005941
木材加工品和家具	0.002825	0.005739	0.005899	0.003908	0.004178	0.003245	0.006080
造纸印刷和文教体育用品	0.017383	0.030771	0.062030	0.060907	0.051305	0.055420	0.038547
石油、炼焦产品和核燃料加工品	0.135440	0.018749	0.020822	0.021643	0.019867	0.063688	0.032879
化学产品	0.035761	0.100172	0.049309	0.026427	0.033338	0.042237	0.328915
非金属矿物制品	0.002507	0.006808	0.007044	0.002800	0.007337	0.005631	0.010564
金属冶炼和压延加工品	0.026391	0.031482	0.082775	0.023967	0.036488	0.033975	0.110379
金属制品	0.006056	0.009925	0.013350	0.004240	0.008920	0.006497	0.032578
通用设备	0.006361	0.008275	0.008016	0.003253	0.005917	0.005023	0.011961
专用设备	0.002127	0.003608	0.009206	0.002179	0.004533	0.002587	0.012614
交通运输设备	0.032429	0.004828	0.007057	0.005176	0.003966	0.016439	0.018965
电气机械和器材	0.005196	0.006231	0.028005	0.003186	0.006179	0.005660	0.020832
通信设备、计算机和其他电子设备	0.005117	0.007113	0.190463	0.008732	0.007460	0.008277	0.037718
仪器仪表	0.002036	0.002265	0.007559	0.001702	0.001687	0.002029	0.239580
其他制造产品和废品废料	0.044365	0.010246	0.023394	0.010177	0.008985	0.018448	0.129432
金属制品、机械和设备修理服务	0.009333	0.008626	0.009093	0.004300	0.011585	0.011062	0.009867
电力、热力的生产和供应	0.059622	0.112399	0.075544	0.047132	0.114023	0.148562	0.082310
燃气生产和供应	0.044285	0.022055	0.003572	0.003892	0.002736	0.004711	0.005173
水的生产和供应	0.003377	0.017203	0.005499	0.004022	0.015181	0.007461	0.004852
建筑	0.004741	0.007113	0.005556	0.005642	0.021696	0.015285	0.007531
批发和零售	0.066135	0.067478	0.053440	0.033331	0.026611	0.060135	0.085059
交通运输、仓储和邮政	0.479173	0.059198	0.091574	0.095510	0.053989	0.104442	0.132787
住宿和餐饮	0.015045	0.013608	0.037159	0.047596	0.033935	0.059575	0.047110
信息传输、软件和信息技术服务	0.008864	0.010799	0.211816	0.029898	0.011654	0.011971	0.011607
金融	0.162115	0.081021	0.060705	0.311693	0.231450	0.125273	0.095895
房地产	0.033462	0.088655	0.040465	0.090488	0.098535	0.122776	0.041964
租赁和商务服务	0.030397	0.040161	0.086900	0.053834	0.041554	0.066862	0.074937
研究和试验发展	0.000000	0.000000	0.000000	0.000000	0.000000	0.000000	0.004405
综合技术服务	0.003796	0.009807	0.005170	0.007688	0.003706	0.004151	0.004698
水利、环境和公共设施管理	0.000923	0.000788	0.000906	0.005823	0.001793	0.002468	0.001712
居民服务、修理和其他服务	0.011272	0.010724	0.005837	0.007703	0.004575	0.009943	0.010343
教育	0.001978	0.001718	0.002184	0.005097	0.001834	0.002204	0.003536
卫生和社会工作	0.000237	0.000698	0.000057	0.000062	0.000046	0.000135	0.000109
文化、体育和娱乐	0.003168	0.004725	0.007342	0.006825	0.005616	0.007280	0.004234
公共管理、社会保障和社会组织	0.000544	0.000826	0.003317	0.001388	0.001003	0.005168	0.000908

续5

投入 \ 产出	综合技术服务	水利、环境和公共设施管理	居民服务、修理和其他服务	教育	卫生和社会工作	文化、体育和娱乐	公共管理、社会保障和社会组织
农林牧渔产品和服务	0.050447	0.165138	0.020829	0.023635	0.017630	0.027487	0.010051
煤炭采选产品	0.043527	0.135684	0.068133	0.058519	0.085818	0.055965	0.029324
石油和天然气开采产品	0.018164	0.023729	0.033774	0.041884	0.016202	0.014106	0.011350
金属矿采选产品	0.014496	0.011609	0.011229	0.010890	0.017323	0.012695	0.006361
非金属矿和其他矿采选产品	0.002446	0.003207	0.002774	0.004658	0.005177	0.002568	0.002691
食品和烟草	0.026784	0.022922	0.022201	0.021929	0.025498	0.059745	0.010580
纺织品	0.012099	0.011629	0.020607	0.011982	0.040982	0.017198	0.006873
纺织服装鞋帽皮革羽绒及其制品	0.003372	0.004019	0.017874	0.011663	0.004952	0.037255	0.003595
木材加工品和家具	0.004253	0.004963	0.005384	0.016502	0.004101	0.005514	0.003487
造纸印刷和文教体育用品	0.055227	0.026919	0.050137	0.061495	0.037301	0.168087	0.041437
石油、炼焦产品和核燃料加工品	0.028574	0.039784	0.056886	0.077474	0.024641	0.020589	0.019062
化学产品	0.085097	0.145835	0.197770	0.107743	0.848550	0.067894	0.041552
非金属矿物制品	0.006007	0.007083	0.005807	0.013302	0.007714	0.005359	0.007938
金属冶炼和压延加工品	0.071635	0.055676	0.053135	0.054177	0.076835	0.064036	0.031913
金属制品	0.027177	0.031480	0.016906	0.008804	0.016589	0.015531	0.004801
通用设备	0.007706	0.006239	0.011466	0.005510	0.010816	0.006371	0.003296
专用设备	0.006585	0.004021	0.003541	0.002820	0.044625	0.003827	0.001536
交通运输设备	0.010228	0.008653	0.005349	0.004621	0.004616	0.004321	0.002779
电气机械和器材	0.017073	0.007258	0.006587	0.005374	0.008180	0.027760	0.003112
通信设备、计算机和其他电子设备	0.045533	0.024942	0.018129	0.008764	0.006863	0.008569	0.008122
仪器仪表	0.083355	0.003814	0.006338	0.002434	0.003652	0.002079	0.001513
其他制造产品和废品废料	0.074993	0.019441	0.064988	0.019559	0.029177	0.026465	0.012305
金属制品、机械和设备修理服务	0.007231	0.014027	0.008672	0.009986	0.012107	0.008412	0.004406
电力、热力的生产和供应	0.053421	0.207290	0.093375	0.080772	0.104877	0.075136	0.040538
燃气生产和供应	0.006083	0.004745	0.008911	0.004601	0.002895	0.005525	0.002722
水的生产和供应	0.004229	0.008659	0.012847	0.014071	0.005618	0.007023	0.006742
建筑	0.004295	0.016153	0.013557	0.047898	0.007417	0.007652	0.028917
批发和零售	0.055115	0.065982	0.069247	0.053208	0.088847	0.063556	0.027243
交通运输、仓储和邮政	0.141247	0.143749	0.121015	0.107064	0.079584	0.077791	0.060527
住宿和餐饮	0.082589	0.014393	0.052372	0.037672	0.017661	0.028298	0.023735
信息传输、软件和信息技术服务	0.013048	0.010463	0.010033	0.012369	0.007801	0.007660	0.010112
金融	0.061704	0.072099	0.121202	0.071135	0.053295	0.083130	0.039059
房地产	0.029404	0.030010	0.094569	0.082456	0.040505	0.060947	0.036823
租赁和商务服务	0.055611	0.034622	0.056279	0.036016	0.035986	0.034617	0.028758
研究和试验发展	0.000000	0.000000	0.000000	0.000000	0.000000	0.000000	0.000000
综合技术服务	0.015281	0.008856	0.004855	0.005538	0.006932	0.003536	0.003170
水利、环境和公共设施管理	0.000752	0.013051	0.002636	0.001100	0.001315	0.000875	0.000575
居民服务、修理和其他服务	0.009861	0.012147	0.013511	0.135497	0.023584	0.011377	0.097749
教育	0.003609	0.002266	0.002350	0.050473	0.003221	0.002264	0.012207
卫生和社会工作	0.000169	0.000479	0.000082	0.000086	0.048966	0.000108	0.000040
文化、体育和娱乐	0.007022	0.002425	0.004175	0.011533	0.002743	0.024493	0.006746
公共管理、社会保障和社会组织	0.000816	0.000986	0.002049	0.000928	0.001336	0.000869	0.061945

浙/江/统/计/年/鉴

主要统计指标解释

■ 消费者信心指数(Consumer Confidence Index,CCI)

是反映消费者信心强弱的指标,是综合反映并量化消费者对当前经济形势评价和对经济前景、收入水平、收入预期以及消费心理状态的主观感受,是预测经济走势和消费趋向的一个先行指标,是监测经济周期变化不可缺少的依据。消费者信心指数的取值均在“0-200”之间。“0”表示“极端悲观”,200表示“极端乐观”,“100”为“乐观”和“悲观”的临界值。当信心指数大于100时,表明消费者趋于乐观,越接近200乐观程度越高;小于100时,表明消费者趋于悲观,越接近0悲观程度越深。

■ 就业信心指数

是反映消费者对当前和未来6个月就业形势信心强弱的指标,是消费者信心指数的重要组成部分。就业信心指数由就业信心满意指数和就业信心预期指数加权平均取得。就业信心指数的取值均在“0-200”之间。“0”表示“极端悲观”,200表示“极端乐观”,“100”为“乐观”和“悲观”的临界值。当信心指数大于100时,表明消费者趋于乐观,越接近200乐观程度越高;小于100时,表明消费者趋于悲观,越接近0悲观程度越深。

■ 收入信心指数

是反映消费者对当前和未来6个月家庭收入情况信心强弱的指标,是消费者信心指数的重要组成部分。收入信心指数由收入信心满意指数和收入信心预期指数加权平均取得。收入信心指数的取值均在“0-200”之间。“0”表示“极端悲观”,200表示“极端乐观”,“100”为“乐观”和“悲观”的临界值。当信心指数大于100时,表明消费者趋于乐观,越接近200乐观程度越高;小于100时,表明消费者趋于悲观,越接近0悲观程度越深。

■ 总产出

是我省常住单位在一定时期内生产的所有货物和服务的价值,既包括新增价值,也包括转移价值。它反映常住单位生产活动的总规划。总产出按生产者价格计算。常住单位是指在我国的经济领土内具有经济利益中心的单位。

■ 中间使用

指常住单位在本期生产活动中消耗和使用的非固定资产货物和服务的价值,其中包括国内生产和国外进口的各类货物和服务的价值。

■ 最终使用

指已退出或暂时退出本期生产活动而为最终需求所提供的货物和服务。

■ 总投入

指一定时期内我省常住单位进行生产活动所投入的总费用。

■ 中间投入

指常住单位在生产或提供货物和服务过程中,消耗和使用的所有非固定资产货物和服务的价值。

■ 增加值

指常住单位生产过程创造的新增价值和固定资产的转移价值。它包括固定资产折旧、劳动者报酬、生产税净额和营业盈余。

■ 直接消耗系数

也称为投入系数,记为$a_{ij}(i,j=1,2,\cdots,n)$,它是指在生产经营过程中第j部门(或产品)的单位总产出所直接消耗的第i部门(或产品)的数量。直接消耗系数的计算主法为:用第j部门的总投入X_j去除该部门生产经营中所直接消耗的第i部门的货换或服务的数量χ_{ij},用公式表示为:

$$a_{ij}=\frac{\chi_{ij}}{X_j}\qquad(i,j=1,2,\cdots,n)$$

■ 完全消耗系数

通常记为b_{ij},它是指第j部门每提供一个单位最终使用时,对第i部门货物或服务的直接消耗和间接消耗之和。利用直接消耗系数矩阵A计算完全消耗系数矩阵B的公式为:

$$B=(I-A)^{-1}-I$$